NomosStudium

Prof. Dr. Oliver Fehrenbacher | Dr. Franziska Stahmann
Dr. Nicolas Traut, LL.M. (Columbia)

Klausurtraining Steuerrecht

2. Auflage

Die Deutsche Nationalbibliothek verzeichnet diese Publikation in
der Deutschen Nationalbibliografie; detaillierte bibliografische
Daten sind im Internet über http://dnb.d-nb.de abrufbar.

ISBN (Print): 978-3-8487-7145-5
ISBN (ePDF): 978-3-7489-1196-2

2. Auflage 2022
© Nomos Verlagsgesellschaft, Baden-Baden 2022. Gesamtverantwortung für Druck
und Herstellung bei der Nomos Verlagsgesellschaft mbH & Co. KG. Alle Rechte, auch die
des Nachdrucks von Auszügen, der fotomechanischen Wiedergabe und der Übersetzung,
vorbehalten.

Vorwort

Das Steuerrecht ist als Rechtsgebiet ständig im Fluss und nicht zuletzt dadurch als Prüfungsmaterie besonders anspruchsvoll. Dementsprechend haben zahlreiche Rechtsänderungen auch eine Neuauflage dieses Fallbuches erforderlich gemacht. Bedeutsame Entwicklungen, denen Rechnung zu tragen war, erfolgten beispielsweise im Ertragsteuerrecht durch das „BEPS-Umsetzungsgesetz", das „Jahressteuergesetz 2020" und die Neufassung des OECD-Musterabkommens sowie im Umsatzsteuerrecht durch die „Quick Fixes" und die „Corona-Steuerhilfegesetze". Zudem mussten aktuelle Entscheidungen von BFH, BVerfG und EuGH in den Falllösungen berücksichtigt werden. Darüber hinaus wurde die Neuauflage zum Anlass genommen, prüfungsrelevante Aspekte des Gewerbesteuerrechts neu in das Fallbuch aufzunehmen, um eine noch umfassendere Prüfungsvorbereitung zu ermöglichen.

Das „Klausurtraining Steuerrecht" richtet sich insbesondere an Studierende der Rechts- und Wirtschaftswissenschaften mit einem steuerrechtlichen Schwerpunkt sowie an Rechtsreferendarinnen und Rechtsreferendare, bei denen das Steuerrecht zum Prüfungsstoff gehört. Dieses Buch behandelt die besonders prüfungsrelevanten Steuerarten (Einkommen-, Körperschaft- und Umsatzsteuer) in ihren nationalen und internationalen Bezügen. Ergänzt wird der Stoff um prüfungsrelevante Bereiche des Steuerverfahrensrechts und um gewerbesteuerrechtliche Aspekte. Das Buch besteht aus zwei Teilen: Der erste Teil bietet mit kommentierten Prüfungsschemata eine Einführung in die Lösung steuerrechtlicher Fälle. Herzstück ist aber der zweite Teil, der aus 21 Fällen zu den besonders prüfungsrelevanten Bereichen des Steuerrechts besteht.

Das Werk kann zur Wiederholung und Vertiefung und gerade zur Vorbereitung auf steuerrechtliche Prüfungen genutzt werden. Es hilft das durch Lehrbücher erlangte theoretische Wissen zu festigen, bietet aber insbesondere auch eigenständig die Gelegenheit, sich die erörterten Rechtsbereiche systematisch anhand der Fälle zu erarbeiten. Hierbei helfen zahlreiche Prüfungs- und Vertiefungshinweise, die Bezüge über den einzelnen Fall hinaus schaffen. Das Fallbuch eignet sich damit hervorragend zur Klausurvorbereitung. Da in der steuerrechtlichen Ausbildung an den Universitäten und im Referendariat mündliche Prüfungen eine erhebliche Rolle spielen, wurden die Fälle zudem so ausgewählt, dass sich das Werk insbesondere auch zur Vorbereitung auf diese Prüfungsform eignet.

Das Buch gibt den Rechtsstand September 2021 wieder. Für Anregungen und Kritik bei der Erstellung des Manuskripts danken wir den Mitarbeiterinnen und Mitarbeitern am Lehrstuhl an der Universität Konstanz. Für Hinweise aus dem Leserkreis sind wir dankbar (E-Mail: nicolas.traut@uni-konstanz.de).

Konstanz, im September 2021

Oliver Fehrenbacher
Franziska Stahmann
Nicolas Traut

Inhalt

Abkürzungsverzeichnis   27

Literaturverzeichnis (Auswahl)   31

Teil 1: Einführung

§ 1 Prüfungsschema zur Einkommensteuer   33
    I. Prüfungsschema   33
    II. Erläuterungen zum Prüfungsschema   33
       1. Persönliche Steuerpflicht   33
       2. Veranlagung und Tarif   34
       3. Sachliche Steuerpflicht   35
          a) Einkünftequalifikation   35
          b) Einkünfteermittlung   36
       4. Persönliche Abzüge   36

§ 2 Prüfungsschema zur Ertragsbesteuerung der Personengesellschaften   37
    I. Prüfungsschema   37
    II. Erläuterungen zum Prüfungsschema   38
       1. Persönliche Steuerpflicht   38
       2. Veranlagung und Tarif   38
       3. Sachliche Steuerpflicht   38
          a) Einkünftequalifikation   38
             aa) (Gewerbliches) Unternehmen   38
             bb) Mitunternehmerstellung der Gesellschafter   39
          b) Einkünfteermittlung   39
             aa) Gewinnanteil, § 15 Abs. 1 S. 1 Nr. 2 S. 1 Hs. 1 EStG   40
             bb) Sonderbereich, § 15 Abs. 1 S. 1 Nr. 2 S. 1 Hs. 2 EStG   40
       4. Persönliche Abzüge   41
       5. Einheitliche und gesonderte Gewinnfeststellung   41

§ 3 Prüfungsschema zur Körperschaftsteuer   42
    I. Prüfungsschema   42
    II. Erläuterungen zum Prüfungsschema   42
       1. Persönliche Steuerpflicht   42
       2. Veranlagung und Tarif   43
       3. Sachliche Steuerpflicht   43
          a) Einkünftequalifikation   43
          b) Einkünfteermittlung   43

§ 4 Prüfungsschema zur Gewerbesteuer   45
    I. Prüfungsschema   45
    II. Erläuterungen zum Prüfungsschema   45
       1. Sachliche Steuerpflicht (Steuerobjekt)   45
       2. Persönliche Steuerpflicht (Steuersubjekt)   46
       3. Bemessungsgrundlage   46
       4. Steuerfestsetzung   47

		5. Auswirkungen der Gewerbesteuer auf die Einkommensteuer	47
§ 5		**Prüfungsschemata zum internationalen Ertragsteuerrecht**	48
	I.	Prüfungsschemata	48
		1. Prüfungsschema zur Inbound-Investition – Beschränkte Steuerpflicht	48
		2. Prüfungsschema zur Outbound-Investition – Unbeschränkte Steuerpflicht	48
		3. Prüfungsschema zur Verteilung der Besteuerungsrechte durch ein Doppelbesteuerungsabkommen	49
	II.	Erläuterungen zum Prüfungsschema zur Inbound-Investition – Beschränkte Steuerpflicht	49
		1. Unbeschränkte Steuerpflicht	49
		2. Beschränkte Steuerpflicht	49
		a) Persönliche Voraussetzungen	49
		b) Inländische Einkünfte	50
		3. Einkünfteermittlung	50
		4. Steuererhebung	50
		5. Persönliche Abzüge	51
		6. Kein Ausgleich der Doppelbesteuerung durch Deutschland als Quellenstaat	51
	III.	Erläuterungen zum Prüfungsschema zur Outbound-Investition – Unbeschränkte Steuerpflicht	51
	IV.	Erläuterungen zum Prüfungsschema zur Verteilung der Besteuerungsrechte nach einem Doppelbesteuerungsabkommen	52
		1. Persönliche Abkommensberechtigung	52
		2. Sachlicher Geltungsbereich	53
		3. Anwendung der Verteilungsartikel	53
		4. Anwendung der Methodenartikel	53
§ 6		**Prüfungsschemata zur Umsatzsteuer**	55
	I.	Prüfungsschemata	55
		1. Prüfungsschema zum Ausgangsumsatz	55
		2. Prüfungsschema zum Eingangsumsatz	55
	II.	Erläuterungen zum Prüfungsschema zum Ausgangsumsatz	55
		1. Steuerbarer Umsatz – Umsatz nach § 1 Abs. 1 Nr. 1 UStG	55
		a) Lieferung oder sonstige Leistung	56
		b) Eines Unternehmers	56
		c) Im Inland	56
		d) Gegen Entgelt	56
		e) Im Rahmen seines Unternehmens	57
		2. Steuerbarer Umsatz – Sonstige Umsätze	57
		3. Steuerpflicht	57
		4. Bemessungsgrundlage	58
		5. Steuersatz	58
		6. Steuerschuld und Steuerschuldner	58
	III.	Erläuterungen zum Prüfungsschema zum Eingangsumsatz	58
		1. Vorsteuerabzugsberechtigung	58
		a) Unternehmereigenschaft des Leistungsempfängers	59

		b) Steuerbare und steuerpflichtige Leistung von einem anderen Unternehmer	59
		c) Für das Unternehmen des Leistungsempfängers	59
		d) Rechnung	59
	2.	Ausschluss des Vorsteuerabzugs	59
IV.	Weiteres Prüfungsthema – Berichtigung des Vorsteuerabzugs		60
	1.	Berichtigung nach § 15 a Abs. 1 UStG	60
	2.	Weitere Fälle des § 15 a UStG	61

§ 7 Prüfungsschemata zum Steuerverfahrensrecht 62
 I. Prüfungsschemata 62
  1. Prüfungsschema zum Einspruchsverfahren 62
  2. Prüfungsschema zur Korrektur von Steuerbescheiden 62
 II. Erläuterungen zum Prüfungsschema zum Einspruchsverfahren 62
  1. Zulässigkeit des Einspruchs 62
   a) Statthaftigkeit 62
   b) Einspruchsbefugnis 63
   c) Einspruchsform und Einspruchsfrist 63
   d) Sonstige Zulässigkeitsvoraussetzungen 63
  2. Begründetheit des Einspruchs 64
 III. Erläuterungen zum Prüfungsschema zur Korrektur von Steuerbescheiden 64
  1. Steuerbescheide und allgemeine Steuerverwaltungsakte 64
  2. Festsetzungsverjährung 64
  3. Anwendung der Korrekturvorschriften 65

TEIL 2: ÜBUNGSFÄLLE

§ 8 Übungsfall 1 – Einkommensteuer 66
 I. Ziffer 1 – Erdgeschoss und Absetzung für Abnutzung 67
  1. Persönliche Steuerpflicht 67
  2. Veranlagung und Tarif 67
  3. Sachliche Steuerpflicht 68
   a) Einkünftequalifikation 68
   b) Einkunfteermittlung 68
    aa) Mietzahlungen 68
    bb) Badezimmerreparatur 68
    cc) Absetzung für Abnutzung 69
    dd) Ergebnis 70
   c) Ergebnis 70
  4. Ergebnis 70
 II. Ziffer 2 – Erstes Obergeschoss 70
 III. Ziffer 3 – Zweites Obergeschoss 71
 IV. Ziffer 4 – Drittes Obergeschoss 71
 V. Ziffer 5 – Finderlohn 72
 VI. Ziffer 6 – Vermietung des Katamarans 73
  1. Steuerbarkeit 73
  2. Freigrenze, § 22 Nr. 3 S. 2 EStG 73

	3. Ergebnis	74
VII.	Zusammenfassung	74
§ 9	**Übungsfall 2 – Einkommensteuer**	**75**
I.	Ziffer 1 – Einkünfte aus der Tätigkeit als kaufmännischer Angestellter	77
	1. Persönliche Steuerpflicht	77
	2. Veranlagung und Tarif	77
	3. Sachliche Steuerpflicht	78
	a) Einkünftequalifikation	78
	b) Einkünfteermittlung	78
	aa) Monatlicher Arbeitslohn	78
	bb) Arbeitnehmer-Pauschbetrag	79
	cc) Ergebnis	79
	c) Ergebnis	79
	4. Lohnsteuerabzug	79
	5. Ergebnis	80
II.	Ziffer 2 – Betriebsveranstaltungen	80
III.	Ziffer 3 – Verkauf der Fotodrucke	80
IV.	Ziffer 4 – Zufallserfindung	81
	1. Persönliche Steuerpflicht	81
	2. Veranlagung und Tarif	82
	3. Sachliche Steuerpflicht	82
	4. Ergebnis	82
V.	Ziffer 5 – Veräußerung der antiken Kamera	82
	1. Einkünftequalifikation	83
	2. Einkünfteermittlung	83
	3. Verlustausgleich, Verlustvor- und Verlustrücktrag	83
	4. Ergebnis	84
§ 10	**Übungsfall 3 – Einkommensteuer mit Gewerbesteuer**	**85**
I.	Ziffer 1 – Anschaffung der Weinkisten	87
	1. Persönliche Steuerpflicht	88
	2. Veranlagung und Tarif	88
	3. Sachliche Steuerpflicht	88
	a) Einkünftequalifikation	88
	b) Einkünfteermittlung	88
	c) Ergebnis	91
	4. Ergebnis	92
II.	Ziffer 2 – Verkauf der Weinkisten	92
III.	Ziffer 3 – Diebstahl der Kasse und Zerstörung der Weinkisten	93
IV.	Ziffer 4 – Anschaffung der Möbel	93
	1. Anschaffung der Büroregale	93
	a) Aktivierung der Regale	93
	b) Sofort- und Sammelabschreibung	95
	c) Ergebnis	96
	2. Anschaffung der Verkaufstheke	96
	3. Ergebnis	96
V.	Ziffer 5 – Geschäftsversicherung	96

VI.	Ziffer 6 – Darlehen unter Angehörigen	97
	1. Zinszahlungen	97
	2. Darlehensvaluta	98
	3. Ergebnis	99
VII.	Ziffer 7 – Auto des M	99
	1. Einlage des Autos	99
	2. Absetzung für Abnutzung	100
	3. Privatnutzung des Autos	100
	4. Ergebnis	101
VIII.	Ziffer 8 – Pestizidbelastung des Chardonnays	101
	1. Teilwertabschreibung im Jahr 02	101
	2. Wertaufholung im Jahr 03	102
	3. Ergebnis	102
IX.	Gewerbesteuerrechtliche Ergänzung	102
	1. Sachliche Steuerpflicht (Steuerobjekt)	102
	2. Persönliche Steuerpflicht (Steuersubjekt)	103
	3. Bemessungsgrundlage	103
	a) Gewerbeertrag	103
	aa) Einkommensteuerrechtlicher Gewinn	103
	bb) Hinzurechnung nach § 8 GewStG	103
	cc) Ergebnis	104
	b) Freibetrag	104
	c) Steuermesszahl	104
	d) Ergebnis	104
	4. Steuerfestsetzung	104
	5. Auswirkungen auf die Einkommensteuer	105
	6. Ergebnis	105

§ 11 Übungsfall 4 – Einkommensteuer mit Gewerbesteuer   106

I.	Ziffer 1 – Gewinnausschüttung an M im Jahr 01	108
	1. Persönliche Steuerpflicht	109
	2. Veranlagung und Tarif	109
	3. Sachliche Steuerpflicht	109
	a) Einkünftequalifikation	109
	b) Einkünfteermittlung	109
	c) Ergebnis	110
	4. Ergebnis	110
II.	Ziffer 2 – Einnahmen aus der Veräußerung von Outdoor-Equipment	111
	1. Persönliche Steuerpflicht	111
	2. Veranlagung und Tarif	111
	3. Sachliche Steuerpflicht	111
	a) Einkünftequalifikation	111
	b) Einkünfteermittlung	111
	c) Ergebnis	112
	4. Ergebnis	112
III.	Ziffer 3 – Gewinnausschüttung an F im Jahr 02	112
	1. Einkünftequalifikation	112
	2. Einkünfteermittlung	113
	3. Kapitalertragsteuerabzug	113

	4. Ergebnis		113
IV.	Ziffer 4 – Gewinnausschüttung an M im Jahr 02		113
	1. Einkünfte aus Kapitalvermögen		113
	2. Kapitalertragsteuerabzug und Abgeltungsteuersatz		114
	3. Ergebnis		115
V.	Ziffer 5 – Veräußerungsgewinn des M im Jahr 03		115
	1. Einkünftequalifikation		115
	2. Einkünfteermittlung		115
	3. Ergebnis		117
VI.	Ziffer 6 – Darlehen von M an F		117
	1. Einkommensteuerrechtliche Behandlung bei F		117
	2. Einkommensteuerrechtliche Behandlung bei M		117
		a) Einkünftequalifikation	117
		b) Einkünfteermittlung	117
		c) Ergebnis	119
	3. Ergebnis		119
VII.	Gewerbesteuerrechtliche Ergänzung		119
	1. Sachliche Steuerpflicht (Steuerobjekt)		119
	2. Persönliche Steuerpflicht (Steuersubjekt)		119
	3. Bemessungsgrundlage		119
		a) Gewerbeertrag	120
		aa) Einkommensteuerrechtlicher Gewinn	120
		bb) Hinzurechnung nach § 8 GewStG	120
		cc) Kürzung nach § 9 GewStG	120
		dd) Ergebnis	121
		b) Freibetrag	121
		c) Steuermesszahl	121
		d) Ergebnis	121
	4. Steuerfestsetzung		121
	5. Auswirkungen auf die Einkommensteuer		121
	6. Ergebnis		121

§ 12 Übungsfall 5 – Einkommensteuer   123

I.	Ziffer 1 – Einnahmen aus der Übersetzungstätigkeit und Studienkosten		125
	1. Persönliche Steuerpflicht		125
	2. Veranlagung und Tarif		126
	3. Sachliche Steuerpflicht		126
		a) Einkünftequalifikation	126
		b) Einkünfteermittlung	126
		aa) Einnahmen aus der Übersetzertätigkeit	126
		bb) Ausbildungskosten	127
		cc) Ergebnis	128
		c) Ergebnis	128
	4. Ergebnis		128
II.	Ziffer 2 – Kosten der Tokio-Reise		128
	1. Promotionskosten		128
	2. Ergebnis		129

	III. Ziffer 3 – Übersetzungscomputer	129
	1. Anschaffung des Übersetzungscomputers	129
	a) Absetzung für Abnutzung	129
	b) Sofort- und Sammelabschreibung	130
	c) Ergebnis	131
	2. Japanische Rechtschreibreform	131
	3. Ergebnis	132
	IV. Ziffer 4 – Beteiligung an der Lexikon-GmbH	132
	1. Ausschüttung im Jahr 02	132
	a) Gewinnausschüttung	132
	b) Kapitalertragsteuerabzug	133
	c) Ergebnis	133
	2. Veräußerung der Gesellschaftsbeteiligung	133
	a) Einnahmen aus der Veräußerung	133
	b) Kapitalertragsteuerabzug	134
	c) Ergebnis	134
	3. Ergebnis	135
	V. Ziffer 5 – Mithilfe von Angestellten	135
	VI. Ziffer 6 – Betriebsveräußerung	135
	1. Veräußerungsgewinn	136
	2. Begünstigung des Veräußerungsgewinns nach den §§ 16 Abs. 4, 34 EStG	136
	3. Ergebnis	137
§ 13	**Übungsfall 6 – Ertragsbesteuerung der Personengesellschaften**	**138**
	I. Ziffer 1 – Gewinn der Quesadilla-Bar im Jahr 01	140
	1. Persönliche Steuerpflicht	141
	2. Veranlagung und Tarif	141
	3. Sachliche Steuerpflicht	141
	a) Einkünftequalifikation	141
	aa) Gewerbliches Unternehmen	141
	bb) Mitunternehmerstellung von F und M	142
	cc) Ergebnis	143
	b) Einkünfteermittlung	143
	aa) Gewinnanteil, § 15 Abs. 1 S. 1 Nr. 2 S. 1 Hs. 1 EStG	144
	(1) Ermittlung des Gewinns bei der OHG	144
	(2) Gewinnzurechnung an die Gesellschafter	144
	(3) Ergebnis	145
	bb) Sonderbereich, § 15 Abs. 1 S. 1 Nr. 2 S. 1 Hs. 2 EStG	145
	cc) Ergebnis	145
	c) Ergebnis	145
	4. Einheitliche und gesonderte Gewinnfeststellung	145
	5. Ergebnis	146
	II. Ziffer 2 – Ausgaben für Werbung und für die Internetadresse	146
	1. Ausgaben für Werbung	146
	2. Erwerb der Internetadresse	146
	3. Ergebnis	147
	III. Ziffer 3 – Catering bei dem Automobilhersteller	147
	1. Aktivierung der Forderung	147

	2.	(Teilweise) Tilgung der Forderung	148
	3.	Forderungsverzicht	148
	4.	Ergebnis	148
IV.	Ziffer 4 – Geschäftsessen		148
V.	Ziffer 5 – Patentverletzung		149
VI.	Ziffer 6 – Verlust		149
VII.	Ziffer 7 – Stille Beteiligung des V		150

   1. Steuerliche Auswirkungen bei V — 151
      a) Persönliche Steuerpflicht — 151
      b) Veranlagung und Tarif — 151
      c) Sachliche Steuerpflicht — 151
         aa) Einkünftequalifikation — 151
         bb) Einkünfteermittlung — 152
         cc) Kapitalertragsteuerabzug — 152
         dd) Ergebnis — 153
      d) Ergebnis — 153
   2. Steuerliche Auswirkungen bei der Q-OHG — 153
      a) Einlage — 153
      b) Auszahlung der 1.000 € — 153
      c) Ergebnis — 153
   3. Ergebnis — 154

§ 14 Übungsfall 7 – Ertragsbesteuerung der Personengesellschaften mit Gewerbesteuer — 155

I. Ziffer 1 – Besteuerung der Einkünfte der Personengesellschaft — 158
   1. Persönliche Steuerpflicht — 158
   2. Veranlagung und Tarif — 158
   3. Sachliche Steuerpflicht — 158
      a) Einkünftequalifikation — 158
         aa) Gewerbliches Unternehmen — 159
         bb) Mitunternehmerstellung von F und M — 159
         cc) Ergebnis — 160
      b) Einkünfteermittlung — 160
         aa) Gewinnanteil, § 15 Abs. 1 S. 1 Nr. 2 S. 1 Hs. 1 EStG — 161
            (1) Ermittlung des Gewinns bei der Z-KG — 161
            (2) Gewinnzurechnung an die Gesellschafter — 161
            (3) Ergebnis — 162
         bb) Sonderbereich, § 15 Abs. 1 S. 1 Nr. 2 S. 1 Hs. 2 EStG — 162
            (1) Gewinnermittlungsart im Sonderbereich — 162
            (2) Sondervergütungen — 162
            (3) Ergebnis — 163
         cc) Ergebnis — 163
      c) Ergebnis — 163
   4. Einheitliche und gesonderte Gewinnfeststellung — 164
   5. Ergebnis — 164
II. Ziffer 2 – Vermietung des Gebäudes — 164
   1. Auswirkungen bei der Z-KG im Gesamthandsbereich — 164
   2. Auswirkungen bei M im Sonderbereich — 165
      a) Sondervergütungen — 165

Inhalt

	b) Sonderbetriebsvermögen	165
	c) Ergebnis	166
3.	Ergebnis	166
III.	Ziffer 3 – Anschaffung der Fräsmaschine	167
1.	Auswirkungen bei der Z-KG im Gesamthandsbereich	167
2.	Auswirkungen bei M	168
	a) Einkünftequalifikation	168
	b) Veräußerungsgewinn	168
	c) Steuerbefreiung	169
	d) Ergebnis	169
3.	Ergebnis	169
IV.	Ziffer 4 – Darlehensgewährung durch F	169
1.	Behandlung bei der Z-KG im Gesamthandsbereich	169
	a) Darlehensvaluta	169
	b) Zinsen	169
	c) Ergebnis	170
2.	Behandlung bei F im Sonderbereich	170
	a) Sondervergütungen	170
	b) Sonderbetriebsvermögen	171
	c) Ergebnis	172
3.	Ergebnis	172
V.	Ziffer 5 – Darlehen zum Erwerb der Beteiligung an der Z-KG	172
1.	Behandlung bei der Z-KG im Gesamthandsbereich	172
2.	Behandlung bei M im Sonderbereich	172
3.	Ergebnis	173
VI.	Gewerbesteuerrechtliche Ergänzung	173
1.	Sachliche Steuerpflicht (Steuerobjekt)	173
2.	Persönliche Steuerpflicht (Steuersubjekt)	173
3.	Bemessungsgrundlage	174
	a) Gewerbeertrag	174
	aa) Einkommensteuerrechtlicher Gewinn	174
	bb) Hinzurechnung nach § 8 GewStG	174
	cc) Kürzung nach § 9 GewStG	175
	dd) Ergebnis	175
	b) Freibetrag	175
	c) Steuermesszahl	175
	d) Ergebnis	175
4.	Steuerfestsetzung	176
5.	Auswirkungen auf die Einkommensteuer	176
6.	Ergebnis	176

§ 15 Übungsfall 8 – Körperschaftsteuer mit Gewerbesteuer 177
    I. Ziffer 1 – Vorgründungsgesellschaft 180
        1. Persönliche Steuerpflicht 180
        2. Veranlagung und Tarif 180
        3. Sachliche Steuerpflicht 181
            a) Einkünftequalifikation 181
                aa) Gewerbliches Unternehmen 181
                bb) Mitunternehmerstellung von F und M 182

15

		cc)	Ergebnis	183
		b)	Einkünfteermittlung	183
			aa) Gewinnanteil, § 15 Abs. 1 S. 1 Nr. 2 S. 1 Hs. 1 EStG	183
			(1) Ermittlung des Gewinns bei der Gesellschaft	183
			(2) Gewinnzurechnung an die Gesellschafter	184
			(3) Ergebnis	184
			bb) Sonderbereich, § 15 Abs. 1 S. 1 Nr. 2 S. 1 Hs. 2 EStG	184
			(1) Gewinnermittlungsart im Sonderbereich	184
			(2) Sondervergütungen	184
			(3) Ergebnis	185
		cc)	Ergebnis	185
		c)	Ergebnis	185
	4.	Einheitliche und gesonderte Gewinnfeststellung		185
	5.	Ergebnis		186
II.	Ziffer 2 – Vorgesellschaft			186
	1.	Steuerliche Bewertung für die Gesellschaft		186
		a)	Persönliche Steuerpflicht	186
		b)	Veranlagung und Tarif	186
		c)	Sachliche Steuerpflicht	187
			aa) Einkünftequalifikation	187
			bb) Einkünfteermittlung	187
			cc) Ergebnis	188
		d)	Ergebnis	188
	2.	Steuerliche Bewertung für M		188
		a)	Einkünftequalifikation	188
		b)	Einkünfteermittlung	188
		c)	Lohnsteuerabzug	188
		d)	Ergebnis	189
	3.	Ergebnis		189
III.	Ziffer 3 – GmbH			189
IV.	Ziffer 4 – Beteiligung an der Turnbeutel-AG			189
	1.	Einkünfte aus Gewerbebetrieb		189
	2.	Steuerbefreiung		190
	3.	Kapitalertragsteuerabzug		190
	4.	Ergebnis		191
V.	Ziffer 5 – Beteiligung an der Laufschuh-AG			191
	1.	Steuerbefreiung		191
	2.	Kapitalertragsteuerabzug		191
	3.	Ergebnis		191
VI.	Ziffer 6 – Verdeckte Gewinnausschüttung			192
	1.	Behandlung bei der Gesellschaft		192
	2.	Behandlung beim Gesellschafter		192
	3.	Ergebnis		193
VII.	Gewerbesteuerrechtliche Ergänzung			193
	1.	Sachliche Steuerpflicht (Steuerobjekt)		193
	2.	Persönliche Steuerpflicht (Steuersubjekt)		194

	3.	Bemessungsgrundlage	194
		a) Gewerbeertrag	194
		aa) Körperschaftsteuerrechtlicher Gewinn	194
		bb) Hinzurechnung nach § 8 GewStG	195
		cc) Kürzung nach § 9 GewStG	195
		dd) Ergebnis	196
		b) Freibetrag	196
		c) Steuermesszahl	196
		d) Ergebnis	196
	4.	Steuerfestsetzung	196
	5.	Ergebnis	196

§ 16 Übungsfall 9 – Einkommensteuer (International) — 197

- I. Ziffer 1 – Einnahmen des M aus der Vermietung — 199
  - 1. Persönliche Steuerpflicht — 199
  - 2. Veranlagung und Tarif — 199
  - 3. Sachliche Steuerpflicht — 200
    - a) Einkünftequalifikation — 200
    - b) Einkünfteermittlung — 200
    - c) Ergebnis — 200
  - 4. Ausgleich der Doppelbesteuerung — 201
  - 5. Ergebnis — 202
- II. Ziffer 2 – Arbeitnehmertätigkeit des M — 202
  - 1. Einkünftequalifikation — 203
  - 2. Einkünfteermittlung — 203
  - 3. Lohnsteuerabzug — 203
  - 4. Ausgleich der Doppelbesteuerung — 204
  - 5. Ergebnis — 204
- III. Ziffer 3 – Einnahmen aus der Macaron-SNC — 204
  - 1. Einkünftequalifikation — 205
    - a) Gewerbliche Mitunternehmerschaft — 205
    - b) Mitunternehmerstellung — 206
    - c) Ergebnis — 206
  - 2. Einkünfteermittlung — 206
  - 3. Ausgleich der Doppelbesteuerung — 207
  - 4. Ergebnis — 208
- IV. Ziffer 4 – Veräußerung der Maschine durch F — 208
  - 1. Persönliche Steuerpflicht — 208
  - 2. Veranlagung und Tarif — 208
  - 3. Sachliche Steuerpflicht — 208
    - a) Einkünftequalifikation — 209
    - b) Einkünfteermittlung — 209
    - c) Ergebnis — 209
  - 4. Ausgleich der Doppelbesteuerung — 209
  - 5. Ergebnis — 210

§ 17 Übungsfall 10 – Einkommensteuer (International) — 211

- I. Ziffer 1 – Siegprämie und Fernsehinterview — 213
  - 1. Unbeschränkte Steuerpflicht des M — 213

	2.	Beschränkte Steuerpflicht des M	214
	3.	Einkünfteermittlung	215
	4.	Steuererhebung	216
	5.	Ergebnis	217
II.	Ziffer 2 – Überlassung des Rechts		217
	1.	Beschränkte Steuerpflicht	217
	2.	Einkünfteermittlung	219
	3.	Steuererhebung	219
	4.	Ergebnis	219
III.	Ziffer 3 – Grundstücksvermietung		219
	1.	Unbeschränkte Steuerpflicht der F	220
	2.	Beschränkte Steuerpflicht der F	220
	3.	Einkünfteermittlung	220
	4.	Steuererhebung	221
	5.	Persönliche Abzüge	221
	6.	Ergebnis	221
IV.	Ziffer 4 – Vermietung des Schiffscontainers		222
	1.	Beschränkte Steuerpflicht	222
	2.	Einkünfteermittlung	223
	3.	Steuererhebung	224
	4.	Verlustberücksichtigung	224
	5.	Ergebnis	225
V.	Ziffer 5 – Dividendenzahlung an V		225
	1.	Unbeschränkte Steuerpflicht des V	225
	2.	Beschränkte Steuerpflicht des V	225
	3.	Einkünfteermittlung	226
	4.	Steuererhebung	226
	5.	Ergebnis	227

§ 18 Übungsfall 11 – Einkommensteuer (International) 228

I.	Ziffer 1 – Gehalt der F		230
	1.	Persönliche Steuerpflicht	230
	2.	Veranlagung und Tarif	232
	3.	Sachliche Steuerpflicht	232
		a) Einkünftequalifikation	232
		b) Einkünfteermittlung	233
		c) Lohnsteuerabzug	233
		d) Ergebnis	233
	4.	Anwendung des Doppelbesteuerungsabkommens	233
		a) Persönliche Abkommensberechtigung	234
		b) Sachlicher Geltungsbereich	234
		c) Anwendung der Verteilungsartikel	235
		d) Anwendung der Methodenartikel	237
		e) Ergebnis	238
	5.	Ergebnis	239
II.	Ziffer 2 – Rentenbezüge des M		239
	1.	Persönliche Steuerpflicht	239
	2.	Veranlagung und Tarif	239

	3. Sachliche Steuerpflicht	239
	a) Einkünftequalifikation	239
	b) Einkünfteermittlung	240
	c) Besteuerungsanteil	240
	d) Ergebnis	241
	4. Anwendung des Doppelbesteuerungsabkommens	241
	a) Persönliche Abkommensberechtigung	241
	b) Sachlicher Geltungsbereich	241
	c) Anwendung der Verteilungsartikel	241
	d) Ergebnis	242
	5. Ergebnis	242
§ 19	**Übungsfall 12 – Ertragsbesteuerung der Personengesellschaften (International)**	**244**
	I. Ziffer 1 – Gewinn der Tuning-KG	245
	1. Unbeschränkte Steuerpflicht von F und M	245
	2. Beschränkte Steuerpflicht von F und M	246
	3. Einkünfteermittlung	247
	4. Steuererhebung	248
	5. Anwendung des Doppelbesteuerungsabkommens	248
	a) Persönliche Abkommensberechtigung	249
	b) Sachlicher Geltungsbereich	250
	c) Anwendung der Verteilungsartikel	250
	d) Anwendung der Methodenartikel	252
	e) Ergebnis	252
	6. Ergebnis	252
	II. Ziffer 2 – Darlehen von M an die Tuning-KG	252
	1. Beschränkte Steuerpflicht	252
	2. Einkünfteermittlung	253
	3. Steuererhebung	253
	4. Anwendung des Doppelbesteuerungsabkommens	254
	a) Persönliche und sachliche Abkommensberechtigung	254
	b) Anwendung der Verteilungsartikel	254
	c) Anwendung der Methodenartikel	256
	d) Ergebnis	256
	5. Ergebnis	256
§ 20	**Übungsfall 13 – Körperschaftsteuer (International)**	**257**
	I. Ziffer 1 – Vertragsvermittlung durch Manfred	258
	1. Persönliche Steuerpflicht	258
	2. Veranlagung und Tarif	258
	3. Sachliche Steuerpflicht	259
	a) Einkünftequalifikation	259
	b) Einkünfteermittlung	259
	c) Ergebnis	259
	4. Anwendung des Doppelbesteuerungsabkommens	259
	a) Persönliche Abkommensberechtigung	260
	b) Sachlicher Geltungsbereich	260
	c) Anwendung der Verteilungsartikel	261

		d) Ergebnis		262
	5.	Ergebnis		262
II.	Ziffer 2 – Ausschüttung von der Leder-KK			262
	1.	Einkünfte aus Gewerbebetrieb		262
	2.	Steuerbefreiung		262
	3.	Kapitalertragsteuerabzug		263
	4.	Anwendung des Doppelbesteuerungsabkommens		263
		a) Persönliche und sachliche Abkommensberechtigung		264
		b) Anwendung der Verteilungsartikel		264
		c) Anwendung der Methodenartikel		265
		d) Ergebnis		266
	5.	Ergebnis		266

§ 21 Übungsfall 14 – Umsatzsteuer 267

    I. Grundfall 268
        1. Ausgangsumsatz bei F (Umsatz von F an Kurt) 268
            a) Steuerbarer Umsatz 268
                aa) Lieferung 269
                bb) Durch einen Unternehmer 269
                cc) Im Inland 269
                dd) Gegen Entgelt 270
                ee) Im Rahmen des Unternehmens der F 270
                ff) Ergebnis 270
            b) Steuerpflicht 270
            c) Bemessungsgrundlage 270
            d) Steuersatz 271
            e) Steuerschuld und Steuerschuldner 271
            f) Ergebnis 272
        2. Eingangsumsatz bei F (Umsatz von Peter an F) 272
            a) Vorsteuerabzugsberechtigung 272
                aa) Unternehmereigenschaft der F 272
                bb) Steuerbare und steuerpflichtige Leistung von einem anderen Unternehmer 272
                cc) Für das Unternehmen der F 273
                dd) Rechnung 273
                ee) Ergebnis 273
            b) Ausschluss des Vorsteuerabzugs 273
            c) Ergebnis 273
        3. Ergebnis 273
    II. Abwandlung 274
        1. Vorsteuerabzugsberechtigung 274
        2. Ausschluss des Vorsteuerabzugs 274
            a) Steuerfreier Ausgangsumsatz 275
            b) Ausnahme für den Ausschluss des Vorsteuerabzugs 276
            c) Ergebnis 276
        3. Ergebnis 276

§ 22 Übungsfall 15 – Umsatzsteuer ... 277
I. Grundfall ... 278
1. Ausgangsumsatz bei M ... 279
   a) Steuerbarer Umsatz ... 279
      aa) Übernachtung als sonstige Leistung ... 279
      bb) Frühstück als Nebenleistung ... 279
      cc) Durch einen Unternehmer ... 280
      dd) Im Inland ... 280
      ee) Gegen Entgelt ... 281
      ff) Im Rahmen des Unternehmens des M ... 281
      gg) Ergebnis ... 281
   b) Steuerpflicht ... 281
   c) Bemessungsgrundlage ... 281
   d) Steuersatz ... 281
   e) Steuerschuld und Steuerschuldner ... 283
   f) Ergebnis ... 283
2. Eingangsumsatz bei F ... 283
3. Ergebnis ... 284
II. Abwandlung ... 284
1. Ausgangsumsatz bei der E-GmbH hinsichtlich der Beförderung ... 284
   a) Steuerbarer Umsatz ... 284
      aa) Beförderungsleistung ... 284
      bb) Durch einen Unternehmer ... 284
      cc) Im Inland ... 284
      dd) Gegen Entgelt ... 285
      ee) Im Rahmen des Unternehmens der E-GmbH ... 285
      ff) Ergebnis ... 285
   b) Steuerpflicht ... 285
   c) Bemessungsgrundlage ... 286
   d) Steuersatz ... 286
   e) Steuerschuld und Steuerschuldner ... 286
   f) Ergebnis ... 287
2. Ausgangsumsatz bei der E-GmbH hinsichtlich der Abgabe des Würstchens ... 287
   a) Steuerbarer Umsatz ... 287
      aa) Lieferung des Würstchens ... 287
      bb) Durch einen Unternehmer ... 288
      cc) Im Inland ... 288
      dd) Gegen Entgelt ... 289
      ee) Im Rahmen des Unternehmens der E-GmbH ... 289
      ff) Ergebnis ... 289
   b) Steuerpflicht ... 289
   c) Bemessungsgrundlage ... 289
   d) Steuersatz ... 289
   e) Steuerschuld und Steuerschuldner ... 289
   f) Ergebnis ... 290
3. Eingangsumsatz bei F ... 290
4. Ergebnis ... 290

§ 23	Übungsfall 16 – Umsatzsteuer	291
	I. Leistung von M an T	292
	1. Ausgangsumsatz bei M	292
	a) Steuerbarer Umsatz	292
	aa) Ausschenken des Weins als sonstige Leistung	293
	bb) Durch einen Unternehmer	293
	cc) Im Inland	293
	dd) Gegen Entgelt	294
	ee) Im Rahmen des Unternehmens des M	294
	ff) Ergebnis	294
	b) Steuerpflicht	294
	c) Bemessungsgrundlage	294
	d) Steuersatz	295
	e) Steuerschuld und Steuerschuldner	295
	f) Ergebnis	295
	2. Eingangsumsatz bei T	295
	3. Ergebnis	295
	II. Leistung von M an G	296
	1. Steuerbarer Umsatz	296
	2. Ergebnis	296
	III. Entnahme der Bierflasche	296
	1. Steuerbarer und steuerpflichtiger Umsatz	297
	2. Bemessungsgrundlage	297
	3. Steuersatz, Steuerschuld und Steuerschuldner	298
	4. Ergebnis	298
	IV. Leistung von M an F	298
	1. Ausgangsumsatz bei M	298
	a) Steuerbarer und steuerpflichtiger Umsatz	298
	b) Bemessungsgrundlage	298
	aa) Entgelt	298
	bb) Mindestbemessungsgrundlage	299
	cc) Ergebnis	300
	c) Steuersatz, Steuerschuld und Steuerschuldner	300
	d) Ergebnis	300
	2. Eingangsumsatz bei F	300
	3. Ergebnis	300
§ 24	Übungsfall 17 – Umsatzsteuer	301
	I. Grundfall	303
	1. Vorsteuerabzugsberechtigung	303
	a) Unternehmereigenschaft von M und dem Autohaus	304
	b) Steuerbare und steuerpflichtige Leistung des Autohauses	304
	c) Für das Unternehmen des M – Höhe des Vorsteuerbetrags	305
	d) Rechnung	305
	e) Ergebnis	305
	2. Umsatzsteuerrechtliche Folgen der Privatfahrten	306
	a) Steuerbarer und steuerpflichtiger Umsatz	306
	b) Bemessungsgrundlage	306
	c) Steuersatz, Steuerschuld und Steuerschuldner	307

Inhalt

	d) Ergebnis	307
3.	Ergebnis	307
II.	Abwandlung 1	308
1.	Vorsteuerabzugsberechtigung im Jahr 01	308
	a) Vorsteuerabzugsberechtigung nach § 15 Abs. 1 UStG	308
	b) Ausschluss des Vorsteuerabzugs nach § 15 Abs. 2 und 4 UStG	309
	c) Ergebnis	309
2.	Nutzungsänderung im Jahr 04 – Berichtigung des Vorsteuerabzugs nach § 15 a UStG	309
	a) Investitionsgut mit Vorsteuerbeträgen von mehr als 1.000 €	310
	b) Änderung der Verhältnisse	310
	c) Berichtigungszeitraum	310
	d) Berichtigung in den Jahren 04 und 05	310
	e) Ergebnis	311
3.	Ergebnis	311
III.	Abwandlung 2	311
1.	Vorsteuerabzugsberechtigung im Jahr 01	312
	a) Unternehmereigenschaft von M und dem Bauunternehmer	312
	b) Steuerbare und steuerpflichtige Leistung von dem Bauunternehmer	312
	c) Für das Unternehmen des M – Höhe des Vorsteuerbetrags	313
	d) Rechnung	313
	e) Ergebnis	313
2.	Nutzungsänderung im Jahr 04 – Berichtigung des Vorsteuerabzugs nach § 15 a UStG	314
	a) Investitionsgut mit Vorsteuerbeträgen von mehr als 1.000 €	314
	b) Änderung der Verhältnisse	314
	c) Berichtigungszeitraum	314
	d) Berichtigung in den Jahren 04 bis 11	315
	e) Ergebnis	315
3.	Ergebnis	315

§ 25 Übungsfall 18 – Steuerverfahrensrecht mit Einkommensteuer 316
- I. Zulässigkeit 318
  - 1. Statthaftigkeit 318
  - 2. Einspruchsbefugnis 319
  - 3. Bevollmächtigung des S 319
  - 4. Frist 319
  - 5. Wiedereinsetzung in den vorigen Stand 320
  - 6. Form 322
  - 7. Ergebnis 322
- II. Begründetheit 322
  - 1. Rechtswidrigkeit des Steuerbescheids 322
    - a) Formelle Rechtswidrigkeit 323
    - b) Materielle Rechtswidrigkeit 323
    - c) Ergebnis 324
  - 2. Rechtsverletzung 324
  - 3. Ergebnis 324
- III. Ergebnis 324

§ 26 Übungsfall 19 – Steuerverfahrensrecht — 325
- I. Grundfall – Korrektur der Steuerbescheide des M — 327
  1. Bestandskraft der Steuerbescheide — 327
  2. Korrektur nach § 165 Abs. 2 AO — 328
  3. Eintritt der Festsetzungsverjährung — 328
     a) Festsetzungsfrist nach den §§ 169, 170 AO — 328
     b) Ablaufhemmung nach § 171 Abs. 8 AO — 329
     c) Ergebnis — 330
  4. Ergebnis — 330
- II. Abwandlung – Korrektur des Steuerbescheids der F — 331
  1. Eintritt der Festsetzungsverjährung — 331
  2. Korrektur nach § 164 Abs. 2 AO — 331
  3. Korrektur nach den §§ 129, 164 Abs. 2 AO — 331
  4. Ergebnis — 332

§ 27 Übungsfall 20 – Steuerverfahrensrecht — 334
- I. Grundfall – Korrektur des Steuerbescheids des M — 336
  1. Bestandskraft des Steuerbescheids — 336
  2. Korrektur nach § 173 Abs. 1 AO — 336
  3. Korrektur nach § 175 Abs. 1 S. 1 Nr. 2 AO — 337
  4. Eintritt der Festsetzungsverjährung — 338
  5. Ergebnis — 338
- II. Abwandlung 1 – Korrektur der Bescheide der B-OHG und des M — 338
  1. Korrektur des Feststellungsbescheids der B-OHG — 338
     a) Eintritt der Feststellungsverjährung — 339
     b) Korrektur nach § 129 AO — 339
     c) Korrektur nach § 173 a AO — 340
     d) Ergebnis — 341
  2. Korrektur des Einkommensteuerbescheids des Gesellschafters M — 341
     a) Korrektur nach § 175 Abs. 1 S. 1 Nr. 1 AO — 341
     b) Eintritt der Festsetzungsverjährung — 341
     c) Ergebnis — 342
  3. Ergebnis — 342
- III. Abwandlung 2 – Korrektur des Steuerbescheids der F — 342
  1. Eintritt der Festsetzungsverjährung — 342
  2. Korrektur nach § 173 Abs. 1 AO — 343
  3. Ergebnis — 344

§ 28 Übungsfall 21 – Steuerverfahrensrecht mit Körperschaftsteuer — 345
- I. Korrektur des Steuerbescheids der Y-GmbH — 346
  1. Bestandskraft des Steuerbescheids — 346
  2. Eintritt der Festsetzungsverjährung — 346
  3. Korrektur nach § 164 Abs. 2 AO — 347
  4. Ergebnis — 348
- II. Korrektur des Einkommensteuerbescheids des M — 348
  1. Korrektur nach § 173 Abs. 1 Nr. 2 AO — 348
  2. Korrektur nach § 174 AO — 349
  3. Korrektur nach § 175 Abs. 1 S. 1 Nr. 1 AO — 349
  4. Korrektur nach § 175 Abs. 1 S. 1 Nr. 2 AO — 350

5.	Korrektur nach § 32 a Abs. 1 S. 1 KStG	350
6.	Korrektur der materiellrechtlichen Fehler nach § 177 AO	351
7.	Eintritt der Festsetzungsverjährung	351
8.	Ergebnis	352

Stichwortverzeichnis 353

Abkürzungsverzeichnis

a.A.	andere Ansicht/anderer Ansicht/anderen Ansicht
a.F.	alte Fassung
A.Ş.	Anonim Şirket (türkische Gesellschaftsform)
A/S	Aktieselskab (dänische Gesellschaftsform)
Abs.	Absatz/Absätze
Abschn.	Abschnitt
AfA	Absetzung für Abnutzung
AfaA	Absetzung für außergewöhnliche Abnutzung
AG	Aktiengesellschaft
AktG	Aktiengesetz
AO	Abgabenordnung
Art.	Artikel
Aufl.	Auflage
B2B	Business to Business
B2C	Business to Consumer
BewG	Bewertungsgesetz
BFH	Bundesfinanzhof
BFH/NV	Sammlung nicht veröffentlichter Entscheidungen des Bundesfinanzhofs (Zeitschrift)
BFHE	Sammlung der Entscheidungen des Bundesfinanzhofs (Zeitschrift)
BGB	Bürgerliches Gesetzbuch
BGBl.	Bundesgesetzblatt
BMF	Bundesministerium der Finanzen
BStBl.	Bundessteuerblatt
BT-Drucks.	Bundestagsdrucksache
BVerfG	Bundesverfassungsgericht
BVerfGE	Sammlung der Entscheidungen des Bundesverfassungsgerichts (Zeitschrift)
DBA	Doppelbesteuerungsabkommen
DepotG	Gesetz über die Verwahrung und Anschaffung von Wertpapieren (Depotgesetz)
ders.	derselbe
DStR	Deutsches Steuerrecht (Zeitschrift)
EFG	Entscheidungen der Finanzgerichte (Zeitschrift)
EGAO	Einführungsgesetz zur Abgabenordnung
EStDV	Einkommensteuer-Durchführungsverordnung
EStG	Einkommensteuergesetz
EStR	Einkommensteuer-Richtlinien
EU	Europäische Union
EuGH	Europäischer Gerichtshof
EWR	Europäischer Wirtschaftsraum
f./ff.	folgende
FG	Finanzgericht
FS	Festschrift
GewStDV	Gewerbesteuer-Durchführungsverordnung
GewStG	Gewerbesteuergesetz
GewStR	Gewerbesteuer-Richtlinien

GG	Grundgesetz für die Bundesrepublik Deutschland
GmbH	Gesellschaft mit beschränkter Haftung
GmbH & Co. KG	Gesellschaft mit beschränkter Haftung und Compagnie Kommanditgesellschaft
GmbHG	Gesetz betreffend die Gesellschaften mit beschränkter Haftung
GrS	Großer Senat
HGB	Handelsgesetzbuch
Hs.	Halbsatz
IStR	Internationales Steuerrecht (Zeitschrift)
JA	Juristische Arbeitsblätter (Zeitschrift)
K.K.	Kabushiki Kaisha (japanische Gesellschaftsform)
Kap.	Kapitel
KG	Kommanditgesellschaft
KStG	Körperschaftsteuergesetz
KunstUrhG	Gesetz betreffend das Urheberrecht an Werken der bildenden Künste und der Photographie
lit.	littera (Buchstabe)
LStDV	Lohnsteuer-Durchführungsverordnung
LStR	Lohnsteuer-Richtlinien
m.w.N.	mit weiterem Nachweis/mit weiteren Nachweisen
MwStSytRL	Richtlinie 2006/112/EG des Rates vom 28.11.2006 über das gemeinsame Mehrwertsteuersystem (Mehrwertsteuersystemrichtlinie)
MwStVO	Durchführungsverordnung (EU) Nr. 282/2011 des Rates vom 15.3.2011 zur Festlegung von Durchführungsvorschriften zur Richtlinie 2006/112/EG über das gemeinsame Mehrwertsteuersystem
NJW	Neue Juristische Wochenschrift (Zeitschrift)
Nr.	Nummer/Nummern
OECD	Organisation for Economic Co-operation and Development
OECD-MA	OECD-Musterabkommen zur Vermeidung von Doppelbesteuerung von Einkommen und Vermögen
OECD-MK	OECD-Kommentare zu den Artikeln des OECD-Musterabkommens zur Vermeidung von Doppelbesteuerung von Einkommen und Vermögen
OFD	Oberfinanzdirektion
OHG	Offene Handelsgesellschaft
Rn.	Randnummer/Randnummern
S.	Satz/Sätze/Seite/Seiten
Slg.	Sammlung der Rechtsprechung des Europäischen Gerichtshofes und des Gerichts erster Instanz
SNC	Sociedade em Nome Coletivo (brasilianische Gesellschaftsform)
SteuK	Steuerrecht kurzgefaßt (Zeitschrift)
u.a.	und andere
US/USA	United States/United States of America

Abkürzungsverzeichnis

UStAE	Umsatzsteuer-Anwendungserlass
UStDV	Umsatzsteuer-Durchführungsverordnung
UStG	Umsatzsteuergesetz
v.	vom
vgl.	vergleiche
VwVfG	Verwaltungsverfahrensgesetz
z.B.	zum Beispiel

Literaturverzeichnis (Auswahl)

Alber, Matthias u.a.: Beck'sches Steuer- und Bilanzrechtslexikon, München 2021
Blümich: Einkommensteuergesetz, Körperschaftsteuergesetz, Gewerbesteuergesetz, Kommentar, München 2021 (Loseblatt, 156. Lieferung)
Bunjes: Umsatzsteuergesetz, Kommentar, 19. Aufl. München 2020
Dicken, André/Fehrenbacher, Oliver/Hennrichs, Joachim/Kleindiek, Detlef/Watrin, Christoph: beck-online.Grosskommentar zum Bilanzrecht, München 2020
Ebenroth, Carsten Thomas/Boujong, Karlheinz/Joost, Detlev/Strohn, Lutz: Handelsgesetzbuch, Kommentar, 4. Aufl. München 2020
Fehrenbacher, Oliver: Steuerrecht, 7. Aufl. Baden-Baden 2020
Fehrenbacher, Oliver/Tavakoli, Anusch: Besteuerung der GmbH & Co. KG, 2. Aufl. Wiesbaden 2014
Frotscher, Gerrit: Internationales Steuerrecht, 5. Aufl. München 2020
Gosch, Dietmar: Körperschaftsteuergesetz, Kommentar, 4. Aufl. München 2020
Herrmann/Heuer/Raupach: Einkommensteuer- und Körperschaftsteuergesetz, Kommentar, Köln 2021 (Loseblatt, 304. Lieferung)
Hübschmann, Walter/Hepp, Ernst/Spitaler, Armin: Abgabenordnung, Finanzgerichtsordnung, Kommentar, Köln 2021 (Loseblatt, 262. Lieferung)
Jacobs, Otto H./Endres, Dieter/Spengel, Christoph: Internationale Unternehmensbesteuerung, 8. Aufl. München 2016
Jacobs, Otto H./Scheffler, Wolfram/Spengel, Christoph: Unternehmensbesteuerung und Rechtsform, 5. Aufl. München 2015
Jakob, Wolfgang: Abgabenordnung, 5. Aufl. München 2010
Jakob, Wolfgang: Einkommensteuer, 4. Aufl. München 2008
Kirchhof, Paul/Seer, Roman: Einkommensteuergesetz, Kommentar, 20. Aufl. Köln 2021
Kirchhof, Paul/Söhn, Hartmut/Mellinghoff, Rudolf: Einkommensteuergesetz, Kommentar, Heidelberg 2021 (Loseblatt, 314. Lieferung)
Klein: Abgabenordnung, Kommentar, 15. Aufl. München 2020
Koch, Jens: Gesellschaftsrecht, 12. Aufl. München 2021
Koenig, Ulrich: Abgabenordnung, Kommentar, 4. Aufl. München 2021
Lenski/Steinberg: Gewerbesteuergesetz, Kommentar, Köln 2021 (Loseblatt, 136. Lieferung)
Michalski, Lutz/Heidinger, Andreas/Leible, Stefan/Schmidt, Jessica: Kommentar zum GmbH-Gesetz, 3. Aufl. München 2017
Offerhaus, Klaus/Söhn, Hartmut/Lange, Hans-Friedrich: Umsatzsteuer, Kommentar, Heidelberg 2021 (Loseblatt, 334. Lieferung)
Prinz, Ulrich/Kahle, Holger: Beck'sches Handbuch der Personengesellschaften, 5. Aufl. München 2020
Rau/Dürrwächter: Umsatzsteuergesetz, Kommentar, Köln 2021 (Loseblatt, 193. Lieferung)
Reiß, Wolfram/Kraeusel, Jörg/Langer, Michael: Umsatzsteuergesetz, Kommentar, Bonn 2021 (Loseblatt, 167. Lieferung)
Rose, Gerd/Watrin, Christoph: Umsatzsteuer, 18. Aufl. Berlin 2013
Schaumburg, Harald: Internationales Steuerrecht, 4. Aufl. Köln 2017
Schmidt, Ludwig: Einkommensteuergesetz, Kommentar, 40. Aufl. München 2021
Schnitger, Arne/Fehrenbacher, Oliver: Kommentar, Körperschaftsteuer, 2. Aufl. Wiesbaden 2017
Schönfeld, Jens/Ditz, Xaver: Doppelbesteuerungsabkommen, Kommentar, 2. Aufl. Köln 2019
Sölch/Ringleb: Umsatzsteuergesetz, Kommentar, München 2021 (Loseblatt, 91. Lieferung)
Tipke/Kruse: Abgabenordnung, Finanzgerichtsordnung, Kommentar, Köln 2021 (Loseblatt, 166. Lieferung)

Literaturverzeichnis (Auswahl)

Tipke, Klaus/Lang, Joachim: Steuerrecht, 24. Aufl. Köln 2020
Vogel/Lehner: Doppelbesteuerungsabkommen, Kommentar, 7. Aufl. München 2021
Wassermeyer, Franz/Richter, Stefan/Schnittker, Helder: Personengesellschaften im Internationalen Steuerrecht, 2. Aufl. Köln 2015
Winnefeld, Robert: Bilanz-Handbuch, 5. Aufl. München 2015

Teil 1: Einführung

§ 1 Prüfungsschema zur Einkommensteuer

Das Einkommensteuerrecht ist in der Praxis und in Prüfungen von herausragender Bedeutung. Die Behandlung unbeschränkt steuerpflichtiger natürlicher Personen bildet daher einen Schwerpunkt dieses Fallbuches.

I. Prüfungsschema

Einkommensteuerrechtliche Fälle bestehen häufig aus mehreren Geschäftsvorfällen. Auch in den Übungsfällen dieses Buches werden die steuerrelevanten Tatsachen in einzelnen Teilsachverhalten ausschnittsweise dargestellt. Die Probleme des Falls sind dann im Rahmen eines Gutachtens zu lösen.

Grundsätzlich ergeben sich für die Prüfung einkommensteuerrechtlicher Sachverhalte folgende Prüfungsschritte:

- Persönliche Steuerpflicht
- Veranlagung und Tarif
- Sachliche Steuerpflicht
  - Einkünftequalifikation
  - Einkünfteermittlung
- Persönliche Abzüge

Teilweise wird in Prüfungen nicht abstrakt nach der steuerrechtlichen Begutachtung des Sachverhalts, sondern nach dem zu versteuernden Einkommen oder nach der konkreten Steuer gefragt. Mitunter wird die Falllösung auch enger an § 2 Abs. 1 bis 6 EStG orientiert. Dann wären im Anschluss an die Prüfung der sachlichen Steuerpflicht die Summe der Einkünfte und der Gesamtbetrag der Einkünfte (vgl. § 2 Abs. 3 EStG) sowie das Einkommen (vgl. § 2 Abs. 4 EStG) und das zu versteuernde Einkommen (vgl. § 2 Abs. 5 EStG) zu ermitteln. Zuletzt ließe sich die festzusetzende Einkommensteuer (vgl. § 2 Abs. 6 EStG) berechnen.

Vertiefungshinweis

Im ersten einkommensteuerrechtlichen Übungsfall sind nach der Lösung der einzelnen Sachverhaltsvarianten die Prüfungsschritte zur Ermittlung des zu versteuernden Einkommens im Sinne des § 2 Abs. 5 EStG beispielhaft dargestellt. Siehe § 8 Rn. 29.

II. Erläuterungen zum Prüfungsschema

Die Prüfungsschritte des obigen Schemas sind in der Falllösung grundsätzlich für jeden Geschäftsvorfall gesondert durchzugehen, allerdings sind unnötige Wiederholungen, wie in jeder Prüfung, zu vermeiden.

1. Persönliche Steuerpflicht

Den Prüfungseinstieg bildet die persönliche Steuerpflicht. Die **unbeschränkte Steuerpflicht** nach § 1 Abs. 1 EStG verlangt als Subjekt der Einkommensteuer eine natürliche

Person mit Wohnsitz oder gewöhnlichem Aufenthalt (vgl. §§ 8, 9 AO) im Inland. Im Fall der unbeschränkten Steuerpflicht gilt das sogenannte Welteinkommensprinzip, wonach sämtliche Einkünfte, unabhängig davon, wo sie erzielt werden, für die Besteuerung in Deutschland relevant sind. Neben der unbeschränkten Steuerpflicht nach § 1 Abs. 1 EStG existieren die erweiterte unbeschränkte Steuerpflicht (vgl. § 1 Abs. 2 EStG) und die fiktive unbeschränkte Steuerpflicht (vgl. § 1 Abs. 3 EStG).[1] Bei rein nationalen Fallkonstellationen ist die unbeschränkte Steuerpflicht regelmäßig nicht problematisch. Die Prüfung sollte dann kurz gehalten werden. Im internationalen Fall wird häufig auch die **beschränkte Steuerpflicht** relevant.

Vertiefungshinweis

Zur unbeschränkten Steuerpflicht im rein nationalen Fall siehe insbesondere § 8 Rn. 6; § 9 Rn. 6, 22; § 10 Rn. 6; § 11 Rn. 6, 14; § 12 Rn. 6. Zur unbeschränkten Steuerpflicht im internationalen Fall siehe § 16 Rn. 6, 32; § 18 Rn. 6 ff., 28.

2. Veranlagung und Tarif

7   Im Anschluss an die persönliche Steuerpflicht sind Erwägungen zur Veranlagung und zum Steuertarif anzustellen. Die Einkommensteuer ist eine **Veranlagungssteuer**. Der Steuerpflichtige hat grundsätzlich eine Einkommensteuererklärung abzugeben (vgl. § 25 Abs. 3 EStG) und die Steuer wird durch einen Steuerbescheid festgesetzt (vgl. § 155 Abs. 1 AO). Der Veranlagungszeitraum ist das Kalenderjahr (vgl. § 25 Abs. 1 EStG). Grundsätzlich erfolgt eine Einzelveranlagung zum Grundtarif (vgl. § 32 a Abs. 1 EStG). Besonderheiten hinsichtlich der Veranlagung sind bei Ehegatten zu berücksichtigen (vgl. §§ 26 ff., 32 a Abs. 5 EStG).

8   Das Einkommensteuergesetz kennt verschiedene **Quellensteuerabzüge**. Steuerabzüge finden bei Einkünften aus nichtselbständiger Arbeit (vgl. §§ 38 ff. EStG, sogenannte Lohnsteuer) und bei Einkünften aus Kapitalvermögen (vgl. §§ 43 ff. EStG, sogenannte Kapitalertragsteuer) statt. Lohnsteuer und Kapitalertragsteuer sind besondere Erhebungsformen der Einkommensteuer. Die Quellenabzüge haben häufig abgeltende Wirkung (vgl. §§ 46 Abs. 4, 43 Abs. 5 EStG). Sofern trotz des Steuerabzugs eine Veranlagung durchgeführt wird, werden die Quellensteuern auf die Einkommensteuer angerechnet (vgl. § 36 Abs. 2 EStG).[2]

Mit Blick auf die Quellenabzüge, die sich auf die Veranlagung auswirken können, bietet es sich an, bei den allgemeinen Ausführungen zur Veranlagung darauf hinzuweisen, dass diese nur vorbehaltlich eines Steuerabzugs mit Abgeltungswirkung gelten. Dann kann an dem üblichen Prüfungsschema, mit den zunächst generellen Ausführungen zu den Grundsätzen der Veranlagung, auch für Fälle festgehalten werden, bei denen in einem Geschäftsvorfall ein solcher Steuerabzug besteht. Die Feststellung, ob ein Steuerabzug erfolgt, hängt nämlich von der erst im Rahmen der sachlichen Steuerpflicht vorzunehmenden Qualifikation der Einkünfte ab. Erst in diesem Kontext können die entsprechenden Besonderheiten dann sachgerecht erörtert werden. Aus unserer Sicht bietet sich der Hinweis auf einen etwaigen Steuerabzug an, wenn in dem Prüfungsfall tatsächlich ein entsprechender Steuerabzug mit Abgeltungswirkung relevant wird. Ist das nicht der Fall, bedarf es auch dieses Hinweises nicht.

---

[1] Zum Ganzen: *Fehrenbacher*, § 2 Rn. 19–23.
[2] Zum Ganzen: *Fehrenbacher*, § 2 Rn. 318–320.

§ 1 Prüfungsschema zur Einkommensteuer

Prüfungs- und Vertiefungshinweis

Zu der hier geschilderten Vorgehensweise siehe § 9 Rn. 7; § 11 Rn. 7; § 12 Rn. 7; § 13 Rn. 41; § 15 Rn. 8.

Wenn in den Fällen dieses Buches Lohn- und Dividendenbeträge oder Ähnliches genannt sind, so sind damit (wie es in Prüfungsfällen üblich sein dürfte) grundsätzlich Bruttobeträge gemeint.

Der **Steuertarif** kann hinsichtlich einzelner Geschäftsvorfälle Besonderheiten aufweisen (vgl. beispielsweise §§ 32 b, 32 d, 34 EStG). Dabei ist es sachgerecht, auf diese Besonderheiten nicht bereits bei den ersten Ausführungen zum Tarif einzugehen. Die besonderen Tarifbestimmungen knüpfen schließlich ebenfalls an weiter unten im Prüfungsschema angesiedelte Prüfungspunkte (insbesondere an die Einkünftequalifikation) an und sollten daher in diesem Kontext dargestellt werden.

Vertiefungshinweis

Zu der hier geschilderten Vorgehensweise siehe § 11 Rn. 10, 29 f., 44; § 12 Rn. 48; § 13 Rn. 46; § 15 Rn. 44, 59 f.

3. Sachliche Steuerpflicht

Den Schwerpunkt der Falllösung bildet in der Regel die sachliche Steuerpflicht. Hier sind die Einkünfte zunächst zu qualifizieren und anschließend zu ermitteln. Die Prüfung orientiert sich an § 2 Abs. 1 EStG, der die Einkunftsarten auflistet, sowie an § 2 Abs. 2 EStG, der die jeweiligen Einkünfteermittlungsarten nennt.

a) Einkünftequalifikation

Im Rahmen der Einkünftequalifikation sind die im Sachverhalt geschilderten Vorgänge einer der sieben Einkunftsarten zuzuordnen. Der **numerus clausus der Einkunftsarten** umfasst die Einkünfte aus Land- und Forstwirtschaft (vgl. §§ 2 Abs. 1 S. 1 Nr. 1, 13 ff. EStG), aus Gewerbebetrieb (vgl. §§ 2 Abs. 1 S. 1 Nr. 2, 15 ff. EStG), aus selbständiger Arbeit (vgl. §§ 2 Abs. 1 S. 1 Nr. 3, 18 EStG), aus nichtselbständiger Arbeit (vgl. §§ 2 Abs. 1 S. 1 Nr. 4, 19 EStG), aus Kapitalvermögen (vgl. §§ 2 Abs. 1 S. 1 Nr. 5, 20 EStG), aus Vermietung und Verpachtung (vgl. §§ 2 Abs. 1 S. 1 Nr. 6, 21 EStG) und die sonstigen Einkünfte (vgl. §§ 2 Abs. 1 S. 1 Nr. 7, 22 ff. EStG). Ist keine der Einkunftsarten erfüllt, erfolgt keine Besteuerung nach dem Einkommensteuergesetz.[3]

Sämtliche steuerbaren Einkünfte erfordern die Beteiligung am allgemeinen wirtschaftlichen Verkehr und das Vorliegen der Einkünfteerzielungsabsicht.[4] Die einzelnen Einkunftsarten haben aber jeweils eigene darüberhinausgehende Tatbestandsmerkmale. Die Abgrenzung der Einkunftsarten kann insbesondere unter Rückgriff auf die Gewerbebetriebsdefinition des § 15 Abs. 2 EStG erfolgen. Das Einkommensteuergesetz enthält zudem einige Bestimmungen, die die Subsidiarität bestimmter Einkunftsarten gegenüber anderen Einkunftsarten festlegen (vgl. §§ 20 Abs. 8, 21 Abs. 3, 23 Abs. 2 EStG).

---

3 *Fehrenbacher*, § 2 Rn. 32.
4 *Fehrenbacher*, § 2 Rn. 31.

b) Einkünfteermittlung

12 Die Einkünfteermittlung hängt von der Qualifikation der Einkünfte ab. § 2 Abs. 2 EStG unterscheidet zwischen Gewinn- und Überschusseinkünften (sogenannter **Dualismus der Einkunftsarten**).[5] Nach § 2 Abs. 2 S. 1 Nr. 1 EStG ist bei Einkünften aus Land- und Forstwirtschaft, Gewerbebetrieb und selbständiger Arbeit der **Gewinn** zu ermitteln. Das Einkommensteuergesetz kennt verschiedene Gewinnermittlungsmethoden. Die Hauptform der Gewinnermittlung ist der Betriebsvermögensvergleich.[6] Der Gewinn ist hiernach der Unterschiedsbetrag zwischen dem Betriebsvermögen am Schluss des Wirtschaftsjahres und dem Betriebsvermögen am Schluss des vorherigen Wirtschaftsjahres (korrigiert um Entnahmen und Einlagen). Unterschieden werden der sogenannte einfache Betriebsvermögensvergleich (vgl. § 4 Abs. 1 EStG) und der sogenannte qualifizierte Betriebsvermögensvergleich (bei dem das sogenannte Maßgeblichkeitsprinzip gilt, vgl. §§ 4 Abs. 1, 5 Abs. 1 EStG). Relevant ist ferner die sogenannte Einnahmenüberschussrechnung nach § 4 Abs. 3 EStG. Hier erfolgt eine Geldverkehrsrechnung; dabei gilt das Zu- und Abflussprinzip.[7]

Vertiefungshinweis
Zum Betriebsvermögensvergleich siehe beispielsweise § 10 Rn. 10 ff.; § 11 Rn. 18. Zur Einnahmenüberschussrechnung siehe § 12 Rn. 10 ff.

13 Nach § 2 Abs. 2 S. 1 Nr. 2 EStG ist bei den anderen Einkunftsarten (nichtselbständige Arbeit, Kapitalvermögen, Vermietung und Verpachtung und sonstige Einkünfte) der **Überschuss** der Einnahmen über die Werbungskosten zu ermitteln. Maßgebende Vorschriften sind die §§ 8, 9 EStG. Die Überschussermittlung erfolgt nach dem Zu- und Abflussprinzip des § 11 EStG.[8]

Vertiefungshinweis
Zur Überschussermittlung siehe § 9 Rn. 10 ff.; § 11 Rn. 10.

4. Persönliche Abzüge

14 Im Anschluss an die sachliche Steuerpflicht erfolgt die Erörterung etwaiger persönlicher Abzüge. Anders als die vorherigen Prüfungsschritte (persönliche Steuerpflicht, Veranlagung und Tarif sowie sachliche Steuerpflicht), die praktisch in jedem Fall zu erörtern sind, kommen persönliche Abzüge nicht in allen Prüfungsfällen vor. Wenn der Sachverhalt entsprechende Hinweise enthält, sind hier die in § 2 Abs. 3 bis 5 EStG genannten Abzüge zu erörtern. Wichtig sind an dieser Stelle vor allem **Sonderausgaben** und **außergewöhnliche Belastungen**.

Vertiefungshinweis
Zu persönlichen Abzügen siehe § 12 Rn. 13; § 17 Rn. 23.

---

[5] *Fehrenbacher*, § 2 Rn. 44.
[6] *Fehrenbacher*, § 2 Rn. 61.
[7] *Fehrenbacher*, § 2 Rn. 112.
[8] Zum Ganzen: *Fehrenbacher*, § 2 Rn. 123.

§ 2 Prüfungsschema zur Ertragsbesteuerung der Personengesellschaften

Die ertragsteuerrechtliche Behandlung von Personengesellschaften ist besonders interessant, weil die Personengesellschaft selbst weder Subjekt der Einkommensteuer noch der Körperschaftsteuer ist (wohl aber der Gewerbesteuer). Steuersubjekte sind die Gesellschafter der Personengesellschaft. Es gilt das sogenannte **Transparenzprinzip**.[1] Im Zentrum der Prüfung stehen in Personengesellschaftsfällen damit die Gesellschafter der Personengesellschaft.

I. Prüfungsschema

Die Prüfung richtet sich nach den für die jeweiligen Gesellschafter maßgeblichen Prüfungsgrundsätzen. Es kann die beschränkte oder unbeschränkte Einkommen- oder Körperschaftsteuerpflicht zu prüfen sein.

Aus ertragsteuerlicher Sicht sind zwei Arten von Personengesellschaften zu unterscheiden – unternehmerisch tätige Gesellschaften (sogenannte Mitunternehmerschaften) und vermögensverwaltende Gesellschaften.[2] Besonders prüfungsrelevant sind die **Mitunternehmerschaften**, für deren Gesellschafter die besondere Bestimmung des § 15 Abs. 1 S. 1 Nr. 2 EStG gilt. Unter Berücksichtigung des § 15 Abs. 1 S. 1 Nr. 2 EStG ist im Rahmen der Einkünftequalifikation zu untersuchen, ob die Personengesellschaft ein (gewerbliches) Unternehmen betreibt, als deren Mitunternehmer die Gesellschafter anzusehen sind. Bei der Einkünfteermittlung sind der Gewinnanteil und der Sonderbereich relevant. Zudem sollte auf die verfahrensrechtliche Besonderheit der einheitlichen und gesonderten Gewinnfeststellung hingewiesen werden.

Beispielhaft ergibt sich für unbeschränkt einkommensteuerpflichtige Gesellschafter unter Beachtung des § 15 Abs. 1 S. 1 Nr. 2 EStG folgendes Prüfungsschema:

- Persönliche Steuerpflicht
- Veranlagung und Tarif
- Sachliche Steuerpflicht
  - Einkünftequalifikation
    - (Gewerbliches) Unternehmen
    - Mitunternehmerstellung der Gesellschafter
  - Einkünfteermittlung
    - Gewinnanteil
    - Sonderbereich
- Persönliche Abzüge
- Einheitliche und gesonderte Gewinnfeststellung

Vertiefungshinweis

Zur Prüfung unbeschränkt einkommensteuerpflichtiger Gesellschafter einer Mitunternehmerschaft siehe § 13 Rn. 6 ff.; § 14 Rn. 5 ff.; § 15 Rn. 5 ff. Zur Prüfung beschränkt einkommensteuerpflichtiger Gesellschafter einer Mitunternehmerschaft siehe § 19 Rn. 5 ff.

---

1 *Fehrenbacher*, § 3 Rn. 1.
2 *Fehrenbacher*, § 3 Rn. 2 f.

II. Erläuterungen zum Prüfungsschema

4 Die Prüfung richtet sich grundsätzlich nach den für die Gesellschafter (allgemein) geltenden Prüfungsgrundsätzen. Besonderheiten ergeben sich insbesondere bei der Einkünftequalifikation und der Einkünfteermittlung.

1. Persönliche Steuerpflicht

5 Abzustellen ist bei der Prüfung der persönlichen Steuerpflicht auf die Gesellschafter. Es sollte auf die fehlende Steuersubjektfähigkeit der Personengesellschaft und auf das Transparenzprinzip hingewiesen werden. Ansonsten ergeben sich keine Besonderheiten.

Vertiefungshinweis

Zur Prüfung der persönlichen Steuerpflicht der Gesellschafter siehe § 13 Rn. 6; § 14 Rn. 6; § 15 Rn. 6 f.

2. Veranlagung und Tarif

6 Hinsichtlich der Veranlagung und des Tarifs ergeben sich für die Gesellschafter im Personengesellschaftsfall keine Besonderheiten.

3. Sachliche Steuerpflicht

7 Die Einkünftequalifikation und die Einkünfteermittlung bilden auch für Personengesellschaftsfälle regelmäßig den Schwerpunkt der Prüfung. Die Besonderheit der Mitunternehmerschaftsbesteuerung besteht darin, dass die Einkünfteerzielung durch die Gesellschafter in ihrer gesamthänderischen Verbundenheit erfolgt. Die Gesellschaft ist zwar kein Subjekt der Einkommensteuer, ihr wird jedoch eine **partielle Steuersubjektfähigkeit** zugesprochen. Bei der Qualifikation und bei der Ermittlung der Einkünfte ist daher zunächst auf die Gesellschaft abzustellen, anschließend sind die Gesellschafter als Steuerpflichtige zu betrachten.[3]

a) Einkünftequalifikation

8 Im Rahmen der Einkünftequalifikation ist entscheidend, welcher Typus einer Personengesellschaft vorliegt. Hier kann die Abgrenzung mit Blick auf die Voraussetzungen der gewerblichen Mitunternehmerschaft erfolgen. Bei den Gesellschaftern liegen gewerbliche Einkünfte nach den §§ 2 Abs. 1 S. 1 Nr. 2, 15 Abs. 1 S. 1 Nr. 2 EStG vor, wenn sie Mitunternehmer einer gewerblichen Mitunternehmerschaft sind.[4]

aa) (Gewerbliches) Unternehmen

9 Eine gewerbliche Mitunternehmerschaft erfordert eine **gewerbliche Tätigkeit** der Personengesellschaft. Die Merkmale des Gewerbebetriebs bestimmen sich grundsätzlich nach § 15 Abs. 2 EStG. Daneben ist aber auch § 15 Abs. 3 EStG zu beachten. Eine gewerbliche Tätigkeit wird damit auch dann angenommen, wenn eine sogenannte gewerbliche Infektion nach § 15 Abs. 3 Nr. 1 EStG oder eine sogenannte gewerbliche

---

[3] Zum Ganzen: *Fehrenbacher*, § 3 Rn. 2.
[4] Zum Ganzen: *Fehrenbacher*, § 3 Rn. 4.

Prägung nach § 15 Abs. 3 Nr. 2 EStG vorliegt.[5] Scheitert die Gewerblichkeit daran, dass eine **land- und forstwirtschaftliche Tätigkeit** oder eine **selbständige Arbeit** ausgeübt wird, so gelten dennoch die Grundsätze für Mitunternehmerschaften (vgl. §§ 13 Abs. 7, 18 Abs. 4 S. 2 EStG).[6] Von Bedeutung ist beispielsweise die freiberufliche Mitunternehmerschaft.

Liegt eine **vermögensverwaltende Personengesellschaft** vor, gelten die Grundsätze zur Mitunternehmerschaftsbesteuerung des § 15 Abs. 1 S. 1 Nr. 2 EStG nicht.[7] Auch hier werden die Einkünfte aber zunächst auf der Ebene der Gesellschaft qualifiziert. Unter Umständen kommt es bei einzelnen Gesellschaftern zu einer Umqualifizierung in gewerbliche Einkünfte (sogenannte Zebragesellschaft).[8] 10

bb) Mitunternehmerstellung der Gesellschafter

Nach der Feststellung des Vorliegens einer gewerblichen Tätigkeit der Personengesellschaft (beziehungsweise einer Tätigkeit, die sich als Land- und Forstwirtschaft oder als selbständige Arbeit darstellt) ist die Mitunternehmerstellung der Gesellschafter zu untersuchen. Die Mitunternehmerstellung setzt ein Gesellschaftsverhältnis sowie Mitunternehmerrisiko und Mitunternehmerinitiative bei den Gesellschaftern voraus. Der Mitunternehmerbegriff ist ein sogenannter **Typusbegriff**. Es kommt auf das Gesamtbild der Verhältnisse an. Dabei kann ein Weniger an Initiative ein Mehr an Risiko ausgleichen – und umgekehrt. Die Fassung des § 15 Abs. 1 S. 1 Nr. 2 S. 1 EStG zeigt, dass die Stellung eines Kommanditisten (nach den gesetzlichen Regelungen der §§ 162 ff. HGB) ausreichend ist, um die Mitunternehmerstellung zu begründen.[9] 11

Mitunternehmer kann grundsätzlich nur sein, wer **Gesellschafter** ist. Dafür ist an das Zivilrecht anzuknüpfen.[10] Erforderlich ist weiterhin, dass der Gesellschafter **Mitunternehmerrisiko** trägt, also am Erfolg und Misserfolg der Gesellschaft teilnimmt. Merkmale des Mitunternehmerrisikos sind insbesondere die Beteiligung am Gewinn und Verlust sowie an den stillen Reserven und Lasten der Personengesellschaft.[11] Ferner bedarf es der Entfaltung von **Mitunternehmerinitiative** durch die Teilhabe an unternehmerischen Entscheidungen. Relevant sind hier insbesondere Geschäftsführungs- oder Vertretungsbefugnisse.[12] 12

Vertiefungshinweis

Zur Prüfung der Mitunternehmerstellung siehe § 13 Rn. 11 ff.; § 14 Rn. 11; § 15 Rn. 13 ff.; § 16 Rn. 25; § 19 Rn. 10.

b) Einkünfteermittlung

Die Einkünfte der Mitunternehmer setzen sich nach § 15 Abs. 1 S. 1 Nr. 2 EStG aus den Gewinnanteilen an der Personengesellschaft (erste Stufe der Gewinnermittlung, § 15 Abs. 1 S. 1 Nr. 2 S. 1 Hs. 1 EStG) und aus den Sondervergütungen (zweite Stufe der Gewinnermittlung, § 15 Abs. 1 S. 1 Nr. 2 S. 1 Hs. 2 EStG) zusammen. Die Gewinn- 13

---

5 Zum Ganzen: *Fehrenbacher*, § 3 Rn. 9–13.
6 *Fehrenbacher*, § 3 Rn. 9.
7 Siehe *Fehrenbacher*, § 3 Rn. 45 f.
8 *Fehrenbacher*, § 3 Rn. 47.
9 Zum Ganzen: *Fehrenbacher*, § 3 Rn. 5–8.
10 *Fehrenbacher*, § 3 Rn. 6.
11 Zum Ganzen: *Fehrenbacher*, § 3 Rn. 7.
12 Zum Ganzen: *Fehrenbacher*, § 3 Rn. 8.

einkünfte der Mitunternehmer ergeben sich aus der Addition der Ergebnisse aus erster und zweiter Stufe der Gewinnermittlung (sogenannte **additive Gewinnermittlung**).[13]

14 Bei **vermögensverwaltenden Personengesellschaften** gilt § 15 Abs. 1 S. 1 Nr. 2 EStG nicht. Bei ihnen ist der Überschuss der Einnahmen über die Werbungskosten (vgl. §§ 8, 9 EStG) zu ermitteln und den Gesellschaftern anteilig zuzurechnen.[14]

aa) Gewinnanteil, § 15 Abs. 1 S. 1 Nr. 2 S. 1 Hs. 1 EStG

15 Ausgangspunkt der Ermittlung des Gewinnanteils der Mitunternehmer ist der Gewinn der Personengesellschaft.[15] Daher ist der **Gewinn der Mitunternehmerschaft** zu ermitteln (vgl. §§ 2 Abs. 2 S. 1 Nr. 1, 4 ff. EStG). Die Gewinnermittlungsart richtet sich nach der Art der Einkünfte und danach, ob eine Buchführungspflicht besteht, beziehungsweise ob freiwillig Bücher geführt werden.[16]

16 Der Gewinn der Mitunternehmerschaft wird den Gesellschaftern anteilig zugerechnet. Die konkrete **Zurechnung des Gewinns an die Gesellschafter** richtet sich, soweit keine abweichenden gesellschaftsvertraglichen Vereinbarungen bestehen, nach den gesetzlichen Regelungen (vgl. insbesondere §§ 120 f., 168 HGB).[17]

Vertiefungshinweis

Zum Gewinnanteil siehe § 13 Rn. 16 ff.; § 14 Rn. 14 ff.; § 15 Rn. 18 ff.; § 16 Rn. 27 f.; § 19 Rn. 13.

bb) Sonderbereich, § 15 Abs. 1 S. 1 Nr. 2 S. 1 Hs. 2 EStG

17 Auf der zweiten Stufe der Gewinnermittlung wird das Ergebnis der Sonderbilanzen der Gesellschafter nach § 15 Abs. 1 S. 1 Nr. 2 S. 1 Hs. 2 EStG ermittelt. Hier kommt ebenfalls die von der Gesellschaft angewandte Gewinnermittlungsmethode zur Anwendung.[18]

18 Im Sonderbereich wirken sich **Sonderbetriebseinnahmen und Sonderbetriebsausgaben** aus.[19] Besondere Bedeutung haben bei der Gewinnermittlung auf der Ebene der Gesellschafter die in § 15 Abs. 1 S. 1 Nr. 2 S. 1 Hs. 2 EStG bestimmten **Sondervergütungen**. Liegen entsprechende Leistungsvergütungen der Gesellschaft an die Gesellschafter vor, erfolgt eine Umqualifizierung in gewerbliche Einnahmen.[20]

Wirtschaftsgüter eines Mitunternehmers werden nicht in der Bilanz der Mitunternehmerschaft erfasst. Sie können jedoch **Sonderbetriebsvermögen** des Gesellschafters darstellen. Dem Sonderbetriebsvermögen werden Wirtschaftsgüter zugeordnet, die geeignet und erkennbar dazu bestimmt sind, dem Betrieb der Gesellschaft zu dienen (sogenanntes Sonderbetriebsvermögen I) beziehungsweise die dazu bestimmt sind, der Beteiligung des Gesellschafters zu dienen (sogenanntes Sonderbetriebsvermögen II).[21]

---

13 Zum Ganzen: *Fehrenbacher*, § 3 Rn. 14.
14 *Fehrenbacher*, § 3 Rn. 46; *Hennrichs*, in: Tipke/Lang, Rn. 10.102.
15 *Fehrenbacher*, § 3 Rn. 15.
16 *Fehrenbacher*, § 3 Rn. 16.
17 *Krumm*, in: Kirchhof/Seer, § 15 EStG Rn. 228.
18 *Fehrenbacher*, § 3 Rn. 18; *Hennrichs*, in: Tipke/Lang, Rn. 10.115.
19 *Fehrenbacher*, § 3 Rn. 18.
20 *Fehrenbacher*, § 3 Rn. 19.
21 Zum Ganzen: *Fehrenbacher*, § 3 Rn. 21.

Vertiefungshinweis
Zum Sonderbereich siehe § 14 Rn. 20 ff.; § 15 Rn. 24 ff.; § 19 Rn. 28.

4. Persönliche Abzüge

Kommen für die Gesellschafter persönliche Abzüge in Betracht, so ist dies an dieser Stelle der Prüfung wie üblich zu erörtern. 19

5. Einheitliche und gesonderte Gewinnfeststellung

Die Einkünfte der Personengesellschaft werden verfahrensrechtlich nach den §§ 179 Abs. 1, 180 Abs. 1 Nr. 2 lit. a AO einheitlich und gesondert (für die Folgebescheide bindend) festgestellt (Feststellungsbescheid als Grundlagenbescheid, vgl. §§ 171 Abs. 10, 182 Abs. 1 AO).[22] 20

Vertiefungshinweis
Zur einheitlichen und gesonderten Gewinnfeststellung siehe § 13 Rn. 23; § 14 Rn. 27; § 15 Rn. 30; § 27 Rn. 15 ff.

---

22 *Fehrenbacher*, § 3 Rn. 2, § 8 Rn. 90–92.

§ 3 Prüfungsschema zur Körperschaftsteuer

1 Die Körperschaftsteuer ist das Pendant zur Einkommensteuer für juristische Personen (und gleichgestellte Rechtsgebilde). Für Prüfungen ist die Körperschaftsteuer aufgrund des dort geltenden sogenannten **Trennungsprinzips** interessant. Die Gesellschaft und ihre Gesellschafter sind getrennt zu betrachten.

Vertiefungshinweis

Aus der Besteuerung der Einkünfte auf der Ebene der Gesellschaft und auf der Ebene der Gesellschafter ergibt sich eine wirtschaftliche Doppelbesteuerung (Doppelbelastung), für deren Ausgleich besondere Regelungen bestehen.[1] Relevant sind hier die sogenannte Abgeltungsteuer, das sogenannte Teileinkünfteverfahren und die grundsätzliche Steuerbefreiung des § 8 b KStG. Siehe hierzu insbesondere § 11 Rn. 10, 24, 30; § 15 Rn. 50, 54, 59 f.

I. Prüfungsschema

2 Die körperschaftsteuerrechtliche Prüfung ähnelt der einkommensteuerrechtlichen Prüfung. Es kann nach dem folgenden Schema vorgegangen werden:

- Persönliche Steuerpflicht
- Veranlagung und Tarif
- Sachliche Steuerpflicht
  - Einkünftequalifikation
  - Einkünfteermittlung

II. Erläuterungen zum Prüfungsschema

3 Wie bei der einkommensteuerrechtlichen Prüfung sind bei der körperschaftsteuerrechtlichen Prüfung grundsätzlich einzelne Geschäftsvorfälle hinsichtlich der persönlichen Steuerpflicht, der Veranlagung und des Tarifs sowie der sachlichen Steuerpflicht zu begutachten. Auch hier sollten unnötige Wiederholungen (beispielsweise der persönlichen Steuerpflicht) vermieden werden.

1. Persönliche Steuerpflicht

4 Zunächst ist die persönliche Steuerpflicht zu erörtern. Die **unbeschränkte Körperschaftsteuerpflicht** ist in § 1 KStG geregelt. Nach § 1 Abs. 1 KStG sind die dort genannten Körperschaftsteuersubjekte unbeschränkt steuerpflichtig, wenn sie ihre Geschäftsleitung oder ihren Sitz (vgl. §§ 10, 11 AO) im Inland haben. Prüfungsrelevant sind insbesondere die Kapitalgesellschaften im Sinne des § 1 Abs. 1 Nr. 1 KStG (beispielsweise AG und GmbH). Nach § 1 Abs. 2 KStG erstreckt sich die unbeschränkte Steuerpflicht auf sämtliche Einkünfte. Besteht keine unbeschränkte Steuerpflicht, kann eine **beschränkte Körperschaftsteuerpflicht** nach § 2 KStG vorliegen.[2]

Vertiefungshinweis

Zur unbeschränkten Steuerpflicht siehe § 15 Rn. 34, 37; § 20 Rn. 6.

---

1 Vgl. *Fehrenbacher*, § 4 Rn. 1.
2 Zum Ganzen: *Fehrenbacher*, § 4 Rn. 8.

2. Veranlagung und Tarif

Im Anschluss an die persönliche Steuerpflicht sind die Veranlagung und der Tarif zu erörtern. Die Körperschaftsteuer wird grundsätzlich veranlagt (vgl. § 31 Abs. 1 S. 1 KStG, § 25 Abs. 1 EStG). Unter Umständen erfolgt ein Quellenabzug – relevant ist hier der Kapitalertragsteuerabzug. Anders als bei der Einkommensteuer besteht bei der Körperschaftsteuer kein progressiver Steuertarif. Der Steuersatz beträgt einheitlich 15 Prozent (vgl. § 23 Abs. 1 KStG).

3. Sachliche Steuerpflicht

Die sachliche Steuerpflicht bildet regelmäßig den Schwerpunkt der Fallprüfung. Sie gliedert sich in die Qualifikation und die Ermittlung der Einkünfte. Was als Einkommen gilt und wie das Einkommen zu ermitteln ist, bestimmt sich nach den Vorschriften des Einkommensteuergesetzes und des Körperschaftsteuergesetzes (vgl. § 8 Abs. 1 S. 1 KStG).

a) Einkünftequalifikation

Aufgrund des Verweises in § 8 Abs. 1 KStG auf die Vorschriften des Einkommensteuergesetzes sind grundsätzlich die Einkunftsarten des Einkommensteuergesetzes relevant. Allerdings sind bei unbeschränkt Körperschaftsteuerpflichtigen im Sinne des § 1 Abs. 1 Nr. 1 bis 3 KStG alle Einkünfte als gewerbliche Einkünfte zu behandeln (vgl. § 8 Abs. 2 KStG).

Vertiefungshinweis

Zur Einkünftequalifikation siehe § 15 Rn. 37; § 20 Rn. 9.

b) Einkünfteermittlung

Unbeschränkt steuerpflichtige Kapitalgesellschaften ermitteln ihre Einkünfte durch qualifizierten Betriebsvermögensvergleich (vgl. §§ 4 Abs. 1, 5 Abs. 1 EStG). Sie sind als Kaufleute kraft Rechtsform (vgl. beispielsweise § 6 HGB, § 2 AktG, § 13 Abs. 3 GmbHG) nach § 238 Abs. 1 HGB buchführungspflichtig.[3]

Vertiefungshinweis

Zur Einkünfteermittlung siehe § 15 Rn. 38, § 20 Rn. 10.

Das Körperschaftsteuerrecht enthält prüfungsrelevante Spezialregelungen zur Einkünfteermittlung. Bedeutend ist vor allem die (weitgehende) Steuerbefreiung für Gewinnausschüttungen und Veräußerungsgewinne im Zusammenhang mit Beteiligungen an anderen Kapitalgesellschaften nach § 8 b KStG.[4] Zu beachten ist zudem, dass sich die Verteilung des Einkommens auf die Gesellschafter nicht auf die Einkommensermittlung auswirkt (vgl. § 8 Abs. 3 S. 1 KStG). Prüfungsrelevant sind in diesem Kontext insbesondere **verdeckte Gewinnausschüttungen**, die sich nicht auf das steuerliche Einkommen auswirken dürfen (vgl. § 8 Abs. 3 S. 2 KStG).[5] Darüber hinaus können auch die Sondervorschriften der §§ 8 a, 9, 10 KStG relevant werden.[6]

---

[3] Zum Ganzen: *Fehrenbacher*, § 4 Rn. 27.
[4] Zum Ganzen: *Fehrenbacher*, § 4 Rn. 29–36.
[5] Siehe hierzu *Fehrenbacher*, § 4 Rn. 37–50.
[6] Siehe hierzu *Fehrenbacher*, § 4 Rn. 56–67.

Vertiefungshinweis

Zu § 8 b KStG siehe § 15 Rn. 50, 54. Zur verdeckten Gewinnausschüttung siehe § 15 Rn. 57 ff.; § 28 Rn. 9, 13.

§ 4 Prüfungsschema zur Gewerbesteuer

Die Gewerbesteuer als wesentliche Finanzquelle der Gemeinden (vgl. Art. 106 Abs. 6 S. 1 GG) hat eine hohe Praxisrelevanz, woraus sich auch eine Prüfungsbedeutung ableitet. Als Teil der Unternehmensbesteuerung nimmt die Gewerbesteuer Bezug auf den einkommensteuerrechtlichen Gewerbebetrieb (vgl. § 2 Abs. 1 S. 2 GewStG) und knüpft an den nach den Vorgaben des Einkommen- oder Körperschaftsteuergesetzes zu ermittelnden Gewinn an (vgl. § 7 S. 1 GewStG). In der Prüfung kann die Gewerbesteuer daher insbesondere einkommen- und körperschaftsteuerrechtliche Fälle ergänzen.

I. Prüfungsschema

Die gewerbesteuerrechtliche Prüfung schließt sich in den Fällen dieses Fallbuches an die Prüfung der Einkommensteuer beziehungsweise der Körperschaftsteuer an. Dabei wird nach dem folgenden Schema vorgegangen:

- Sachliche Steuerpflicht (Steuerobjekt)
- Persönliche Steuerpflicht (Steuersubjekt)
- Bemessungsgrundlage
- Steuerfestsetzung
- Unter Umständen: Auswirkungen der Gewerbesteuer auf die Einkommensteuer

Im Rahmen der gewerbesteuerrechtlichen Falllösungen dieses Fallbuches werden die Rechenschritte zur Ermittlung der Gewerbesteuer nachvollzogen. Das dürfte häufig der Prüfungspraxis entsprechen und dient hier vor allem der Veranschaulichung.

II. Erläuterungen zum Prüfungsschema

Die Gewerbesteuerpflicht kann nach dem obigen Schema geprüft werden. Bei der Gewerbesteuer als Objektsteuer bildet die sachliche Steuerpflicht mit der Erörterung des Steuergegenstands den Prüfungseinstieg.[1]

1. Sachliche Steuerpflicht (Steuerobjekt)

Steuergegenstand der Gewerbesteuer ist nach § 2 Abs. 1 S. 1 GewStG jeder im Inland betriebene stehende Gewerbebetrieb (vgl. § 1 GewStDV) sowie im Inland betriebene Reisegewerbebetriebe (für die Besonderheiten gelten, vgl. § 35a GewStG, § 35 GewStDV). Ein Gewerbebetrieb ist nach § 2 Abs. 1 S. 2 GewStG ein gewerbliches Unternehmen, wobei die Kriterien des Einkommensteuergesetzes (vgl. § 15 Abs. 2 EStG) maßgeblich sind. Erforderlich ist demnach eine selbständige, nachhaltige, mit Gewinnerzielungsabsicht und unter Beteiligung am allgemeinen wirtschaftlichen Verkehr ausgeübte Tätigkeit, die sich weder als Land- und Forstwirtschaft oder als selbständige Arbeit (im Sinne der §§ 2 Abs. 1 S. 1 Nr. 3, 18 EStG) noch als private Vermögensverwaltung (vgl. § 14 S. 3 AO) darstellt.[2] Einen Gewerbebetrieb unterhalten neben gewerblichen Einzelunternehmern auch Personengesellschaften beim Vorliegen der Voraussetzungen von § 15 Abs. 2 und 3 EStG, sowie Kapitalgesellschaften ohne

---

1 Vgl. *Fehrenbacher*, § 5 Rn. 9.
2 *Fehrenbacher*, § 5 Rn. 9–14.

Rücksicht auf die ausgeübte Tätigkeit (vgl. § 2 Abs. 2 GewStG).[3] Jeder Betrieb ist gesondert zu betrachten, etwa was Freibeträge, Hinzurechnungen und Kürzungen angeht.[4] Wenn sich die gewerbesteuerrechtliche Prüfung an Ausführungen zur Einkommen- oder Körperschaftsteuer anschließt, kann hinsichtlich der gewerblichen Qualifikation regelmäßig auf die entsprechenden Erwägungen verwiesen werden.

Vertiefungshinweis

Zum Steuerobjekt siehe § 10 Rn. 51; § 11 Rn. 48. Zum Steuerobjekt im Personengesellschaftsfall siehe § 14 Rn. 64. Zum Steuerobjekt im Kapitalgesellschaftsfall siehe § 15 Rn. 62.

5   Der nach dem **Territorialitätsprinzip** erforderliche Inlandsbezug besteht, wenn im Inland (vgl. § 2 Abs. 7 GewStG) eine Betriebstätte unterhalten wird (vgl. § 2 Abs. 1 S. 3 GewStG, vgl. auch § 9 Nr. 3 GewStG). Es gilt der Betriebstättenbegriff des § 12 AO.[5]

2. Persönliche Steuerpflicht (Steuersubjekt)

6   Steuersubjekt und Schuldner der Gewerbesteuer ist der Unternehmer, für dessen Rechnung das Gewerbe betrieben wird (vgl. § 5 Abs. 1 GewStG). Auch eine gewerblich tätige Personengesellschaft kann Unternehmerin sein. Die Mitunternehmerschaft ist (anders als ansonsten im Ertragsteuerrecht) für die Gewerbesteuer steuerrechtsfähig und Steuerschuldnerin nach § 5 Abs. 1 S. 3 GewStG.

Vertiefungshinweis

Zum Steuersubjekt siehe § 10 Rn. 52; § 11 Rn. 49; § 14 Rn. 65; § 15 Rn. 63.

3. Bemessungsgrundlage

7   Die Bemessungsgrundlage der Gewerbesteuer ist der Steuermessbetrag (vgl. § 14 GewStG). Er ermittelt sich nach dem folgenden Schema:

- Gewerbeertrag
    - Einkommen- und körperschaftsteuerrechtlicher Gewinn
    - Hinzurechnungen
    - Kürzungen
- Berücksichtigung des Freibetrags
- Anwendung der Steuermesszahl

Der Steuermessbetrag errechnet sich gemäß § 11 GewStG durch die Anwendung der Steuermesszahl auf den auf volle hundert Euro abgerundeten und um Freibeträge gekürzten Gewerbeertrag, welcher die Besteuerungsgrundlage darstellt (vgl. § 6 GewStG). Maßgeblich ist der Gewerbeertrag des Kalenderjahres als Erhebungszeitraum (vgl. §§ 10, 14 GewStG).[6] Der Gewerbeertrag basiert auf dem nach den Vorschriften des Einkommen- und Körperschaftsteuergesetzes zu ermittelnden Gewinn (vgl. § 7 GewStG). Zur Objektivierung ist der entsprechende Gewinn durch Hinzurechnungen (vgl. § 8 GewStG) und Kürzungen (vgl. § 9 GewStG) zu korrigieren.[7] Die

---
3   *Fehrenbacher*, § 5 Rn. 11–13.
4   *Fehrenbacher*, § 5 Rn. 10.
5   Zum Ganzen: *Fehrenbacher*, § 5 Rn. 15–17.
6   Zum Ganzen: *Fehrenbacher*, § 5 Rn. 23.
7   Zum Ganzen: *Fehrenbacher*, § 5 Rn. 24.

Steuermesszahl beträgt 3,5 Prozent gemäß § 11 Abs. 2 GewStG, und die Freibeträge ergeben sich aus § 11 Abs. 1 S. 3 GewStG.

Vertiefungshinweis

Zur Bemessungsgrundlage siehe § 10 Rn. 53 ff.; § 11 Rn. 50 ff.; § 14 Rn. 66 ff.; § 15 Rn. 64 ff.

4. Steuerfestsetzung

Der Steuermessbetrag wird durch das Finanzamt festgesetzt (**Steuermessbescheid**, vgl. § 184 AO). Unter Umständen erfolgt eine Zerlegung, wenn Betriebstätten in mehreren Gemeinden bestehen (vgl. §§ 185 ff. AO, §§ 28 ff. GewStG).[8] Der Steuermessbescheid (bzw. der Zerlegungsbescheid) ist Grundlagenbescheid (vgl. §§ 184 Abs. 1, 182 Abs. 1 AO) für die Gewerbesteuerfestsetzung, die durch die Gemeinde erfolgt (**Gewerbesteuerbescheid**, vgl. §§ 1, 16 GewStG). Bei der Steuerfestsetzung wendet die Gemeinde auf den Steuermessbetrag ihren Hebesatz, der mindestens 200 Prozent betragen muss, an (vgl. § 16 GewStG).[9]

Vertiefungshinweis

Zur Steuerfestsetzung siehe § 10 Rn. 61; § 11 Rn. 59; § 14 Rn. 75; § 15 Rn. 73.

5. Auswirkungen der Gewerbesteuer auf die Einkommensteuer

Wird die Gewerbesteuer, wie in einigen Fällen dieses Fallbuches, im Zusammenhang mit der Einkommensteuer geprüft, sollte auf die pauschale Anrechnung der Gewerbesteuer auf die Einkommensteuer nach § 35 EStG eingegangen werden.

Vertiefungshinweis

Zur Anrechnung der Gewerbesteuer auf die Einkommensteuer siehe § 10 Rn. 62; § 11 Rn. 60. Zur Anrechnung im Personengesellschaftsfall siehe § 14 Rn. 76.

---

8 Zum Ganzen: *Fehrenbacher*, § 5 Rn. 40–41.
9 Zum Ganzen: *Fehrenbacher*, § 5 Rn. 40–43.

§ 5 Prüfungsschemata zum internationalen Ertragsteuerrecht

1 Das internationale Ertragsteuerrecht spielt aufgrund der zunehmenden Internationalisierung eine immer bedeutendere Rolle. Besondere Bedeutung haben im internationalen Kontext die Regelungen zum Ausgleich der (rechtlichen) Doppelbesteuerung, zu der es aufgrund des Zugriffs verschiedener Staaten auf das Steuersubstrat kommen kann.

I. Prüfungsschemata

2 Bei internationalen Fallgestaltungen kann zwischen sogenannten Inbound- und Outbound-Investitionen unterschieden werden. Bei einer Inbound-Investition erzielt ein Steuerausländer Einkünfte aus Investitionen im Inland. Bei einer Outbound-Investition erzielt ein Steuerinländer Einkünfte aus Investitionen im Ausland. Die Fälle dieses Buches vollziehen diese Differenzierung nach und behandeln das internationale Einkommen- und Körperschaftsteuerrecht sowie die Ertragsbesteuerung der Personengesellschaften im internationalen Kontext.

1. Prüfungsschema zur Inbound-Investition – Beschränkte Steuerpflicht

3 Beim Inboundfall (ohne Anwendung eines Doppelbesteuerungsabkommens) kann die (beschränkte) Steuerpflicht in Deutschland nach folgendem Schema geprüft werden:

- Unbeschränkte Steuerpflicht
- Beschränkte Steuerpflicht
    - Persönliche Voraussetzungen
    - Inländische Einkünfte
- Einkünfteermittlung
- Steuererhebung
- Unter Umständen: Persönliche Abzüge

2. Prüfungsschema zur Outbound-Investition – Unbeschränkte Steuerpflicht

4 Beim Outboundfall bestimmt sich die Steuerpflicht in Deutschland zunächst nach dem (allgemeinen) Schema zur unbeschränkten Steuerpflicht. Allerdings kann im Anschluss an diese Prüfung der Ausgleich der Doppelbesteuerung nach den unilateralen Regelungen relevant werden. Beim Outboundfall (ohne Anwendung eines Doppelbesteuerungsabkommens) kann nach folgendem Schema vorgegangen werden:

- Persönliche Steuerpflicht (unbeschränkte Steuerpflicht)
- Veranlagung und Tarif
- Sachliche Steuerpflicht
- Unter Umständen: Persönliche Abzüge
- Ausgleich der Doppelbesteuerung nach unilateralen Regelungen

3. Prüfungsschema zur Verteilung der Besteuerungsrechte durch ein Doppelbesteuerungsabkommen

Besonderheiten ergeben sich, wenn zwischen den an dem Sachverhalt beteiligten Staaten ein Doppelbesteuerungsabkommen (DBA) besteht, das die Besteuerungsrechte zwischen den Staaten verteilt und das deutsche Besteuerungsrecht damit einschränken kann. In diesen Fällen schließt sich an die ertragsteuerliche Prüfung (im Inbound- wie im Outboundfall) die Prüfung des DBA an. Die Regelungen des DBA sind grundsätzlich vorrangig vor den nationalen Regelungen.[1] Der Prüfungspunkt „Ausgleich der Doppelbesteuerung nach unilateralen Regelungen" im Prüfungsschema der Outbound-Investition entfällt daher.

Die Prüfung des DBA kann wie folgt erfolgen:

- Persönliche Abkommensberechtigung
- Sachlicher Geltungsbereich
- Anwendung der Verteilungsartikel
- Anwendung der Methodenartikel

II. Erläuterungen zum Prüfungsschema zur Inbound-Investition – Beschränkte Steuerpflicht

Inbound-Investitionen können in der Prüfung sowohl im einkommensteuerrechtlichen, als auch im körperschaftsteuerrechtlichen Kontext vorkommen. Hierbei kommt eine beschränkte Einkommensteuerpflicht beziehungsweise eine beschränkte Körperschaftsteuerpflicht in Betracht.

1. Unbeschränkte Steuerpflicht

Es ist sinnvoll, mit der Prüfung der unbeschränkten Steuerpflicht in die Falllösung einzusteigen. § 1 Abs. 1 EStG knüpft für die Begründung einer unbeschränkten Einkommensteuerpflicht an einen Wohnsitz oder den gewöhnlichen Aufenthalt im Inland an. § 1 Abs. 1 KStG knüpft für die Begründung einer unbeschränkten Körperschaftsteuerpflicht an die Geschäftsleitung oder den Sitz im Inland an. Fehlt es jeweils an diesen Merkmalen, scheidet die unbeschränkte Einkommen- beziehungsweise Körperschaftsteuerpflicht aus.

2. Beschränkte Steuerpflicht

Liegt keine unbeschränkte Steuerpflicht vor, kann aber eine beschränkte Steuerpflicht gegeben sein. Hier liegt im Inboundfall regelmäßig ein Prüfungsschwerpunkt.

a) Persönliche Voraussetzungen

Eine beschränkte Einkommensteuerpflicht kann nach § 1 Abs. 4 EStG für natürliche Personen bestehen, die weder einen Wohnsitz noch ihren gewöhnlichen Aufenthalt im Inland haben. Wurde zuvor die unbeschränkte Einkommensteuerpflicht abgelehnt, kann hier nach oben verwiesen werden. Eine beschränkte Körperschaftsteuerpflicht kann insbesondere für Körperschaften, Personenvereinigungen und Vermögensmassen

---

1 Vgl. *Schaumburg*, in: Schaumburg, Rn. 18.12–18.19.

bestehen, die weder ihre Geschäftsleitung noch ihren Sitz im Inland haben (vgl. § 2 Nr. 1 KStG). Ob ein ausländisches Rechtsgebilde von § 2 Nr. 1 KStG erfasst ist, ist durch einen Typenvergleich zu bestimmen.[2]

b) Inländische Einkünfte

10 Wesentliche Voraussetzung der beschränkten Steuerpflicht ist, dass inländische Einkünfte im Sinne des § 49 EStG bestehen. Die Tatbestände des § 49 Abs. 1 EStG erfordern das Vorliegen bestimmter Einkünftetatbestände nach den §§ 13 ff. EStG sowie bestimmter **inländischer Anknüpfungsmerkmale**. Eine Besonderheit ergibt sich aus § 49 Abs. 2 EStG. Nach der dort geregelten isolierenden Betrachtungsweise bleiben im Ausland gegebene Besteuerungsmerkmale außer Betracht, soweit bei ihrer Berücksichtigung inländische Einkünfte nicht angenommen werden könnten.

Vertiefungshinweis

Zur Feststellung inländischer Einkünfte siehe § 17 Rn. 7, 14, 20, 26, 35; § 19 Rn. 9 ff., 27 ff.
Zur isolierenden Betrachtungsweise siehe § 17 Rn. 36.

11 Die beschränkte Körperschaftsteuerpflicht nach § 2 Nr. 1 KStG knüpft, wie auch § 1 Abs. 4 EStG, an inländische Einkünfte an. Über § 8 Abs. 1 KStG gilt der Katalog des § 49 Abs. 1 EStG. § 8 Abs. 2 KStG kommt nicht zur Anwendung, so dass grundsätzlich alle Einkunftsarten in Betracht kommen. Die isolierende Betrachtungsweise findet über § 8 Abs. 1 KStG Anwendung.[3]

3. Einkünfteermittlung

12 Für die Einkünfteermittlung gelten für beschränkt Einkommensteuerpflichtige prinzipiell die allgemeinen Vorschriften der §§ 4 ff. EStG, jedoch unter Berücksichtigung des § 50 EStG.[4] Diese Grundsätze der Einkünfteermittlung gelten gemäß § 8 Abs. 1 KStG auch im Rahmen der beschränkten Körperschaftsteuerpflicht.[5]

Vertiefungshinweis

Zur Einkünfteermittlung beschränkt Steuerpflichtiger siehe § 17 Rn. 8, 15, 21, 28, 37.

4. Steuererhebung

13 Für beschränkt Einkommensteuerpflichtige kommt eine Erhebung der Steuer durch **Veranlagung** oder durch **Steuerabzug** (regelmäßig mit Abgeltungswirkung) in Betracht (vgl. § 50 Abs. 1 und 2 EStG). Der Grundfall ist auch bei beschränkt Einkommensteuerpflichtigen die Veranlagung. Hinsichtlich des Tarifs ist § 50 Abs. 1 S. 2 EStG zu beachten. Ein Steuerabzug erfolgt wie bei unbeschränkt Einkommensteuerpflichtigen bei Einkünften aus Kapitalvermögen und Einkünften aus nichtselbständiger Arbeit. § 50 a EStG normiert darüber hinaus einen Steuerabzug für beschränkt Einkommensteuerpflichtige bei bestimmten anderen Einkünften. Der Steuerabzug entfaltet nach § 50 Abs. 2 EStG grundsätzlich abgeltende Wirkung.

---

2 *Mohr*, in: Schnitger/Fehrenbacher, § 2 KStG Rn. 51–58; *Rengers*, in: Blümich, § 2 KStG Rn. 25.
3 Zum Ganzen: *Schaumburg/von Freeden*, in: Schaumburg, Rn. 7.26.
4 *Frotscher*, Rn. 204.
5 *Mohr*, in: Schnitger/Fehrenbacher, § 2 KStG Rn. 95–100.

Vertiefungshinweis

Zur Steuererhebung bei beschränkt Steuerpflichtigen siehe § 17 Rn. 9 ff., 16, 22, 29, 38; § 19 Rn. 14, 31.

Die Regelungen des Einkommensteuergesetzes zur Veranlagung und zum Steuerabzug gelten grundsätzlich auch für beschränkt Körperschaftsteuerpflichtige (vgl. § 31 Abs. 1 KStG). Es können allerdings Sonderregelungen des Einkommensteuergesetzes relevant werden (vgl. §§ 43 b, 44 a Abs. 9 EStG). Zudem bestehen spezielle Regelungen über den Steuerabzug in § 32 KStG.[6]

5. Persönliche Abzüge

Die beschränkte Einkommensteuerpflicht hat **Objektsteuercharakter**. Die persönlichen Verhältnisse der beschränkt Einkommensteuerpflichtigen bleiben daher weitgehend unberücksichtigt.[7] Das ist für die Falllösung insbesondere hinsichtlich des Sonderausgabenabzugs relevant. Eine Auflistung der nicht berücksichtigungsfähigen persönlichen Kosten enthält § 50 Abs. 1 S. 4 EStG.

Vertiefungshinweis

Zum Spendenabzug im Rahmen der beschränkten Steuerpflicht siehe § 17 Rn. 23.

Das Körperschaftsteuerrecht kennt den Begriff der Sonderausgaben nicht. Beispielsweise der Spendenabzug des § 9 Abs. 1 Nr. 2 KStG ist aber auch bei beschränkt Körperschaftsteuerpflichtigen möglich.[8]

6. Kein Ausgleich der Doppelbesteuerung durch Deutschland als Quellenstaat

Im Inboundfall kann durch den Zugriff Deutschlands auf das Steuersubstrat (im Rahmen der beschränkten Steuerpflicht) und einen etwaigen Zugriff aus dem Ausland (im Rahmen einer unbeschränkten Steuerpflicht) eine Doppelbesteuerung bestehen. Daher stellt sich die Frage des Ausgleichs der Doppelbesteuerung. Der Ausgleich der Doppelbesteuerung erfolgt allerdings grundsätzlich (vgl. aber § 50 Abs. 3 EStG) durch den Ansässigkeitsstaat (hier also durch den ausländischen Staat). Daher endet die Prüfung aus Sicht Deutschlands als Quellenstaat hier regelmäßig ohne die Anwendung von Bestimmungen zum Ausgleich der Doppelbesteuerung.

Vertiefungshinweis

Siehe hierzu § 17 Rn. 12.

III. Erläuterungen zum Prüfungsschema zur Outbound-Investition – Unbeschränkte Steuerpflicht

Besteht in Deutschland eine unbeschränkte Steuerpflicht, muss im internationalen Fall im Anschluss an die allgemeine Prüfung die Frage des Ausgleichs einer etwaigen Doppelbesteuerung aufgeworfen werden. Häufig wird der ausländische Quellenstaat nämlich ebenfalls im Rahmen einer beschränkten Steuerpflicht auf das Steuersubstrat zugreifen. Grundsätzlich gleicht Deutschland als Ansässigkeitsstaat die Doppelbesteue-

---
6 Zum Ganzen: *Schaumburg/von Freeden*, in: Schaumburg, Rn. 7.30–7.33.
7 *Schaumburg*, in: Schaumburg, Rn. 6.129.
8 Siehe *Ellerbeck*, in: Schnitger/Fehrenbacher, § 9 KStG Rn. 7, 12.

rung aus. Besonderheiten gegenüber dem rein nationalen Fall ergeben sich daher beim Prüfungspunkt „Ausgleich der Doppelbesteuerung nach unilateralen Regelungen".

Vertiefungshinweis

Zum Ausgleich der Doppelbesteuerung nach unilateralen Regelungen siehe § 16 Rn. 12 ff., 20, 29, 38.

19 Der **Ausgleich der Doppelbesteuerung** erfolgt nach den §§ 34 c, 34 d EStG. Nach § 34 c Abs. 1 EStG ist bei unbeschränkt Steuerpflichtigen, die mit ausländischen Einkünften in dem Quellenstaat zu einer der deutschen Steuer vergleichbaren Steuer herangezogen werden, die ausländische Steuer auf die deutsche Einkommensteuer, die auf die Einkünfte aus dem Quellenstaat entfällt, anzurechnen. Voraussetzung für die Anrechnung der ausländischen Steuer nach § 34 c Abs. 1 EStG ist insbesondere das Vorliegen **ausländischer Einkünfte** nach § 34 d EStG. Der Katalog der ausländischen Einkünfte ist ähnlich aufgebaut wie der Katalog des § 49 Abs. 1 EStG. Die ausländischen Einkünfte nehmen auf Tatbestandsmerkmale der Einkunftsarten des Einkommensteuergesetzes (vgl. §§ 13 ff. EStG) und auf bestimmte ausländische Anknüpfungsmerkmale Bezug.

§ 34 c EStG enthält verschiedene Methoden zum Ausgleich einer Doppelbesteuerung. Neben der für die Fallprüfung besonders relevanten **Anrechnung** nach § 34 c Abs. 1 EStG können auch § 34 c Abs. 2 und 3 EStG interessant sein, wonach ein Abzug der im Ausland gezahlten Steuer möglich ist.

20 Die Regelungen des § 34 c EStG finden im körperschaftsteuerrechtlichen Kontext grundsätzlich über die Verweisungsnorm des § 26 KStG entsprechende Anwendung.

IV. Erläuterungen zum Prüfungsschema zur Verteilung der Besteuerungsrechte nach einem Doppelbesteuerungsabkommen

21 Ist der Prüfungsfall unter Anwendung eines DBA zu lösen, schließt sich an die Prüfung der (unbeschränkten oder beschränkten) Steuerpflicht in Deutschland die Frage nach der Verteilung der Besteuerungsrechte zwischen den Staaten an. Unterfallen die Einkünfte der Steuerpflicht in Deutschland, kann das Besteuerungsrecht schließlich dennoch durch die Regelungen des DBA eingeschränkt sein. In der Fallprüfung ist dabei häufig auf das **OECD-Musterabkommen** Bezug zu nehmen.

Das DBA kann die im internationalen Fall mögliche Doppelbesteuerung beseitigen. Das tatsächliche Vorliegen einer Doppelbesteuerung ist aber nicht Voraussetzung für die Anwendung des DBA. Bei einem Auslandsbezug sollte daher, unabhängig von Sachverhaltsangaben zur ausländischen Besteuerung, die Verteilung der Besteuerungsrechte nach dem DBA geprüft werden. Die Regelungen des DBA sind nach § 34 c Abs. 6 S. 1 EStG (vgl. auch § 26 KStG) vorrangig vor den unilateralen Normen zum Ausgleich der Doppelbesteuerung, wenn die Einkünfte aus einem ausländischen Staat stammen, mit dem ein DBA besteht.[9]

1. Persönliche Abkommensberechtigung

22 Zunächst muss das Abkommen im konkreten Fall anwendbar sein. Die persönliche Abkommensberechtigung bestimmt sich nach Art. 1 OECD-MA. Danach findet das Abkommen nur auf Personen Anwendung, die (zumindest) in einem der Vertragsstaa-

---

9 Siehe hierzu *Pohl*, in: Blümich, § 26 KStG Rn. 120; *Wagner*, in: Blümich, § 34 c EStG Rn. 134–136.

ten ansässig sind. Begriffsbestimmungen zur Person finden sich in Art. 3 Abs. 1 lit. a OECD-MA. Die Ansässigkeit wird in Art. 4 OECD-MA behandelt.

Vertiefungshinweis

Zur persönlichen Abkommensberechtigung siehe § 18 Rn. 17, 36; § 20 Rn. 13, 24. Zum Sonderfall der Abkommensberechtigung von Personengesellschaften siehe § 19 Rn. 18.

2. Sachlicher Geltungsbereich

Der sachliche Geltungsbereich des Abkommens ergibt sich aus Art. 2 OECD-MA. Nach Art. 2 Abs. 1 OECD-MA gilt das Abkommen für Steuern vom Einkommen und vom Vermögen, die für Rechnung eines Vertragsstaats oder einer seiner Gebietskörperschaften erhoben werden.

Vertiefungshinweis

Neben dem persönlichen und sachlichen Geltungsbereich des DBA muss auch der räumliche und zeitliche Geltungsbereich gegeben sein. Diese Punkte sind in Prüfungen aber regelmäßig unproblematisch.

3. Anwendung der Verteilungsartikel

In den Art. 6 ff. OECD-MA finden sich die Verteilungsartikel, unter die die Einkünfte zu subsumieren sind, um festzustellen, welcher Staat das Besteuerungsrecht ausüben darf. Die Verteilungsnormen gehen vom Grundsatz her von einer Aufrechterhaltung des Besteuerungsrechts des Ansässigkeitsstaats aus und richten sich auf die Umgrenzung des Besteuerungsrechts des Quellenstaats.[10] Die Verteilungsartikel bestimmen für die dort bezeichneten Einkünfte als **Verteilungsnormen mit abschließender Rechtsfolge** die ausschließliche Zuweisung des Besteuerungsrechts an einen Vertragsstaat (regelmäßig an den Ansässigkeitsstaat, teilweise aber auch an den Quellenstaat). Als **Verteilungsnormen mit offener Rechtsfolge** bestimmen sie ein nicht abschließendes Besteuerungsrecht des Quellenstaats; danach können beide Staaten die Einkünfte besteuern, so dass es eines Rückgriffs auf die Methodenartikel zur Beseitigung der Doppelbesteuerung bedarf (vgl. Art. 23A, 23B OECD-MA).[11] Das Verhältnis der Verteilungsnormen zueinander beruht auf einer eigenen Systematik und ist insbesondere durch die Subsidiarität der Unternehmensgewinne gegenüber anderen Einkünften geprägt (vgl. Art. 7 Abs. 4 OECD-MA).

Vertiefungshinweis

Zur Anwendung der Verteilungsartikel siehe § 18 Rn. 19 ff., 38; § 19 Rn. 21, 34 ff.; § 20 Rn. 15 f., 25 ff.

4. Anwendung der Methodenartikel

Bei einer Besteuerungsmöglichkeit nach dem DBA in beiden Vertragsstaaten sind die Methodenartikel zu prüfen. Sie wenden sich an den Ansässigkeitsstaat und weisen diesen an, der Doppelbesteuerung durch **Freistellung** der Einkünfte oder durch **Anrechnung** der im anderen Staat zu zahlenden Steuer zu begegnen (vgl. Art 23A, 23B OECD-MA). In der Prüfung sollte, wenn die konkrete Ausgleichsmethode durch das

---

10 *Schaumburg/Häck*, in: Schaumburg, Rn. 19.211.
11 *Schaumburg/Häck*, in: Schaumburg, Rn. 19.212 f.

DBA nicht vorgegeben wird, auf beide Methoden eingegangen werden. Hinsichtlich der Freistellungsmethode ist, wenn Deutschland der freistellende Staat ist, der **Progressionsvorbehalt** im einkommensteuerrechtlichen Kontext (aber nicht bei der nicht progressiven Körperschaftsteuer)[12] zu erörtern (vgl. Art. 23A Abs. 3 OECD-MA, § 32b Abs. 1 S. 1 Nr. 3 EStG). Hinsichtlich der Anrechnungsmethode sollte dargestellt werden, dass mangels differenzierter Regelungen im DBA auf die nationalen Regelungen zurückzugreifen ist (vgl. § 34c Abs. 6 S. 2 EStG; vgl. auch § 26 KStG).[13]

Vertiefungshinweis

Zur Anwendung der Methodenartikel siehe § 18 Rn. 23 f.; § 19 Rn. 23, 38 f.; § 20 Rn. 29.

---

[12] Siehe *Ismer*, in: Vogel/Lehner, Art. 23A, Art. 23B OECD-MA Rn. 219.
[13] Siehe *Pohl*, in: Blümich, § 26 KStG Rn. 120; *Wagner*, in: Blümich, § 34c EStG Rn. 137–143.

§ 6 Prüfungsschemata zur Umsatzsteuer

Auch das Umsatzsteuerrecht ist prüfungsrelevant. Es zeichnet sich durch eine weitgehende Harmonisierung in der Europäischen Union aufgrund der Mehrwertsteuersystemrichtlinie aus. Umsatzsteuerrechtliche Fälle lassen sich häufig allein aus den sehr ausdifferenzierten gesetzlichen Regelungen heraus lösen, so dass hier die Arbeit mit dem Gesetz gut abgeprüft werden kann.

I. Prüfungsschemata

Umsatzsteuerrechtlich relevant sind in der Prüfung die Ausgangsumsätze und die Eingangsumsätze. Ausgangsumsätze sind hinsichtlich der Umsatzsteuerpflicht, Eingangsumsätze hinsichtlich der Vorsteuerabzugsmöglichkeit zu untersuchen.

1. Prüfungsschema zum Ausgangsumsatz

Der Ausgangsumsatz kann nach folgendem Schema geprüft werden:

- Steuerbarer Umsatz
- Steuerpflicht
- Bemessungsgrundlage
- Steuersatz
- Steuerschuld und Steuerschuldner

2. Prüfungsschema zum Eingangsumsatz

Für den Eingangsumsatz ergibt sich folgendes Grundschema:

- Vorsteuerabzugsberechtigung
- Ausschluss des Vorsteuerabzugs

II. Erläuterungen zum Prüfungsschema zum Ausgangsumsatz

Bei der Prüfung des Ausgangsumsatzes können die verschiedenen Prüfungspunkte nach dem gezeigten Schema erörtert werden.

1. Steuerbarer Umsatz – Umsatz nach § 1 Abs. 1 Nr. 1 UStG

Die Prüfung beginnt mit der Frage nach der Steuerbarkeit des Umsatzes. Die steuerbaren Umsätze sind in § 1 Abs. 1 UStG aufgelistet. Besonders prüfungsrelevant ist der Umsatz nach § 1 Abs. 1 Nr. 1 UStG. Zu prüfen sind hier (im Rahmen des Prüfungspunkts „Steuerbarer Umsatz") die folgenden Tatbestandsmerkmale:

- Lieferung oder sonstige Leistung
- Durch einen Unternehmer
- Im Inland
- Gegen Entgelt
- Im Rahmen seines Unternehmens

a) Lieferung oder sonstige Leistung

7   Das Umsatzsteuergesetz versteht den Begriff der Leistung als Oberbegriff für Lieferungen (vgl. § 3 Abs. 1 UStG) und sonstige Leistungen (vgl. § 3 Abs. 9 UStG). Die Abgrenzung ist insbesondere mit Blick auf die Unterschiede hinsichtlich des Orts der Leistung, aber auch hinsichtlich der Steuerbefreiungen und des Steuersatzes von Bedeutung.[1]

Vertiefungshinweis
Zur Abgrenzung von Lieferung und sonstiger Leistung siehe § 23 Rn. 8, 22, 34.

b) Eines Unternehmers

8   Die Steuerbarkeit hängt bei den Umsätzen im Sinne des § 1 Abs. 1 Nr. 1 UStG von der Ausführung durch einen Unternehmer im Sinne des § 2 UStG ab. Jeder Unternehmer hat nur ein Unternehmen, das sich auf die gesamte gewerbliche oder berufliche Tätigkeit erstreckt.[2]

Praxisrelevant sind die sogenannten **Kleinunternehmer**, bei denen die Umsatzsteuer nicht erhoben wird (vgl. § 19 Abs. 1 S. 1 UStG, siehe aber auch § 19 Abs. 2 UStG). Auch ein Vorsteuerabzug ist dann nicht möglich (vgl. § 19 Abs. 1 S. 4 UStG).[3]

c) Im Inland

9   Der Umsatz muss im Inland, also grundsätzlich im Gebiet der Bundesrepublik Deutschland (vgl. § 1 Abs. 2 UStG), ausgeführt werden.

10 Der **Ort der Lieferung** ist nach § 3 Abs. 5a UStG vorbehaltlich der §§ 3c, 3e, 3g UStG nach § 3 Abs. 6 bis 8 UStG zu bestimmen. Abgesehen von den unterschiedlichen Spezialregelungen ist zwischen bewegten Lieferungen (vgl. § 3 Abs. 6 UStG) und ruhenden (unbewegten) Lieferungen (§ 3 Abs. 7 UStG) zu unterscheiden.[4]

Vertiefungshinweis
Zum Ort der Lieferung siehe § 21 Rn. 11; § 22 Rn. 44.

11 Die Grundregeln zur Bestimmung des **Orts der sonstigen Leistung** finden sich in § 3a UStG. Hiernach ist zwischen Leistungen an Nichtunternehmer (vgl. § 3a Abs. 1 UStG) und Leistungen an Unternehmer (vgl. § 3a Abs. 2 UStG) zu unterscheiden. Sonderregelungen zur Bestimmung des Orts der sonstigen Leistung bestehen in § 3a Abs. 3 bis 8 UStG und §§ 3b, 3e UStG.[5]

Vertiefungshinweis
Zum Ort der sonstigen Leistung siehe § 22 Rn. 12 f., 30 f.; § 23 Rn. 10.

d) Gegen Entgelt

12 Die Leistung muss gegen Entgelt erfolgen. Erforderlich ist ein **Leistungsaustausch**. Dies setzt voraus, dass zwei Personen einander Leistungen gewähren (Leistung und

---

1   Zum Ganzen: *Fehrenbacher*, § 7 Rn. 17–20, 27.
2   Zum Ganzen: *Fehrenbacher*, § 7 Rn. 63–72.
3   Zum Ganzen: *Fehrenbacher*, § 7 Rn. 73.
4   Zum Ganzen: *Fehrenbacher*, § 7 Rn. 21–26.
5   Zum Ganzen: *Fehrenbacher*, § 7 Rn. 28–36.

Gegenleistung) und dass diese Leistungen in einem wirtschaftlichen Zusammenhang stehen.[6]

An einem Leistungsaustausch fehlt es bei **unentgeltlichen Wertabgaben**. Hier bestehen jedoch Fiktionen einer Lieferung (vgl. § 3 Abs. 1 b UStG) oder einer sonstigen Leistung (vgl. § 3 Abs. 9 a UStG). Dabei gelten besondere Regelungen, insbesondere hinsichtlich der Bemessungsgrundlage.[7]

Vertiefungshinweis
Zu unentgeltlichen Wertabgaben siehe § 23 Rn. 25 ff.; § 24 Rn. 15 ff.

e) Im Rahmen seines Unternehmens

Die Leistung muss im Rahmen des Unternehmens des Unternehmers erfolgen. Es muss ein hinreichender Zusammenhang mit der gewerblichen oder beruflichen Tätigkeit bestehen.[8]

2. Steuerbarer Umsatz – Sonstige Umsätze

Neben dem besonders prüfungsrelevanten Umsatz nach § 1 Abs. 1 Nr. 1 UStG bestehen mit der Einfuhr (vgl. § 1 Abs. 1 Nr. 4 UStG) und dem innergemeinschaftlichen Erwerb (vgl. § 1 Abs. 1 Nr. 5 UStG) noch weitere steuerbare Umsätze. Bei der **Einfuhr** ins Inland handelt es sich um einen tatsächlichen Vorgang (ein Gegenstand gelangt vom Drittland ins Inland), der auch von Nichtunternehmern vorgenommen werden kann.[9] Innerhalb der EU ist der **innergemeinschaftliche Erwerb** relevant, der grundsätzlich nur im kommerziellen Warenverkehr besteuert wird (vgl. aber § 1 b UStG).[10] Für den Ort des innergemeinschaftlichen Erwerbs besteht eine besondere Regelung in § 3 d UStG. Steuerbefreiungen sind in § 4 b UStG bestimmt.

3. Steuerpflicht

Liegt ein steuerbarer Umsatz vor, kann eine Besteuerung dennoch ausscheiden, wenn eine Steuerbefreiung vorliegt. Entsprechende Regelungen finden sich in den §§ 4 ff. UStG. Zu beachten sind insbesondere die Steuerbefreiungen für **Ausfuhrlieferungen** und **innergemeinschaftliche Lieferungen** (vgl. § 4 Nr. 1 lit. a und b UStG), die im Zusammenhang mit der Einfuhr und dem innergemeinschaftlichen Erwerb zu sehen sind.[11] Auch darüber hinaus sind die Steuerbefreiungen aber prüfungsrelevant. In bestimmten Fällen kann nach § 9 UStG auf die Steuerbefreiung verzichtet werden, was insbesondere mit Blick auf den Vorsteuerabzug sinnvoll sein kann (vgl. § 15 Abs. 2 UStG).[12]

Vertiefungshinweis
Zu Steuerbefreiungen siehe § 21 Rn. 15, 34; § 22 Rn. 17, 35, 48.

---

6 Zum Ganzen: *Fehrenbacher*, § 7 Rn. 15.
7 Zum Ganzen: *Fehrenbacher*, § 7 Rn. 37–41.
8 *Englisch*, in: Tipke/Lang, Rn. 17.147–149.
9 *Fehrenbacher*, § 7 Rn. 43.
10 *Fehrenbacher*, § 7 Rn. 44–49.
11 *Fehrenbacher*, § 7 Rn. 43 f.
12 Siehe zum Ganzen: *Fehrenbacher*, § 7 Rn. 52–61.

4. Bemessungsgrundlage

16 Die Bemessungsgrundlage für Lieferungen, sonstige Leistungen und innergemeinschaftliche Erwerbe ist das **Entgelt** (vgl. § 10 Abs. 1 UStG). Unter Umständen werden Ersatz- oder Mindestbemessungsgrundlagen relevant (vgl. § 10 Abs. 4 und 5 EStG).[13]

Vertiefungshinweis
Zur Ersatz- und zur Mindestbemessungsgrundlage siehe § 23 Rn. 28, 35 ff.

5. Steuersatz

17 Die Umsatzsteuer beträgt nach § 12 Abs. 1 UStG grundsätzlich 19 Prozent. Neben diesem Regelsteuersatz besteht jedoch ein ermäßigter Steuersatz von sieben Prozent für die in § 12 Abs. 2 UStG aufgeführten Umsätze. Der Steuersatz von sieben Prozent gilt insbesondere für Lieferungen der in der Anlage 2 zum Umsatzsteuergesetz bezeichneten Gegenstände (vgl. § 12 Abs. 2 Nr. 1 UStG).[14]

Vertiefungshinweis
Zum Steuersatz siehe § 21 Rn. 17; § 22 Rn. 19 f., 37, 50.

6. Steuerschuld und Steuerschuldner

18 Die Entstehung der Steuer richtet sich nach § 13 UStG. Hierbei ist zu unterscheiden zwischen der sogenannten Soll-Besteuerung, bei der Berechnung der Steuer nach vereinbarten Entgelten (vgl. §§ 13 Abs. 1 Nr. 1 lit. a, 16 Abs. 1 UStG), und der sogenannten Ist-Besteuerung, bei der Berechnung der Steuer nach vereinnahmten Entgelten (vgl. §§ 13 Abs. 1 Nr. 1 lit. b, 20 UStG).[15] Steuerschuldner ist in den Fällen des § 13 a Abs. 1 Nr. 1 UStG der Unternehmer, im Fall des § 13 a Abs. 1 Nr. 2 UStG der Erwerber.

III. Erläuterungen zum Prüfungsschema zum Eingangsumsatz

19 Die Umsatzsteuer soll den Endverbrauch belasten. Um Unternehmer in der Leistungskette von der Umsatzsteuer zu entlasten, besteht der Vorsteuerabzug.[16] Hierbei handelt es sich um ein Hauptmerkmal des geltenden Umsatzsteuersystems, so dass die Vorsteuerabzugsberechtigung hinsichtlich des Eingangsumsatzes für die Falllösung besonders relevant ist.

1. Vorsteuerabzugsberechtigung

20 Die Vorsteuerabzugsberechtigung ist in § 15 Abs. 1 UStG geregelt. Für den wichtigen Fall des § 15 Abs. 1 S. 1 Nr. 1 UStG ergeben sich die folgenden Voraussetzungen (die im Prüfungspunkt „Vorsteuerabzugsberechtigung" zu prüfen sind):

- Unternehmereigenschaft des Leistungsempfängers
- Steuerbare und steuerpflichtige Leistung von einem anderen Unternehmer

---

[13] Zum Ganzen: *Fehrenbacher*, § 7 Rn. 74–78.
[14] Zum Ganzen: *Fehrenbacher*, § 7 Rn. 82.
[15] Zum Ganzen: *Fehrenbacher*, § 7 Rn. 96–98.
[16] *Fehrenbacher*, § 7 Rn. 2.

- Für das Unternehmen des Leistungsempfängers
- Rechnung

a) Unternehmereigenschaft des Leistungsempfängers

Voraussetzung des Steuerabzugs ist zunächst die Unternehmereigenschaft des Leistungsempfängers nach § 2 UStG.

b) Steuerbare und steuerpflichtige Leistung von einem anderen Unternehmer

Zentrales Tatbestandsmerkmal des Vorsteuerabzugs ist das Vorliegen einer steuerbaren und steuerpflichtigen Leistung von einem anderen Unternehmer. Der Eingangsumsatz muss steuerbar und steuerpflichtig sein. Dies ergibt sich daraus, dass als Vorsteuer nur die **„gesetzlich geschuldete Steuer"** abgezogen werden kann (vgl. § 15 Abs. 1 Nr. 1 S. 1 UStG). An dieser Stelle muss inzident eine Prüfung des Eingangsumsatzes nach dem dargestellten Schema erfolgen. Erforderlich ist eine Leistung, die ein Unternehmer im Inland gegen Entgelt im Rahmen seines Unternehmens ausführt.[17]

c) Für das Unternehmen des Leistungsempfängers

Wichtig ist weiterhin, dass die Eingangsleistung für das Unternehmen des Leistungsempfängers erfolgt. Hier geht es um die Zuordnung der Leistung zum Unternehmen des Empfängers. Die unternehmerische Verwendung wird angenommen, wenn die Eingangsleistung zur Ausführung steuerbarer Umsätze verwendet wird.[18]

Interessant ist im vorliegenden Zusammenhang der Vorsteuerabzug bei einer gemischten Nutzung erworbener Gegenstände. Bei bestimmten Wirtschaftsgütern ist in diesem Kontext ein **Zuordnungswahlrecht** anerkannt, wonach der Unternehmer den Gegenstand grundsätzlich vollständig oder anteilig dem Betriebsvermögen zuordnen oder im Privatvermögen belassen kann. Entsprechend kommt auch ein voller, ein anteiliger oder kein Vorsteuerabzug in Betracht.[19]

Vertiefungshinweis
Zum Zuordnungswahlrecht siehe § 24 Rn. 12, 38.

d) Rechnung

Der Vorsteuerabzug ist nur möglich, wenn der Unternehmer eine ordnungsgemäße Rechnung besitzt. Vorgaben für die Rechnung ergeben sich aus den §§ 14, 14a UStG.

2. Ausschluss des Vorsteuerabzugs

In § 15 Abs. 2 UStG ist ein Ausschluss des Vorsteuerabzugs geregelt. Wichtig ist insbesondere § 15 Abs. 2 S. 1 Nr. 1 UStG. Hiernach ist der Vorsteuerabzug ausgeschlossen hinsichtlich der Eingangsumsätze, die der Unternehmer zur Ausführung steuerfreier Umsätze verwendet. Erbringt der Unternehmer sowohl steuerfreie als auch steuerpflichtige Umsätze, ist der Eingangsumsatz einem Ausgangsumsatz zuzuordnen. An dieser Stelle der Prüfung bedarf es einer Inzidentprüfung der Ausgangsumsätze auf ihre

---

17 Zum Ganzen: *Fehrenbacher*, § 7 Rn. 84.
18 Vgl. *Englisch*, in: Tipke/Lang, Rn. 17.323 f.
19 Zum Ganzen: *Fehrenbacher*, § 7 Rn. 85–87.

Steuerfreiheit hin. Bei einer nur teilweisen Nutzung eines gelieferten Gegenstands zur Ausführung von Umsätzen, die den Vorsteuerabzug ausschließen, ist nach § 15 Abs. 4 UStG der Teil der jeweiligen Vorsteuerbeträge nicht abziehbar, der den zum Ausschluss des Vorsteuerabzugs führenden Umsätzen wirtschaftlich zuzurechnen ist.[20]

26   In § 15 Abs. 3 UStG bestehen wiederum **Ausnahmen vom Ausschluss** des Vorsteuerabzugs. Insbesondere wenn die Eingangsleistung zur Erbringung (steuerfreier) Ausfuhrlieferungen oder innergemeinschaftlicher Lieferungen verwendet wird, ist ein Vorsteuerabzug abweichend von § 15 Abs. 2 UStG möglich.[21]

Vertiefungshinweis

Zum Ausschluss des Vorsteuerabzugs und zu Ausnahmen hiervon siehe § 21 Rn. 33 ff.; § 24 Rn. 24 f.

IV. Weiteres Prüfungsthema – Berichtigung des Vorsteuerabzugs

27   Neben den geschilderten beiden klassischen Prüfungsthemen kann bei der Falllösung auch die Berichtigung des Vorsteuerabzugs nach § 15 a UStG relevant werden. Ist zunächst ein Vorsteuerabzug erfolgt und ändern sich die maßgeblichen Verhältnisse für den Vorsteuerabzug später, ist eine Berichtigung des Vorsteuerabzugs (zugunsten oder zulasten des Steuerpflichtigen) vorzunehmen.

1. Berichtigung nach § 15 a Abs. 1 UStG

28   Besonders prüfungsrelevant ist der Fall des § 15 a Abs. 1 UStG. Bei der Prüfung kann nach folgendem Schema vorgegangen werden:

- Wirtschaftsgut im Sinne des § 15 a Abs. 1 UStG
- Änderung der Verhältnisse
- Berichtigungszeitraum
- Ermittlung der konkreten Berichtigung

29   Im Fall des § 15 a Abs. 1 UStG kommt es darauf an, dass bei einem Investitionsgut eine Änderung der Verhältnisse vorliegt. Im Kern geht es hier um Fälle, in denen ein Gegenstand nachträglich statt für steuerpflichtige Ausgangsumsätze für steuerfreie Ausgangsumsätze verwendet wird (oder umgekehrt). Sodann ist entscheidend, ob der Berichtigungszeitraum noch läuft. Dieser beträgt für Grundstücke zehn Jahre und für andere Wirtschaftsgüter fünf Jahre. Hinsichtlich des Berichtigungsbetrags ist grundsätzlich für jedes Kalenderjahr von einem Zehntel beziehungsweise einem Fünftel des auf das Wirtschaftsgut entfallenden Vorsteuerbetrags auszugehen (vgl. § 15 a Abs. 5 UStG). Konkret ist der jeweilige Anteil, der der Änderung der Verhältnisse entspricht, relevant.[22]

Vertiefungshinweis

Zur Vorsteuerberichtigung siehe § 24 Rn. 27 ff., 41 ff.

---

20   Zum Ganzen: *Fehrenbacher*, § 7 Rn. 91.
21   *Fehrenbacher*, § 7 Rn. 92.
22   Zum Ganzen: *Fehrenbacher*, § 7 Rn. 93.

2. Weitere Fälle des § 15 a UStG

§ 15 a Abs. 2 UStG betrifft die Berichtigung des Vorsteuerabzugs für Wirtschaftsgüter des Umlaufvermögens. Hier ist eine Korrektur zeitlich unbegrenzt möglich. Interessant ist ferner der Fall des § 15 a Abs. 6 a UStG. Bei gemischt (privat und unternehmerisch) genutzten Grundstücken führt eine Änderung der Nutzungsanteile hiernach zur Vorsteuerberichtigung. Nach § 15 a Abs. 8 UStG kommt eine Vorsteuerberichtigung auch bei Veräußerung oder unentgeltlicher Wertabgabe in Betracht.[23]

---

23 Vgl. zum Ganzen: *Fehrenbacher*, § 7 Rn. 94 f.

§ 7 Prüfungsschemata zum Steuerverfahrensrecht

1   In der Prüfung kann das Steuerverfahrensrecht die Einkleidung für materiellrechtliche Probleme bilden. In Betracht kommt aber auch eine rein verfahrensrechtliche (Zusatz-)Aufgabe.

I. Prüfungsschemata

2   Besonders prüfungsrelevante Bereiche des Steuerverfahrensrechts sind das Einspruchsverfahren und die Korrektur von Steuerbescheiden.

1. Prüfungsschema zum Einspruchsverfahren

3   Die Erfolgsaussichten des Einspruchs können nach folgendem Schema untersucht werden:

- Zulässigkeit des Einspruchs
  - Statthaftigkeit
  - Einspruchsbefugnis
  - Einspruchsform und Einspruchsfrist
  - Sonstige Zulässigkeitsvoraussetzungen
- Begründetheit des Einspruchs

2. Prüfungsschema zur Korrektur von Steuerbescheiden

4   Die Möglichkeit der Korrektur von Steuerbescheiden kann anhand des folgenden Schemas geprüft werden:

- Steuerbescheide und allgemeine Steuerverwaltungsakte
- Festsetzungsverjährung
- Anwendung der Korrekturvorschriften

II. Erläuterungen zum Prüfungsschema zum Einspruchsverfahren

5   Das Einspruchsverfahren ist das außergerichtliche Rechtsbehelfsverfahren der Abgabenordnung. Hierbei wird der Verwaltungsakt im Ganzen überprüft.[1] Die Prüfung gliedert sich in Zulässigkeit und Begründetheit des Einspruchs.

1. Zulässigkeit des Einspruchs

6   Zunächst müssen die Zulässigkeitsvoraussetzungen erfüllt sein. Andernfalls ist der Einspruch als unzulässig zu verwerfen (vgl. § 358 AO).

a) Statthaftigkeit

7   Nach § 347 Abs. 1 S. 1 Nr. 1 AO ist der Einspruch gegen Verwaltungsakte in Abgabenangelegenheiten im Sinne des § 347 Abs. 2 AO, auf die die Abgabenordnung Anwendung findet, statthaft. Nach § 347 Abs. 1 S. 2 AO ist auch ein Untätigkeitseinspruch

---

[1] Zum Ganzen: *Fehrenbacher*, § 8 Rn. 164.

möglich und nach § 347 Abs. 1 S. 1 Nr. 2 AO kann gegen Verwaltungsakte im Vollstreckungsverfahren mit dem Einspruch vorgegangen werden. Nicht statthaft ist der Einspruch gegen Einspruchsentscheidungen (vgl. § 348 Nr. 1 AO).[2]

b) Einspruchsbefugnis

Nach § 350 AO ist einspruchsbefugt, wer geltend macht, durch einen Verwaltungsakt beschwert zu sein. Der Einspruchsführer muss geltend machen, in eigenen Rechten betroffen zu sein. Die rechtliche Betroffenheit ist insbesondere beim Adressaten eines belastenden Verwaltungsakts gegeben.[3]

c) Einspruchsform und Einspruchsfrist

§ 357 Abs. 1 AO bestimmt die Form des Einspruchs. Hiernach ist ein Einspruch beim Finanzamt schriftlich oder elektronisch einzureichen oder zur Niederschrift zu erklären.

Nach § 355 Abs. 1 AO beträgt die Einspruchsfrist einen Monat. Sie beginnt mit der Bekanntgabe des Verwaltungsakts. Die Fristberechnung richtet sich nach § 108 AO, §§ 187 ff. BGB. Bei schriftlichen oder elektronischen Verwaltungsakten beginnt die Frist erst zu laufen, wenn eine ordnungsgemäße Belehrung erfolgt ist (vgl. § 356 Abs. 1 AO). Mangelt es hieran, ist die Einspruchseinlegung binnen eines Jahres seit Bekanntgabe zulässig (vgl. § 356 Abs. 2 AO). Bei einer schuldlosen Fristversäumnis kommt eine **Wiedereinsetzung in den vorigen Stand** nach § 110 AO in Betracht.[4]

Vertiefungshinweis
Zu Form und Frist des Einspruchs siehe § 25 Rn. 10 ff.

d) Sonstige Zulässigkeitsvoraussetzungen

Die vorstehenden Zulässigkeitsvoraussetzungen können in jedem Prüfungsfall (zumindest kurz) erörtert werden. Daneben bestehen noch einige weitere Zulässigkeitsaspekte, die bei entsprechenden Hinweisen im Sachverhalt ebenfalls zu prüfen sind. So können die **Beteiligtenfähigkeit** und die **Handlungsfähigkeit** (vgl. §§ 365 Abs. 1, 79 AO) anzusprechen sein.[5] Auch die **Bevollmächtigung** spielt gegebenenfalls eine Rolle (vgl. §§ 365 Abs. 1, 80 AO).[6] Der Einspruch kann ferner ausgeschlossen sein. Hier sind **Einspruchsverzicht** (vgl. § 354 AO) und **-rücknahme** (vgl. § 362 AO) unter Umständen zu erörtern. Der Einspruch ist zudem unzulässig, wenn das **Rechtsschutzbedürfnis** fehlt.[7]

Vertiefungshinweis
Zur Bevollmächtigung siehe § 25 Rn. 9.

---

2 Zum Ganzen: *Fehrenbacher*, § 8 Rn. 165.
3 *Cöster*, in: Koenig, § 350 AO Rn. 6 f., 15.
4 Zum Ganzen: *Fehrenbacher*, § 8 Rn. 168.
5 *Seer*, in: Tipke/Lang, Rn. 22.16 f.
6 Vgl. *Seer*, in: Tipke/Lang, Rn. 22.18.
7 Zum Ganzen: *Fehrenbacher*, § 8 Rn. 170.

2. Begründetheit des Einspruchs

12 Nach § 367 Abs. 2 S. 1 AO hat die Finanzbehörde die Sache in vollem Umfang erneut zu prüfen. Der Einspruch ist insbesondere begründet, wenn der Verwaltungsakt rechtswidrig ist und der Steuerpflichtige hierdurch in seinen Rechten verletzt ist. Der Einspruch ist aber auch begründet, wenn der Verwaltungsakt unzweckmäßig ist. Die Begründetheitsausführungen stellen häufig den Schwerpunkt der Prüfung dar. Hier können sämtliche materiell-steuerrechtliche Aspekte abgefragt werden.

III. Erläuterungen zum Prüfungsschema zur Korrektur von Steuerbescheiden

13 Steuerverwaltungsakte werden mit der Bekanntgabe wirksam (vgl. § 124 Abs. 1 AO) und damit verbindlich. Die Korrekturvorschriften (insbesondere der Abgabenordnung) ermöglichen aber dennoch eine Korrektur (vgl. § 124 Abs. 2 AO).[8]

1. Steuerbescheide und allgemeine Steuerverwaltungsakte

14 Zu differenzieren ist zwischen der Korrektur allgemeiner Steuerverwaltungsakte und der Korrektur von Steuerbescheiden (und diesen gleichgestellten Bescheiden). Die Unterscheidung hat Auswirkungen auf die anwendbaren Korrekturvorschriften (vgl. § 172 AO). Sie sollte daher zu Beginn der Korrekturprüfung getroffen werden. Für allgemeine Steuerverwaltungsakte gelten die §§ 129, 130, 131 AO. Für Steuerbescheide gelten die §§ 129, 164, 165, 172 ff. AO, nicht aber die §§ 130, 131 AO.[9] Die Korrektur von Steuerbescheiden ist für steuerrechtliche Prüfungen aufgrund der steuerrechtlichen Sonderregelungen besonders relevant; die §§ 130, 131 AO sind hingegen mit den §§ 48, 49 VwVfG vergleichbar und weisen weniger steuerrechtliche Besonderheiten auf.

2. Festsetzungsverjährung

15 Die Korrektur eines Steuerbescheids setzt voraus, dass keine Festsetzungsverjährung eingetreten ist (vgl. § 169 Abs. 1 S. 1 AO). Die Festsetzungsfrist für Verbrauchsteuern beträgt nach § 169 Abs. 2 S. 1 Nr. 1 AO ein Jahr. Für die nicht in § 169 Abs. 2 S. 1 Nr. 1 AO genannten Steuern beträgt sie vier Jahre (vgl. § 169 Abs. 2 S. 1 Nr. 2 AO). Im Fall der leichtfertigen Steuerverkürzung und der Steuerhinterziehung verlängert sich die Frist (vgl. § 169 Abs. 2 S. 2 AO).[10]

Die Festsetzungsfrist beginnt nach § 170 Abs. 1 AO grundsätzlich mit Ablauf des Jahres, in dem die Steuer entstanden ist. Allerdings ist der Fristbeginn nach § 170 Abs. 2 S. 1 Nr. 1 AO, wenn eine Steuererklärung oder eine Steueranmeldung einzureichen ist, solange gehemmt, bis diese Pflicht erfüllt ist. Die Frist beginnt jedoch spätestens mit Ablauf des dritten Kalenderjahres, das auf das Jahr der Steuerentstehung folgt. Das Fristende wird durch besondere Ablaufhemmungen beeinflusst (vgl. insbesondere § 171 AO).[11]

---

8 *Seer*, in: Tipke/Lang, Rn. 21.80–21.82.
9 Zum Ganzen: *Fehrenbacher*, § 8 Rn. 96.
10 Zum Ganzen: *Fehrenbacher*, § 8 Rn. 147.
11 Zum Ganzen: *Fehrenbacher*, § 8 Rn. 147–150.

Vertiefungshinweis

Zur Festsetzungsverjährung siehe § 26 Rn. 10 ff., 18; § 27 Rn. 11 f., 16, 22 f., 27; § 28 Rn. 7, 20 f.

3. Anwendung der Korrekturvorschriften

Die Korrektur eines Steuerbescheids kann nur unter Rückgriff auf die Korrekturvorschriften erfolgen. Prüfungsrelevant sind hier zunächst § 129 Abs. 1 AO (Offenbare Unrichtigkeiten) sowie die §§ 164 Abs. 2, 165 Abs. 2 AO (Vorbehalt der Nachprüfung und Vorläufigkeit).

Vertiefungshinweis

Zu offenbaren Unrichtigkeiten siehe § 26 Rn. 20 f.; § 27 Rn. 17. Zum Vorbehalt der Nachprüfung siehe § 26 Rn. 19 ff.; § 28 Rn. 8 f. Zur vorläufigen Steuerfestsetzung siehe § 26 Rn. 9.

Wichtig ist ferner die sogenannte schlichte Änderung nach § 172 Abs. 1 Nr. 2 lit. a AO.[12] Zudem ist § 172 Abs. 1 S. 1 Nr. 2 lit. d AO bedeutsam – hierdurch werden die Korrekturvorschriften der §§ 173 ff. AO und andere besondere Korrekturvorschriften (vgl. beispielsweise § 10 d Abs. 1 S. 3 EStG oder § 32 a KStG) in Bezug genommen. In der Falllösung spielen hierbei insbesondere die Korrekturmöglichkeiten nach § 173 Abs. 1 AO (nachträglich bekannt gewordene Tatsachen oder Beweismittel), nach § 174 AO (widerstreitende Steuerfestsetzungen) und nach § 175 Abs. 1 S. 1 Nr. 1 und 2 AO (Bindungswirkung eines Grundlagenbescheids und rückwirkendes Ereignis) eine Rolle.

Vertiefungshinweis

Zur besonderen Korrekturvorschrift des § 32 a KStG siehe § 28 Rn. 18. Zur Korrektur nach § 173 Abs. 1 AO siehe § 27 Rn. 9, 26 ff. Zur Korrektur nach § 175 Abs. 1 S. 1 Nr. 1 AO siehe § 27 Rn. 21. Zur Korrektur nach § 175 Abs. 1 S. 1 Nr. 2 AO siehe § 27 Rn. 10.

Grundsätzlich erfolgt die Korrektur des Steuerbescheids durch die Korrekturnormen nur punktuell auf den konkreten Fehler bezogen. Eine Mitberücksichtigung materiellrechtlicher Fehler kann jedoch nach der unselbständigen Fehlerkorrekturvorschrift des § 177 AO erfolgen.[13]

Vertiefungshinweis

Zu § 177 AO siehe § 28 Rn. 19.

---

12 Zum Ganzen: *Fehrenbacher*, § 8 Rn. 103 f.
13 Zum Ganzen: *Fehrenbacher*, § 8 Rn. 121.

Teil 2: Übungsfälle

§ 8 Übungsfall 1 – Einkommensteuer

1 Der Fall behandelt im Schwerpunkt die Einkünfte aus Vermietung und Verpachtung nach den §§ 2 Abs. 1 S. 1 Nr. 6, 21 EStG sowie die sonstigen Einkünfte nach den §§ 2 Abs. 1 S. 1 Nr. 7, 22 EStG. Im Einzelnen werden insbesondere die folgenden Aspekte behandelt: Absetzung für Abnutzung (vgl. §§ 9 Abs. 1 S. 3 Nr. 7 S. 1, 7 EStG); Einkünfteerzielungsabsicht; Finderlohn; Freigrenzen und Freibeträge; Steuerbarkeit und Steuerpflicht; Überschussrechnung (vgl. §§ 8, 9 EStG); Zu versteuerndes Einkommen (vgl. § 2 Abs. 5 EStG); Zu- und Abflussprinzip (vgl. § 11 EStG).

Sachverhalt

2 ▶ Die ledige Frieda (F) träumt schon seit ihrer Jugend davon, in die Berge zu ziehen. Im April 00 investiert sie 1.500.000 € in eine kürzlich errichtete Immobilie mit fünf identischen Eigentumswohnungen in Spitzingsee (Deutschland). Der Wert von Grund und Boden beträgt 500.000 €; der Wert des Gebäudes beträgt 1.000.000 €. Die Wohnung im Dachgeschoss bewohnt sie selbst. Die übrigen vier Wohnungen vermietet F.

(1) Für die Wohnung im Erdgeschoss erhält F im Jahr 01 Mietzahlungen in Höhe von 12.000 €. Allerdings hat sie im selben Jahr auch Ausgaben in Höhe von 5.000 € für Reparaturen im Badezimmer dieser Wohnung.

(2) Der Mieter der Wohnung im ersten Obergeschoss ist zu einer Menge Geld gekommen und zahlt daher die Miete für die Jahre 01 bis 07 in Höhe von 84.000 € bereits zu Beginn des Jahres 01 im Voraus.

(3) Der Mieter der Wohnung im zweiten Obergeschoss überweist zu Beginn jeden Monats des Jahres 01 die Monatsmiete in Höhe von 1.000 € von seinem Bankkonto auf das Konto der F. Zudem bringt er F bereits am 28. Dezember 01 die Miete für Januar 02 in Höhe von 1.000 € persönlich vorbei.

(4) Zu Beginn des Jahres 01 zieht der Bruder der F in die Wohnung im dritten Obergeschoss ein. Statt der ortsüblichen jährlichen Miete von 12.000 € verlangt F von ihrem Bruder nur 8.000 € Miete (etwa 66,7 Prozent von 12.000 €). Im selben Jahr lässt F auch in dieser Wohnung Reparaturen im Badezimmer für 5.000 € vornehmen.

(5) Bei einem Spaziergang am See findet F ein Mobiltelefon, welches sie im Fundbüro abgibt. Von dem glücklichen Eigentümer des Geräts erhält F einen Finderlohn in Höhe von 100 €.

(6) F vermietet im Sommer gelegentlich ihren kleinen Katamaran (der nicht in ein Schiffsregister eingetragen ist) an Urlauber. Die Einnahmen hieraus belaufen sich im Jahr 01 auf 200 €. ◀

Aufgabenstellung

3 ▶ Wie sind die geschilderten Fälle für F einkommensteuerrechtlich zu beurteilen? Die Aufgabe ist gutachtlich zu bearbeiten. Die Jahreszahlen sind fiktiv. Es ist das aktuell geltende Recht anzuwenden. ◀

§ 8 Übungsfall 1 – Einkommensteuer

Gliederung

I. Ziffer 1 – Erdgeschoss und Absetzung für Abnutzung ... 67
   1. Persönliche Steuerpflicht ... 67
   2. Veranlagung und Tarif ... 67
   3. Sachliche Steuerpflicht ... 68
      a) Einkünftequalifikation ... 68
      b) Einkünfteermittlung ... 68
         aa) Mietzahlungen ... 68
         bb) Badezimmerreparatur ... 68
         cc) Absetzung für Abnutzung ... 69
         dd) Ergebnis ... 70
      c) Ergebnis ... 70
   4. Ergebnis ... 70
II. Ziffer 2 – Erstes Obergeschoss ... 70
III. Ziffer 3 – Zweites Obergeschoss ... 71
IV. Ziffer 4 – Drittes Obergeschoss ... 71
V. Ziffer 5 – Finderlohn ... 72
VI. Ziffer 6 – Vermietung des Katamarans ... 73
   1. Steuerbarkeit ... 73
   2. Freigrenze, § 22 Nr. 3 S. 2 EStG ... 73
   3. Ergebnis ... 74
VII. Zusammenfassung ... 74

Lösung

I. Ziffer 1 – Erdgeschoss und Absetzung für Abnutzung

Zu prüfen sind die einkommensteuerrechtlichen Folgen der ersten Ziffer.

1. Persönliche Steuerpflicht

F ist als natürliche Person, aufgrund ihres Wohnsitzes im Sinne des § 8 AO in Spitzingsee (also im Inland), mit ihrem Welteinkommen unbeschränkt einkommensteuerpflichtig nach § 1 Abs. 1 S. 1 EStG (Welteinkommens- und Universalitätsprinzip)[1].

2. Veranlagung und Tarif

Bei der Einkommensteuer findet ein Veranlagungsverfahren statt. Für die ledige F kommt es zur Einzelveranlagung zum Grundtarif des § 32 a Abs. 1 EStG. Der Veranlagungszeitraum ist das Kalenderjahr (vgl. § 25 Abs. 1 EStG).[2]

Prüfungshinweis

An dieser Stelle erfolgt häufig ein Hinweis darauf, dass die geschilderten Grundsätze der Veranlagung zwar grundsätzlich gelten, jedoch im Fall eines Steuerabzugs mit Abgeltungswirkung besondere Regeln zu beachten sind. Ein solcher Hinweis ist bei der Prüfung dieses Falls aber nicht erforderlich, weil bei keiner der geschilderten Sachverhaltsvarianten ein Steuerabzug mit Abgeltungswirkung relevant wird.

---

[1] *Hey*, in: Tipke/Lang, Rn. 8.26; *Seer*, in: Tipke/Lang, Rn. 1.88.
[2] Zum Ganzen: *Fehrenbacher*, § 2 Rn. 299 f., 313.

3. Sachliche Steuerpflicht

8 Im Rahmen der Prüfung der sachlichen Steuerpflicht ist nach der Einkünftequalifikation und der Einkünfteermittlung zu fragen.

a) Einkünftequalifikation

9 F erhält Mietzahlungen von ihren Mietern. Hierbei könnte es sich um Einkünfte aus Vermietung und Verpachtung im Sinne der §§ 2 Abs. 1 S. 1 Nr. 6, 21 Abs. 1 S. 1 Nr. 1 EStG handeln. Von § 21 Abs. 1 EStG sind Nutzungsentgelte aus der zeitlich begrenzten Überlassung verschiedener Gegenstände erfasst. Insbesondere erfasst § 21 Abs. 1 S. 1 Nr. 1 EStG die Einkünfte aus der Vermietung und Verpachtung unbeweglichen Vermögens, wozu beispielsweise Grundstücke, Gebäude und auch Gebäudeteile wie die vorliegenden Wohnungen gehören.[3] Damit unterfallen die Einkünfte der F dem Tatbestand des § 21 Abs. 1 S. 1 Nr. 1 EStG.

b) Einkünfteermittlung

10 F hat nach § 2 Abs. 2 S. 1 Nr. 2 EStG den Überschuss der Einnahmen über die Werbungskosten nach dem Zu- und Abflussprinzip zu ermitteln (vgl. §§ 8, 9, 11 EStG).

aa) Mietzahlungen

11 Die Zahlungen, die F von ihren Mietern erhält, könnten Einnahmen begründen. Einnahmen sind nach § 8 Abs. 1 EStG alle Güter in Geld oder Geldeswert, die dem Steuerpflichtigen im Rahmen einer der Einkunftsarten des § 2 Abs. 1 S. 1 Nr. 4 bis 7 EStG zufließen. Die Einnahmen müssen durch die Einkunftsart veranlasst sein.[4] Für die Erfassung von Einnahmen ist das **Zuflussprinzip** des § 11 Abs. 1 EStG maßgebend. Die Mietzahlungen in Höhe von 12.000 € durch den Mieter der Erdgeschosswohnung sind durch die Vermietungstätigkeit der F veranlasst und fließen F im Jahr 01 zu. Damit stellen die Mietzahlungen Einnahmen im Sinne des § 8 Abs. 1 EStG dar.

bb) Badezimmerreparatur

12 Die Kosten der Reparaturen im Badezimmer könnten Werbungskosten darstellen. Als Werbungskosten bezeichnet § 9 Abs. 1 S. 1 EStG „Aufwendungen zur Erwerbung, Sicherung und Erhaltung von Einnahmen". Trotz dieses engen Wortlauts werden als Werbungskosten, in Anlehnung an § 4 Abs. 4 EStG, aber sämtliche durch den Erwerb veranlasste Aufwendungen verstanden. Es muss objektiv ein Zusammenhang mit der maßgeblichen Tätigkeit bestehen; die Absicht, die Tätigkeit zu fördern, muss hingegen nicht zwingend gegeben sein.[5] Für die Erfassung von Werbungskosten ist das **Abflussprinzip** des § 11 Abs. 2 EStG maßgebend. Hierbei kommt es auf den Verlust der wirtschaftlichen Verfügungsmacht an.[6] Die Kosten für die Reparaturen in der vermieteten Wohnung sind durch die Vermietungstätigkeit veranlasst und daher im Jahr 01, in dem die Ausgaben erfolgten, relevant. Damit sind Werbungskosten in Höhe von 5.000 € zu berücksichtigen.

---

[3] Zum Ganzen: *Fehrenbacher*, § 2 Rn. 221 f.; *Hey*, in: Tipke/Lang, Rn. 8.508, 8.512.
[4] *Fehrenbacher*, § 2 Rn. 124; *Hey*, in: Tipke/Lang, Rn. 8.353.
[5] *Fehrenbacher*, § 2 Rn. 129.
[6] *Fehrenbacher*, § 2 Rn. 114, 130.

Vertiefungshinweis

Sogenannte anschaffungsnahe Herstellungskosten im Sinne des § 6 Abs. 1 Nr. 1 a EStG (vgl. § 9 Abs. 5 S. 2 EStG) liegen bei den niedrigen Kosten für die Badezimmerreparatur (5.000 €) nicht vor. Auch nachträgliche Herstellungskosten bestehen nicht; aus dem Sachverhalt ergibt sich insbesondere keine wesentliche Verbesserung eines bestehenden Wirtschaftsguts (vgl. § 255 Abs. 2 S. 1 HGB). In Betracht gezogen werden könnte allerdings eine Verteilung der Kosten nach § 82 b Abs. 1 EStDV.

cc) Absetzung für Abnutzung

Fraglich ist ferner, wie sich die Anschaffung der Immobilie und die entsprechenden Aufwendungen steuerlich auswirken.

Prüfungshinweis

Die Thematik der Absetzung für Abnutzung betrifft den Fall im Ganzen. Es ist daher sachgerecht, dies im Zusammenhang mit dem ersten Geschäftsvorfall zu prüfen.

Die Anschaffungskosten einer Immobilie sind für steuerliche Zwecke grundsätzlich nach den Verkehrswerten auf die (steuerrechtlich eigenständig zu behandelnden) Wirtschaftsgüter Grund und Boden sowie Gebäude aufzuteilen. In Bezug auf den Teil der Kosten, der auf das zur Einkünfteerzielung genutzte Gebäude entfällt, kann nach den §§ 9 Abs. 1 S. 3 Nr. 7 S. 1, 7 Abs. 4 EStG ein jährlicher Abschreibungsbetrag geltend gemacht werden (sogenannte Absetzung für Abnutzung, AfA). Im hiesigen Fall sind die einzelnen Eigentumswohnungen nach § 7 Abs. 5 a EStG jeweils für sich zu betrachten. Die im Privatvermögen gehaltenen und Wohnzwecken dienenden Wohnungen unterfallen § 7 Abs. 4 S. 1 Nr. 2 lit. a EStG (sie wurden erst kürzlich errichtet, so dass von einer Fertigstellung nach dem 31.12.1924 auszugehen ist), mithin können jährlich zwei Prozent der Anschaffungskosten steuermindernd geltend gemacht werden.[7]

Auf die fünf identischen Wohnungen entfällt dabei jeweils ein Teil der Anschaffungskosten von 200.000 €. Abschreibungen sind allerdings nur in Bezug auf Wirtschaftsgüter möglich, die zur Erzielung von Einkünften genutzt werden (vgl. § 7 Abs. 1 S. 1 EStG). Dies betrifft nur die vermieteten Wohnungen. Soweit die Kosten auf die von F selbst bewohnte Wohnung entfallen, sind diese privat veranlasst und können nicht abgezogen werden. Damit besteht ein jährlicher Abschreibungsbetrag von 4.000 € (200.000 € x 2 Prozent) pro vermieteter Wohnung.[8]

Im Jahr 00 als Jahr der Anschaffung war der Abschreibungsbetrag nur anteilig abziehbar.[9] Er verminderte sich mit Blick auf die Anschaffung im April von 4.000 € um drei Zwölftel auf 3.000 € (4.000 € ./. 4.000 € x 3/12) pro Wohnung (vgl. § 7 Abs. 1 S. 4 EStG). Im Jahr 01 ist der jährliche Abschreibungsbetrag aber in der vollen Höhe von 4.000 € pro Wohnung anzusetzen. Mit Blick auf die vier vermieteten Wohnungen besteht daher ein AfA-Betrag von insgesamt 16.000 € (4.000 € x 4).

Prüfungs- und Vertiefungshinweis

Die AfA bewirkt nach § 7 Abs. 1 EStG bei abnutzbaren Wirtschaftsgütern des Anlagevermögens grundsätzlich die Aufteilung der Anschaffungs- oder Herstellungskosten auf die

---
7 Siehe zum Ganzen: *Fehrenbacher*, § 2 Rn. 231; *Kulosa*, in: Schmidt, § 7 EStG Rn. 205.
8 Siehe zum Ganzen: *Kulosa*, in: Schmidt, § 7 EStG Rn. 6.
9 Siehe *Kulosa*, in: Schmidt, § 7 EStG Rn. 142, 145.

Nutzungsdauer des Wirtschaftsguts. Die Aufwendungen für entsprechende Wirtschaftsgüter wirken sich demnach über die Nutzungsdauer verteilt als Betriebsausgaben oder Werbungskosten aus. Die AfA-Bestimmungen sind bei den Regelungen zur Gewinnermittlung verortet. Sie finden über § 9 Abs. 1 S. 3 Nr. 7 EStG aber auch im Rahmen der Überschusseinkünfte Anwendung. Für die Gebäude-AfA bestehen Sonderregelungen insbesondere in § 7 Abs. 4 EStG.[10]

Für eine Prüfung der Sonderabschreibung für den Mietwohnungsneubau (vgl. §§ 9 Abs. 1 S. 3 Nr. 7 S. 1, 7 b EStG), die nur befristet bei Stellung des Bauantrags oder der Bauanzeige nach dem 31.8.2018 und vor dem 1.1.2022 gilt, fehlt es an Angaben im Sachverhalt. Sie muss daher nicht geprüft werden.

dd) Ergebnis

15 Bei der Einkünfteermittlung sind die Mietzahlungen als Einnahmen und die Reparaturkosten als Werbungskosten relevant. Ferner ist der entsprechende AfA-Betrag zu berücksichtigen.

c) Ergebnis

F hat aus der geschilderten Ziffer im Jahr 01 Einnahmen in Höhe von 12.000 €, die bei den Einkünften aus Vermietung und Verpachtung zu erfassen sind, und Werbungskosten im Zusammenhang mit dieser Einkunftsart in Höhe von 5.000 € für die Reparaturen. Zudem kann sie im Jahr 01 einen AfA-Betrag in Höhe von 16.000 € als Werbungskosten ansetzen.

4. Ergebnis

16 Die unbeschränkt steuerpflichtige F erzielt Einkünfte aus Vermietung und Verpachtung. Die Mietzahlungen stellen Einnahmen und die Reparaturkosten stellen Werbungskosten dar. Die AfA ist zu berücksichtigen.

II. Ziffer 2 – Erstes Obergeschoss

17 Zu prüfen sind die einkommensteuerrechtlichen Auswirkungen der Vorauszahlung des Mieters der Wohnung im ersten Obergeschoss.

Prüfungshinweis

Die persönliche Steuerpflicht der F und die Qualifikation der Mieteinnahmen als Einkünfte im Sinne von §§ 2 Abs. 1 S. 1 Nr. 6, 21 Abs. 1 S. 1 Nr. 1 EStG sowie die Einkünfteermittlungsart für die Einkünfte aus Vermietung und Verpachtung wurden bereits grundsätzlich erörtert. Hier kann daher direkt bei dem problematischen Aspekt in die Prüfung eingestiegen werden.

18 Die Mietzahlungen sind als Einnahmen im Sinne des § 8 Abs. 1 EStG bei den Einkünften aus Vermietung und Verpachtung zu erfassen. Maßgeblich für die Erfassung der Einnahmen ist nach § 11 Abs. 1 S. 1 EStG der Zufluss. Hierbei ist die Erlangung der wirtschaftlichen Verfügungsmacht maßgebend. Die Zahlung des Mieters hat F zu Beginn des Jahres 01 erhalten. Damit müssten die Einnahmen in Höhe von 84.000 € insgesamt im Jahr 01 berücksichtigt werden. Nach § 11 Abs. 1 S. 3, Abs. 2 S. 3 EStG

---

10 Zum Ganzen: *Fehrenbacher*, § 2 Rn. 103 f.; *Hey*, in: Tipke/Lang, Rn. 8.364 f.

kann F jedoch die Einnahmen aus der Nutzungsüberlassung bei einer **Vorauszahlung** für einen Zeitraum von mehr als fünf Jahren auf den Vorauszahlungszeitraum verteilen. Übt F dieses Wahlrecht aus, sind in den Jahren 01 bis 07 jeweils 12.000 € als Einnahmen zu erfassen.[11]

III. Ziffer 3 – Zweites Obergeschoss

Zu prüfen sind die einkommensteuerrechtlichen Auswirkungen der Mietzahlungen des Mieters der Wohnung im zweiten Obergeschoss.

Die Mietzahlungen sind im Rahmen der Einkünfte aus Vermietung und Verpachtung zu erfassen. Zu untersuchen ist jedoch die zeitliche Zuordnung. § 11 Abs. 1 S. 1 EStG knüpft an den tatsächlichen Zufluss der Einnahmen an. Bei einer **Banküberweisung** erfolgt der Zufluss mit der Gutschrift auf dem Konto des Zahlungsempfängers.[12] Der Zufluss der regelmäßigen Mietzahlungen in Höhe von 12.000 € erfolgte daher insgesamt im Jahr 01.

Auch die verfrühte Zahlung der Miete in Höhe von 1.000 € für Januar 02 bereits im Dezember 01 ist nach der Grundregel des § 11 Abs. 1 S. 1 EStG dem Jahr 01 zuzuordnen, schließlich erhält F die Zahlung noch in diesem Jahr. Allerdings ist die Sonderregelung des § 11 Abs. 1 S. 2 EStG zu beachten. Hiernach gelten **regelmäßig wiederkehrende Einnahmen** als in dem Kalenderjahr bezogen, zu dem sie wirtschaftlich gehören, wenn sie dem Steuerpflichtigen kurze Zeit vor Beginn oder nach Beendigung dieses Kalenderjahres zufließen. Bei den monatlich zu leistenden Mietzahlungen handelt es sich um regelmäßig wiederkehrende Einnahmen. Die verfrühte Mietzahlung wird für Januar 02 erzielt und ist daher wirtschaftlich dem Jahr 02 zuzuordnen. Unter einer kurzen Zeitspanne im Sinne des § 11 Abs. 1 S. 2 EStG versteht die Rechtsprechung einen Zeitraum von zehn Tagen vor oder nach dem Jahreswechsel.[13] Hier erfolgt die Zahlung innerhalb dieser Zeitspanne. Ob auch der Fälligkeitszeitpunkt kurz vor oder nach dem Jahreswechsel liegen muss, wird nicht einheitlich gesehen.[14] Hier ist dies mit Blick auf den gesetzlichen Fälligkeitszeitpunkt des § 556 b Abs. 1 BGB am dritten Werktag des Januars 02 aber ohnehin gegeben. Damit gelten die Einnahmen nicht als im Jahr 01, sondern als im Jahr 02 bezogen.

Aus der hiesigen Ziffer ergeben sich daher Einnahmen aus Vermietung und Verpachtung im Jahr 01 in Höhe von 12.000 €. Die verfrüht gezahlte Miete für Januar 02 führt erst im Jahr 02 zu Einnahmen in Höhe von 1.000 €.

IV. Ziffer 4 – Drittes Obergeschoss

Zu prüfen sind die einkommensteuerrechtlichen Auswirkungen der Mietzahlungen des Bruders der F und der Reparaturkosten für das Badezimmer im dritten Obergeschoss. Grundsätzlich sind, wie gesehen, die Mietzahlungen als Einnahmen im Sinne des § 8 Abs. 1 EStG und die Reparaturkosten als Werbungskosten im Sinne des § 9 Abs. 1 EStG im Rahmen der Einkünfte aus Vermietung und Verpachtung nach den §§ 2 Abs. 1 S. 1 Nr. 6, 21 Abs. 1 S. 1 Nr. 1 EStG zu erfassen.

---

11 Siehe zum Ganzen: *Fehrenbacher*, § 2 Rn. 114, 123–125; *Krüger*, in: Schmidt, § 11 EStG Rn. 30.
12 *Fehrenbacher*, § 2 Rn. 114; *Krüger*, in: Schmidt, § 11 EStG Rn. 50, Überweisung.
13 BFH v. 24.7.1986, IV R 309/84, BStBl. II 1987, 16, unter 2.b) m.w.N.
14 Siehe *Martini*, in: Blümich, § 11 EStG Rn. 39–40.

Problematisch ist jedoch die niedrige Miete. Insofern könnte im hiesigen Fall die **Einkünfteerzielungsabsicht** in Frage stehen. Die Absicht, Einkünfte zu erzielen, ist eine generelle Voraussetzung für das Vorliegen steuerbarer Einkünfte. Sie kann grundsätzlich mittels einer Totalüberschussprognose bestimmt werden.[15]

Vertiefungshinweis

Ausdrücklich ist das Merkmal der Gewinnerzielungsabsicht Voraussetzung für den Gewerbebetrieb im Sinne des § 15 Abs. 2 EStG. Sämtliche Einkünfte erfordern aber die Absicht, Einkünfte zu erzielen. Siehe auch § 9 Rn. 21.

21 Für den hiesigen Fall der Überlassung einer Wohnung zu Wohnzwecken besteht jedoch die besondere Regelung des § 21 Abs. 2 EStG. Nach § 21 Abs. 2 S. 1 EStG ist die Nutzungsüberlassung in einen entgeltlichen und einen unentgeltlichen Teil aufzuteilen, wenn die Miete weniger als 50 Prozent der ortsüblichen Miete beträgt. In diesem Fall sind die (niedrigen) Einnahmen in voller Höhe anzusetzen. Die Werbungskosten sind nur zu einem verhältnismäßigen Teil abziehbar. Ausdrücklich bestimmt § 21 Abs. 2 S. 2 EStG jedoch, dass im Fall eines Entgelts von mindestens 66 Prozent eine auf Dauer angelegte Wohnungsvermietung als entgeltlich gilt. In diesem Fall wird der volle Werbungskostenabzug gewährt. Die Einkünfteerzielungsabsicht ist nicht mehr gesondert zu prüfen.[16]

Hier liegen die Mietzahlungen (knapp) über der Grenze des § 21 Abs. 2 EStG von 66 Prozent. Entsprechend sind im Jahr 01 Einnahmen in Höhe von 8.000 € und Werbungskosten in Höhe von 5.000 € im Rahmen der Einkünfte aus Vermietung und Verpachtung zu erfassen. Ein Missbrauch von Gestaltungsmöglichkeiten im Sinne des § 42 AO liegt auch bei der knappen Ausnutzung der Grenzwerte nicht vor.[17]

Vertiefungshinweis

Seit einer Anpassung des § 21 Abs. 2 EStG durch das „Jahressteuergesetz 2020" fallen die Werte von § 21 Abs. 2 S. 1 und 2 EStG (wieder) auseinander.[18] Im Zwischenbereich der beiden nun relevanten Grenzwerte von 50 Prozent (unterhalb: zwingende Aufteilung) und 66 Prozent (ab mindestens 66 Prozent: fingierte Entgeltlichkeit) ist eine Überschussprognose zur Feststellung der Einkünfteerzielungsabsicht anzustellen. Fällt diese positiv aus, sind die Werbungskosten voll abziehbar; fällt sie negativ aus, sind die auf den unentgeltlichen Teil der Nutzungsüberlassung entfallenden Werbungskosten nicht abziehbar.[19]

V. Ziffer 5 – Finderlohn

22 Zu prüfen ist die einkommensteuerrechtliche Behandlung des Finderlohns.

Prüfungshinweis

Ausführungen zur persönlichen Steuerpflicht sind mangels Abweichungen zur bisherigen Prüfung auch hier nicht erforderlich. Es kann mit der sachlichen Steuerpflicht in die Prüfung der fünften Ziffer eingestiegen werden.

---

15 *Fehrenbacher*, § 2 Rn. 31.
16 Zum Ganzen: *Fehrenbacher*, § 2 Rn. 223; *Kulosa*, in: Schmidt, § 21 EStG Rn. 158–161.
17 *Fehrenbacher*, § 2 Rn. 223.
18 Jahressteuergesetz 2020 v. 21.12.2020, BGBl. I 2020, 3096.
19 Zum Ganzen: *Mellinghoff*, in: Kirchhof/Seer, § 21 EStG Rn. 75; *Pfirrmann*, in: Herrmann/Heuer/Raupach, § 21 EStG (Jahreskommentierung 2021) Rn. J21-5–J21-8.

Fraglich ist, ob der Finderlohn steuerbar ist. Im Raum könnten gewerbliche Einkünfte nach den §§ 2 Abs. 1 S. 1 Nr. 2, 15 Abs. 1 S. 1 Nr. 1 EStG oder sonstige Einkünfte nach den §§ 2 Abs. 1 S. 1 Nr. 7, 22 Nr. 3 EStG stehen. Dem Finderlohn liegt jedoch keine nachhaltige Tätigkeit zugrunde, so dass ein Gewerbebetrieb im Sinne des § 15 Abs. 2 EStG bereits aus diesem Grund nicht vorliegt. Zudem fehlt es an dem für alle Einkünfte erforderlichen Merkmal der Erwerbstätigkeit im Sinne einer mit Einkünfteerzielungsabsicht unternommenen Beteiligung am allgemeinen wirtschaftlichen Verkehr, so dass auch keine sonstigen Einkünfte vorliegen. Der Finderlohn ist daher nicht steuerbar.[20]

VI. Ziffer 6 – Vermietung des Katamarans

Zu prüfen sind die einkommensteuerrechtlichen Folgen der Vermietung des Katamarans.

1. Steuerbarkeit

Bei den Einnahmen aus der Vermietung des Katamarans könnte es sich um sonstige Einkünfte nach den §§ 2 Abs. 1 S. 1 Nr. 7, 22 Nr. 3 EStG handeln. Die Einkünfte aus Leistungen nach § 22 Nr. 3 EStG sind nach § 22 Nr. 3 S. 1 EStG subsidiär gegenüber den anderen Einkunftsarten und gegenüber den anderen Arten sonstiger Leistungen. Um einen allgemeinen Auffangtatbestand handelt es sich aber nicht.[21] Einkünfte aus Vermietung und Verpachtung nach den §§ 2 Abs. 1 S. 1 Nr. 6, 21 Abs. 1 EStG kommen nur im Fall der in § 21 Abs. 1 S. 1 Nr. 1 bis 4 EStG genannten Vorgänge in Betracht. Die Vermietung einzelner beweglicher Gegenstände ist dort aber nicht erfasst. Stattdessen ist die gelegentliche Vermietung beweglicher Gegenstände ausdrücklich in § 22 Nr. 3 S. 1 EStG als Beispiel genannt. Die Mieteinkünfte sind daher als sonstige Einkünfte zu qualifizieren.

Vertiefungshinweis

Bei dem Katamaran handelt es sich nach dem Sachverhalt nicht um ein in ein Schiffsregister eingetragenes Schiff. Entsprechend unterfällt die Vermietung nicht § 21 Abs. 1 S. 1 Nr. 1 EStG, sondern § 22 Nr. 3 EStG.[22]

Bei den sonstigen Einkünften nach § 22 EStG handelt es sich um eine Überschusseinkunftsart (vgl. § 2 Abs. 2 S. 1 Nr. 2 EStG), so dass der Überschuss der Einnahmen über die Werbungskosten zu ermitteln ist (vgl. §§ 8, 9, 11 EStG). Im Jahr 01 fließen F aus der Vermietung des Katamarans 200 € zu (vgl. § 11 Abs. 1 S. 1 EStG).

2. Freigrenze, § 22 Nr. 3 S. 2 EStG

Die steuerbaren Einkünfte in Höhe von 200 € liegen allerdings unter der Freigrenze von 256 € pro Kalenderjahr und sind daher nach § 22 Nr. 3 S. 2 EStG nicht einkommensteuerpflichtig.[23]

---

20 Zum Ganzen: *Fehrenbacher*, § 2 Rn. 30–32; *Hey*, in: Tipke/Lang, Rn. 8.120–8.135; *Weber-Grellet*, in: Schmidt, § 22 EStG Rn. 150.
21 *Fehrenbacher*, § 2 Rn. 246.
22 Siehe *Schallmoser*, in: Blümich, § 21 EStG Rn. 409.
23 *Fehrenbacher*, § 2 Rn. 247.

Vertiefungshinweis

Hier zeigt sich, dass Steuerbarkeit und Steuerpflicht zu unterscheiden sind. Einkünfte sind steuerbar, wenn sie die allgemeinen Anforderungen der Einkommensbesteuerung erfüllen und sich in eine der sieben Einkunftsarten einordnen lassen. Steuerbare Einkünfte können jedoch steuerfrei gestellt sein. In diesem Zusammenhang ist die Regelung des § 22 Nr. 3 S. 2 EStG zu sehen. Hiernach bleiben die Einkünfte steuerfrei, wenn die dortige Freigrenze nicht überschritten wird. Lägen Einkünfte von 256 € oder mehr vor, wären diese in voller Höhe zu versteuern. Von Freigrenzen zu unterscheiden sind Freibeträge, nach denen Einkünfte bis zu einem bestimmten Betrag stets steuerfrei bleiben (auch bei Überschreitung des Betrags).[24] Zu Freibeträgen siehe § 9 Rn. 19.

3. Ergebnis

28 Die Mieteinnahmen der F aus der Vermietung des Katamarans sind steuerbar, aber steuerfrei.

VII. Zusammenfassung

29 F erzielt hinsichtlich der Vermietung der Wohnungen steuerbare und steuerpflichtige Einkünfte aus Vermietung und Verpachtung nach den §§ 2 Abs. 1 S. 1 Nr. 6, 21 Abs. 1 S. 1 Nr. 1 EStG. Der Finderlohn ist hingegen nicht steuerbar. Die Einnahmen aus der Vermietung des Katamarans führen zu steuerbaren Einkünften nach den §§ 2 Abs. 1 S. 1 Nr. 7, 22 Nr. 3 EStG; sie sind jedoch steuerfrei.

Prüfungshinweis

Je nach Fallfrage wäre an dieser Stelle nun ein weiterer Schritt in der Prüfung erforderlich. Ist nämlich nach einer der Größen des § 2 EStG (beispielsweise nach dem zu versteuernden Einkommen) gefragt, so müssten die Ergebnisse der Geschäftsvorfälle hier zusammengefasst und in die entsprechende Größe umgesetzt werden. Die hiesige Fallfrage zielt allerdings nur auf die (isolierte) Begutachtung der einzelnen Geschäftsvorfälle, so dass keine weiteren Ausführungen erforderlich sind.

Unter der Prämisse, dass alle steuerrelevanten Tatsachen im Sachverhalt geschildert sind, könnte aber auch beispielsweise das zu versteuernde Einkommen im Sinne des § 2 Abs. 5 EStG für den Veranlagungszeitraum 01 ermittelt werden: Die Einkünfte aus Vermietung und Verpachtung als Überschuss der Einnahmen in Höhe von insgesamt 44.000 € und Werbungskosten in Höhe von insgesamt 26.000 € betrügen dann 18.000 € (vgl. § 2 Abs. 2 S. 1 Nr. 2 EStG). Weitere steuerpflichtige Einkünfte liegen nicht vor, so dass die Summe der Einkünfte im Sinne des § 2 Abs. 3 EStG hiermit identisch wäre. Auch Abzüge im Sinne des § 2 Abs. 3 EStG ergeben sich aus dem Sachverhalt nicht, so dass der Gesamtbetrag der Einkünfte im Sinne des § 2 Abs. 3 EStG ebenfalls identisch wäre. Sonderausgaben und außergewöhnliche Belastungen kommen im Sachverhalt nicht vor, so dass allein der Sonderausgaben-Pauschbetrag des § 10c S. 1 EStG in Höhe von 36 € bei der Ermittlung des Einkommens nach § 2 Abs. 4 EStG abgezogen würde und sich ein Betrag von 17.964 € ergäbe. Abzüge im Sinne des § 2 Abs. 5 S. 1 EStG ergeben sich aus dem Sachverhalt dann wiederum nicht, so dass das zu versteuernde Einkommen im Sinne des § 2 Abs. 5 EStG hier 17.964 € betrüge.

---

24 Zum Ganzen: *Fehrenbacher*, § 2 Rn. 30–38; *Hey*, in: Tipke/Lang, Rn. 8.120–8.149.

§ 9 Übungsfall 2 – Einkommensteuer

Der folgende Fall behandelt im Schwerpunkt die Einkünfte aus nichtselbständiger Arbeit nach den §§ 2 Abs. 1 S. 1 Nr. 4, 19 EStG. Im Einzelnen werden insbesondere die folgenden Aspekte behandelt: Arbeitnehmer-Pauschbetrag (vgl. § 9 a S. 1 Nr. 1 lit. a EStG); Betriebsveranstaltungen (vgl. § 19 Abs. 1 S. 1 Nr. 1 a EStG); Ehegattenveranlagung (vgl. §§ 26 ff. EStG); Einkünfte aus selbständiger Arbeit (vgl. §§ 2 Abs. 1 S. 1 Nr. 3, 18 EStG); Liebhaberei; Lohnsteuer (vgl. §§ 38 ff. EStG); Private Veräußerungsgeschäfte (vgl. §§ 2 Abs. 1 S. 1 Nr. 7, 22 Nr. 2, 23 EStG); Verlustausgleich (vgl. § 23 Abs. 3 S. 7 und 8 EStG); Zeitliche Zuordnung des Arbeitslohns (vgl. § 38 a EStG); Zufallserfindung.

Sachverhalt

▶ Manfred (M) lebt gemeinsam mit seiner Ehefrau Frieda (F) in Wangerooge (Deutschland). M ist kaufmännischer Angestellter und zudem begeisterter Hobbyfotograf. Er nutzt jede freie Minute dazu, die schöne Landschaft mit seiner Spiegelreflexkamera festzuhalten. Die besten Bilder stellt er im Kurhaus von Wangerooge aus.

(1) Für seine Tätigkeit als kaufmännischer Angestellter bekommt M im Jahr 01 ein monatliches Gehalt von 3.000 €. Sein Gehalt wird ihm regelmäßig am 28. des Monats überwiesen. Zum Jahreswechsel unterläuft dem Arbeitgeber jedoch ein Buchungsfehler, so dass das Dezembergehalt verspätet überwiesen wird. Die Gutschrift auf dem Konto des M erfolgt erst am 5. Januar 02.

(2) Im August 01 veranstaltet der Arbeitgeber des M ein Sommerfest für alle Angestellten. Im Dezember 01 richtet er zudem eine Weihnachtsfeier für die Angestellten aus. M nimmt an den Veranstaltungen mit seiner Ehefrau teil. Von den Gesamtaufwendungen des Arbeitgebers für die Veranstaltungen entfallen auf M und seine Ehefrau rechnerisch zusammen 100 € pro Feier.

(3) M lässt die besten Fotos großformatig auf Leinwand drucken. Die Fotos verschenkt er meistens an Bekannte. Vereinzelt verkauft er sie auch an Touristen. Die hohen Materialkosten konnte M durch die Verkäufe aber nie kompensieren. Er macht daher seit Jahren Verluste mit der Fotografie. So ist es auch im Jahr 01, in dem M 2.000 € aus den Verkäufen einnimmt, bei angefallenen Materialkosten für die Ausdrucke von 6.000 €.

(4) Im Sommer 01 begleitet F ihren Mann zum Fotografieren an den Strand. Sie hat ihre Kompaktkamera mitgebracht, um selbst einige Aufnahmen für ihr Fotoalbum zu machen. Bei dem Versuch, ein Foto von fliegenden Seevögeln zu schießen, stellt F fest, dass das Foto immer unscharf wird, wenn sich der Vogel aus der Bildmitte bewegt. Ihr kommt die Idee eines beweglichen Autofokus. Hierüber wird der F im selben Jahr auch ein Patent erteilt. Im Jahr 05 verkauft F das Patent für 300.000 €.

(5) Im November 01 verkauft M eine antike Kamera über einen Online-Flohmarkt für 200 €. M hatte die Kamera erst im Mai 01 von seiner Großmutter geschenkt bekommen und zunächst als Dekoration auf den Kaminsims gestellt. Die Großmutter des M hatte die Kamera im Januar 01 über ein Auktionshaus für 2.000 € erworben. M wusste nicht, dass es sich bei der Kamera um ein so wertvolles Sammlerstück handelt. ◀

Teil 2: Übungsfälle

Aufgabenstellung

3 ▶ Wie sind die geschilderten Fälle für F und M einkommensteuerrechtlich zu beurteilen? Die Aufgabe ist gutachtlich zu bearbeiten. Die Jahreszahlen sind fiktiv. Es ist das aktuell geltende Recht anzuwenden. ◀

§ 9 Übungsfall 2 – Einkommensteuer

Gliederung

I. Ziffer 1 – Einkünfte aus der Tätigkeit als kaufmännischer Angestellter   77
   1. Persönliche Steuerpflicht   77
   2. Veranlagung und Tarif   77
   3. Sachliche Steuerpflicht   78
      a) Einkünftequalifikation   78
      b) Einkünfteermittlung   78
         aa) Monatlicher Arbeitslohn   78
         bb) Arbeitnehmer-Pauschbetrag   79
         cc) Ergebnis   79
      c) Ergebnis   79
   4. Lohnsteuerabzug   79
   5. Ergebnis   80
II. Ziffer 2 – Betriebsveranstaltungen   80
III. Ziffer 3 – Verkauf der Fotodrucke   80
IV. Ziffer 4 – Zufallserfindung   81
   1. Persönliche Steuerpflicht   81
   2. Veranlagung und Tarif   82
   3. Sachliche Steuerpflicht   82
   4. Ergebnis   82
V. Ziffer 5 – Veräußerung der antiken Kamera   82
   1. Einkünftequalifikation   83
   2. Einkünfteermittlung   83
   3. Verlustausgleich, Verlustvor- und Verlustrücktrag   83
   4. Ergebnis   84

Lösung

I. Ziffer 1 – Einkünfte aus der Tätigkeit als kaufmännischer Angestellter

Zu prüfen sind die einkommensteuerrechtlichen Folgen der ersten Ziffer.

1. Persönliche Steuerpflicht

M ist als natürliche Person, aufgrund eines Wohnsitzes beziehungsweise des gewöhnlichen Aufenthalts im Sinne der §§ 8, 9 AO in Wangerooge (also im Inland), mit seinem Welteinkommen unbeschränkt einkommensteuerpflichtig nach § 1 Abs. 1 S. 1 EStG (Welteinkommens- und Universalitätsprinzip)[1].

2. Veranlagung und Tarif

M ist verheiratet, so dass er grundsätzlich (vorbehaltlich eines Steuerabzugs mit abgeltender Wirkung) gemäß den §§ 26, 26b EStG gemeinsam mit seiner Ehefrau, unter Anwendung des **Splitting-Verfahrens** des § 32a Abs. 5 EStG, veranlagt wird. Der Veranlagungszeitraum ist das Kalenderjahr (vgl. § 25 Abs. 1 EStG).[2]

Prüfungs- und Vertiefungshinweis

Mit Blick auf den Lohnsteuerabzug bei Einkünften aus nichtselbständiger Arbeit ist es hier sinnvoll, die grundsätzlichen Regeln der Veranlagung unter dem Vorbehalt eines Steuerabzugs mit abgeltender Wirkung zu erörtern. So kann der gewohnte Prüfungsaufbau beibehalten werden.

---

1 *Hey*, in: Tipke/Lang, Rn. 8.26; *Seer*, in: Tipke/Lang, Rn. 1.88.
2 Siehe zum Ganzen: *Fehrenbacher*, § 2 Rn. 299, 301, 313–316.

Die Ehegattenveranlagung ist im Einkommensteuerrecht gesondert geregelt. Ehegatten, die in Deutschland unbeschränkt einkommensteuerpflichtig sind und nicht dauerhaft getrennt leben, können zwischen einer Einzelveranlagung nach § 26 a EStG und einer Zusammenveranlagung nach § 26 b EStG wählen (vgl. § 26 Abs. 1 EStG). Wird das Wahlrecht nicht ausgeübt, so wird eine Zusammenveranlagung durchgeführt (vgl. § 26 Abs. 3 EStG). Im Rahmen der Zusammenveranlagung werden die erzielten Einkünfte der Ehegatten zusammengerechnet. Es findet der Splitting-Tarif Anwendung (vgl. § 32 a Abs. 5 EStG). Hierbei wird das gemeinsame zu versteuernde Einkommen halbiert, hierauf wird der Grundtarif angewendet und die so ermittelte Einkommensteuer wird verdoppelt.[3]

3. Sachliche Steuerpflicht

8   Fraglich ist, wie die Einkünfte des M zu qualifizieren und zu ermitteln sind.

a) Einkünftequalifikation

9   M erhält Zahlungen für seine Tätigkeit als kaufmännischer Angestellter von seinem Arbeitgeber. Dabei könnte es sich um Einkünfte aus nichtselbständiger Arbeit handeln. Nach § 19 Abs. 1 S. 1 Nr. 1 EStG sind hier insbesondere Gehälter und Löhne für eine Beschäftigung im öffentlichen oder privaten Dienst erfasst. Ein Dienstverhältnis liegt nach § 1 Abs. 2 LStDV vor, wenn ein Angestellter dem Arbeitgeber seine Arbeitskraft schuldet, er also den Weisungen des Arbeitgebers zu folgen hat. Dies ist bei der Tätigkeit als kaufmännischer Angestellter gegeben, so dass M hieraus Einkünfte aus nichtselbständiger Arbeit nach den §§ 2 Abs. 1 S. 1 Nr. 4, 19 Abs. 1 S. 1 Nr. 1 EStG erzielt.

b) Einkünfteermittlung

10 Bei den Einkünften aus nichtselbständiger Arbeit handelt es sich um sogenannte Überschusseinkünfte (vgl. § 2 Abs. 2 S. 1 Nr. 2 EStG). Es ist der Überschuss der Einnahmen über die Werbungskosten nach dem Zu- und Abflussprinzip zu ermitteln (vgl. §§ 8, 9, 11 EStG).

aa) Monatlicher Arbeitslohn

11 § 19 Abs. 1 S. 1 Nr. 1 EStG erfasst als Arbeitslohn die Einnahmen des Arbeitnehmers aus dem Dienstverhältnis.[4] Bei den monatlichen Zahlungen des Arbeitgebers handelt es sich um Einnahmen im Sinne des § 8 Abs. 1 EStG, die M im Rahmen der Tätigkeit als kaufmännischer Angestellter zufließen.

12 Grundsätzlich gilt für die zeitliche Erfassung der Einnahmen die Vorschrift des § 11 Abs. 1 EStG. Nach der Grundregel des § 11 Abs. 1 S. 1 EStG sind die Einnahmen in dem Kalenderjahr bezogen, in dem der tatsächliche Zufluss stattfindet. Der Zufluss erfolgt bei Banküberweisungen mit der Gutschrift auf dem Empfängerkonto.[5] Unter Berücksichtigung des Zuflussprinzips könnten die Zahlungen für Januar bis November 01 dem Jahr 01 zugeordnet werden; die Zahlung für Dezember 01 ist dem Konto des M allerdings erst im Januar 02 gutgeschrieben worden und wäre daher auch im

---

3 Zum Ganzen: *Fehrenbacher*, § 2 Rn. 301, 314–316.
4 *Fehrenbacher*, § 2 Rn. 198.
5 *Hennrichs*, in: Tipke/Lang, Rn. 9.571.

Jahr 02 zu erfassen. Für **laufenden Arbeitslohn** gilt jedoch die Sonderregel des § 38 a Abs. 1 S. 2 EStG (vgl. § 11 Abs. 1 S. 4 EStG). Hiernach gilt der Arbeitslohn in dem Kalenderjahr als bezogen, in dem der Lohnzahlungszeitraum endet. Bei den monatlichen Zahlungen handelt es sich um laufenden Arbeitslohn, so dass auch der im Januar 02 ausgezahlte Arbeitslohn für den Lohnzahlungszeitraum Dezember 01 als im Jahr 01 bezogen gilt. Im Jahr 01 sind aus dem geschilderten Sachverhalt daher Einnahmen in Höhe von 36.000 € bei den Einkünften aus nichtselbständiger Arbeit zu erfassen.

Vertiefungshinweis

Für laufenden Arbeitslohn durchbricht § 38 a Abs. 1 S. 2 EStG das Zuflussprinzip des § 11 Abs. 1 S. 1 EStG. Sonstige Bezüge (die nicht laufenden Arbeitslohn darstellen) unterfallen hingegen § 38 a Abs. 1 S. 3 EStG. Hiernach werden diese Bezüge in dem Kalenderjahr bezogen, in dem sie zufließen. Die umstrittene Frage, bis zu welcher zeitlichen Grenze der Arbeitslohn noch dem vorangegangenen Lohnzahlungszeitraum zuzuordnen ist, wird bei der vorliegenden nur kurzen Überschreitung des Lohnzahlungszeitraums nicht relevant.[6]

bb) Arbeitnehmer-Pauschbetrag

Der Sachverhalt enthält (zunächst) keine Hinweise auf Werbungskosten. Nach § 9 a S. 1 Nr. 1 lit. a EStG ist bei der Ermittlung der Einkünfte jedoch ein Arbeitnehmer-Pauschbetrag von 1.000 € von den Einnahmen aus nichtselbständiger Arbeit abzuziehen, wenn nicht höhere Werbungskosten nachgewiesen werden.

13

cc) Ergebnis

Im Jahr 01 bestehen Einnahmen in Höhe von 36.000 €. Der Arbeitnehmer-Pauschbetrag ist zu berücksichtigen.

14

c) Ergebnis

M erzielt Einkünfte aus nichtselbständiger Arbeit. Die Einnahmen in Höhe von 36.000 € sind dieser Einkunftsart zuzuordnen.

15

4. Lohnsteuerabzug

Die Erhebung der Einkommensteuer erfolgt bei Einnahmen aus nichtselbständiger Arbeit durch einen Steuerabzug an der Quelle. Die auf diese Weise erhobene Einkommensteuer bezeichnet § 38 Abs. 1 EStG als Lohnsteuer. Der Arbeitgeber des M hat die Lohnsteuer für Rechnung des Arbeitnehmers M einzubehalten und beim zuständigen Finanzamt anzumelden und abzuführen (vgl. §§ 38 Abs. 3, 41 a EStG). Schuldner der Lohnsteuer ist der Arbeitnehmer M (vgl. § 38 Abs. 2 EStG). Hinsichtlich des Dezembergehalts gilt die Besonderheit, dass die Lohnsteuer im Januar einzubehalten und nach den Verhältnissen des Vorjahres zu berechnen ist.[7] Eine Veranlagung kommt bei der Erhebung der Einkommensteuer durch Lohnsteuerabzug nur in den Fällen des § 46 Abs. 2 EStG (insbesondere auf Antrag des Steuerpflichtigen durch Abgabe einer Steuererklärung, vgl. § 46 Abs. 2 Nr. 8 EStG) in Betracht. Die Lohnsteuer wird bei der Veranlagung angerechnet (vgl. § 36 Abs. 2 Nr. 2 EStG). Kommt keine Veranlagung in

16

---

6 Siehe hierzu *Thürmer*, in: Blümich, § 38 a EStG Rn. 30.
7 *Thürmer*, in: Blümich, § 38 a EStG Rn. 29.

Betracht, gilt die Einkommensteuer, die auf die Einkünfte aus nichtselbständiger Arbeit entfällt, nach § 46 Abs. 4 EStG als abgegolten.[8]

5. Ergebnis

17 Der unbeschränkt steuerpflichtige M hat Einnahmen in Höhe von 36.000 €, die bei den Einkünften aus nichtselbständiger Arbeit erfasst werden. Der Arbeitnehmer-Pauschbetrag in Höhe von 1.000 € ist zu berücksichtigen. Die Einkommensteuer wird hier durch den Lohnsteuerabzug erhoben, wenn nicht die Veranlagung beantragt wird.

II. Ziffer 2 – Betriebsveranstaltungen

18 Zu untersuchen sind die einkommensteuerrechtlichen Auswirkungen der betrieblichen Feiern für M. Dabei ist fraglich, ob M durch die Teilnahme am Sommerfest und an der Weihnachtsfeier Einkünfte aus nichtselbständiger Arbeit nach den §§ 2 Abs. 1 S. 1 Nr. 4, 19 Abs. 1 S. 1 Nr. 1 a EStG hat. Nach § 19 Abs. 1 S. 1 Nr. 1 a EStG gehören Zuwendungen des Arbeitgebers an Arbeitnehmer und deren Begleitpersonen anlässlich einer Betriebsveranstaltung zu den Einkünften aus nichtselbständiger Arbeit. Bei einer Betriebsveranstaltung handelt es sich nach der Legaldefinition des § 19 Abs. 1 S. 1 Nr. 1 a S. 1 EStG um Veranstaltungen auf betrieblicher Ebene mit gesellschaftlichem Charakter. Hierzu gehören das Sommerfest und die Weihnachtsfeier. Die Zuwendungen an den Arbeitnehmer bemessen sich nach § 19 Abs. 1 S. 1 Nr. 1 a S. 2 EStG. M sind hiernach die Aufwendungen des Arbeitgebers zuzurechnen, die auf ihn und seine Frau F als Begleitperson entfallen. Dabei kommt es nicht auf eine individuelle Zurechenbarkeit an, vielmehr ist auch der rechnerische Anteil an den Veranstaltungskosten relevant. Entsprechend liegen für die beiden Veranstaltungen jeweils Zuwendungen in Höhe von 100 € vor.[9]

19 Nach § 19 Abs. 1 S. 1 Nr. 1 a S. 3 EStG werden die Zuwendungen aber nicht bei den Einkünften aus nichtselbständiger Arbeit erfasst, soweit sie den Betrag von 110 € pro Arbeitnehmer je Betriebsveranstaltung nicht übersteigen. Es handelt sich hierbei um einen **Freibetrag**. Der Freibetrag gilt, wenn die Veranstaltung allen Angehörigen des Betriebs oder Betriebsteils offensteht. Der Freibetrag kann nach § 19 Abs. 1 S. 1 Nr. 1 a S. 4 EStG für zwei Betriebsveranstaltungen im Jahr in Anspruch genommen werden. Die Zuwendungen von 100 € pro Veranstaltung übersteigen den Freibetrag nicht. Da beide Veranstaltungen allen Betriebsangehörigen offenstehen, kann jeweils der Freibetrag in Anspruch genommen werden. Insgesamt sind die Zuwendungen damit nicht als Arbeitslohn des M zu erfassen.[10]

III. Ziffer 3 – Verkauf der Fotodrucke

20 Weiter sind an dieser Stelle die einkommensteuerrechtlichen Aspekte im Zusammenhang mit der Veräußerung der Fotodrucke zu untersuchen. Fraglich ist, ob hier steuerbare Einkünfte vorliegen.

M könnte gewerblich tätig sein im Sinne der §§ 2 Abs. 1 S. 1 Nr. 2, 15 EStG. Nach der Legaldefinition des § 15 Abs. 2 EStG liegt ein Gewerbebetrieb vor bei einer selbständigen, nachhaltigen, mit Gewinnerzielungsabsicht ausgeübten und unter Beteiligung am

---

8 Siehe zum Ganzen: *Fehrenbacher*, § 2 Rn. 193, 318 f.; *Kulosa*, in: Schmidt, § 46 EStG Rn. 1–3, 166–168.
9 Siehe zum Ganzen: *Krüger*, in: Schmidt, § 19 EStG Rn. 77–84.
10 Siehe zum Ganzen: *Krüger*, in: Schmidt, § 19 EStG Rn. 77–84.

allgemeinen wirtschaftlichen Verkehr ausgeübten Tätigkeit, die sich weder als Land- und Forstwirtschaft noch als selbständige Arbeit darstellt. Zudem darf keine private Vermögensverwaltung vorliegen (vgl. § 14 S. 3 AO). Bei der Tätigkeit als Fotograf ist insbesondere die Abgrenzung von der künstlerischen Tätigkeit im Sinne des § 18 Abs. 1 Nr. 1 S. 2 EStG relevant.[11]

Vertiefungshinweis

§ 15 Abs. 2 EStG nennt positive und negative Merkmale eines Gewerbebetriebs. Zudem besteht das ungeschriebene Tatbestandsmerkmal, dass keine private Vermögensverwaltung vorliegen darf.[12] Zur Gewerbedefinition siehe auch § 10 Rn. 9.

Generell können steuerbare Einkünfte aber nur vorliegen, wenn die jeweilige Tätigkeit mit der Absicht Einkünfte zu erzielen ausgeübt wird. Dies ergibt sich ausdrücklich aus § 15 Abs. 2 EStG (dort ist, wie gesehen, die Gewinnerzielungsabsicht aufgeführt). Es gilt aber für sämtliche Einkünfte. Zur Beurteilung des Bestehens der **Einkünfteerzielungsabsicht** wird eine sogenannte Totalgewinnprognose (beziehungsweise Totalüberschussprognose) angestellt. Hierbei wird der vom Beginn bis zum Ende der Tätigkeit erzielte beziehungsweise erzielbare Gewinn (oder Überschuss) betrachtet. Anlaufverluste können unschädlich sein. Hier jedoch erzielt M seit einigen Jahren Verluste aus der Fotografie und es ist nicht ersichtlich, dass sich dies (aufgrund seines Tätigkeitskonzepts) ändern wird.[13]

Es ist damit von einer nicht steuerbaren sogenannten **Liebhaberei** auszugehen. Die verlustbringende Tätigkeit ist der privaten Lebensführung zuzurechnen. Damit sind die Verluste im Jahr 01 steuerlich nicht zu berücksichtigen.[14]

Vertiefungshinweis

Zur Einkünfteerzielungsabsicht siehe auch § 8 Rn. 20 f.; § 17 Rn. 27; § 26 Rn. 9, 13.

IV. Ziffer 4 – Zufallserfindung[15]

Fraglich ist, wie die Veräußerung des Patents einkommensteuerrechtlich zu bewerten ist.

1. Persönliche Steuerpflicht

F ist als natürliche Person, aufgrund eines Wohnsitzes beziehungsweise des gewöhnlichen Aufenthalts im Sinne der §§ 8, 9 AO in Wangerooge (also im Inland), unbeschränkt einkommensteuerpflichtig nach § 1 Abs. 1 S. 1 EStG.

---

11 Vgl. *Hutter*, in: Blümich, § 18 EStG Rn. 220, Fotograf.
12 Zum Ganzen: *Fehrenbacher*, § 2 Rn. 151.
13 Zum Ganzen: *Fehrenbacher*, § 2 Rn. 31; *Golombek*, in: Beck'sches Steuer- und Bilanzrechtslexikon, Liebhaberei, Rn. 1–5.
14 Siehe zum Ganzen: *Fehrenbacher*, § 2 Rn. 31.
15 Diese Sachverhaltsvariante ist der Entscheidung BFH v. 10.9.2003, XI R 26/02, BStBl. II 2004, 218 nachgebildet.

2. Veranlagung und Tarif

24 F ist gemeinsam mit ihrem Ehemann zu veranlagen (vgl. §§ 26, 26 b EStG). Es gilt der sogenannte Splitting-Tarif (vgl. § 32a Abs. 5 EStG). Veranlagungszeitraum ist das Kalenderjahr (vgl. § 25 Abs. 1 EStG).[16]

3. Sachliche Steuerpflicht

25 Zu untersuchen ist ferner die sachliche Steuerpflicht der F. Hierbei stellt sich die Frage, ob die Einnahmen aus der Veräußerung des Patents von der Einkommensbesteuerung erfasst werden.

26 Es könnten Einkünfte aus selbständiger Arbeit nach den §§ 2 Abs. 1 S. 1 Nr. 3, 18 Abs. 1 EStG bestehen. Erfinder sind grundsätzlich wissenschaftlich tätig im Sinne von § 18 Abs. 1 Nr. 1 S. 1 und 2 EStG. Der erfinderischen Tätigkeit ist dabei auch ein Patentverkauf zuzuordnen.[17] Der Tatbestand der selbständigen Arbeit setzt jedoch voraus, dass die Tätigkeit nachhaltig ausgeübt wird. Eine Tätigkeit ist nachhaltig, wenn sie mit Wiederholungsabsicht ausgeübt wird und sie sich auch äußerlich als nachhaltig darstellt. Nachhaltig ist auch die vorübergehende, nicht jedoch die gelegentliche Tätigkeit (vgl. § 18 Abs. 2 EStG).[18] Hier liegt eine bloße sogenannte **Zufallserfindung** vor. F hatte zufällig eine verwertungsreife Idee. Damit fehlt es an der Nachhaltigkeit. Auch die Patentanmeldung, die dem Schutz des geistigen Eigentums dient, ist allein nicht Ausdruck einer nachhaltigen Tätigkeit.[19]

27 Die Einnahmen aus der Veräußerung des Patents könnten allerdings den Einkünften aus privaten Veräußerungsgeschäften nach den §§ 2 Abs. 1 S. 1 Nr. 7, 22 Nr. 2, 23 EStG unterfallen. Jedoch setzen private Veräußerungsgeschäfte die vorherige entgeltliche Anschaffung (beziehungsweise die nach § 23 Abs. 1 S. 2 bis 4 EStG gleichgestellten Vorgänge) voraus. Anschaffung meint dabei den entgeltlichen Erwerb von einem Anderen, woran es bei der eigenen Erfindung fehlt. Einkünfte aus privaten Veräußerungsgeschäften, die nicht unter § 23 EStG fallen, sind dann auch nicht nach den §§ 2 Abs. 1 S. 1 Nr. 7, 22 Nr. 3 EStG steuerbar.[20]

Prüfungshinweis

Auf das Überschreiten der Haltefrist des § 23 Abs. 1 S. 1 Nr. 2 S. 1 EStG kommt es hier, wo schon der Tatbestand des privaten Veräußerungsgeschäfts nicht erfüllt ist, nicht an.

4. Ergebnis

28 Im vorliegenden Zusammenhang liegen keine steuerbaren Einkünfte vor.

V. Ziffer 5 – Veräußerung der antiken Kamera

29 Zuletzt ist eine einkommensteuerrechtliche Bewertung des Verkaufs der antiken Kamera vorzunehmen.

---

16 Zum Ganzen: *Fehrenbacher*, § 2 Rn. 299, 301, 313–316.
17 *Wacker*, in: Schmidt, § 18 EStG Rn. 64.
18 *Hutter*, in: Blümich, § 18 EStG Rn. 33–37.
19 Siehe zum Ganzen: BFH v. 10.9.2003, XI R 26/02, BStBl. II 2004, 218, unter II.1.; *Nacke*, in: Blümich, § 22 EStG Rn. 168, Patente.
20 Zum Ganzen: BFH v. 10.9.2003, XI R 26/02, BStBl. II 2004, 218, unter II.2.; *Ratschow*, in: Blümich, § 23 EStG Rn. 28.

§ 9 Übungsfall 2 – Einkommensteuer

1. Einkünftequalifikation

Bei dem Verkauf der Kamera könnte es sich um ein privates Veräußerungsgeschäft im Sinne des § 23 Abs. 1 S. 1 Nr. 2 EStG handeln. Damit kommen sonstige Einkünfte nach den §§ 2 Abs. 1 S. 1 Nr. 7, 22 Nr. 2 EStG in Betracht. Unter die privaten Veräußerungsgeschäfte nach § 23 Abs. 1 S. 1 Nr. 2 EStG fallen Veräußerungen von anderen Wirtschaftsgütern als Grundstücken und gleichgestellten Rechten, wenn zwischen der Anschaffung und der Veräußerung ein Zeitraum von nicht mehr als einem Jahr liegt (vgl. § 23 Abs. 1 S. 1 Nr. 2 S. 1 EStG). Gemäß § 23 Abs. 1 S. 1 Nr. 2 S. 2 EStG sind Veräußerungen von Gegenständen des täglichen Gebrauchs ausgenommen.

Wirtschaftsgüter im Sinne des § 23 Abs. 1 S. 1 Nr. 2 EStG sind vermögenswerte Vorteile, die selbständig bewertbar sind. Insbesondere sind private Wertgegenstände wie die antike Spiegelreflexkamera erfasst. Gegenstände des täglichen Bedarfs sind Wirtschaftsgüter, die objektiv einem Wertverlust durch wirtschaftliche Abnutzung unterliegen beziehungsweise grundsätzlich keine Wertsteigerungen erfahren. Dies ist bei der antiken Kamera, die ein Sammlerstück darstellt, nicht der Fall.[21]

Zudem ist die angesprochene Haltefrist zu beachten. Der Zeitraum beginnt mit der Anschaffung des Wirtschaftsguts und endet mit der Veräußerung. M hat das Sammlerstück von seiner Großmutter geschenkt bekommen. Hierin liegt kein Anschaffungsvorgang im Sinne des § 23 Abs. 1 S. 1 EStG. Allerdings ist die Regelung des § 23 Abs. 1 S. 3 EStG zu beachten. Danach ist dem Einzelrechtsnachfolger (hier dem M als Beschenktem) die Anschaffung durch den Rechtsvorgänger (hier durch die Großmutter als Schenkerin) zuzurechnen. Die Anschaffung durch die Großmutter erfolgte im Januar 01. Die Veräußerung durch M erfolgt im November 01. Zwischen der Anschaffung durch die Großmutter und der Veräußerung durch M liegt daher ein Zeitraum von nicht mehr als einem Jahr.[22]

Damit handelt es sich bei dem Verkauf der Kamera um ein privates Veräußerungsgeschäft im Sinne des § 23 Abs. 1 S. 1 Nr. 2 EStG.

2. Einkünfteermittlung

Bei den sonstigen Einkünften im Sinne der §§ 2 Abs. 1 S. 1 Nr. 7, 22 EStG handelt es sich nach § 2 Abs. 2 S. 1 Nr. 2 EStG um eine Überschusseinkunftsart. Die Grundsätze der Überschusseinkünfte gelten auch für private Veräußerungsgeschäfte. § 23 Abs. 3 EStG enthält jedoch besondere Regelungen zur Ermittlung von „Gewinn oder Verlust aus Veräußerungsgeschäften". Hierbei ist die Differenz zwischen dem Veräußerungspreis einerseits und den Anschaffungs- (beziehungsweise Herstellungs-) und Werbungskosten andererseits maßgebend.[23] Der Veräußerungspreis beträgt hier 200 €. Die Anschaffungskosten (der Großmutter des M, die hier zugrunde zu legen sind) betrugen hingegen 2.000 €.[24] Damit liegt ein **Veräußerungsverlust** von 1.800 € vor.

3. Verlustausgleich, Verlustvor- und Verlustrücktrag

Nach § 23 Abs. 3 S. 7 EStG können Verluste aus privaten Veräußerungsgeschäften nur mit Gewinnen aus anderen privaten Veräußerungsgeschäften desselben Kalenderjahres

---

21 Siehe zum Ganzen: *Ratschow*, in: Blümich, § 23 EStG Rn. 62, 67.
22 Siehe zum Ganzen: *Weber-Grellet*, in: Schmidt, § 23 EStG Rn. 40, 42.
23 Zum Ganzen: *Ratschow*, in: Blümich, § 23 EStG Rn. 180.
24 Vgl. *Weber-Grellet*, in: Schmidt, § 23 EStG Rn. 75.

ausgeglichen werden. Entsprechend kann der Verlust nicht mit den positiven Einkünften aus nichtselbständiger Arbeit verrechnet werden. Die Verluste können jedoch gemäß § 23 Abs. 3 S. 8 EStG nach Maßgabe des § 10 d EStG mit Gewinnen aus privaten Veräußerungsgeschäften im vorangegangenen Veranlagungszeitraum oder in folgenden Veranlagungszeiträumen verrechnet werden.[25]

Vertiefungshinweis

Zur Bestimmung der Summe der Einkünfte nach § 2 Abs. 3 EStG werden mit Blick auf die Umsetzung des objektiven Nettoprinzips grundsätzlich Gewinne beziehungsweise Überschüsse und Verluste innerhalb einer Einkunftsart (horizontaler Verlustausgleich) aber auch zwischen den einzelnen Einkunftsarten (vertikaler Verlustausgleich) verrechnet. § 23 Abs. 3 S. 7 EStG schränkt dies ein. Neben dem Verlustausgleich innerhalb einer Besteuerungsperiode ermöglicht § 10 d EStG grundsätzlich einen Verlustrück- beziehungsweise Verlustvortrag. Dies ist nach § 23 Abs. 3 S. 8 EStG auch (nur) innerhalb der privaten Veräußerungsgeschäfte möglich.[26]

4. Ergebnis

33 M erzielt einen Verlust aus einem privaten Veräußerungsgeschäft in Höhe von 1.800 €. Diesen kann er nach Maßgabe von § 23 Abs. 3 S. 7 und 8 EStG mit anderen Gewinnen aus privaten Veräußerungsgeschäften verrechnen.

---

25 Zum Ganzen: *Ratschow*, in: Blümich, § 23 EStG Rn. 233–240.
26 Zum Ganzen: *Fehrenbacher*, § 2 Rn. 248, 256–258.

§ 10 Übungsfall 3 – Einkommensteuer mit Gewerbesteuer

Der folgende Fall behandelt im Schwerpunkt die Einkünfte aus Gewerbebetrieb nach den §§ 2 Abs. 1 S. 1 Nr. 2, 15 EStG. Im Einzelnen werden insbesondere die folgenden Aspekte behandelt: Absetzung für Abnutzung (vgl. § 7 EStG); Anschaffungskostenbegriff (vgl. § 255 Abs. 1 HGB, § 9 b EStG); Betriebseinnahmen und Betriebsausgaben (vgl. § 4 Abs. 4 EStG); Betriebsvermögensbegriff; Entnahmen und Einlagen (vgl. § 4 Abs. 1 S. 2 und 8 EStG); Private Nutzung eines betrieblichen Autos (vgl. § 6 Abs. 1 Nr. 4 S. 2 EStG); Qualifizierter Betriebsvermögensvergleich (vgl. §§ 4 Abs. 1, 5 Abs. 1 EStG); Rechnungsabgrenzungsposten (vgl. § 5 Abs. 5 EStG); Sofortabschreibung geringwertiger Wirtschaftsgüter und Sammelabschreibung (vgl. § 6 Abs. 2 und 2 a EStG); Teilwertabschreibung (vgl. § 6 Abs. 1 Nr. 1 S. 2, Nr. 2 S. 2 EStG). Die gewerbesteuerrechtliche Ergänzung behandelt insbesondere folgende Aspekte: Anrechnung der Gewerbesteuer auf die Einkommensteuer (vgl. § 35 EStG); Hinzurechnung von Darlehenszinsen (vgl. § 8 Nr. 1 lit. a GewStG).

Sachverhalt

▶ Der ledige Manfred (M) ist Weinkenner und betreibt daher einen Weinhandel an seinem Wohnort in Saarbrücken (Deutschland).

(1) Im Jahr 01 schafft er 150 Kisten Riesling, 50 Kisten Elbling, 150 Kisten Müller-Thurgau und 50 Kisten Chardonnay von Großhändlern an. Pro Kiste bezahlt er 50 € (zuzüglich 9,50 € Umsatzsteuer).

(2) Im Jahr 01 verkauft M insgesamt 200 Weinkisten für jeweils 100 € (zuzüglich 19 € Umsatzsteuer). Die meisten Kunden zahlen den Wein sofort bei der Abholung im Ladenlokal des M. Ein Kunde, der im Oktober 01 zehn Kisten kauft (die sofort geliefert werden), zahlt jedoch erst Ende Januar 02 per Banküberweisung.

(3) Im Jahr 01 wird die Kasse während der Öffnungszeiten aus dem Weinhandel entwendet. Der Bargeldbestand betrug 300 €. Im selben Jahr gehen durch ein Missgeschick eines Mitarbeiters des M bei Räumungsarbeiten drei Kisten Wein zu Bruch.

(4) Für die Einrichtung seines Ladenlokals schafft M im Juli 01 acht Büroregale für je 260 € (zuzüglich 49,40 € Umsatzsteuer) sowie eine Verkaufstheke für 1.100 € (zuzüglich 209 € Umsatzsteuer) an. Die betriebsgewöhnliche Nutzungsdauer liegt für die Regale bei 13 Jahren und für die Theke bei zehn Jahren.

(5) Den Betrag für die Geschäftsversicherung von 1.000 € pro Jahr überweist M für die Jahre 01 bis 05 gebündelt im Januar 01.

(6) Im Jahr 01 nimmt M von seinem minderjährigen Sohn ein Darlehen zum Ausgleich des negativen Saldos seines geschäftlichen Girokontos auf. Beim Abschluss des Darlehensvertrags vertritt M seinen Sohn. Die genaue Laufzeit des Darlehens sowie die Rückzahlungsmodalitäten bleiben beim Vertragsschluss offen. Nur die Zinshöhe wird eindeutig bestimmt. Nach Erhalt des Darlehensbetrags in Höhe von 50.000 € überweist M den Betrag auf das Geschäftskonto. M zahlt an seinen Sohn im Jahr 01 Zinsen in Höhe von 5.000 €.

(7) M muss geschäftlich viel zu unterschiedlichen Winzern fahren, die an schlecht erreichbaren Orten ansässig sind. Ab Januar 05 nutzt er sein im Jahr 01 privat zum Listenpreis von 60.000 € (brutto) angeschafftes Auto daher überwiegend betrieblich. Das Auto hat

einen Teilwert von 24.000 € und eine betriebsgewöhnliche (Rest-)Nutzungsdauer von vier Jahren. Teilweise nutzt M das Auto auch für private Fahrten.

(8) Im Jahr 02 ergibt eine Laboruntersuchung der zuständigen Behörde, dass zehn Kisten des Chardonnays, die sich noch im Bestand des M befinden, mit Pestiziden belastet sind. Sie lassen sich daher nicht mehr verkaufen. Ende 03 stellt sich allerdings heraus, dass es bei der Laboruntersuchung des Weins zu einer Verwechslung der Proben gekommen ist. Eine erneute Untersuchung ergibt, dass die chemischen Werte des Chardonnays innerhalb der vorgeschriebenen Normen liegen. Der Wein wird daraufhin wieder zum ursprünglichen Preis nachgefragt. ◀

Aufgabenstellung

▶ Wie sind die geschilderten Fälle für M einkommensteuerrechtlich zu beurteilen?
Gewerbesteuerrechtliche Ergänzung: Welche gewerbesteuerrechtlichen Folgen ergeben sich für M im Jahr 01, wenn der einkommensteuerrechtliche Gewinn im Jahr 01 100.000 € beträgt und Saarbrücken einen Hebesatz von 490 Prozent anwendet?
Die Aufgabe ist gutachtlich zu bearbeiten. Die Jahreszahlen sind fiktiv. Es ist das aktuell geltende Recht anzuwenden. ◀

§ 10 Übungsfall 3 – Einkommensteuer mit Gewerbesteuer

Gliederung

I.	Ziffer 1 – Anschaffung der Weinkisten	87
	1. Persönliche Steuerpflicht	88
	2. Veranlagung und Tarif	88
	3. Sachliche Steuerpflicht	88
	a) Einkünftequalifikation	88
	b) Einkünfteermittlung	88
	c) Ergebnis	91
	4. Ergebnis	92
II.	Ziffer 2 – Verkauf der Weinkisten	92
III.	Ziffer 3 – Diebstahl der Kasse und Zerstörung der Weinkisten	93
IV.	Ziffer 4 – Anschaffung der Möbel	93
	1. Anschaffung der Büroregale	93
	a) Aktivierung der Regale	93
	b) Sofort- und Sammelabschreibung	95
	c) Ergebnis	96
	2. Anschaffung der Verkaufstheke	96
	3. Ergebnis	96
V.	Ziffer 5 – Geschäftsversicherung	96
VI.	Ziffer 6 – Darlehen unter Angehörigen	97
	1. Zinszahlungen	97
	2. Darlehensvaluta	98
	3. Ergebnis	99
VII.	Ziffer 7 – Auto des M	99
	1. Einlage des Autos	99
	2. Absetzung für Abnutzung	100
	3. Privatnutzung des Autos	100
	4. Ergebnis	101
VIII.	Ziffer 8 – Pestizidbelastung des Chardonnays	101
	1. Teilwertabschreibung im Jahr 02	101
	2. Wertaufholung im Jahr 03	102
	3. Ergebnis	102
IX.	Gewerbesteuerrechtliche Ergänzung	102
	1. Sachliche Steuerpflicht (Steuerobjekt)	102
	2. Persönliche Steuerpflicht (Steuersubjekt)	103
	3. Bemessungsgrundlage	103
	a) Gewerbeertrag	103
	aa) Einkommensteuerrechtlicher Gewinn	103
	bb) Hinzurechnung nach § 8 GewStG	103
	cc) Ergebnis	104
	b) Freibetrag	104
	c) Steuermesszahl	104
	d) Ergebnis	104
	4. Steuerfestsetzung	104
	5. Auswirkungen auf die Einkommensteuer	105
	6. Ergebnis	105

Lösung

I. Ziffer 1 – Anschaffung der Weinkisten

Zu prüfen sind die einkommensteuerrechtlichen Folgen des ersten Geschäftsvorfalls.

1. Persönliche Steuerpflicht

6   M ist als natürliche Person, aufgrund des Wohnsitzes im Sinne des § 8 AO in Saarbrücken (also im Inland), mit seinem Welteinkommen unbeschränkt einkommensteuerpflichtig nach § 1 Abs. 1 S. 1 EStG (Welteinkommens- und Universalitätsprinzip)[1].

2. Veranlagung und Tarif

7   Bei der Einkommensteuer handelt es sich um eine Veranlagungssteuer.[2] Für den ledigen M findet eine Einzelveranlagung zum Grundtarif des § 32 a Abs. 1 EStG statt. Der Veranlagungszeitraum ist das Kalenderjahr (vgl. § 25 Abs. 1 EStG).

3. Sachliche Steuerpflicht

8   Fraglich ist, wie die Einkünfte des M zu qualifizieren und zu ermitteln sind.

a) Einkünftequalifikation

9   M könnte mit seinem Weinhandel gewerbliche Einkünfte im Sinne der §§ 2 Abs. 1 S. 1 Nr. 2, 15 Abs. 1 S. 1 Nr. 1 EStG erzielen. Ein Gewerbebetrieb liegt nach § 15 Abs. 2 EStG bei einer selbständigen, nachhaltigen, mit Gewinnerzielungsabsicht und unter Beteiligung am allgemeinen wirtschaftlichen Verkehr ausgeübten Tätigkeit vor, die sich weder als Land- und Forstwirtschaft noch als selbständige Arbeit (im Sinne der §§ 2 Abs. 1 S. 1 Nr. 3, 18 EStG) darstellt. Zudem darf keine private Vermögensverwaltung vorliegen (vgl. § 14 S. 3 AO). Die Tätigkeit als Weinhändler erfüllt diese Voraussetzungen. M ist daher gewerblich tätig.

Vertiefungshinweis

§ 15 Abs. 2 EStG nennt positive Merkmale eines Gewerbebetriebs (selbständige, nachhaltige Tätigkeit mit Gewinnerzielungsabsicht, die sich als Beteiligung am allgemeinen wirtschaftlichen Verkehr darstellt) und negative Merkmale eines Gewerbebetriebs (keine Land- und Forstwirtschaft, keine selbständige Arbeit). Daneben besteht noch ein ungeschriebenes negatives Merkmal: Es darf keine private Vermögensverwaltung vorliegen.[3] Zur Gewerbedefinition siehe auch § 9 Rn. 20.

b) Einkünfteermittlung

10 Als Gewerbetreibender hat M nach § 2 Abs. 2 S. 1 Nr. 1 EStG den Gewinn zu ermitteln. Gewinn ist nach § 4 Abs. 1 EStG der Unterschiedsbetrag zwischen dem Betriebsvermögen am Schluss des Wirtschaftsjahres und dem Betriebsvermögen am Schluss des vorangegangenen Wirtschaftsjahres (bereinigt um Entnahmen und Einlagen). Ein sogenannter **qualifizierter Betriebsvermögensvergleich** nach den §§ 4 Abs. 1, 5 Abs. 1 EStG erfolgt bei Gewerbetreibenden, die gesetzlich zur Buchführung und Abschlusserstellung verpflichtet sind oder freiwillig Bücher führen und Abschlüsse erstellen. Hierbei ist der Gewinn nach handelsrechtlichen Grundsätzen zu ermitteln. M ist Gewerbetreibender. Er ist als Kaufmann im Sinne des § 1 HGB handelsrecht-

---

1 *Hey*, in: Tipke/Lang, Rn. 8.26; *Seer*, in: Tipke/Lang, Rn. 1.88.
2 *Fehrenbacher*, § 2 Rn. 313.
3 Zum Ganzen: *Fehrenbacher*, § 2 Rn. 151.

lich buchführungspflichtig nach § 238 Abs. 1 HGB. Daher erfolgt ein qualifizierter Betriebsvermögensvergleich.[4]

Prüfungs- und Vertiefungshinweis

Mangels anderslautender Hinweise im Sachverhalt ist von der handelsrechtlichen Buchführungspflicht des M auszugehen. Angaben zu Umsatz und Jahresüberschuss beinhaltet der Sachverhalt nicht. Es sind nur einzelne Geschäftsvorfälle angegeben. Daher kann auch nicht auf die Ausübung des Wahlrechts des § 241a HGB verwiesen werden. Die handelsrechtliche Buchführungspflicht wirkt sich nach § 140 AO auch steuerrechtlich aus (sogenannte derivative Buchführungspflicht).[5] Darauf kann der Vollständigkeit halber in der Lösung hingewiesen werden. Zwingend ist das an dieser Stelle aber nicht, da die von § 5 Abs. 1 EStG geforderte gesetzliche Buchführungspflicht bereits aus den handelsrechtlichen Bestimmungen folgt.[6]

Das Einkommensteuergesetz kennt verschiedene Gewinnermittlungsmethoden. Interessant sind insbesondere der (einfache) Betriebsvermögensvergleich nach § 4 Abs. 1 EStG, der qualifizierte Betriebsvermögensvergleich nach den §§ 4 Abs. 1, 5 Abs. 1 EStG und die Einnahmenüberschussrechnung nach § 4 Abs. 3 EStG. Gewerbetreibende haben einen qualifizierten Betriebsvermögensvergleich durchzuführen, wenn sie gesetzlich verpflichtet sind, Bücher zu führen und Abschlüsse zu erstellen. Für andere Gewerbetreibende besteht die Wahl zwischen dem qualifizierten Betriebsvermögensvergleich und der Einnahmenüberschussrechnung. Bei bestimmten Gewerbetreibenden besteht auch die Möglichkeit einer Gewinnermittlung nach Tonnage (vgl. § 5a EStG). Bezieher von Einkünften aus selbständiger Arbeit im Sinne der §§ 2 Abs. 1 S. 1 Nr. 3, 18 EStG haben die Wahl zwischen dem (einfachen) Betriebsvermögensvergleich und der Einnahmenüberschussrechnung. Buchführungspflichtige Land- und Forstwirte haben den Gewinn durch (einfachen) Betriebsvermögensvergleich zu ermitteln. Andere Land- und Forstwirte haben die Wahl zwischen dem (einfachen) Betriebsvermögensvergleich und der Einnahmenüberschussrechnung. Unter bestimmten Voraussetzungen kann der Gewinn nach Durchschnittssätzen ermittelt werden (vgl. § 13a EStG).[7]

§ 5 Abs. 1 EStG bestimmt eine sogenannte materielle oder abstrakte Maßgeblichkeit. Hiernach muss der Ansatz in der Steuerbilanz mit den Grundsätzen ordnungsmäßiger Buchführung übereinstimmen. Maßgeblich sind grundsätzlich die handelsrechtlichen Bestimmungen, nicht aber die konkrete Handelsbilanz. Zudem bestehen steuerrechtliche Sondervorschriften, aus denen sich Abweichungen der Steuerbilanz von der Handelsbilanz ergeben können. Eine sogenannte umgekehrte Maßgeblichkeit besteht heute grundsätzlich nicht mehr.[8]

Zum Betriebsvermögensvergleich siehe auch § 11 Rn. 18. Zur Einnahmenüberschussrechnung siehe auch § 12 Rn. 10 ff.

---

4 Zum Ganzen: *Fehrenbacher*, § 2 Rn. 48.
5 Siehe im Einzelnen *Traut*, in: beck-online.Grosskommentar, § 238 HGB Rn. 85–87; *ders.*, in: beck-online.Grosskommentar, § 241a HGB Rn. 24.
6 *Krumm*, in: Blümich, § 5 EStG Rn. 85.
7 Zum Ganzen: *Fehrenbacher*, § 2 Rn. 48.
8 Zum Ganzen: *Fehrenbacher*, § 2 Rn. 72–75; *Hennrichs*, in: Tipke/Lang, Rn. 9.42.

11 Der Betriebsvermögensvergleich knüpft an das Betriebsvermögen an. Für die Ermittlung des Betriebsvermögens ist zu untersuchen, welche Wirtschaftsgüter mit welchem Wert in die Bilanz aufgenommen werden.[9]

Vertiefungshinweis

Der Ansatz von Wirtschaftsgütern lässt sich in den Ansatz dem Grunde nach (dies betrifft die Frage, ob bilanziert wird) und den Ansatz der Höhe nach (dies betrifft die Frage, wie bilanziert wird – dabei geht es um die Bewertung) aufgliedern.[10]

Der Begriff des Wirtschaftsguts wird grundsätzlich als mit dem handelsrechtlichen Begriff des Vermögensgegenstands übereinstimmend angesehen. Im Wesentlichen wird an folgende Voraussetzungen angeknüpft: Es muss sich um einen greifbaren Vermögensvorteil handeln, den sich der Steuerpflichtige etwas kosten lässt und dessen Nutzung sich über mehrere Jahre erstreckt. Außerdem müssen die Vorteile im Rahmen eines einheitlichen Nutzungs- und Funktionszusammenhangs einer selbständigen Bewertung zugänglich sein und sie müssen zwar nicht einzeln, aber zusammen mit dem Betrieb übertragbar sein.[11]

12 Die Weinkisten (als Wirtschaftsgüter) werden für betriebliche Zwecke angeschafft. Sie sind objektiv erkennbar zum unmittelbaren Einsatz im Betrieb bestimmt und gehören daher zum notwendigen Betriebsvermögen.[12] Die Weinkisten (die zum Verkauf vorgesehen sind) sind dazu bestimmt, dem Betrieb nur vorübergehend zu dienen und stellen daher Wirtschaftsgüter des **Umlaufvermögens** dar (vgl. den Umkehrschluss aus § 247 Abs. 2 HGB).[13] Bei den Kosten für die Weinkisten handelt es sich um betrieblich veranlasste Ausgaben. Sie sind allerdings nicht sofort (als Betriebsausgaben nach § 4 Abs. 4 EStG) abziehbar. Sie führen nicht unmittelbar zu Aufwand. Vielmehr hat bei den Ausgaben für die Anschaffung dieser Wirtschaftsgüter eine Aktivierung zu erfolgen.[14]

Vertiefungshinweis

Ob Ausgaben als Betriebsausgaben abziehbar sind, lässt sich (zumindest gedanklich) anhand der folgenden Prüfungsschritte ermitteln. Zunächst müssen die Ausgaben betrieblich veranlasst sein und es darf kein Abzugsverbot nach § 4 Abs. 5 EStG bestehen. Ein Sofortabzug kommt allerdings dann nicht in Betracht, wenn die Ausgaben (wie im vorliegenden Fall) für den Erwerb eines aktivierbaren Wirtschaftsguts erfolgen.

Die Bilanzierung setzt die Zurechnung eines Wirtschaftsguts zum Betriebsvermögen voraus. Es kann zwischen notwendigem Betriebsvermögen (das in die Bilanz aufzunehmen ist) und (notwendigem) Privatvermögen (das nicht in die Bilanz aufgenommen werden kann) unterschieden werden. Wirtschaftsgüter, die diesen beiden Kategorien nicht zugeordnet werden, stellen neutrales Vermögen dar. Sie können als gewillkürtes Betriebsvermögen in die Bilanz aufgenommen werden. Für gemischt genutzte Wirtschaftsgüter haben sich Prozentgrenzen herausgebildet (betriebliche Nutzung unter zehn Prozent = Privatvermögen; betriebliche Nutzung über 50 Prozent = notwendiges Betriebsvermögen; betriebliche Nut-

---

9 *Fehrenbacher*, § 2 Rn. 63.
10 *Hennrichs*, in: Tipke/Lang, Rn. 9.19.
11 *Fehrenbacher*, § 2 Rn. 76; *Hennrichs*, in: Tipke/Lang, Rn. 9.125–9.127.
12 *Fehrenbacher*, § 2 Rn. 82.
13 *Fehrenbacher*, § 2 Rn. 78.
14 *Drüen*, in: Blümich, § 4 EStG Rn. 587–589.

zung zwischen zehn und 50 Prozent = Zuordnung zum Betriebsvermögen durch Widmung möglich).[15]

Wirtschaftsgüter des Betriebsvermögens lassen sich (neben anderen Kategorisierungen) dem Anlage- oder dem Umlaufvermögen zuordnen. Zum Umlaufvermögen gehören Wirtschaftsgüter, die zum Verbrauch bestimmt sind. Zum Anlagevermögen gehören Wirtschaftsgüter, die dazu bestimmt sind, dauernd dem Geschäftsbetrieb zu dienen (vgl. § 247 Abs. 2 HGB). Die Einordnung ist für die Bewertung relevant.[16]

Die Weinkisten sind als Umlaufvermögen nach § 6 Abs. 1 Nr. 2 S. 1 EStG mit den Anschaffungs- oder Herstellungskosten anzusetzen. Hier kommt es auf die Anschaffungskosten an. **Anschaffungskosten** sind nach § 255 Abs. 1 HGB „die Aufwendungen, die geleistet werden, um einen Vermögensgegenstand zu erwerben und ihn in einen betriebsbereiten Zustand zu versetzen". Nicht zu den Anschaffungskosten gehört nach § 9b Abs. 1 EStG der Vorsteuerbetrag nach § 15 UStG, soweit er bei der Umsatzsteuer abgezogen werden kann.

Nach § 15 Abs. 1 S. 1 Nr. 1 UStG kann der Unternehmer als Vorsteuerbetrag „die gesetzlich geschuldete Steuer für Lieferungen und sonstige Leistungen, die von einem anderen Unternehmer für sein Unternehmen ausgeführt worden sind" abziehen, wenn eine Rechnung nach den Vorgaben der §§ 14f. UStG vorliegt. M ist als Betreiber des Weinhandels Unternehmer im Sinne des § 2 UStG. Auch ist davon auszugehen, dass die Großhändler, von denen M die Weine bezieht, als Unternehmer anzusehen sind. Hinsichtlich des Erwerbs der Weine liegen dann steuerbare und steuerpflichtige Lieferungen durch die Großhändler im Rahmen ihrer Unternehmen gegen Entgelt im Inland vor (vgl. §§ 1 Abs. 1 Nr. 1, 3 Abs. 1 und 6 UStG). Die Lieferungen erfolgen für das Unternehmen des M. Die „gesetzlich geschuldete Steuer" für diese steuerbaren und steuerpflichtigen Lieferungen im Sinne des § 15 Abs. 1 Nr. 1 UStG beträgt mit Blick auf den Steuersatz von 19 Prozent pro Weinkiste 9,50 € (vgl. § 12 Abs. 1 UStG). Ein Ausschluss des Vorsteuerabzugs ist nicht ersichtlich. Damit ist die Umsatzsteuer nicht Teil der Anschaffungskosten. Im Ergebnis sind die Weinkisten mit einem Wert von 50 € pro Stück anzusetzen.

Prüfungshinweis

Hier war eine kurze Inzidentprüfung vorzunehmen. Zwar gibt der Sachverhalt die gezahlten Steuerbeträge an. Ob tatsächlich ein Vorsteuerabzug besteht, muss aber dennoch kurz erörtert werden. Dabei sollte die Schwerpunktsetzung jedoch nicht aus den Augen verloren werden.

Hinsichtlich der Umsatzsteuer, die bei der Aktivierung der Weinkisten nicht zu berücksichtigen ist, gilt Folgendes: Den Ausgaben des M in Höhe von 9,50 € steht eine Vorsteuerforderung des M in derselben Höhe (vgl. zur Bewertung § 6 Abs. 1 Nr. 2 EStG) gegen das Finanzamt gegenüber.[17]

c) Ergebnis

Der Anschaffungsvorgang als solcher ist im Ergebnis erfolgsneutral. Den Ausgaben in Höhe von 50 € (netto) steht die Aktivierung der Weinkisten als Wirtschaftsgüter

---

15 *Fehrenbacher*, § 2 Rn. 82–85.
16 *Fehrenbacher*, § 2 Rn. 78.
17 *Jakob*, Einkommensteuer, Rn. 757. Siehe auch *Mellinghoff*, in: Kirchhof/Seer, § 9b EStG Rn. 2.

gegenüber. Es liegt ein sogenannter Aktivtausch vor.[18] Auch die Zahlung der Umsatzsteuer ist erfolgsneutral.

4. Ergebnis

16 Der unbeschränkt einkommensteuerpflichtige M übt eine gewerbliche Tätigkeit aus. Der vorliegende Geschäftsvorfall ist als Aktivtausch erfolgsneutral.

II. Ziffer 2 – Verkauf der Weinkisten

17 Weiterhin ist der Verkauf der Weinkisten zu begutachten. Die Einnahmen aus dem Verkauf könnten Betriebseinnahmen darstellen. Betriebseinnahmen sind Zugänge in Geld oder Geldeswert, die durch den Betrieb veranlasst sind (vgl. §§ 4 Abs. 4, 8 Abs. 1 EStG).[19] Dies ist hier gegeben.

Vertiefungshinweis

Der Begriff der Betriebseinnahme ist im Ertragsteuerrecht nicht definiert. Er wird in Anlehnung an die §§ 4 Abs. 4, 8 Abs. 1 EStG bestimmt.[20]

18 Fraglich ist allerdings, in welcher Höhe sich der Vorgang auf den Gewinn auswirkt. Dabei steht den Einnahmen aus dem Verkauf der Weinkisten der Abgang der Weinkisten aus dem Betriebsvermögen gegenüber. In Höhe des Buchwerts der Weinkisten ist der Verkaufsvorgang daher erfolgsneutral.[21] Nur in Höhe des übersteigenden Betrags ist der Vorgang erfolgswirksam und es entsteht ein Ertrag. Hinsichtlich der Umsatzsteuer gilt Folgendes: Der Einnahme bei M in Höhe von 19 € pro Weinkiste steht eine Verbindlichkeit in entsprechender Höhe (vgl. zur Bewertung § 6 Abs. 1 Nr. 3 EStG) gegenüber dem Finanzamt gegenüber.[22]

Diese Grundsätze gelten auch hinsichtlich des Rechnungszahlers. Hierbei ist zu beachten, dass bereits im Oktober 01 eine Forderung des M gegenüber seinem Kunden entstanden ist. Forderungen sind als Wirtschaftsgüter aktivierbar. Die Aktivierung setzt mit Blick auf das Realisationsprinzip allerdings voraus, dass die Leistung durch den Verkäufer bewirkt wurde. Bis dahin liegt ein schwebendes Geschäft vor, das nicht zur Bilanzierung der Forderung führt.[23] Die Lieferung ist hier bereits im Oktober 01 erfolgt. Auf die noch nicht erfolgte Zahlung kommt es dann nicht an. Bereits im Oktober 01 ist daher die Kaufpreisforderung zu aktivieren. Sie ist nach § 6 Abs. 1 Nr. 2 EStG mit dem Nennwert anzusetzen.[24] Gleichzeitig werden die Weinkisten zum Buchwert ausgebucht. Damit entsteht der Ertrag in Höhe der Differenz von Buchwert und Kaufpreis. Die Zahlung im Januar 02 ist demgegenüber erfolgsneutral. In Höhe des Bankzugangs wird die Forderung ausgebucht. Es handelt sich um einen sogenannten Aktivtausch.[25]

---

18 Zum Ganzen: *Loschelder*, in: Schmidt, § 4 EStG Rn. 83.
19 *Fehrenbacher*, § 2 Rn. 115.
20 *Fehrenbacher*, § 2 Rn. 115.
21 Siehe *Loschelder*, in: Schmidt, § 4 EStG Rn. 83.
22 Siehe *Jakob*, Einkommensteuer, Rn. 757.
23 *Hennrichs*, in: Tipke/Lang, Rn. 9.140.
24 *Hennrichs*, in: Tipke/Lang, Rn. 9.282.
25 Siehe zum Ganzen: *Hennrichs*, in: Tipke/Lang, Rn. 9.410–9.413.

Der Verkauf der Weinkisten ist (teilweise) erfolgswirksam. Es entsteht im Jahr 01 ein Ertrag in Höhe von 50 € pro verkaufter Weinkiste. Insgesamt entsteht ein Ertrag von 10.000 € (50 € x 200).

Vertiefungshinweis

Bei der Beurteilung von Geschäftsvorfällen kommt es auf die Auswirkungen auf den Gewinn an. Relevant sind die Vermögens- und insbesondere die Erfolgswirksamkeit eines Geschäftsvorfalls. Vermögensneutrale Geschäftsvorfälle führen lediglich zu einer Umschichtung im Betriebsvermögen. Sie sind zugleich erfolgsneutral und wirken sich nicht auf den Gewinn aus. Vermögenswirksame Geschäftsvorfälle verändern das Eigenkapital. Sie sind regelmäßig erfolgswirksam und wirken sich als Ertrag oder als Aufwand auf den Gewinn aus. Besonders sind aber Einlagen und Entnahmen. Sie sind vermögenswirksam. Mit Blick auf § 4 Abs. 1 S. 1 EStG, der die außerbilanzielle Korrektur von Einlagen und Entnahmen anordnet, sind sie aber erfolgsneutral.[26]

III. Ziffer 3 – Diebstahl der Kasse und Zerstörung der Weinkisten

Fraglich ist zunächst, wie der Diebstahl der Kasse einkommensteuerrechtlich zu bewerten ist. Die gestohlene Kasse und der Kassenbestand gehörten zum Betriebsvermögen des M. Der Verlust ist betrieblich veranlasst und daher als Betriebsausgabe nach § 4 Abs. 4 EStG abziehbar. Gleiches gilt für die bei Räumungsarbeiten von einem Angestellten zerstörten Weinkisten. Die Höhe der Betriebsausgaben bemisst sich nach dem Buchwert der jeweiligen Wirtschaftsgüter. Insgesamt liegt aus den Vorfällen im Jahr 01 daher ein Aufwand von 450 € vor.[27]

IV. Ziffer 4 – Anschaffung der Möbel

Fraglich ist, wie die Anschaffung der Möbel einkommensteuerrechtlich zu bewerten ist.

1. Anschaffung der Büroregale

Zunächst ist die Anschaffung der Büroregale zu begutachten.

a) Aktivierung der Regale

Die Büroregale werden für betriebliche Zwecke angeschafft. Sie sind objektiv erkennbar zum unmittelbaren Einsatz im Betrieb bestimmt und gehören daher zum notwendigen Betriebsvermögen.[28] Die Regale sind dazu bestimmt, dauernd dem Geschäftsbetrieb zu dienen. Es handelt sich daher um Wirtschaftsgüter des **Anlagevermögens** (vgl. § 247 Abs. 2 HGB). Bei den Kosten für die Regale handelt es sich um betrieblich veranlasste Ausgaben. Einem sofortigen Betriebsausgabenabzug steht aber grundsätzlich die Aktivierbarkeit der Regale entgegen.[29]

Die Regale sind als abnutzbare Wirtschaftsgüter des Anlagevermögens nach § 6 Abs. 1 Nr. 1 EStG mit den Anschaffungs- oder Herstellungskosten anzusetzen. Hier kommt es auf die Anschaffungskosten im Sinne des § 255 Abs. 1 HGB an. Aus den Anschaf-

---

26 Zum Ganzen: *Hennrichs*, in: Tipke/Lang, Rn. 9.22–9.24.
27 Siehe zum Ganzen: *Loschelder*, in: Schmidt, § 4 EStG Rn. 520, Verlust.
28 Siehe *Fehrenbacher*, § 2 Rn. 82.
29 Siehe *Drüen*, in: Blümich, § 4 EStG Rn. 589.

fungskosten auszugrenzen ist nach § 9 b EStG der Vorsteuerbetrag nach § 15 UStG, soweit er bei der Umsatzsteuer abgezogen werden kann. Für den Kauf der Ladenausstattung durch M von dem Schreiner ist von einem Vorsteuerbetrag in Höhe von 19 Prozent des Kaufpreises auszugehen. Es liegt ein steuerbarer und steuerpflichtiger Umsatz im Sinne des § 1 Abs. 1 Nr. 1 UStG vor, der für das Unternehmen des M ausgeführt wurde. Vom Vorliegen einer ordnungsgemäßen Rechnung ist auszugehen. Die Regale sind daher mit dem Nettokaufpreis von jeweils 260 € anzusetzen.

Die Zahlung der Umsatzsteuer ist auch hier erfolgsneutral. Den Ausgaben in Höhe von 49,40 € pro Regal steht jeweils eine Vorsteuerforderung in derselben Höhe gegenüber.[30]

Prüfungshinweis

Hier wurde die umsatzsteuerrechtliche Inzidentprüfung noch einmal kürzer gefasst.

24   Zudem ist nach § 6 Abs. 1 Nr. 1 EStG die **Absetzung für Abnutzung** (AfA) zu beachten. Bei abnutzbaren Wirtschaftsgütern des Anlagevermögens, deren Verwendungs- oder Nutzungsdauer mehr als ein Jahr beträgt, sind nach § 7 Abs. 1 EStG die Anschaffungs- oder Herstellungskosten auf die Nutzungsdauer des Wirtschaftsguts zu verteilen. Die Bemessungsgrundlage für die AfA ergibt sich hier aus den Anschaffungskosten von 260 € pro Regal (vgl. § 7 Abs. 1 S. 1 EStG). Die betriebsgewöhnliche Nutzungsdauer beträgt nach dem Sachverhalt 13 Jahre (vgl. § 7 Abs. 1 S. 2 EStG). Pro Jahr kann daher für jedes Regal eine Absetzung von 20 € (260 € x 1/13) geltend gemacht werden. Die AfA beginnt mit der Anschaffung des Wirtschaftsguts. Diese erfolgt im Juli 01. Nach § 7 Abs. 1 S. 4 EStG vermindert sich der Absetzungsbetrag um jeweils ein Zwölftel für jeden vollen Monat, der der Anschaffung vorangeht (sogenannte pro rata temporis-Regelung). Für das Jahr 01 vermindert sich der Absetzungsbetrag daher um sechs Zwölftel, so dass in diesem Jahr ein Absetzungsbetrag von 10 € (20 € x 6/12) pro Regal verbleibt.[31]

Vertiefungshinweis

Die betriebsgewöhnliche Nutzungsdauer ist hier dem Sachverhalt zu entnehmen. In der Praxis wird regelmäßig auf die AfA-Tabellen des Bundesfinanzministeriums zurückgegriffen.[32] Der Fall orientiert sich hier an Ziffer 6.15 der AfA-Tabelle für die allgemein verwendbaren Anlagegüter.[33]

Neben der AfA in gleichen Jahresbeträgen (sogenannte lineare AfA) existiert mit der AfA in fallenden Jahresbeträgen (sogenannte degressive AfA) auch eine konzeptionell andere Form der Abschreibung. Sie war im Einkommensteuergesetz längere Zeit vorgesehen, wurde durch das „Unternehmenssteuerreformgesetz 2008"[34] aber abgeschafft, um seitdem vereinzelt für befristete Zeiträume wieder zugelassen zu werden. Zuletzt wurde die degressive AfA durch das „Zweite Corona-Steuerhilfegesetz"[35] für bewegliche Wirtschaftsgüter des Anlagevermögens, die in den Jahren 2020 und 2021 angeschafft oder hergestellt wurden, in § 7 Abs. 2 EStG zugelassen. Für diesen Fall würde die degressive AfA bedeuten, dass eine Ab-

---

30   Siehe *Jakob*, Einkommensteuer, Rn. 757. Siehe auch *Mellinghoff*, in: Kirchhof/Seer, § 9 b EStG Rn. 2.
31   Siehe zum Ganzen: *Fehrenbacher*, § 2 Rn. 103 f.; *Hennrichs*, in: Tipke/Lang, Rn. 9.300–9.304.
32   *Hennrichs*, in: Tipke/Lang, Rn. 9.305 f.
33   BMF v. 15.12.2000, IV D 2 – S 1551 – 188/00, BStBl. I 2000, 1532.
34   Unternehmenssteuerreformgesetz 2008 v. 14.8.2007, BGBl. I 2007, 1912.
35   Zweites Gesetz zur Umsetzung steuerlicher Hilfsmaßnahmen zur Bewältigung der Corona-Krise (Zweites Corona-Steuerhilfegesetz) v. 29.6.2020, BGBl. I 2020, 1512.

schreibung mit einem unveränderten Prozentsatz von maximal ca. 19 Prozent (1/13 x 2,5) vom jeweiligen (Rest-)Buchwert erfolgen könnte (vgl. § 7 Abs. 2 S. 2 EStG).[36] Eine analoge Betrachtung könnte für die anderen beweglichen Wirtschaftsgüter des Anlagevermögens dieses Falls angestellt werden.

b) Sofort- und Sammelabschreibung

Allerdings könnte sich aus § 6 Abs. 2 S. 1 EStG die Möglichkeit einer **Sofortabschreibung** ergeben. Hiernach können die Anschaffungs- oder Herstellungskosten abnutzbarer beweglicher Wirtschaftsgüter des Anlagevermögens, die einer selbständigen Nutzung fähig sind, sofort in voller Höhe als Betriebsausgaben abgezogen werden, wenn die Anschaffungs- oder Herstellungskosten, ohne einen darin enthaltenen Vorsteuerbetrag, für das einzelne Wirtschaftsgut 800 € nicht übersteigen (sogenannte geringwertige Wirtschaftsgüter). Bei den Regalen handelt es sich um abnutzbare bewegliche Wirtschaftsgüter des Anlagevermögens. Ferner müssten sie einer selbständigen Nutzung fähig sein. Dies scheidet bei Wirtschaftsgütern, die nach ihrer betrieblichen Zweckbestimmung nur zusammen mit anderen Wirtschaftsgütern genutzt werden können und technisch auf diese Wirtschaftsgüter abgestimmt sind, aus (vgl. § 6 Abs. 2 S. 2 und 3 EStG). Die angeschafften Regale sind jedoch selbständig nutzbar. Sie erscheinen zusammen nicht als einheitliches Ganzes.[37] Die maßgeblichen Anschaffungskosten betragen pro Regal 260 € und damit nicht mehr als 800 €. Eine Sofortabschreibung nach § 6 Abs. 2 EStG ist daher möglich. Mit Blick auf den Wert der Regale von mehr als 250 € sind sie im Fall der Sofortabschreibung grundsätzlich in ein besonderes, laufend zu führendes Verzeichnis aufzunehmen (vgl. § 6 Abs. 2 S. 4 und 5 EStG).

Ferner kommt die **Bildung eines Sammelpostens** nach § 6 Abs. 2a EStG in Betracht. Abweichend von § 6 Abs. 2 S. 1 EStG kann nach § 6 Abs. 2a S. 1 EStG für abnutzbare bewegliche Wirtschaftsgüter des Anlagevermögens, die einer selbständigen Nutzung fähig sind, im Jahr der Anschaffung ein Sammelposten gebildet werden, wenn die Anschaffungskosten, ohne einen darin enthaltenen Vorsteuerbetrag, 250 €, aber nicht 1.000 € übersteigen. So liegt es hier. Der Sammelposten ist im Jahr der Bildung und in den folgenden vier Jahren jeweils zu einem Fünftel gewinnmindernd aufzulösen (vgl. § 6 Abs. 2a S. 2 EStG). Das Ausscheiden eines Wirtschaftsguts aus dem Betriebsvermögen wirkt sich auf die Höhe des Sammelpostens nicht aus (vgl. § 6 Abs. 2a S. 3 EStG).[38]

Sowohl § 6 Abs. 2 EStG als auch § 6 Abs. 2a EStG begründen ein Wahlrecht. M kann zwischen der Aktivierung, der Sofortabschreibung und der Bildung des Sammelpostens wählen. Die Wahl zur Bildung des Sammelpostens kann M jedoch nur für alle in einem Wirtschaftsjahr angeschafften, hergestellten oder eingelegten Wirtschaftsgüter einheitlich ausüben (vgl. § 6 Abs. 2a S. 5 EStG). Dann ist die Sofortabschreibung geringwertiger Wirtschaftsgüter nur noch bis zu einem Wert von 250 € möglich (vgl. § 6 Abs. 2a S. 4 EStG).[39]

---

36 Siehe im Einzelnen *Pfirrmann*, in: Kirchhof/Seer, § 7 EStG Rn. 71–79.
37 Vgl. *Kulosa*, in: Schmidt, § 6 EStG Rn. 658 f.
38 *Fehrenbacher*, § 2 Rn. 109; *Hennrichs*, in: Tipke/Lang, Rn. 9.315.
39 *Fehrenbacher*, § 2 Rn. 109; *Hennrichs*, in: Tipke/Lang, Rn. 9.314 f.

c) Ergebnis

28 Die Büroregale sind grundsätzlich zu aktivieren und über die Nutzungsdauer abzuschreiben. Es besteht jedoch das Wahlrecht des M zur Sofort- beziehungsweise zur Sammelabschreibung.

2. Anschaffung der Verkaufstheke

29 Auch die Verkaufstheke wird für betriebliche Zwecke angeschafft. Es handelt sich um ein abnutzbares Wirtschaftsgut des Anlagevermögens. Die Kosten für die Anschaffung der Theke sind nicht sofort als Betriebsausgaben abziehbar. Vielmehr ist die Theke mit den Anschaffungskosten von 1.100 € zu aktivieren (vgl. § 6 Abs. 1 Nr. 1 EStG; § 255 Abs. 1 HGB, § 9 b EStG). Dabei ist die AfA zu berücksichtigen. Die AfA-Bemessungsgrundlage richtet sich nach den Anschaffungskosten in Höhe von 1.100 € (vgl. § 7 Abs. 1 S. 1 EStG). Die betriebsgewöhnliche Nutzungsdauer beträgt nach dem Sachverhalt zehn Jahre (vgl. § 7 Abs. 1 S. 2 EStG), so dass pro Jahr eine Absetzung von 110 € (1.100 € x 1/10) möglich ist. Die AfA beginnt mit der Anschaffung des Wirtschaftsguts. Infolge der Anschaffung im Juli 01 vermindert sich der Absetzungsbetrag für das Jahr 01 um sechs Zwölftel, so dass ein Absetzungsbetrag von 55 € (110 € x 6/12) verbleibt (vgl. § 7 Abs. 1 S. 4 EStG).

Vertiefungshinweis

Hier orientiert sich die im Sachverhalt angegebene betriebsgewöhnliche Nutzungsdauer an Ziffer 6.16 der AfA-Tabelle für die allgemein verwendbaren Anlagegüter.[40]

30 Die Werte von § 6 Abs. 2 und 2 a EStG sind überschritten, sodass von vorneherein weder eine Sofortabschreibung, noch die Bildung eines Sammelpostens in Betracht kommt. Die Theke ist zu aktivieren. Dabei ist, wie gesehen, von den Anschaffungskosten von 1.100 € auszugehen, diese sind allerdings um einen Absetzungsbetrag von 55 € zu vermindern. Aufwand entsteht im Jahr 01 daher nur in Höhe von 55 €. Die Zahlung der Umsatzsteuer ist auch hier im Ergebnis erfolgsneutral.

3. Ergebnis

31 Hinsichtlich der Büroregale kann M zwischen der Aktivierung der Wirtschaftsgüter, der Sofortabschreibung und der Bildung eines Sammelpostens wählen. Die Verkaufstheke ist mit den Anschaffungskosten zu aktivieren. Über die Nutzungsdauer erfolgt eine Abschreibung.

V. Ziffer 5 – Geschäftsversicherung

32 Die Zahlung des M an die Versicherung steht in einem unmittelbaren wirtschaftlichen Zusammenhang mit der Geschäftstätigkeit des M, so dass es sich um eine Betriebsausgabe nach § 4 Abs. 4 EStG handelt.

Allerdings wird die Zahlungsverpflichtung für fünf Jahre im Voraus erfüllt. Wirtschaftlich gehören die Zahlungen für die zukünftigen Jahre nicht in das Jahr der Verausgabung, sondern in spätere Perioden. Zur periodengerechten Gewinnabgrenzung dienen sogenannte **Rechnungsabgrenzungsposten**. Ein Rechnungsabgrenzungsposten kann die Ausgaben neutralisieren und damit die sofortige Erfolgswirksamkeit hindern. Nach § 5

---

40 BMF v. 15.12.2000, IV D 2 – S 1551 – 188/00, BStBl. I 2000, 1532.

Abs. 5 S. 1 Nr. 1 EStG ist ein Rechnungsabgrenzungsposten für Ausgaben zu bilden, die Aufwand für eine bestimmte Zeit nach dem Abschlussstichtag darstellen.[41] So liegt es hier bei der Vorauszahlung der Versicherung.

Im Ergebnis führt die Zahlung daher nicht sofort in voller Höhe zu einem Aufwand. Aufwand entsteht im Jahr 01 nur hinsichtlich des Betrags für dieses Jahr in Höhe von 1.000 €. Hinsichtlich des Betrags für die Jahre 02 bis 05 erfolgt die Bildung eines Rechnungsabgrenzungspostens in Höhe von 4.000 €. Dieser wird dann in den folgenden Jahren jeweils in Höhe von 1.000 € erfolgswirksam aufgelöst.

Vertiefungshinweis

Im vorliegenden Fall, in dem die Ausgaben im Voraus erbracht werden, geht es um die Bildung eines aktiven Rechnungsabgrenzungspostens (vgl. § 5 Abs. 5 S. 1 Nr. 1 EStG); liegen hingegen Einnahmen vor, die im Voraus vereinnahmt werden, kommt die Bildung eines passiven Rechnungsabgrenzungspostens in Betracht (vgl. § 5 Abs. 5 S. 1 Nr. 2 EStG).[42] Bei gebündelten Einnahmen oder Ausgaben im Zusammenhang mit Überschusseinkünften besteht über § 11 Abs. 1 S. 3, Abs. 2 S. 3 EStG in bestimmten Fällen eine ähnliche Wirkung wie bei der Bildung eines Rechnungsabgrenzungspostens. Siehe hierzu § 8 Rn. 18.

VI. Ziffer 6 – Darlehen unter Angehörigen

Zu untersuchen sind an dieser Stelle die steuerrechtlichen Auswirkungen der Darlehensaufnahme und insbesondere der Zinszahlungen bei M.

1. Zinszahlungen

Bei den Zinszahlungen könnte es sich um Betriebsausgaben handeln. Die Darlehensaufnahme erfolgte, um betriebliche Schulden begleichen zu können. Entsprechend könnte es sich bei den Zinszahlungen um betrieblich veranlasste Ausgaben handeln.

Fraglich ist an dieser Stelle allerdings, ob der Darlehensvertrag zwischen M und seinem Sohn steuerlich überhaupt anzuerkennen ist. In Abweichung von § 41 Abs. 1 S. 1 AO werden **Vereinbarungen unter nahen Angehörigen** steuerlich grundsätzlich nur anerkannt, wenn sie rechtlich wirksam geschlossen und tatsächlich durchgeführt werden. Zudem müssen sie einem Fremdvergleich standhalten.[43] Verträge unter nahen Angehörigen werden insbesondere angenommen bei Verträgen zwischen Eltern und Kindern.[44] Bei dem hiesigen Darlehensvertrag gelten daher die geschilderten besonderen Anerkennungsvoraussetzungen.

Hier könnte der Vertrag schon zivilrechtlich unwirksam sein. Beim Abschluss des Darlehensvertrags, als nicht lediglich rechtlich vorteilhaftem Vertrag, konnte M seinen minderjährigen Sohn nicht wirksam vertreten (vgl. §§ 1629 Abs. 2 S. 1, 1795 Abs. 2, 181 BGB). Bereits dies spricht gegen die steuerrechtliche Anerkennung des Vertrags. Zudem enthalten Darlehensverträge zwischen fremden Dritten in der Regel eindeutige Vereinbarungen über die Laufzeit und die Rückzahlung des Darlehens, woran es hier fehlt. Einem Fremdvergleich hält die getroffene Vereinbarung daher nicht stand.[45]

---

41 Siehe zum Ganzen: *Hennrichs*, in: Tipke/Lang, Rn. 9.200 f.; *Weber-Grellet*, in: Schmidt, § 5 EStG Rn. 242 f.
42 *Hennrichs*, in: Tipke/Lang, Rn. 9.201 f.
43 *Fehrenbacher*, § 2 Rn. 42.
44 *Drüen*, in: Blümich, § 4 EStG Rn. 940, Angehörige.
45 Siehe zum Ganzen: *Drüen*, in: Blümich, § 4 EStG Rn. 940, Darlehen zwischen Angehörigen.

Damit ist der Darlehensvertrag steuerlich nicht anzuerkennen. Wird der Vertrag nicht anerkannt, können die Zinsen auch nicht als Betriebsausgaben abgezogen werden.

Vertiefungshinweis

Im vorliegenden Fall geht es um die steuerrechtlichen Folgen bei M. Die fehlende steuerliche Anerkennung wirkt sich aber auch bei dem Vertragspartner aus. Wird der Darlehensvertrag steuerlich nicht anerkannt, so hat das nicht nur die Versagung des Betriebsausgabenabzugs beim Darlehensschuldner zur Folge. In diesem Fall bestehen auch keine Einkünfte (nach den §§ 2 Abs. 1 S. 1 Nr. 5, 20 Abs. 1 Nr. 7 EStG) beim Darlehensgläubiger.[46]

2. Darlehensvaluta

35 Zu untersuchen ist zudem die Behandlung des Darlehensbetrags. Grundsätzlich ist der Darlehensbetrag bei der betrieblichen Aufnahme eines Darlehens zu aktivieren. Im Gegenzug ist aber auch die Rückzahlungsverbindlichkeit zu passivieren. Der Vorgang wirkt sich daher nicht auf den Gewinn aus. Wird der Vorgang, wie hier, steuerlich aber nicht anerkannt, so ist der Darlehensbetrag zunächst nicht dem Betriebsvermögen, sondern dem Privatvermögen des M zuzuordnen.[47]

36 Vorliegend wird der Darlehensbetrag jedoch auf das Geschäftskonto des M überwiesen. Entsprechend könnte eine **Einlage** vorliegen. Einlagen sind nach § 4 Abs. 1 S. 8 EStG alle Wirtschaftsgüter, die der Steuerpflichtige dem Betrieb im Laufe des Wirtschaftsjahres zugeführt hat. Erfasst werden Vermögensmehrungen aus dem privaten Bereich des Unternehmers.[48] Mit der Überweisung auf das Geschäftskonto erfolgte eine entsprechende Vermögensmehrung aus dem privaten Bereich des M. Die Einlagehandlung muss auf einer Willensentscheidung beruhen. Dies ist hier hinsichtlich der Überweisung auf das Geschäftskonto der Fall. Dabei kommt es auch nicht darauf an, ob M die steuerlichen Folgen der Einlage erkannte.[49] Die Voraussetzungen einer Einlage des Darlehensbetrags sind damit gegeben.[50]

Die Einlage ist nach § 6 Abs. 1 Nr. 5 EStG mit dem Teilwert anzusetzen. Der Teilwert ist der Betrag, den ein Erwerber des ganzen Betriebs für das einzelne Wirtschaftsgut ansetzen würde (vgl. § 6 Abs. 1 Nr. 1 S. 3 EStG). Dies sind hinsichtlich des vorliegenden Geldbetrags 50.000 €. Die Einlage ist nach § 4 Abs. 1 S. 1 EStG allerdings außerbilanziell zu korrigieren. Der Vorgang ist letztlich vermögenswirksam, aber ergebnisneutral.[51]

Vertiefungshinweis

Der Teilwert ist in § 6 Abs. 1 Nr. 1 S. 3 EStG legaldefiniert und bezeichnet den Wert, den ein Erwerber des gesamten Unternehmens für das einzelne Wirtschaftsgut bei Fortführung des Betriebs zahlen würde. Der gemeine Wert hingegen ist nach § 9 Abs. 2 BewG der Wert, der sich aus dem Einzelveräußerungspreis am Markt ergibt.[52]

Einlagen und Entnahmen wirken sich auf das Betriebsvermögen und damit auf den Betriebsvermögensvergleich aus. Da es sich aber um private Vorgänge handelt, ist der Unter-

---

46 BFH v. 2.8.1994, VIII R 65/93, BStBl. II 1995, 264, unter 2.b) m.w.N.
47 Siehe BFH v. 22.4.2015, IV B 76/14, BFH/NV 2015, 976, unter 2.b).
48 *Drüen*, in: Blümich, § 4 EStG Rn. 496.
49 Siehe *Drüen*, in: Blümich, § 4 EStG Rn. 505.
50 Vgl. BFH v. 22.4.2015, IV B 76/14, BFH/NV 2015, 976, unter 1., 2.b).
51 *Hennrichs*, in: Tipke/Lang, Rn. 9.24.
52 *Fehrenbacher*, § 2 Rn. 96.

schiedsbetrag des Betriebsvermögens durch entsprechende Zurechnungen und Kürzungen zu korrigieren.[53]

3. Ergebnis

Die Zinszahlungen führen im vorliegenden Fall nicht zu Betriebsausgaben. Hinsichtlich des Darlehensbetrags, der aufgrund der steuerlichen Nichtanerkennung des Vertrags zunächst dem Privatvermögen zuzuordnen war, liegt eine Einlage vor.

VII. Ziffer 7 – Auto des M

Fraglich ist, wie sich die betriebliche Nutzung des ursprünglich privat angeschafften Autos ab dem Jahr 05 einkommensteuerrechtlich auswirkt.

1. Einlage des Autos

Das Auto wird für betriebliche Fahrten zu den Winzern genutzt. Es dient damit unmittelbar betrieblichen Zwecken. Die betriebliche Nutzung überwiegt laut Sachverhalt die private Nutzung. Gemischt genutzte Wirtschaftsgüter, die zu mehr als 50 Prozent betrieblich genutzt werden, werden dem Betriebsvermögen zugeordnet. M hat das Auto in das Betriebsvermögen eingelegt.[54]

Vertiefungshinweis

Abzugrenzen ist die Einlage eines Gegenstands als solchem von der bloßen Nutzung eines Gegenstands des Privatvermögens für betriebliche Zwecke. Anders als § 4 Abs. 1 S. 2 EStG nennt § 4 Abs. 1 S. 8 EStG Nutzungen und Leistungen nicht. Dennoch wird die Möglichkeit einer sogenannten Kostenkorrektureinlage anerkannt.[55] Im Fall geht es aber um die Einlage des Autos als solches.

Einlagen werden nach § 6 Abs. 1 Nr. 5 S. 1 Hs. 1 EStG grundsätzlich mit dem Teilwert angesetzt. Dieser beträgt nach dem Sachverhalt 24.000 €. Die Ausnahmeregelung des § 6 Abs. 1 Nr. 5 S. 1 Hs. 2 lit. a EStG, wonach höchstens die Anschaffungs- oder Herstellungskosten (abzüglich der AfA, vgl. § 6 Abs. 1 Nr. 5 S. 2 EStG) anzusetzen sind, wenn das Wirtschaftsgut innerhalb der letzten drei Jahre vor dem Einlagezeitpunkt angeschafft oder hergestellt wurde, ist nicht einschlägig. Das Auto wurde bereits im Jahr 01 angeschafft und erst im Jahr 05 in das Betriebsvermögen eingelegt. Die Einlage ist daher mit dem Teilwert von 24.000 € zu bewerten.

Nach § 4 Abs. 1 S. 1 EStG sind die Einlagen von dem Unterschiedsbetrag zwischen dem Betriebsvermögen am Schluss des Wirtschaftsjahres und dem Betriebsvermögen am Schluss des vorangegangenen Wirtschaftsjahres abzuziehen. Einlagen sind nicht durch den Betrieb erwirtschaftet, entsprechend muss die Erhöhung des Betriebsvermögens neutralisiert werden. Infolge der Korrektur ist die Einlage zwar vermögenswirksam, aber nicht erfolgswirksam. Der Vorgang führt nicht zu einem Ertrag im Jahr 05.[56]

---

53 *Drüen*, in: Blümich, § 4 EStG Rn. 121.
54 Siehe zum Ganzen: BFH v. 13.5.2014, III B 152/13, BFH/NV 2014, 1364, unter II.1.; *Hennrichs*, in: Tipke/Lang, Rn. 9.214.
55 *Fehrenbacher*, § 2 Rn. 88; *Hennrichs*, in: Tipke/Lang, Rn. 9.364 f.
56 Siehe *Hennrichs*, in: Tipke/Lang, Rn. 9.24.

2. Absetzung für Abnutzung

42 Das Auto stellt nach der Einlage ein abnutzbares Wirtschaftsgut des Anlagevermögens dar, dessen betriebsgewöhnliche Nutzungsdauer mehr als ein Jahr beträgt. Das Auto ist daher nach § 7 Abs. 1 EStG über seine Nutzungsdauer abzuschreiben. Als Bemessungsgrundlage für die AfA ist nach einer Einlage eines abnutzbaren Wirtschaftsguts auf den Einlagewert des § 6 Abs. 1 Nr. 5 EStG abzustellen. Dieser Betrag ist auf die tatsächliche (Rest-)Nutzungsdauer zu verteilen, die im Sachverhalt mit vier Jahren angegeben ist.[57] Daher besteht ein jährlicher Absetzungsbetrag von 6.000 € (24.000 € x 1/4). Im Jahr 05 kann daher ein Betrag von 6.000 € abgesetzt werden. In dieser Höhe entsteht Aufwand.

3. Privatnutzung des Autos

43 Fraglich ist sodann, wie die gelegentliche private Nutzung des Autos einkommensteuerrechtlich zu bewerten ist. Die private Nutzung eines betrieblichen Autos stellt eine **Nutzungsentnahme** im Sinne des § 4 Abs. 1 S. 2 EStG dar.[58] Nach § 6 Abs. 1 Nr. 4 S. 2 EStG ist die private Nutzung eines zu mehr als 50 Prozent betrieblich genutzten Kraftfahrzeugs für jeden Kalendermonat mit einem Prozent des inländischen Listenpreises (inklusive Sonderausstattung und Umsatzsteuer) im Zeitpunkt der Erstzulassung anzusetzen. Hier wird das Auto zu mehr als 50 Prozent betrieblich genutzt. Der Listenpreis im Zeitpunkt der Erstzulassung betrug 60.000 € (brutto, also inklusive Umsatzsteuer). Pro Monat ist daher ein Betrag von 600 € (60.000 € x 1 Prozent) anzusetzen. Damit ist für das Jahr 05 ein Betrag von 7.200 € (600 € x 12) anzusetzen.

Prüfungs- und Vertiefungshinweis

Der Sachverhalt beschreibt den Umfang der Privatfahrten nicht weiter. Bei der vorliegenden pauschalen Bewertung der Nutzungsentnahme kommt es darauf aber auch nicht an. Jedenfalls ergibt sich aus dem Sachverhalt nicht, dass die Privatnutzung nur vereinzelt oder gelegentlich stattfindet, was teilweise als nicht ausreichend für die Anwendung des § 6 Abs. 1 Nr. 4 S. 2 EStG angesehen wird.[59] Der Sachverhalt enthält ferner keine Hinweise darauf, dass M das Auto für Fahrten zwischen seiner Wohnung und der Betriebsstätte benutzt. Hierbei wäre auf § 4 Abs. 5 S. 1 Nr. 6 EStG zu achten.[60] Zur Ein-Prozent-Regelung im umsatzsteuerrechtlichen Kontext siehe § 24 Rn. 20.

Der Sachverhalt enthält keine Angaben darüber, ob es sich bei dem Auto des M um ein Elektrofahrzeug handelt. Wäre das der Fall, würden die diesbezüglichen Sonderregelungen des § 6 Abs. 1 Nr. 4 S. 2 Hs. 2 EStG relevant werden. Im Falle eines reinen Elektrofahrzeugs könnten etwa, mit Blick auf den Bruttolistenpreis von nicht mehr als 60.000 €, die Anschaffungskosten nur zu einem Viertel anzusetzen sein (vgl. § 6 Abs. 1 Nr. 4 S. 2 Hs. 2 Nr. 3 EStG).

Abweichend von der sogenannten Ein-Prozent-Regelung können die auf die Privatfahrten entfallenden Aufwendungen auch durch Belege und ein ordnungsgemäßes Fahrtenbuch ermittelt und angesetzt werden (vgl. § 6 Abs. 1 Nr. 4 S. 3 EStG).

---

57 Siehe *Brandis*, in: Blümich, § 7 EStG Rn. 264.
58 *Hey*, in: Tipke/Lang, Rn. 8.271.
59 Siehe *Ehmcke*, in: Blümich, § 6 EStG Rn. 1013 k.
60 Siehe im Einzelnen *Loschelder*, in: Schmidt, § 4 EStG Rn. 580–586.

4. Ergebnis

Die Einlage des Autos in das Betriebsvermögen ist im Ergebnis erfolgsneutral. Das Auto ist über die (Rest-)Nutzungsdauer abzuschreiben. Hinsichtlich der Privatnutzung des Autos findet die Ein-Prozent-Regelung Anwendung.

VIII. Ziffer 8 – Pestizidbelastung des Chardonnays

Zu untersuchen sind die steuerrechtlichen Auswirkungen der (vermeintlichen) Pestizidbelastung des Weins.

1. Teilwertabschreibung im Jahr 02

Die Weinkisten wurden als Wirtschaftsgüter des Umlaufvermögens nach § 6 Abs. 1 Nr. 2 S. 1 EStG mit den Anschaffungskosten angesetzt. Fraglich ist nun, wie sich die Pestizidbelastung auf die Bewertung auswirkt. Gemäß § 6 Abs. 1 Nr. 2 S. 2 EStG kann der Teilwert angesetzt werden, wenn dieser aufgrund einer voraussichtlich dauernden Wertminderung niedriger ist als die Anschaffungs- oder Herstellungskosten.

Eine voraussichtlich dauerhafte Wertminderung wird angenommen, wenn aufgrund objektiver Anzeichen ernstlich mit einem langfristigen Anhalten der Wertminderung zu rechnen ist. Der Wein ist infolge der festgestellten Pestizidbelastung nicht mehr verkäuflich. Aus Sicht des Bilanzstichtags ist von einer dauerhaften Wertminderung auszugehen.[61]

Prüfungshinweis

Dass der Wein im weiteren Verlauf des Falls wieder an Wert gewinnt, ist hier noch nicht relevant. Es kommt auf die Prognose am Bilanzstichtag an. Ereignisse nach dem Bilanzstichtag sind erst bei der Wertaufholung zu berücksichtigen.[62]

Mit Blick auf die Unverkäuflichkeit des Weins ist von einem Teilwert von Null auszugehen. Im Jahr 02 kann daher eine entsprechende Wertberichtigung erfolgen. Überwiegend wird ein Wahlrecht des Steuerpflichtigen angenommen.[63]

Vertiefungshinweis

Ähnlich wie eine Teilwertabschreibung kann sich eine Absetzung für außergewöhnliche technische oder wirtschaftliche Abnutzung (AfaA) nach § 7 Abs. 1 S. 7 EStG auswirken. Es bestehen jedoch wichtige Unterschiede: § 7 Abs. 1 S. 7 EStG tritt neben die reguläre AfA, so dass deren Grundvoraussetzungen erfüllt sein müssen. Sie gilt (nach wohl herrschender Meinung) nur für abnutzbare Wirtschaftsgüter. Die AfaA knüpft an eine technische oder wirtschaftliche Abnutzung an. Für eine Teilwertabschreibung kommt es hingegen auf die bloße Wertminderung an. Sie ist bei abnutzbaren und bei nicht abnutzbaren Wirtschaftsgütern anwendbar (vgl. § 6 Abs. 1 Nr. 1 S. 2, Nr. 2 S. 2 EStG).[64]

Handelsrechtlich gilt das sogenannte Niederstwertprinzip (vgl. § 253 Abs. 3 und 4 HGB). Grundsätzlich gelten die handelsrechtlichen Bestimmungen auch für die Steuerbilanz (vgl. § 5 Abs. 1 EStG, sogenanntes Maßgeblichkeitsprinzip). Überwiegend wird allerdings angenommen, dass unabhängig von dem handelsrechtlichen Niederstwertprinzip steuerlich ein

---

61 Siehe zum Ganzen: *Hennrichs*, in: Tipke/Lang, Rn. 9.323.
62 Zum Ganzen: *Schindler*, in: Kirchhof/Seer, § 6 EStG Rn. 101.
63 Siehe z.B. *Schindler*, in: Kirchhof/Seer, § 6 EStG Rn. 101. Vgl. hierzu *Hennrichs*, in: Tipke/Lang, Rn. 9.320.
64 Siehe zum Ganzen: *Brandis*, in: Blümich, § 7 EStG Rn. 385–387.

Wahlrecht (im Sinne des § 5 Abs. 1 S. 1 Hs. 2 EStG) hinsichtlich des Ansatzes des niedrigen Teilwerts besteht.[65]

2. Wertaufholung im Jahr 03

48 Zu untersuchen ist, wie es sich auswirkt, dass im Jahr 03 offenbar wird, dass der Wein nicht mit Pestiziden belastet ist. Der Wein wird nun wieder zum ursprünglichen Preis nachgefragt und sein Wert ist daher nicht mehr vermindert.

Nach § 6 Abs. 1 Nr. 2 S. 3, Nr. 1 S. 4 EStG sind die Wirtschaftsgüter nach einer Teilwertabschreibung wieder mit den ursprünglichen Werten (hier mit den Anschaffungskosten) anzusetzen, wenn kein niedrigerer Teilwert mehr besteht. Es gilt das sogenannte strenge Wertaufholungsgebot.[66] Hier liegt kein niedrigerer Teilwert mehr vor. Ist im Jahr 02 eine Teilwertabschreibung erfolgt, muss daher nun eine Zuschreibung der Werte erfolgen. Der Wein ist wieder mit dem ursprünglichen Wert von 50 € pro Kiste anzusetzen.

Vertiefungshinweis

Hier entfallen die Gründe der ursprünglichen Teilwertabschreibung. Eine Werterholung aus anderen Gründen wäre aber ebenfalls zu berücksichtigen.[67]

3. Ergebnis

49 Im Jahr 02 ist hinsichtlich der Weinkisten eine Teilwertabschreibung auf Null möglich. Erfolgt die Abschreibung, muss im Jahr 03 allerdings eine Wertaufholung vorgenommen werden.

IX. Gewerbesteuerrechtliche Ergänzung

50 Zu untersuchen sind die gewerbesteuerrechtlichen Auswirkungen für M im Jahr 01.

1. Sachliche Steuerpflicht (Steuerobjekt)

51 Fraglich ist, ob der Weinhandel des M der Gewerbesteuer unterliegt. Hierfür müsste ein im Inland betriebener Gewerbebetrieb vorliegen (vgl. §§ 2 Abs. 1, 35 a GewStG). Der Begriff des Gewerbebetriebs bestimmt sich nach § 15 Abs. 2 EStG (vgl. § 2 Abs. 1 S. 2 GewStG). Die Tätigkeit als Weinhändler ist, wie bereits im einkommensteuerrechtlichen Teil der Prüfung festgestellt (siehe Ziffer 1 des Ausgangsfalls), eine selbständige, nachhaltige, mit Gewinnerzielungsabsicht und unter Beteiligung am allgemeinen wirtschaftlichen Verkehr ausgeübte Tätigkeit, die sich weder als Land- und Forstwirtschaft oder als selbständige Arbeit (im Sinne der §§ 2 Abs. 1 S. 1 Nr. 3, 18 EStG) noch als private Vermögensverwaltung (vgl. § 14 S. 3 AO) darstellt. Ein (stehender, vgl. § 1 GewStDV) Gewerbebetrieb liegt daher vor. Auch die Inlandsbezogenheit besteht und der Weinhandel unterliegt mit der inländischen Betriebstätte in Saarbrücken (vgl. § 12 AO)[68] der Gewerbesteuer (vgl. § 2 Abs. 1 S. 1 und 3 GewStG).[69]

---

65 Zum Ganzen: *Hennrichs*, in: Tipke/Lang, Rn. 9.320.
66 *Hennrichs*, in: Tipke/Lang, Rn. 9.326.
67 *Hennrichs*, in: Tipke/Lang, Rn. 9.326.
68 Siehe *Drüen*, in: Blümich, § 2 GewStG Rn. 300 f.
69 Siehe *Fehrenbacher*, § 5 Rn. 15; *Hey*, in: Tipke/Lang, Rn. 12.11.

Vertiefungshinweis

Keinen Gewerbebetrieb unterhalten etwa Freiberufler; sie sind damit auch nicht gewerbesteuerpflichtig. Daraus folgen verfassungsrechtliche Bedenken (vgl. Art. 3 Abs. 1 GG); das Bundesverfassungsgericht hat die Ausklammerung der freien Berufe aus der Gewerbesteuerpflicht aber als mit dem Grundgesetz vereinbar angesehen.[70] Von dem gewerblichen Unternehmen im Sinne der Gewerbesteuer zu unterscheiden ist die unternehmerische Tätigkeit im Sinne des § 2 UStG, wo statt der Gewinnerzielungsabsicht die Einnahmeerzielungsabsicht ausreicht und auch nicht nur Gewerbetreibende im Sinne des § 15 EStG erfasst sind.[71] Zum umsatzsteuerrechtlichen Unternehmerbegriff siehe § 21 Rn. 10; § 22 Rn. 11, 23; § 23 Rn. 9; § 24 Rn. 9, 36.

Stehender Gewerbebetrieb ist nach § 1 GewStDV jeder Gewerbebetrieb, der kein Reisegewerbebetrieb ist. Reisegewerbebetrieb ist nach § 35a Abs. 2 GewStG ein Gewerbebetrieb, für den eine gewerberechtliche Reisegewerbekarte erforderlich ist. Das betrifft bestimmte Tätigkeiten außerhalb einer gewerblichen Niederlassung (vgl. §§ 55 ff. GewO).

2. Persönliche Steuerpflicht (Steuersubjekt)

Steuersubjekt und Schuldner der Gewerbesteuer ist der Unternehmer M, für dessen Rechnung das Gewerbe betrieben wird (vgl. § 5 Abs. 1 GewStG).[72]

3. Bemessungsgrundlage

Bei der Berechnung der Gewerbesteuer ist vom **Steuermessbetrag** auszugehen (vgl. § 11 Abs. 1 S. 1 GewStG). Dieser ergibt sich aus der Anwendung der Steuermesszahl auf den abgerundeten und um Freibeträge gekürzten Gewerbeertrag (vgl. § 11 Abs. 1 S. 2 und 3 GewStG). Maßgebliche Besteuerungsgrundlage ist der Gewerbeertrag des Kalenderjahres als Erhebungszeitraum (vgl. §§ 6, 10, 14 GewStG).

a) Gewerbeertrag

Grundlage der Ermittlung des maßgebenden Gewerbeertrags ist gemäß § 7 GewStG der nach den Vorschriften des Einkommen- und Körperschaftsteuergesetzes zu ermittelnde Gewinn, vermehrt um die Hinzurechnungen nach § 8 GewStG und vermindert um die Kürzungen nach § 9 GewStG.

aa) Einkommensteuerrechtlicher Gewinn

Nach dem Bearbeitungshinweis beträgt der einkommensteuerrechtliche Gewinn im Jahr 01 100.000 €.

bb) Hinzurechnung nach § 8 GewStG

Mit Blick auf die Darlehenszinsen, die M an seinen Sohn leistet (siehe Ziffer 6 des Ausgangsfalls), stellt sich die Frage, ob eine Hinzurechnung zum Gewinn nach § 8 GewStG zu erfolgen hat. Zu den Finanzierungsaufwendungen, welche dem ertragsteu-

---

70 BVerfG v. 15.1.2008, 1 BvL 2/04, BVerfGE 120, 1, unter I. Siehe auch BVerfG v. 13.5.1969, 1 BvR 25/65, BVerfGE 26, 1; BVerfG v. 25.10.1977, 1 BvR 15/75, BVerfGE 46, 224; BVerfG v. 15.2.2016, 1 BvL 8/12, BStBl. II 2016, 557.
71 Siehe *Fehrenbacher*, § 7 Rn. 63–67.
72 *Fehrenbacher*, § 5 Rn. 22; *Hey*, in: Tipke/Lang, Rn. 12.30.

erlichen Gewinn zu einem Viertel nach § 8 Nr. 1 lit. a GewStG hinzuzurechnen sind, zählen Entgelte für Schulden. Hiervon sind Zinsen grundsätzlich erfasst. Hinzuzurechnen sind die Beträge allerdings nur, soweit sie den Gewinn tatsächlich gemindert haben (vgl. § 8 GewStG). Im vorliegenden Fall führen die Zinsen nach den einkommensteuerrechtlichen Erörterungen nicht zu Betriebsausgaben. Haben die Zinsen den Gewinn daher nicht gemindert, kommt eine Hinzurechnung aber nicht in Betracht.

Vertiefungshinweis:

Die Hinzurechnungen des § 8 GewStG dienen zusammen mit den Kürzungen des § 9 GewStG dazu, den Gewerbeertrag zu objektivieren. Hinzurechnungen sind insbesondere vorgesehen, um unterschiedliche Unternehmensfinanzierungen (Eigen- oder Fremdkapitalfinanzierung) des Gewerbebetriebs zu neutralisieren. Eine Hinzurechnung kommt nach § 8 GewStG allerdings nur dann in Betracht, wenn die in Frage stehenden Beträge den Gewinn tatsächlich gemindert haben, weshalb die Art der Gewinnermittlung den Zeitpunkt der Hinzurechnung beeinflussen kann. Zudem bestimmt § 8 Nr. 1 GewStG einen Freibetrag von 200.000 €, und nur der übersteigende Betrag der zu berücksichtigenden Finanzierungsaufwendungen ist zu einem Viertel hinzuzurechnen.[73]

cc) Ergebnis

57 Der Gewerbeertrag beträgt 100.000 €. Eine Hinzurechnung oder Kürzung findet nicht statt.

b) Freibetrag

58 Gemäß § 11 Abs. 1 S. 3 Nr. 1 GewStG ist bei M als natürlicher Person ein Freibetrag in Höhe von 24.500 € zu berücksichtigen.

c) Steuermesszahl

59 Die Steuermesszahl beträgt gemäß § 11 Abs. 2 GewStG einheitlich 3,5 Prozent.

d) Ergebnis

60 Der um den Freibetrag gekürzte Gewerbeertrag beträgt 75.500 € (100.000 € ./. 24.500 €). Durch Anwendung der Steuermesszahl auf diesen Betrag ergibt sich ein Steuermessbetrag in Höhe von 2.642,50 € (75.500 € x 3,5 Prozent). Die Finanzverwaltung rundet auf volle Euro nach unten ab, sodass ein Betrag von 2.642 € verbleibt.[74]

4. Steuerfestsetzung

61 Der Steuermessbetrag wird durch das Finanzamt mit einem **Steuermessbescheid** festgesetzt. Auf dieser Grundlage erfolgt die Steuerfestsetzung mit einem **Gewerbesteuerbescheid** durch die Gemeinde. Dabei wendet die Gemeinde Saarbrücken ihren Hebesatz von (laut Bearbeitungshinweis) 490 Prozent auf den Steuermessbetrag an (vgl. §§ 4 Abs. 1 S. 1, 16 Abs. 1 GewStG). Damit ergibt sich eine Gewerbesteuer in Höhe von 12.945,80 € (2.642 € x 490 Prozent).

---

[73] Zum Ganzen: *Fehrenbacher*, § 5 Rn. 26; *Hey*, in: Tipke/Lang, Rn. 12.41 f.
[74] Siehe R 14.1 S. 3 GewStR.

§ 10 Übungsfall 3 – Einkommensteuer mit Gewerbesteuer

Vertiefungshinweis

Bei der Gewerbesteuer erfolgt die Steuerfestsetzung durch die Gemeinde, die die Gewerbesteuer auf Grundlage des vom Finanzamt erlassenen Gewerbesteuermessbescheids durch Steuerbescheid festsetzt.[75] Einwendungen gegen den Steuermessbescheid können nicht durch Anfechtung des Gewerbesteuerbescheids, sondern nur durch Einspruch gegen den Steuermessbescheid und Klage vor dem Finanzgericht geltend gemacht werden (vgl. §§ 347 ff. AO, § 33 FGO). Gegen den Gewerbesteuerbescheid der Gemeinde ist zudem nicht der Einspruch, sondern der Widerspruch nach den §§ 68 ff. VwGO statthaft. Für den gerichtlichen Rechtsschutz ist der Verwaltungsrechtsweg eröffnet (vgl. § 40 VwGO).[76]

5. Auswirkungen auf die Einkommensteuer

Die Gewerbesteuer mindert nicht die steuerliche Bemessungsgrundlage für die Einkommensteuer (vgl. § 4 Abs. 5 b EStG). Allerdings besteht eine pauschale Anrechnung der Gewerbesteuer auf die Einkommensteuer nach § 35 EStG. Gemäß § 35 Abs. 1 S. 1 Nr. 1 EStG ermäßigt sich die (um sonstige Steuerermäßigungen verminderte) tarifliche Einkommensteuer, soweit sie auf gewerbliche Einkünfte entfällt, um das Vierfache des Gewerbesteuermessbetrags. Dies ist hier ein Betrag von 10.568 € (2.642 € x 4).

Prüfungs- und Vertiefungshinweis

Die Vorschrift des § 35 EStG begünstigt Einzelunternehmer (vgl. § 35 Abs. 1 Nr. 1 EStG) und natürliche Personen als Mitunternehmer (anteilige Anrechnung, vgl. § 35 Abs. 1 Nr. 2 EStG). Damit dient sie der Angleichung der Gesamtsteuerbelastung von Personenunternehmen mit der von Kapitalgesellschaften (die mit Körperschaftsteuer von 15 Prozent und der Gewerbesteuer belastet sind). Die Steuerermäßigung ist auf die tatsächlich zu zahlende Gewerbesteuer beschränkt (vgl. § 35 Abs. 1 S. 5 EStG); mit Blick auf den Hebesatz der Gemeinde Saarbrücken von 490 Prozent limitiert das den Abzug aber nicht. Zudem ist die Ermäßigung auf die tarifliche Einkommensteuer, vermindert um sonstige Steuerermäßigungen, soweit sie auf gewerbliche Einkünfte entfällt, beschränkt (vgl. § 35 Abs. 1 S. 1 und 2 EStG). Die tatsächliche Berechnung der Einkommensteuer wird in den Fällen dieses Fallbuches nicht verlangt; je nach Fallfrage und Sachverhaltsangaben könnte hier aber der Ermäßigungshöchstbetrag nach § 35 Abs. 1 S. 2 EStG zu ermitteln sein.[77] Zu verschiedenen denkbaren Vorgehensweisen in einkommensteuerrechtlichen Prüfungen siehe § 1 Rn. 4; § 8 Rn. 29.

6. Ergebnis

Die Gemeinde Saarbrücken setzt eine Gewerbesteuer von 12.945,80 € fest. Sie ist in Höhe von 10.568 € auf die Einkommensteuer anzurechnen.

---

75 Zu Besonderheiten in den Stadtstaaten, siehe *Drüen*, in: Blümich, § 1 GewStG Rn. 25; *Hofmeister*, in: Blümich, § 14 GewStG Rn. 9.
76 Zum Ganzen: *Fehrenbacher*, § 5 Rn. 40–43.
77 Zum Ganzen: *Fehrenbacher*, § 2 Rn. 309; *Rohrlack*, in: Blümich, § 35 EStG Rn. 57; *Schindler*, in: Kirchhof/Seer, § 35 EStG Rn. 8–22.

§ 11 Übungsfall 4 – Einkommensteuer mit Gewerbesteuer

1   Der folgende Fall behandelt im Schwerpunkt die Einkünfte aus Kapitalvermögen nach den §§ 2 Abs. 1 S. 1 Nr. 5, 20 EStG. Im Einzelnen werden insbesondere die folgenden Aspekte behandelt: Abgeltungsteuer (vgl. § 32 d EStG); Darlehenszinsen bei Ehegatten (vgl. § 32 d Abs. 2 Nr. 1 lit. a EStG); Gewinnausschüttungen (vgl. § 20 Abs. 1 Nr. 1 EStG); Kapitalertragsteuer (vgl. §§ 43 ff. EStG); Kapitalgesellschaftsbeteiligungen im Betriebs- und Privatvermögen; Sparer-Pauschbetrag (vgl. § 20 Abs. 9 EStG); Subsidiaritätsgrundsatz (vgl. § 20 Abs. 8 EStG); Teileinkünfteverfahren (vgl. §§ 3 Nr. 40, 3 c Abs. 2 EStG); Unternehmerähnliche Beteiligung (vgl. § 32 d Abs. 2 Nr. 3 EStG); Veräußerung von Kapitalgesellschaftsbeteiligungen (vgl. §§ 17, 20 Abs. 2 EStG). Die gewerbesteuerrechtliche Ergänzung behandelt insbesondere folgende Aspekte: Anrechnung der Gewerbesteuer auf die Einkommensteuer (vgl. § 35 EStG); Gewerbesteuerliches Schachtelprivileg (vgl. §§ 8 Nr. 5, 9 Nr. 2 a GewStG).

Sachverhalt

2   ▶ Manfred (M) und seine Ehefrau Frieda (F) wohnen in der gemeinsamen Wohnung in Konstanz (Deutschland). M hält im Privatvermögen eine zwanzigprozentige Beteiligung an der Schnee-GmbH mit Sitz und Geschäftsleitung in Böblingen (Deutschland), die sich auf die Herstellung von Freerideski und Splitboards spezialisiert hat.

(1) M bezieht im Jahr 01 eine Gewinnausschüttung in Höhe von 50.000 € von der Schnee-GmbH. Im Zusammenhang mit der Beteiligung entstehen ihm im Jahr 01 Verwaltungskosten in Höhe von 5.000 €.

(2) F betreibt in der Konstanzer Innenstadt einen Outdoor-Laden, wobei sie sich auf den Verkauf von Tourengeher-Equipment spezialisiert hat. Im Jahr 01 nimmt sie 50.000 € aus dem Verkauf ihrer Waren ein.

(3) F hält eine zehnprozentige Beteiligung an der Schnee-GmbH, allerdings im Betriebsvermögen. Im Jahr 02 erhält sie eine Gewinnausschüttung in Höhe von 25.000 €.

(4) Anfang 02 wird M in leitender Funktion (Prokurist) bei der Schnee-GmbH angestellt. Er erhält auch im Jahr 02 eine Gewinnausschüttung in Höhe von 50.000 € und hat im Zusammenhang mit der Beteiligung stehende Kosten in Höhe von 5.000 €.

(5) Im Jahr 03 verkauft M seine Beteiligung an der Schnee-GmbH, die er vor Jahren für 100.000 € erworben hatte, für 200.000 €.

(6) Im Jahr 04 laufen die Geschäfte der F schlecht. Weil sie die entstandenen geschäftlichen Verbindlichkeiten nicht aus eigenen Mitteln begleichen kann und sich sonst niemand bereit erklärt, ihr ein Darlehen zu gewähren, nimmt F ein Darlehen von M in Höhe von 50.000 € unter fremdüblichen Bedingungen auf. Im Jahr 04 zahlt sie hierfür Zinsen in Höhe von 1.000 €. ◀

Aufgabenstellung

3   ▶ Wie sind die geschilderten Fälle für F und M einkommensteuerrechtlich zu beurteilen? Gewerbesteuerrechtliche Ergänzung: Welche gewerbesteuerrechtlichen Folgen ergeben sich für F im Jahr 02, wenn der einkommensteuerrechtliche Gewinn im Jahr 02 65.000 € beträgt und Konstanz einen Hebesatz von 390 Prozent anwendet?

§ 11 Übungsfall 4 – Einkommensteuer mit Gewerbesteuer

Die Aufgabe ist gutachtlich zu bearbeiten. Die Jahreszahlen sind fiktiv. Es ist das aktuell geltende Recht anzuwenden. ◄

Gliederung

I.	Ziffer 1 – Gewinnausschüttung an M im Jahr 01	108
	1. Persönliche Steuerpflicht	109
	2. Veranlagung und Tarif	109
	3. Sachliche Steuerpflicht	109
	a) Einkünftequalifikation	109
	b) Einkünfteermittlung	109
	c) Ergebnis	110
	4. Ergebnis	110
II.	Ziffer 2 – Einnahmen aus der Veräußerung von Outdoor-Equipment	111
	1. Persönliche Steuerpflicht	111
	2. Veranlagung und Tarif	111
	3. Sachliche Steuerpflicht	111
	a) Einkünftequalifikation	111
	b) Einkünfteermittlung	111
	c) Ergebnis	112
	4. Ergebnis	112
III.	Ziffer 3 – Gewinnausschüttung an F im Jahr 02	112
	1. Einkünftequalifikation	112
	2. Einkünfteermittlung	113
	3. Kapitalertragsteuerabzug	113
	4. Ergebnis	113
IV.	Ziffer 4 – Gewinnausschüttung an M im Jahr 02	113
	1. Einkünfte aus Kapitalvermögen	113
	2. Kapitalertragsteuerabzug und Abgeltungsteuersatz	114
	3. Ergebnis	115
V.	Ziffer 5 – Veräußerungsgewinn des M im Jahr 03	115
	1. Einkünftequalifikation	115
	2. Einkünfteermittlung	115
	3. Ergebnis	117
VI.	Ziffer 6 – Darlehen von M an F	117
	1. Einkommensteuerrechtliche Behandlung bei F	117
	2. Einkommensteuerrechtliche Behandlung bei M	117
	a) Einkünftequalifikation	117
	b) Einkünfteermittlung	117
	c) Ergebnis	119
	3. Ergebnis	119
VII.	Gewerbesteuerrechtliche Ergänzung	119
	1. Sachliche Steuerpflicht (Steuerobjekt)	119
	2. Persönliche Steuerpflicht (Steuersubjekt)	119
	3. Bemessungsgrundlage	119
	a) Gewerbeertrag	120
	aa) Einkommensteuerrechtlicher Gewinn	120
	bb) Hinzurechnung nach § 8 GewStG	120
	cc) Kürzung nach § 9 GewStG	120
	dd) Ergebnis	121
	b) Freibetrag	121
	c) Steuermesszahl	121
	d) Ergebnis	121
	4. Steuerfestsetzung	121
	5. Auswirkungen auf die Einkommensteuer	121
	6. Ergebnis	121

Lösung

I. Ziffer 1 – Gewinnausschüttung an M im Jahr 01

Fraglich ist, wie die erste Ziffer einkommensteuerrechtlich zu beurteilen ist.

§ 11 Übungsfall 4 – Einkommensteuer mit Gewerbesteuer

1. Persönliche Steuerpflicht

M ist als natürliche Person, aufgrund seines Wohnsitzes (vgl. § 8 AO) in Konstanz (also im Inland), mit seinem Welteinkommen unbeschränkt einkommensteuerpflichtig nach § 1 Abs. 1 S. 1 EStG (Welteinkommens- und Universalitätsprinzip)[1].

2. Veranlagung und Tarif

M und F sind verheiratet. Haben sie keine ausdrückliche Wahl hinsichtlich einer Einzel- oder Zusammenveranlagung getroffen, sind sie nach § 26 Abs. 3 EStG (vorbehaltlich eines Steuerabzugs mit abgeltender Wirkung) zusammen nach den §§ 26, 26 b EStG unter Anwendung des Splitting-Verfahrens des § 32 a Abs. 5 EStG zu veranlagen. Der Veranlagungszeitraum ist das Kalenderjahr (vgl. § 25 Abs. 1 EStG).[2]

Prüfungshinweis

Mit Blick auf den Steuerabzug bei Einkünften aus Kapitalvermögen ist es sinnvoll, die allgemeinen Regeln der Veranlagung und des Tarifs an dieser Stelle zwar zu erläutern, dies aber vorbehaltlich eines Steuerabzugs mit Abgeltungswirkung. Das bietet sich vor allem auch deshalb an, weil nicht in allen im Sachverhalt geschilderten Fällen (zwingend) ein Steuerabzug mit abgeltender Wirkung erfolgt. Zur hiesigen Vorgehensweise siehe auch § 9 Rn. 7; § 12 Rn. 7; § 13 Rn. 41; § 15 Rn. 8.

Zur Veranlagung von Ehegatten siehe auch § 9 Rn. 7; § 17 Rn. 22; § 18 Rn. 10.

3. Sachliche Steuerpflicht

Fraglich ist, wie die Einkünfte des M zu qualifizieren und zu ermitteln sind.

a) Einkünftequalifikation

M erhält eine Gewinnausschüttung. Die Gewinnausschüttung könnte bei den Einkünften aus Kapitalvermögen nach den §§ 2 Abs. 1 S. 1 Nr. 5, 20 Abs. 1 Nr. 1 EStG zu erfassen sein. § 20 Abs. 1 Nr. 1 S. 1 EStG erfasst unter anderem Beteiligungsbezüge aus GmbH-Anteilen. Entsprechende Bezüge liegen bei der vorliegenden Ausschüttung an den GmbH-Gesellschafter M vor. M hält die Beteiligung im Privatvermögen. Ein Fall des § 20 Abs. 8 EStG besteht nicht. Damit liegen Einkünfte aus Kapitalvermögen nach den §§ 2 Abs. 1 S. 1 Nr. 5, 20 Abs. 1 Nr. 1 EStG vor.

b) Einkünfteermittlung

Nach § 2 Abs. 2 S. 1 Nr. 2 EStG ist bei den Einkünften aus Kapitalvermögen grundsätzlich der Überschuss der Einnahmen über die Werbungskosten nach dem Zu- und Abflussprinzip zu ermitteln (vgl. §§ 8, 9, 11 EStG). Der Zufluss der Gewinnausschüttung in Höhe von 50.000 € stellt eine Einnahme im Sinne des § 8 Abs. 1 EStG dar. Die im Zusammenhang mit der Beteiligung stehenden Kosten in Höhe von 5.000 € könnten als Werbungskosten abziehbar sein. Die Verwaltungskosten sind Kosten, die unmittelbar durch die Beteiligung an der GmbH veranlasst sind, so dass grundsätzlich von Werbungskosten im Sinne des § 9 EStG auszugehen ist. Fraglich ist jedoch, ob die Werbungskosten hier auch in tatsächlicher Höhe abgezogen werden können:

---

[1] *Hey*, in: Tipke/Lang, Rn. 8.26; *Seer*, in: Tipke/Lang, Rn. 1.88.
[2] Zum Ganzen: *Fehrenbacher*, § 2 Rn. 299, 301, 313–316.

Für die vorliegenden Kapitalerträge wird die Einkommensteuer auf besondere Weise erhoben. Es erfolgt ein Quellenabzug (sogenannte **Kapitalertragsteuer**), der **Abgeltungswirkung** hat (vgl. § 43 Abs. 1 S. 1 Nr. 1, Abs. 5 S. 1 EStG). Die Kapitalerträge fließen nicht in die reguläre Veranlagung ein. Die ausschüttende Schnee-GmbH behält 25 Prozent der Bruttogewinnausschüttung ein und führt diesen Betrag für den Steuerpflichtigen M an das Finanzamt ab (vgl. §§ 43 a Abs. 1 S. 1 Nr. 1, 44 Abs. 1 S. 1 und 3 EStG). Die Kapitalertragsteuer entsteht im Zeitpunkt des Zuflusses der Kapitalerträge (vgl. § 44 Abs. 1 S. 2 EStG). Die Kapitalerträge unterliegen nicht dem regulären progressiven Tarif, sondern dem besonderen Tarif des § 32 d Abs. 1 EStG in Höhe von (nur) 25 Prozent.[3]

Der Abzug der tatsächlichen Werbungskosten ist in diesem Zusammenhang dann ausgeschlossen. Die Werbungskosten werden pauschaliert durch den sogenannten **Sparer-Pauschbetrag** in Höhe von 801 €, beziehungsweise bei den zusammenveranlagten Ehegatten durch den gemeinsamen Sparer-Pauschbetrag in Höhe von 1.602 € berücksichtigt (vgl. § 20 Abs. 9 EStG; vgl. auch § 2 Abs. 2 S. 2 EStG). Im Ergebnis können die tatsächlichen Kosten in Höhe von 5.000 € daher nicht geltend gemacht werden (nur der genannte Sparer-Pauschbetrag findet Anwendung).[4]

Prüfungs- und Vertiefungshinweis

Hier wurden die Besonderheiten der Erhebung und des Tarifs bei den Kapitalerträgen im Rahmen der Frage nach dem tatsächlichen Werbungskostenabzug behandelt. Insbesondere wenn keine Werbungskosten im Sachverhalt genannt sind, kann es sich aber auch anbieten, diese Besonderheiten im Anschluss an die Prüfung der sachlichen Steuerpflicht zu erörtern. Siehe zum Beispiel § 9 Rn. 16 (zum Lohnsteuerabzug); § 15 Rn. 44, 51 (auch zum Kapitalertragsteuerabzug).

Die Voraussetzungen des § 32 d Abs. 2 Nr. 3 EStG sind hier nicht erfüllt. Nach dieser Vorschrift kann daher keine Veranlagung und Besteuerung mit dem allgemeinen Tarif beantragt werden. Allerdings könnte an dieser Stelle auf die Günstigerprüfung nach § 32 d Abs. 6 EStG hingewiesen werden. Hiernach kann der Steuerpflichtige beantragen, dass seine Einkünfte aus Kapitalvermögen nach den allgemeinen Regeln mit der tariflichen Einkommensteuer besteuert werden. Dies ist bei einem persönlichen Steuersatz unter dem Abgeltungsteuersatz interessant. Hierbei bleibt es grundsätzlich aber bei dem Werbungskostenabzugsverbot.[5]

c) Ergebnis

Es liegen Einkünfte aus Kapitalvermögen vor, die durch den Kapitalertragsteuerabzug erhoben werden. Es gilt der Abgeltungsteuersatz von 25 Prozent. Der Abzug der tatsächlichen Werbungskosten kommt nicht in Betracht, allerdings ist der Sparer-Pauschbetrag zu berücksichtigen.

4. Ergebnis

Die Gewinnausschüttung in Höhe von 50.000 € führt bei dem unbeschränkt steuerpflichtigen M zu Einkünften aus Kapitalvermögen. Die Einkommensteuer wird durch

---

3 Zum Ganzen: *Fehrenbacher*, § 2 Rn. 219.
4 Siehe zum Ganzen: *Fehrenbacher*, § 2 Rn. 217.
5 Siehe zum Ganzen: *Werth*, in: Blümich, § 32 d EStG Rn. 160–166.

den Kapitalertragsteuerabzug erhoben. Es gilt der besondere Tarif des § 32 d Abs. 1 EStG.

II. Ziffer 2 – Einnahmen aus der Veräußerung von Outdoor-Equipment

Fraglich ist, wie die Einnahmen der F aus dem Outdoor-Geschäft einkommensteuerrechtlich zu bewerten sind.

1. Persönliche Steuerpflicht

Neben M ist auch F als natürliche Person, aufgrund ihres Wohnsitzes (vgl. 8 AO) in Konstanz (also im Inland), mit ihrem Welteinkommen unbeschränkt einkommensteuerpflichtig nach § 1 Abs. 1 S. 1 EStG.

2. Veranlagung und Tarif

Wie gesehen, erfolgt eine Zusammenveranlagung bei M und F (vgl. §§ 26, 26 b EStG). Es findet das Splitting-Verfahren Anwendung (vgl. § 32 a Abs. 5 EStG). Der Veranlagungszeitraum ist das Kalenderjahr (vgl. § 25 Abs. 1 EStG).

3. Sachliche Steuerpflicht

Sodann ist die sachliche Steuerpflicht zu untersuchen.

a) Einkünftequalifikation

Fraglich ist, wie die Einnahmen aus dem Verkauf des Outdoor-Equipments bei F einkommensteuerrechtlich zu qualifizieren sind. Hierbei könnte es sich um gewerbliche Einkünfte im Sinne der §§ 2 Abs. 1 S. 1 Nr. 2, 15 Abs. 1 S. 1 Nr. 1 EStG handeln. Dazu müsste F ein gewerbliches Unternehmen betreiben. Nach der Legaldefinition des § 15 Abs. 2 S. 1 EStG erfordert ein Gewerbebetrieb eine selbständige, nachhaltige Betätigung mit Gewinnerzielungsabsicht, die sich als Beteiligung am allgemeinen wirtschaftlichen Verkehr darstellt und die keine land- und forstwirtschaftliche Tätigkeit oder selbständige Arbeit darstellt und bei der es sich auch nicht um eine private Vermögensverwaltung handelt. Diese Voraussetzungen sind bei dem Betrieb des Outdoor-Geschäfts gegeben. F ist mithin gewerblich tätig.

Vertiefungshinweis

Zur Gewerbedefinition siehe auch § 10 Rn. 9.

b) Einkünfteermittlung

Als gewerblich Tätige hat F gemäß § 2 Abs. 2 S. 1 Nr. 1 EStG den Gewinn zu ermitteln. Nach § 4 Abs. 1 EStG ist der Gewinn „der Unterschiedsbetrag zwischen dem Betriebsvermögen am Schluss des Wirtschaftsjahres und dem Betriebsvermögen am Schluss des vorangegangenen Wirtschaftsjahres, vermehrt um den Wert der Entnahmen und vermindert um den Wert der Einlagen". Zu erörtern ist weiterhin, welche Gewinnermittlungsart einschlägig ist. In Betracht kommt bei der gewerblich tätigen F ein sogenannter **qualifizierter Betriebsvermögensvergleich** nach den §§ 4 Abs. 1, 5 Abs. 1 EStG oder die sogenannte Einnahmenüberschussrechnung nach § 4 Abs. 3 EStG. F betreibt mit ihrem Outdoor-Geschäft einen Gewerbebetrieb, der nach Art und Umfang einen in kaufmännischer Weise eingerichteten Geschäftsbetrieb erfordert. Sie betreibt mithin ein Handelsgewerbe im Sinne des § 1 Abs. 2 HGB. Kommt F damit Kaufmannseigenschaft nach § 1 Abs. 1 HGB zu, besteht eine handelsrechtliche Buchführungspflicht nach § 238 Abs. 1 HGB. Aufgrund dieser gesetzlichen Buchführungspflicht hat F einen qualifizierten Betriebsvermögensvergleich nach den §§ 4 Abs. 1, 5 Abs. 1 EStG vorzunehmen. Hierbei gilt das sogenannte Maßgeblichkeitsprinzip. Infolge der handelsrechtlichen Buchführungspflicht besteht steuerrechtlich auch die sogenannte derivative Buchführungspflicht des § 140 AO.

Vertiefungshinweis

Zur Gewinnermittlung siehe auch § 10 Rn. 10 ff.

19 Die Einnahmen in Höhe von 50.000 € aus dem Verkauf der Waren im Laden der F sind betrieblich veranlasst. Sie stellen daher Betriebseinnahmen dar (vgl. §§ 4 Abs. 4, 8 Abs. 1 EStG).

c) Ergebnis

20 F hat aus dem geschilderten Sachverhalt Einkünfte aus Gewerbebetrieb.

4. Ergebnis

21 Die unbeschränkt steuerpflichtige F hat gewerbliche Einkünfte. Hier ergeben sich Betriebseinnahmen in Höhe von 50.000 €.

III. Ziffer 3 – Gewinnausschüttung an F im Jahr 02

22 Fraglich ist, wie die Gewinnausschüttung an F im Jahr 02 einkommensteuerrechtlich zu bewerten ist.

1. Einkünftequalifikation

23 Mit ihrem Outdoor-Geschäft erzielt F gewerbliche Einkünfte. Die Beteiligung an der Schnee-GmbH hält F nach dem Sachverhalt im Betriebsvermögen. Zwar erfüllt die Gewinnausschüttung grundsätzlich die Voraussetzungen des § 20 Abs. 1 Nr. 1 S. 1 EStG. Mit Blick auf die Zuordnung der Beteiligung zum Unternehmen gehören die entsprechenden Erträge aber zu den gewerblichen Einkünften. Sie sind daher nicht bei den Einkünften aus Kapitalvermögen im Sinne der §§ 2 Abs. 1 S. 1 Nr. 5, 20 Abs. 1 Nr. 1 EStG zu erfassen, sondern sind den Einkünften aus Gewerbebetrieb nach den §§ 2 Abs. 1 S. 1 Nr. 2, 15 Abs. 1 S. 1 Nr. 1 EStG zuzuordnen (vgl. § 20 Abs. 8 EStG).[6]

Vertiefungshinweis

§ 20 Abs. 8 EStG ist Ausdruck der grundsätzlichen Subsidiarität der Überschusseinkünfte gegenüber den Gewinneinkünften. Eine ähnliche Regelung findet sich zum Beispiel auch in § 21 Abs. 3 EStG. Zu beachten ist bei dem Verhältnis von Gewinn- und Überschusseinkunftsarten allerdings auch das ungeschriebene negative Merkmal der privaten Vermögensverwaltung im Rahmen der Gewerbedefinition des § 15 Abs. 2 EStG.

---

6 Vgl. zum Ganzen: *Ratschow*, in: Blümich, § 20 EStG Rn. 477.

2. Einkünfteermittlung

Wie gesehen, hat F den Gewinn (vgl. § 2 Abs. 2 S. 1 Nr. 1 EStG) durch qualifizierten Betriebsvermögensvergleich nach den §§ 4 Abs. 1, 5 Abs. 1 EStG zu ermitteln. Die Gewinnausschüttung in Höhe von 25.000 € bewirkt grundsätzlich Betriebseinnahmen (vgl. §§ 4 Abs. 4, 8 Abs. 1 EStG). Allerdings gilt für die vorliegende gewerbliche Gewinnausschüttung das sogenannte **Teileinkünfteverfahren**. Nach § 3 Nr. 40 S. 1 lit. d, S. 2 EStG werden 40 Prozent der Bezüge im Sinne des § 20 Abs. 1 Nr. 1 EStG steuerfrei gestellt. Hieraus ergibt sich ein steuerfreier Betrag von 10.000 € (25.000 € x 40 Prozent). Hier sind daher nur die restlichen 60 Prozent der Bezüge (also 15.000 €) zu versteuern. Im Gegenzug sind dann allerdings nach § 3c Abs. 2 S. 1 EStG auch nur 60 Prozent der Betriebsausgaben abziehbar.[7]

Vertiefungshinweis

F hält die Beteiligung im Betriebsvermögen. Die Beteiligung war daher zu aktivieren. Die Bewertung erfolgte grundsätzlich mit den Anschaffungskosten (vgl. § 6 Abs. 1 Nr. 2 EStG).

3. Kapitalertragsteuerabzug

Auch im vorliegenden Fall erfolgt hinsichtlich der Gewinnausschüttung ein Kapitalertragsteuerabzug (vgl. § 43 Abs. 1 S. 1 Nr. 1, Abs. 4 EStG). Die Schnee-GmbH behält 25 Prozent der Bruttogewinnausschüttung ein und führt diesen Betrag an das Finanzamt ab (vgl. §§ 43a Abs. 1 S. 1 Nr. 1, 44 Abs. 1 S. 3 EStG). Der Einbehalt erfolgt in voller Höhe, ungeachtet der Anwendung des Teileinkünfteverfahrens (vgl. § 43 Abs. 1 S. 3 EStG). Im Rahmen der Veranlagung erfolgt allerdings eine (ebenfalls volle; vgl. § 36 Abs. 2 Nr. 2 S. 1 lit. b EStG)[8] Anrechnung der einbehaltenen Kapitalertragsteuer auf die von F zu zahlende Einkommensteuer (vgl. § 36 Abs. 2 Nr. 2 EStG, vgl. auch § 43 Abs. 5 S. 2 EStG).[9]

4. Ergebnis

Die Gewinnausschüttung an F ist bei den gewerblichen Einkünften der F zu erfassen. Es findet das Teileinkünfteverfahren Anwendung.

IV. Ziffer 4 – Gewinnausschüttung an M im Jahr 02

Fraglich ist, wie die Gewinnausschüttung an M im Jahr 02 einkommensteuerrechtlich zu bewerten ist.

1. Einkünfte aus Kapitalvermögen

M erhält eine Gewinnausschüttung von der Schnee-GmbH, an der er eine Beteiligung in Höhe von 20 Prozent im Privatvermögen hält. Auch im Jahr 02 unterfällt die Gewinnausschüttung den Einkünften aus Kapitalvermögen nach den §§ 2 Abs. 1 S. 1 Nr. 5, 20 Abs. 1 Nr. 1 S. 1 EStG. Daher ist nach § 2 Abs. 2 S. 1 Nr. 2 EStG auch hier

---

7 Siehe zum Ganzen: *Fehrenbacher*, § 2 Rn. 210.
8 Siehe *Geisenberger*, in: Kirchhof/Söhn/Mellinghoff, § 36 EStG Rn. D32 f.
9 *Fehrenbacher*, § 2 Rn. 220.

der Überschuss der Einnahmen über die Werbungskosten nach dem Zu- und Abflussprinzip zu ermitteln (vgl. allerdings § 2 Abs. 2 S. 2 EStG).

2. Kapitalertragsteuerabzug und Abgeltungsteuersatz

29 Bei den vorliegenden Einkünften aus Kapitalvermögen gilt der Kapitalertragsteuerabzug nach § 43 Abs. 1 S. 1 Nr. 1 EStG. Grundsätzlich hat dieser Quellenabzug abgeltende Wirkung (vgl. § 43 Abs. 5 S. 1 EStG). Es erfolgt hinsichtlich dieser Einkünfte keine reguläre Veranlagung, sondern die Einkünfte unterfallen dem besonderen Abgeltungsteuersatz (vgl. § 32 d Abs. 1 EStG). Statt des Abzugs der tatsächlichen Werbungskosten wird nur der Sparer-Pauschbetrag berücksichtigt (vgl. § 20 Abs. 9 EStG).

30 In Betracht kommt hier aber die Anwendung der Sonderregelung des **§ 32 d Abs. 2 Nr. 3 EStG**. Hiernach gilt § 32 d Abs. 1 EStG bei Gewinnausschüttungen unter bestimmten Voraussetzungen auf Antrag nicht. § 32 d Abs. 2 Nr. 3 S. 1 lit. a EStG erfordert eine mindestens fünfundzwanzigprozentige Beteiligung (unmittelbar oder mittelbar) an der ausschüttenden Kapitalgesellschaft. Diese Voraussetzung ist hier nicht erfüllt. Nach § 32 d Abs. 2 Nr. 3 S. 1 lit. b EStG genügt aber bereits eine Beteiligung von mindestens einem Prozent an der Kapitalgesellschaft, wenn der Empfänger der Ausschüttung durch eine berufliche Tätigkeit für die Kapitalgesellschaft maßgeblichen unternehmerischen Einfluss auf deren wirtschaftliche Tätigkeit nehmen kann. Die Voraussetzungen müssen im Veranlagungszeitraum der Antragstellung vorliegen. M hält eine Beteiligung an der Schnee-GmbH in Höhe von 20 Prozent. Zudem ist er bei der Schnee-GmbH als Prokurist angestellt. Er ist daher beruflich für die Gesellschaft tätig und kann durch die leitende Position auch maßgeblichen Einfluss auf die Tätigkeit der Gesellschaft nehmen.[10]

Auf Antrag kommt es daher zu einer Veranlagung und Besteuerung nach dem allgemeinen Tarif. Hierbei gilt das **Teileinkünfteverfahren** (vgl. § 32 d Abs. 2 Nr. 3 S. 2 EStG). Entsprechend werden 40 Prozent der Bezüge steuerfrei gestellt (vgl. § 3 Nr. 40 lit. d EStG). Es ergibt sich ein steuerfreier Betrag von 20.000 € (50.000 € x 40 Prozent) und der Besteuerung unterliegen damit nur 30.000 € (50.000 € ./. 20.000 €). Der Abzug der tatsächlichen Werbungskosten ist in diesem Zusammenhang grundsätzlich möglich; allerdings können die Aufwendungen in Höhe von 5.000 € nur zu 60 Prozent und damit in Höhe von 3.000 € (5.000 € x 60 Prozent) abgezogen werden (vgl. § 3 c Abs. 2 EStG).[11] Die einbehaltene Kapitalertragsteuer wird im Rahmen der Veranlagung angerechnet (vgl. § 36 Abs. 2 Nr. 2 EStG, vgl. auch § 43 Abs. 5 S. 2 EStG).

Prüfungs- und Vertiefungshinweis

Das Optionsrecht des § 32 d Abs. 2 Nr. 3 EStG sollte als Ausnahme von § 32 d Abs. 1 EStG bekannt sein. Ob ein maßgeblicher Einfluss auf die Kapitalgesellschaft durch die berufliche Tätigkeit erforderlich ist, beziehungsweise ob die Tätigkeit nicht von untergeordneter Bedeutung sein darf, war umstritten.[12] Durch das „BEPS-Umsetzungsgesetz"[13] wurde das

---

10 Siehe im Einzelnen *Mannefeld*, GmbH-StB 2017, 154 (158–160).
11 Vgl. zum Ganzen: *Werth*, in: Blümich, § 32 d EStG Rn. 140, 154.
12 Siehe BFH v. 25.8.2015, VIII R 3/14, BStBl. II 2015, 892, unter II.3.
13 Gesetz zur Umsetzung der Änderungen der EU-Amtshilferichtlinie und von weiteren Maßnahmen gegen Gewinnkürzungen und -verlagerungen v. 20.12.2016, BGBl. I 2016, 3000.

§ 11 Übungsfall 4 – Einkommensteuer mit Gewerbesteuer

Merkmal des maßgeblichen unternehmerischen Einflusses ausdrücklich im Gesetzestext festgeschrieben.

3. Ergebnis

M erzielt Einkünfte aus Kapitalvermögen. Hierbei gilt grundsätzlich der Steuerabzug mit Abgeltungswirkung. Auf Antrag kommt es jedoch zu einer Veranlagung und Besteuerung nach dem allgemeinen Tarif unter Anwendung des Teileinkünfteverfahrens.

Prüfungshinweis

Der Sachverhalt weist zwar darauf hin, dass M bei der Schnee-GmbH als Prokurist angestellt wird. Mangels weiterer Angaben wurde hier aber nicht auf etwaige Einkünfte aus dieser Tätigkeit eingegangen.

V. Ziffer 5 – Veräußerungsgewinn des M im Jahr 03

Fraglich ist, wie die Einnahmen aus der Veräußerung der Beteiligung an der Schnee-GmbH bei M im Jahr 03 zu bewerten sind.

1. Einkünftequalifikation

Fraglich ist zunächst, wie die Einnahmen aus der Veräußerung der zwanzigprozentigen Beteiligung an der Schnee-GmbH zu qualifizieren sind. Die Beteiligung wird im Privatvermögen gehalten. Entsprechend kommen zunächst Einkünfte im Sinne der §§ 2 Abs. 1 S. 1 Nr. 5, 20 Abs. 2 S. 1 Nr. 1 S. 1 EStG in Betracht. Schließlich resultieren die Einnahmen aus der Veräußerung von Anteilen an einer Körperschaft im Sinne des § 20 Abs. 1 Nr. 1 S. 1 EStG.

Allerdings gehört der Gewinn aus der Veräußerung von Anteilen an einer Kapitalgesellschaft nach § 17 Abs. 1 S. 1 EStG zu den Einkünften aus Gewerbebetrieb, wenn der Veräußerer innerhalb der letzten fünf Jahre (zu einem beliebigen Zeitpunkt) unmittelbar oder mittelbar zu mindestens einem Prozent am Kapital der Gesellschaft beteiligt war. Entsprechende Anteile an einer Kapitalgesellschaft sind unter anderem die vorliegenden GmbH-Anteile (vgl. § 17 Abs. 1 S. 2 EStG). M ist im Fall zu 20 Prozent an der Schnee-GmbH beteiligt und erfüllte damit innerhalb der letzten fünf Jahre die erforderliche Beteiligungsquote. Damit liegen bei der vorliegenden Veräußerung im Ergebnis Einkünfte aus Gewerbebetrieb nach den §§ 2 Abs. 1 S. 1 Nr. 2, 17 Abs. 1 EStG vor.

Vertiefungshinweis

§ 17 EStG führt zu gewerblichen Einkünften. Dies geht der Zuordnung zu den Einkünften aus Kapitalvermögen vor (vgl. § 20 Abs. 8 EStG). Relevanz erlangt die Vorschrift nur bei Anteilen, die im Privatvermögen gehalten werden. Bei der Veräußerung von Anteilen, die im Betriebsvermögen gehalten werden, ist bereits § 15 Abs. 1 EStG einschlägig.[14]

2. Einkünfteermittlung

Fraglich ist sodann, wie die Einkünfte zu ermitteln sind. Grundsätzlich ist bei gewerblichen Einkünften der Gewinn zu ermitteln (vgl. § 2 Abs. 2 S. 1 Nr. 1 EStG). Zur

---

14 Zum Ganzen: *Fehrenbacher*, § 2 Rn. 175.

Bestimmung des Veräußerungsgewinns im Sinne des § 17 Abs. 1 EStG besteht eine besondere Ermittlungsvorschrift in § 17 Abs. 2 EStG.[15] Maßgeblicher **Veräußerungsgewinn** ist demnach der Betrag, um den der Veräußerungspreis abzüglich der Veräußerungskosten die Anschaffungskosten übersteigt. Veräußerungspreis ist alles, was der Veräußerer als Gegenleistung erhält; die Anschaffungskosten umfassen alles, was für den Erwerb der Anteile aufgewendet wurde (vgl. § 17 Abs. 2a EStG).[16]

Der Veräußerungspreis beträgt hier 200.000 €. Die Anschaffungskosten betrugen 100.000 €. Es ist allerdings wiederum das Teileinkünfteverfahren zu beachten. Daher sind nur 60 Prozent des Veräußerungspreises steuerpflichtig (vgl. § 3 Nr. 40 lit. c EStG). Dies sind hier 120.000 € (200.000 € x 60 Prozent). Im Gegenzug sind auch nur 60 Prozent der Anschaffungskosten, hier also 60.000 € (100.000 € x 60 Prozent), abzuziehen (vgl. § 3c Abs. 2 S. 1 EStG).[17] Damit besteht im Fall ein Veräußerungsgewinn von 60.000 € (120.000 € ./. 60.000 €).

35 Der Veräußerungsgewinn wird nach § 17 Abs. 3 S. 1 EStG nur zur Einkommensteuer herangezogen, „soweit er den Teil von 9 060 € übersteigt, der dem veräußerten Anteil an der Kapitalgesellschaft entspricht". Damit ist eine Verhältnisrechnung zur Ermittlung des im Fall relevanten Freibetrags anzustellen.[18] M veräußert 20 Prozent der Anteile an der Schnee-GmbH. Entsprechend besteht grundsätzlich ein **Freibetrag** von 1.812 € (9.060 € x 20 Prozent). Allerdings ist die Abschmelzung des Freibetrags nach § 17 Abs. 3 S. 2 EStG zu beachten. Hiernach ermäßigt sich der Freibetrag „um den Betrag, um den der Veräußerungsgewinn den Teil von 36 100 € übersteigt, der dem veräußerten Anteil an der Kapitalgesellschaft entspricht". Im Fall ist, wegen des veräußerten Anteils an der Schnee-GmbH von 20 Prozent, der Betrag zu ermitteln, um den der Veräußerungsgewinn von 60.000 € den Betrag von 7.220 € (36.100 € x 20 Prozent) übersteigt. Daraus ergibt sich hier ein Wert von 52.780 €. Der Freibetrag von 1.812 € wird daher komplett abgeschmolzen.

36 Im Ergebnis bleibt es daher bei einem steuerpflichtigen Veräußerungsgewinn in Höhe von 60.000 €.

Vertiefungshinweis

Im Zusammenhang mit dem Veräußerungsgewinn könnte die Frage aufgeworfen werden, ob ein Kapitalertragsteuerabzug zu erfolgen hat. In der Literatur wird teilweise angeführt, die Einkünfte aus § 17 EStG seien gewerbliche Einkünfte und keine Kapitaleinkünfte im Sinne der §§ 20, 43 EStG, so dass der Kapitalertragsteuerabzug ausscheide.[19] Ohnehin kommt es bei einer Veräußerung von GmbH-Anteilen aber grundsätzlich mangels einer die Kapitalerträge auszahlenden Stelle als Abzugsverpflichteter im Sinne des § 44 Abs. 1 S. 3 und 4 EStG nicht zum Kapitalertragsteuerabzug.[20]

---

15 Siehe *Weber-Grellet*, in: Schmidt, § 17 EStG Rn. 131.
16 *Weber-Grellet*, in: Schmidt, § 17 EStG Rn. 135, 156.
17 Zum Ganzen: *Fehrenbacher*, § 2 Rn. 176.
18 Siehe *Weber-Grellet*, in: Schmidt, § 17 EStG Rn. 201–203.
19 *Weber-Grellet*, in: Schmidt, § 17 EStG Rn. 1. Siehe aber auch *Gersch*, in: Kirchhof/Söhn/Mellinghoff, § 43 EStG Rn. Jb2.
20 Siehe *Gersch*, in: Kirchhof/Söhn/Mellinghoff, § 43 EStG Rn. Jb31.

3. Ergebnis

M hat aus der Veräußerung der Beteiligung an der Schnee-GmbH im Jahr 03 gewerbliche Einkünfte nach den §§ 2 Abs. 1 S. 1 Nr. 2, 17 Abs. 1 EStG in Höhe des Veräußerungsgewinns von 60.000 €.

VI. Ziffer 6 – Darlehen von M an F

Fraglich ist, wie die sechste Ziffer des Sachverhalts für F und M einkommensteuerrechtlich zu bewerten ist.

1. Einkommensteuerrechtliche Behandlung bei F

Fraglich ist, wie die Zinszahlungen bei F einkommensteuerrechtlich zu bewerten sind.
F ist gewerblich tätig. Das Darlehen wurde im betrieblichen Zusammenhang aufgenommen. Der Zufluss des Darlehensbetrags wirkt sich dabei nicht auf den Gewinn aus: Dem Zugang auf der Aktivseite der Bilanz steht die zu passivierende Rückzahlungsverbindlichkeit gegenüber. Auf den Gewinn der F könnten sich aber die Zinszahlungen in Höhe von 1.000 € auswirken. Sie sind durch die gewerbliche Tätigkeit veranlasst. Entsprechend begründen sie Betriebsausgaben nach § 4 Abs. 4 EStG und führen zu einem gewinnmindernden Aufwand.

Vertiefungshinweis

Dem Sofortabzug der Zinszahlungen als Betriebsausgaben steht weder ein Abzugsverbot nach § 4 Abs. 5 EStG, noch die Bilanzierbarkeit eines erworbenen Wirtschaftsguts entgegen. Siehe hierzu auch § 10 Rn. 12.

2. Einkommensteuerrechtliche Behandlung bei M

Fraglich ist, wie die Einnahmen des M aus der Darlehensgewährung an F zu qualifizieren und zu ermitteln sind.

a) Einkünftequalifikation

M überlässt F Kapital und erhält hierfür Zinszahlungen. Diese Einnahmen könnten Einkünfte aus Kapitalvermögen nach den §§ 2 Abs. 1 S. 1 Nr. 5, 20 Abs. 1 Nr. 7 EStG begründen. Dazu müsste die Zinszahlung einen Ertrag aus einer Kapitalforderung im dortigen Sinne darstellen. Als Kapitalforderung kommt jede auf eine Geldleistung gerichtete Forderung in Betracht. Eine entsprechende Forderung liegt bei der Darlehensgewährung vor. Die Zinsen als Vergütung für die Nutzung des Kapitals stellen ein entsprechendes Entgelt dar.[21] M erzielt daher Einkünfte aus Kapitalvermögen nach den §§ 2 Abs. 1 S. 1 Nr. 5, 20 Abs. 1 Nr. 7 EStG.

b) Einkünfteermittlung

Nach § 2 Abs. 2 S. 1 Nr. 2 EStG ist bei den Einkünften aus Kapitalvermögen der Überschuss der Einnahmen über die Werbungskosten nach dem Zu- und Abflussprinzip zu ermitteln (vgl. §§ 8, 9, 11 EStG). Hier liegen Einnahmen im Jahr 04 in Höhe von 1.000 € vor.

---

21 Zum Ganzen: *Levedag*, in: Schmidt, § 20 EStG Rn. 115–117.

43 Für Kapitalerträge in Form von Zinsen im Sinne des § 20 Abs. 1 Nr. 7 EStG wird die Einkommensteuer häufig durch einen Quellenabzug erhoben (vgl. § 43 Abs. 1 S. 1 Nr. 7 EStG). Voraussetzung für diesen **Kapitalertragsteuerabzug** ist jedoch, dass es sich um Zinsen aus Anleihen und Forderungen handelt, die in einem öffentlichen Schuldbuch (oder Ähnlichem) eingetragen sind oder über die Sammelurkunden im Sinne des § 9a DepotG oder Teilschuldverschreibungen ausgegeben sind (vgl. § 43 Abs. 1 S. 1 Nr. 7 lit. a EStG); oder, dass der Schuldner der Erträge ein inländisches Kreditinstitut oder ein inländisches Finanzdienstleistungsinstitut ist (vgl. § 43 Abs. 1 S. 1 Nr. 7 lit. b EStG); beziehungsweise, dass es sich um Zinsen aus Forderungen handelt, die über eine Internet-Dienstleistungsplattform erworben wurden (vgl. § 43 Abs. 1 S. 1 Nr. 7 lit. c EStG). Ein entsprechender Fall ist hier allerdings nicht gegeben. Entsprechend wird die Einkommensteuer nicht durch den Abzug vom Kapitalertrag erhoben.

44 Obwohl die Zinsen nicht der Kapitalertragsteuer unterliegen, sind sie grundsätzlich mit dem gesonderten Tarif des § 32d Abs. 1 EStG in Höhe von 25 Prozent zu versteuern.[22] Grundsätzlich gilt dabei auch § 20 Abs. 9 EStG, so dass der Abzug der tatsächlichen Werbungskosten ausgeschlossen ist und stattdessen der Sparer-Pauschbetrag Anwendung findet.

Allerdings gilt der besondere Steuertarif des § 32d Abs. 1 EStG nach **§ 32d Abs. 2 Nr. 1 S. 1 lit. a EStG** nicht für Kapitaleinkünfte im Sinne des § 20 Abs. 1 Nr. 7 EStG, wenn Gläubiger und Schuldner einander nahestehende Personen sind, soweit die den Kapitalerträgen entsprechenden Aufwendungen beim Schuldner Erwerbsaufwendungen im Zusammenhang mit Einkünften, die der inländischen Besteuerung unterliegen, sind und § 20 Abs. 9 S. 1 Hs. 2 EStG keine Anwendung findet.

Wie gesehen, stellen die Zinszahlungen bei F Betriebsausgaben im Zusammenhang mit den gewerblichen Einkünften dar. Hierbei findet § 20 Abs. 9 S. 1 Hs. 2 EStG keine Anwendung. Fraglich ist aber, ob F und M nahestehende Personen in diesem Sinne sind. Nach der Rechtsprechung fallen unter den Begriff der nahestehenden Personen zunächst alle natürlichen Personen, die in enger Beziehung zueinander stehen.[23] Davon kann bei den Eheleuten F und M ausgegangen werden. Allerdings erfordert ein Näheverhältnis im Sinne des § 32d Abs. 2 Nr. 1 S. 1 lit. a EStG mehr als die bloß persönliche Beziehung der Eheleute. Ein entsprechendes Näheverhältnis wird unter anderem dann angenommen, wenn der Darlehensgeber auf den Darlehensnehmer einen beherrschenden Einfluss ausüben kann.[24] Dies kann vorliegend mit Blick darauf, dass F nicht in der Lage war, von fremden Dritten eine Finanzierung zu erhalten, und aus der daraus folgenden finanziellen Abhängigkeit der F von M angenommen werden.[25]

Damit kommt bei M hinsichtlich der vorliegenden Einkünfte aus Kapitalvermögen der allgemeine Tarif zur Anwendung. Gemäß § 32d Abs. 2 Nr. 1 S. 2 EStG können dann auch die tatsächlichen Werbungskosten geltend gemacht werden.

Prüfungs- und Vertiefungshinweis
An dieser Stelle sollte eine weitere Ausnahme vom besonderen Steuertarif des § 32d Abs. 1 EStG gezeigt werden. Anders als bei § 32d Abs. 2 Nr. 3 EStG gilt hier allerdings nicht der Antragsgrundsatz. Das Auffinden der Vorschrift des § 32d Abs. 2 Nr. 1 S. 1 lit. a EStG kann

---

22 Siehe *Fehrenbacher*, § 2 Rn. 220.
23 BFH v. 28.1.2015, VIII R 8/14, BStBl. II 2015, 397, unter II.1.b) m.w.N.
24 BFH v. 28.1.2015, VIII R 8/14, BStBl. II 2015, 397, unter II.1.c) m.w.N.
25 Vgl. BFH v. 28.1.2015, VIII R 8/14, BStBl. II 2015, 397, unter II.1.c) m.w.N.

aus unserer Sicht noch erwartet werden. Die zur hiesigen Lösung herangezogene Rechtsprechung des BFH muss in ihren Einzelheiten aber wohl nicht bekannt sein. Bei solchen Details kommt es in juristischen Prüfungen in der Regel nur auf die vernünftige Argumentation an.

Nach dem Sachverhalt erfolgt die Darlehensaufnahme unter fremdüblichen Bedingungen. Probleme hinsichtlich der Anerkennung des Vertrags unter dem Gesichtspunkt „Verträge unter nahen Angehörigen" ergeben sich damit nicht. Zu den Folgen der steuerlichen Nichtanerkennung entsprechender Verträge siehe § 10 Rn. 33 ff.

c) Ergebnis

M hat aus dieser Sachverhaltsvariante Einkünfte aus Kapitalvermögen in Höhe von 1.000 €, die nach den geschilderten Regeln besteuert werden.

3. Ergebnis

Bei F stellen die Zinszahlungen Betriebsausgaben dar. Sie mindern den gewerblichen Gewinn. Bei M stellen die Zinsen Einkünfte aus Kapitalvermögen dar. Weder wird Kapitalertragsteuer erhoben, noch kommt der besondere Tarif des § 32 d Abs. 1 EStG zur Anwendung.

VII. Gewerbesteuerrechtliche Ergänzung

Zu untersuchen sind die gewerbesteuerrechtlichen Auswirkungen für F im Jahr 02.

1. Sachliche Steuerpflicht (Steuerobjekt)

Fraglich ist, ob der Outdoor-Laden der F der Gewerbesteuer unterliegt. Hierfür müsste ein im Inland betriebener Gewerbebetrieb vorliegen (vgl. §§ 2 Abs. 1, 35 a GewStG). Der Begriff des Gewerbebetriebs bestimmt sich nach § 15 Abs. 2 EStG (vgl. § 2 Abs. 1 S. 2 GewStG). Der Betrieb des Outdoor-Ladens ist, wie bereits im einkommensteuerrechtlichen Teil der Prüfung festgestellt (siehe Ziffer 2 des Ausgangsfalls), eine selbständige, nachhaltige, mit Gewinnerzielungsabsicht und unter Beteiligung am allgemeinen wirtschaftlichen Verkehr ausgeübte Tätigkeit, die sich weder als Land- und Forstwirtschaft oder als selbständige Arbeit (im Sinne der §§ 2 Abs. 1 S. 1 Nr. 3, 18 EStG) noch als private Vermögensverwaltung (vgl. § 14 S. 3 AO) darstellt. Der Outdoor-Laden als stehender Gewerbebetrieb (vgl. § 1 GewStDV) wird zudem im Inland betrieben, weil mit der Konstanzer Betriebstätte (vgl. § 12 AO) eine Betriebstätte im Inland unterhalten wird (vgl. § 2 Abs. 1 S. 1 und 3 GewStG).[26]

2. Persönliche Steuerpflicht (Steuersubjekt)

Steuersubjekt und Schuldner der Gewerbesteuer ist die Unternehmerin F, für deren Rechnung das Gewerbe betrieben wird (vgl. § 5 Abs. 1 GewStG).[27]

3. Bemessungsgrundlage

Bei der Berechnung der Gewerbesteuer ist vom **Steuermessbetrag** auszugehen (vgl. § 11 Abs. 1 S. 1 GewStG). Dieser ergibt sich aus der Anwendung der Steuermesszahl

---

[26] Siehe *Fehrenbacher*, § 5 Rn. 15; *Hey*, in: Tipke/Lang, Rn. 12.11.
[27] *Fehrenbacher*, § 5 Rn. 22; *Hey*, in: Tipke/Lang, Rn. 12.30.

auf den abgerundeten und um Freibeträge gekürzten Gewerbeertrag (vgl. § 11 Abs. 1 S. 2 und 3 GewStG). Maßgebliche Besteuerungsgrundlage ist der Gewerbeertrag des Kalenderjahres als Erhebungszeitraum (vgl. §§ 6, 10, 14 GewStG).

a) Gewerbeertrag

51 Grundlage der Ermittlung des maßgebenden Gewerbeertrags ist gemäß § 7 GewStG der nach den Vorschriften des Einkommen- und Körperschaftsteuergesetzes zu ermittelnde Gewinn, vermehrt um die Hinzurechnungen nach § 8 GewStG und vermindert um die Kürzungen nach § 9 GewStG.

aa) Einkommensteuerrechtlicher Gewinn

52 Nach dem Bearbeitungshinweis beträgt der einkommensteuerrechtliche Gewinn im Jahr 02 65.000 €.

bb) Hinzurechnung nach § 8 GewStG

53 Fraglich ist, ob der nach den einkommensteuerrechtlichen Vorschriften ermittelte Gewinn für Zwecke der Gewerbesteuer durch Hinzurechnungen zu korrigieren ist. Dies könnte mit Blick auf das einkommensteuerrechtliche Teileinkünfteverfahren erforderlich sein. Die gewerbesteuerrechtliche Hinzurechnung des § 8 Nr. 5 GewStG dient unter anderem der Korrektur der Wirkung der (teilweisen) einkommensteuerrechtlichen Befreiung für die Beteiligungserträge der F nach § 3 Nr. 40 EStG (siehe Ziffer 3 des Ausgangsfalls).

Bedingung für die Hinzurechnung ist aber, dass die Voraussetzungen des sogenannten **gewerbesteuerlichen Schachtelprivilegs** nach § 9 Nr. 2 a GewStG (vgl. auch § 9 Nr. 7 GewStG) nicht erfüllt sind. § 9 Nr. 2 a GewStG knüpft an Anteile an steuerpflichtigen inländischen Kapitalgesellschaften an, die zu Beginn des Erhebungszeitraums mindestens 15 Prozent betragen. F ist nur zu zehn Prozent an der Schnee-GmbH (als inländischer Kapitalgesellschaft)[28] beteiligt, sodass die Voraussetzungen des gewerbesteuerlichen Schachtelprivilegs nicht vorliegen. Damit erfolgt eine Hinzurechnung der freigestellten Gewinnausschüttung, wobei die Hinzurechnung um die gemäß § 3 c EStG nicht berücksichtigten Betriebsausgaben gemindert wird. Im Ergebnis werden die nach dem Einkommensteuerrecht außer Ansatz bleibenden Gewinnanteile der F im Gewerbeertrag also voll berücksichtigt. Bei der Gewinnausschüttung in Höhe von 25.000 € sind bei Anwendung des einkommensteuerrechtlichen Teileinkünfteverfahrens 15.000 € (25.000 € x 60 Prozent) im Gewinn bereits enthalten und die verbleibenden 10.000 € sind dem Gewinn aus Gewerbebetrieb gemäß § 8 Nr. 5 GewStG wieder hinzuzurechnen.[29]

cc) Kürzung nach § 9 GewStG

54 Das im Rahmen der Kürzung nach § 9 Nr. 2 a GewStG relevante gewerbesteuerliche Schachtelprivileg greift, wie bereits inzident im Rahmen der Hinzurechnungsprüfung festgestellt, mangels Erreichens der erforderlichen Beteiligungshöhe von 15 Prozent

---

28 Siehe im Einzelnen *Gosch*, in: Blümich, § 9 GewStG Rn. 164; *Roser*, in: Lenski/Steinberg, § 9 Nr. 2 a GewStG Rn. 16.
29 Siehe zum Ganzen: *Fehrenbacher*, § 5 Rn. 26; *Hey*, in: Tipke/Lang, Rn. 12.49.

nicht ein. Entsprechend erfolgt keine Kürzung, sondern die Gewinne aus diesen sogenannten **Streubesitzanteilen** gehen in den Gewerbeertrag ein.[30]

dd) Ergebnis

Der Gewerbeertrag beträgt nach der erforderlichen Hinzurechnung 75.000 € (65.000 € + 10.000 €).

b) Freibetrag

Gemäß § 11 Abs. 1 S. 3 Nr. 1 GewStG ist bei F als natürlicher Person ein Freibetrag in Höhe von 24.500 € zu berücksichtigen.

c) Steuermesszahl

Die Steuermesszahl beträgt gemäß § 11 Abs. 2 GewStG einheitlich 3,5 Prozent.

d) Ergebnis

Der um den Freibetrag gekürzte Gewerbeertrag beträgt 50.500 € (75.000 € ./. 24.500 €). Durch Anwendung der Steuermesszahl auf diesen Betrag ergibt sich ein Steuermessbetrag in Höhe von 1.767,50 € (50.500 € x 3,5 Prozent). Die Finanzverwaltung rundet auf volle Euro nach unten ab, sodass ein Betrag von 1.767 € verbleibt.[31]

4. Steuerfestsetzung

Der Steuermessbetrag wird durch das Finanzamt mit einem **Steuermessbescheid** festgesetzt. Auf dieser Grundlage erfolgt die Steuerfestsetzung mit einem **Gewerbesteuerbescheid** durch die Gemeinde. Dabei wendet die Gemeinde Konstanz ihren Hebesatz von (laut Bearbeitungshinweis) 390 Prozent auf den Steuermessbetrag an (vgl. §§ 4 Abs. 1 S. 1, 16 Abs. 1 GewStG). Damit ergibt sich eine Gewerbesteuer in Höhe von 6.891,30 € (1.767 € x 390 Prozent).

5. Auswirkungen auf die Einkommensteuer

Hinzuweisen bleibt noch auf die pauschale Anrechnung der Gewerbesteuer auf die Einkommensteuer nach § 35 EStG. Gemäß § 35 Abs. 1 S. 1 Nr. 1 EStG ermäßigt sich die (um sonstige Steuerermäßigungen verminderte) tarifliche Einkommensteuer, soweit sie auf gewerbliche Einkünfte entfällt, um das Vierfache des Gewerbesteuermessbetrags. Dies wäre hier ein Betrag von 7.068 € (1.767 € x 4); gemäß § 35 Abs. 1 S. 5 GewStG ist die Steuerermäßigung aber auf die tatsächlich zu zahlende Gewerbesteuer begrenzt.

6. Ergebnis

Die Gemeinde Konstanz setzt eine Gewerbesteuer von 6.891,30 € fest. Sie ist auf die Einkommensteuer anzurechnen.

---

[30] Siehe *Fehrenbacher*, § 5 Rn. 34.
[31] Siehe R 14.1 S. 3 GewStR.

Vertiefungshinweis

Hier ist nur nach der gewerbesteuerrechtlichen Beurteilung für das Jahr 02 gefragt und es bestehen auch keine weiteren Hinweise zu einem etwaigen (Gewerbe-)Verlust im Jahr 04, der mit Blick auf die Schilderungen in Ziffer 6 des Ausgangsfalls bestehen könnte. In diesem Kontext wäre aber zu beachten, dass anders als im Rahmen der Einkommensteuer (vgl. § 10 d EStG) ein periodenübergreifender Ausgleich von Verlusten bei der Gewerbesteuer nur im Sinne eines Verlustvortrags und nicht im Sinne eines Verlustrücktrags möglich ist (vgl. § 10 a GewStG).[32]

---

[32] *Fehrenbacher*, § 5 Rn. 35.

§ 12 Übungsfall 5 – Einkommensteuer

Der folgende Fall behandelt im Schwerpunkt die Einkünfte aus selbständiger Arbeit nach den §§ 2 Abs. 1 S. 1 Nr. 3, 18 EStG. Im Einzelnen werden insbesondere die folgenden Aspekte behandelt: Abschreibungen bei der Einnahmenüberschussrechnung (vgl. § 4 Abs. 3 S. 3 EStG); Betriebsveräußerung (vgl. §§ 16, 18 Abs. 3 EStG); Kapitalgesellschaftsbeteiligungen im Betriebsvermögen; Stempeltheorie (vgl. § 18 Abs. 1 Nr. 1 S. 3 EStG); Studien- und Promotionskosten (vgl. §§ 4 Abs. 4 und 9, 10 Abs. 1 Nr. 7, 12 EStG).

Sachverhalt

▶ Der ledige Manfred (M) ist 29 Jahre alt und betreibt seit Oktober 01 ein kleines Übersetzungsbüro in Mainz (Deutschland), wo er auch wohnt. Er spricht Englisch, Französisch und Japanisch und hat sich darauf spezialisiert, offizielle Dokumente zu übersetzen. Er hat die jeweiligen Sprachen an der Universität Frankfurt studiert und durch längere Aufenthalte in den jeweiligen Ländern seine Sprachkenntnisse erweitert.

(1) Nach Abschluss seines Studiums zum Ende des Sommersemesters 01 (am 30. September), für das ihm in diesem Jahr Kosten für den Semesterbeitrag in Höhe von 500 € sowie für Fachliteratur in Höhe von 300 € entstanden sind, erhält M für die Übersetzungstätigkeit im Jahr 01 Honorare in Höhe von insgesamt 10.000 €.

(2) Zu Beginn des Jahres 02 wird M als Doktorand an der japanologischen Fakultät der Universität Frankfurt angenommen. Er erhofft sich durch einen Doktortitel positive Auswirkungen bei der Kundenakquise. Für eine viermonatige Forschungsreise an die Universität Tokio im Zusammenhang mit seiner Promotion entstehen M im Jahr 02 Aufwendungen in Höhe von 4.000 €. Einen Monat der Reise verwendet er jedoch darauf, Freunde zu besuchen. Die hierauf entfallenden Kosten betragen 1.000 €.

(3) M schafft im März 02 einen Übersetzungscomputer für 360 € (brutto) an. Die betriebsgewöhnliche Nutzungsdauer für den Übersetzungscomputer liegt bei drei Jahren. Aufgrund einer Rechtschreibreform der japanischen Sprache zu Beginn des Jahres 03 ist das Gerät dauerhaft nicht mehr nutzbar. Für M gilt im Jahr 02 die Kleinunternehmerregelung des § 19 Abs. 1 UStG.

(4) M hält eine Beteiligung an der Lexikon-GmbH in seinem Betriebsvermögen und erhält im Jahr 02 eine Gewinnausschüttung in Höhe von 5.000 €. Er hat im Jahr 01 für die Beteiligung 30.000 € bezahlt und veräußert sie im Jahr 05 für 40.000 €.

(5) Im Jahr 04 stellt M zwei Angestellte ein. Um sicher zu gehen, dass die Arbeit auch seinen Ansprüchen entsprechend erledigt wird, lässt er sich die Übersetzungen seiner Angestellten stets zur Überprüfung vorlegen. M erzielt, auch durch die Mithilfe der Angestellten, im Jahr 04 einen Gewinn in Höhe von 80.000 €.

(6) M beschließt, seinen sprachlichen und kulturellen Horizont zu erweitern. Daher möchte er demnächst für eine längere Zeit nach China reisen. Zuvor veräußert er im Jahr 08 sein Übersetzungsbüro (Inventar, Kundenstamm und Sonstiges) für 60.000 € an den Käufer Karl. Der Buchwert des veräußerten Betriebsvermögens beträgt 20.000 €. ◀

Teil 2: Übungsfälle

Aufgabenstellung

3 ▶ Wie sind die geschilderten Fälle für M einkommensteuerrechtlich zu beurteilen?
Die Aufgabe ist gutachtlich zu bearbeiten. Die Jahreszahlen sind fiktiv. Es ist das aktuell geltende Recht anzuwenden. ◀

§ 12 Übungsfall 5 – Einkommensteuer

Gliederung

I. Ziffer 1 – Einnahmen aus der Übersetzungstätigkeit und Studienkosten — 125
  1. Persönliche Steuerpflicht — 125
  2. Veranlagung und Tarif — 126
  3. Sachliche Steuerpflicht — 126
     a) Einkünftequalifikation — 126
     b) Einkünfteermittlung — 126
        aa) Einnahmen aus der Übersetzertätigkeit — 126
        bb) Ausbildungskosten — 127
        cc) Ergebnis — 128
     c) Ergebnis — 128
  4. Ergebnis — 128
II. Ziffer 2 – Kosten der Tokio-Reise — 128
  1. Promotionskosten — 128
  2. Ergebnis — 129
III. Ziffer 3 – Übersetzungscomputer — 129
  1. Anschaffung des Übersetzungscomputers — 129
     a) Absetzung für Abnutzung — 129
     b) Sofort- und Sammelabschreibung — 130
     c) Ergebnis — 131
  2. Japanische Rechtschreibreform — 131
  3. Ergebnis — 132
IV. Ziffer 4 – Beteiligung an der Lexikon-GmbH — 132
  1. Ausschüttung im Jahr 02 — 132
     a) Gewinnausschüttung — 132
     b) Kapitalertragsteuerabzug — 133
     c) Ergebnis — 133
  2. Veräußerung der Gesellschaftsbeteiligung — 133
     a) Einnahmen aus der Veräußerung — 133
     b) Kapitalertragsteuerabzug — 134
     c) Ergebnis — 134
  3. Ergebnis — 135
V. Ziffer 5 – Mithilfe von Angestellten — 135
VI. Ziffer 6 – Betriebsveräußerung — 135
  1. Veräußerungsgewinn — 136
  2. Begünstigung des Veräußerungsgewinns nach den §§ 16 Abs. 4, 34 EStG — 136
  3. Ergebnis — 137

Lösung

I. Ziffer 1 – Einnahmen aus der Übersetzungstätigkeit und Studienkosten

Zunächst sind die Einnahmen aus der Übersetzertätigkeit und die Studienkosten einkommensteuerrechtlich zu bewerten.

1. Persönliche Steuerpflicht

M ist als natürliche Person, aufgrund seines Wohnsitzes im Sinne des § 8 AO in Mainz (also im Inland), mit seinem Welteinkommen unbeschränkt einkommensteuerpflichtig nach § 1 Abs. 1 S. 1 EStG (Welteinkommens- und Universalitätsprinzip)[1].

---

1 *Hey*, in: Tipke/Lang, Rn. 8.26; *Seer*, in: Tipke/Lang, Rn. 1.88.

2. Veranlagung und Tarif

7 M ist ledig und daher (vorbehaltlich eines Steuerabzugs mit Abgeltungswirkung) einzeln zu veranlagen. Der Steuertarif richtet sich nach § 32 a Abs. 1 EStG. Der Veranlagungszeitraum ist nach § 25 Abs. 1 EStG das Kalenderjahr.

Vertiefungshinweis

Hier ist es sinnvoll, auf den Steuerabzug mit Abgeltungswirkung hinzuweisen. Siehe auch § 9 Rn. 7; § 11 Rn. 7; § 13 Rn. 41; § 15 Rn. 8.

3. Sachliche Steuerpflicht

8 Fraglich ist, wie die Einkünfte des M zu qualifizieren und zu ermitteln sind.

a) Einkünftequalifikation

9 M betreibt ein Übersetzungsbüro. Er könnte Einkünfte aus selbständiger Arbeit nach den §§ 2 Abs. 1 S. 1 Nr. 3, 18 Abs. 1 EStG beziehen. In Betracht kommt eine **freiberufliche Tätigkeit** des M nach § 18 Abs. 1 Nr. 1 EStG. Die freiberufliche Tätigkeit ist im Gesetz nicht abschließend definiert, stattdessen enthält § 18 Abs. 1 Nr. 1 S. 2 EStG eine abstrakte Umschreibung verschiedener erfasster Tätigkeitsbereiche sowie eine konkrete Aufzählung erfasster Katalogberufe.[2] Zur freiberuflichen Tätigkeit gehört nach § 18 Abs. 1 Nr. 1 S. 2 EStG die selbständige Berufstätigkeit der Übersetzer. Übersetzer übertragen Geschriebenes von einer Sprache in eine andere Sprache.[3] M wird auf eigene Rechnung und Gefahr, ohne weisungsgebunden zu sein, als Übersetzer tätig. Er erzielt damit Einkünfte aus freiberuflicher Tätigkeit.

b) Einkünfteermittlung

10 Als Freiberufler hat M den Gewinn zu ermitteln (vgl. § 2 Abs. 2 S. 1 Nr. 1 EStG). Für M kommt eine Gewinnermittlung durch Vornahme eines einfachen Betriebsvermögensvergleichs nach § 4 Abs. 1 EStG oder durch eine **Einnahmenüberschussrechnung** nach § 4 Abs. 3 EStG in Betracht. Entscheidend ist, ob M buchführungspflichtig ist oder freiwillig Bücher führt. M ist kein Kaufmann im Sinne der §§ 1 ff. HGB und damit nicht nach § 238 Abs. 1 HGB buchführungspflichtig (vgl. auch § 140 AO). Ferner besteht für M als Freiberufler auch keine originär steuerrechtliche Buchführungspflicht nach § 141 AO. Da M (mangels anderer Angaben im Sachverhalt) auch nicht freiwillig Bücher führt, ist nach § 4 Abs. 3 EStG als Gewinn der Überschuss der Betriebseinnahmen über die Betriebsausgaben anzusetzen. Dabei gilt das Zu- und Abflussprinzip nach § 11 EStG.

aa) Einnahmen aus der Übersetzertätigkeit

11 M erhält für Übersetzungen im Jahr 01 Honorare in Höhe von 10.000 €. Hierbei könnte es sich um Betriebseinnahmen handeln. Betriebseinnahmen sind alle Zugänge in Geld oder Geldeswert, die durch den Betrieb veranlasst sind (vgl. §§ 4 Abs. 4, 8 Abs. 1 EStG).[4] Es gilt das Zuflussprinzip, so dass es auf die Erlangung der wirtschaft-

---

[2] *Fehrenbacher*, § 2 Rn. 178.
[3] *Hutter*, in: Blümich, § 18 EStG Rn. 152.
[4] *Fehrenbacher*, § 2 Rn. 115.

lichen Verfügungsmacht ankommt.⁵ M erlangt die durch die Übersetzungstätigkeit veranlassten Honorare im Jahr 01. Damit liegen im Jahr 01 Betriebseinnahmen in Höhe von 10.000 € vor.

bb) Ausbildungskosten

Fraglich ist, wie die Kosten für das Studium einkommensteuerrechtlich berücksichtigt werden können.

Die Kosten der Ausbildung könnten Betriebsausgaben darstellen. Betriebsausgaben sind nach § 4 Abs. 4 EStG durch den Betrieb veranlasste Aufwendungen. Es ist ein objektiver Zusammenhang mit dem Betrieb erforderlich sowie (grundsätzlich) auch ein subjektiver Förderungswille.⁶ Bei den Kosten für das Studium handelt es sich um Kosten, die unmittelbar dem Erlernen der Fertigkeiten dienen, die M für die Ausübung seines späteren Berufs benötigt. Die Kosten stehen damit objektiv in einem Zusammenhang mit dem im Anschluss an das Studium aufzunehmenden Beruf und werden subjektiv zur Förderung des Berufs geleistet. Dies gilt auch dann, wenn der Steuerpflichtige zu diesem Zeitpunkt noch keine Einnahmen erzielt (sogenannte **vorweggenommene Erwerbsaufwendungen**).⁷ Mit diesen Erwägungen wären die Voraussetzungen des § 4 Abs. 4 EStG daher erfüllt. § 4 Abs. 9 S. 1 EStG normiert jedoch, dass Aufwendungen des Steuerpflichtigen für seine Berufsausbildung oder für sein Studium nur dann Betriebsausgaben sind, wenn er zuvor bereits eine Erstausbildung abgeschlossen hat. M hat (mangels anderer Hinweise) keine vorherige Erstausbildung absolviert, so dass die Kosten seines **Erststudiums** an der Universität Frankfurt nach § 4 Abs. 9 EStG nicht als Betriebsausgaben anzusehen sind.

Vertiefungshinweis

Eine § 4 Abs. 9 S. 1 EStG entsprechende Regelung findet sich in § 9 Abs. 6 S. 1 EStG. In § 9 Abs. 6 S. 2 bis 5 EStG sind die Voraussetzungen einer anzuerkennenden Erstausbildung geregelt. Hierauf verweist § 4 Abs. 9 S. 2 EStG.

Kosten der eigenen Berufsausbildung können nach § 10 Abs. 1 Nr. 7 EStG allerdings bis zur Höhe von 6.000 € im Kalenderjahr bei der Ermittlung des Einkommens vom Gesamtbetrag der Einkünfte als Sonderausgaben abgezogen werden (vgl. § 2 Abs. 4 EStG).

Prüfungs- und Vertiefungshinweis

Der Sonderausgabenabzug wurde hier nicht in einem gesonderten Prüfungspunkt für persönliche Abzüge, sondern wegen des Sachzusammenhangs zu den Regelungen zum Betriebsausgabenabzug im Rahmen der Einkünfteermittlung geprüft.

Neben der betragsmäßigen Beschränkung des Abzugs nach § 10 Abs. 1 Nr. 7 EStG kann der Abzug als Sonderausgaben gegenüber einem Betriebsausgaben- oder Werbungskostenabzug auch mit Blick auf den Verlustrücktrag beziehungsweise Verlustvortrag nach § 10 d EStG nachteilig sein. Betriebsausgaben oder Werbungskosten können nach § 10 d EStG nämlich in das vorangegangene beziehungsweise in folgende Kalenderjahre zurück- oder vorgetragen werden. Der Sonderausgabenabzug vom Gesamtbetrag der Einkünfte (vgl. § 2 Abs. 4 EStG) wirkt sich hingegen nur aus, wenn der Steuerpflichtige Einkünfte im Veran-

---
5 *Fehrenbacher*, § 2 Rn. 112.
6 *Fehrenbacher*, § 2 Rn. 118.
7 Vgl. BFH v. 28.7.2011, VI R 5/10, BStBl. II 2012, 553, unter II.1.a), b).

lagungszeitraum erzielt. Nicht ausgenutzte Sonderausgabenbeträge sind nicht in andere Kalenderjahre übertragbar und gehen damit verloren.[8] Die Verfassungsmäßigkeit der Regelungen über die Nichtabzugsfähigkeit von Ausbildungskosten als Betriebsausgaben oder Werbungskosten (und stattdessen als Sonderausgaben) ist seit längerem in der Diskussion; das BVerfG betont jedoch den Gestaltungs- und Typisierungsspielraum des Gesetzgebers, der die Aufwendungen hiernach als „wesentlich privat (mit-)veranlasst qualifizieren" und den Sonderausgaben zuordnen durfte.[9]

cc) Ergebnis

14 Es liegen Betriebseinnahmen in Höhe von 10.000 € und Sonderausgaben in Höhe von 800 € vor.

c) Ergebnis

15 M erzielt als Übersetzer Einkünfte aus selbständiger Arbeit. Er hat Betriebseinnahmen in Höhe von 10.000 €. Die Studienkosten in Höhe von 800 € stellen Sonderausgaben dar.

4. Ergebnis

16 Der unbeschränkt einkommensteuerpflichtige M erzielt Einkünfte aus selbständiger Arbeit. Nach dem geschilderten Sachverhalt bestehen Betriebseinnahmen in Höhe von 10.000 €. Die Studienkosten in Höhe von 800 € kann M nicht als Betriebsausgaben gewinnmindernd berücksichtigen, aber als Sonderausgaben vom Gesamtbetrag der Einkünfte abziehen.

II. Ziffer 2 – Kosten der Tokio-Reise

17 Fraglich ist, ob die Kosten der Forschungsreise in Höhe von 4.000 € steuerlich zu berücksichtigen sind.

1. Promotionskosten

18 Es könnte sich um Betriebsausgaben nach § 4 Abs. 4 EStG handeln. Dafür müssten die Kosten der Forschungsreise im Zusammenhang mit der freiberuflichen Tätigkeit des M stehen. Die Forschungsreise steht im Zusammenhang mit der Arbeit an der Dissertation des M. Die Kosten einer Promotion sind Betriebsausgaben und keine Kosten der privaten Lebensführung, wenn ein berufsbezogener Veranlassungszusammenhang erkennbar ist. Der Doktortitel ist für das berufliche Fortkommen des M von Bedeutung. Er belegt die besondere sprachliche und kulturelle Qualifikation des M und wirkt sich auf die Kundenakquise aus. Die Kosten für die Forschungsreise sind damit grundsätzlich als Betriebsausgaben abziehbar.[10]

19 Problematisch ist jedoch, dass M die Reise nach Tokio nicht ausschließlich zu Forschungszwecken für seine Dissertation antritt, sondern auch, um Freunde zu besuchen. Es bestehen damit auch private Gründe für die Reise. Kosten der privaten Lebensfüh-

---

8 *Faber*, in: Beck'sches Steuer- und Bilanzrechtslexikon, Aus- und Fortbildungskosten, Rn. 4.
9 Siehe BVerfG v. 19.11.2019, 2 BvL 22/14 u.a., BVerfGE 152, 274, Rn. 108–114, 122–140. Vgl. aber z.B. BFH v. 17.7.2014, VI R 8/12, BFHE 247, 64. Siehe zum Ganzen: *Drüen*, in: Blümich, § 4 EStG Rn. 924c–924f.
10 Siehe zum Ganzen: *Fehrenbacher*, § 2 Rn. 204.

rung dürfen jedoch grundsätzlich den betrieblichen Gewinn nicht mindern (vgl. § 12 EStG).

Nach der Rechtsprechung enthält § 12 Nr. 1 EStG kein absolutes Aufteilungsverbot. Bei **gemischten Aufwendungen** ist vielmehr eine Aufteilung vorzunehmen, so dass nur die im beruflichen Zusammenhang stehenden Kosten abgezogen werden können. Die Aufteilung erfordert aber ein sachgerechtes Aufteilungskriterium. Fehlt es hieran und ist eine Trennung von betrieblichen und privaten Gründen nicht möglich, so besteht ein Abzugsverbot für die Aufwendungen. Eine Aufteilung der Kosten der Reise kann vorliegend anhand der jeweiligen Zeitanteile und der darauf entfallenden Kosten erfolgen. Abziehbar sind daher als Betriebsausgaben nur die Kosten, die durch die Forschungstätigkeit des M an der Universität Tokio veranlasst sind. Dies sind hier 3.000 €.[11]

Vertiefungshinweis

Eine Aufteilung ist nach objektiven Merkmalen vorzunehmen. Möglich ist zum Beispiel eine Aufteilung nach Flächen-, Mengen- oder Zeitanteilen. Notfalls kann auch eine Schätzung auf Grundlage einer geeigneten Schätzungsgrundlage erfolgen.[12]

2. Ergebnis

In dem geschilderten Sachverhalt ist ein Betriebsausgabenabzug in Höhe von 3.000 € möglich.

III. Ziffer 3 – Übersetzungscomputer

Zu untersuchen sind die einkommensteuerrechtlichen Auswirkungen der Anschaffung des Übersetzungscomputers und der japanischen Rechtschreibreform.

1. Anschaffung des Übersetzungscomputers

Fraglich ist, ob die Aufwendungen für die Anschaffung des Übersetzungscomputers im Jahr 02 als Betriebsausgaben im Sinne des § 4 Abs. 4 EStG abziehbar sind. Die Anschaffung des Übersetzungscomputers steht im Zusammenhang mit der Übersetzungstätigkeit des M. Eine betriebliche Veranlassung ist daher gegeben.

a) Absetzung für Abnutzung

Nach § 4 Abs. 3 S. 3 EStG sind die Regelungen der Absetzung für Abnutzung (AfA) anzuwenden. Bei abnutzbaren Anlagegütern, deren Verwendung oder Nutzung sich erfahrungsgemäß auf einen Zeitraum von mehr als einem Jahr erstreckt, wie dem Übersetzungscomputer, sind die Anschaffungskosten nicht sofort als Betriebsausgaben abziehbar. Vielmehr sind sie nach § 7 Abs. 1 EStG auf die Nutzungsdauer zu verteilen.[13] Bemessungsgrundlage für die AfA sind die Anschaffungskosten im Sinne des § 255 Abs. 1 HGB. M hat für das Gerät 360 € brutto (also inklusive Umsatzsteuer) aufgewendet. § 9b Abs. 1 EStG bestimmt, dass der Vorsteuerbetrag nach § 15 UStG nicht zu den Anschaffungskosten gehört, soweit er bei der Umsatzsteuer abgezogen werden kann. M ist laut Sachverhalt aber Kleinunternehmer und damit nach § 19

---

11 Siehe zum Ganzen: BFH v. 21.9.2009, GrS 1/06, BStBl. II 2010, 672; *Fehrenbacher*, § 2 Rn. 49.
12 *Thürmer*, in: Blümich, § 12 EStG Rn. 112–117.
13 *Hennrichs*, in: Tipke/Lang, Rn. 9.580.

Abs. 1 S. 4 UStG nicht zum Vorsteuerabzug berechtigt. Entsprechend sind die Anschaffungskosten inklusive der Umsatzsteuer (also 360 €) relevant. Die betriebsgewöhnliche Nutzungsdauer im Sinne des § 7 Abs. 1 S. 2 EStG beträgt nach dem Sachverhalt drei Jahre. Pro Jahr kann daher grundsätzlich ein Betrag von 120 € (360 € x 1/3) abgezogen werden.

M hat den Übersetzungscomputer erst im März 02 erworben. Fraglich ist daher, ob M im Jahr der Anschaffung den vollen Abschreibungsbetrag absetzen kann. § 7 Abs. 1 S. 4 EStG regelt jedoch für die Fälle der Anschaffung eines Wirtschaftsguts innerhalb des Wirtschaftsjahres, dass sich der Absetzungsbetrag im Jahr der Anschaffung um jeweils ein Zwölftel für jeden vollen Monat, der dem Monat der Anschaffung vorangeht, vermindert (sogenannte **pro rata temporis-Regelung**). Der Abschreibungsbetrag mindert sich daher um zwei Zwölftel und damit um 20 € (120 € x 2/12), so dass im Jahr der Anschaffung ein Abschreibungsbetrag von 100 € (120 € ./. 20 €) geltend gemacht werden kann.

Vertiefungshinweis

Hier orientiert sich die im Sachverhalt angegebene betriebsgewöhnliche Nutzungsdauer an Ziffer 6.16 der AfA-Tabelle für die allgemein verwendbaren Anlagegüter.[14] Zu den AfA-Tabellen allgemein siehe § 10 Rn. 24.

Eine degressive AfA gemäß § 7 Abs. 2 EStG (sofern deren Voraussetzungen gegeben wären, also insbesondere eine Anschaffung des Übersetzungscomputers nach dem 31.12.2019 und vor dem 1.1.2022 vorläge) wäre auf einen Prozentsatz von 25 Prozent beschränkt. Allgemein zur degressiven AfA siehe § 10 Rn. 24.

b) Sofort- und Sammelabschreibung

24 Abweichend von den bisherigen Erwägungen könnte auch ein Sofortabzug der Anschaffungskosten nach § 6 Abs. 2 EStG oder die Bildung eines Sammelpostens nach § 6 Abs. 2 a EStG möglich sein. Beide Regelungen finden nach § 4 Abs. 3 S. 3 EStG auch im Rahmen der Einnahmenüberschussrechnung Anwendung.

Nach § 6 Abs. 2 EStG können die Anschaffungskosten abnutzbarer beweglicher Wirtschaftsgüter des Anlagevermögens, die einer selbständigen Nutzung fähig sind, sofort in voller Höhe abgezogen werden, wenn die Anschaffungskosten ohne einen darin enthaltenen Vorsteuerbetrag für das einzelne Wirtschaftsgut 800 € nicht übersteigen (sogenannte geringwertige Wirtschaftsgüter). Der Übersetzungscomputer stellt ein abnutzbares bewegliches Wirtschaftsgut des Anlagevermögens dar, das einer selbständigen Nutzung fähig ist. Die Netto-Anschaffungskosten liegen unter 800 €. Ein **Sofortabzug** ist demnach möglich. Nach § 6 Abs. 2 a EStG kann abweichend von § 6 Abs. 2 EStG für abnutzbare bewegliche Wirtschaftsgüter des Anlagevermögens, die einer selbständigen Nutzung fähig sind, im Jahr der Anschaffung ein **Sammelposten** gebildet werden, wenn die Anschaffungskosten, ohne einen darin enthaltenen Vorsteuerbetrag, 250 €, aber nicht 1.000 € übersteigen. Auch diese Voraussetzungen sind gegeben. Der Sammelposten ist im Jahr der Bildung und in den folgenden vier Jahren jeweils zu einem Fünftel gewinnmindernd aufzulösen.

§ 6 Abs. 2 und 2 a EStG begründen jeweils ein Wahlrecht. M kann statt der Berücksichtigung der Anschaffungskosten über die reguläre AfA auch den Sofortabzug oder

---

14 BMF v. 15.12.2000, IV D 2 – S 1551 – 188/00, BStBl. I 2000, 1532.

die Bildung eines Sammelpostens wählen. Die Wahl zur Bildung des Sammelpostens kann M jedoch nur für alle in einem Wirtschaftsjahr angeschafften, hergestellten oder eingelegten Wirtschaftsgüter einheitlich ausüben (vgl. § 6 Abs. 2 a S. 5 EStG). Dann ist die Sofortabschreibung geringwertiger Wirtschaftsgüter nur noch bis zu einem Wert von 250 € möglich (vgl. § 6 Abs. 2 a S. 4 EStG).[15]

c) Ergebnis

Die Anschaffungskosten des Übersetzungscomputers können sofort nach § 6 Abs. 2 EStG geltend gemacht werden oder nach § 6 Abs. 2 a EStG in einem entsprechenden Sammelposten berücksichtigt werden. Auch möglich ist die Berücksichtigung der Anschaffungskosten über die reguläre AfA.

2. Japanische Rechtschreibreform

Fraglich ist, ob die Wertminderung des Übersetzungscomputers aufgrund der Rechtschreibreform steuerlich berücksichtigt werden kann. Eine entsprechende Berücksichtigung kommt von vornherein nur in Betracht, wenn keine Sofortabschreibung nach § 6 Abs. 2 EStG erfolgte und das Wirtschaftsgut auch nicht in den Sammelposten nach § 6 Abs. 2 a EStG aufgenommen wurde. Die Einbeziehung in den Sammelposten (als Rechengröße) hat eine gemeinsame Behandlung zur Folge. Vorgänge, die sich auf ein einzelnes Wirtschaftsgut beziehen, wirken sich dann nicht mehr aus.[16]

Die japanische Rechtschreibreform führt zu einer dauerhaften Wertminderung des Übersetzungscomputers. Damit könnte zunächst an eine **Teilwertabschreibung** nach § 6 Abs. 1 Nr. 1 S. 2 EStG gedacht werden. Nach § 4 Abs. 3 S. 3 EStG sind die Vorschriften über die Absetzung für Abnutzung oder Substanzverringerung zu berücksichtigen. Nicht verwiesen wird jedoch auf § 6 Abs. 1 EStG. Zudem bestimmt § 6 Abs. 1 EStG, dass die dortigen Regelungen nur für die Bewertung der Wirtschaftsgüter gelten, die nach § 4 Abs. 1 EStG oder nach § 5 EStG als Betriebsvermögen anzusetzen sind. Wertschwankungen des Betriebsvermögens werden bei der Einnahmenüberschussrechnung daher nicht berücksichtigt.[17]

Allein auf eine Wertminderung kann an dieser Stelle mithin nicht abgestellt werden. In Betracht kommt aber eine **Absetzung für außergewöhnliche Abnutzung** (AfaA) nach § 7 Abs. 1 S. 7 EStG. Sie ist auch im Rahmen der Einnahmenüberschussrechnung anwendbar.[18] Eine Abschreibung nach § 7 Abs. 1 S. 7 EStG setzt zunächst das Vorliegen der grundsätzlichen Voraussetzungen der AfA voraus. Dies wurde für den vorliegenden Fall bereits festgestellt. Anders als bei einer Teilwertabschreibung reicht eine bloße Wertminderung hier nicht aus. Vielmehr muss eine außergewöhnliche technische oder wirtschaftliche Abnutzung vorliegen. Erforderlich ist, dass ein erhöhter Substanzverzehr (technische Abnutzung) oder eine Minderung der wirtschaftlichen Nutzbarkeit (wirtschaftliche Abnutzung) aufgrund nicht vorhersehbarer Umstände vorliegt.[19] Hier könnte eine außergewöhnliche wirtschaftliche Abnutzung bestehen. Eine relevante Beeinträchtigung der wirtschaftlichen Nutzbarkeit eines Wirtschaftsguts kommt bei tech-

---

15 Zum Ganzen: *Hennrichs*, in: Tipke/Lang, Rn. 9.314 f. Vgl. auch *Fehrenbacher*, § 2 Rn. 109.
16 Zum Ganzen: *Schindler*, in: Kirchhof/Seer, § 6 EStG Rn. 192. Siehe auch R 6.13 Abs. 6 EStR.
17 Zum Ganzen: BFH v. 21.6.2006, XI R 49/05, BStBl. II 2006, 712, unter II.1.b); *Drüen*, in: Blümich, § 4 EStG Rn. 159 m.w.N. zur a.A.
18 *Drüen*, in: Blümich, § 4 EStG Rn. 159.
19 Zum Ganzen: *Brandis*, in: Blümich, § 7 EStG Rn. 385–388.

nischem oder wirtschaftlichem Überholtsein in Betracht.[20] Infolge der Rechtschreibreform, als einem von außen einwirkenden Ereignis, ist der Übersetzungscomputer für M nicht mehr nutzbar. Eine relevante Beeinträchtigung der wirtschaftlichen Nutzbarkeit ist damit gegeben. Die Höhe der AfaA richtet sich nach dem Umfang der Minderung der Nutzbarkeit des Wirtschaftsguts.[21] Der Übersetzungscomputer ist überhaupt nicht mehr nutzbar, so dass eine Abschreibung auf Null möglich ist. Hinsichtlich der Vornahme der AfaA wird grundsätzlich von einem Wahlrecht ausgegangen.[22]

Vertiefungshinweis
Zur AfaA und zur Teilwertabschreibung siehe auch § 10 Rn. 46 f.

3. Ergebnis

29 M hat hinsichtlich der Berücksichtigung der Anschaffungskosten des Übersetzungscomputers ein Wahlrecht. Die Anschaffungskosten können sofort nach § 6 Abs. 2 EStG geltend gemacht werden oder nach § 6 Abs. 2a EStG in einem entsprechenden Sammelposten berücksichtigt werden. Auch möglich ist die Berücksichtigung der Anschaffungskosten über die reguläre AfA. Infolge der japanischen Rechtschreibreform kommt im letztgenannten Fall die AfaA in Betracht.

IV. Ziffer 4 – Beteiligung an der Lexikon-GmbH

30 Fraglich ist, wie die Einnahmen des M im Zusammenhang mit der Beteiligung an der Lexikon-GmbH zu behandeln sind.

1. Ausschüttung im Jahr 02

31 Zunächst ist die Gewinnausschüttung einkommensteuerrechtlich zu berücksichtigen.

a) Gewinnausschüttung

32 Die Einnahmen aus der Gewinnausschüttung in Höhe von 5.000 € könnten Einkünfte aus Kapitalvermögen nach den §§ 2 Abs. 1 S. 1 Nr. 5, 20 Abs. 1 EStG begründen. § 20 Abs. 1 Nr. 1 S. 1 EStG erfasst ausdrücklich Gewinnanteile aus GmbH-Anteilen. Allerdings hält M die Gesellschaftsbeteiligung in seinem Betriebsvermögen. Nach dem **Subsidiaritätsgrundsatz** des § 20 Abs. 8 EStG sind die Einkünfte aus Kapitalvermögen unter anderem gegenüber den Einkünften aus selbständiger Arbeit subsidiär. Aufgrund der Zuordnung der Beteiligung zum Betriebsvermögen des Übersetzungsbüros sind die Einnahmen aus der Gewinnausschüttung daher den Einkünften aus selbständiger Arbeit zuzurechnen. Die Gewinnausschüttung ist mit Blick auf die im Betriebsvermögen gehaltenen Anteile durch den Betrieb veranlasst, so dass Betriebseinnahmen vorliegen (vgl. §§ 4 Abs. 4, 8 Abs. 1 EStG).

Vertiefungshinweis
Zum Subsidiaritätsgrundsatz siehe auch § 11 Rn. 23.

33 Nach § 3 Nr. 40 S. 1 lit. d EStG sind 40 Prozent der Bezüge im Sinne des § 20 Abs. 1 Nr. 1 EStG steuerfrei (sogenanntes **Teileinkünfteverfahren**). Dies gilt allerdings nur,

---
20 *Brandis*, in: Blümich, § 7 EStG Rn. 393 f.
21 *Brandis*, in: Blümich, § 7 EStG Rn. 397.
22 *Brandis*, in: Blümich, § 7 EStG Rn. 395; *Pfirrmann*, in: Kirchhof/Seer, § 7 EStG Rn. 69.

wenn die Einnahmen den in § 20 Abs. 8 EStG genannten Einkunftsarten zuzuordnen sind, insbesondere also wenn die Beteiligung im Betriebsvermögen gehalten wird (vgl. § 3 Nr. 40 S. 2 EStG). Die Gewinnausschüttung ist den Einkünften des M aus selbständiger Arbeit zuzuordnen, so dass das Teileinkünfteverfahren Anwendung findet. Damit sind 40 Prozent der Einnahmen steuerfrei. Allerdings können nach § 3c Abs. 2 S. 1 EStG auch nur 60 Prozent der damit zusammenhängenden Betriebsausgaben abgezogen werden.[23]

Vertiefungshinweis

Zum Teileinkünfteverfahren siehe auch § 11 Rn. 24, 30, 34.

b) Kapitalertragsteuerabzug

Bei den Einkünften im Sinne des § 20 Abs. 1 Nr. 1 EStG wird die Einkommensteuer durch einen Steuerabzug an der Quelle erhoben (vgl. §§ 43 Abs. 1 S. 1 Nr. 1, 44 Abs. 1 EStG, sogenannte Kapitalertragsteuer). Der Quellenabzug erfolgt in Höhe von 25 Prozent (vgl. § 43a Abs. 1 S. 1 Nr. 1 EStG). Dieser Kapitalertragsteuerabzug findet aufgrund der Anordnung in § 43 Abs. 4 EStG auch statt, wenn die Kapitalerträge, wie hier, zu den Einkünften aus selbständiger Arbeit gehören. Er erfolgt zudem in voller Höhe, ungeachtet der teilweisen Steuerbefreiung durch § 3 Nr. 40 EStG (vgl. § 43 Abs. 1 S. 3 EStG).[24]

Grundsätzlich hat der Kapitalertragsteuerabzug abgeltende Wirkung (vgl. § 43 Abs. 5 S. 1 EStG). Dies gilt allerdings nicht im vorliegenden Fall, in dem die Kapitalerträge den Einkünften aus selbständiger Arbeit zuzuordnen sind (vgl. § 43 Abs. 5 S. 2 EStG). Hier kommt nicht der Steuersatz des § 32d Abs. 1 S. 1 EStG, sondern der persönliche Steuersatz zur Anwendung. Die durch den Steuerabzug einbehaltene Kapitalertragsteuer wird im Rahmen der Veranlagung berücksichtigt (vgl. § 36 Abs. 2 Nr. 2 EStG).[25]

c) Ergebnis

Die Einnahmen aus der Gewinnausschüttung sind bei den Einkünften aus selbständiger Arbeit zu erfassen. Es gilt das Teileinkünfteverfahren und es wird Kapitalertragsteuer erhoben.

2. Veräußerung der Gesellschaftsbeteiligung

Zu untersuchen sind die einkommensteuerrechtlichen Folgen der Veräußerung der im Betriebsvermögen gehaltenen Beteiligung an der Lexikon-GmbH im Jahr 05 (sowie der vorherigen Anschaffung im Jahr 01).

a) Einnahmen aus der Veräußerung

Die Anschaffung der Beteiligung durch M erfolgte im Jahr 01. Nach den Grundsätzen des Abflussprinzips wären die beim Erwerb der Beteiligung entstandenen Kosten aufgrund der betrieblichen Veranlassung des Erwerbs grundsätzlich im Zeitpunkt der Verausgabung als Betriebsausgaben nach § 4 Abs. 4 EStG gewinnmindernd zu berücksichtigen gewesen. § 4 Abs. 3 S. 4 EStG normiert als Sonderregelung jedoch, dass

---

23 Zum Ganzen: *Fehrenbacher*, § 2 Rn. 209 f.
24 *Knaupp*, in: Kirchhof/Seer, § 43 EStG Rn. 20.
25 Zum Ganzen: *Fehrenbacher*, § 2 Rn. 220.

unter anderem Anschaffungskosten für Anteile an Kapitalgesellschaften nicht schon bei der Anschaffung als Betriebsausgaben angesetzt werden können. Vielmehr sind die Anschaffungskosten nach § 4 Abs. 3 S. 4 EStG erst zum Zeitpunkt des Zuflusses des Veräußerungserlöses (oder der Entnahme) als Betriebsausgaben zu berücksichtigen. Die Anschaffungskosten wirken sich damit steuerlich erst aus, wenn das Wirtschaftsgut aus dem Betriebsvermögen ausscheidet. Dies erfolgt hier erst mit der Veräußerung im Jahr 05. Im Jahr 05 sind dem Veräußerungserlös in Höhe von 40.000 € daher die Anschaffungskosten für die Beteiligung in Höhe von 30.000 € gegenüberzustellen. Es verbleibt ein Saldo von 10.000 €.[26]

Vertiefungshinweis

Beteiligungen sind nicht abnutzbar.[27] Entsprechend kommt hier keine AfA in Betracht.

38 Nach § 3 Nr. 40 S. 1 lit. a EStG sind 40 Prozent der Einnahmen aus der Veräußerung von Anteilen beispielsweise an Körperschaften, deren Leistungen beim Empfänger zu Einnahmen im Sinne des § 20 Abs. 1 Nr. 1 EStG gehören, steuerfrei. Die Anwendung des **Teileinkünfteverfahrens** ist dabei durch § 3 Nr. 40 S. 2 EStG hauptsächlich auf den betrieblichen Bereich beschränkt.[28] Die Gewinnausschüttungen der Lexikon-GmbH führen bei M, wie gesehen, zu Einnahmen im Sinne des § 20 Abs. 1 Nr. 1 S. 1 EStG. Da M die Beteiligung auch im Betriebsvermögen hält, findet das Teileinkünfteverfahren Anwendung. Damit unterliegen die Einnahmen aus der Veräußerung der Anteile nur zu 60 Prozent der Besteuerung und im Gegenzug sind die Anschaffungskosten auch nur zu 60 Prozent zu berücksichtigen (vgl. §§ 3 Nr. 40 S. 1 lit. a, 3c Abs. 2 S. 1 EStG).[29]

b) Kapitalertragsteuerabzug

39 Für Gewinne aus der Veräußerung von Kapitalgesellschaftsbeteiligungen ist grundsätzlich ein Steuerabzug an der Quelle vorgesehen (vgl. § 43 Abs. 1 S. 1 Nr. 9 EStG). Dies gilt generell, auch wenn die Kapitalerträge (wie hier) zu den Einkünften aus selbständiger Arbeit gehören (vgl. § 43 Abs. 4 EStG), und zwar ungeachtet der Anwendung des Teileinkünfteverfahrens (vgl. § 43 Abs. 1 S. 3 EStG). Abgeltende Wirkung entfaltet ein entsprechender Kapitalertragsteuerabzug allerdings bei Einkünften aus selbständiger Arbeit nicht (vgl. § 43 Abs. 5 S. 2 EStG). Der Kapitalertragsteuerabzug ist im Fall des § 43 Abs. 1 S. 1 Nr. 9 EStG von der die Kapitalerträge auszahlenden Stelle im Sinne des § 44 Abs. 1 S. 3 EStG vorzunehmen. Bei der hier vorliegenden Veräußerung der GmbH-Anteile fehlt es jedoch an einem entsprechenden Abzugsverpflichteten, so dass es nicht zum Steuerabzug kommt.[30]

c) Ergebnis

40 Mit der Veräußerung der GmbH-Beteiligung im Jahr 05 wird ein Ertrag in Höhe von 10.000 € erzielt. Hierbei findet das Teileinkünfteverfahren Anwendung, so dass im Er-

---

26 Zum Ganzen: *Bode*, in: Kirchhof/Seer, § 4 EStG Rn. 147; *Fehrenbacher*, § 2 Rn. 120.
27 *Ehmke*, in: Blümich, § 6 EStG Rn. 805.
28 *Valta*, in: Blümich, § 3 Nr. 40 EStG Rn. 33.
29 *Von Beckerath*, in: Kirchhof/Söhn/Mellinghoff, § 3 EStG Rn. B40/34; *Desens*, in: Herrmann/Heuer/Raupach, § 3 c EStG Rn. 51; *Intemann*, in: Herrmann/Heuer/Raupach, § 3 Nr. 40 EStG Rn. 68.
30 Siehe *Gersch*, in: Kirchhof/Söhn/Mellinghoff, § 43 EStG Rn. Jb31.

gebnis ein Gewinn von 6.000 € der Besteuerung unterliegt (40.000 € x 60 Prozent ./. 30.000 € x 60 Prozent).

3. Ergebnis

Hinsichtlich der Ausschüttung im Jahr 02 liegen Betriebseinnahmen vor, die bei den Einkünften aus selbständiger Arbeit nach den geschilderten Grundsätzen berücksichtigt werden. Im Jahr 05 liegen zudem Betriebseinnahmen infolge der Beteiligungsveräußerung vor, die ebenfalls nach den geschilderten Grundsätzen berücksichtigt werden.

V. Ziffer 5 – Mithilfe von Angestellten

Fraglich ist, ob M weiterhin freiberufliche Einkünfte erzielt, wenn er sich zur Ausübung der Übersetzertätigkeit der Mithilfe seiner Angestellten bedient.

Die Zuhilfenahme von Personal zur Erbringung der selbständigen Arbeit ist nach § 18 Abs. 1 Nr. 1 S. 3 EStG unschädlich für die Annahme freiberuflicher Einkünfte. Voraussetzung ist jedoch, dass M aufgrund eigener Fachkenntnisse leitend und eigenverantwortlich tätig wird. Eine leitende und eigenverantwortliche Tätigkeit liegt vor, wenn der Selbständige die Grundzüge der Tätigkeit der Angestellten vorgibt und den Arbeitsablauf überwacht. Er muss die fachliche Verantwortung für die Leistungen seiner Mitarbeiter übernehmen. Erforderlich ist, dass sich die Fachkenntnisse des M auf den gesamten Bereich der Tätigkeit beziehen und dass er in ausreichendem Umfang an der praktischen Arbeit teilnimmt. Auch die von den Mitarbeitern erbrachten Leistungen müssen den „Stempel der Persönlichkeit"[31] des M tragen (sogenannte **Stempeltheorie**). Eine nur gelegentliche fachliche Überprüfung ist nicht ausreichend.[32]

Vorliegend umfasst der Einsatz des M den gesamten Bereich der betrieblichen Tätigkeit. Die Übersetzungen, die er nicht selbst von Beginn an anfertigt, sondern die durch seine Mitarbeiter vorbereitet werden, lässt er sich zur Kontrolle vorlegen. Damit sind sämtliche Übersetzungen durch die persönliche Arbeitsleistung des M geprägt und es liegen weiterhin Einkünfte aus freiberuflicher Tätigkeit (und nicht aus Gewerbebetrieb) bei M vor.

Prüfungs- und Vertiefungshinweis

Problematisch ist die Qualifikation als freiberufliche Übersetzungstätigkeit insbesondere dann, wenn der Selbständige nicht sämtliche Sprachen beherrscht, in die Übersetzungen von Mitarbeitern vorgenommen werden.[33]

Der Arbeitslohn der Angestellten ist im Sachverhalt nicht angesprochen und daher nicht zu erörtern. Im Ergebnis handelte es sich bei entsprechenden Zahlungen um Betriebsausgaben des M.

VI. Ziffer 6 – Betriebsveräußerung

Fraglich ist, wie die Einnahmen in Höhe von 60.000 € aus der Veräußerung des Übersetzungsbüros zu qualifizieren und zu ermitteln sind.

---

31 BFH v. 14.3.2007, XI R 59/05, BFH/NV 2007, 1319, unter II.2. m.w.N.
32 Zum Ganzen: *Hutter*, in: Blümich, § 18 EStG Rn. 56–62.
33 Vgl. hierzu BFH v. 21.2.2017, VIII R 45/13, BStBl. II 2018, 4.

1. Veräußerungsgewinn

44 Die Einnahmen aus der Veräußerung des Übersetzungsbüros in Höhe von 60.000 € könnten der freiberuflichen Tätigkeit des M zuzurechnen sein.

§ 18 Abs. 3 EStG verweist umfassend auf die Regelungen der Betriebsveräußerung beziehungsweise Betriebsaufgabe nach § 16 EStG. Entsprechend gehören zu den Einkünften aus selbständiger Arbeit auch Gewinne aus der Veräußerung beziehungsweise Aufgabe des Betriebs. Hier könnte eine Betriebsveräußerung im Sinne des § 16 Abs. 1 S. 1 Nr. 1 EStG vorliegen. Erforderlich ist hiernach eine Übertragung des Betriebs im Ganzen. Es kommt daher darauf an, dass die für die betriebliche Tätigkeit wesentlichen wirtschaftlichen Grundlagen auf einen anderen übertragen werden.[34] M überträgt sein gesamtes Übersetzungsbüro mit den wesentlichen Betriebsgrundlagen auf Karl. Damit liegt eine Veräußerung des ganzen Betriebs im Sinne des § 16 Abs. 1 S. 1 Nr. 1 EStG vor.

Der Veräußerungsgewinn ist nach § 16 Abs. 2 S. 1 EStG der Betrag, um den der Veräußerungspreis nach Abzug der Veräußerungskosten den Wert des Betriebsvermögens übersteigt. Der Veräußerungsgewinn des M ist damit der Veräußerungspreis in Höhe von 60.000 € abzüglich des Buchwerts des Betriebsvermögens in Höhe von 20.000 €; er beträgt mithin 40.000 €.[35]

Vertiefungshinweis

Zum Zeitpunkt der Betriebsveräußerung muss M als Überschussrechner zur Gewinnermittlung nach § 4 Abs. 1 EStG übergehen und hiernach den Buchwert des Betriebsvermögens ermitteln. Er hat eine Schlussbilanz zu erstellen. Zum laufenden Gewinn sind dann gegebenenfalls Zu- und Abrechnungen für bislang nicht oder infolge des Übergangs doppelt berücksichtigte Betriebsvorgänge vorzunehmen.[36]

45 An dieser Stelle könnte die Anwendung des **Teileinkünfteverfahrens** in Betracht gezogen werden. Nach § 3 Nr. 40 S. 1 lit. b EStG sind 40 Prozent des Veräußerungspreises im Sinne des § 16 Abs. 2 EStG steuerfrei, der aus der Veräußerung von Anteilen an Körperschaften, Personenvereinigungen und Vermögensmassen herrührt, deren Leistungen beim Empfänger zu Einnahmen im Sinne des § 20 Abs. 1 Nr. 1 und 9 EStG gehören. Dies ist hier im Hinblick auf das Übersetzungsbüro des M aber nicht gegeben. Das Teileinkünfteverfahren findet damit keine Anwendung.

2. Begünstigung des Veräußerungsgewinns nach den §§ 16 Abs. 4, 34 EStG

46 Für Betriebsveräußerungen kommen verschiedene steuerliche Begünstigungen in Betracht:[37]

Vertiefungshinweis

In der Steuerbegünstigung liegt die eigentliche Bedeutung des § 16 EStG. Eine Besteuerung des Gewinns aus der Betriebsveräußerung ließe sich nämlich bereits aus den allgemeinen Grundsätzen des Einkommensteuergesetzes herleiten.[38]

---

34 Zum Ganzen: *Fehrenbacher*, § 2 Rn. 189 f.
35 Vgl. zum Ganzen: *Schallmoser*, in: Blümich, § 16 EStG Rn. 565.
36 Zum Ganzen: *Leicht*, in: Beck'sches Steuer- und Bilanzrechtslexikon, Betriebsveräußerung, Rn. 12; *Schallmoser*, in: Blümich, § 16 EStG Rn. 569.
37 Siehe *Fehrenbacher*, § 2 Rn. 190.
38 BFH v. 2.3.1989, IV R 128/86, BStBl. II 1989, 543, unter 1.

Für den Veräußerungsgewinn besteht zunächst der **Freibetrag** des § 16 Abs. 4 EStG. Er beträgt 45.000 €. Allerdings wird er bei einem Veräußerungsgewinn von mehr als 136.000 € abgeschmolzen (vgl. § 16 Abs. 4 S. 1 und 3 EStG).[39] Voraussetzung für die Inanspruchnahme des Freibetrags ist, dass der Steuerpflichtige das 55. Lebensjahr vollendet hat oder dauernd berufsunfähig ist (vgl. § 16 Abs. 4 S. 1 EStG). Zudem wird der Freibetrag nur einmal gewährt (vgl. § 16 Abs. 4 S. 2 EStG). M ist bei der Veräußerung des Betriebs noch keine 55 Jahre alt und es liegen keine Anhaltspunkte für eine dauerhafte Berufsunfähigkeit vor. Der Freibetrag kommt daher nicht zur Anwendung.

47

Als weitere Begünstigung des Veräußerungsgewinns kommen die Bestimmungen des **§ 34 Abs. 1 EStG** in Betracht. Nach § 34 Abs. 1 S. 1 EStG ist die Einkommensteuer für außerordentliche Einkünfte nach einem besonderen Verfahren zu berechnen. Außerordentliche Einkünfte sind nach § 34 Abs. 2 Nr. 1 EStG insbesondere Veräußerungsgewinne im Sinne der §§ 16, 18 Abs. 3 EStG (die nicht dem Teileinkünfteverfahren unterliegen). Nach § 34 Abs. 1 S. 2 EStG wird zunächst die Einkommensteuer für das zu versteuernde Einkommen ohne die außerordentlichen Einkünfte bestimmt. Sodann wird der Unterschiedsbetrag ermittelt zwischen der derart errechneten Steuer und der Steuer, die sich ergibt, wenn ein Fünftel der außerordentlichen Einkünfte in die Bemessungsgrundlage miteinbezogen wird. Das Fünffache der Differenz der auf die unterschiedlichen Bemessungsgrundlagen entfallenden Einkommensteuer ergibt die Einkommensteuer auf die außerordentlichen Einkünfte. Auf diese Weise wird die Progressionswirkung der außerordentlichen Einkünfte gemildert.[40]

48

Auf Antrag kann nach **§ 34 Abs. 3 EStG** abweichend von § 34 Abs. 1 EStG für Veräußerungsgewinne auch ein ermäßigter Steuersatz von 56 Prozent des durchschnittlichen Steuersatzes, mindestens jedoch 14 Prozent, angewendet werden. Voraussetzung ist jedoch, dass der Steuerpflichtige das 55. Lebensjahr vollendet hat oder dauernd berufsunfähig ist. Hieran fehlt es bei M.

3. Ergebnis

Der Veräußerungsgewinn in Höhe von 40.000 € ist den Einkünften des M aus selbständiger Arbeit zuzuordnen. Er wird unter Berücksichtigung der tariflichen Begünstigung des § 34 Abs. 1 EStG steuerlich erfasst.

49

---

39 *Fehrenbacher*, § 2 Rn. 171.
40 Zum Ganzen: *Fehrenbacher*, § 2 Rn. 308; *Hey*, in: Tipke/Lang, Rn. 8.821–8.823.

§ 13 Übungsfall 6 – Ertragsbesteuerung der Personengesellschaften

1 Der folgende Fall behandelt im Schwerpunkt die Besteuerung der gewerblichen Mitunternehmerschaft. Im Einzelnen werden insbesondere die folgenden Aspekte behandelt: Betriebsausgaben und Betriebsausgabenabzugsverbote (vgl. § 4 Abs. 4 und 5 EStG); Domain-Name als bilanzierungsfähiges Wirtschaftsgut; Forderungsverzicht; Mitunternehmerstellung; Rückstellung für Patentverletzung (vgl. § 5 Abs. 3 EStG); Stille Beteiligung; Verlustrück- und Verlustvortrag (vgl. § 10 d EStG).

Sachverhalt

2 ▶ Frieda (F) und Manfred (M), beide wohnhaft in München (Deutschland), haben im Anschluss an ihre Analyse zur Beliebtheit von mexikanischem Fastfood bei Münchener Studierenden eine kleine Quesadilla-Bar in München Schwabing eröffnet. Sie vereinbaren, jeweils hälftig am Gewinn und Verlust ihres Unternehmens beteiligt zu sein. Unmittelbar nach Bezug und Einrichtung ihrer Räumlichkeiten sowie einer Eintragung des Unternehmens als Quesadilla-Bar-München-OHG (Q-OHG) im Handelsregister nehmen sie die Tätigkeit zu Beginn des Jahres 01 auf.

(1) Im Jahr 01 erzielt die Q-OHG aus dem Verkauf der Quesadillas einen Gewinn in Höhe von 50.000 €.

(2) Für Werbung in lokalen Medien und für die Erwähnung in angesagter Reiseliteratur zahlt die Q-OHG 2.000 € im Jahr 01. Außerdem werden für die Sicherung der Internetadresse „Quesadilla-Bar-Muenchen.de" im selben Jahr 1.500 € gezahlt.

(3) Der Marketingabteilung eines großen ortsansässigen Automobilherstellers schmecken die Produkte von F und M so gut, dass sie die Q-OHG als Caterer für eine Geschäftsveranstaltung im Jahr 01 bucht. Der vereinbarte Preis für ein zweitägiges Catering beträgt 9.000 €. Als der Autohersteller im Jahr 02 die Zahlung der ausstehenden Forderung ankündigt, beschließen F und M ihm ein Drittel der Forderung zu erlassen, um ihn als Kunden zu erhalten. Der Autohersteller zahlt daraufhin im Jahr 02 nur 6.000 €.

(4) Nach einem erfolgreichen ersten Jahr laden F und M alle Geschäftspartner im Juli 02 zu einem kleinen Empfang in ein Weinlokal um die Ecke ein. Der Gesamtrechnungsbetrag für die Verköstigung der Gäste beträgt angemessene 2.000 €.

(5) Im November 01 macht ein Unternehmen gerichtlich gegen die Q-OHG einen Anspruch in Höhe von 500 € wegen einer Patentverletzung im Jahr 01 geltend. F und M konsultieren einen befreundeten Rechtsanwalt und kommen zu dem Ergebnis, dass die Verurteilung zur Zahlung von 500 € durch das im Sommer 02 erwartete letztinstanzliche Gerichtsurteil wahrscheinlich ist.

(6) Im Jahr 03 ist die Nachfrage etwas geringer und die Q-OHG erzielt einen Verlust von 50.000 €. F und M überlegen, wie sie den Verlust steuerlich sinnvoll nutzen können.

(7) Viktor (V), der Vater des M, vertraut auf das wirtschaftliche Geschick von F und M und überlässt der Gesellschaft 20.000 € im Jahr 04. Er möchte selbst nach außen hin nicht in Erscheinung treten, verlangt jedoch Kontroll- und Widerspruchsrechte. Er ist am Gewinn und am Verlust für einen unbegrenzten Zeitraum beteiligt. An den stillen Reserven und Lasten ist er nicht beteiligt. Er erhält eine Gewinnbeteiligung in Höhe von 1.000 € für das Jahr 04. ◀

Aufgabenstellung

▶ Wie sind die geschilderten Fälle für die Q-OHG und für F, M und V einkommensteuerrechtlich zu beurteilen?
Die Aufgabe ist gutachtlich zu bearbeiten. Die Jahreszahlen sind fiktiv. Es ist das aktuell geltende Recht anzuwenden. ◀

Teil 2: Übungsfälle

Gliederung

4
I.	Ziffer 1 – Gewinn der Quesadilla-Bar im Jahr 01	140
	1. Persönliche Steuerpflicht	141
	2. Veranlagung und Tarif	141
	3. Sachliche Steuerpflicht	141
	a) Einkünftequalifikation	141
	aa) Gewerbliches Unternehmen	141
	bb) Mitunternehmerstellung von F und M	142
	cc) Ergebnis	143
	b) Einkünfteermittlung	143
	aa) Gewinnanteil, § 15 Abs. 1 S. 1 Nr. 2 S. 1 Hs. 1 EStG	144
	(1) Ermittlung des Gewinns bei der OHG	144
	(2) Gewinnzurechnung an die Gesellschafter	144
	(3) Ergebnis	145
	bb) Sonderbereich, § 15 Abs. 1 S. 1 Nr. 2 S. 1 Hs. 2 EStG	145
	cc) Ergebnis	145
	c) Ergebnis	145
	4. Einheitliche und gesonderte Gewinnfeststellung	145
	5. Ergebnis	146
II.	Ziffer 2 – Ausgaben für Werbung und für die Internetadresse	146
	1. Ausgaben für Werbung	146
	2. Erwerb der Internetadresse	146
	3. Ergebnis	147
III.	Ziffer 3 – Catering bei dem Automobilhersteller	147
	1. Aktivierung der Forderung	147
	2. (Teilweise) Tilgung der Forderung	148
	3. Forderungsverzicht	148
	4. Ergebnis	148
IV.	Ziffer 4 – Geschäftsessen	148
V.	Ziffer 5 – Patentverletzung	149
VI.	Ziffer 6 – Verlust	149
VII.	Ziffer 7 – Stille Beteiligung des V	150
	1. Steuerliche Auswirkungen bei V	151
	a) Persönliche Steuerpflicht	151
	b) Veranlagung und Tarif	151
	c) Sachliche Steuerpflicht	151
	aa) Einkünftequalifikation	151
	bb) Einkünfteermittlung	152
	cc) Kapitalertragsteuerabzug	152
	dd) Ergebnis	153
	d) Ergebnis	153
	2. Steuerliche Auswirkungen bei der Q-OHG	153
	a) Einlage	153
	b) Auszahlung der 1.000 €	153
	c) Ergebnis	153
	3. Ergebnis	154

Lösung

I. Ziffer 1 – Gewinn der Quesadilla-Bar im Jahr 01

5 Fraglich ist, wie der Gewinn aus dem Verkauf der Quesadillas einkommensteuerrechtlich zu behandeln ist.

§ 13 Übungsfall 6 – Ertragsbesteuerung der Personengesellschaften

1. Persönliche Steuerpflicht

Die Quesadilla-Bar wird von der Q-OHG betrieben. Bei der OHG handelt es sich um eine Personengesellschaft. Sie ist weder Subjekt der Einkommensteuer noch der Körperschaftsteuer (vgl. § 1 Abs. 1 S. 1 EStG, § 1 Abs. 1 KStG). Sie wird im deutschen Ertragsteuerrecht als transparentes Rechtsgebilde behandelt (sogenanntes **Transparenzprinzip**). Daher erfolgt eine Besteuerung der Einkünfte der Personengesellschaft nicht bei der Gesellschaft, sondern die Gewinne werden den hinter der Personengesellschaft stehenden Gesellschaftern anteilig zugerechnet und sind von ihnen zu versteuern.[1]

Steuersubjekte sind damit F und M als Gesellschafter der Q-OHG. Sie sind als natürliche Personen mit einem Wohnsitz in München (also in Deutschland) mit ihrem Welteinkommen unbeschränkt einkommensteuerpflichtig (vgl. § 1 Abs. 1 S. 1 EStG, § 8 AO).

2. Veranlagung und Tarif

F und M sind (mangels anderer Angaben im Sachverhalt) nicht verheiratet und daher einzeln zu veranlagen. Die Einzelveranlagung findet zum Grundtarif des § 32a Abs. 1 EStG statt. Der Veranlagungszeitraum ist nach § 25 Abs. 1 EStG das Kalenderjahr.

3. Sachliche Steuerpflicht

Fraglich ist, wie die Einkünfte zu qualifizieren und zu ermitteln sind. Die Personengesellschaft ist kein Subjekt der Einkommen- oder Körperschaftsteuer. Sie ist jedoch zur Einkünftequalifikation und Einkünfteermittlung heranzuziehen (sogenannte **partielle Steuersubjektfähigkeit**).[2]

a) Einkünftequalifikation

F und M könnten gewerbliche Einkünfte nach den §§ 2 Abs. 1 S. 1 Nr. 2, 15 Abs. 1 S. 1 Nr. 2 EStG aus Gewinnanteilen an einer **Mitunternehmerschaft** erzielen. Bei der einkommensteuerrechtlichen Bewertung der unternehmerischen Personengesellschaft gilt das sogenannte duale Prinzip. Dabei steht der Einheit der Gesellschaft die Vielheit der Gesellschafter gegenüber. Bei der Qualifikation und bei der Ermittlung der Einkünfte ist daher zunächst auf die Gesellschaft abzustellen, und anschließend sind die Gesellschafter als Steuerpflichtige zu betrachten.[3] Voraussetzung für Einkünfte aus einer Mitunternehmerschaft ist das Vorliegen einer gewerblich tätigen Personengesellschaft und die Stellung der Gesellschafter als Mitunternehmer.[4]

aa) Gewerbliches Unternehmen

Im Rahmen der Einkünftequalifikation ist zunächst auf Ebene der Gesellschaft nach der Gewerblichkeit der Einkünfte zu fragen. Die Q-OHG könnte einen Gewerbebetrieb im Sinne des § 15 Abs. 2 EStG betreiben. Fraglich ist dabei, ob die Gesellschafter

---

1 *Fehrenbacher*, § 3 Rn. 1; *Hennrichs*, in: Tipke/Lang, Rn. 10.10.
2 *Fehrenbacher*, § 3 Rn. 2; *Hennrichs*, in: Tipke/Lang, Rn. 10.10–10.15.
3 Zum Ganzen: *Fehrenbacher*, § 3 Rn. 2; *Hennrichs*, in: Tipke/Lang, Rn. 10.20–10.22.
4 *Fehrenbacher*, § 3 Rn. 4.

in ihrer gesamthänderischen Verbundenheit den Tatbestand der gewerblichen Einkünfte erfüllen.[5]

Es müsste eine auf Dauer ausgerichtete, selbständige Tätigkeit, unter Beteiligung am allgemeinen wirtschaftlichen Verkehr, mit Gewinnerzielungsabsicht vorliegen und die Tätigkeit dürfte keine selbständige Arbeit, land- und forstwirtschaftliche Tätigkeit oder private Vermögensverwaltung darstellen. Die Q-OHG betreibt einen Gastronomiebetrieb, im Rahmen dessen sie mexikanisches Fastfood verkauft. Sie wird mithin mit Gewinnerzielungsabsicht auf Dauer unter Beteiligung am allgemeinen wirtschaftlichen Verkehr tätig und ihre Tätigkeit stellt keine selbständige Arbeit, Land- und Forstwirtschaft oder private Vermögensverwaltung dar. Die Personengesellschaft ist damit gewerblich tätig.

Vertiefungshinweis

Eine gewerbliche Mitunternehmerschaft liegt vor, wenn die Personengesellschaft einen Gewerbebetrieb betreibt. Es gilt die allgemeine Gewerbedefinition des § 15 Abs. 2 EStG. Zusätzlich sind die Sondertatbestände des § 15 Abs. 3 EStG zu beachten. § 15 Abs. 1 S. 1 Nr. 2 EStG ist über § 13 Abs. 7 EStG und über § 18 Abs. 4 S. 2 EStG auch für die land- und forstwirtschaftliche und für die freiberufliche Mitunternehmerschaft anwendbar. Nicht anwendbar sind die Grundsätze der Mitunternehmerschaft bei vermögensverwaltenden Personengesellschaften.[6]

bb) Mitunternehmerstellung von F und M

11 Des Weiteren müssten F und M als Mitunternehmer anzusehen sein. Mitunternehmer sind die Gesellschafter der Mitunternehmerschaft, die als Betreiber des Unternehmens anzusehen sind. Erforderlich ist, dass ein Gesellschaftsverhältnis besteht und dass F und M Mitunternehmerrisiko und Mitunternehmerinitiative innehaben.[7]

12 Fraglich ist, ob ein **Gesellschaftsverhältnis** vorliegt. Mitunternehmer kann grundsätzlich nur sein, wer zivilrechtlich als Gesellschafter einer Personengesellschaft anzusehen ist.[8] Wie gesehen, sind F und M Gesellschafter der Q-OHG, so dass ein Gesellschaftsverhältnis vorliegt.

Vertiefungshinweis

Die Voraussetzung eines Gesellschaftsverhältnisses dient der Abgrenzung zu schuldrechtlichen Beziehungen, die keine mit einem Gesellschaftsverhältnis vergleichbare gleichgerichtete Interessenlage begründen.[9]

13 Darüber hinaus müssten F und M Mitunternehmerinitiative entfalten und Mitunternehmerrisiko tragen. **Mitunternehmerinitiative** ist die Teilhabe an unternehmerischen Entscheidungen. Eine Teilhabe an Unternehmensentscheidungen kann angenommen werden, wenn Gesellschafterrechte vorliegen, die wenigstens den Stimm-, Kontroll- und Widerspruchsrechten eines Kommanditisten nach den gesetzlichen Bestimmungen angenähert sind oder die den gesellschaftsrechtlichen Kontrollrechten nach § 716

---

5 BFH v. 25.6.1984, GrS 4/82, BStBl. II 1984, 751, unter C.III.3.a).
6 Zum Ganzen: *Fehrenbacher*, § 3 Rn. 3, 9, 45–47; *Hennrichs*, in: Tipke/Lang, Rn. 10.60.
7 *Fehrenbacher*, § 3 Rn. 5.
8 *Fehrenbacher*, § 3 Rn. 6; *Hennrichs*, in: Tipke/Lang, Rn. 10.31–10.34.
9 *Fehrenbacher*, § 3 Rn. 6.

Abs. 1 BGB entsprechen.[10] F und M sind nach den §§ 114, 116 HGB zur Führung der Geschäfte der Q-OHG berechtigt und verpflichtet sowie nach § 125 Abs. 1 HGB zur Vertretung der Q-OHG befugt, so dass F und M Mitunternehmerinitiative entfalten. **Mitunternehmerrisiko** ist hingegen die unmittelbare Teilhabe am Erfolg beziehungsweise am Misserfolg des Unternehmens. Als Merkmale des Mitunternehmerrisikos werden unter anderem die Beteiligung am Gewinn und Verlust sowie an den stillen Reserven und Lasten und die persönliche Haftung der Gesellschafter für Gesellschaftsverbindlichkeiten gesehen.[11] F und M sind nach den §§ 120 f. HGB am Gewinn und Verlust sowie an den stillen Reserven der Q-OHG beteiligt. Außerdem haften sie als Gesellschafter der Q-OHG nach § 128 Abs. 1 HGB persönlich für Gesellschaftsverbindlichkeiten, so dass F und M auch Mitunternehmerrisiko tragen.

Vertiefungshinweis

Der Mitunternehmerbegriff ist ein Typusbegriff, weshalb Mitunternehmerinitiative und Mitunternehmerrisiko unterschiedlich stark ausgeprägt sein können. Ein Mehr an Risiko kann ein Weniger an Initiative ausgleichen und umgekehrt. Vollständig fehlen darf allerdings keines der Merkmale.[12] Ausreichend, um Mitunternehmerinitiative und Mitunternehmerrisiko zu begründen, ist die Stellung als Kommanditist nach dem gesetzlichen Leitbild.[13]

cc) Ergebnis

Damit erzielen F und M gewerbliche Einkünfte nach den §§ 2 Abs. 1 S. 1 Nr. 2, 15 Abs. 1 S. 1 Nr. 2 EStG.

14

Prüfungshinweis

Endgültig erfolgt die Qualifikation der Einkünfte, wie angesprochen, erst bei den Gesellschaftern. Nach der Einordnung der Einkünfte bei der Gesellschaft kann es daher noch zu einer Umqualifizierung auf der Ebene der Gesellschafter kommen. Relevant ist dieser Aspekt insbesondere bei sogenannten Zebragesellschaften; hiervon wird gesprochen, wenn an einer vermögensverwaltenden Gesellschaft auch Gesellschafter beteiligt sind, die die Anteile im Betriebsvermögen halten und daher gewerbliche Einkünfte beziehen.[14]

b) Einkünfteermittlung

Im Anschluss an die Einkünftequalifikation ist die Einkünfteermittlung in den Blick zu nehmen. Die Einkünfte der Mitunternehmer setzen sich nach § 15 Abs. 1 S. 1 Nr. 2 EStG aus den Gewinnanteilen an der Personengesellschaft (erste Stufe der Gewinnermittlung, § 15 Abs. 1 S. 1 Nr. 2 S. 1 Hs. 1 EStG) und aus den Sondervergütungen (zweite Stufe der Gewinnermittlung, § 15 Abs. 1 S. 1 Nr. 2 S. 1 Hs. 2 EStG) zusammen. Die Einkünfte der Mitunternehmer ergeben sich aus der Addition der Ergebnisse aus erster und zweiter Stufe (sogenannte **additive Gewinnermittlung**).[15]

15

---

10 *Hennrichs*, in: Tipke/Lang, Rn. 10.37–10.38 m.w.N.
11 *Hennrichs*, in: Tipke/Lang, Rn. 10.36.
12 *Hennrichs*, in: Tipke/Lang, Rn. 10.38.
13 *Fehrenbacher*, § 3 Rn. 7 f.
14 Siehe *Fehrenbacher*, § 3 Rn. 47; *Hennrichs*, in: Tipke/Lang, Rn. 10.47.
15 *Hennrichs*, in: Tipke/Lang, Rn. 10.100–10.112.

Prüfungs- und Vertiefungshinweis

Der Gesamtgewinn der Mitunternehmerschaft ergibt sich aus der Addition der gewerblichen Einkünfte der Gesellschafter. Der Gesamtgewinn der Gesellschaft ist relevant für die Gewerbesteuer, bei der die Gesellschaft (anders als bei der Einkommen- und Körperschaftsteuer) Steuersubjekt ist.[16] Zur gewerbesteuerrechtlichen Prüfung im Personengesellschaftsfall siehe § 14 Rn. 63 ff.

aa) Gewinnanteil, § 15 Abs. 1 S. 1 Nr. 2 S. 1 Hs. 1 EStG

16 Zunächst ist der Gewinnanteil von F und M zu ermitteln. Ausgangspunkt ist hierbei der Gewinn der Personengesellschaft.[17]

(1) Ermittlung des Gewinns bei der OHG

17 Bei der Q-OHG ist der Gewinn zu ermitteln (vgl. § 2 Abs. 2 S. 1 Nr. 2 EStG). Fraglich ist, ob der Gewinn nach § 4 Abs. 3 EStG im Rahmen einer Einnahmenüberschussrechnung oder nach §§ 4 Abs. 1, 5 Abs. 1 EStG im Rahmen eines qualifizierten Betriebsvermögensvergleichs zu ermitteln ist.

Die Gewinnermittlungsart bestimmt sich danach, ob die Q-OHG (freiwillig oder aufgrund einer gesetzlichen Pflicht) Bücher führt.[18] Die Q-OHG ist nach § 105 Abs. 1 HGB eine Personenhandelsgesellschaft. Entsprechend finden die Vorschriften für Kaufleute Anwendung (vgl. § 6 Abs. 1 HGB). Kaufleute sind nach § 238 Abs. 1 HGB handelsrechtlich verpflichtet Bücher zu führen. Daher hat die Q-OHG einen **qualifizierten Betriebsvermögensvergleich** nach den §§ 4 Abs. 1, 5 Abs. 1 EStG vorzunehmen. Der Gewinn ist mithin als Unterschiedsbetrag des Betriebsvermögens am Schluss des Wirtschaftsjahres und dem Betriebsvermögen am Schluss des vorangegangenen Wirtschaftsjahres unter Beachtung der Maßgeblichkeit der handelsrechtlichen Bestimmungen zu ermitteln. Nach § 140 AO führt eine handelsrechtliche Buchführungspflicht zu einer steuerrechtlichen Buchführungspflicht (sogenannte derivative Buchführungspflicht).

Die Q-OHG erzielt laut Sachverhalt einen steuerbaren Gewinn in Höhe von 50.000 €.

(2) Gewinnzurechnung an die Gesellschafter

18 Der Gewinn wird den Gesellschaftern anteilig zugerechnet. Die Gewinnverteilung knüpft grundsätzlich an das Gesellschaftsrecht an.[19] Nach der Regelung in § 121 Abs. 1 und 2 HGB erhielten die Gesellschafter demnach zunächst einen Vorabanteil von vier Prozent ihres Kapitalanteils. Der weitere Gewinn würde gemäß § 121 Abs. 3 HGB nach Köpfen verteilt. Individuelle vertragliche Regelungen sind jedoch möglich, und F und M haben vereinbart, jeweils hälftig am Gewinn und Verlust beteiligt zu sein.[20]

Vertiefungshinweis

Der Gewinnanteil wird aus der Gesellschaftsbilanz abgeleitet. Eine Korrektur der in der Gesellschaftsbilanz ausgewiesenen Wertansätze gilt für Sondervorgänge und personenbe-

---

16 *Hennrichs*, in: Tipke/Lang, Rn. 10.112.
17 *Fehrenbacher*, § 3 Rn. 15; *Hennrichs*, in: Tipke/Lang, Rn. 10.105.
18 *Fehrenbacher*, § 3 Rn. 16; *Hennrichs*, in: Tipke/Lang, Rn. 10.101.
19 *Hennrichs*, in: Tipke/Lang, Rn. 10.125.
20 Zum Ganzen: *Gesell*, in: Beck'sches Handbuch der Personengesellschaften, § 4 Rn. 116–134.

zogene Regelungen und geschieht in sogenannten Ergänzungsbilanzen. Ergänzungsbilanzen enthalten besondere steuerrechtliche Wertkorrekturen in Bezug auf Vorgänge, die nur einen einzelnen Gesellschafter betreffen (beispielsweise den Eintritt eines Gesellschafters). Sie sind (wenn relevant) im Rahmen der ersten Stufe der Gewinnermittlung zu berücksichtigen.[21]

(3) Ergebnis

Aus der anteiligen Zurechnung des Gewinns der Gesellschaft ergibt sich damit der Gewinnanteil von F und M nach § 15 Abs. 1 S. 1 Nr. 2 S. 1 Hs. 1 EStG.

bb) Sonderbereich, § 15 Abs. 1 S. 1 Nr. 2 S. 1 Hs. 2 EStG

Auf der zweiten Stufe der Gewinnermittlung wird das Ergebnis der Sonderbilanzen der Gesellschafter nach § 15 Abs. 1 S. 1 Nr. 2 S. 1 Hs. 2 EStG ermittelt. Hier werden Gewinne aus Vergütungen und das Sonderbetriebsvermögen ausgewiesen. Auf das Ergebnis der Sonderbilanzen wirken sich Sonderbetriebseinnahmen und Sonderbetriebsausgaben aus.[22] Im vorliegenden Fall bestehen an dieser Stelle allerdings keine relevanten Geschäftsvorfälle.

Prüfungshinweis

In diesem Einstiegsfall zur Mitunternehmerschaft liegen noch keine Geschäftsvorfälle vor, die sich im Sonderbereich auswirken. Trotzdem wurde hier das Prüfungsschema im Ganzen dargestellt. In den folgenden Fällen wird dieser Prüfungspunkt dann auch relevant. Siehe hierzu § 14 Rn. 20 ff.; § 15 Rn. 24 ff.

cc) Ergebnis

F und M haben Einkünfte im Sinne der §§ 2 Abs. 1 S. 1 Nr. 2, 15 Abs. 1 S. 1 Nr. 2 EStG. Sie setzen sich aus dem Gewinnanteil und dem Ergebnis des Sonderbereichs zusammen. Die Einkünfte der Mitunternehmer ergeben sich aus der Addition der Ergebnisse dieser beiden Stufen der Gewinnermittlung. Hier besteht ein Gewinn der Gesellschaft von 50.000 €. Relevante Vorgänge im Sonderbereich bestehen im Fall nicht.

c) Ergebnis

F und M erzielen gewerbliche Einkünfte aus der Mitunternehmerschaft nach den §§ 2 Abs. 1 S. 1 Nr. 2, 15 Abs. 1 S. 1 Nr. 2 EStG.

4. Einheitliche und gesonderte Gewinnfeststellung

Der Gewinn der Mitunternehmerschaft wird verfahrensrechtlich nach den §§ 179 Abs. 1, 180 Abs. 1 S. 1 Nr. 2 lit. a AO einheitlich und gesondert (für die Folgebescheide bindend) festgestellt (Feststellungsbescheid als Grundlagenbescheid, vgl. §§ 171 Abs. 10, 182 Abs. 1 AO).[23]

---

21 Zum Ganzen: *Fehrenbacher*, § 3 Rn. 15–17; *Hennrichs*, in: Tipke/Lang, Rn. 10.105, 10.120–10.126.
22 Zum Ganzen: *Fehrenbacher*, § 3 Rn. 18.
23 *Fehrenbacher*, § 3 Rn. 2; *ders.*, § 8 Rn. 90–92.

Vertiefungshinweis

Zur einheitlichen und gesonderten Gewinnfeststellung siehe auch § 14 Rn. 27; § 15 Rn. 30; § 27 Rn. 15 f.

5. Ergebnis

24 Die Q-OHG selbst ist kein Subjekt der Einkommen- oder Körperschaftsteuer. Die Einkünfte aus der Q-OHG sind bei den unbeschränkt einkommensteuerpflichtigen Gesellschaftern F und M als gewerbliche Einkünfte aus der Mitunternehmerschaft nach den §§ 2 Abs. 1 S. 1 Nr. 2, 15 Abs. 1 S. 1 Nr. 2 EStG zu qualifizieren. Der gewerbliche Gewinn ergibt sich aus einer Addition der beiden Stufen der Gewinnermittlung nach § 15 Abs. 1 S. 1 Nr. 2 S. 1 EStG.

II. Ziffer 2 – Ausgaben für Werbung und für die Internetadresse

25 Fraglich ist, wie die Kosten der Werbemaßnahmen und die Kosten des Erwerbs der Internetadresse im Jahr 01 ertragsteuerlich zu berücksichtigen sind. Die Kosten könnten sich auf den Gewinn der Q-OHG auswirken.

Prüfungshinweis

Die Prüfung dieser Ziffer, wie auch die Prüfung der folgenden Ziffern 3 bis 5, erfolgt insgesamt im Bereich der Einkünfteermittlung und dort bei der Ermittlung des Gewinns der Q-OHG, also im Gewinnanteil der Gesellschafter.

1. Ausgaben für Werbung

26 Die Kosten in Höhe von 2.000 € für die Werbung in lokalen Medien und für die Nennung der Quesadilla-Bar in angesagter Reiseliteratur könnten Betriebsausgaben nach § 4 Abs. 4 EStG darstellen. Betriebsausgaben sind alle Kosten, die durch die Geschäftstätigkeit des Gewerbebetriebs veranlasst sind. Die Werbemaßnahmen dienen der Kundengewinnung und stehen in einem unmittelbaren Zusammenhang mit dem Gastronomiebetrieb. Die Kosten stellen demnach Betriebsausgaben dar. Mangels Erwerbs eines bilanzierungsfähigen Wirtschaftsguts oder Einschlägigkeit eines Abzugsverbots nach § 4 Abs. 5 EStG können die Kosten unmittelbar gewinnmindernd geltend gemacht werden.

2. Erwerb der Internetadresse

27 Die Kosten für den Erwerb der Internetadresse „Quesadilla-Bar-Muenchen.de" in Höhe von 1.500 € könnten ebenfalls Betriebsausgaben nach § 4 Abs. 4 EStG darstellen. Der Internetauftritt der Q-OHG einschließlich der Internetadresse (Domain-Name) ist von wesentlicher Bedeutung für die Geschäftstätigkeit des Gastronomiebetriebs. Die entsprechenden Kosten sind betrieblich veranlasst.

Ein Sofortabzug der Kosten ist jedoch ausgeschlossen, wenn die Internetadresse ein bilanzierungsfähiges Wirtschaftsgut darstellt. Bei dem Domain-Namen handelt es sich um ein **immaterielles Wirtschaftsgut**. Dieses Wirtschaftsgut ist dauerhaft dem Betrieb zu dienen bestimmt, so dass es sich um Anlagevermögen im Sinne des § 247 Abs. 2 HGB handelt.[24] Grundsätzlich kommt eine Aktivierung in Betracht. Allerdings könnte

---

24 BFH v. 19.10.2006, III R 6/05, BStBl. II 2007, 301, unter 2.

das Aktivierungsverbot des § 5 Abs. 2 EStG einschlägig sein. Danach besteht ein Ansatzverbot für selbstgeschaffene immaterielle Wirtschaftsgüter des Anlagevermögens. Die Q-OHG hat den Domain-Namen aber entgeltlich erworben. § 5 Abs. 2 EStG steht einer Aktivierung daher nicht entgegen.

Wirtschaftsgüter des Anlagevermögens, die der Abnutzung unterliegen, sind mit den Anschaffungskosten abzüglich der **Absetzungen für Abnutzung** anzusetzen (vgl. § 6 Abs. 1 Nr. 1 EStG). Fraglich ist an dieser Stelle, ob es sich bei dem Domain-Namen um ein abnutzbares Wirtschaftsgut handelt. Wirtschaftsgüter unterliegen der Abnutzung, wenn ihre Nutzungs- oder Verwendungsmöglichkeit zeitlich begrenzt ist.[25] Eine Internetdomain als solche verliert weder unter rechtlichen noch unter wirtschaftlichen Gesichtspunkten an Wert, weil die Nutzbarkeit zeitlich nicht begrenzt ist.[26] Eine Abnutzung wäre daher grundsätzlich zu verneinen. Allerdings kann von einer Abnutzbarkeit ausgegangen werden, wenn bei der Internetadresse der Geschäftsname verwendet wird (sogenannte qualifizierte Domain). Stimmen Domain-Name und Name des Unternehmens überein, kann eine Abschreibung der Domain als eigenständiges Wirtschaftsgut entsprechend dem Geschäftswert erfolgen.[27] Die Abnutzbarkeit des Geschäftswerts wird in § 7 Abs. 1 S. 3 EStG angenommen. Hier ist eine betriebsgewöhnliche Nutzungsdauer von 15 Jahren bestimmt. Die Q-OHG verwendet in der Internetadresse den Geschäftsnamen, so dass eine Abschreibung entsprechend der Grundsätze für den Geschäftswert erfolgt. Die Anschaffungskosten in Höhe von 1.500 € sind damit über 15 Jahre zu je einem Fünfzehntel, pro Jahr also zu 100 € (1.500 € x 1/15), gewinnmindernd abzuziehen.

3. Ergebnis

Die Kosten der Werbemaßnahmen in Höhe von 2.000 € sind im Jahr 01 unmittelbar gewinnmindernd als Betriebsausgaben zu berücksichtigen. Die Kosten der Internetdomain in Höhe von 1.500 € hingegen sind über 15 Jahre abzuschreiben.

III. Ziffer 3 – Catering bei dem Automobilhersteller

Zu untersuchen sind die einkommensteuerrechtlichen Auswirkungen des Caterings.

1. Aktivierung der Forderung

Im Rahmen der Einkünfteermittlung auf der Ebene der Q-OHG ist zunächst auf die bilanzielle Bewertung des Zahlungsanspruchs der Q-OHG gegenüber dem Automobilhersteller einzugehen.

Es könnte eine zu bilanzierende Forderung vorliegen. Dafür dürfte es sich allerdings nicht um ein schwebendes Geschäft handeln. Schwebende Geschäfte (solche, die auf den Leistungsaustausch gerichtet sind und bei denen die Sach- beziehungsweise Dienstleitungsverpflichtungen noch nicht erfüllt sind) dürfen nicht bilanziert werden.[28] Die Q-OHG hat vorliegend allerdings bereits im Jahr 01 ihre geschuldete Cateringleistung erbracht. Es handelt sich damit nicht mehr um ein schwebendes Geschäft. Die Forderung ist daher in diesem Jahr in der Bilanz als Aktivposten anzusetzen. Ein Ansatz in

---

25 *Ehmcke*, in: Blümich, § 6 EStG Rn. 708.
26 BFH v. 19.10.2006, III R 6/05, BStBl. II 2007, 301, unter 2.e).
27 *Krumm*, in: Blümich, § 5 EStG Rn. 645; *Kulosa*, in: Schmidt, § 7 EStG Rn. 43.
28 *Weber-Grellet*, in: Schmidt, § 5 EStG Rn. 76.

der Bilanz erfolgt nach § 6 Abs. 1 Nr. 2 EStG mit dem Nennwert der Forderung.[29] Der Vorgang ist erfolgswirksam.

2. (Teilweise) Tilgung der Forderung

32 Die Tilgung der Forderung in Höhe von 6.000 € im Jahr 02 begründet aufgrund der betrieblichen Veranlassung bei der Q-OHG eine Betriebseinnahme (vgl. §§ 4 Abs. 4, 8 Abs. 1 EStG). Entsprechend des Geldzuflusses ist allerdings die Forderung auszubuchen, so dass die Zahlung zu keinem Ertrag führt. Es handelt sich um einen vermögensumschichtenden und erfolgsneutralen Vorgang. Es liegt ein sogenannter Aktivtausch vor.

3. Forderungsverzicht

33 Fraglich ist, wie sich der Verzicht der Q-OHG auf ein Drittel der Forderung auswirkt. Vorliegend wurde auf die Forderung unter der Annahme verzichtet, dass hierdurch der Automobilhersteller als Kunde erhalten bleibt und auch zukünftig die Q-OHG für Eventcaterings engagiert. Es handelt sich mithin um einen betrieblich veranlassten Forderungsverzicht in Höhe von 3.000 €. Infolge des wirksamen Verzichts ist die Forderung insoweit auszubuchen.[30] Dies wirkt sich unmittelbar gewinnmindernd aus; es liegt Aufwand vor.

4. Ergebnis

34 Die Forderung der Q-OHG gegenüber dem Automobilhersteller ist im Jahr 01 gewinnerhöhend bilanziell zu berücksichtigen. Die Zahlung durch den Automobilhersteller ist erfolgsneutral. Der Forderungsverzicht führt zu Aufwand im Jahr 02.

IV. Ziffer 4 – Geschäftsessen

35 Fraglich ist, ob die Kosten für das Geschäftsessen in Höhe von 2.000 € im Rahmen der Einkünfteermittlung berücksichtigt werden können.

Die Kosten des Geschäftsessens stehen in einem unmittelbaren Zusammenhang mit der Geschäftstätigkeit der Q-OHG, so dass sie Betriebsausgaben nach § 4 Abs. 4 EStG darstellen. Eine Abziehbarkeit ist jedoch ausgeschlossen, wenn ein **Abzugsverbot** nach § 4 Abs. 5 EStG besteht. Gemäß § 4 Abs. 5 S. 1 Nr. 2 EStG sind nur 70 Prozent der nach der Verkehrsauffassung angemessenen Aufwendungen für die Bewirtung von Personen aus geschäftlichem Anlass abziehbar. Nach dem Sachverhalt sind die Bewirtungsaufwendungen angemessen. Von diesen angemessenen Aufwendungen in Höhe von 2.000 € sind dann aber nur 70 Prozent, also 1.400 € (2.000 € x 70 Prozent), als Betriebsausgaben gewinnmindernd zu berücksichtigen.

Vertiefungshinweis

Hintergrund der Abzugsverbote des § 4 Abs. 5 EStG ist grundsätzlich eine Beschränkung der Betriebsausgaben mit Blick auf Kosten, die die private Lebensführung berühren.[31]

---

29 *Dreixler*, in: Herrmann/Heuer/Raupach, § 6 EStG Rn. 561.
30 Siehe *Winnefeld*, Kap. D, Rn. 587.
31 *Drüen*, in: Blümich, § 4 EStG Rn. 670, 674, 734.

V. Ziffer 5 – Patentverletzung

Fraglich ist, wie die Kosten der wahrscheinlichen Inanspruchnahme für die Patentverletzung bei der Q-OHG berücksichtigt werden können.

36

Die Patentverletzung könnte zur Bildung einer **Rückstellung** führen. Rückstellungen können gebildet werden für Verbindlichkeiten, die dem Grund und der Höhe nach beziehungsweise dem Grund oder der Höhe nach ungewiss sind, wenn die wirtschaftliche Verursachung vor dem Bilanzstichtag lag und mit der Inanspruchnahme zu rechnen ist (vgl. § 249 Abs. 1 HGB).[32] Nach dem Sachverhalt wurde die Q-OHG wegen der Patentverletzung verklagt. Eine Verurteilung zur Zahlung von 500 € ist wahrscheinlich. Damit ist das Bestehen der Verbindlichkeit wahrscheinlich und die Q-OHG wird diesbezüglich von der Gegenseite auch in Anspruch genommen. Entsprechend ist eine Rückstellung nach § 249 Abs. 1 HGB zu bilden.

Die handelsrechtlichen Grundsätze zur Bildung von Rückstellungen gelten aufgrund des Maßgeblichkeitsprinzips auch im Steuerrecht (vgl. § 5 Abs. 1 S. 1 EStG). Steuerrechtliche Sonderregelungen sind allerdings zu beachten.[33] § 5 Abs. 3 EStG normiert, dass eine Rückstellung wegen Verletzung fremder Patentrechte erst gebildet werden darf, wenn Ansprüche wegen der Rechtsverletzung geltend gemacht wurden (vgl. § 5 Abs. 3 S. 1 Nr. 1 EStG) oder wenn mit einer Geltendmachung ernsthaft zu rechnen ist (vgl. § 5 Abs. 3 S. 1 Nr. 2 EStG).[34] Hier wurden entsprechende Ansprüche bereits gerichtlich geltend gemacht, so dass die Voraussetzungen des § 5 Abs. 3 EStG vorliegen. Die Q-OHG kann für die Patentverletzung daher eine Rückstellung bilden.

Die Bewertung von Rückstellungen richtet sich nach dem nach vernünftiger kaufmännischer Beurteilung notwendigen Erfüllungsbetrag (vgl. § 253 Abs. 1 S. 2 HGB), wobei steuerrechtlich die Beschränkungen des § 6 Abs. 1 Nr. 3a EStG zu beachten sind.[35] Ein Ansatz erfolgt mit dem Wert der wahrscheinlichen Inanspruchnahme, mithin mit 500 €. Eine Abzinsung nach § 6 Abs. 1 Nr. 3a lit. e EStG muss nicht erfolgen, weil die Laufzeit am Bilanzstichtag voraussichtlich weniger als zwölf Monate beträgt. Die Bildung der Rückstellung ist erfolgswirksam. Der Aufwand wird bereits im Jahr 01 berücksichtigt.

Vertiefungshinweis

Im Fall der tatsächlichen Inanspruchnahme ist die Zahlung in entsprechender Höhe vermögens- und erfolgsneutral. Es kommt nur zu einer Umbuchung. Übersteigt die tatsächliche Inanspruchnahme die gebildete Rückstellung, ist der übersteigende Teil vermögens- und erfolgswirksam gewinnmindernd zu berücksichtigen. Erfolgt keine Inanspruchnahme oder unterschreitet die Inanspruchnahme die gebildete Rückstellung, ist die Rückstellung in entsprechender Höhe erfolgswirksam auszubuchen.[36]

VI. Ziffer 6 – Verlust

Fraglich ist, wie sich der Verlust der Q-OHG im Jahr 03 in Höhe von 50.000 € einkommensteuerrechtlich auswirkt. Der Verlust ist aufgrund des objektiven Nettoprin-

37

---

32 *Weber-Grellet*, in: Schmidt, § 5 EStG Rn. 350.
33 *Fehrenbacher*, § 2 Rn. 79 f.
34 *Weber-Grellet*, in: Schmidt, § 5 EStG Rn. 392–395.
35 *Fehrenbacher*, § 2 Rn. 102.
36 Zum Ganzen: *Weber-Grellet*, in: Schmidt, § 5 EStG Rn. 350.

zips bei der Besteuerung zu berücksichtigen.[37] Er wird nach dem Transparenzprinzip den Gesellschaftern unmittelbar zugerechnet.

Erzielen F und M neben ihren gewerblichen Einkünften aus der Q-OHG anderweitige gewerbliche Einkünfte, sind sämtliche gewerbliche Einkünfte im Rahmen eines horizontalen Verlustausgleichs miteinander zu saldieren. Können die Verluste im Rahmen des horizontalen Verlustausgleichs nicht vollständig ausgeglichen werden, ist eine Verlustverrechnung mit positiven Einkünften anderer Einkunftsarten im Rahmen eines vertikalen Verlustausgleichs vorzunehmen. Verbleibt auch bei einer vertikalen Verrechnung der Einkünfte ein Verlust, kommt eine Übertragung der Verluste in andere Veranlagungszeiträume nach § 10 d EStG in Betracht.[38]

Nach § 10 d Abs. 1 EStG sind Verluste grundsätzlich bis zu einer Höchstgrenze von 1.000.000 € zunächst in den vorangegangenen Veranlagungszeitraum zurückzutragen. Die bereits ergangenen Steuerbescheide sind dann entsprechend zu ändern. Verbleibt ein Verlustüberhang nach Anrechnung auf den vorangegangenen Veranlagungszeitraum, so kommt nach § 10 d Abs. 2 EStG ein Vortrag des verbleibenden Verlusts in Betracht. Der Verlustvortrag ist zunächst bis zu einem Betrag von 1.000.000 € unbegrenzt möglich. Der übersteigende Betrag kann dann nur zu 60 Prozent berücksichtigt werden.[39]

Vertiefungshinweis

§ 10 d Abs. 1 S. 3 EStG bietet eine eigenständige Korrekturnorm für bereits erlassene Steuerbescheide, so dass nicht auf die Korrekturnormen der Abgabenordnung zurückgegriffen werden muss;[40] § 10 d Abs. 1 S. 4 EStG sieht zudem eine Sonderregel zur Festsetzungsverjährung vor. Auf Antrag kann nach § 10 d Abs. 1 S. 5 EStG von einem Rücktrag der Verluste in vorangegangene Veranlagungszeiträume abgesehen werden und ein Vortrag der Verluste in folgende Veranlagungszeiträume erfolgen.[41] § 10 d Abs. 4 S. 1 EStG bestimmt, dass der verbleibende Verlustvortrag am Schluss eines Veranlagungszeitraums gesondert festzustellen ist.

Die Werte des § 10 d Abs. 1 S. 1 EStG wurden durch das „Zweite Corona-Steuerhilfegesetz"[42] und das „Dritte Corona-Steuerhilfegesetz"[43] zweimal für einen begrenzten Zeitraum erhöht. Für die Veranlagungszeiträume 2020 und 2021 beträgt der Höchstbetrag für den Verlustrücktrag demnach 10.000.000 €.

VII. Ziffer 7 – Stille Beteiligung des V

Fraglich ist, wie die Beteiligung des V an dem Unternehmen durch die Hingabe von Geld unter Erhalt von Kontroll- und Widerspruchsrechten und einer Gewinnbeteiligung steuerrechtlich zu bewerten ist. Es sind sowohl die steuerlichen Auswirkungen bei V, als auch bei der Q-OHG in den Blick zu nehmen.

---

37 *Hey*, in: Tipke/Lang, Rn. 8.60.
38 Zum Ganzen: *Fehrenbacher*, § 2 Rn. 248 f.; *Hey*, in: Tipke/Lang, Rn. 8.60–8.62.
39 Zum Ganzen: *Fehrenbacher*, § 2 Rn. 257.
40 *Vogel*, in: Blümich, § 10 d EStG Rn. 171.
41 *Heinicke*, in: Schmidt, § 10 d EStG Rn. 26–28.
42 Zweites Gesetz zur Umsetzung steuerlicher Hilfsmaßnahmen zur Bewältigung der Corona-Krise (Zweites Corona-Steuerhilfegesetz) v. 29.6.2020, BGBl. I 2020, 1512.
43 Drittes Gesetz zur Umsetzung steuerlicher Hilfsmaßnahmen zur Bewältigung der Corona-Krise (Drittes Corona-Steuerhilfegesetz) v. 10.3.2021, BGBl. I 2021, 330.

§ 13 Übungsfall 6 – Ertragsbesteuerung der Personengesellschaften

1. Steuerliche Auswirkungen bei V

Der Erhalt der Gewinnbeteiligung von 1.000 € im Jahr 04 könnte einkommensteuerrechtlich relevant sein.

a) Persönliche Steuerpflicht

V ist mangels entgegenstehender Angaben in Deutschland unbeschränkt einkommensteuerpflichtig (vgl. § 1 Abs. 1 S. 1 EStG, §§ 8, 9 AO).

b) Veranlagung und Tarif

Vorbehaltlich eines Steuerabzugs mit Abgeltungswirkung ist V zu veranlagen. Mangels anderer Angaben im Sachverhalt erfolgt eine Einzelveranlagung zum Grundtarif des § 32a Abs. 1 EStG. Der Veranlagungszeitraum ist das Kalenderjahr (vgl. § 25 Abs. 1 EStG).

c) Sachliche Steuerpflicht

Fraglich ist, wie die Einkünfte des V aus der Beteiligung an der Q-OHG zu qualifizieren und zu ermitteln sind.

aa) Einkünftequalifikation

V erhält von der Q-OHG eine Zahlung von 1.000 € im Jahr 04 für die Überlassung des Betrags von 20.000 €.

Bei der Überlassung des Kapitals durch V an die Q-OHG könnte es sich um ein (partiarisches) Darlehen handeln. Damit könnte die Zahlung der OHG an V bei den Einkünften aus Kapitalvermögen zu erfassen sein (vgl. § 2 Abs. 1 S. 1 Nr. 5 EStG). Die Zahlungen an V sind vom Erfolg der Q-OHG abhängig. Entsprechend kommt ein **partiarisches Darlehen** (vgl. § 20 Abs. 1 Nr. 4 EStG) in Betracht. Allerdings werden V Kontroll- und Widerspruchsrechte eingeräumt. Zudem ist V auch am Verlust beteiligt. Die Rechtsbeziehung zwischen der Q-OHG und V geht daher über die schuldrechtliche Beziehung auf Grundlage eines Vertrags über einen Leistungsaustausch hinaus. Es besteht ein Gesellschaftsverhältnis.[44]

In Betracht kommt damit eine **stille Beteiligung** des V an dem Handelsgewerbe der Q-OHG. Entsprechende Einnahmen wären bei den Einkünften nach den §§ 2 Abs. 1 S. 1 Nr. 5, 20 Abs. 1 Nr. 4 EStG zu erfassen. Von der typisch stillen Beteiligung ist aber die **Mitunternehmerstellung** des stillen Gesellschafters (sogenannte atypisch stille Beteiligung) abzugrenzen. Wäre V als Mitunternehmer der OHG anzusehen, lägen gewerbliche Einkünfte nach den §§ 2 Abs. 1 S. 1 Nr. 2, 15 Abs. 1 S. 1 Nr. 2 EStG vor. Entscheidend ist an dieser Stelle, ob V Mitunternehmerinitiative entfaltet und Mitunternehmerrisiko trägt. Es kommt mithin auf die Teilhabe an unternehmerischen Entscheidungen (Mitunternehmerinitiative) und am Erfolg beziehungsweise am Misserfolg des Unternehmens (Mitunternehmerrisiko) an. Mit Blick auf die Kontroll- und Widerspruchsrechte des V kann hier vom Vorliegen der Mitunternehmerinitiative ausgegangen werden. Problematisch ist allerdings die Teilhabe am unternehmerischen Risiko. V ist zwar am Gewinn und Verlust der Q-OHG beteiligt, allerdings nicht an

---

[44] Vgl. zum Ganzen: *Fehrenbacher*, § 2 Rn. 213.

den stillen Reserven und Lasten. Dies spricht gegen das Vorliegen eines hinreichenden Mitunternehmerrisikos. Um trotz einer fehlenden Teilhabe an den stillen Reserven und Lasten von einer Mitunternehmerstellung ausgehen zu können, müssten die Initiativbefugnisse des V besonders ausgeprägt sein. V erhält jedoch lediglich Kontroll- und Widerspruchsrechte. Dies entspricht der (schwachen) Rechtsstellung eines Kommanditisten. Hierdurch kann das schwach ausgeprägte Unternehmerrisiko nicht ausgeglichen werden.

Im Ergebnis liegt daher eine stille Beteiligung im Sinne der §§ 230 ff. HGB und keine Mitunternehmerstellung vor. Damit bestehen keine gewerblichen Einkünfte, sondern Einkünfte aus Kapitalvermögen nach den §§ 2 Abs. 1 S. 1 Nr. 5, 20 Abs. 1 Nr. 4 EStG.

bb) Einkünfteermittlung

45 Einkünfte aus Kapitalvermögen stellen eine Überschusseinkunftsart dar (vgl. § 2 Abs. 2 S. 1 Nr. 2 EStG). Daher hat V den Überschuss der Einnahmen über die Werbungskosten nach dem Zu- und Abflussprinzip zu ermitteln (vgl. §§ 8, 9, 11 EStG, vgl. aber auch § 2 Abs. 2 S. 2 EStG). Die Einnahmen in Höhe von 1.000 € im Jahr 04 sind dann als Einnahmen im Rahmen der Einkünfte aus Kapitalvermögen zu erfassen.

cc) Kapitalertragsteuerabzug

46 Bei den Kapitalerträgen besteht eine besondere Erhebungsform für die Einkommensteuer. Es erfolgt ein **Kapitalertragsteuerabzug mit Abgeltungswirkung** (vgl. § 43 Abs. 1 S. 1 Nr. 3, Abs. 5 S. 1 EStG). Die Kapitalerträge fließen nicht in die reguläre Veranlagung ein. Die Q-OHG behält 25 Prozent der Kapitalerträge ein und führt diesen Betrag für den Steuerpflichtigen V an das Finanzamt ab (vgl. §§ 43 a Abs. 1 S. 1 Nr. 1, 44 Abs. 1 S. 1 und 3 EStG). Die Kapitalertragsteuer entsteht im Zeitpunkt des Zuflusses der Kapitalerträge (vgl. § 44 Abs. 1 S. 2 EStG). Die Kapitalerträge unterliegen nicht dem regulären progressiven Tarif, sondern grundsätzlich dem **besonderen Tarif** des § 32 d Abs. 1 EStG. Der Steuersatz beträgt 25 Prozent.

Der besondere Tarif des § 32 d Abs. 1 EStG könnte jedoch nach § 32 d Abs. 2 Nr. 1 S. 1 lit. a EStG ausgeschlossen sein. Voraussetzung ist dabei insbesondere, dass Gläubiger und Schuldner einander nahestehende Personen sind. Nahestehende Personen in diesem Sinne liegen vor, wenn Gläubiger und Schuldner einem beherrschenden Einfluss ausgesetzt sind.[45] Ein beherrschendes Verhältnis setzt voraus, dass die beherrschte Person aufgrund eines Abhängigkeitsverhältnisses im Wesentlichen keinen eigenen Entscheidungsspielraum innehat; ein beherrschendes Verhältnis kann jedoch nicht ausschließlich aus persönlichen Interessen beziehungsweise aus einer familiären Verbundenheit geschlossen werden.[46] Hier ist ein entsprechendes Beherrschungsverhältnis nicht ersichtlich. Dies ergibt sich auch noch nicht aus den Verlusten des Vorjahres. Dass die Q-OHG sich beispielsweise anderweitig nicht hätte finanzieren können, gibt der Sachverhalt nicht vor. Ein Ausschluss des § 32 d Abs. 1 EStG ist daher nicht gegeben.

Werbungskosten werden pauschaliert im Rahmen des **Sparer-Pauschbetrags** in Höhe von 801 € berücksichtigt (vgl. § 20 Abs. 9 EStG).

---

45 *Levedag*, in: Schmidt, § 32 d EStG Rn. 8 m.w.N.
46 *Werth*, in: Blümich, § 32 d EStG Rn. 67–72.

Vertiefungshinweis

Zum Kapitalertragsteuerabzug allgemein siehe auch § 11 Rn. 10. Zu § 32 d Abs. 2 Nr. 1 S. 1 lit. a EStG siehe bereits § 11 Rn. 44.

dd) Ergebnis

V erzielt Einkünfte als typisch stiller Gesellschafter aus Kapitalvermögen nach § 20 Abs. 1 Nr. 4 EStG. Die Steuererhebung erfolgt in Form der Kapitalertragsteuer nach den §§ 43 ff. EStG.

d) Ergebnis

V ist als typisch stiller Gesellschafter anzusehen. Es handelt sich damit bei der Zahlung der Q-OHG an V in Höhe von 1.000 € um Einkünfte aus Kapitalvermögen nach den §§ 2 Abs. 1 S. 1 Nr. 5, 20 Abs. 1 Nr. 4 EStG bei V. Die Erhebung der Steuer erfolgt durch den Kapitalertragsteuerabzug nach den §§ 43 ff. EStG.

2. Steuerliche Auswirkungen bei der Q-OHG

Fraglich ist, wie sich die Zahlung von V an die Q-OHG in Höhe von 20.000 € sowie die Zahlung der Q-OHG an V in Höhe von 1.000 € bei der Q-OHG ertragsteuerlich auswirken.

a) Einlage

Die Zahlung des V an die Q-OHG in Höhe von 20.000 € stellt eine Vermögenseinlage dar, die in das Vermögen des Inhabers des Handelsgeschäfts übergeht.[47] Es handelt sich um die Zuführung von Fremdkapital; die Q-OHG hat daher eine Verbindlichkeit nach § 6 Abs. 1 Nr. 3 EStG mit dem Nennwert als Passivposten in die Bilanz aufzunehmen.[48] Der Vorgang ist damit vermögensumschichtend und erfolgsneutral.

b) Auszahlung der 1.000 €

Bei der Zahlung in Höhe von 1.000 € an V handelt es sich um eine unmittelbar durch die Geschäftstätigkeit der Gesellschaft veranlasste Zahlung, mithin um eine Betriebsausgabe nach § 4 Abs. 4 EStG.[49] Der sofortigen Abzugsfähigkeit steht weder ein Abzugsverbot noch die Bilanzierbarkeit eines erworbenen Wirtschaftsguts entgegen. Die Zahlung ist damit gewinnmindernd zu berücksichtigen.

c) Ergebnis

Die Hingabe von 20.000 € durch V begründet bei der Q-OHG eine Fremdkapitalgabe. Die Rückzahlungsverpflichtung ist mit dem Nennwert in Höhe von 20.000 € zu passivieren. Die Auszahlung an V stellt eine Betriebsausgabe nach § 4 Abs. 4 EStG dar.

---

47 *Fehrenbacher*, § 2 Rn. 213.
48 *Vogl*, in: Beck'sches Steuer- und Bilanzrechtslexikon, Stille Gesellschaft, Rn. 21.
49 *Vogl*, in: Beck'sches Steuer- und Bilanzrechtslexikon, Stille Gesellschaft, Rn. 21. Vgl. *Hennrichs*, in: Tipke/Lang, Rn. 13.102.

3. Ergebnis

53 V erzielt Einkünfte als typisch stiller Gesellschafter nach den §§ 2 Abs. 1 S. 1 Nr. 5, 20 Abs. 1 Nr. 4 EStG in Höhe von 1.000 € im Jahr 04. Für die Q-OHG stellt die Zahlung eine Betriebsausgabe dar. Die Einlage in Höhe von 20.000 € ist eine Fremdkapitalgabe des V an die Q-OHG. Die Q-OHG hat diesbezüglich eine Verbindlichkeit zu passivieren.

§ 14 Übungsfall 7 – Ertragsbesteuerung der Personengesellschaften mit Gewerbesteuer

Der folgende Fall behandelt im Schwerpunkt die Besteuerung der gewerblichen Mitunternehmerschaft. Im Einzelnen werden insbesondere die folgenden Aspekte behandelt: Absetzung für Abnutzung (vgl. § 7 EStG); Aktivierung von Forderungen (vgl. § 6 Abs. 1 Nr. 2 EStG); Einlagen (vgl. §§ 4 Abs. 1 S. 1 und 8, 6 Abs. 1 Nr. 5 EStG); Passivierung von Verbindlichkeiten (vgl. § 6 Abs. 1 Nr. 3 EStG); Private Veräußerungsgeschäfte (vgl. §§ 2 Abs. 1 S. 1 Nr. 7, 22 Nr. 3, 23 EStG); Sondervergütungen (vgl. § 15 Abs. 1 S. 1 Nr. 2 S. 1 Hs. 2 EStG); Sonderbetriebsvermögen. Die gewerbesteuerrechtliche Ergänzung behandelt insbesondere folgende Aspekte: Anrechnung der Gewerbesteuer auf die Einkommensteuer bei Personengesellschaften (vgl. § 35 EStG); Hinzurechnung bei Sondervergütungen; Hinzurechnung von Darlehenszinsen (vgl. § 8 Nr. 1 lit. a GewStG); Hinzurechnung von Mietzahlungen (vgl. § 8 Nr. 1 lit. e GewStG); Kürzung bei Grundbesitz (§ 9 Nr. 1 GewStG); Personengesellschaft als Steuersubjekt.

Sachverhalt

▶ Manfred (M) wohnt in Leipzig (Deutschland). Er ist 1,96 Meter groß und genervt von den Problemen des täglichen Lebens, die durch seine Größe entstehen. Weil er leidenschaftlicher Koch ist und sich in der Küche seiner kleinen Freundin Frieda (F), die ebenfalls in Leipzig wohnt, immer den Rücken verbiegen muss, um Gemüse zu schneiden, hat er ein Brett auf Stelzen konzipiert, das seine Arbeitsfläche um 15 Zentimeter erhöht. Für die Produktion und den Vertrieb solcher Küchenbretter haben F und M die Zwei-Meter-Mann-KG (Z-KG) gegründet. M ist als Komplementär zu 70 Prozent beteiligt, während F als Kommanditistin zu 30 Prozent beteiligt ist.

(1) Die Z-KG erzielt Einnahmen aus dem Verkauf der Küchenbretter in Höhe von 100.000 €. Außerdem schließt die Z-KG mit M einen Dienstvertrag ab, in dem vereinbart wird, dass er die Geschäftsführung übernimmt. Hierfür erhält er entsprechend der vertraglichen Vereinbarung im Jahr 01 ein angemessenes Entgelt von 24.000 €.

(2) M ist seit vielen Jahren Eigentümer eines ungenutzten Bürogebäudes, das im Jahr 1995 aufgrund des im selben Jahr gestellten Bauantrags in der Leipziger Innenstadt errichtet wurde. Er vermietet das Gebäude ab Anfang 01 an die Z-KG als Firmenzentrale und erhält hierfür im Jahr 01 ein angemessenes Entgelt von 30.000 €. Der Teilwert des Gebäudes beträgt 90.000 €.

(3) Des Weiteren verfügt M über eine Fräsmaschine, die er im Januar 01 für 1.800 € angeschafft hat. Er veräußert die Maschine zu einem angemessenen Preis von 2.000 € im Juli 01 an die Z-KG, die diese für den Bau der Küchenbretter benötigt. Die gewöhnliche (Rest-)Nutzungsdauer der Fräsmaschine beträgt acht Jahre.

(4) Um Finanzierungsschwierigkeiten zu vermeiden, gewährt F der Z-KG im Jahr 01 ein Darlehen in Höhe von 30.000 €. Vereinbart wird ein üblicher Zinssatz von zwei Prozent über eine Laufzeit von 10 Jahren. Für das Jahr 01 zahlt die Z-KG Zinsen in Höhe von 600 € an F.

(5) M muss, um seine Einlage in Höhe von 20.000 € leisten zu können, im Januar 01 ein verzinsliches Darlehen in Höhe von 20.000 € bei einer Bank aufnehmen. Im Jahr 01 fallen Zinsen in Höhe von 400 € an. ◀

Aufgabenstellung

3 ▶ Wie sind die geschilderten Fälle für die Z-KG und die Gesellschafter F und M einkommensteuerrechtlich zu beurteilen?
Gewerbesteuerrechtliche Ergänzung: Welche gewerbesteuerrechtlichen Folgen ergeben sich für die Z-KG im Jahr 01, wenn der einkommensteuerrechtliche Gewinn im Jahr 01 50.000 € beträgt und Leipzig einen Hebesatz von 460 Prozent anwendet? Es ist davon auszugehen, dass das Bürogebäude des M einen Einheitswert von 10.000 € hat und dass keine Grundsteuerbefreiung besteht.
Die Aufgabe ist gutachtlich zu bearbeiten. Die Jahreszahlen (mit Ausnahme des Jahres 1995 in Ziffer 2) sind fiktiv. Es ist das aktuell geltende Recht anzuwenden. ◀

§ 14 Übungsfall 7 – Ertragsbesteuerung der Personengesellschaften mit Gewerbesteuer

Gliederung

I. Ziffer 1 – Besteuerung der Einkünfte der Personengesellschaft	158
1. Persönliche Steuerpflicht	158
2. Veranlagung und Tarif	158
3. Sachliche Steuerpflicht	158
a) Einkünftequalifikation	158
aa) Gewerbliches Unternehmen	159
bb) Mitunternehmerstellung von F und M	159
cc) Ergebnis	160
b) Einkünfteermittlung	160
aa) Gewinnanteil, § 15 Abs. 1 S. 1 Nr. 2 S. 1 Hs. 1 EStG	161
(1) Ermittlung des Gewinns bei der Z-KG	161
(2) Gewinnzurechnung an die Gesellschafter	161
(3) Ergebnis	162
bb) Sonderbereich, § 15 Abs. 1 S. 1 Nr. 2 S. 1 Hs. 2 EStG	162
(1) Gewinnermittlungsart im Sonderbereich	162
(2) Sondervergütungen	162
(3) Ergebnis	163
cc) Ergebnis	163
c) Ergebnis	163
4. Einheitliche und gesonderte Gewinnfeststellung	164
5. Ergebnis	164
II. Ziffer 2 – Vermietung des Gebäudes	164
1. Auswirkungen bei der Z-KG im Gesamthandsbereich	164
2. Auswirkungen bei M im Sonderbereich	165
a) Sondervergütungen	165
b) Sonderbetriebsvermögen	165
c) Ergebnis	166
3. Ergebnis	166
III. Ziffer 3 – Anschaffung der Fräsmaschine	167
1. Auswirkungen bei der Z-KG im Gesamthandsbereich	167
2. Auswirkungen bei M	168
a) Einkünftequalifikation	168
b) Veräußerungsgewinn	168
c) Steuerbefreiung	169
d) Ergebnis	169
3. Ergebnis	169
IV. Ziffer 4 – Darlehensgewährung durch F	169
1. Behandlung bei der Z-KG im Gesamthandsbereich	169
a) Darlehensvaluta	169
b) Zinsen	169
c) Ergebnis	170
2. Behandlung bei F im Sonderbereich	170
a) Sondervergütungen	170
b) Sonderbetriebsvermögen	171
c) Ergebnis	172
3. Ergebnis	172
V. Ziffer 5 – Darlehen zum Erwerb der Beteiligung an der Z-KG	172
1. Behandlung bei der Z-KG im Gesamthandsbereich	172
2. Behandlung bei M im Sonderbereich	172
3. Ergebnis	173
VI. Gewerbesteuerrechtliche Ergänzung	173
1. Sachliche Steuerpflicht (Steuerobjekt)	173
2. Persönliche Steuerpflicht (Steuersubjekt)	173
3. Bemessungsgrundlage	174
a) Gewerbeertrag	174
aa) Einkommensteuerrechtlicher Gewinn	174
bb) Hinzurechnung nach § 8 GewStG	174

cc) Kürzung nach § 9 GewStG		175
dd) Ergebnis		175
b) Freibetrag		175
c) Steuermesszahl		175
d) Ergebnis		175
4. Steuerfestsetzung		176
5. Auswirkungen auf die Einkommensteuer		176
6. Ergebnis		176

Lösung

I. Ziffer 1 – Besteuerung der Einkünfte der Personengesellschaft

5   Fraglich ist, wie der geschilderte Sachverhalt einkommensteuerrechtlich zu bewerten ist.

1. Persönliche Steuerpflicht

6   Das Zwei-Meter-Mann-Unternehmen wird als KG betrieben. Bei der Z-KG handelt es sich um eine Personengesellschaft. Personengesellschaften sind keine Subjekte der Einkommen- oder der Körperschaftsteuer (vgl. § 1 Abs. 1 S. 1 EStG, § 1 Abs. 1 KStG). Die KG wird in diesem Kontext als **transparentes Rechtsgebilde** angesehen, weshalb eine Besteuerung der Einkünfte nicht bei der Personengesellschaft erfolgt, sondern die Gewinne den Gesellschaftern anteilig zugerechnet werden und von ihnen zu versteuern sind.[1]

Steuersubjekte sind daher F und M als Gesellschafter der Z-KG. Sie sind als natürliche Personen mit einem Wohnsitz in Leipzig (also in Deutschland) mit ihrem Welteinkommen unbeschränkt einkommensteuerpflichtig (vgl. § 1 Abs. 1 S. 1 EStG, § 8 AO).

2. Veranlagung und Tarif

7   F und M sind ledig und daher einzeln zu veranlagen. Es gilt der Grundtarif des § 32 a Abs. 1 EStG. Der Veranlagungszeitraum ist das Kalenderjahr (vgl. § 25 Abs. 1 EStG).[2]

3. Sachliche Steuerpflicht

8   Fraglich ist, wie die Einkünfte zu qualifizieren und zu ermitteln sind. Die Z-KG ist, wie gesehen, kein Subjekt der Einkommen- oder Körperschaftsteuer. Sie ist jedoch zur Einkünftequalifikation und Einkünfteermittlung heranzuziehen (sogenannte **partielle Steuersubjektfähigkeit**).[3]

a) Einkünftequalifikation

9   F und M könnten gewerbliche Einkünfte aus einer **Mitunternehmerschaft** nach den §§ 2 Abs. 1 S. 1 Nr. 2, 15 Abs. 1 S. 1 Nr. 2 EStG erzielen. Bei der unternehmerischen Personengesellschaft gilt das sogenannte duale Prinzip. Der Einheit der Gesellschaft steht die Vielheit der Gesellschafter gegenüber. Bei der Qualifikation und bei der Ermittlung der Einkünfte ist daher zunächst auf die Gesellschaft abzustellen und dann

---

1 Zum Ganzen: *Fehrenbacher*, § 3 Rn. 1.
2 Zum Ganzen: *Fehrenbacher*, § 2 Rn. 299 f., 313.
3 *Fehrenbacher*, § 3 Rn. 2; *Hennrichs*, in: Tipke/Lang, Rn. 10.10–10.15.

sind die Gesellschafter als Steuerpflichtige zu betrachten.[4] Voraussetzung für Einkünfte nach den §§ 2 Abs. 1 S. 1 Nr. 2, 15 Abs. 1 S. 1 Nr. 2 EStG ist das Vorliegen einer gewerblichen Personengesellschaft und die Mitunternehmerstellung der Gesellschafter.[5]

aa) Gewerbliches Unternehmen

Im Rahmen der Einkünftequalifikation ist zunächst auf der Ebene der Gesellschaft zu prüfen, ob eine gewerbliche Tätigkeit vorliegt. Die Z-KG könnte einen Gewerbebetrieb im Sinne des § 15 Abs. 2 EStG betreiben. Dazu müssten die Gesellschafter in ihrer gesamthänderischen Verbundenheit den Tatbestand der gewerblichen Einkünfte erfüllen.[6] Es müsste eine auf Dauer ausgerichtete, selbständige Tätigkeit, unter Beteiligung am allgemeinen wirtschaftlichen Verkehr, mit Gewinnerzielungsabsicht vorliegen und die Tätigkeit dürfte keine selbständige Arbeit, land- und forstwirtschaftliche Tätigkeit oder private Vermögensverwaltung darstellen.

Die Z-KG betreibt die Produktion und den Vertrieb der Küchenbretter. Sie wird mithin mit Gewinnerzielungsabsicht auf Dauer unter Beteiligung am allgemeinen wirtschaftlichen Verkehr tätig und ihre Tätigkeit stellt keine Land- und Forstwirtschaft oder private Vermögensverwaltung dar. Fraglich ist, ob es sich um eine selbständige Arbeit nach § 18 EStG handelt. Es kommt eine wissenschaftliche Tätigkeit mit Blick auf die Erfindung der Schneidebretter in Betracht. Die Erfindertätigkeit „ist darauf gerichtet, etwas Neues und Schöpferisches auf dem Gebiet der Technik zu schaffen"[7]. Erfinder sind in der Regel wissenschaftlich tätig; allerdings wird auch die erfinderische Tätigkeit gewerblich, wenn der Erfindungsgegenstand hergestellt und veräußert wird.[8] Im Fall wird die Erfindung durch die Z-KG produziert und vermarktet. Im Ergebnis liegt damit keine selbständige Arbeit, sondern eine gewerbliche Tätigkeit vor.

Vertiefungshinweis

Zur erfinderischen Tätigkeit siehe schon § 9 Rn. 26. Zur Verwertung der wissenschaftlichen Tätigkeit siehe auch § 16 Rn. 24.

bb) Mitunternehmerstellung von F und M

Des Weiteren müssten F und M als Mitunternehmer anzusehen sein. Mitunternehmer sind die Gesellschafter der Mitunternehmerschaft, die als Betreiber des Unternehmens anzusehen sind, also Mitunternehmerrisiko und Mitunternehmerinitiative innehaben.[9]

Erforderlich ist zunächst, dass ein **Gesellschaftsverhältnis** vorliegt. Mitunternehmer kann grundsätzlich nur sein, wer zivilrechtlich als Gesellschafter einer Personengesellschaft anzusehen ist.[10] Vorliegend sind F und M Gesellschafter der Z-KG, so dass ein Gesellschaftsverhältnis besteht.

Darüber hinaus müssten F und M **Mitunternehmerinitiative** entfalten. Mitunternehmerinitiative ist die Teilhabe an unternehmerischen Entscheidungen. Sie wird angenommen, wenn Gesellschafterrechte vorliegen, die wenigstens den Stimm-, Kontroll-

---

4 Zum Ganzen: *Fehrenbacher*, § 3 Rn. 2; *Hennrichs*, in: Tipke/Lang, Rn. 10.20–10.22.
5 *Fehrenbacher*, § 3 Rn. 4.
6 BFH v. 25.6.1984, GrS 4/82, BStBl. II 1984, 751, unter C.III.3.a).
7 BFH v. 1.6.1978, IV R 152/73, BStBl. II 1978, 545, unter 1.a).
8 BFH v. 1.6.1978, IV R 152/73, BStBl. II 1978, 545, unter 1.b); *Wacker*, in: Schmidt, § 18 EStG Rn. 63 f.
9 *Fehrenbacher*, § 3 Rn. 5.
10 *Fehrenbacher*, § 3 Rn. 6; *Hennrichs*, in: Tipke/Lang, Rn. 10.31–10.34.

und Widerspruchsrechten eines Kommanditisten nach den gesetzlichen Bestimmungen angenähert sind oder die den gesellschaftsrechtlichen Kontrollrechten nach § 716 Abs. 1 BGB entsprechen.[11] Dem Sachverhalt lässt sich keine gesellschaftsvertragliche, von dem gesetzlichen Leitbild abweichende Ausgestaltung der Rechte und Pflichten der Gesellschafter entnehmen. Daher hat M als Komplementär Geschäftsführungs- und Vertretungsrechte in Bezug auf die Gesellschaft (vgl. § 161 Abs. 2 HGB, §§ 114, 116, 125 HGB). F hat als Kommanditistin zwar lediglich ein Widerspruchsrecht bei bestimmten Entscheidungen (vgl. § 164 HGB) und in gewissem Umfang Kontrollrechte (vgl. § 166 HGB). Die gesetzlichen Rechte und Pflichten eines Kommanditisten werden jedoch als ausreichend für die Entfaltung von Mitunternehmerinitiative angesehen.[12] Damit haben F und M Mitunternehmerinitiative inne.

F und M müssten ferner **Mitunternehmerrisiko** tragen. Mitunternehmerrisiko ist die unmittelbare Teilhabe am Erfolg beziehungsweise am Misserfolg des Unternehmens. Als Merkmale des Mitunternehmerrisikos werden unter anderem die Teilhabe am Gewinn und Verlust sowie an den stillen Reserven und Lasten und die persönliche Haftung der Gesellschafter für Gesellschaftsverbindlichkeiten gesehen.[13] Als Komplementär ist M am Gewinn und Verlust der Gesellschaft beteiligt und er haftet persönlich und unbeschränkt (vgl. §§ 161 Abs. 2, 168, 128 HGB). F als Kommanditistin ist ebenfalls am Gewinn und Verlust beteiligt (vgl. §§ 167, 168 HGB). Sie haftet nach § 171 Abs. 1 HGB zumindest beschränkt (bis zur Höhe ihrer Einlage). F und M tragen damit auch Mitunternehmerrisiko. Sie sind mithin als Mitunternehmer anzusehen.

Prüfungshinweis

Sind die Rechte und Pflichten des Kommanditisten nach dem gesetzlichen Leitbild ausgestaltet, genügt diese Rechte- und Pflichtenstellung grundsätzlich als Mindestmaß der Mitunternehmerstellung aus.[14] Eine ausführliche Prüfung von Mitunternehmerrisiko und Mitunternehmerinitiative, wie sie hier zur Veranschaulichung erfolgte, ist dann aus unserer Sicht nicht zwingend erforderlich.

cc) Ergebnis

Damit erzielen F und M gewerbliche Einkünfte nach den §§ 2 Abs. 1 S. 1 Nr. 2, 15 Abs. 1 S. 1 Nr. 2 EStG.

b) Einkünfteermittlung

Die Einkünfte der Mitunternehmer setzen sich nach § 15 Abs. 1 S. 1 Nr. 2 EStG aus den Gewinnanteilen an der Personengesellschaft (erste Stufe der Gewinnermittlung, § 15 Abs. 1 S. 1 Nr. 2 S. 1 Hs. 1 EStG) und aus den Sondervergütungen (zweite Stufe der Gewinnermittlung, § 15 Abs. 1 S. 1 Nr. 2 S. 1 Hs. 2 EStG) zusammen. Die Einkünfte der Mitunternehmer ergeben sich aus der Addition der Ergebnisse aus erster und zweiter Stufe der Gewinnermittlung (sogenannte **additive Gewinnermittlung**).[15]

---

[11] *Hennrichs*, in: Tipke/Lang, Rn. 10.37–10.38 m.w.N.
[12] *Hennrichs*, in: Tipke/Lang, Rn. 10.37.
[13] *Hennrichs*, in: Tipke/Lang, Rn. 10.36.
[14] Vgl. *Jacobs/Scheffler/Spengel*, S. 232; *Kahle*, in: Beck'sches Handbuch der Personengesellschaften, § 7 Rn. 39.
[15] *Hennrichs*, in: Tipke/Lang, Rn. 10.100–10.112.

aa) Gewinnanteil, § 15 Abs. 1 S. 1 Nr. 2 S. 1 Hs. 1 EStG

Zunächst ist der Gewinnanteil von F und M ausgehend vom Gewinn der Personengesellschaft zu ermitteln.[16]

(1) Ermittlung des Gewinns bei der Z-KG

Bei der Z-KG ist der Gewinn zu ermitteln (vgl. § 2 Abs. 2 S. 1 Nr. 2 EStG). In Betracht kommt eine Gewinnermittlung durch qualifizierten Betriebsvermögensvergleich nach den §§ 4 Abs. 1, 5 Abs. 1 EStG. Die Gewinnermittlungsart bestimmt sich danach, ob die Z-KG, freiwillig oder aufgrund einer Buchführungspflicht, Bücher führt. Die Z-KG ist nach § 161 Abs. 1 HGB eine Personenhandelsgesellschaft. Damit finden die Vorschriften für Kaufleute Anwendung (vgl. § 6 Abs. 1 HGB) und es besteht eine handelsrechtliche Buchführungspflicht nach § 238 Abs. 1 HGB. Mithin ist ein **qualifizierter Betriebsvermögensvergleich** vorzunehmen. Der Gewinn ergibt sich aus dem Unterschiedsbetrag des Betriebsvermögens am Schluss des Wirtschaftsjahres und dem Betriebsvermögen am Schluss des vorangegangenen Wirtschaftsjahres unter Beachtung der Maßgeblichkeit der handelsrechtlichen Bestimmungen (vgl. §§ 4 Abs. 1, 5 Abs. 1 EStG). Nach § 140 AO führt eine handelsrechtliche Buchführungspflicht zu einer steuerrechtlichen Buchführungspflicht (sogenannte derivative Buchführungspflicht).

Die Z-KG erzielt Einnahmen aus dem Verkauf der Küchenbretter in Höhe von 100.000 €. Hierbei könnte es sich um Betriebseinnahmen handeln (vgl. §§ 4 Abs. 4, 8 Abs. 1 EStG). Der Verkauf der Küchenbretter steht in einem unmittelbaren Zusammenhang mit der gewerblichen Tätigkeit. Es handelt sich daher um Betriebseinnahmen in Höhe von 100.000 €.

Das Gehalt, das die Z-KG für die Übernahme der Geschäftsführung an M zahlt, könnte auf Ebene der Z-KG eine Betriebsausgabe nach § 4 Abs. 4 EStG darstellen. Übernimmt M aufgrund eines Dienstvertrags die Geschäftsführung der Z-KG, so sind die diesbezüglichen Aufwendungen (aufgrund der betrieblichen Veranlassung) als Betriebsausgaben nach § 4 Abs. 4 EStG abziehbar.[17] Die Kosten in Höhe von 24.000 € sind mithin unmittelbar gewinnmindernd bei der Z-KG zu berücksichtigen.

Prüfungs- und Vertiefungshinweis
Nach dem Sachverhalt ist das an M gezahlte Entgelt angemessen. Auf die Frage der Behandlung unangemessener Beträge als sogenannte verdeckte Entnahmen oder verdeckte Einlagen muss daher nicht eingegangen werden.[18]

(2) Gewinnzurechnung an die Gesellschafter

Der Gewinn ist anteilig auf die Gesellschafter zu verteilen. Hierbei ist grundsätzlich an das Gesellschaftsrecht anzuknüpfen.[19] Nach der gesetzlichen Regelung erhielten die Gesellschafter zunächst einen Vorabanteil von vier Prozent ihres Kapitalanteils (vgl. §§ 168 Abs. 1, 121 Abs. 1 und 2 HGB); und der weitere Gewinn würde nach einem angemessenen Verhältnis verteilt (vgl. § 168 Abs. 2 HGB), wobei die persönliche Haftung des M und im Übrigen die Kapitalanteile der Gesellschafter berücksichtigt

---

16 Siehe *Fehrenbacher*, § 3 Rn. 15; *Hennrichs*, in: Tipke/Lang, Rn. 10.105.
17 Siehe *Jacobs/Scheffler/Spengel*, S. 258 f.
18 Siehe hierzu *Jacobs/Scheffler/Spengel*, S. 260 f.
19 *Hennrichs*, in: Tipke/Lang, Rn. 10.125.

werden könnten.[20] Der Sachverhalt gibt hier aber einen Verteilungsschlüssel von 70:30 vor. Der Gewinnanteil wird aus der Gesellschaftsbilanz abgeleitet. Die Gesellschaftsbilanz stellt das Gesellschaftsvermögen dar.[21]

Vertiefungshinweis

Zur Korrektur der in der Gesellschaftsbilanz ausgewiesenen Wertansätze für Sondervorgänge und personenbezogene Regelungen in Ergänzungsbilanzen siehe § 13 Rn. 18.

(3) Ergebnis

19 Aus der anteiligen Zurechnung des Gewinns der Gesellschaft ergibt sich damit der Gewinnanteil von F und M nach § 15 Abs. 1 S. 1 Nr. 2 S. 1 Hs. 1 EStG.

bb) Sonderbereich, § 15 Abs. 1 S. 1 Nr. 2 S. 1 Hs. 2 EStG

20 Auf einer zweiten Stufe wird das Ergebnis der Sonderbilanzen der Gesellschafter nach § 15 Abs. 1 S. 1 Nr. 2 S. 1 Hs. 2 EStG ermittelt. Hier werden Gewinne aus Vergütungen und das Sonderbetriebsvermögen ausgewiesen. Auf das Ergebnis der Sonderbilanz wirken sich Sonderbetriebseinnahmen und Sonderbetriebsausgaben aus.[22]

(1) Gewinnermittlungsart im Sonderbereich

21 F und M erzielen als Mitunternehmer gewerbliche Einkünfte, so dass sie ihren Gewinn zu ermitteln haben (vgl. § 2 Abs. 2 S. 1 Nr. 1 EStG). Die Gesellschafter sind allein aufgrund der Stellung als Mitunternehmer handelsrechtlich nicht buchführungspflichtig; das Handelsrecht kennt entsprechende Sonderbilanzen nicht. Steuerrechtlich wird (mit unterschiedlichen Begründungsansätzen) von einer korrespondierenden Bilanzierung im Rahmen des Sonderbereichs der Gesellschafter ausgegangen. Damit kommt auch auf der zweiten Stufe der Einkünfteermittlung die von der Gesellschaft angewandte Ermittlungsmethode zur Anwendung.[23]

(2) Sondervergütungen

22 M erhält eine dienstvertraglich vereinbarte Zahlung für die Geschäftsführertätigkeit. Dabei könnte es sich um Einkünfte aus nichtselbständiger Arbeit nach den §§ 2 Abs. 1 S. 1 Nr. 4, 19 Abs. 1 EStG handeln. Nach § 19 Abs. 1 S. 1 Nr. 1 EStG sind hier insbesondere Gehälter und Löhne für eine Beschäftigung im öffentlichen oder privaten Dienst erfasst. Ein Dienstverhältnis liegt nach § 1 Abs. 2 LStDV vor, wenn ein Angestellter dem Arbeitgeber seine Arbeitskraft schuldet, er also den Weisungen des Arbeitgebers zu folgen hat. Davon kann im Fall mit Blick auf die Vereinbarung in dem Dienstvertrag ausgegangen werden.

Allerdings ist § 15 Abs. 1 S. 1 Nr. 2 S. 1 Hs. 2 EStG zu beachten. Hiernach stellen die Vergütungen, die ein Mitunternehmer von der Gesellschaft unter anderem für die Tätigkeit im Dienst der Gesellschaft bezieht, Einkünfte aus Gewerbebetrieb dar. Sondervergütungen in diesem Sinne beruhen auf besonderen Vertragsbeziehungen zwischen der Gesellschaft und dem Gesellschafter. Die vergütete Leistung muss als Beitrag

---

20 Zum Ganzen: *Gesell*, in: Beck'sches Handbuch der Personengesellschaften, § 4 Rn. 120–134.
21 *Hennrichs*, in: Tipke/Lang, Rn. 10.105.
22 Zum Ganzen: *Fehrenbacher*, § 3 Rn. 18.
23 Zum Ganzen: *Fehrenbacher*, § 3 Rn. 18; *Hennrichs*, in: Tipke/Lang, Rn. 10.115.

zur Erreichung des Gesellschaftszwecks anzusehen sein (sogenannte Beitragstheorie).[24] Vergütungen, die einem Komplementär für die Geschäftsführung gezahlt werden, sind jedenfalls dann als Sondervergütungen zu qualifizieren, wenn die Leistungen aufgrund schuldrechtlicher Vertragsbeziehungen zwischen dem Gesellschafter und der Mitunternehmerschaft erbracht werden.[25] Hier besteht zwischen der Z-KG und M eine dienstvertragliche Vereinbarung über die Erbringung und gesonderte Vergütung der Geschäftsführertätigkeit. Damit sind die Bezüge als Sondervergütungen anzusehen. Sie werden im Ergebnis nicht als Einkünfte aus nichtselbständiger Arbeit, sondern als gewerbliche Einkünfte erfasst.

Vertiefungshinweis

Die Umqualifizierung der Vergütungen, die ein Gesellschafter für eine Tätigkeit im Dienst der Gesellschaft oder für die Überlassung von Wirtschaftsgütern erhält, in gewerbliche Einkünfte schafft insbesondere eine Annäherung der Besteuerung der Mitunternehmer an die Besteuerung eines Einzelunternehmers. Der Einzelunternehmer kann keine Aufwendungen für Leistungen an sich selbst gewinnmindernd berücksichtigen.[26] Zur Qualifikationsfunktion des Sondervergütungstatbestands siehe auch § 15 Rn. 26 f.

Sondervergütungen sind im Rahmen der mitunternehmerischen Gewinnermittlung auf der Ebene des Gesellschafters zu berücksichtigen. Die Sondervergütung ist mithin bei M als Sonderbetriebseinnahme zu erfassen, so dass der Betriebsausgabenabzug hinsichtlich der Gehaltszahlung auf der Ebene der Personengesellschaft im Ergebnis neutral gestellt wird. 23

(3) Ergebnis

Auf der zweiten Stufe der Gewinnermittlung sind die Sondervergütungen in Höhe von 24.000 € als Sonderbetriebseinnahmen zu berücksichtigen. 24

cc) Ergebnis

Auf Ebene der Gesellschaft bestehen Betriebseinnahmen in Höhe von 100.000 € sowie Betriebsausgaben in Höhe von 24.000 €. Auf der Ebene des Gesellschafters M bestehen Sonderbetriebseinnahmen in Höhe von 24.000 €. 25

c) Ergebnis

F und M haben Einkünfte gemäß den §§ 2 Abs. 1 S. 1 Nr. 2, 15 Abs. 1 S. 1 Nr. 2 EStG. Sie setzen sich aus dem Gewinnanteil und den Ergebnissen des Sonderbereichs zusammen. Auf Ebene der Gesellschaft bestehen aus dem geschilderten Sachverhalt Betriebseinnahmen in Höhe von 100.000 € und Betriebsausgaben in Höhe von 24.000 €. Der Gewinn der Gesellschaft wird den Gesellschaftern F und M jeweils anteilig zugerechnet. M hat zudem Sonderbetriebseinnahmen in Höhe von 24.000 €. 26

---

24 *Hennrichs*, in: Tipke/Lang, Rn. 10.140.
25 FG Bremen v. 22.1.2004, 1 K 131/03, EFG 2004, 470; *Jacobs/Scheffler/Spengel*, S. 258–260, 268.
26 Zum Ganzen: *Fehrenbacher*, § 3 Rn. 14, 19; *Hennrichs*, in: Tipke/Lang, Rn. 10.103.

4. Einheitliche und gesonderte Gewinnfeststellung

27 Der Gewinn der Mitunternehmerschaft wird verfahrensrechtlich nach den §§ 179 Abs. 1, 180 Abs. 1 S. 1 Nr. 2 lit. a AO einheitlich und gesondert festgestellt. Der entsprechende Feststellungsbescheid ist als Grundlagenbescheid bindend für die Folgebescheide (vgl. §§ 171 Abs. 10, 182 Abs. 1 AO).[27]

Vertiefungshinweis
Zur einheitlichen und gesonderten Gewinnfeststellung siehe auch § 13 Rn. 23; § 15 Rn. 30; § 27 Rn. 15 f.

5. Ergebnis

28 Die unbeschränkt Steuerpflichtigen F und M erzielen Einkünfte nach den §§ 2 Abs. 1 S. 1 Nr. 2, 15 Abs. 1 S. 1 Nr. 2 EStG. Die Einkünfte ergeben sich aus der anteiligen Zurechnung des Gesellschaftsgewinns, wobei sich die Betriebseinnahmen von 100.000 € und die Betriebsausgaben von 24.000 € auswirken. Relevant sind zudem die Sonderbereiche der Gesellschafter, wobei im begutachteten Fall bei M Sonderbetriebseinnahmen von 24.000 € zu berücksichtigen sind.

II. Ziffer 2 – Vermietung des Gebäudes

29 Zu untersuchen sind die einkommensteuerrechtlichen Folgen der Vermietung des Gebäudes von M an die Z-KG.

1. Auswirkungen bei der Z-KG im Gesamthandsbereich

30 Das Gebäude wird als Firmenzentrale der Z-KG genutzt. Die Mietausgaben in Höhe von 30.000 € für die Nutzung des Gebäudes sind damit durch die betriebliche Tätigkeit der Z-KG veranlasst, so dass es sich um Betriebsausgaben nach § 4 Abs. 4 EStG handelt. Ein Abzugsverbot nach § 4 Abs. 5 EStG besteht nicht.

Fraglich ist jedoch, ob die Z-KG das Gebäude in der Gesamthandsbilanz als Aktivposten anzusetzen hat. Die Z-KG ist nicht rechtliche Eigentümerin des Gebäudes, stattdessen steht das Gebäude im Alleineigentum des M. Abweichend vom zivilrechtlichen Eigentumsbegriff wird im Einkommensteuerrecht jedoch eine Zurechnung von Wirtschaftsgütern zum wirtschaftlichen Eigentümer vorgenommen.[28] **Wirtschaftlicher Eigentümer** ist nach § 39 Abs. 2 Nr. 1 AO, wer die tatsächliche Sachherrschaft über ein Wirtschaftsgut inne hat, so dass er den zivilrechtlichen Eigentümer im Regelfall für die gewöhnliche Nutzungsdauer von der Einwirkung auf das Wirtschaftsgut wirtschaftlich ausschließen kann. Die Z-KG nutzt das Gebäude als Firmenzentrale. Allerdings kann sie den Eigentümer M allein aufgrund des Mietverhältnisses nicht dauerhaft von dessen Nutzung ausschließen. Sie ist damit nicht als wirtschaftliche Eigentümerin des Gebäudes anzusehen.[29] Eine Bilanzierung des Gebäudes als Wirtschaftsgut des Anlagevermögens in der Gesamthandsbilanz scheidet damit aus.

Die Zahlung der Miete in Höhe von 30.000 € ist für die Z-KG damit vermögens- und erfolgswirksam.

---

27 *Fehrenbacher*, § 3 Rn. 2; *ders.*, § 8 Rn. 90–92.
28 Siehe *Fehrenbacher*, § 2 Rn. 40.
29 Vgl. *Fehrenbacher*, § 8 Rn. 39 f.

§ 14 Übungsfall 7 – Ertragsbesteuerung der Personengesellschaften mit Gewerbesteuer

Vertiefungshinweis

Bei einer Mitunternehmerschaft ist zwischen Gesamthandsvermögen und Sonderbetriebsvermögen zu differenzieren: Im Gesamthandsvermögen ist alles zu erfassen, was im Gesamthandseigentum der Gesellschaft steht oder ihr wirtschaftlich zuzurechnen ist (vgl. § 39 Abs. 1 und 2 Nr. 1 AO). Anzusetzen sind hier die Wirtschaftsgüter, die unmittelbar für eigenbetriebliche Zwecke genutzt werden (notwendiges Betriebsvermögen); gewillkürtes Betriebsvermögen gibt es auf der Ebene des Gesamthandsvermögens letztlich nicht.[30] Im Sonderbetriebsvermögen werden demgegenüber alle Wirtschaftsgüter berücksichtigt, die im Eigentum des Gesellschafters stehen und der Geschäftstätigkeit der Gesellschaft (sogenanntes Sonderbetriebsvermögen I) oder der Beteiligung des Gesellschafters an der Gesellschaft (sogenanntes Sonderbetriebsvermögen II) dienen. Grundsätzlich kann es auch gewillkürtes Sonderbetriebsvermögen geben.[31]

2. Auswirkungen bei M im Sonderbereich

Fraglich ist, wie die Vergütung für die Nutzungsmöglichkeit des Gebäudes durch die Z-KG bei M einkommensteuerrechtlich zu berücksichtigen ist.

a) Sondervergütungen

Mit Blick auf die Einnahmen in Höhe von 30.000 € aus der Überlassung des Gebäudes von M an die Z-KG könnten Einkünfte aus Vermietung und Verpachtung nach den §§ 2 Abs. 1 S. 1 Nr. 6, 21 Abs. 1 Nr. 1 EStG vorliegen. Einnahmen aus Vermietung und Verpachtung in diesem Sinne erfassen jegliche Zahlungen, die für die Überlassung von unbeweglichem Vermögen geleistet werden. Bei dem Gebäude handelt es sich um unbewegliches Vermögen, so dass der Vorgang grundsätzlich von § 21 Abs. 1 Nr. 1 EStG erfasst wäre.

Allerdings erfolgt die Überlassung des Gebäudes durch M an die Z-KG. Es könnte sich um Sondervergütungen nach § 15 Abs. 1 S. 1 Nr. 2 S. 1 Hs. 2 EStG handeln. § 15 Abs. 1 S. 1 Nr. 2 S. 1 Hs. 2 EStG hat die Umqualifizierung bestimmter Einkünfte aus Leistungsbeziehungen zwischen einer Mitunternehmerschaft und einem Mitunternehmer in gewerbliche Einkünfte zur Folge.[32] Explizit aufgelistet ist in § 15 Abs. 1 S. 1 Nr. 2 S. 1 Hs. 2 EStG die Überlassung eines Wirtschaftsguts zur Nutzung durch einen Gesellschafter an die Mitunternehmerschaft. Als überlassene Wirtschaftsgüter kommen sowohl materielle als auch immaterielle Wirtschaftsgüter und insbesondere auch Grundstücke und Bürogebäude in Betracht. Damit sind die Mietzahlungen als Sondervergütungen anzusehen und es liegen gewerbliche Einkünfte vor.[33]

b) Sonderbetriebsvermögen

Das im Alleineigentum des M stehende Gebäude stellt kein Gesamthandsvermögen dar. Das Gebäude könnte bilanziell jedoch in der Sonderbilanz des M zu erfassen sein. Dem Sonderbetriebsvermögen werden Wirtschaftsgüter zugeordnet, die geeignet und erkennbar dazu bestimmt sind, dem Betrieb der Personengesellschaft zu dienen

---

30 *Bode*, in: Blümich, § 15 EStG Rn. 450–457; *Fehrenbacher*, § 3 Rn. 16; *Kahle/Hiller*, in: Beck'sches Handbuch der Personengesellschaften, § 6 Rn. 15–23.
31 Zum Ganzen: *Bode*, in: Blümich, § 15 EStG Rn. 458–463.
32 *Fehrenbacher*, § 3 Rn. 19.
33 Siehe zum Ganzen: *Wacker*, in: Schmidt, § 15 EStG Rn. 593.

(sogenanntes Sonderbetriebsvermögen I), beziehungsweise die dazu bestimmt sind, der Beteiligung des Gesellschafters zu dienen (sogenanntes Sonderbetriebsvermögen II).[34] M überlässt das Gebäude der Z-KG, die darin ihre Firmenzentrale betreibt. Damit dient das Gebäude unmittelbar dem Betrieb der Gesellschaft. Das Gebäude ist daher dem **notwendigen Sonderbetriebsvermögen I** des M zuzuordnen.

Bei einer Überführung des Gebäudes aus dem Privatvermögen in das Sonderbetriebsvermögen handelt es sich um eine **Einlage** nach § 4 Abs. 1 S. 8 EStG, deren Ansatz mit dem Teilwert in Höhe von 90.000 € (vgl. § 6 Abs. 1 Nr. 1 S. 3 EStG) nach § 6 Abs. 1 Nr. 5 S. 1 Hs. 1 EStG erfolgt.[35] Die besonderen Fälle von § 6 Abs. 1 Nr. 5 S. 1 Hs. 2 und S. 2 und 3 EStG liegen nicht vor (insbesondere ist M seit vielen Jahren Eigentümer des Gebäudes).[36] Eine Einlage darf den Gewinn nicht berühren; sie ist außerbilanziell zu korrigieren (vgl. § 4 Abs. 1 S. 1 EStG).[37] Sie ist damit vermögenswirksam, aber erfolgsneutral.

34   Auf den Gewinn wirkt sich aber die im Zusammenhang mit dem Gebäude, als abnutzbarem Wirtschaftsgut, stehende **Absetzung für Abnutzung** (AfA) aus. Die Abschreibung erfolgt nach § 7 Abs. 4 S. 1 Nr. 1 EStG. Bemessungsgrundlage für die AfA ist der Einlagewert, also der Teilwert in Höhe von 90.000 €.[38] Ein Fall des § 7 Abs. 1 S. 5 EStG liegt nicht vor; das Gebäude war vor der Einlage ungenutzt (vgl. § 7 Abs. 4 S. 1 Hs. 2 EStG). Abziehbar sind bei dem zum Betriebsvermögen gehörenden Bürogebäude, für das der Bauantrag nach dem 31.3.1985 gestellt wurde, jährlich drei Prozent der Bemessungsgrundlage (vgl. § 7 Abs. 4 S. 1 Nr. 1 EStG).[39] Der Abschreibungsbetrag beträgt mithin 2.700 € (90.000 € x 3 Prozent). Diese Betriebsausgaben stehen in einem unmittelbaren Zusammenhang mit einem Wirtschaftsgut des Sonderbetriebsvermögens, so dass es sich um sogenannte Sonderbetriebsausgaben handelt.[40]

c) Ergebnis

35   Die Zahlungen für die Überlassung des Gebäudes stellen für M Sondervergütungen nach § 15 Abs. 1 S. 1 Nr. 2 S. 1 Hs. 2 EStG dar. Das Gebäude ist als abnutzbares Wirtschaftsgut im Sonderbetriebsvermögen des M zu berücksichtigen. Die AfA begründet bei ihm Sonderbetriebsausgaben.

3. Ergebnis

36   Die Mietzahlungen in Höhe von 30.000 € wirken sich in der Gesamthandsbilanz der Z-KG als Betriebsausgaben aus. Bei M handelt es sich um Sondervergütungen für die Überlassung eines Wirtschaftsguts. Das Gebäude ist als Wirtschaftsgut des Anlagevermögens in der Sonderbilanz des M zu erfassen. Die AfA in Höhe von 2.700 € jährlich begründet Sonderbetriebsausgaben.

---

34   *Fehrenbacher*, § 3 Rn. 21.
35   Vgl. *Hennrichs*, in: Tipke/Lang, Rn. 10.132.
36   Vgl. *Eckstein*, in: Herrmann/Heuer/Raupach, § 6 EStG Rn. 870–886; *Ehmcke*, in: Blümich, § 6 EStG Rn. 1040–1047.
37   *Drüen*, in: Blümich, § 4 EStG Rn. 515.
38   Vgl. *Hennrichs*, in: Tipke/Lang, Rn. 9.301.
39   Vgl. *Brandis*, in: Blümich, § 7 EStG Rn. 497–501.
40   Vgl. *Fehrenbacher*, § 3 Rn. 20.

III. Ziffer 3 – Anschaffung der Fräsmaschine

Fraglich ist, wie die Kosten des Erwerbs der Fräsmaschine bei der Z-KG und die Einnahmen aus der Veräußerung bei M zu berücksichtigen sind.

1. Auswirkungen bei der Z-KG im Gesamthandsbereich

Die Anschaffungskosten für die Fräsmaschine könnten Betriebsausgaben nach § 4 Abs. 4 EStG darstellen. Die Fräsmaschine wird für die Anfertigung der Küchenbretter benötigt, so dass die Anschaffung in einem unmittelbaren Veranlassungszusammenhang mit der Geschäftstätigkeit der Z-KG steht. Die betrieblich veranlassten Kosten können allerdings nicht unmittelbar gewinnmindernd geltend gemacht werden, wenn die Z-KG die Fräsmaschine in ihrer Gesamthandsbilanz aktivieren muss. Die Maschine stellt einen greifbaren Vermögensvorteil dar, dessen Erlangung der Unternehmer sich etwas kosten lässt und dessen Nutzung sich über mehrere Jahre erstreckt; die Maschine ist einer selbständigen Bewertung zugänglich und übertragbar.[41] Damit handelt es sich bei der Fräsmaschine um ein Wirtschaftsgut, das zu aktivieren ist. Die Fräsmaschine ist dazu bestimmt, dauerhaft dem Betrieb der Z-KG zu dienen, so dass es sich um ein Wirtschaftsgut des Anlagevermögens nach § 247 Abs. 2 HGB handelt. Wirtschaftsgüter des Anlagevermögens der Z-KG, die der Abnutzung unterliegen, sind in der Gesamthandsbilanz mit den Anschaffungskosten abzüglich der AfA anzusetzen (vgl. § 6 Abs. 1 Nr. 1 S. 1 EStG).

Vertiefungshinweis
Zum Wirtschaftsgutsbegriff siehe § 10 Rn. 11.

Bei der Fräsmaschine handelt es sich um ein abnutzbares Wirtschaftsgut, dessen Nutzungsdauer mehr als ein Jahr beträgt. Daher sind nach § 7 Abs. 1 EStG die Anschaffungskosten auf die Nutzungsdauer des Wirtschaftsguts zu verteilen. Die Bemessungsgrundlage für die AfA ergibt sich aus den Anschaffungskosten von 2.000 € (vgl. § 7 Abs. 1 S. 1 EStG). Die betriebsgewöhnliche (Rest-)Nutzungsdauer beträgt nach dem Sachverhalt acht Jahre (vgl. § 7 Abs. 1 S. 2 EStG). Pro Jahr kann daher eine Absetzung von einem Achtel, also von 250 € (2.000 € x 1/8) geltend gemacht werden. Die AfA beginnt mit der Anschaffung des Wirtschaftsguts. Diese erfolgt im Juli 01. Nach § 7 Abs. 1 S. 4 EStG vermindert sich der Absetzungsbetrag um jeweils ein Zwölftel für jeden vollen Monat, der der Anschaffung vorangeht (sogenannte pro rata temporis-Regelung). Für das Jahr 01 vermindert sich der Absetzungsbetrag daher um sechs Zwölftel, so dass in diesem Jahr ein Absetzungsbetrag von 125 € (250 € x 6/12) verbleibt.[42]

Vertiefungshinweis
In ihrem begrenzten Anwendungsbereich (Anschaffung in den Jahren 2020 oder 2021) käme auch eine degressive AfA gemäß § 7 Abs. 2 EStG mit einem Prozentsatz von maximal 25 Prozent (auch wenn das Zweieinhalbfache des Prozentsatzes der linearen AfA einen höheren Wert ergäbe) in Betracht. Allgemein zur degressiven AfA siehe § 10 Rn. 24.

Der Ansatz der Fräsmaschine in der Bilanz erfolgt daher in Höhe der Anschaffungskosten von 2.000 €. Hiervon ist die AfA abzuziehen. Für das Jahr 01 sind daher

---

41 Vgl. *Hennrichs*, in: Tipke/Lang, Rn. 9.125 m.w.N.
42 Siehe zum Ganzen: *Fehrenbacher*, § 2 Rn. 103 f.; *Hennrichs*, in: Tipke/Lang, Rn. 9.300–9.304.

125 € von den Anschaffungskosten abzuziehen, so dass ein Aktivposten für die Fräsmaschine mit dem Wert von 1.875 € besteht. Die Anschaffung der Fräsmaschine ist grundsätzlich ein vermögensumschichtender und erfolgsneutraler Geschäftsvorfall. Nur in Höhe der AfA liegt ein vermögens- und erfolgswirksamer Vorgang vor.

2. Auswirkungen bei M

41 Zu untersuchen sind sodann die steuerlichen Auswirkungen der Veräußerung der Fräsmaschine bei M.

a) Einkünftequalifikation

42 Die Veräußerung der Fräsmaschine könnte als privates Veräußerungsgeschäft nach den §§ 2 Abs. 1 S. 1 Nr. 7, 22 Nr. 2, 23 Abs. 1 S. 1 Nr. 2 EStG einkommensteuerrechtlich relevant sein.

Erfasst wird hiervon die Veräußerung beweglicher Wirtschaftsgüter, bei denen zwischen der Anschaffung und der Veräußerung ein Zeitraum von nicht mehr als einem Jahr liegt (vgl. § 23 Abs. 1 S. 1 Nr. 2 S. 1 EStG). Ausgenommen ist die Veräußerung von Gegenständen des täglichen Gebrauchs (vgl. § 23 Abs. 1 S. 1 Nr. 2 S. 2 EStG). Angeschafft wurde die Fräsmaschine von M im Januar 01 und veräußert wurde sie im Juli 01, so dass zwischen Anschaffung und Veräußerung nicht mehr als ein Jahr liegt. Die Spekulationsfrist ist damit unterschritten. Ob es sich um einen Gegenstand des täglichen Gebrauchs handelt, hängt von der Art des Wirtschaftsguts ab; unerheblich ist hingegen der tatsächliche Gebrauch.[43] Hochwertige Arbeitsmittel gehören nicht zu den Gegenständen des täglichen Lebens.[44] Bei der Fräsmaschine handelt es sich damit nicht um einen Gegenstand des täglichen Gebrauchs. Grundsätzlich wird die Veräußerung daher von den §§ 2 Abs. 1 S. 1 Nr. 7, 22 Nr. 2, 23 Abs. 1 S. 1 Nr. 2 EStG erfasst.

Fraglich ist allerdings, ob der Vorgang in den Sonderbereich des M zu ziehen ist. Hierbei ist jedoch zu sehen, dass die Gesellschafterleistungen, die als Sondervergütungen nach § 15 Abs. 1 S. 1 Nr. 2 S. 1 Hs. 2 EStG erfasst werden, im Gesetz abschließend aufgelistet sind. Erfasst werden lediglich die Vergütungen für ein Tätigwerden im Dienst der Gesellschaft sowie die Vergütungen für die Hingabe von Darlehen oder für die Überlassung von Wirtschaftsgütern. Eine Veräußerung von Wirtschaftsgütern unterliegt damit keiner Umqualifizierung in gewerbliche Einkünfte.[45]

Vertiefungshinweis
Zu einem privaten Veräußerungsgeschäft siehe auch § 9 Rn. 29 ff.

b) Veräußerungsgewinn

43 Bei den sonstigen Einkünften, zu denen auch die Einkünfte aus privaten Veräußerungsgeschäften gehören, handelt es sich um eine Überschusseinkunftsart (vgl. § 2 Abs. 2 S. 1 Nr. 2 EStG). § 23 Abs. 3 S. 1 EStG enthält eine besondere Regelung zur Ermittlung des Veräußerungsgewinns. Maßgebend ist hiernach „der Unterschied zwischen Veräußerungspreis einerseits und den Anschaffungs- oder Herstellungskosten und den Werbungskosten andererseits". Angeschafft wurde die Fräsmaschine von M

---

43 *Weber-Grellet*, in: Schmidt, § 23 EStG Rn. 27.
44 *Ratschow*, in: Blümich, § 23 EStG Rn. 67.
45 *Fehrenbacher*, § 3 Rn. 19; *Hennrichs*, in: Tipke/Lang, Rn. 10.140.

für 1.800 € und veräußert wurde sie an die Z-KG für 2.000 €, so dass M einen Veräußerungsgewinn in Höhe von 200 € (2.000 € ./. 1.800 €) erzielt.

c) Steuerbefreiung

Der Gewinn könnte steuerfrei sein, wenn er die Freigrenze des § 23 Abs. 3 S. 5 EStG nicht übersteigt. Die Freigrenze beträgt 600 €. M hat einen Gewinn von 200 € erzielt, so dass die Freigrenze nicht überschritten ist. Damit sind die Einnahmen steuerfrei.

Vertiefungshinweis

Zu Steuerbefreiungen siehe auch § 8 Rn. 27; § 25 Rn. 19.

d) Ergebnis

M erzielt einen steuerbaren Veräußerungsgewinn. Dieser liegt jedoch unter der Freigrenze des § 23 Abs. 3 S. 5 EStG und bleibt daher steuerfrei.

3. Ergebnis

Die Z-KG erwirbt mit der Fräsmaschine ein zu aktivierendes Wirtschaftsgut, das über die (Rest-)Nutzungsdauer abzuschreiben ist. M erzielt einen steuerfreien Veräußerungsgewinn.

IV. Ziffer 4 – Darlehensgewährung durch F

Fraglich ist, wie die Darlehensgewährung von F an die Z-KG und die hierfür gezahlten Zinsen bei der Z-KG und bei F zu berücksichtigen sind.

1. Behandlung bei der Z-KG im Gesamthandsbereich

Zunächst sind der Erhalt der Darlehensvaluta und die Zinszahlung bei der Z-KG zu würdigen.

a) Darlehensvaluta

Durch die Hingabe des Darlehens erhält die Z-KG einen Geldzufluss in Höhe von 30.000 €. Dieser Darlehensbetrag ist zu aktivieren. Ebenso hat die Z-KG in ihrer Gesamthandsbilanz aber eine Verbindlichkeit mit dem Nennwert von 30.000 € zu passivieren (vgl. § 6 Abs. 1 Nr. 3 EStG).[46] Eine Abzinsung erfolgt bei der verzinslichen Verbindlichkeit nicht; zudem kommt bei mitunternehmerschaftlichen Darlehen eine Abzinsung nicht in Betracht.[47] Der Vorgang ist vermögensumschichtend und erfolgsneutral.

b) Zinsen

Das Darlehen benötigt die Z-KG, um Zahlungsschwierigkeiten (die zu Beginn einer unternehmerischen Tätigkeit auftreten können) zu verhindern. Die für die Nutzung des Kapitals zu zahlenden Zinsen im Jahr 01 stehen daher in einem unmittelbaren Zusammenhang mit der Unternehmenstätigkeit und sind durch die gewerbliche Tätigkeit der

---

46 Siehe *Hennrichs*, in: Tipke/Lang, Rn. 10.144.
47 *Kahle/Hiller*, in: Beck'sches Handbuch der Personengesellschaften, § 6 Rn. 155.

Z-KG veranlasst. Es handelt sich um Betriebsausgaben nach § 4 Abs. 4 EStG.[48] Ein Abzugsverbot nach § 4 Abs. 5 EStG besteht nicht. Die Zahlung ist vermögens- und erfolgswirksam.

Fraglich ist, ob die Verpflichtung zur Zahlung der Zinsen für die folgenden neun Jahre bereits im Jahr 01 in der Bilanz der Z-KG zu berücksichtigen ist. Es könnte sich hier um eine zu bilanzierende Verbindlichkeit handeln. Der Darlehensvertrag begründet ein **Dauerschuldverhältnis**, wobei sich die Erfüllung nicht auf einen einmaligen Leistungsaustausch beschränkt, sondern sich über einen bestimmten Zeitraum (hier über zehn Jahre) erstreckt.[49] Einer Bilanzierung der Verbindlichkeit könnte der Grundsatz der Nichtbilanzierung schwebender Geschäfte entgegenstehen; er folgt aus dem Vorsichtsprinzip in Verbindung mit dem Realisationsprinzip.[50] Ein schwebendes Geschäft liegt bei auf den Leistungsaustausch gerichteten Rechtsverhältnissen vor, bei denen der Sach- oder Dienstleistungsverpflichtete seine Leistungspflicht noch nicht erfüllt hat.[51] Die Regeln zur Bilanzierung schwebender Geschäfte gelten auch bei Dauerschuldverhältnissen, bei denen die angedeutete Besonderheit besteht, dass kein bestimmter Erfüllungszeitpunkt bestimmt werden kann, sondern die wechselseitigen Verpflichtungen fortlaufend erfüllt werden.[52]

In der Folge sind die Zinsverbindlichkeiten erst zu passivieren, soweit am Bilanzstichtag die Zinsen für einen Zeitraum geschuldet werden, der vor dem Bilanzstichtag liegt.[53] Darauf, dass der Anspruch auf Zahlung der Zinsen bereits mit der Auszahlung des Darlehens entstanden ist, kommt es nicht an.[54] Zu einer Passivierung der Zinsverpflichtungen für die Folgejahre kommt es im Fall daher nicht.

c) Ergebnis

51 Die Gewährung des Darlehens als solche ist zunächst erfolgsneutral. Die Zinszahlungen wirken sich bei der Z-KG gewinnmindernd aus. Allerdings erfolgt keine Passivierung von Zinsverbindlichkeiten für zukünftige Zeitabschnitte.

2. Behandlung bei F im Sonderbereich

52 Zu untersuchen sind ferner die einkommensteuerrechtlichen Folgen der Darlehensgewährung bei F.

a) Sondervergütungen

53 F bezieht eine Vergütung für die Hingabe eines Darlehens an die Z-KG. Hierbei könnte es sich um Einkünfte aus Kapitalvermögen nach den §§ 2 Abs. 1 S. 1 Nr. 5, 20 Abs. 1 Nr. 7 EStG handeln. Einkünfte aus Kapitalvermögen nach § 20 Abs. 1 Nr. 7 EStG umfassen Zinsen aus sonstigen Kapitalforderungen. Kapitalforderung in diesem Sinne ist jede auf eine Geldleistung gerichtete Forderung. Erfasst wird damit auch die

---

48 Vgl. *Jacobs/Scheffler/Spengel*, S. 272.
49 Vgl. *Krumm*, in: Blümich, § 5 EStG Rn. 944.
50 *Krumm*, in: Blümich, § 5 EStG Rn. 243.
51 *Weber-Grellet*, in: Schmidt, § 5 EStG Rn. 76.
52 *Krumm*, in: Blümich, § 5 EStG Rn. 245.
53 BFH v. 24.5.1984, I R 166/78, BStBl. II 1984, 747, unter 2.8. Vgl. auch BFH v. 18.12.2002, I R 11/02, BStBl. II 2003, 400, unter 2.
54 BFH v. 24.5.1984, I R 166/78, BStBl. II 1984, 747, unter 2.8.

Kapitalforderung aus einem Darlehen. Ertrag im Sinne des § 20 Abs. 1 Nr. 7 EStG ist das Kapitalnutzungsentgelt.[55]

Einer Qualifikation als Einkünfte aus Kapitalvermögen könnte jedoch die Einordnung der Zinszahlungen als Sondervergütungen nach § 15 Abs. 1 S. 1 Nr. 2 S. 1 Hs. 2 EStG entgegenstehen. Vergütungen für die Hingabe eines Darlehens sind von der Aufzählung in § 15 Abs. 1 S. 1 Nr. 2 S. 1 Hs. 2 EStG ausdrücklich umfasst. In der Gewährung des Darlehens durch die Gesellschafterin F liegt ein Beitrag zur Verwirklichung des Gesellschaftszwecks, so dass die Einnahmen als Sondervergütungen und mithin als gewerbliche Einkünfte zu qualifizieren sind.[56] F hat für ihre gewerblichen Einkünfte eine Gewinnermittlung durch qualifizierten Betriebsvermögensvergleich nach den §§ 4 Abs. 1, 5 Abs. 1 EStG vorzunehmen. Die Zinszahlung für das Jahr 01 in Höhe von 600 € ist vermögens- und erfolgswirksam.

Die Zinszahlungen an F könnten grundsätzlich dem **Kapitalertragsteuerabzug** nach den §§ 43 ff. EStG unterliegen. Dafür müssten jedoch die Voraussetzungen des § 43 Abs. 1 S. 1 Nr. 7 EStG erfüllt sein. Es müsste sich mithin um Zinsen aus Anleihen und Forderungen handeln, die in einem öffentlichen Schuldbuch (oder Ähnlichem) eingetragen sind oder über die Sammelurkunden im Sinne des § 9a DepotG oder Teilschuldverschreibungen ausgegeben sind (vgl. § 43 Abs. 1 S. 1 Nr. 7 lit. a EStG); oder um Kapitalerträge, deren Schuldner ein inländisches Kreditinstitut oder ein inländisches Finanzdienstleistungsinstitut im Sinne des Gesetzes über das Kreditwesen ist (vgl. § 43 Abs. 1 S. 1 Nr. 7 lit. b EStG); beziehungsweise um Zinsen aus Forderungen, die über eine Internet-Dienstleistungsplattform erworben wurden (vgl. § 43 Abs. 1 S. 1 Nr. 7 lit. c EStG). Dies ist hier nicht der Fall, so dass der besondere Quellenabzug nicht erfolgt.

Fraglich ist jedoch weiterhin, welcher **Steuertarif** einschlägig ist. Grundsätzlich findet für Einkünfte aus Kapitalvermögen nach § 32d Abs. 1 EStG ein besonderer Steuertarif in Höhe von 25 Prozent Anwendung. Der gesonderte Steuertarif gilt jedoch nur für Einkünfte aus Kapitalvermögen, die nicht unter § 20 Abs. 8 EStG fallen. Er gilt mithin für solche Einkünfte aus Kapitalvermögen, die nicht zu den Einkünften aus Land- und Forstwirtschaft, aus Gewerbebetrieb, aus selbständiger Arbeit oder aus Vermietung und Verpachtung gehören. Bei den vorliegenden Sondervergütungen handelt es sich um gewerbliche Einkünfte. Damit greift der besondere Steuertarif nach § 32d Abs. 1 EStG nicht ein. F ist zu ihrem individuellen Steuertarif zu veranlagen.

b) Sonderbetriebsvermögen

F hat gegenüber der Z-KG einen Anspruch auf Rückzahlung der Darlehensvaluta in Höhe von 30.000 € sowie einen Anspruch auf Zahlung von Zinsen in der vereinbarten Höhe über 10 Jahre. Die Darlehensgewährung dient unmittelbar dem Geschäftsbetrieb der Z-KG. F hat für die Überlassung der Darlehensvaluta an die Z-KG daher in ihrer Sonderbilanz als notwendiges Sonderbetriebsvermögen I eine Forderung mit dem Nennwert von 30.000 € zu aktivieren (vgl. § 6 Abs. 1 Nr. 2 EStG).[57]

Der Zinsanspruch begründet ebenfalls grundsätzlich eine Forderung. Die Bewertung von Forderungen erfolgt mit dem Nennwert (vgl. § 6 Abs. 1 Nr. 2 EStG). Die Zinsan-

---

55 Zum Ganzen: *Fehrenbacher*, § 2 Rn. 215; *Levedag*, in: Schmidt, § 20 EStG Rn. 118.
56 Siehe *Kahle/Hiller*, in: Beck'sches Handbuch der Personengesellschaften, § 6 Rn. 130f.
57 Siehe zum Ganzen: *Hennrichs*, in: Tipke/Lang, Rn. 10.144.

sprüche werden aber, entsprechend der obigen Erwägungen zu Dauerschuldverhältnissen, nicht in vollem Umfang bilanziell berücksichtigt. Soweit die Zinsen nicht für einen Zeitraum geschuldet werden, der vor dem Bilanzstichtag liegt, erfolgt keine Aktivierung.[58] Die Zinsansprüche für die Jahre 02 bis 10 wirken sich daher im Jahr 01 noch nicht aus.

c) Ergebnis

56 F hat hinsichtlich der Darlehensvaluta eine Rückzahlungsforderung in ihrer Sonderbilanz zu erfassen. Die Zinszahlungen für das Jahr 01 begründen Betriebseinnahmen. Die Zinsforderung für die Folgejahre ist im Jahr 01 noch nicht bilanziell zu erfassen.

3. Ergebnis

57 Die Auszahlung der Darlehensvaluta begründet bei der Z-KG eine Einnahme, die allerdings durch die entsprechende Rückzahlungsverpflichtung neutral gestellt wird. Bei F ist die Rückzahlungsforderung zu aktivieren. Die Zinszahlung im Jahr 01 stellt bei der Z-KG eine Betriebsausgabe dar. Bei F liegt eine Sondervergütung vor. Die Zinsen für die Folgejahre werden im Jahr 01 bilanziell noch nicht erfasst.

V. Ziffer 5 – Darlehen zum Erwerb der Beteiligung an der Z-KG

58 Fraglich ist bei der Bewertung der Ziffer 5 insbesondere, wie sich das von M zur Finanzierung seiner Beteiligung aufgenommene Darlehen einkommensteuerrechtlich auswirkt.

1. Behandlung bei der Z-KG im Gesamthandsbereich

59 Wird zur Gründung der Z-KG eine Kapitaleinlage geleistet, ist diese mit dem Nennwert in der Gesamthandsbilanz anzusetzen. Dem Geldzufluss auf der Aktivseite steht auf der Passivseite eine Erhöhung des Kapitalkontos des M gegenüber. Die Bargründung ist daher im Ergebnis erfolgsneutral.[59]

2. Behandlung bei M im Sonderbereich

60 M erhält die Darlehensvaluta in Höhe von 20.000 € von der Bank ausgezahlt. Insofern liegt eine Einnahme vor. Im Gegenzug besteht aber eine Rückzahlungsverpflichtung. Ist das Darlehen der Sphäre der Mitunternehmerschaft zuzuordnen, könnte ein bilanzieller Ausweis des Darlehenszuflusses und der Rückzahlungsverbindlichkeit in Betracht kommen.

Verbindlichkeiten eines Mitunternehmers, die dieser gegenüber einem Dritten eingeht, begründen notwendiges (passives) **Sonderbetriebsvermögen**, wenn diese Verbindlichkeiten unmittelbar durch den Betrieb der Mitunternehmerschaft oder die Beteiligung veranlasst sind.[60] Erwirbt ein Gesellschafter seine Beteiligung nicht aus eigenen Mitteln, sondern durch Fremdkapital, dient dieses Fremdkapital nicht unmittelbar dem Betrieb der Personengesellschaft. Eine Zugehörigkeit der Verbindlichkeit zum Sonderbetriebsvermögen I besteht damit nicht. Allerdings ermöglicht das Darlehen erst den

---

[58] BFH v. 18.12.2002, I R 11/02, BStBl. II 2003, 400, unter 2.
[59] Zum Ganzen: *Jacobs/Scheffler/Spengel*, S. 517.
[60] *Wacker*, in: Schmidt, § 15 EStG Rn. 521 f.

Erwerb der Beteiligung an der Personengesellschaft. Das Darlehen dient mithin der Begründung der Gesellschafterstellung. Daher liegt notwendiges (passives) Sonderbetriebsvermögen II vor.[61] Entsprechend ist die Rückzahlungsverpflichtung in der Sonderbilanz des M zu erfassen. Die Verbindlichkeit ist gemäß § 6 Abs. 1 Nr. 3 EStG mit dem Nennwert von 20.000 € zu passivieren. Aufgrund der Verzinslichkeit erfolgt keine Abzinsung.

Bei den für die Überlassung des Darlehens zu zahlenden Zinsen (in Höhe von 400 € im Jahr 01) handelt es sich um **Sonderbetriebsausgaben**. Sie sind vermögens- und erfolgswirksam.[62] Zinsen für die Folgejahre sind auch hier bilanziell nicht zu berücksichtigen. Eine Passivierung der Zinsverbindlichkeiten erfolgt nur, soweit am Bilanzstichtag die Zinsen für einen Zeitraum geschuldet werden, der vor dem Bilanzstichtag liegt.[63]

3. Ergebnis

Das Darlehen dient der Begründung der Gesellschafterstellung des M bei der Mitunternehmerschaft, so dass die Rückzahlungsverbindlichkeit dem Sonderbetriebsvermögen II zuzuordnen ist. Die Zinszahlungen stellen Sonderbetriebsausgaben dar.

VI. Gewerbesteuerrechtliche Ergänzung

Zu untersuchen sind die gewerbesteuerrechtlichen Auswirkungen für die Z-KG im Jahr 01.

1. Sachliche Steuerpflicht (Steuerobjekt)

Fraglich ist, ob die Z-KG mit der Produktion und dem Vertrieb der Schneidebretter der Gewerbesteuer unterliegt. Der Gewerbesteuer unterliegen im Inland betriebene Gewerbebetriebe (vgl. §§ 2 Abs. 1, 35a GewStG). Personengesellschaften unterhalten (insbesondere) beim Vorliegen der Voraussetzungen des § 15 Abs. 2 EStG ein gewerbliches Unternehmen. Nach den einkommensteuerrechtlichen Erwägungen handelt es sich bei der Z-KG um eine Mitunternehmerschaft (siehe Ziffer 1 des Ausgangsfalls), so dass ein Gewerbebetrieb besteht (vgl. § 2 Abs. 1 S. 2 GewStG). Der stehende Gewerbebetrieb (vgl. § 1 GewStDV) wird im Inland betrieben, denn es wird die Betriebstätte in Leipzig unterhalten (vgl. § 2 Abs. 1 S. 1 und 3 GewStG, § 12 AO).

2. Persönliche Steuerpflicht (Steuersubjekt)

Steuersubjekt und Schuldner der Gewerbesteuer ist gemäß § 5 Abs. 1 S. 1 und 2 GewStG grundsätzlich der Unternehmer, für dessen Rechnung das Gewerbe betrieben wird. Stellt die Tätigkeit einer Personengesellschaft einen Gewerbebetrieb dar (Mitunternehmerschaft), gilt die Sonderregelung des § 5 Abs. 1 S. 3 GewStG. Demnach ist die Z-KG selbst Steuerschuldnerin und insofern steuerrechtsfähig.[64]

---

61 *Fehrenbacher*, § 3 Rn. 21.
62 Vgl. *Bode*, in: Blümich, § 15 EStG Rn. 531 f.
63 BFH v. 24.5.1984, I R 166/78, BStBl. II 1984, 747, unter 2.8. Vgl. auch BFH v. 18.12.2002, I R 11/02, BStBl. II 2003, 400, unter 2.
64 Zum Ganzen: *Fehrenbacher*, § 5 Rn. 22. Siehe im Einzelnen *Gosch*, in: Blümich, § 5 GewStG Rn. 39 f.; *Sarrazin*, in: Lenski/Steinberg, § 5 GewStG Rn. 70–75.

3. Bemessungsgrundlage

66 Bei der Berechnung der Gewerbesteuer ist vom **Steuermessbetrag** auszugehen, der sich aus der Anwendung der Steuermesszahl auf den abgerundeten und um Freibeträge gekürzten Gewerbeertrag ergibt (vgl. § 11 Abs. 1 GewStG). Maßgebliche Besteuerungsgrundlage ist der Gewerbeertrag des Kalenderjahres als Erhebungszeitraum (vgl. §§ 6, 10, 14 GewStG).

a) Gewerbeertrag

67 Grundlage der Ermittlung des maßgebenden Gewerbeertrags ist gemäß § 7 GewStG der nach den Vorschriften des Einkommen- und Körperschaftsteuergesetzes zu ermittelnde Gewinn, vermehrt um die Hinzurechnungen nach § 8 GewStG und vermindert um die Kürzungen nach § 9 GewStG.

aa) Einkommensteuerrechtlicher Gewinn

68 Nach dem Bearbeitungshinweis beträgt der einkommensteuerrechtliche Gewinn im Jahr 01 50.000 €.

bb) Hinzurechnung nach § 8 GewStG

69 Fraglich ist, ob dem nach dem Einkommensteuerrecht ermittelten Gewinn der Z-KG für gewerbesteuerrechtliche Zwecke Beträge nach § 8 GewStG hinzuzurechnen sind. In Betracht kämen insoweit die Mietaufwendungen für das Bürogebäude (siehe Ziffer 2 des Ausgangsfalls) sowie die anlässlich des aufgenommenen Darlehens zu zahlenden Zinsen (siehe Ziffer 4 des Ausgangsfalls). Ein Viertel der Summe aus den hälftigen Mietzahlungen (vgl. § 8 Nr. 1 lit. e GewStG) und den Zinsen (vgl. § 8 Nr. 1 lit. a GewStG) könnte dem Gewinn aus Gewerbebetrieb wieder hinzuzurechnen sein. Es handelt sich bei den Mietzahlungen um Zahlungen auf Grundlage eines Mietvertrags für die Überlassung von unbeweglichen Vermögen, das im Eigentum eines anderen steht (sog. fiktives Anlagevermögen).[65] Bei den Zinsen handelt es sich um Entgelte für Schulden.

Für eine Hinzurechnung müssten die Aufwendungen jedoch bei der Ermittlung des Gewinns abgesetzt worden sein; sie müssten also den Gewinn der Z-KG gemindert haben (vgl. § 8 GewStG). Sowohl die Mietzahlungen als auch die Zinsen stellen Sondervergütungen eines Mitunternehmers nach § 15 Abs. 1 S. 1 Nr. 2 EStG dar. Sie wurden als Aufwand in der Gesamthandsbilanz berücksichtigt, allerdings gleichzeitig als Sonderbetriebseinnahmen in der Sonderbilanz von M beziehungsweise F angesetzt. Damit wurde der Gesamtgewinn der Mitunternehmerschaft nicht geschmälert und es kommt nicht zu einer Hinzurechnung nach § 8 GewStG.[66]

Vertiefungshinweis

Im Übrigen erfolgte eine fünfundzwanzigprozentige Hinzurechnung der Summe der Beträge nach § 8 Nr. 1 lit. a bis f GewStG nur, soweit die Summe den entsprechenden Freibetrag von 200.000 € überschreiten würde.

---

65 Siehe *Hofmeister*, in: Blümich, § 8 Rn. 215, 232 f.
66 *Kahle*, in: Beck'sches Handbuch der Personengesellschaften, § 7 Rn. 247.

cc) Kürzung nach § 9 GewStG

In Betracht kommt zudem eine Kürzung nach § 9 Nr. 1 GewStG. Hiernach erfolgt eine Kürzung um 1,2 Prozent des Einheitswerts des zum Betriebsvermögen gehörenden, nicht grundsteuerbefreiten Grundbesitzes. Zum Grundbesitz im Sinne der Vorschrift gehören insbesondere der Grund und Boden und die Gebäude (Grundvermögen, vgl. §§ 19 Abs. 1, 68 Abs. 1 BewG).[67] Damit ist das Bürogebäude erfasst. Fraglich ist allerdings, ob der Grundbesitz auch zum Betriebsvermögen gehört. Das im Alleineigentum des M stehende Gebäude ist (entsprechend der einkommensteuerrechtlichen Ausführungen zu Ziffer 2 des Ausgangsfalls, vgl. § 20 Abs. 1 GewStDV) zu Beginn des Jahres 01 dem Sonderbetriebsvermögen des M zuzuordnen; und auch für Grundstücke im Sonderbetriebsvermögen kommt eine Kürzung des Gewerbeertrags in Betracht.[68] Da zudem keine Befreiung des Grundbesitzes von der Grundsteuer besteht, findet die Kürzung statt. Die Höhe der Kürzung beträgt 1,2 Prozent des Einheitswerts des Grundbesitzes. Dieser beträgt nach dem Bearbeitungshinweis 10.000 €, sodass die Kürzung 120 € (10.000 € x 1,2 Prozent) beträgt.

70

Vertiefungshinweis

Hintergrund der Kürzung nach § 9 Nr. 1 GewStG ist insbesondere die Vermeidung einer Doppelbelastung mit Realsteuern (Grundsteuer und Gewerbesteuer).[69] § 9 Nr. 1 GewStG knüpft derzeit noch an den Einheitswert an; in Folge der Entscheidung des BVerfG zur Verfassungswidrigkeit der bisherigen Einheitsbewertung für die Grundsteuer ändert sich dies ab dem Erhebungszeitraum 2025.[70]

dd) Ergebnis

Der Gewerbeertrag beträgt nach der erforderlichen Kürzung 49.880 € (50.000 € ./. 120 €) und ist auf einen Wert von 49.800 € abzurunden (vgl. § 11 Abs. 1 S. 3 GewStG).

71

b) Freibetrag

Gemäß § 11 Abs. 1 S. 3 Nr. 1 GewStG ist bei der Z-KG als Personengesellschaft ein Freibetrag in Höhe von 24.500 € zu berücksichtigen.

72

c) Steuermesszahl

Die Steuermesszahl beträgt gemäß § 11 Abs. 2 GewStG einheitlich 3,5 Prozent.

73

d) Ergebnis

Der um den Freibetrag gekürzte Gewerbeertrag beträgt 25.300 € (49.800 € ./. 24.500 €). Durch Anwendung der Steuermesszahl auf diesen Betrag ergibt sich ein

74

---

[67] *Gosch*, in: Blümich, § 9 GewStG Rn. 20.
[68] *Fehrenbacher/Tavakoli*, § 3 Rn. 38.
[69] Siehe BFH v. 5.10.1967, I 258/64, BStBl. II 1968, 65, unter 1. Siehe auch *Gosch*, in: Blümich, § 9 GewStG Rn. 19.
[70] Siehe BVerfG v. 10.4.2018, 1 BvL 11/14 u.a., BVerfGE 148, 147. Siehe auch Gesetz zur Reform des Grundsteuer- und Bewertungsrechts (Grundsteuer-Reformgesetz) v. 26.11.2019, BGBl. I 2019, 1794.

Steuermessbetrag in Höhe von 885,50 € (25.300 € x 3,5 Prozent). Die Finanzverwaltung rundet auf volle Euro nach unten ab, sodass ein Betrag von 885 € verbleibt.[71]

4. Steuerfestsetzung

75 Der Steuermessbetrag wird durch das Finanzamt mit einem **Steuermessbescheid** festgesetzt. Auf dieser Grundlage erfolgt die Steuerfestsetzung mit einem **Gewerbesteuerbescheid** durch die Gemeinde. Dabei wendet die Gemeinde Leipzig ihren Hebesatz von (laut Bearbeitungshinweis) 460 Prozent auf den Steuermessbetrag an (vgl. §§ 4 Abs. 1 S. 1, 16 Abs. 1 GewStG). Damit ergibt sich eine Gewerbesteuer in Höhe von 4.071 € (885 € x 460 Prozent).

5. Auswirkungen auf die Einkommensteuer

76 Die Gewerbesteuer ist keine abzugsfähige Betriebsausgabe bei der Z-KG (vgl. § 4 Abs. 5 b EStG). Allerdings besteht eine pauschale Anrechnung der Gewerbesteuer auf die Einkommensteuer der Mitunternehmer nach § 35 Abs. 1 S. 1 Nr. 2 EStG. Hiernach ermäßigt sich die tarifliche Einkommensteuer von F und M, soweit sie anteilig auf im zu versteuernden Einkommen enthaltene gewerbliche Einkünfte entfällt, um das Vierfache des anteiligen Gewerbesteuermessbescheids. Die Steuerermäßigung ist auf die jeweils anteilige festgesetzte Gewerbesteuer begrenzt (vgl. § 35 Abs. 1 S. 5 EStG).[72]

Der auf Ebene der Gesellschaft zu ermittelnde Ermäßigungsbetrag beträgt im Fall 3.540 € (885 € x 4). Er wird nach dem entsprechenden Gewinnverteilungsschlüssel ohne Berücksichtigung von Vorabgewinnen und Sondervergütungen aufgeteilt (vgl. § 35 Abs. 2 S. 2 EStG).[73] Damit ergibt sich hier ein Ermäßigungsbetrag für M von 2.478 € (3.540 € x 70 Prozent) und für F von 1.062 € (3.540 € x 30 Prozent), der bis zur Höhe der tariflichen Einkommensteuer auf die gewerblichen Einkünfte abziehbar ist.

6. Ergebnis

77 Die Gemeinde Leipzig setzt eine Gewerbesteuer von 4.071 € fest. Sie ist in Höhe von 2.478 € beziehungsweise 1.062 € auf die Einkommensteuer von M und F anzurechnen.

---

71 Siehe R 14.1 S. 3 GewStR.
72 Siehe BMF v. 3.1.2016, IV C 6 – S 2296-a/08/10002: 003, BStBl. I 2016, 1187, Rn. 6. Siehe auch *Levedag*, in: Herrmann/Heuer/Raupach, § 35 EStG Rn. 109.
73 *Rohrlack*, in: Blümich, § 35 EStG Rn. 59.

§ 15 Übungsfall 8 – Körperschaftsteuer mit Gewerbesteuer

Der folgende Fall behandelt im Schwerpunkt die Besteuerung von Kapitalgesellschaften. Im Einzelnen werden insbesondere die folgenden Aspekte behandelt: Arbeitnehmer-Pauschbetrag (vgl. § 9a S. 1 Nr. 1 lit. a EStG); Beteiligungen an anderen Kapitalgesellschaften (vgl. § 8b KStG); Einkünfte aus nichtselbständiger Arbeit (vgl. §§ 2 Abs. 1 S. 1 Nr. 4, 19 Abs. 1 EStG); Gründungsstadien einer Kapitalgesellschaft; Kapitalertragsteuer (vgl. §§ 43 ff. EStG); Leistungsbeziehungen zwischen der Gesellschaft und den Gesellschaftern; Lohnsteuer (vgl. §§ 38 ff. EStG); Mitunternehmerschaft (vgl. § 15 Abs. 1 S. 1 Nr. 2 EStG); Sparer-Pauschbetrag (vgl. § 20 Abs. 9 EStG); Teileinkünfteverfahren (vgl. §§ 3 Nr. 40, 3c Abs. 2 EStG); Transparenzprinzip und Trennungsprinzip; Unternehmerähnliche Beteiligungen (vgl. § 32d Abs. 2 Nr. 3 EStG); Verdeckte Gewinnausschüttungen (vgl. § 8 Abs. 3 S. 2 KStG, § 20 Abs. 1 Nr. 1 S. 2 EStG). Die gewerbesteuerrechtliche Ergänzung behandelt insbesondere folgende Aspekte: Gewerbesteuerliches Schachtelprivileg (vgl. §§ 8 Nr. 5, 9 Nr. 2a GewStG); Kapitalgesellschaft als Steuersubjekt.

Sachverhalt

▶ Die beiden in Köln (Deutschland) wohnenden Diplom-Informatiker Frieda (F) und Manfred (M) haben eine Sport-App entwickelt, mit der sich Trainingspläne erstellen lassen, die funktionelles Training mit Laufeinheiten kombinieren. Um Haftungsrisiken zu minimieren, haben sie von Anfang an geplant, das Unternehmen als Sport-App-GmbH (S-GmbH) zu betreiben. Sie schließen hierfür im Jahr 01 einen wirksamen Vorvertrag, in dem sie sich als gleichberechtigte Partner zum Abschluss eines Gesellschaftsvertrags verpflichten und die sofortige Aufnahme der Geschäfte festlegen. Der Abschluss des endgültigen Gesellschaftsvertrags erfolgt zunächst ebenso wenig wie die Eintragung im Handelsregister.

(1) Durch App-Verkäufe und Abonnementabschlüsse werden im Jahr 01 80.000 € eingenommen. M übernimmt den Telefonsupport für die Sport-App. Hierzu schließt er mit der Gesellschaft einen Dienstvertrag ab. Im Jahr 01 erhält er für seine Dienste ein Entgelt von 40.000 €.

(2) Anfang 02 schließen F und M den Gesellschaftsvertrag in notarieller Form ab. Als Sitz der Gesellschaft wird Köln festgelegt. Das Gehalt an M wird auch im Jahr 02 gezahlt. Aus App-Verkäufen und Abonnementabschlüssen werden in diesem Jahr 90.000 € eingenommen.

(3) Anfang 03 wird die Gesellschaft in das Handelsregister eingetragen. Aus App-Verkäufen und Abonnementabschlüssen werden in diesem Jahr 100.000 € eingenommen.

(4) Die S-GmbH ist seit dem Jahr 03 an der Turnbeutel-AG, einem Sportartikelhersteller mit Sitz und Geschäftsleitung in Troisdorf (Deutschland), zu 15 Prozent beteiligt. Die S-GmbH erhält von der Turnbeutel-AG im Jahr 04 eine Dividende in Höhe von 10.000 €.

(5) Die S-GmbH hält zudem seit dem Jahr 03 eine neunprozentige Beteiligung an der Laufschuh-AG, einem weiteren Sportartikelhersteller mit Sitz und Geschäftsleitung in Leverkusen (Deutschland). Auch von der Laufschuh-AG erhält die S-GmbH im Jahr 04 eine Dividende in Höhe von 10.000 €.

(6) Im Jahr 05 nimmt M die Leistungen in Anspruch, die die S-GmbH im Rahmen des Jahresabonnements anbietet. Statt dem üblichen Preis von 200 € zahlt er für die Nutzung nur 50 €. ◀

TEIL 2: ÜBUNGSFÄLLE

Aufgabenstellung

3 ▶ Wie sind die geschilderten Fälle für die Sport-App-Gesellschaft und die Gesellschafter F und M einkommen- und körperschaftsteuerrechtlich zu beurteilen?
Gewerbesteuerrechtliche Ergänzung: Welche gewerbesteuerrechtlichen Folgen ergeben sich für die S-GmbH im Jahr 04, wenn der Gewinn im Jahr 04 50.000 € beträgt und Köln einen Hebesatz von 475 Prozent anwendet?
Die Aufgabe ist gutachtlich zu bearbeiten. Die Jahreszahlen sind fiktiv. Es ist das aktuell geltende Recht anzuwenden. ◀

Gliederung

I.	Ziffer 1 – Vorgründungsgesellschaft	180
	1. Persönliche Steuerpflicht	180
	2. Veranlagung und Tarif	180
	3. Sachliche Steuerpflicht	181
	a) Einkünftequalifikation	181
	aa) Gewerbliches Unternehmen	181
	bb) Mitunternehmerstellung von F und M	182
	cc) Ergebnis	183
	b) Einkünfteermittlung	183
	aa) Gewinnanteil, § 15 Abs. 1 S. 1 Nr. 2 S. 1 Hs. 1 EStG	183
	(1) Ermittlung des Gewinns bei der Gesellschaft	183
	(2) Gewinnzurechnung an die Gesellschafter	184
	(3) Ergebnis	184
	bb) Sonderbereich, § 15 Abs. 1 S. 1 Nr. 2 S. 1 Hs. 2 EStG	184
	(1) Gewinnermittlungsart im Sonderbereich	184
	(2) Sondervergütungen	184
	(3) Ergebnis	185
	cc) Ergebnis	185
	c) Ergebnis	185
	4. Einheitliche und gesonderte Gewinnfeststellung	185
	5. Ergebnis	186
II.	Ziffer 2 – Vorgesellschaft	186
	1. Steuerliche Bewertung für die Gesellschaft	186
	a) Persönliche Steuerpflicht	186
	b) Veranlagung und Tarif	186
	c) Sachliche Steuerpflicht	187
	aa) Einkünftequalifikation	187
	bb) Einkünfteermittlung	187
	cc) Ergebnis	188
	d) Ergebnis	188
	2. Steuerliche Bewertung für M	188
	a) Einkünftequalifikation	188
	b) Einkünfteermittlung	188
	c) Lohnsteuerabzug	188
	d) Ergebnis	189
	3. Ergebnis	189
III.	Ziffer 3 – GmbH	189
IV.	Ziffer 4 – Beteiligung an der Turnbeutel-AG	189
	1. Einkünfte aus Gewerbebetrieb	189
	2. Steuerbefreiung	190
	3. Kapitalertragsteuerabzug	190
	4. Ergebnis	191
V.	Ziffer 5 – Beteiligung an der Laufschuh-AG	191
	1. Steuerbefreiung	191
	2. Kapitalertragsteuerabzug	191
	3. Ergebnis	191
VI.	Ziffer 6 – Verdeckte Gewinnausschüttung	192
	1. Behandlung bei der Gesellschaft	192
	2. Behandlung beim Gesellschafter	192
	3. Ergebnis	193
VII.	Gewerbesteuerrechtliche Ergänzung	193
	1. Sachliche Steuerpflicht (Steuerobjekt)	193
	2. Persönliche Steuerpflicht (Steuersubjekt)	194
	3. Bemessungsgrundlage	194
	a) Gewerbeertrag	194
	aa) Körperschaftsteuerrechtlicher Gewinn	194
	bb) Hinzurechnung nach § 8 GewStG	195

	cc) Kürzung nach § 9 GewStG	195
	dd) Ergebnis	196
	b) Freibetrag	196
	c) Steuermesszahl	196
	d) Ergebnis	196
	4. Steuerfestsetzung	196
	5. Ergebnis	196

Lösung

I. Ziffer 1 – Vorgründungsgesellschaft

5 Fraglich ist, wie die Einnahmen aus den App-Verkäufen und den Abonnementabschlüssen zu beurteilen sind.

1. Persönliche Steuerpflicht

6 Im Jahr 01 fehlt es sowohl am Abschluss eines notariellen Gesellschaftsvertrags zwischen F und M als auch an einer Eintragung im Handelsregister. Damit ist noch keine GmbH entstanden (vgl. §§ 2, 11 GmbHG). F und M einigen sich jedoch darauf, die GmbH zu gründen. Die Gesellschaft befindet sich damit in der Errichtungsphase. In diesem Gründungsstadium liegt eine Personengesellschaft vor. Der Zweck dieser als **Vorgründungsgesellschaft** bezeichneten Gesellschaft ist auf die Vorbereitung der Gründung der GmbH gerichtet. Da F und M bereits in dieser Phase ein Handelsgewerbe betreiben, liegt eine OHG vor (vgl. §§ 105 Abs. 1, 1 Abs. 2 HGB).[1] Die Vorgründungsgesellschaft ist allerdings kein Subjekt der Einkommen- oder der Körperschaftsteuer (vgl. § 1 Abs. 1 S. 1 EStG, § 1 Abs. 1 KStG).[2]

Vertiefungshinweis

Der Sachverhalt gibt vor, dass der auf die Gründung der GmbH gerichtete Vertrag wirksam ist. Damit sind die Probleme der Formwirksamkeit dieses Vertrags ausgeblendet. Es soll hier nur um die steuerrechtliche Seite der Vorgründungsgesellschaft gehen.[3]

7 Steuersubjekte sind aber F und M. Sie sind als natürliche Personen mit Wohnsitz in Köln und damit im Inland mit ihrem Welteinkommen unbeschränkt einkommensteuerpflichtig (vgl. § 1 Abs. 1 S. 1 EStG, § 8 AO). Es gilt das sogenannte Transparenzprinzip bei der einkommensteuerrechtlichen Behandlung der Personengesellschaft.[4]

2. Veranlagung und Tarif

8 F und M sind (mangels anderer Angaben im Sachverhalt) ledig und daher (vorbehaltlich eines Steuerabzugs mit abgeltender Wirkung) einzeln zu veranlagen. Es findet eine Einzelveranlagung zum Grundtarif des § 32a Abs. 1 EStG statt. Der Veranlagungszeitraum ist das Kalenderjahr (vgl. § 25 Abs. 1 EStG).[5]

---

1 Siehe zum Ganzen: *Koch*, § 33 Rn. 24–27.
2 Vgl. *Hey*, in: Tipke/Lang, Rn. 11.26.
3 Siehe vertiefend zur zivilrechtlichen Seite: *Koch*, § 33 Rn. 28 f.
4 *Fehrenbacher*, § 3 Rn. 1.
5 Zum Ganzen: *Fehrenbacher*, § 2 Rn. 299 f., 313.

3. Sachliche Steuerpflicht

Ferner ist die sachliche Steuerpflicht von F und M zu untersuchen. Die Personengesellschaft ist zwar als transparentes Rechtsgebilde kein Subjekt der Einkommen- oder Körperschaftsteuer. Sie ist jedoch zur Einkünftequalifikation und Einkünfteermittlung heranzuziehen (sogenannte **partielle Steuersubjektfähigkeit**).[6]

a) Einkünftequalifikation

Zunächst hat die Einkünftequalifikation zu erfolgen. Hier könnten gewerbliche Einkünfte von F und M nach den §§ 2 Abs. 1 S. 1 Nr. 2, 15 Abs. 1 S. 1 Nr. 2 EStG vorliegen. Bei der einkommensteuerrechtlichen Bewertung der unternehmerischen Personengesellschaft gilt das sogenannte duale Prinzip. Der Einheit der Gesellschaft steht die Vielheit der Gesellschafter gegenüber. Bei der Qualifikation und bei der Ermittlung der Einkünfte ist daher zunächst auf die Gesellschaft abzustellen und anschließend sind die Gesellschafter als Steuerpflichtige zu betrachten.[7]

aa) Gewerbliches Unternehmen

Im Rahmen der Einkünftequalifikation ist zunächst auf der Ebene der Gesellschaft nach der Gewerblichkeit der Einkünfte zu fragen. Die OHG könnte einen Gewerbebetrieb im Sinne des § 15 Abs. 2 EStG betreiben. Fraglich ist dabei, ob die Gesellschafter in ihrer gesamthänderischen Verbundenheit den Tatbestand der gewerblichen Einkünfte erfüllen.[8] Es müsste eine auf Dauer ausgerichtete, selbständige Tätigkeit, unter Beteiligung am allgemeinen wirtschaftlichen Verkehr, mit Gewinnerzielungsabsicht vorliegen und die Tätigkeit dürfte keine selbständige Arbeit, land- und forstwirtschaftliche Tätigkeit oder private Vermögensverwaltung darstellen.

Mit der Entwicklung und der Vermarktung der Sport-App besteht eine selbständige, nachhaltige und unter Beteiligung am allgemeinen wirtschaftlichen Verkehr mit Gewinnerzielungsabsicht ausgeübte Tätigkeit. Eine land- und forstwirtschaftliche Tätigkeit liegt ebenso wenig vor wie eine private Vermögensverwaltung.

Fraglich ist allerdings, ob die Tätigkeit als selbständige Arbeit im Sinne des § 18 EStG einzuordnen ist. Die Entwicklung der App könnte grundsätzlich eine dem Ingenieurberuf ähnliche Tätigkeit darstellen und damit als **freiberufliche Tätigkeit** nach § 18 Abs. 1 Nr. 1 EStG zu qualifizieren sein. Eine den Katalogberufen ähnliche Tätigkeit im Sinne des § 18 Abs. 1 Nr. 1 S. 2 EStG liegt vor, wenn die Tätigkeit in ihren wesentlichen Punkten mit einem der genannten Katalogberufe vergleichbar ist. Die Vergleichbarkeit muss hinsichtlich Ausbildung und beruflicher Tätigkeit gegeben sein.[9] Die persönliche Qualifikation als Ingenieur erfordert eine Ausbildung, die dazu berechtigt, die Bezeichnung Ingenieur zu führen. F und M sind Diplom-Informatiker. Das entsprechende Informatikstudium wird als gleichwertig zum Studium der Ingenieurwissenschaften angesehen.[10] Können Diplom-Informatiker damit grundsätzlich eine dem Ingenieur ähnliche Tätigkeit ausüben, ist die spezifische Tätigkeit von F und M in den Blick zu nehmen. Typische Aufgaben eines Ingenieurs sind unter anderem,

---

6 *Fehrenbacher*, § 3 Rn. 2; *Hennrichs*, in: Tipke/Lang, Rn. 10.12.
7 Zum Ganzen: *Fehrenbacher*, § 3 Rn. 2; *Hennrichs*, in: Tipke/Lang, Rn. 10.20–10.22.
8 BFH v. 25.6.1984, GrS 4/82, BStBl. II 1984, 751, unter C.III.3.a).
9 *Wacker*, in: Schmidt, § 18 EStG Rn. 126–128.
10 BFH v. 18.4.2007, XI R 29/06, BStBl. II 2007, 781, unter II.2.a)aa) m.w.N.

„auf der Grundlage naturwissenschaftlicher und technischer Erkenntnisse und unter Berücksichtigung wirtschaftlicher Belange technische Werke zu planen, zu konstruieren und ihre Fertigung zu überwachen"[11]. Auf dem Gebiet der Informatik können relevante Tätigkeiten unter anderem in der Hard- und Softwareentwicklung liegen.[12] Mittlerweile ist anerkannt, dass auch die Entwicklung von Anwendungssoftware eine ingenieurähnliche Tätigkeit darstellen kann. Allerdings wird die Entwicklung sogenannter Trivialsoftware nicht als ausreichend angesehen. Erforderlich ist vielmehr, dass „der Steuerpflichtige qualifizierte Software durch eine klassische ingenieurmäßige Vorgehensweise (Planung, Konstruktion und Überwachung) entwickelt."[13] Vorliegend geht es nicht um die Entwicklung grundlegender Systemsoftware oder komplexer Anwendersoftware, sondern um die Entwicklung einer einfachen „Massen"-App. Die Tätigkeit ist damit keine dem Katalogberuf des Ingenieurs ähnliche Tätigkeit. Damit erzielt die OHG gewerbliche Einkünfte.

Vertiefungshinweis

Wäre die Tätigkeit als selbständige Arbeit einzuordnen, könnte § 15 Abs. 1 S. 1 Nr. 2 EStG über § 18 Abs. 4 S. 2 EStG zur Anwendung kommen. Dann könnte eine freiberufliche Mitunternehmerschaft vorliegen. Siehe auch § 13 Rn. 10.

bb) Mitunternehmerstellung von F und M

13 Ferner ist zu untersuchen, ob F und M Mitunternehmer sind. Mitunternehmer sind die Gesellschafter einer Personengesellschaft, die als Unternehmer des Betriebs anzusehen sind (vgl. § 15 Abs. 1 S. 1 Nr. 2 EStG). Erforderlich ist, dass ein Gesellschaftsverhältnis besteht und dass F und M Mitunternehmerrisiko und Mitunternehmerinitiative innehaben.[14]

14 Mitunternehmer kann grundsätzlich nur sein, wer zivilrechtlich als **Gesellschafter** einer Personengesellschaft anzusehen ist.[15] F und M sind hier Gesellschafter der Vorgründungsgesellschaft.

15 Darüber hinaus müssten F und M Mitunternehmerrisiko tragen und Mitunternehmerinitiative entfalten. **Mitunternehmerrisiko** beschreibt die unmittelbare Teilhabe am Erfolg und Misserfolg des Unternehmens. Merkmale des Mitunternehmerrisikos sind insbesondere die Beteiligung am Gewinn und Verlust sowie an den stillen Reserven und Lasten der Gesellschaft.[16] Dem Sachverhalt lässt sich keine von dem gesetzlichen Leitbild abweichende Ausgestaltung der Rechte und Pflichten der Gesellschafter entnehmen. F und M sind daher am Gewinn und Verlust sowie an den stillen Reserven der OHG beteiligt (vgl. §§ 120 f. HGB). Sie haften als Gesellschafter der OHG unmittelbar und persönlich für Gesellschaftsverbindlichkeiten (vgl. § 128 Abs. 1 HGB). Damit tragen F und M Mitunternehmerrisiko. **Mitunternehmerinitiative** ist die Teilhabe an unternehmerischen Entscheidungen. Hiervon kann ausgegangen werden, wenn Gesellschafterrechte vorliegen, die wenigstens den Stimm-, Kontroll- und Widerspruchsrechten eines Kommanditisten nach den gesetzlichen Bestimmungen angenähert sind oder die den gesellschaftsrechtlichen Kontrollrechten nach § 716 Abs. 1 BGB entspre-

---

11 BFH v. 11.11.2014, VIII R 17/12, BeckRS 2015, 94885, unter II.1.a).
12 BFH v. 11.11.2014, VIII R 17/12, BeckRS 2015, 94885, unter II.1.b).
13 BFH v. 4.5.2004, XI R 9/03, BStBl. II 2004, 989, unter II.3.b).
14 *Fehrenbacher*, § 3 Rn. 5.
15 *Fehrenbacher*, § 3 Rn. 6; *Hennrichs*, in: Tipke/Lang, Rn. 10.31–10.34.
16 *Fehrenbacher*, § 3 Rn. 7.

chen.[17] Mit Blick auf ihre Gesellschafterrechte bei der OHG (vgl. §§ 114, 116 HGB und § 125 HGB) haben F und M Mitunternehmerinitiative inne.

cc) Ergebnis

Damit erzielen F und M gewerbliche Einkünfte nach den §§ 2 Abs. 1 S. 1 Nr. 2, 15 Abs. 1 S. 1 Nr. 2 EStG.

b) Einkünfteermittlung

Sodann ist die Einkünfteermittlung in den Blick zu nehmen. Die Einkünfte der Mitunternehmer setzen sich nach § 15 Abs. 1 S. 1 Nr. 2 EStG aus den Gewinnanteilen an der Personengesellschaft (erste Stufe der Gewinnermittlung, § 15 Abs. 1 S. 1 Nr. 2 S. 1 Hs. 1 EStG) und aus den Sondervergütungen (zweite Stufe der Gewinnermittlung, § 15 Abs. 1 S. 1 Nr. 2 S. 1 Hs. 2 EStG) zusammen. Die Einkünfte der Mitunternehmer ergeben sich aus der Addition der Ergebnisse aus erster und zweiter Stufe der Gewinnermittlung (sogenannte additive Gewinnermittlung).[18]

aa) Gewinnanteil, § 15 Abs. 1 S. 1 Nr. 2 S. 1 Hs. 1 EStG

Zunächst ist der Gewinnanteil von F und M zu ermitteln. Ausgangspunkt ist hierbei der Gewinn der Personengesellschaft.[19]

(1) Ermittlung des Gewinns bei der Gesellschaft

Bei der OHG ist der Gewinn zu ermitteln (vgl. § 2 Abs. 2 S. 1 Nr. 1 EStG). Fraglich ist, ob eine Einnahmenüberschussrechnung oder ein qualifizierter Betriebsvermögensvergleich vorzunehmen ist. Entscheidend ist, ob die OHG gesetzlich verpflichtet ist, Bücher zu führen, beziehungsweise ob sie freiwillig Bücher führt. Die OHG ist als Handelsgesellschaft buchführungspflichtig nach § 238 Abs. 1 HGB (vgl. §§ 105 Abs. 1, 6 Abs. 1 HGB). Mit Blick auf diese handelsrechtliche Buchführungspflicht hat ein **qualifizierter Betriebsvermögensvergleich** nach den §§ 4 Abs. 1, 5 Abs. 1 EStG zu erfolgen. Hierbei ist als Gewinn der Unterschiedsbetrag des Betriebsvermögens am Schluss des Wirtschaftsjahres und des Betriebsvermögens am Schluss des vorangegangenen Wirtschaftsjahres unter Beachtung der Maßgeblichkeit der handelsrechtlichen Bestimmungen auszuweisen. Nach § 140 AO führt die handelsrechtliche Buchführungspflicht zu einer steuerrechtlichen Buchführungspflicht (sogenannte derivative Buchführungspflicht).

Im Jahr 01 werden aus App-Verkäufen und Abonnementabschlüssen 80.000 € eingenommen. Diese Einnahmen sind betrieblich veranlasst und daher als Betriebseinnahmen anzusehen (vgl. §§ 4 Abs. 4, 8 Abs. 1 EStG).[20]

Das Gehalt, das die OHG für die Übernahme des Telefonsupports an M zahlt, könnte eine Betriebsausgabe nach § 4 Abs. 4 EStG darstellen. Dazu müssten die Aufwendungen durch den Betrieb veranlasst sein. Die Kosten für den der Kundenbetreuung dienenden Telefonsupport sind unmittelbar betrieblich veranlasst und stellen daher

---

17 *Hennrichs*, in: Tipke/Lang, Rn. 10.37 m.w.N.
18 *Hennrichs*, in: Tipke/Lang, Rn. 10.100–10.112.
19 *Fehrenbacher*, § 3 Rn. 15; *Hennrichs*, in: Tipke/Lang, Rn. 10.105.
20 Vgl. *Fehrenbacher*, § 2 Rn. 115.

Betriebsausgaben dar. Die Ausgaben in Höhe von 40.000 € sind auf der Ebene der Gesellschaft gewinnmindernd zu berücksichtigen.

(2) Gewinnzurechnung an die Gesellschafter

22 Der Gewinn wird den Gesellschaftern anteilig zugerechnet. Die Gewinnverteilung knüpft grundsätzlich an das Gesellschaftsrecht an.[21] Wenn der Gesellschaftsvertrag, wie hier, keine abweichenden Regelungen enthält, wird der Gewinn bei der OHG entsprechend der Regelung des § 120 HGB verteilt. Zunächst erhalten die Gesellschafter nach § 121 Abs. 1 und 2 HGB einen Vorabanteil von vier Prozent ihres Kapitalanteils. Der weitere Gewinn wird gemäß § 121 Abs. 3 HGB nach Köpfen verteilt.[22]

(3) Ergebnis

23 Aus der anteiligen Zurechnung des Gewinns der Gesellschaft ergibt sich damit der Gewinnanteil von F und M nach § 15 Abs. 1 S. 1 Nr. 2 S. 1 Hs. 1 EStG.

bb) Sonderbereich, § 15 Abs. 1 S. 1 Nr. 2 S. 1 Hs. 2 EStG

24 Auf der zweiten Stufe der Einkünfteermittlung wird das Ergebnis der Sonderbilanzen der Gesellschafter ermittelt. Hier ist das jeweilige Sonderbetriebsvermögen darzustellen. Auf das Ergebnis der Sonderbilanz wirken sich Sonderbetriebseinnahmen und Sonderbetriebsausgaben aus.[23]

(1) Gewinnermittlungsart im Sonderbereich

25 F und M erzielen als Mitunternehmer gewerbliche Einkünfte, so dass sie ihren Gewinn zu ermitteln haben (vgl. § 2 Abs. 2 S. 1 Nr. 1 EStG). Die Gesellschafter sind allein aufgrund der Stellung als Mitunternehmer handelsrechtlich nicht buchführungspflichtig, denn das Handelsrecht kennt entsprechende Sonderbilanzen nicht. Steuerrechtlich wird (mit unterschiedlichen Begründungsansätzen) von einer korrespondierenden Bilanzierung im Rahmen des Sonderbereichs der Gesellschafter ausgegangen. Damit kommt auch auf der zweiten Stufe der Einkünfteermittlung die von der Gesellschaft angewandte Ermittlungsmethode zur Anwendung.[24]

(2) Sondervergütungen

26 M erhält Zahlungen für seine Tätigkeit im Dienst der OHG. Dabei könnte es sich um Einkünfte aus nichtselbständiger Arbeit handeln. Nach § 19 Abs. 1 S. 1 Nr. 1 EStG sind hier insbesondere Gehälter und Löhne für eine Beschäftigung im öffentlichen oder privaten Dienst erfasst. Ein Dienstverhältnis liegt nach § 1 Abs. 2 LStDV vor, wenn ein Angestellter dem Arbeitgeber seine Arbeitskraft schuldet, er also den Weisungen des Arbeitgebers zu folgen hat. Davon kann hier mit Blick auf den abgeschlossenen Dienstvertrag ausgegangen werden.

Allerdings ist § 15 Abs. 1 S. 1 Nr. 2 S. 1 Hs. 2 EStG zu beachten. Hiernach stellen die Vergütungen, die Gesellschafter von der Gesellschaft unter anderem für die Tätigkeit

---

[21] *Hennrichs*, in: Tipke/Lang, Rn. 10.125.
[22] Zum Ganzen: *Gesell*, in: Beck'sches Handbuch der Personengesellschaften, § 4 Rn. 118.
[23] *Fehrenbacher*, § 3 Rn. 18.
[24] Zum Ganzen: *Fehrenbacher*, § 3 Rn. 18; *Hennrichs*, in: Tipke/Lang, Rn. 10.115.

im Dienst der Gesellschaft beziehen, Einkünfte aus Gewerbebetrieb dar. Sondervergütungen in diesem Sinne beruhen auf besonderen Vertragsbeziehungen zwischen der Gesellschaft und den Gesellschaftern. Die vergütete Leistung muss als Beitrag zur Erreichung des Gesellschaftszwecks anzusehen sein (sogenannte Beitragstheorie).[25] Hier besteht zwischen der OHG und M mit dem Dienstvertrag eine besondere Vertragsbeziehung und die Übernahme des Telefonsupports dient der Erreichung des Gesellschaftszwecks. Damit sind die Bezüge als Sondervergütungen anzusehen. Sie werden im Ergebnis nicht als Einkünfte aus nichtselbständiger Arbeit erfasst, vielmehr erfolgt eine Qualifizierung als gewerbliche Einkünfte.[26]

(3) Ergebnis

Auf der zweiten Stufe der Gewinnermittlung sind daher die Sondervergütungen in Höhe von 40.000 € zu berücksichtigen.

Vertiefungshinweis

An dieser Stelle zeigt sich die Qualifikationsfunktion des Sondervergütungstatbestands.[27] Wegen der Regelung in § 15 Abs. 1 S. 1 Nr. 2 S. 1 Hs. 2 EStG werden die Sondervergütungen als gewerbliche Einkünfte erfasst. Damit werden die Betriebsausgaben auf der ersten Stufe der Gewinnermittlung neutralisiert. Insgesamt soll eine Gleichstellung der Mitunternehmerbesteuerung mit der Besteuerung des Einzelunternehmers erfolgen.[28] Siehe auch § 14 Rn. 22.

cc) Ergebnis

Auf Ebene der Gesellschaft bestehen Betriebseinnahmen in Höhe von 80.000 € sowie Betriebsausgaben in Höhe von 40.000 €. Auf der Ebene des Gesellschafters M bestehen Sonderbetriebseinnahmen in Höhe von 40.000 €.

c) Ergebnis

F und M haben Einkünfte nach den §§ 2 Abs. 1 S. 1 Nr. 2, 15 Abs. 1 S. 1 Nr. 2 EStG. Sie setzen sich aus dem Gewinnanteil und den Ergebnissen des Sonderbereichs zusammen. Auf Ebene der Gesellschaft bestehen Betriebseinnahmen in Höhe von 80.000 € und Betriebsausgaben in Höhe von 40.000 €. M hat Sonderbetriebseinnahmen in Höhe von 40.000 €.

4. Einheitliche und gesonderte Gewinnfeststellung

Der Gewinn der Mitunternehmerschaft wird verfahrensrechtlich nach den §§ 179 Abs. 1, 180 Abs. 1 S. 1 Nr. 2 lit. a AO einheitlich und gesondert festgestellt. Der entsprechende Feststellungsbescheid ist als Grundlagenbescheid bindend für die Folgebescheide (vgl. §§ 171 Abs. 10, 182 Abs. 1 AO).[29]

---

25 *Hennrichs*, in: Tipke/Lang, Rn. 10.140.
26 Siehe zum Ganzen: *Fehrenbacher*, § 3 Rn. 19; *Hennrichs*, in: Tipke/Lang, Rn. 10.138–10.140.
27 *Hennrichs*, in: Tipke/Lang, Rn. 10.103.
28 *Fehrenbacher*, § 3 Rn. 19.
29 *Fehrenbacher*, § 3 Rn. 2; *ders.*, § 8 Rn. 90–92.

Vertiefungshinweis

Zur einheitlichen und gesonderten Gewinnfeststellung siehe auch § 13 Rn. 23; § 14 Rn. 27; § 27 Rn. 15 f.

5. Ergebnis

31 Die unbeschränkt einkommensteuerpflichtigen F und M erzielen Einkünfte nach den §§ 2 Abs. 1 S. 1 Nr. 2, 15 Abs. 1 S. 1 Nr. 2 EStG. Die Einkünfte ergeben sich aus der anteiligen Zurechnung des Gesellschaftsgewinns, wobei sich die Betriebseinnahmen von 80.000 € und die Betriebsausgaben von 40.000 € auswirken. Relevant sind zudem die Sonderbereiche der Gesellschafter, wobei im begutachteten Fall bei M Sonderbetriebseinnahmen von 40.000 € zu berücksichtigen sind.

II. Ziffer 2 – Vorgesellschaft

32 Fraglich ist, wie die Einnahmen aus den App-Verkäufen und den Abonnementabschlüssen sowie die Gehaltszahlungen an M nach dem Abschluss des Gesellschaftsvertrags ertragsteuerlich zu bewerten sind.

1. Steuerliche Bewertung für die Gesellschaft

33 Zunächst sind die steuerrechtlichen Auswirkungen bei der Gesellschaft zu untersuchen.

a) Persönliche Steuerpflicht

34 Im Jahr 02 erfolgt der Abschluss des notariellen Gesellschaftsvertrags (vgl. § 2 GmbHG). Mangels einer Eintragung in das Handelsregister ist allerdings noch keine GmbH entstanden (vgl. § 11 Abs. 1 GmbHG). Mit dem Abschluss des Gesellschaftsvertrags ist die Gesellschaft jedoch von der Errichtungs- in die Entstehungsphase übergegangen. Die Gesellschaft weist nunmehr bereits eine körperschaftliche Struktur auf. Sie wird als Gesellschaft sui generis angesehen, für die bereits weitgehend die Vorschriften anzuwenden sind, die für die GmbH gelten.[30] Es wird von einer rechtlichen Identität dieser sogenannten **Vorgesellschaft** und der (später) eingetragenen Kapitalgesellschaft ausgegangen. Die Vorgesellschaft ist bereits Subjekt der Körperschaftsteuer.[31] Aufgrund ihres Sitzes in Köln und damit im Inland ist sie mit ihrem Welteinkommen unbeschränkt körperschaftsteuerpflichtig (vgl. § 1 Abs. 1 KStG, § 11 AO).

Vertiefungshinweis

Kommt es, anders als im vorliegenden Fall, letztlich nicht zur Eintragung im Handelsregister, entfällt die Körperschaftsteuerpflicht der Vorgesellschaft rückwirkend und es sind die für Personengesellschaften geltenden Grundsätze relevant.[32]

b) Veranlagung und Tarif

35 Die Körperschaftsteuer wird grundsätzlich veranlagt (vgl. § 31 Abs. 1 S. 1 KStG, § 25 Abs. 1 EStG). Es handelt sich um eine Jahressteuer (vgl. § 7 Abs. 3 KStG). Veranla-

---

30 Zum Ganzen: *Koch*, § 33 Rn. 36.
31 Zum Ganzen: *Benecke*, in: Schnitger/Fehrenbacher, § 1 KStG Rn. 238; *Hey*, in: Tipke/Lang, Rn. 11.26.
32 *Hey*, in: Tipke/Lang, Rn. 11.26.

gungszeitraum ist daher das Kalenderjahr.[33] Der Steuersatz beträgt nach § 23 Abs. 1 KStG 15 Prozent.

c) Sachliche Steuerpflicht

Fraglich ist, wie die Einkünfte der Gesellschaft zu qualifizieren und zu ermitteln sind. Was als Einkommen gilt und wie das Einkommen zu ermitteln ist, bestimmt sich nach den Vorschriften des Einkommensteuergesetzes und des Körperschaftsteuergesetzes (vgl. § 8 Abs. 1 S. 1 KStG).

aa) Einkünftequalifikation

Grundsätzlich sind die Einkunftsarten des Einkommensteuergesetzes relevant. Allerdings erzielen unbeschränkt Körperschaftsteuerpflichtige im Sinne des § 1 Abs. 1 Nr. 1 bis 3 KStG stets gewerbliche Einkünfte (vgl. § 8 Abs. 2 KStG). Das gilt dann auch für die hiesige Vorgesellschaft.

bb) Einkünfteermittlung

Es ist der Gewinn zu ermitteln (vgl. § 8 Abs. 1 KStG, § 2 Abs. 2 S. 1 Nr. 1 EStG). Gewinn ist nach § 4 Abs. 1 EStG der Unterschiedsbetrag zwischen dem Betriebsvermögen am Schluss des Wirtschaftsjahres und dem Betriebsvermögen am Schluss des vorangegangenen Wirtschaftsjahres (bereinigt um Entnahmen und Einlagen). Eine GmbH ist als Formkaufmann handelsrechtlich zur Buchführung verpflichtet (vgl. §§ 238 Abs. 1, 6 Abs. 1 HGB). Nach herrschender Meinung wird dann auch eine handelsrechtliche Buchführungspflicht der Vorgesellschaft angenommen.[34] Dies muss jedenfalls für die hiesige Gesellschaft gelten, die ein Handelsgewerbe betreibt.[35] Aufgrund der gesetzlichen Buchführungspflicht hat ein **qualifizierter Betriebsvermögensvergleich** nach den §§ 4 Abs. 1, 5 Abs. 1 EStG zu erfolgen. Hierbei ist der Gewinn nach handelsrechtlichen Grundsätzen zu ermitteln. Es gilt das sogenannte Maßgeblichkeitsprinzip.[36] Die handelsrechtliche Buchführungspflicht hat eine steuerliche (derivative) Buchführungspflicht zur Folge (vgl. § 140 AO).

Vertiefungshinweis

Nach dem Maßgeblichkeitsprinzip muss der Ansatz in der Steuerbilanz den Grundsätzen ordnungsmäßiger Buchführung entsprechen. Siehe hierzu auch § 10 Rn. 10.

Bei den Einnahmen aus den App-Verkäufen und den Abonnementabschlüssen in Höhe von 90.000 € handelt es sich um Zugänge in Geld, die durch den Betrieb veranlasst sind und mithin um Betriebseinnahmen (vgl. §§ 4 Abs. 4, 8 Abs. 1 EStG). Auch die Zahlung des Gehalts in Höhe von 40.000 € an M ist unmittelbar durch den Betrieb veranlasst. Es handelt sich mithin um eine Betriebsausgabe im Sinne des § 4 Abs. 4 EStG. Ein Abzugsverbot nach § 4 Abs. 5 EStG ist nicht ersichtlich. Die Vorgänge sind vermögens- und erfolgswirksam.

---

33 Zum Ganzen: *Oellerich*, in: Blümich, § 31 KStG Rn. 14 f.
34 Siehe *Traut*, in: beck-online.Grosskommentar, § 238 HGB Rn. 20 m.w.N.
35 Vgl. *Kindler*, in: Ebenroth/Boujong/Joost/Strohn, § 1 HGB Rn. 67.
36 Zum Ganzen: *Hennrichs*, in: Tipke/Lang, Rn. 9.7; *Hey*, in: Tipke/Lang, Rn. 11.38.

cc) Ergebnis

40 Die Gesellschaft erzielt gewerbliche Einkünfte. Bei den Einnahmen aus den App-Verkäufen und den Abonnementabschlüssen handelt es sich um Betriebseinnahmen. Die Gehaltszahlungen an M stellen Betriebsausgaben dar.

d) Ergebnis

Die Vorgesellschaft ist unbeschränkt körperschaftsteuerpflichtig. Im Rahmen der gewerblichen Einkünfte sind Betriebseinnahmen in Höhe von 90.000 € und Betriebsausgaben in Höhe von 40.000 € zu berücksichtigen.

2. Steuerliche Bewertung für M

41 Fraglich ist, wie das Gehalt bei dem unbeschränkt einkommensteuerpflichtigen M zu bewerten ist.

a) Einkünftequalifikation

42 In der Entstehungsphase der Kapitalgesellschaft, in der eine Vorgesellschaft besteht, für die die steuerrechtlichen Grundsätze der Kapitalgesellschaftsbesteuerung gelten, ist das Gehalt für M neu einzuordnen. Es gelten nicht mehr die Grundsätze der Mitunternehmerschaftsbesteuerung. Stattdessen gilt für die Besteuerung das sogenannte **Trennungsprinzip**, wonach Gesellschafter und Gesellschaft jeweils für sich zu betrachten sind.[37] Die Einkünfte sind daher nicht mehr als gewerbliche Sondervergütungen zu qualifizieren, vielmehr liegen nach den allgemeinen Grundsätzen Einkünfte aus nichtselbständiger Arbeit nach den §§ 2 Abs. 1 S. 1 Nr. 4, 19 Abs. 1 EStG vor. Es handelt sich um Arbeitslohn im Sinne des § 19 Abs. 1 S. 1 Nr. 1 EStG.

b) Einkünfteermittlung

43 Bei den Einkünften aus nichtselbständiger Arbeit handelt es sich um sogenannte Überschusseinkünfte (vgl. § 2 Abs. 2 S. 1 Nr. 2 EStG). Es ist der Überschuss der Einnahmen über die Werbungskosten nach dem Zu- und Abflussprinzip zu ermitteln (vgl. §§ 8, 9, 11 EStG). Die Zahlungen für den Telefonsupport von 40.000 € begründen Einnahmen bei M, die ihm im Jahr 02 zufließen (vgl. §§ 8 Abs. 1, 11 Abs. 1 S. 4, 38a Abs. 1 S. 2 EStG).

Der Sachverhalt enthält keine Hinweise auf Werbungskosten. Nach § 9a S. 1 Nr. 1 lit. a EStG ist bei der Ermittlung der Einkünfte jedoch ein **Arbeitnehmer-Pauschbetrag** von 1.000 € von den Einnahmen aus nichtselbständiger Arbeit abzuziehen, wenn nicht höhere Werbungskosten nachgewiesen werden.

c) Lohnsteuerabzug

44 Die Erhebung der Einkommensteuer erfolgt bei Einnahmen aus nichtselbständiger Arbeit durch einen Steuerabzug an der Quelle nach § 38 Abs. 1 EStG (sogenannte Lohnsteuer). Die Vorgesellschaft als Arbeitgeber hat die Lohnsteuer für Rechnung des Arbeitnehmers M einzubehalten und beim zuständigen Finanzamt anzumelden und abzuführen (vgl. §§ 38 Abs. 3, 41a EStG). Schuldner der Lohnsteuer ist der

---

37 *Hey*, in: Tipke/Lang, Rn. 11.2.

Arbeitnehmer (vgl. § 38 Abs. 2 EStG). Der Arbeitgeber haftet jedoch gemeinsam mit dem Arbeitnehmer als Gesamtschuldner für die Lohnsteuer (vgl. § 42d Abs. 1 und 3 EStG). Eine Veranlagung kommt bei der Erhebung der Einkommensteuer durch Lohnsteuerabzug nur in den Fällen des § 46 Abs. 2 EStG (beispielsweise auf Antrag des Steuerpflichtigen durch Abgabe einer Steuererklärung, vgl. § 46 Abs. 2 Nr. 8 EStG) in Betracht. Die Lohnsteuer wird bei der Veranlagung angerechnet (vgl. § 36 Abs. 2 Nr. 2 EStG). Kommt keine Veranlagung in Betracht, gilt die Einkommensteuer, die auf die Einkünfte aus nichtselbständiger Arbeit entfällt, als abgegolten (vgl. § 46 Abs. 4 EStG).[38]

d) Ergebnis

Im Jahr 02 sind die Gehaltszahlungen in Höhe von 40.000 € bei den Einkünften aus nichtselbständiger Arbeit zu erfassen. Der Arbeitnehmer-Pauschbetrag ist zu beachten. Es erfolgt ein Lohnsteuerabzug.

3. Ergebnis

Im Zeitraum zwischen Abschluss des notariellen Gesellschaftsvertrags und der Eintragung in das Handelsregister besteht eine als Vorgesellschaft bezeichnete Gesellschaft sui generis. Sie wird als Körperschaftsteuersubjekt angesehen und ist aufgrund ihres Sitzes im Inland unbeschränkt körperschaftsteuerpflichtig. Die Gesellschaft hat Betriebseinnahmen in Höhe von 90.000 €. Hinsichtlich der Gehaltszahlungen in Höhe von 40.000 € liegen bei der Gesellschaft Betriebsausgaben und bei M Einkünfte aus nichtselbständiger Arbeit vor.

III. Ziffer 3 – GmbH

Mit der Eintragung in das Handelsregister entsteht die GmbH (vgl. § 11 Abs. 1 GmbHG). Sie ist unbeschränkt körperschaftsteuerpflichtig nach § 1 Abs. 1 Nr. 1 KStG (insbesondere liegt der gesellschaftsvertragliche Sitz in Köln, vgl. § 11 AO). Hinsichtlich der Einnahmen in Höhe von 100.000 € aus den App-Verkäufen und den Abonnementabschlüssen gelten die obigen Grundsätze. Es handelt sich um Betriebseinnahmen.

Vertiefungshinweis

Die Vorgesellschaft geht nach herrschender Meinung in der GmbH auf, so dass es keines gesonderten Übertragungsakts hinsichtlich der Aktiva und Passiva bedarf.[39]

IV. Ziffer 4 – Beteiligung an der Turnbeutel-AG

Fraglich ist, wie die von der Turnbeuel-AG gezahlte Dividende in Höhe von 10.000 € im Jahr 04 bei der S-GmbH körperschaftsteuerrechtlich zu beurteilen ist.

1. Einkünfte aus Gewerbebetrieb

Bei der S-GmbH sind alle Einkünfte als Einkünfte aus Gewerbebetrieb zu behandeln (vgl. § 8 Abs. 2 KStG). Auch die Dividendenzahlung der Turnbeutel-AG an die

---

38 Zum Ganzen: *Fehrenbacher*, § 2 Rn. 193, 318 f.
39 *Koch*, § 33 Rn. 42.

S-GmbH im Sinne des § 20 Abs. 1 Nr. 1 S. 1 EStG in Höhe von 10.000 € ist daher bei den gewerblichen Einkünften der S-GmbH zu erfassen.

2. Steuerbefreiung

50 Die Dividende könnte jedoch steuerfrei sein. Nach § 8 b Abs. 1 KStG bleiben Bezüge im Sinne des § 20 Abs. 1 Nr. 1, 2, 9 oder 10 lit. a EStG bei der Ermittlung des Einkommens außer Ansatz. Bei der Dividendenzahlung handelt es sich um Bezüge im Sinne des § 20 Abs. 1 Nr. 1 S. 1 EStG. Sie fällt daher unter § 8 b Abs. 1 KStG. Allerdings dürfte die Steuerbefreiung nicht ausgeschlossen sein. § 8 b Abs. 4 KStG bestimmt einen Ausschluss der Steuerbefreiung für sogenannte Streubesitzdividenden. Entscheidend ist hiernach, ob zu Beginn des Kalenderjahres eine unmittelbare Beteiligung von weniger als zehn Prozent des Grund- oder Stammkapitals vorlag. Die Beteiligung an der Turnbeutel-AG beträgt seit dem Jahr 03 15 Prozent. Die Voraussetzungen für den Ausschluss der Steuerbefreiung sind daher nicht erfüllt.[40]

Grundsätzlich gilt nach § 3 c Abs. 1 EStG, dass im Zusammenhang mit steuerfreien Einkünften stehende Betriebsausgaben nicht abgezogen werden dürfen. § 8 b Abs. 5 S. 2 KStG normiert allerdings im Zusammenhang mit der hiesigen Steuerbefreiung einen Anwendungsausschluss des § 3 c Abs. 1 EStG. Damit können im Zusammenhang mit den Einnahmen stehende Ausgaben steuermindernd geltend gemacht werden. § 8 b Abs. 5 S. 1 KStG bestimmt jedoch, dass fünf Prozent der Bezüge im Sinne des § 8 b Abs. 1 KStG als nichtabzugsfähige Betriebsausgaben gelten. Es verbleibt damit letztlich eine Steuerfreiheit von 95 Prozent der Bezüge.[41]

Vertiefungshinweis

Die geschilderte Steuerbefreiung soll einer Mehrfachbelastung bei der Körperschaftsteuer begegnen. Ohne die Regelung käme es bei mehrstufigen Beteiligungen zum sogenannten Kaskadeneffekt.[42]

3. Kapitalertragsteuerabzug

51 Trotz der fünfundneunzigprozentigen Steuerfreistellung bei der Empfängerin wird bei der ausschüttenden Turnbeutel-AG auf die volle Dividende Kapitalertragsteuer in Höhe von 25 Prozent erhoben (vgl. § 8 Abs. 1 KStG, §§ 43 Abs. 1 S. 1 Nr. 1, S. 3, 43 a Abs. 1 S. 1 Nr. 1, 44 Abs. 1 EStG). Die Kapitalertragsteuer kann bei der S-GmbH auf die Körperschaftsteuer angerechnet werden (vgl. § 31 Abs. 1 S. 1 KStG, § 36 Abs. 2 Nr. 2 EStG).[43]

Vertiefungshinweis

Der Kapitalertragsteuerabzug bei Dividenden erfolgt grundsätzlich nach den §§ 43 Abs. 1 S. 1 Nr. 1, 44 Abs. 1 S. 3 EStG durch den Schuldner der Kapitalerträge. Bei Dividenden im Sinne des § 43 Abs. 1 S. 1 Nr. 1 a EStG erfolgt der Steuerabzug durch die die Kapitalerträge auszahlende Stelle nach § 44 Abs. 1 S. 3 und 4 EStG.

---

40 Siehe zum Ganzen: *Fehrenbacher*, § 4 Rn. 30.
41 Zum Ganzen: *Fehrenbacher*, § 4 Rn. 32.
42 Zum Ganzen: *Fehrenbacher*, § 4 Rn. 31.
43 Vgl. *Hey*, in: Tipke/Lang, Rn. 11.42.

4. Ergebnis

Die Dividendenzahlung ist im Ergebnis zu 95 Prozent steuerbefreit. Der Kapitalertragsteuerabzug erfolgt hinsichtlich der vollen Dividende.

V. Ziffer 5 – Beteiligung an der Laufschuh-AG

Fraglich ist zudem, wie die von der Laufschuh-AG gezahlte Dividende in Höhe von 10.000 € im Jahr 04 bei der S-GmbH körperschaftsteuerrechtlich zu bewerten ist.

1. Steuerbefreiung

Auch hier stellt sich die Frage nach der Steuerbefreiung der gewerblichen Dividende. Wie gesehen, bestimmt § 8 b Abs. 1 KStG, dass Dividendenzahlungen bei der Ermittlung des Einkommens außer Ansatz bleiben. Nach § 8 b Abs. 4 KStG sind die entsprechenden Bezüge bei der Ermittlung des Einkommens aber doch zu berücksichtigen, wenn die Beteiligung zu Beginn des Kalenderjahres unmittelbar weniger als zehn Prozent des Grund- oder Stammkapitals betragen hat. Damit schließt § 8 b Abs. 4 KStG die Steuerfreistellung für **Streubesitzdividenden** aus.[44] Die Beteiligung der S-GmbH an der Laufschuh-AG liegt zu Beginn des Kalenderjahres unter zehn Prozent. Daher findet die Steuerbefreiung des § 8 b Abs. 1 KStG keine Anwendung. In der Folge unterliegen die Streubesitzdividenden nach wohl herrschender Meinung in der Literatur in vollem Umfang der Besteuerung; das Teileinkünfteverfahren soll in diesen Fällen keine Anwendung finden.[45]

Vertiefungshinweis
Bei der Frage der Anwendung des Teileinkünfteverfahrens in den hiesigen Fällen handelt es sich um ein Spezialproblem. Es wurde hier der Vollständigkeit halber angesprochen.

2. Kapitalertragsteuerabzug

Auch hinsichtlich der hier zu beleuchtenden Dividende kommt es zum Kapitalertragsteuerabzug in Höhe von 25 Prozent (vgl. § 8 Abs. 1 KStG, §§ 43 Abs. 1 S. 1 Nr. 1, 43 a Abs. 1 S. 1 Nr. 1, 44 Abs. 1 EStG). Es erfolgt allerdings eine Anrechnung auf die Körperschaftsteuer (vgl. § 31 Abs. 1 S. 1 KStG, § 36 Abs. 2 Nr. 2 EStG).[46]

3. Ergebnis

Die in dieser Ziffer geschilderte Streubesitzdividende ist steuerpflichtig. Die Steuerbefreiung des § 8 b Abs. 1 KStG kommt dabei nicht zur Anwendung. Es erfolgt ein Kapitalertragsteuerabzug.

Vertiefungshinweis
Die Beteiligungen an der Turnbeutel-AG und an der Laufschuh-AG waren beim Erwerb zu aktivieren. Siehe hierzu § 11 Rn. 24.

---

44 *Fehrenbacher*, § 4 Rn. 30.
45 *Gosch*, in: Gosch, § 8 b KStG Rn. 287 b; *Rengers*, in: Blümich, § 8 b KStG Rn. 155. Zur a.A. siehe z.B. *Rathke/Ritter*, DStR 2014, 1207, 1207–1210.
46 Vgl. *Hey*, in: Tipke/Lang, Rn. 11.42.

VI. Ziffer 6 – Verdeckte Gewinnausschüttung

57 Fraglich ist, wie die vergünstigte Nutzung der Angebote der S-GmbH durch M steuerrechtlich zu behandeln ist.

1. Behandlung bei der Gesellschaft

58 Die S-GmbH vereinnahmt ein Entgelt in Höhe von 50 € für die Nutzungsmöglichkeit der App durch M. In dieser Höhe bestehen daher zunächst Betriebseinnahmen (vgl. §§ 4 Abs. 4, 8 Abs. 1 EStG).

Fraglich ist jedoch, wie es sich auswirkt, dass M für die Leistungen der S-GmbH nicht den vollen Preis zahlt, den die S-GmbH von einem Dritten verlangt hätte. Es könnte sich um eine sogenannte **verdeckte Gewinnausschüttung** im Sinne von § 8 Abs. 3 S. 2 KStG handeln. Eine verdeckte Gewinnausschüttung ist jede Vermögensminderung oder verhinderte Vermögensmehrung, die durch das Gesellschaftsverhältnis veranlasst ist, sich auf die Höhe des Einkommens auswirkt und in keinem Zusammenhang mit einer offenen Ausschüttung steht.[47] Üblicherweise hätte die S-GmbH 150 € mehr eingenommen für ihre Leistungen. Es liegt eine verhinderte Vermögensmehrung vor. Die Veranlassung durch das Gesellschaftsverhältnis besteht, wenn ein ordentlicher und gewissenhafter Geschäftsleiter den Vermögensvorteil einem Nichtgesellschafter nicht gewährt hätte.[48] Hier hätte die S-GmbH einem Dritten die Leistungen nicht entsprechend vergünstigt angeboten. M erlangte die Leistungen nur aufgrund seiner Gesellschafterstellung zum Preis von 50 € statt 200 €. Eine verdeckte Gewinnausschüttung liegt daher vor.

Eine verdeckte Gewinnausschüttung darf den Gewinn der Gesellschaft nach § 8 Abs. 3 S. 2 KStG nicht mindern. Hat sie den Gewinn gemindert, ist die verdeckte Gewinnausschüttung in Höhe von 150 € außerbilanziell zu korrigieren. Der Wert ist bei der Einkommensermittlung wieder hinzuzurechnen. Im Ergebnis erfolgt hier keine Gewinnminderung durch die verdeckte Gewinnausschüttung.[49]

Vertiefungshinweis

Interessant ist im hiesigen Zusammenhang die besondere Korrekturnorm des § 32a Abs. 1 KStG für die Änderung des Steuerbescheids gegenüber dem Gesellschafter, wenn bei der Gesellschaft eine Hinzurechnung der verdeckten Gewinnausschüttung erfolgt.[50] Siehe hierzu § 28 Rn. 18.

2. Behandlung beim Gesellschafter

59 Die verdeckte Gewinnausschüttung begründet bei dem Gesellschafter M Einkünfte in Höhe von 150 € aus Kapitalvermögen (vgl. § 20 Abs. 1 Nr. 1 S. 2 EStG).[51]

Dabei gilt eine besondere Erhebungsform der Einkommensteuer. Es erfolgt ein fünfundzwanzigprozentiger Quellenabzug (sogenannte **Kapitalertragsteuer**) mit **Abgeltungswirkung** (vgl. §§ 43 Abs. 1 S. 1 Nr. 1, Abs. 5 S. 1, 43a Abs. 1 S. 1 Nr. 1, 44 Abs. 1 EStG). Die Kapitalerträge fließen nicht in die reguläre Veranlagung des M ein. Die

---

47 *Fehrenbacher*, § 4 Rn. 39; *Hey*, in: Tipke/Lang, Rn. 11.71.
48 *Fehrenbacher*, § 4 Rn. 41.
49 Siehe zum Ganzen: *Fehrenbacher*, § 4 Rn. 47; *Hey*, in: Tipke/Lang, Rn. 11.88.
50 Siehe *Fehrenbacher*, § 4 Rn. 49; *Hey*, in: Tipke/Lang, Rn. 11.90.
51 Vgl. *Fehrenbacher*, § 4 Rn. 48.

Erträge werden nicht dem persönlichen Steuersatz unterworfen, stattdessen gilt der besondere Tarif des § 32 d Abs. 1 EStG. Die tatsächlichen Werbungskosten können nicht geltend gemacht werden. Allerdings ist der **Sparer-Pauschbetrag** von 801 € zu berücksichtigen (vgl. § 20 Abs. 9 EStG).[52]

Vertiefungshinweis

Bei Kapitalerträgen wird regelmäßig der Kapitalertragsteuerabzug relevant. Siehe hierzu allgemein § 11 Rn. 10, 25, 29 f., 43.

Ein Ausschluss des § 32 d Abs. 1 EStG nach § 32 d Abs. 2 Nr. 4 EStG besteht nicht, schließlich haben die Bezüge das Einkommen der S-GmbH hier letztlich nicht gemindert. Allerdings könnte ein Optionsrecht nach **§ 32 d Abs. 2 Nr. 3 EStG** bestehen. Hiernach kann M eine Veranlagung beantragen, wenn er zu mindestens 25 Prozent an der Kapitalgesellschaft beteiligt ist (vgl. § 32 d Abs. 2 Nr. 3 S. 1 lit. a EStG) oder wenn er zu mindestens einem Prozent an der Kapitalgesellschaft beteiligt ist und durch eine berufliche Tätigkeit für diese maßgeblichen unternehmerischen Einfluss auf deren wirtschaftliche Tätigkeit nehmen kann (vgl. § 32 d Abs. 2 Nr. 3 S. 1 lit. b EStG). M ist zu 50 Prozent an der S-GmbH beteiligt, so dass bereits die Voraussetzungen des § 32 d Abs. 2 Nr. 3 S. 1 lit. a EStG vorliegen. Im Fall der Option kommt das sogenannte Teileinkünfteverfahren zur Anwendung (vgl. §§ 3 Nr. 40 S. 1 lit. d, 3 c Abs. 2 EStG, vgl. auch § 43 Abs. 5 S. 2 EStG). Damit werden 40 Prozent der Bezüge steuerfrei gestellt. Im Gegenzug können allerdings auch nur 60 Prozent der im Zusammenhang mit den Einnahmen stehenden Ausgaben geltend gemacht werden.[53]

Vertiefungshinweis

Im Rahmen des Teileinkünfteverfahrens werden nur 60 Prozent der jeweiligen Einnahmen (vgl. § 3 Nr. 40 S. 1 EStG), aber auch nur 60 Prozent der mit den Einnahmen in wirtschaftlichem Zusammenhang stehenden Ausgaben (vgl. § 3 c Abs. 2 EStG) berücksichtigt. Siehe hierzu auch § 11 Rn. 24, 30, 34; § 12 Rn. 33, 38.

Zu den zuletzt verschärften Anforderungen des § 32 d Abs. 2 Nr. 3 S. 1 lit. b EStG siehe § 11 Rn. 30.

3. Ergebnis

Die verdeckte Gewinnausschüttung führt bei der S-GmbH nicht zu einer Gewinnminderung. Bei M liegen Einnahmen aus Kapitalvermögen vor.

VII. Gewerbesteuerrechtliche Ergänzung

Zu untersuchen sind die gewerbesteuerrechtlichen Auswirkungen für die S-GmbH im Jahr 04.

1. Sachliche Steuerpflicht (Steuerobjekt)

Fraglich ist, ob die S-GmbH der Gewerbesteuer unterliegt. Der Gewerbesteuer unterliegen im Inland betriebene Gewerbebetriebe (vgl. §§ 2 Abs. 1, 35 a GewStG). Gemäß § 2 Abs. 2 S. 1 GewStG gilt die Tätigkeit einer Kapitalgesellschaft (insbesondere auch

---

52 Zum Ganzen: *Fehrenbacher*, § 4 Rn. 48.
53 Siehe zum Ganzen: *Fehrenbacher*, § 4 Rn. 49. Vgl. auch BFH v. 28.7.2015, VIII R 50/14, BStBl. II 2015, 894, unter 1., 2.

einer GmbH) stets und in vollem Umfang als Gewerbebetrieb. Ohne dass es auf die Tätigkeit der S-GmbH ankäme, ist daher von einem Gewerbebetrieb auszugehen (vgl. auch § 8 Abs. 2 KStG).[54] Die S-GmbH entsteht mit der Eintragung in das Handelsregister Anfang 03 (vgl. §§ 11 Abs. 1, 13 Abs. 1 GmbHG), und jedenfalls im vorliegend zu begutachtenden Jahr 04 ist von einem Gewerbebetrieb auszugehen, der von Köln aus im Inland betrieben wird (vgl. § 2 Abs. 1 S. 1 und 3 GewStG, § 12 AO).

Vertiefungshinweis

Hier ist nur nach den gewerbesteuerrechtlichen Auswirkungen für die S-GmbH im Jahr 04 gefragt. Bereits die Vorgesellschaft und auch die Vorgründungsgesellschaft betrieben aber einen Gewerbebetrieb. Das ergibt sich für die Vorgründungsgesellschaft als Mitunternehmerschaft aus der gewerblichen Tätigkeit (vgl. § 2 Abs. 1 S. 2 GewStG, § 15 Abs. 2 EStG; siehe Ziffer 1 zum Ausgangsfall); und bei der Vorgesellschaft ergibt sich die Gewerbesteuerpflicht zudem sogar unabhängig von einer originär gewerblichen Tätigkeit (die im Fall aber ohnehin besteht), sofern eine geschäftliche Tätigkeit, die über Vorbereitungshandlungen hinaus geht, vorliegt (vgl. § 2 Abs. 2 S. 1 GewStG; vgl. auch § 8 Abs. 2 KStG).[55]

2. Persönliche Steuerpflicht (Steuersubjekt)

Steuersubjekt und Schuldner der Gewerbesteuer ist der Unternehmer, für dessen Rechnung das Gewerbe betrieben wird (vgl. § 5 Abs. 1 S. 1 und 2 GewStG).[56] Vorliegend wird das Unternehmen auf Rechnung der S-GmbH betrieben, sodass die S-GmbH als Unternehmerin Steuersubjekt und Schuldnerin der Gewerbesteuer ist.

3. Bemessungsgrundlage

Bei der Berechnung der Gewerbesteuer ist vom **Steuermessbetrag** auszugehen (vgl. § 11 Abs. 1 S. 1 GewStG). Dieser ergibt sich aus der Anwendung der Steuermesszahl auf den abgerundeten und um Freibeträge gekürzten Gewerbeertrag (vgl. § 11 Abs. 1 S. 2 und 3 GewStG). Maßgebliche Besteuerungsgrundlage ist der Gewerbeertrag des Kalenderjahres als Erhebungszeitraum (vgl. §§ 6, 10, 14 GewStG).

a) Gewerbeertrag

Grundlage der Ermittlung des maßgebenden Gewerbeertrags ist gemäß § 7 GewStG der nach den Vorschriften des Einkommen- und Körperschaftsteuergesetzes zu ermittelnde Gewinn, vermehrt um die Hinzurechnungen nach § 8 GewStG und vermindert um die Kürzungen nach § 9 GewStG.

aa) Körperschaftsteuerrechtlicher Gewinn

Nach dem Bearbeitungshinweis beträgt der maßgebliche Gewinn der S-GmbH im Jahr 04 50.000 €.

---

54 *Fehrenbacher*, § 5 Rn. 13.
55 Siehe BFH v. 14.1.2017, I R 81/15, BStBl. II 2017, 1071, Rn. 9–13; *Hey*, in: Tipke/Lang, Rn. 12.21. Siehe auch *Drüen*, in: Blümich, § 2 GewStG Rn. 119; *Keß*, in: Lenski/Steinberg, § 2 GewStG Rn. 3082–3088.
56 *Fehrenbacher*, § 5 Rn. 22.

bb) Hinzurechnung nach § 8 GewStG

Fraglich ist, ob der Gewinn für Zwecke der Gewerbesteuer mittels Hinzurechnungen nach § 8 GewStG zu korrigieren ist. Eine Hinzurechnung könnte im Hinblick auf die nach § 8 b Abs. 1 KStG außer Ansatz gebliebenen Dividenden nach § 8 Nr. 5 GewStG erfolgen. Die gewerbesteuerrechtliche Hinzurechnung des § 8 Nr. 5 GewStG korrigiert unter anderem die Wirkung der Befreiung für die Beteiligungserträge der S-GmbH nach § 8 b Abs. 1 KStG, sofern die Voraussetzungen des sogenannten gewerbesteuerlichen Schachtelprivilegs nach § 9 Nr. 2 a GewStG (vgl. auch § 9 Nr. 7 GewStG) nicht erfüllt sind.

Hinsichtlich der Streubesitzdividende (vgl. § 8 b Abs. 4 KStG) im Zusammenhang mit der Beteiligung an der Laufschuh-AG (als inländischer Kapitalgesellschaft)[57] liegt keine Befreiung nach § 8 b Abs. 1 KStG vor (siehe Ziffer 5 des Ausgangsfalls). Entsprechend unterbleibt eine Hinzurechnung dieser Dividende. Hinsichtlich der Beteiligung an der Turnbeutel-AG liegen die Befreiungsvoraussetzungen des § 8 b Abs. 1 KStG hingegen vor (siehe Ziffer 4 des Ausgangsfalls). In Frage steht daher für die Dividende von der Turnbeutel-AG, ob die Voraussetzungen des gewerbesteuerlichen Schachtelprivilegs nach § 9 Nr. 2 a GewStG nicht erfüllt sind. Im hiesigen Kontext kommt es darauf an, ob die Dividende nicht aus einer zu Beginn des Erhebungszeitraums mindestens 15 Prozent betragenden Beteiligung an einer steuerpflichtigen inländischen Kapitalgesellschaft stammt. An der Turnbeutel-AG (als inländischer Kapitalgesellschaft) besteht nach dem Sachverhalt allerdings seit dem Jahr 03, also bereits zu Beginn des fraglichen Erhebungszeitraums 04 (vgl. § 14 S. 2 GewStG), eine fünfzehnprozentige Beteiligung. Die Hinzurechnung nach § 8 Nr. 5 GewStG scheidet mithin aus.

Prüfungs- und Vertiefungshinweis

Im Rahmen des Verweises von § 8 Nr. 5 S. 1 GewStG auf das gewerbesteuerliche Schachtelprivileg sind sämtliche Tatbestandsvoraussetzungen des § 9 Nr. 2 a GewStG relevant, mit Ausnahme der Voraussetzung, dass „die Gewinnanteile bei der Ermittlung des Gewinns (§ 7) angesetzt worden sind", denn andernfalls liefe die Regelung leer.[58] Das entsprechende Tatbestandsmerkmal spielt aber eine Rolle bei der sich sogleich anschließenden Prüfung der Hinzurechnung nach § 9 Nr. 2 a GewStG.

cc) Kürzung nach § 9 GewStG

Fraglich ist, ob der nach einkommensteuerrechtlichen Vorschriften ermittelte Gewinn für Zwecke der Gewerbesteuer einer Kürzung unterliegt.

Das im Rahmen der Kürzung nach § 9 Nr. 2 a GewStG relevante gewerbesteuerliche Schachtelprivileg greift bei der Laufschuh-AG mangels Erreichens der erforderlichen Beteiligungshöhe von 15 Prozent nicht ein. Entsprechend erfolgt keine Kürzung, sondern die Gewinne aus diesen Streubesitzanteilen (die wegen § 8 b Abs. 4 KStG im Einkommen enthalten sind) bleiben im Gewerbeertrag erfasst.[59] Für die fünfzehnprozentige Beteiligung an der Turnbeutel-AG bleibt zu prüfen, ob die Gewinnanteile bei der Ermittlung des Gewinns angesetzt worden sind (vgl. § 9 Nr. 2 a S. 1 GewStG).

---

57 Siehe im Einzelnen *Gosch*, in: Blümich, § 9 GewStG Rn. 164; *Roser*, in: Lenski/Steinberg, § 9 Nr. 2 a GewStG Rn. 16.
58 BFH v. 9.11.2011, I B 62/11, BFH/NV 2012, 449, Rn. 11. Siehe *Gosch*, in: Blümich, § 9 GewStG Rn. 163, 294; *Hofmeister*, in: Blümich, § 8 GewStG Rn. 575; *Prinz/Simon*, DStR 2002, 149, 151.
59 *Fehrenbacher*, § 5 Rn. 34.

Das ist mit Blick auf die Körperschaftsteuerbefreiung nach § 8 b Abs. 1 KStG aber nicht der Fall, weshalb eine Kürzung überflüssig wäre und nicht erfolgt.[60] Die fiktiven, nicht abzugsfähigen Betriebsausgaben nach § 8 b Abs. 5 KStG sind gemäß § 9 Nr. 2 a S. 4 GewStG keine Gewinne im Sinne des § 9 a Nr. 2 S. 1 GewStG und sind nicht kürzungsfähig.[61]

dd) Ergebnis

69 Der Gewerbeertrag beträgt 50.000 €. Eine Hinzurechnung oder Kürzung findet nicht statt.

b) Freibetrag

70 Für Kapitalgesellschaften wie die S-GmbH ist kein Freibetrag in § 11 Abs. 1 GewStG vorgesehen.[62]

c) Steuermesszahl

71 Die Steuermesszahl beträgt gemäß § 11 Abs. 2 GewStG einheitlich 3,5 Prozent.

d) Ergebnis

72 Durch Anwendung der Steuermesszahl auf den Gewerbeertrag ergibt sich ein Steuermessbetrag in Höhe von 1.750 € (50.000 € x 3,5 Prozent).

4. Steuerfestsetzung

73 Der Steuermessbetrag wird durch das Finanzamt mit einem **Steuermessbescheid** festgesetzt. Auf dieser Grundlage erfolgt die Steuerfestsetzung mit einem **Gewerbesteuerbescheid** durch die Gemeinde. Dabei wendet die Gemeinde Köln ihren Hebesatz von (laut Bearbeitungshinweis) 475 Prozent auf den Steuermessbetrag an (vgl. §§ 4 Abs. 1 S. 1, 16 Abs. 1 GewStG). Damit ergibt sich eine Gewerbesteuer in Höhe von 8.312,50 € (1.750 € x 475 Prozent).

5. Ergebnis

74 Die Gemeinde Köln setzt eine Gewerbesteuer von 8.312,50 € fest.

Vertiefungshinweis

Anders als bei der Einkommensteuer findet keine Anrechnung der Gewerbesteuer auf die Körperschaftsteuer statt. Zur Anrechnung der Gewerbesteuer nach § 35 EStG siehe § 10 Rn. 62; § 11 Rn. 60; § 14 Rn. 76.

---

60 *Gosch*, in: Blümich, § 9 GewStG Rn. 188; *Roser*, in: Lenski/Steinberg, § 9 Nr. 2 a GewStG Rn. 40 a.
61 Siehe im Einzelnen *Gosch*, in: Blümich, § 9 GewStG Rn. 184 a; *Roser*, in: Lenski/Steinberg, § 9 Nr. 2 a GewStG Rn. 44 b.
62 Siehe *Fehrenbacher*, § 5 Rn. 38; *Hey*, in: Tipke/Lang, Rn. 12.66.

§ 16 Übungsfall 9 – Einkommensteuer (International)

Der folgende Fall behandelt im Schwerpunkt die Besteuerung unbeschränkt Einkommensteuerpflichtiger mit ausländischen Einkünften ohne Geltung eines Doppelbesteuerungsabkommens. Im Einzelnen werden insbesondere die folgenden Aspekte behandelt: Anrechnungsmethode; Ausländische Einkünfte aus Gewerbebetrieb (vgl. § 34 d Nr. 2 EStG); Ausländische Einkünfte aus nichtselbständiger Arbeit (vgl. § 34 d Nr. 5 EStG); Ausländische Einkünfte aus Vermietung und Verpachtung (vgl. § 34 d Nr. 7 EStG); Beteiligung an ausländischen Personengesellschaften; Betriebstätte (vgl. § 12 AO); Lohnsteuerabzug (vgl. §§ 38 ff. EStG); Rechtliche und wirtschaftliche Doppelbesteuerung; Typenvergleich; Unilaterale Regelungen zum Ausgleich der Doppelbesteuerung (vgl. § 34 c EStG).

Sachverhalt

▶ Manfred (M) hat einen Wohnsitz in Stuttgart (Deutschland).

(1) Im Eigentum des M befindet sich ein bebautes Grundstück in Sao Paulo (Brasilien). Er vermietet es seit Jahren an die Familie Silva. Im Jahr 01 erhält er Mietzahlungen in Höhe von 24.000 €. Bei einem starken Regen wird der Eingangstreppenabsatz unterspült und muss repariert werden. M beauftragt im Jahr 01 einen Handwerker und zahlt 800 € für die Reparatur.

(2) M ist bei einer Konditorei in Sao Paulo beschäftigt. Die Spezialität der Konditorei sind bunte Macarons. M ist für die Abstimmung neuer Rezepturen verantwortlich. Er fliegt regelmäßig von Stuttgart nach Sao Paulo, um dort die Rezepte zu erarbeiten. Für die Tätigkeit in Sao Paulo bezieht M von dem Unternehmen einen Lohn in Höhe von 42.000 € im Jahr 01.

(3) M ist im Jahr 04 eine bahnbrechende Erfindung zur Gewinnung natürlicher Farb- und Geschmacksstoffe aus Obst und Gemüse für die Färbung und geschmackliche Verfeinerung von Macarons gelungen, so dass er beschließt, sich selbständig zu machen. Er gründet in diesem Jahr gemeinsam mit einem Bekannten die Macaron-SNC (Sociedade em Nome Coletivo), bei der M und sein Bekannter hälftig am Gewinn und Verlust beteiligt sind, beide unbeschränkt haften und beide zur Geschäftsführung und zur Vertretung befugt sind. Die Macaron-SNC entwickelt, produziert und vertreibt fortan Farb- und Geschmacksstoffe. Sie unterhält entsprechende Räumlichkeiten in Sao Paulo, wo die Entwicklung, die Produktion und der Vertrieb stattfinden. Von hier aus werden die Geschäfte geführt. Von dem Gewinn der Gesellschaft aus dem Vertrieb der Farb- und Geschmacksstoffe sind M 200.000 € im Jahr 04 zuzurechnen.

(4) Frieda (F), die Schwester des M, wohnt in Tübingen (Deutschland). Sie betreibt Bäckereien in Tübingen und auch eine Bäckerei in Porto Alegre (Brasilien). Eine im Betriebsvermögen in Brasilien befindliche Maschine, die bisher zu Fertigungszwecken genutzt wurde, wird an ein anderes Unternehmen für 5.000 € verkauft, was 1.000 € über dem Buchwert liegt. ◀

Aufgabenstellung

▶ Wie sind die geschilderten Fälle für F und M einkommensteuerrechtlich zu beurteilen?
Der Sachverhalt ist nach deutschem Steuerrecht zu lösen. Es ist von Folgendem auszugehen: Zwischen Deutschland und Brasilien besteht kein Doppelbesteuerungsabkommen. M ist mit seinen jeweiligen Einkünften in Brasilien beschränkt einkommensteuerpflichtig. Die Macaron-SNC ist mit einer deutschen OHG vergleichbar; sie ist nach brasilianischem Recht buchführungspflichtig und kommt dieser Pflicht auch nach. F ist mit den Einkünften in Brasilien beschränkt steuerpflichtig.
Die Aufgabe ist gutachtlich zu bearbeiten. Die Jahreszahlen sind fiktiv. Es ist das aktuell geltende Recht anzuwenden. ◀

§ 16 Übungsfall 9 – Einkommensteuer (International)

Gliederung

I. Ziffer 1 – Einnahmen des M aus der Vermietung ... 199
 1. Persönliche Steuerpflicht ... 199
 2. Veranlagung und Tarif ... 199
 3. Sachliche Steuerpflicht ... 200
  a) Einkünftequalifikation ... 200
  b) Einkünfteermittlung ... 200
  c) Ergebnis ... 200
 4. Ausgleich der Doppelbesteuerung ... 201
 5. Ergebnis ... 202
II. Ziffer 2 – Arbeitnehmertätigkeit des M ... 202
 1. Einkünftequalifikation ... 203
 2. Einkünfteermittlung ... 203
 3. Lohnsteuerabzug ... 203
 4. Ausgleich der Doppelbesteuerung ... 204
 5. Ergebnis ... 204
III. Ziffer 3 – Einnahmen aus der Macaron-SNC ... 204
 1. Einkünftequalifikation ... 205
  a) Gewerbliche Mitunternehmerschaft ... 205
  b) Mitunternehmerstellung ... 206
  c) Ergebnis ... 206
 2. Einkünfteermittlung ... 206
 3. Ausgleich der Doppelbesteuerung ... 207
 4. Ergebnis ... 208
IV. Ziffer 4 – Veräußerung der Maschine durch F ... 208
 1. Persönliche Steuerpflicht ... 208
 2. Veranlagung und Tarif ... 208
 3. Sachliche Steuerpflicht ... 208
  a) Einkünftequalifikation ... 209
  b) Einkünfteermittlung ... 209
  c) Ergebnis ... 209
 4. Ausgleich der Doppelbesteuerung ... 209
 5. Ergebnis ... 210

Lösung

I. Ziffer 1 – Einnahmen des M aus der Vermietung

Fraglich ist, wie die Einnahmen des M aus der Vermietung des in Brasilien belegenen Grundstücks in Deutschland einkommensteuerrechtlich zu erfassen sind.

1. Persönliche Steuerpflicht

M ist als natürliche Person, aufgrund eines Wohnsitzes (vgl. § 8 AO) in Stuttgart (also im Inland), mit seinem Welteinkommen unbeschränkt einkommensteuerpflichtig nach § 1 Abs. 1 S. 1 EStG.

2. Veranlagung und Tarif

M ist mangels entgegenstehender Angaben ledig. Damit kommt es zur Einzelveranlagung zum Grundtarif des § 32 a Abs. 1 EStG. Der Veranlagungszeitraum ist das Kalenderjahr (vgl. § 25 Abs. 1 EStG).[1]

---

[1] Siehe zum Ganzen: *Fehrenbacher*, § 2 Rn. 299 f., 313.

3. Sachliche Steuerpflicht

8 Aufgrund der unbeschränkten Einkommensteuerpflicht sind sämtliche Einkünfte des M, unabhängig davon, wo sich die jeweilige Einkunftsquelle befindet, in Deutschland zu besteuern. Fraglich ist, wie die Einkünfte des M zu qualifizieren und zu ermitteln sind.

a) Einkünftequalifikation

9 Die erhaltene Vergütung für die Überlassung des unbeweglichen Vermögens zur Nutzung könnte Einkünfte aus Vermietung und Verpachtung nach den §§ 2 Abs. 1 S. 1 Nr. 6, 21 Abs. 1 S. 1 Nr. 1 EStG begründen. Nutzungsentgelte für die zeitlich beschränkte Überlassung von unbeweglichem Vermögen führen zu Einkünften aus Vermietung und Verpachtung. Die erhaltenen Mietzahlungen unterfallen damit den §§ 2 Abs. 1 S. 1 Nr. 6, 21 Abs. 1 S. 1 Nr. 1 EStG.[2]

b) Einkünfteermittlung

10 Fraglich ist, wie die Einkünfte des M zu ermitteln sind. Bei den Einkünften aus Vermietung und Verpachtung handelt es sich nach § 2 Abs. 2 S. 1 Nr. 2 EStG um eine Überschusseinkunftsart, so dass M den Überschuss der Einnahmen über die Werbungskosten nach dem Zu- und Abflussprinzip zu ermitteln hat (vgl. §§ 8, 9, 11 EStG).

M fließen im Jahr 01 Einnahmen aus der Vermietung in Höhe von 24.000 € zu. Die Kosten der Reparatur in Höhe von 800 € könnten dagegen Werbungskosten darstellen. Werbungskosten nach § 9 Abs. 1 EStG sind alle Kosten, die im Zusammenhang mit der steuerbaren Tätigkeit stehen und die durch die konkrete Tätigkeit veranlasst sind.[3] Die Kosten der Reparatur dienen dem Erhalt des Mietobjekts. Die Kosten sind daher durch die Vermietungstätigkeit veranlasst, es handelt sich mithin um Werbungskosten. Die Kosten sind unmittelbar abzugsfähig.

Prüfungs- und Vertiefungshinweis

§ 34 d EStG beschränkt sich auf die Qualifikation bestimmter Einkünfte als ausländische Einkünfte. Er betrifft aber nicht die Einkünfteermittlung. Diese richtet sich nach den Einkünfteermittlungsvorschriften des deutschen Steuerrechts.[4]

Bei dem von M vermieteten Grundstück handelt es sich um ein bebautes Grundstück. Hinsichtlich des Gebäudes kommt eine Absetzung für Abnutzung (AfA) in Betracht. Für die Prüfung einer AfA enthält der Sachverhalt aber keine ausreichenden Angaben. Zur AfA allgemein siehe beispielsweise § 8 Rn. 13 f.

c) Ergebnis

11 M ist unbeschränkt steuerpflichtig. Er erzielt aus der Vermietung des Grundstücks in Brasilien Einkünfte aus Vermietung und Verpachtung. Es sind Einnahmen in Höhe von 24.000 € und Werbungskosten in Höhe von 800 € zu berücksichtigen.

---

2 Siehe zum Ganzen: *Fehrenbacher*, § 2 Rn. 221 f.
3 Siehe *Fehrenbacher*, § 2 Rn. 129.
4 *Schaumburg*, in: Schaumburg, Rn. 18.61; *Wagner*, in: Blümich, § 34 d EStG Rn. 11.

4. Ausgleich der Doppelbesteuerung

Hier besteuern sowohl Deutschland (im Rahmen der unbeschränkten Steuerpflicht) als auch Brasilien (im Rahmen der beschränkten Steuerpflicht) die Einkünfte des M. Daher liegt, aufgrund der Heranziehung desselben Steuerpflichtigen im selben Veranlagungszeitraum, in Bezug auf dasselbe Steuerobjekt zu einer Einkommensteuer eine rechtliche Doppelbesteuerung vor.

Vertiefungshinweis

Von einer Doppelbesteuerung wird in unterschiedlichen Situationen gesprochen. Es wird zwischen rechtlicher und wirtschaftlicher Doppelbesteuerung differenziert. Eine rechtliche Doppelbesteuerung liegt vor, wenn von demselben Steuerpflichtigen für denselben Steuergegenstand in einem übereinstimmenden Zeitraum eine vergleichbare Steuer in zwei oder mehr Staaten erhoben wird. Bei einer wirtschaftlichen Doppelbesteuerung (Doppelbelastung) hingegen wird das gleiche wirtschaftliche Ergebnis mehrmals steuerlich erfasst. Anders als bei der rechtlichen Doppelbesteuerung liegt jedoch keine Identität des Steuersubjekts vor. Die wirtschaftliche Doppelbesteuerung ist beispielsweise in den Fällen relevant, in denen Gewinne bei einer Kapitalgesellschaft und bei den Gesellschaftern besteuert werden.[5]

Ein Ausgleich der Doppelbesteuerung nach den deutschen **unilateralen Regelungen** kann sich aus den §§ 34 c, 34 d EStG ergeben. Nach § 34 c Abs. 1 EStG ist bei unbeschränkt Steuerpflichtigen, die mit ausländischen Einkünften in dem Staat, aus dem die Einkünfte stammen, zu einer der deutschen Einkommensteuer vergleichbaren Steuer herangezogen werden, die festgesetzte und gezahlte und um einen entstandenen Ermäßigungsanspruch gekürzte Auslandssteuer auf die deutsche Einkommensteuer anzurechnen, die auf die Einkünfte aus dem Quellenstaat entfällt.

Prüfungs- und Vertiefungshinweis

Vorrangig vor dem unilateralen Ausgleich der Doppelbesteuerung sind nach § 34 c Abs. 6 S. 1 EStG die Regelungen eines Doppelbesteuerungsabkommens (DBA), wenn die Einkünfte aus einem ausländischen Staat stammen, mit dem ein DBA besteht. Der Bearbeitungshinweis gibt vor, dass zwischen Deutschland und Brasilien kein DBA besteht. Daher ist der Sachverhalt allein nach den deutschen (unilateralen) Regelungen zu lösen. Das ursprünglich zwischen Deutschland und Brasilien bestehende DBA ist durch die Kündigung Deutschlands im Jahr 2005 außer Kraft getreten.[6]

Statt der Anrechnung kann nach § 34 c Abs. 2 EStG ein Steuerabzug auf Antrag gewählt werden. Wird ein Abzug gewählt, wird die ausländische Steuer im Rahmen der Ermittlung der Einkünfte direkt abgezogen (die Anrechnung erfolgt hingegen im Rahmen des § 2 Abs. 6 EStG bei der Ermittlung der festzusetzenden Einkommensteuer).[7] Durch den Abzug bei der Ermittlung der Einkünfte wird ein vor- beziehungsweise rücktragsfähiger Verlust erhöht.[8]

M unterliegt, wie gesehen, in Deutschland der unbeschränkten Steuerpflicht. Fraglich ist, ob **ausländische Einkünfte** im Sinne des § 34 d EStG vorliegen und ob M in dem Staat, aus dem die Einkünfte stammen, zu einer der deutschen Einkommensteuer entsprechenden Steuer herangezogen wird. Die ausländischen Einkünfte im Sinne

---

5 Zum Ganzen: *Frotscher*, Rn. 5–13.
6 Siehe hierzu *Schaumburg/Schulz*, IStR 2005, 794, 794–798.
7 *Heinicke*, in: Schmidt, § 34 c EStG Rn. 15–18.
8 *Schaumburg*, in: Schaumburg, Rn. 18.7–18.9, 18.119.

des § 34d EStG erfordern neben dem Vorliegen der Tatbestandsvoraussetzungen der jeweiligen Einkunftsart nach den §§ 13 ff. EStG das Vorliegen eines **ausländischen Anknüpfungsmerkmals**. In Bezug auf die Vermietungseinkünfte des M kommen ausländische Einkünfte nach § 34d Nr. 7 EStG in Betracht. § 34d Nr. 7 EStG setzt zunächst voraus, dass Vermietungseinkünfte im Sinne des § 21 EStG vorliegen, was hier der Fall ist. Zudem bestimmt § 34d Nr. 7 EStG als erforderliches ausländisches Anknüpfungsmerkmal unter anderem, dass das unbewegliche Vermögen im Ausland liegt. Das vermietete Grundstück liegt in Brasilien. Damit bestehen ausländische Einkünfte im Sinne des § 34d Nr. 7 EStG. M wird auch in Brasilien, als dem Staat, aus dem die Einkünfte stammen, mit diesen Einkünften im selben Zeitraum zu einer Steuer über das Einkommen herangezogen. Die brasilianische Steuer ist daher auf die deutsche Einkommensteuer anzurechnen, die auf die Einkünfte aus Brasilien entfällt.

Vertiefungshinweis

§ 34d EStG definiert den Begriff der ausländischen Einkünfte im Sinne des § 34c Abs. 1 EStG. Indirekt kann anhand der entsprechenden Anknüpfungspunkte auch ermittelt werden, aus welchem Staat die Einkünfte stammen.[9]

5. Ergebnis

Die durch den Zugriff Deutschlands und Brasiliens auf die Vermietungseinkünfte des M entstehende Doppelbesteuerung ist mithin nach den §§ 34c Abs. 1, 34d Nr. 7 EStG durch die Anrechnung der in Brasilien im Rahmen der beschränkten Steuerpflicht gezahlten Steuer auf die deutsche Einkommensteuer, die auf die Einkünfte aus Brasilien entfällt, auszugleichen.

Vertiefungshinweis

Die Anrechnungsmethode führt dazu, dass das Steuerniveau für die ausländischen Einkünfte im Ergebnis mindestens auf das des Ansässigkeitsstaats angehoben wird.[10] Ist im Ausland eine höhere Steuer zu zahlen, kommt es zu einem Steuerüberhang, der grundsätzlich durch die Anrechnungsmethode im Ansässigkeitsstaat nicht ausgeglichen wird. Hier kann die Wahl des Steuerabzugs sinnvoll sein.[11] Auch sinnvoll ist ein Steuerabzug, wenn keinerlei Steuer in Deutschland zu zahlen ist. In diesem Fall fehlt es nämlich an einer Steuer, auf die angerechnet werden könnte.[12]

II. Ziffer 2 – Arbeitnehmertätigkeit des M

Fraglich ist, ob die Einnahmen des unbeschränkt steuerpflichtigen M, die er für das Tätigwerden für seinen Arbeitgeber in Brasilien erhält, in Deutschland besteuert werden können.

Prüfungshinweis

Hier ändern sich die persönlichen Merkmale des M, die für die unbeschränkte Steuerpflicht relevant sind, im Vergleich zur vorherigen Ziffer nicht. Entsprechend muss hierauf auch nicht erneut vertieft eingegangen werden.

---

9 *Wagner*, in: Blümich, § 34d EStG Rn. 3.
10 *Frotscher*, Rn. 323.
11 *Schaumburg*, in: Schaumburg, Rn. 18.7.
12 *Frotscher*, Rn. 348.

§ 16 Übungsfall 9 – Einkommensteuer (International)

1. Einkünftequalifikation

M ist bei seinem Arbeitgeber angestellt. Er könnte mithin Einkünfte aus nichtselbständiger Arbeit nach den §§ 2 Abs. 1 S. 1 Nr. 4, 19 Abs. 1 EStG erzielen. Nach § 19 Abs. 1 S. 1 Nr. 1 EStG sind insbesondere Gehälter und Löhne für eine Beschäftigung im öffentlichen oder privaten Dienst erfasst. Ein Dienstverhältnis liegt nach § 1 Abs. 2 LStDV vor, wenn ein Angestellter dem Arbeitgeber seine Arbeitskraft schuldet, er also den Weisungen des Arbeitgebers zu folgen hat. Davon kann mit Blick auf den abgeschlossenen Arbeitsvertrag im vorliegenden Fall ausgegangen werden. M bezieht mithin Einkünfte aus nichtselbständiger Arbeit nach den §§ 2 Abs. 1 S. 1 Nr. 4, 19 Abs. 1 S. 1 Nr. 1 EStG.

2. Einkünfteermittlung

Bei Einkünften aus nichtselbständiger Arbeit handelt es sich um eine Überschusseinkunftsart (vgl. § 2 Abs. 2 S. 1 Nr. 2 EStG), so dass M den Überschuss der Einnahmen über die Werbungskosten nach dem Zu- und Abflussprinzip zu ermitteln hat (vgl. §§ 8, 9, 11 EStG). § 19 Abs. 1 S. 1 Nr. 1 EStG erfasst als Arbeitslohn die Einnahmen des Arbeitnehmers aus dem Dienstverhältnis.[13] Bei den Gehaltszahlungen in Höhe von 42.000 € im Jahr 01 handelt es sich um Einnahmen im Sinne des § 8 Abs. 1 EStG, die M im Rahmen der Tätigkeit bei der Konditorei zufließen. Der Arbeitnehmer-Pauschbetrag nach § 9a S. 1 Nr. 1 lit. a EStG in Höhe von 1.000 € ist zu berücksichtigen.

Vertiefungshinweis

Konkrete Aufwendungen, die als Werbungskosten abgezogen werden könnten, sind im Sachverhalt nicht genannt. In Betracht kämen allerdings beispielsweise die Kosten für die Reisen von Stuttgart nach Sao Paulo, die M regelmäßig unternimmt.

3. Lohnsteuerabzug

Die Erhebung der Einkommensteuer erfolgt bei Einnahmen aus nichtselbständiger Arbeit grundsätzlich durch einen Steuerabzug an der Quelle (sogenannte Lohnsteuer). Dabei hat der Arbeitgeber die Lohnsteuer für Rechnung des Arbeitnehmers einzubehalten und beim zuständigen Finanzamt anzumelden und abzuführen (vgl. §§ 38 Abs. 3, 41a EStG).

§ 38 Abs. 1 S. 1 EStG stellt allerdings für die Pflicht zum Einbehalt der Lohnsteuer lediglich auf den inländischen Arbeitgeber ab. Ein **inländischer Arbeitgeber** liegt vor, wenn dieser einen Wohnsitz (vgl. § 8 AO), seinen gewöhnlichen Aufenthalt (vgl. § 9 AO), seine Geschäftsleitung (vgl. § 10 AO), seinen Sitz (vgl. § 11 AO), eine Betriebsstätte (vgl. § 12 AO) oder einen ständigen Vertreter (vgl. § 13 AO) im Inland hat. Vorliegend ist der Arbeitgeber des M in Sao Paulo und damit in Brasilien ansässig. Es handelt sich damit nicht um einen inländischen, sondern um einen ausländischen Arbeitgeber. Der ausländische Arbeitgeber unterliegt nicht der Pflicht zum Einbehalt und zur Abführung der Lohnsteuer in Deutschland. Damit wird die deutsche Einkommensteuer nicht durch Steuerabzug erhoben, stattdessen findet eine Veranlagung statt.[14]

---

[13] *Fehrenbacher*, § 2 Rn. 198.
[14] Siehe *Brandl*, in: Blümich, § 46 EStG Rn. 15; *Kulosa*, in: Schmidt, § 46 EStG Rn. 7.

Vertiefungshinweis

Zum Lohnsteuerabzug siehe auch § 9 Rn. 16 (ohne grenzüberschreitenden Bezug); § 18 Rn. 14 (mit grenzüberschreitendem Bezug).

4. Ausgleich der Doppelbesteuerung

20 Hier besteuern sowohl Deutschland als auch Brasilien die Einkünfte des M. Daher liegt eine rechtliche Doppelbesteuerung vor. Ein Ausgleich der Doppelbesteuerung kann sich aus den §§ 34c, 34d EStG ergeben. Nach § 34c Abs. 1 EStG ist bei unbeschränkt Steuerpflichtigen, die mit ausländischen Einkünften in dem Staat, aus dem die Einkünfte stammen, zu einer der deutschen Einkommensteuer vergleichbaren Steuer herangezogen werden, die festgesetzte und gezahlte Auslandssteuer auf die deutsche Einkommensteuer anzurechnen, die auf die Einkünfte aus dem Quellenstaat entfällt.

M unterliegt in Deutschland der unbeschränkten Steuerpflicht. Fraglich ist, ob **ausländische Einkünfte** im Sinne des § 34d EStG vorliegen und ob M in dem Staat, aus dem die Einkünfte stammen, zu einer der deutschen Einkommensteuer entsprechenden Steuer herangezogen wird. Ausländische Einkünfte sind in § 34d EStG normiert. M erzielt Einkünfte aus nichtselbständiger Arbeit, so dass § 34d Nr. 5 EStG einschlägig sein könnte. Neben der Erfüllung der Voraussetzungen der nichtselbständigen Arbeit nach § 19 Abs. 1 EStG müsste ein **ausländisches Anknüpfungsmerkmal** vorliegen. Bei den ausländischen Einkünften aus nichtselbständiger Arbeit wird dabei insbesondere daran angeknüpft, dass die nichtselbständige Arbeit im Ausland ausgeübt wird. Die Ausübung der Tätigkeit erfolgt dort, wo sich der Steuerpflichtige physisch aufhält und die Arbeitsleistung erbringt.[15] M wird für seinen Arbeitgeber in Sao Paulo tätig, so dass die nichtselbständige Arbeit des M tatsächlich in Brasilien erbracht wird. Eine Ausübung im Ausland liegt damit vor, so dass von ausländischen Einkünften im Sinne des § 34d Nr. 5 EStG auszugehen ist. Da M auch in Brasilien, als dem Staat, aus dem die Einkünfte stammen, zur Einkommensteuer herangezogen wird, hat Deutschland, als Ansässigkeitsstaat, die in Brasilien gezahlte Steuer nach § 34c Abs. 1 EStG anzurechnen.

5. Ergebnis

21 Die Einkünfte aus nichtselbständiger Arbeit unterfallen der unbeschränkten Steuerpflicht des M in Deutschland. Der Ausgleich der Doppelbesteuerung (durch Deutschland und Brasilien) erfolgt durch Anrechnung der brasilianischen Steuer in Deutschland.

III. Ziffer 3 – Einnahmen aus der Macaron-SNC

22 Zu untersuchen ist, ob die Einnahmen des M aus der Macaron-SNC in Deutschland besteuert werden können. M ist in Deutschland unbeschränkt steuerpflichtig (vgl. § 1 Abs. 1 S. 1 EStG, § 8 AO). Fraglich ist, wie die Einkünfte zu qualifizieren und zu ermitteln sind.

---

15 Vgl. *Prokisch*, in: Kirchhof/Söhn/Mellinghoff, § 34d EStG Rn. B38.

§ 16 Übungsfall 9 – Einkommensteuer (International)

1. Einkünftequalifikation

Zunächst hat die Einkünftequalifikation zu erfolgen. M könnte Einkünfte aus der Beteiligung an einer Mitunternehmerschaft erzielen (vgl. §§ 2 Abs. 1 S. 1 Nr. 2, 15 Abs. 1 S. 1 Nr. 2 EStG). Es könnten jedoch auch Einkünfte aus Kapitalvermögen nach den §§ 2 Abs. 1 S. 1 Nr. 5, 20 Abs. 1 Nr. 1 EStG vorliegen. Die Unterscheidung hängt zunächst davon ab, ob es sich bei der Macaron-SNC um eine Personengesellschaft oder eine Kapitalgesellschaft handelt. Für die Besteuerung in Deutschland erfolgt eine Qualifikation der Gesellschaft aus deutscher Sicht.[16] Hierfür ist ein **Typenvergleich** vorzunehmen. Dabei wird bestimmt, ob die Personenvereinigung nach ihrem gesetzlich geregelten Aufbau und nach der wirtschaftlichen Stellung einer deutschen Personengesellschaft oder Körperschaft entspricht.[17] Die Macaron-SNC ist nach dem Bearbeitungshinweis mit einer deutschen OHG vergleichbar, so dass es sich um eine Personengesellschaft handelt. Damit gilt (jedenfalls aus deutscher Sicht) das **Transparenzprinzip** für die steuerliche Behandlung der Macaron-SNC.[18] Es kommen mithin Einkünfte des M aus der Beteiligung an einer Mitunternehmerschaft in Betracht.

23

a) Gewerbliche Mitunternehmerschaft

Im Rahmen der Einkünftequalifikation ist zunächst auf der Ebene der Gesellschaft zu prüfen, ob eine gewerbliche Tätigkeit vorliegt. Die Macaron-SNC könnte einen Gewerbebetrieb im Sinne des § 15 Abs. 2 EStG betreiben. Dazu müssten die Gesellschafter der Macaron-SNC in ihrer gesamthänderischen Verbundenheit den Tatbestand der gewerblichen Einkünfte erfüllen.[19] Es müsste eine auf Dauer ausgerichtete, selbständige Tätigkeit, unter Beteiligung am allgemeinen wirtschaftlichen Verkehr, mit Gewinnerzielungsabsicht vorliegen und die Tätigkeit dürfte keine selbständige Arbeit, land- und forstwirtschaftliche Tätigkeit oder private Vermögensverwaltung darstellen.

24

Die Macaron-SNC entwickelt und vertreibt Farb- und Geschmacksstoffe. Damit könnte das Negativmerkmal der selbständigen Arbeit nach § 18 Abs. 1 EStG gegeben sein. Es könnte sich um eine wissenschaftliche Tätigkeit handeln. Wissenschaft ist die Erarbeitung von Erkenntnissen anhand von objektiven Maßstäben und rationalen Methoden.[20] Die Entwicklung der Farb- und Geschmacksstoffe könnte als entsprechende wissenschaftliche Tätigkeit eingestuft werden. Hier produziert und veräußert die Macaron-SNC aber die Farb- und Geschmacksstoffe. Die Einkünfte folgen also letztlich aus der Verwertung der entwickelten Gegenstände. Hierbei handelt es sich dann um eine gewerbliche Tätigkeit.[21] Die Personengesellschaft betreibt damit einen Gewerbebetrieb.

Vertiefungshinweis

Zur Verwertung der wissenschaftlichen Tätigkeit siehe schon § 14 Rn. 10.

---

16 *Frotscher*, Rn. 514 f.
17 *Frotscher*, Rn. 515.
18 Vgl. *Frotscher*, Rn. 525 f.
19 Vgl. BFH v. 25.6.1984, GrS 4/82, BStBl. II 1984, 751, unter C.III.3.a).
20 *Wacker*, in: Schmidt, § 18 EStG Rn. 62 m.w.N.
21 *Hutter*, in: Blümich, § 18 EStG Rn. 90.

b) Mitunternehmerstellung

25 Des Weiteren müsste eine Mitunternehmerstellung von M gegeben sein. Mitunternehmer sind die Gesellschafter einer Personengesellschaft, die als Unternehmer des Betriebs anzusehen sind (vgl. § 15 Abs. 1 S. 1 Nr. 2 EStG). Erforderlich ist, dass ein Gesellschaftsverhältnis besteht und dass Mitunternehmerrisiko und Mitunternehmerinitiative vorliegen.[22]

Fraglich ist, ob ein **Gesellschaftsverhältnis** besteht. Mitunternehmer kann grundsätzlich nur sein, wer zivilrechtlich als Gesellschafter einer Personengesellschaft anzusehen ist.[23] M ist Gesellschafter der Macaron-SNC, so dass ein Gesellschaftsverhältnis vorliegt. Darüber hinaus müsste M Mitunternehmerinitiative entfalten und Mitunternehmerrisiko tragen. **Mitunternehmerinitiative** ist die Teilhabe an unternehmerischen Entscheidungen.[24] M ist zur Geschäftsführung und zur Vertretung berechtigt, so dass die Mitunternehmerinitiative gegeben ist. **Mitunternehmerrisiko** ist hingegen die unmittelbare Teilhabe am Erfolg, beziehungsweise am Misserfolg des Unternehmens. Als Merkmale des Mitunternehmerrisikos werden unter anderem die Teilhabe am Gewinn und Verlust sowie an den stillen Reserven und Lasten und die persönliche Haftung der Gesellschafter für Gesellschaftsverbindlichkeiten gesehen.[25] M ist zur Hälfte am Gewinn und Verlust beteiligt und er haftet persönlich und unbeschränkt für die Verbindlichkeiten der Gesellschaft. Damit trägt er auch Mitunternehmerrisiko. M ist mithin als Mitunternehmer der Macaron-SNC anzusehen.

c) Ergebnis

26 M erzielt Einkünfte aus einer gewerblichen Mitunternehmerschaft nach den §§ 2 Abs. 1 S. 1 Nr. 2, 15 Abs. 1 S. 1 Nr. 2 EStG.

2. Einkünfteermittlung

27 Im Anschluss an die Einkünftequalifikation hat die Einkünfteermittlung zu erfolgen. Die Einkünfte des Mitunternehmers M setzen sich nach § 15 Abs. 1 S. 1 Nr. 2 EStG aus den Gewinnanteilen an der Personengesellschaft (erste Stufe der Gewinnermittlung, § 15 Abs. 1 S. 1 Nr. 2 S. 1 Hs. 1 EStG) und aus den Sondervergütungen (zweite Stufe der Gewinnermittlung, § 15 Abs. 1 S. 1 Nr. 2 S. 1 Hs. 2 EStG) zusammen. Sie ergeben sich aus der Addition der Ergebnisse aus erster und zweiter Stufe (sogenannte **additive Gewinnermittlung**).[26]

Bei den gewerblichen Einkünften handelt es sich um eine Gewinneinkunftsart (vgl. § 2 Abs. 2 S. 1 Nr. 1 EStG). Fraglich ist aber, wie der Gewinn zu ermitteln ist. Grundsätzlich kommt bei gewerblichen Einkünften die Gewinnermittlung durch Betriebsvermögensvergleich oder durch Einnahmenüberschussrechnung in Betracht. Für das Wahlrecht des § 4 Abs. 3 EStG (zur Einnahmenüberschussrechnung) kommt es dabei darauf an, ob eine Buchführungspflicht nach gesetzlichen Vorschriften besteht. Die Macaron-SNC ist nach dem Sachverhalt in Brasilien buchführungspflichtig. Fraglich ist allerdings, wie sich die **ausländische Buchführungspflicht** auf die Ermittlung des Gewinns

---

22 *Fehrenbacher*, § 3 Rn. 6.
23 *Fehrenbacher*, § 3 Rn. 6; *Hennrichs*, in: Tipke/Lang, Rn. 10.31–10.34.
24 *Hennrichs*, in: Tipke/Lang, Rn. 10.37–10.38.
25 *Hennrichs*, in: Tipke/Lang, Rn. 10.36.
26 *Hennrichs*, in: Tipke/Lang, Rn. 10.100–10.112.

bei M im Rahmen des § 15 Abs. 1 S. 1 Nr. 2 EStG auswirkt. Dabei wird kontrovers diskutiert, ob auch Verpflichtungen zur Buchführung nach ausländischen Vorschriften das Wahlrecht des § 4 Abs. 3 EStG ausschließen.[27] Nach der Rechtsprechung besteht im vorliegenden Fall kein Wahlrecht zur Gewinnermittlung nach § 4 Abs. 3 EStG. Der BFH leitet eine Pflicht zur Gewinnermittlung durch Betriebsvermögensvergleich aus dem Grundsatz der einheitlichen Gewinnermittlung bei Mitunternehmerschaften ab und knüpft daher an die tatsächliche Bilanzaufstellung durch die Gesellschaft an. Der BFH stellt darauf ab, dass die Personengesellschaft (die zwar kein Einkommensteuersubjekt, aber Subjekt der Einkünftequalifikation und Einkünfteermittlung ist) eine Bilanz erstellt, weshalb der Gewinn der Gesellschaft nun einheitlich für alle Beteiligten durch Vermögensvergleich zu ermitteln ist.[28] Nach diesen Grundsätzen hat daher eine Gewinnermittlung durch Betriebsvermögensvergleich zu erfolgen.

Vertiefungshinweis

Die Diskussion um die Relevanz ausländischer Buchführungspflichten wird auch im Rahmen des § 5 Abs. 1 EStG geführt. Dort wird wohl überwiegend nur an inländische Vorschriften und Abschlüsse angeknüpft.[29] Damit kommt es also, beim Ausschluss des Wahlrechts nach § 4 Abs. 3 EStG, zum (einfachen) Betriebsvermögensvergleich nach § 4 Abs. 1 EStG. Die gleiche Diskussion wird außerhalb der vorliegenden materiellrechtlichen Frage nach der Gewinnermittlungsart auch im verfahrensrechtlichen Kontext der derivativen Buchführungspflicht nach § 140 AO geführt; nach dem BFH jedenfalls verweist die Vorschrift auch auf ausländische Buchführungspflichten.[30]

Nach dem Sachverhalt ist M von dem Gewinn der Gesellschaft im Jahr 04 ein Anteil von 200.000 € zuzurechnen. Zu Geschäftsvorfällen im Sonderbereich fehlt es an Angaben im Sachverhalt.

28

3. Ausgleich der Doppelbesteuerung

Da sowohl Deutschland als auch Brasilien die Einkünfte des M besteuern, liegt eine rechtliche Doppelbesteuerung vor. Ein Ausgleich der Doppelbesteuerung kann sich aus den §§ 34c, 34d EStG ergeben. Bei unbeschränkt Steuerpflichtigen, die mit ausländischen Einkünften in dem Staat, aus dem die Einkünfte stammen, zu einer der deutschen Einkommensteuer vergleichbaren Steuer herangezogen werden, kann nach § 34c Abs. 1 EStG die festgesetzte und gezahlte Auslandssteuer auf die deutsche Einkommensteuer angerechnet werden, die auf die Einkünfte aus dem Quellenstaat entfällt.

29

M unterliegt in Deutschland der unbeschränkten Steuerpflicht. Fraglich ist, ob **ausländische Einkünfte** im Sinne des § 34d EStG vorliegen und ob M in dem Staat, aus dem die Einkünfte stammen, zu einer der deutschen Einkommensteuer entsprechenden Steuer herangezogen wird. M erzielt Einkünfte aus der gewerblichen Mitunternehmerschaft im Sinne des § 15 Abs. 1 S. 1 Nr. 2 EStG, damit kommen ausländische Einkünfte aus Gewerbebetrieb nach § 34d Nr. 2 EStG in Betracht. Erforderlich ist an dieser Stelle ein **ausländisches Anknüpfungsmerkmal**. Hier könnten die Einkünfte durch eine

---

27 Siehe hierzu *Hennrichs*, DStR 2015, 1420, 1420–1424; *Salzmann*, IStR 2015, 282, 282–284; jeweils m.w.N. Siehe auch *Drüen*, in: Blümich, § 4 EStG Rn. 68.
28 Zum Ganzen: BFH v. 25.6.2014, I R 24/13, BStBl. II 2015, 141, unter 3.; BFH v. 10.12.2014, I R 3/13, BFH/NV 2015, 667, unter II.1. Vgl. (differenzierend) *Drüen*, IStR 2019, 833, 843–845.
29 *Hennrichs*, DStR 2015, 1420, 1423 m.w.N.
30 BFH v. 14.11.2018, I R 81/16, BStBl. II 2019, 390, Rn. 13–18.

ausländische Betriebstätte erzielt werden (vgl. § 34 d Nr. 2 lit. a EStG). Gemäß § 12 S. 1 AO ist eine **Betriebstätte** jede feste Geschäftseinrichtung oder Anlage, die der Tätigkeit eines Unternehmens dient. Die Räumlichkeiten der Macaron-SNC in Sao Paulo dienen, als feste Geschäftseinrichtung, auf Dauer der unternehmerischen Tätigkeit der Macaron-SNC, die ungehindert auf die Räumlichkeiten zugreifen kann. Bei diesen Räumlichkeiten handelt es sich um die Stätte der Geschäftsleitung (vgl. § 12 S. 2 Nr. 1 AO) und der Fabrikation (vgl. § 12 S. 2 Nr. 4 AO). Eine Betriebstätte der Gesellschaft liegt damit vor; hierdurch wird zugleich eine Betriebstätte für M als Mitunternehmer begründet.[31] § 34 d Nr. 2 lit. a EStG erfasst die durch die ausländische Betriebstätte erzielten Gewinne. Die Einnahmen müssen also der Betriebstätte zuzurechnen sein.[32] Dies ist mit Blick auf die Entwicklung, die Herstellung und den Vertrieb in der Betriebstätte der Fall. Es liegen mithin ausländische gewerbliche Einkünfte nach § 34 d Nr. 2 lit. a EStG vor. Da M auch in Brasilien, als dem Staat, aus dem die Einkünfte stammen, zur Einkommensteuer herangezogen wird, hat Deutschland, als Ansässigkeitsstaat, die in Brasilien gezahlte Steuer nach § 34 c Abs. 1 EStG anzurechnen.

4. Ergebnis

30 Die Einkünfte des M aus der gewerblichen Mitunternehmerschaft sind in Deutschland aufgrund der unbeschränkten Einkommensteuerpflicht des M steuerpflichtig. Die Doppelbesteuerung, die durch die ebenfalls in Brasilien (im Rahmen der beschränkten Steuerpflicht) erfolgte Besteuerung entsteht, wird von Deutschland (als Ansässigkeitsstaat) nach den §§ 34 c Abs. 1, 34 d Nr. 2 lit. a EStG durch Anrechnung ausgeglichen.

IV. Ziffer 4 – Veräußerung der Maschine durch F

31 Fraglich ist, wie die Einnahmen aus der Veräußerung der Maschine durch F in Deutschland besteuert werden können.

1. Persönliche Steuerpflicht

32 F hat ihren Wohnsitz in Tübingen, so dass sie in Deutschland unbeschränkt (mit ihrem Welteinkommen) steuerpflichtig ist (vgl. § 1 Abs. 1 S. 1 EStG, § 8 AO).

2. Veranlagung und Tarif

33 F ist mangels entgegenstehender Angaben ledig. Damit kommt es zur Einzelveranlagung zum Grundtarif des § 32 a Abs. 1 EStG. Der Veranlagungszeitraum ist das Kalenderjahr (vgl. § 25 Abs. 1 EStG).[33]

3. Sachliche Steuerpflicht

34 Fraglich ist, wie die Einnahmen aus der Veräußerung der Maschine zu qualifizieren und zu ermitteln sind.

---

31 *Koenig*, in: Koenig, § 12 AO Rn. 14.
32 *Schaumburg*, in: Schaumburg, Rn. 18.72 f.
33 Zum Ganzen: *Fehrenbacher*, § 2 Rn. 299 f., 313.

§ 16 Übungsfall 9 – Einkommensteuer (International)

a) Einkünftequalifikation

F könnte durch den Betrieb der Bäckerei in Porto Alegre gewerbliche Einkünfte im Sinne der §§ 2 Abs. 1 S. 1 Nr. 2, 15 Abs. 1 S. 1 Nr. 1 EStG erzielen. Ein Gewerbebetrieb liegt nach § 15 Abs. 2 EStG bei einer selbständigen, nachhaltigen, mit Gewinnerzielungsabsicht und unter Beteiligung am allgemeinen wirtschaftlichen Verkehr ausgeübten Tätigkeit, die sich weder als Land- und Forstwirtschaft noch als selbständige Arbeit darstellt, vor. Zudem darf es sich bei der ausgeübten Tätigkeit nicht um eine private Vermögensverwaltung handeln (vgl. § 14 S. 3 AO). Der Betrieb der Bäckerei erfüllt diese Voraussetzungen. F ist daher gewerblich tätig. Die Maschine befindet sich im Betriebsvermögen des Unternehmens. Der Gewinn aus der Veräußerung der Maschine gehört daher zu den gewerblichen Einkünften.

35

b) Einkünfteermittlung

Als Gewerbetreibende hat F ihren Gewinn nach den §§ 4 ff. EStG zu ermitteln (vgl. § 2 Abs. 2 S. 1 Nr. 1 EStG). Fraglich ist, welche Gewinnermittlungsart einschlägig ist. In Betracht kommt eine Gewinnermittlung durch Einnahmenüberschussrechnung nach § 4 Abs. 3 EStG oder durch qualifizierten Betriebsvermögensvergleich nach den §§ 4 Abs. 1, 5 Abs. 1 EStG. Entscheidend ist, ob F freiwillig oder aufgrund einer gesetzlichen Buchführungspflicht Bücher führt. Die Gewerbetreibende F ist (mangels anderer Angaben) nach § 238 Abs. 1 HGB handelsrechtlich verpflichtet Bücher zu führen. Daher hat sie einen qualifizierten Betriebsvermögensvergleich nach den §§ 4 Abs. 1, 5 Abs. 1 EStG vorzunehmen. Hier bewirkt die Veräußerung der dem Betriebsvermögen zugeordneten Maschine (zu einem Betrag, der 1.000 € über dem Buchwert der Maschine liegt) einen Ertrag in Höhe von 1.000 €.

36

Vertiefungshinweis

Der Ertrag besteht in der Differenz von Buchwert und Veräußerungspreis. Siehe hierzu § 10 Rn. 17.

c) Ergebnis

F erzielt gewerbliche Einkünfte. Die Veräußerung der Maschine führt zu einem Ertrag in Höhe von 1.000 €.

37

4. Ausgleich der Doppelbesteuerung

Hier besteuern sowohl Deutschland als auch Brasilien die Einkünfte der F. Daher liegt eine rechtliche Doppelbesteuerung vor. Ein Ausgleich der Doppelbesteuerung kann sich aus den §§ 34 c, 34 d EStG ergeben. Nach § 34 c Abs. 1 EStG ist bei unbeschränkt Steuerpflichtigen, die mit ausländischen Einkünften in dem Staat, aus dem die Einkünfte stammen, zu einer der deutschen Einkommensteuer vergleichbaren Steuer herangezogen werden, die festgesetzte und gezahlte Auslandssteuer auf die deutsche Einkommensteuer anzurechnen, die auf die Einkünfte aus dem Quellenstaat entfällt.

38

F ist in Deutschland unbeschränkt einkommensteuerpflichtig. Fraglich ist, ob **ausländische Einkünfte** im Sinne des § 34 d EStG vorliegen und ob F in dem Staat, aus dem die Einkünfte stammen, zu einer der deutschen Einkommensteuer entsprechenden Steuer herangezogen wird. F erzielt gewerbliche Einkünfte, weshalb ausländische Einkünfte im Sinne des § 34 d Nr. 2 lit. a EStG vorliegen könnten. Mit der Bäckerei in Porto

Alegre besteht die erforderliche **Betriebstätte** in Brasilien (vgl. § 12 AO). Allerdings könnte auch § 34 d Nr. 4 lit. a EStG einschlägig sein. Hiernach sind Einkünfte aus der Veräußerung von Wirtschaftsgütern, die zum Anlagevermögen eines Betriebs gehören, ausländische Einkünfte, wenn die Wirtschaftsgüter in einem ausländischen Staat belegen sind. Gehört das maßgebliche Wirtschaftsgut des Anlagevermögens allerdings zu einer Betriebstätte im Ausland, so sind die Veräußerungsgewinne bereits von § 34 d Nr. 2 lit. a EStG erfasst und es bedarf keines Rückgriffs auf die ergänzende Vorschrift des § 34 d Nr. 4 lit. a EStG.[34] Der Veräußerungsgewinn ist hier aufgrund der Betriebsvermögenszugehörigkeit der ausländischen Betriebstätte zuzuordnen. Es liegen mithin ausländische gewerbliche Einkünfte nach § 34 d Nr. 2 lit. a EStG vor. Da F auch in Brasilien, als dem Staat, aus dem die Einkünfte stammen, zur Einkommensteuer herangezogen wird, hat Deutschland, als Ansässigkeitsstaat, die in Brasilien gezahlte Steuer nach § 34 c Abs. 1 EStG anzurechnen.

5. Ergebnis

39   F ist in Deutschland unbeschränkt einkommensteuerpflichtig. Die Einnahmen aus der Veräußerung der Maschine werden bei den gewerblichen Einkünften erfasst. Da auch Brasilien die Einkünfte besteuert, kommt es zu einer Doppelbesteuerung. Diese gleicht Deutschland als Ansässigkeitsstaat durch Anrechnung aus (vgl. §§ 34 c Abs. 1, 34 d Nr. 2 lit. a EStG).

---

34   *Wagner*, in: Blümich, § 34 d EStG Rn. 10, 25, 41.

§ 17 Übungsfall 10 – Einkommensteuer (International)

Der folgende Fall behandelt im Schwerpunkt die Besteuerung beschränkt Einkommensteuerpflichtiger ohne Geltung eines Doppelbesteuerungsabkommens. Im Einzelnen werden insbesondere die folgenden Aspekte behandelt: Absetzung für Abnutzung (vgl. §§ 9 Abs. 1 S. 3 Nr. 7 S. 1, 7 EStG); Berufssportler; Dividenden; Ehegattenveranlagung (vgl. §§ 26 ff. EStG); Einkünfteerzielungsabsicht; Fernsehinterview; Fiktive unbeschränkte Steuerpflicht (vgl. § 1 Abs. 3 EStG); Inländische Einkünfte aus Gewerbebetrieb (vgl. § 49 Abs. 1 Nr. 2 lit. a und d EStG); Inländische Einkünfte aus Kapitalvermögen (vgl. § 49 Abs. 1 Nr. 5 EStG); Inländische Einkünfte aus Vermietung und Verpachtung (vgl. § 49 Abs. 1 Nr. 6 EStG); Inländische sonstige Einkünfte (vgl. § 49 Abs. 1 Nr. 9 EStG); Isolierende Betrachtungsweise (vgl. § 49 Abs. 2 EStG); Rechteüberlassung (vgl. §§ 21 Abs. 1 S. 1 Nr. 3, 49 Abs. 1 Nr. 2 lit. f S. 1 lit. aa EStG); Segmentierter Verlustausgleich (vgl. § 22 Nr. 3 S. 3 und 4 EStG); Spenden (vgl. § 10 b EStG); Subsidiaritätsgrundsatz (vgl. § 20 Abs. 8 EStG); Verlustberücksichtigung; Vermietung beweglicher Gegenstände (vgl. §§ 22 Nr. 3, 49 Abs. 1 Nr. 9 EStG).

Sachverhalt

▶ Der Snowboarder Manfred (M) ist mit Frieda (F) verheiratet. Die Eheleute haben ihren gemeinsamen Wohnsitz in Los Andes (Chile). Dort haben sie auch ihren gewöhnlichen Aufenthalt. M betätigt sich selbständig und ohne Anbindung an einen Verein als Freeride-Snowboarder. Im Jahr 01 hält er sich für eine zweiwöchige Freeride-Weltmeisterschaft in Garmisch-Partenkirchen (Deutschland) auf. Buchführungspflichtig ist M nicht und er führt auch nicht freiwillig Bücher.

(1) Für den zweiten Platz bei der Weltmeisterschaft erhält M im Jahr 01 eine Siegprämie in Höhe von 10.000 €. Für ein anschließendes Fernsehinterview vor Ort über den Wettkampf erhält er im selben Jahr 2.000 €. M fallen im Jahr 01 Hotelkosten für die Übernachtungen vor Ort in Höhe von 1.000 € an.

(2) Für eine Werbekampagne der Snowboard-AG, einem Snowboard-Hersteller mit Sitz und Geschäftsleitung in München (Deutschland), lässt sich M vor der Alpenkulisse in Bad Tölz von der Snowboard-AG fotografieren. Die Bilder werden in der Produktionshalle der Snowboard-AG in München auf die Unterseite der aktuellen Snowboardmodelle gedruckt, die dann von dort aus verkauft werden. Das Nutzungsrecht der Bilder wird der Snowboard-AG für drei Jahre überlassen. Hierfür erhält M im Jahr 01 eine Zahlung in Höhe von 10.000 €.

(3) F hat ein bebautes Grundstück in Füssen (Deutschland) geerbt. Aus der Vermietung erzielt sie im Jahr 01 Einnahmen in Höhe von 12.000 €. Ihr entstehen Kosten für die Wartung der Heizungsanlage und die Beschäftigung eines Schornsteinfegers in Höhe von 1.000 €. F ist sehr angetan von Schloss Neuschwanstein und spendet daher im Jahr 01 1.000 € an eine deutsche Denkmalschutzstiftung, die sich ausschließlich und unmittelbar dem Denkmalschutz in Deutschland verschrieben hat.

(4) F ist sehr spekulationsfreudig. Daher investiert sie in einen Schiffscontainer, der ausschließlich auf Containerschiffen in deutschen Gewässern gegen Mietentgelt genutzt wird. Von den Erfahrungen anderer Investoren weiß sie, dass mit der Vermietung über die Jahre insgesamt eine Rendite erzielt werden kann. Für den Schiffscontainer zahlt

F im April 01 10.000 €. Er hat eine Nutzungsdauer von zehn Jahren. F erzielt aus der Vermietung im Jahr 01 Einnahmen in Höhe von 500 €.

(5) Viktor (V), der Vater des M, hat seinen Wohnsitz und seinen gewöhnlichen Aufenthalt in Santiago de Chile (Chile). Dort betreibt er ein Sportgeschäft. Im Betriebsvermögen hält er eine zwanzigprozentige Beteiligung an der Snowboard-AG. Im Jahr 01 bezieht V eine Dividende in Höhe von 1.000 €. ◀

Aufgabenstellung

▶ Wie sind die geschilderten Fälle für F, M und V einkommensteuerrechtlich zu beurteilen? Der Sachverhalt ist nach deutschem Steuerrecht zu lösen. Es ist von Folgendem auszugehen: Zwischen Deutschland und Chile besteht kein Doppelbesteuerungsabkommen. F, M und V sind in Chile unbeschränkt einkommensteuerpflichtig. Eine fiktive unbeschränkte Steuerpflicht in Deutschland besteht nicht.
Die Aufgabe ist gutachtlich zu bearbeiten. Die Jahreszahlen sind fiktiv. Es ist das aktuell geltende Recht anzuwenden. ◀

§ 17 Übungsfall 10 – Einkommensteuer (International)

Gliederung

I. Ziffer 1 – Siegprämie und Fernsehinterview — 213
   1. Unbeschränkte Steuerpflicht des M — 213
   2. Beschränkte Steuerpflicht des M — 214
   3. Einkünfteermittlung — 215
   4. Steuererhebung — 216
   5. Ergebnis — 217
II. Ziffer 2 – Überlassung des Rechts — 217
   1. Beschränkte Steuerpflicht — 217
   2. Einkünfteermittlung — 219
   3. Steuererhebung — 219
   4. Ergebnis — 219
III. Ziffer 3 – Grundstücksvermietung — 219
   1. Unbeschränkte Steuerpflicht der F — 220
   2. Beschränkte Steuerpflicht der F — 220
   3. Einkünfteermittlung — 220
   4. Steuererhebung — 221
   5. Persönliche Abzüge — 221
   6. Ergebnis — 221
IV. Ziffer 4 – Vermietung des Schiffscontainers — 222
   1. Beschränkte Steuerpflicht — 222
   2. Einkünfteermittlung — 223
   3. Steuererhebung — 224
   4. Verlustberücksichtigung — 224
   5. Ergebnis — 225
V. Ziffer 5 – Dividendenzahlung an V — 225
   1. Unbeschränkte Steuerpflicht des V — 225
   2. Beschränkte Steuerpflicht des V — 225
   3. Einkünfteermittlung — 226
   4. Steuererhebung — 226
   5. Ergebnis — 227

Lösung

I. Ziffer 1 – Siegprämie und Fernsehinterview

Fraglich ist, ob die Siegprämie des M und seine Einnahmen aus dem Fernsehinterview in Deutschland besteuert werden können.

1. Unbeschränkte Steuerpflicht des M

M könnte nach § 1 Abs. 1 S. 1 EStG in Deutschland unbeschränkt einkommensteuerpflichtig sein. Die unbeschränkte Steuerpflicht knüpft an das Vorliegen eines Wohnsitzes oder des gewöhnlichen Aufenthalts in Deutschland an (vgl. § 1 Abs. 1 S. 1 EStG, §§ 8, 9 AO). M hat jedoch lediglich einen Wohnsitz in Los Andes. Auch sein gewöhnlicher Aufenthalt befindet sich nach dem Sachverhalt dort. Eine unbeschränkte Steuerpflicht in Deutschland scheidet damit aus.

Vertiefungshinweis

Der kurzfristige Aufenthalt in Deutschland für die Wettkampfteilnahme begründet keinen gewöhnlichen Aufenthalt im Inland. Insbesondere sind die Voraussetzungen der Fiktion des gewöhnlichen Aufenthalts nach § 9 S. 2 AO (aufgrund eines zeitlich zusammenhängenden Aufenthalts von sechs Monaten) nicht erfüllt. Zum gewöhnlichen Aufenthalt siehe auch § 18 Rn. 8.

Der Bearbeitungshinweis gibt vor, dass keine sogenannte fiktive unbeschränkte Steuerpflicht besteht. Nach § 1 Abs. 3 S. 1 EStG werden natürliche Personen, die weder einen Wohnsitz noch den gewöhnlichen Aufenthalt in Deutschland haben, auf Antrag als unbeschränkt einkommensteuerpflichtig behandelt, soweit sie inländische Einkünfte haben. Voraussetzung ist nach § 1 Abs. 3 S. 2 EStG, dass die Einkünfte des Steuerpflichtigen zu mindestens 90 Prozent der deutschen Einkommensteuer unterliegen (sogenannte relative Wesentlichkeitsgrenze) oder dass die nicht der deutschen Einkommensteuer unterliegenden Einkünfte den (gegebenenfalls gekürzten) Grundfreibetrag des § 32 a Abs. 1 S. 2 Nr. 1 EStG nicht übersteigen (sogenannte absolute Wesentlichkeitsgrenze).[1]

2. Beschränkte Steuerpflicht des M

7 Fraglich ist, ob eine beschränkte Einkommensteuerpflicht des M nach den §§ 1 Abs. 4, 49 EStG besteht. Nach § 1 Abs. 4 EStG ist für die beschränkte Einkommensteuerpflicht erforderlich, dass es sich bei M um eine natürliche Person handelt, die weder einen Wohnsitz noch ihren gewöhnlichen Aufenthalt im Inland hat. Zudem müssen inländische Einkünfte im Sinne des § 49 EStG vorliegen. Wie gesehen, hat M (als natürliche Person) weder Wohnsitz noch gewöhnlichen Aufenthalt in Deutschland.

Fraglich ist allerdings, ob **inländische Einkünfte** im Sinne des § 49 EStG vorliegen. M könnte inländische Einkünfte im Sinne des § 49 Abs. 1 Nr. 2 lit. d EStG erzielen. Die Tatbestände des § 49 EStG erfordern das Vorliegen bestimmter Einkünftetatbestände nach den §§ 13 ff. EStG sowie bestimmter inländischer Anknüpfungsmerkmale. Im Fall des § 49 Abs. 1 Nr. 2 lit. d EStG muss eine gewerbliche Ausübung oder Verwertung künstlerischer, sportlicher, artistischer, unterhaltender oder ähnlicher Darbietungen vorliegen.[2]

Das Vorliegen von Einkünften im Sinne des § 49 Abs. 1 Nr. 2 lit. d EStG erfordert das Erfüllen der Tatbestandsmerkmale des § 15 EStG; die Einkünfte dürfen nicht unter § 49 Abs. 1 Nr. 3 und 4 EStG fallen.[3] Zunächst sind daher die Merkmale der **Gewerblichkeit** nach § 15 Abs. 2 EStG zu prüfen. Es müsste eine auf Dauer ausgerichtete, selbständige Tätigkeit, unter Beteiligung am allgemeinen wirtschaftlichen Verkehr, mit Gewinnerzielungsabsicht vorliegen und die Tätigkeit dürfte keine selbständige Arbeit, land- und forstwirtschaftliche Tätigkeit oder private Vermögensverwaltung darstellen. Berufssportler können aus ihrer Sportlertätigkeit Einkünfte aus nichtselbständiger Arbeit nach § 19 EStG oder aus Gewerbebetrieb nach § 15 EStG erzielen.[4] Eine Abgrenzung ist im Einzelfall anhand der Selbständigkeit des Sportlers zu ermitteln. Die Selbständigkeit fehlt, wenn der Sportler kein Unternehmerrisiko trägt.[5] M ist Individualsportler. Er ist weisungsungebunden, selbständig, mit der Absicht Gewinne zu erzielen und auf eigenes Risiko tätig. Es liegen mithin keine Einkünfte aus nichtselbständiger Arbeit vor, sondern gewerbliche Berufssportlereinkünfte.

Ferner fordert § 49 Abs. 1 Nr. 2 lit. d EStG eine im Inland ausgeübte oder verwertete (sportliche oder ähnliche) Darbietung. Eine **Darbietung** ist eine bestimmte Tätigkeit, die darauf gerichtet ist, etwas zu präsentieren, wie etwa in Ausstellungen, Konzerten,

---

[1] *Rauch*, in: Blümich, § 1 EStG Rn. 243.
[2] *Loschelder*, in: Schmidt, § 49 EStG Rn. 36.
[3] *Loschelder*, in: Schmidt, § 49 EStG Rn. 36.
[4] *Krüger*, in: Schmidt, § 19 EStG Rn. 35, Sportler; *Wacker*, in: Schmidt, § 15 EStG Rn. 150, Berufssportler; *ders.*, in: Schmidt, § 18 EStG Rn. 132.
[5] *Krüger*, in: Schmidt, § 19 EStG Rn. 35, Sportler.

§ 17 Übungsfall 10 – Einkommensteuer (International)

Theateraufführungen, Shows, Turnieren und Wettkämpfen.[6] Eine sportliche Darbietung liegt vor, wenn die Darbietung sich als körperliche Bewegung in Form von Spiel, Einzel- oder Wettkampfleistungen darstellt, die eine über den alltäglichen Rahmen hinausgehende körperliche Anstrengung der beteiligten Personen bedeutet.[7] M nimmt in Garmisch-Partenkirchen an einer Freeride-Weltmeisterschaft teil. Hierbei handelt es sich um eine sportliche Darbietung. M hält sich zu dieser Darbietung in Deutschland auf, so dass sie im Inland ausgeübt wird.[8] Er erzielt mithin mit der Siegprämie, die er für seine Teilnahme an der Weltmeisterschaft erhält, gewerbliche inländische Einkünfte nach § 49 Abs. 1 Nr. 2 lit. d EStG.

Fraglich ist, ob die Einnahmen aus dem Fernsehinterview in Höhe von 2.000 € ebenfalls von den gewerblichen Einkünften aus der sportlichen Darbietung erfasst sind. § 49 Abs. 1 Nr. 2 lit. d Hs. 2 EStG erfasst Einkünfte aus anderen, mit diesen Leistungen im Zusammenhang stehenden Leistungen. Im **Zusammenhang mit der Darbietung** stehende Leistungen sind solche, die die Darbietung vorbereiten, unterstützen oder nacharbeiten. Erforderlich ist ein tatsächlicher konkreter und untrennbarer Zusammenhang mit der Darbietung.[9] Zudem wird eine personelle Identität verlangt. Derselbe Anbieter muss daher die Hauptleistung im Sinne des § 49 Abs. 1 Nr. 2 lit. d Hs. 1 EStG und die damit zusammenhängende Leistung im Sinne des § 49 Abs. 1 Nr. 2 lit. d Hs. 2 EStG erbringen.[10] M wird aufgrund seines zweiten Platzes interviewt, so dass das Interview in einem unmittelbaren sachlichen und zeitlichen Zusammenhang mit der von ihm in Deutschland erbrachten sportlichen Darbietung steht. Die Einnahmen sind daher als bloße Nebenleistungen den Einnahmen aus der sportlichen Darbietung zugehörig.

Im Ergebnis ist M, als natürliche Person ohne Wohnsitz oder gewöhnlichen Aufenthalt im Inland, aufgrund seiner inländischen Einkünfte aus der Sportlertätigkeit beschränkt einkommensteuerpflichtig.

3. Einkünfteermittlung

Fraglich ist, wie die Einkünfte des M aus der sportlichen Darbietung zu ermitteln sind. Für die Einkünfteermittlung gelten für beschränkt Steuerpflichtige grundsätzlich die allgemeinen Vorschriften der §§ 4 ff. EStG, jedoch unter besonderer Berücksichtigung des § 50 EStG.[11] M erzielt gewerbliche Einkünfte, so dass er grundsätzlich nach § 2 Abs. 2 S. 1 Nr. 1 EStG seinen Gewinn zu ermitteln hat.

Fraglich ist, ob M seinen Gewinn nach § 4 Abs. 3 EStG durch Einnahmenüberschussrechnung oder durch einen Betriebsvermögensvergleich zu ermitteln hat. Entscheidend ist, ob M gesetzlich verpflichtet ist Bücher zu führen, beziehungsweise ob er freiwillig Bücher führt. Nach dem Sachverhalt ist M nicht buchführungspflichtig und er führt auch nicht freiwillig Bücher. Daher ist nach § 4 Abs. 3 EStG als Gewinn der Überschuss der Betriebseinnahmen über die Betriebsausgaben anzusetzen. Dabei gilt das Zu- und Abflussprinzip nach § 11 EStG.

M erhält eine Siegprämie in Höhe von 10.000 € und eine Vergütung für das Interview in Höhe von 2.000 €. Diese Einnahmen sind betrieblich veranlasst und stellen daher

---

[6] *Loschelder*, in: Schmidt, § 49 EStG Rn. 37.
[7] *Loschelder*, in: Schmidt, § 49 EStG Rn. 39; *Reimer*, in: Blümich, § 49 EStG Rn. 158.
[8] Vgl. *Loschelder*, in: Schmidt, § 49 EStG Rn. 42; *Reimer*, in: Blümich, § 49 EStG Rn. 156.
[9] *Loschelder*, in: Schmidt, § 49 EStG Rn. 43 m.w.N.
[10] *Loschelder*, in: Schmidt, § 49 EStG Rn. 43 m.w.N.
[11] *Frotscher*, Rn. 198, 204; *Loschelder*, in: Schmidt, § 50 EStG Rn. 29.

Betriebseinnahmen dar (vgl. §§ 4 Abs. 4, 8 Abs. 1 EStG).[12] Die Beträge sind M auch im Jahr 01 zugeflossen (vgl. § 11 Abs. 1 EStG). Fraglich ist, ob die Kosten der Hotelübernachtung als Betriebsausgaben abgezogen werden können. Die Ausgaben in Höhe von 1.000 € sind Kosten, die durch die inländischen gewerblichen Sportlereinkünfte des M veranlasst sind und damit in einem unmittelbaren wirtschaftlichen Zusammenhang hiermit stehen. Die Kosten stellen **Betriebsausgaben** nach § 4 Abs. 4 EStG dar. Sie sind im Jahr 01 abgeflossen (vgl. § 11 Abs. 2 EStG). § 50 Abs. 1 S. 1 EStG normiert eine grundsätzliche Abzugsmöglichkeit von Werbungkosten und Betriebsausgaben, die mit beschränkt steuerpflichtigen inländischen Einkünften in wirtschaftlichem Zusammenhang stehen.[13]

4. Steuererhebung

9   Für beschränkt Steuerpflichtige kommt eine Erhebung der Steuer durch Veranlagung oder durch Steuerabzug (regelmäßig mit Abgeltungswirkung) in Betracht (vgl. § 50 Abs. 1 und 2 EStG). Grundsätzlich erfolgt bei gewerblichen Einkünften eines Steuerpflichtigen ein Veranlagungsverfahren. Fraglich ist allerdings, ob dies auch für die Einkünfte des M aus der sportlichen Darbietung gilt.

10 Für Einkünfte aus sportlicher Darbietung normiert § 50a Abs. 1 Nr. 1 EStG eine Steuererhebung im Wege des Steuerabzugs. Der **Steuerabzug** erfolgt nach § 50a Abs. 2 S. 1 EStG in Höhe von 15 Prozent. Die Steuer entsteht im Zeitpunkt der Vergütung und ist durch den Schuldner der Vergütung einzubehalten und abzuführen (vgl. § 50a Abs. 5 EStG). Von einem Steuerabzug wird nach § 50a Abs. 2 S. 3 EStG abgesehen, wenn die Einnahmen je Darbietung 250 € nicht übersteigen. Hier übersteigen die Einnahmen diesen Betrag allerdings, so dass es bei dem Steuerabzug bleibt.

§ 50 Abs. 2 S. 1 EStG normiert eine **Abgeltungswirkung** für die Einkünfte eines beschränkt Steuerpflichtigen, die einem Steuerabzug unterliegen. Eine Ausnahme besteht nach § 50 Abs. 2 S. 2 Nr. 1 EStG für Einkünfte eines inländischen Betriebs. Ein inländischer Betrieb liegt vor, wenn im Inland eine Betriebstätte (vgl. § 12 AO) oder ein ständiger Vertreter (vgl. § 13 AO) besteht.[14] Bei der bloßen Darbietung handelt es sich jedoch nicht um einen inländischen Betrieb in diesem Sinne.[15] Damit bleibt es bei der Abgeltungswirkung. In der Folge können dann auch die oben als Betriebsausgaben qualifizierten Übernachtungskosten, deren generelle Abzugsmöglichkeit § 50 Abs. 1 S. 1 EStG bestimmt, in diesem Fall nicht abgezogen werden.[16]

Vertiefungshinweis

Ein Steuerabzug kommt in den Fällen des § 50a EStG sowie bei Einkünften aus nichtselbständiger Arbeit oder Kapitalvermögen in Betracht. Die Höhe des Abzugs für Einkünfte aus nichtselbständiger Arbeit ist in § 38a EStG geregelt. Für Kapitalvermögen beträgt der Steuerabzug nach § 43a Abs. 1 S. 1 Nr. 1 EStG grundsätzlich 25 Prozent. Für die in § 50a Abs. 1 EStG genannten Fälle beträgt der Steuerabzug nach § 50a Abs. 2 EStG 15 beziehungsweise 30 Prozent. Die Abgeltungswirkung des Steuerabzugs bei beschränkt Steuerpflichtigen ist

---

12 *Fehrenbacher*, § 2 Rn. 115.
13 *Loschelder*, in: Schmidt, § 50 EStG Rn. 7.
14 *Reimer*, in: Blümich, § 50 EStG Rn. 68.
15 *Loschelder*, in: Schmidt, § 50 EStG Rn. 28.
16 *Loschelder*, in: Schmidt, § 50 EStG Rn. 7, 27.

in § 50 Abs. 2 S. 1 EStG bestimmt. Ausnahmen finden sich allerdings in § 50 Abs. 2 S. 2 EStG.[17]

Unter bestimmten Voraussetzungen kann bei den vorliegenden Einkünften im Sinne des § 50a Abs. 1 Nr. 1 EStG (Einkünfte aus inländischen Darbietungen) eine **Veranlagung beantragt** werden nach § 50 Abs. 2 S. 2 Nr. 5 EStG. Eine entsprechende Veranlagung können jedoch nur Staatsangehörige eines Mitgliedstaats der EU oder eines EWR-Staats beantragen, die ihren Wohnsitz oder gewöhnlichen Aufenthalt in einem EU- beziehungsweise EWR-Staat haben (vgl. § 50 Abs. 2 S. 7 EStG). M hat Wohnsitz und gewöhnlichen Aufenthalt in Chile und damit nicht in einem EU- oder EWR-Staat. Er ist daher nicht berechtigt, die Veranlagung zu wählen. Auch der **Steuerabzug auf Nettobasis** nach § 50a Abs. 3 EStG kommt für den in Chile wohnenden und sich dort gewöhnlich aufhaltenden M nicht in Betracht.

Vertiefungshinweis

Ein Steuerabzug auf Nettobasis nach § 50a Abs. 3 EStG führt dazu, dass der Vergütungsschuldner den Steuerabzug unter Berücksichtigung nachgewiesener Betriebsausgaben vornimmt. Der Steuerabzug beträgt dann bei natürlichen Personen als Vergütungsgläubiger 30 Prozent (vgl. § 50a Abs. 3 S. 4 Nr. 1 EStG).[18]

5. Ergebnis

M ist beschränkt steuerpflichtig mit seinen gewerblichen inländischen Einkünften aus sportlicher Darbietung. Seine Einkünfte unterliegen einem Steuerabzug mit Abgeltungswirkung.

Prüfungshinweis

M unterliegt mit seinen Einkünften sowohl in Deutschland (beschränkte Steuerpflicht) als auch in Chile (unbeschränkte Steuerpflicht) der Besteuerung. Daher stellt sich grundsätzlich die Frage des Ausgleichs der Doppelbesteuerung. Die Prüfung erfolgt hier aus Sicht Deutschlands als Quellenstaat. Der Ausgleich der Doppelbesteuerung erfolgt allerdings grundsätzlich (vgl. aber § 50 Abs. 3 EStG) durch den Ansässigkeitsstaat (hier also durch Chile). Daher endet die Prüfung im vorliegenden Fall nach der Feststellung der beschränkten Steuerpflicht in Deutschland. Zum umgekehrten Fall siehe § 16 Rn. 12 ff., 20, 29, 38. Zu einem vergleichbaren Fall bei Geltung eines Doppelbesteuerungsabkommens siehe § 19 Rn. 16 ff., 32 ff.

II. Ziffer 2 – Überlassung des Rechts

Fraglich ist, ob die Einnahmen des M für die zeitlich begrenzte Überlassung des Nutzungsrechts an den Bildern der deutschen Einkommensteuer unterliegen.

1. Beschränkte Steuerpflicht

M hat weder einen Wohnsitz noch seinen gewöhnlichen Aufenthalt in Deutschland. Damit kommt nur eine beschränkte Einkommensteuerpflicht nach § 1 Abs. 4 EStG (und keine unbeschränkte Steuerpflicht) in Betracht. Dazu müssten jedoch inländische Einkünfte im Sinne des § 49 EStG vorliegen.

---

17 Siehe *Schaumburg*, in: Schaumburg, Rn. 6.267–6.269.
18 Zum Ganzen: *Loschelder*, in: Schmidt, § 50a EStG Rn. 22.

Es könnten inländische gewerbliche Einkünfte im Sinne des § 49 Abs. 1 Nr. 2 EStG bestehen. Dazu müssten gewerbliche Einkünfte vorliegen und es müsste ein inländisches Anknüpfungsmerkmal des § 49 Abs. 1 Nr. 2 EStG gegeben sein. M erzielt gewerbliche Einkünfte aus der Tätigkeit als Berufssportler. Die Bilder sind im Kontext der gewerblichen Sportlertätigkeit des M entstanden. Die zeitlich begrenzte Überlassung des Nutzungsrechts an den Bildern an die Snowboard-AG steht daher in einem unmittelbaren Zusammenhang mit der **gewerblichen Tätigkeit** des M und ist damit dessen gewerblichen Einkünften zuzurechnen. Neben dem Erfüllen der Tatbestandsmerkmale der Gewerblichkeit bedarf es jedoch eines inländischen Anknüpfungsmerkmals zur Begründung von inländischen Einkünften. Zunächst ist dabei zu fragen, ob im Inland eine **Betriebstätte** unterhalten wird (vgl. § 49 Abs. 1 Nr. 2 lit. a EStG). Eine Betriebstätte im Sinne des § 12 AO ist jede feste Geschäftseinrichtung oder Anlage, die der Unternehmenstätigkeit dient. Voraussetzung ist eine feste Beziehung zu einem bestimmten Teil der Erdoberfläche, die von gewisser Dauer ist, sowie die Verfügungsmacht des steuerpflichtigen Unternehmers über die feste Geschäftseinrichtung.[19] Eine Betriebstätte im Inland als Anknüpfungsmerkmal im Sinne des § 49 Abs. 1 Nr. 2 lit. a EStG ist für die Tätigkeit des M aber nicht ersichtlich.

Es könnte jedoch der Tatbestand des § 49 Abs. 1 Nr. 2 lit. f S. 1 lit. aa EStG erfüllt sein. § 49 Abs. 1 Nr. 2 lit. f S. 1 lit. aa EStG kommt in Betracht, soweit die gewerblichen Einkünfte nicht zu den Einkünften im Sinne des § 49 Abs. 1 Nr. 2 lit. a EStG gehören. Hiernach sind Einkünfte aus Gewerbebetrieb, die durch die Vermietung und Verpachtung insbesondere von Rechten erzielt werden, als inländische Einkünfte anzusehen, wenn ein Inlandsbezug insbesondere durch die **Verwertung in einer inländischen Einrichtung** besteht. Vermietung und Verpachtung im Sinne der Norm meinen die zeitlich begrenzte Überlassung eines Wirtschaftsguts zur Nutzung gegen Entgelt.[20] § 49 Abs. 1 Nr. 2 lit. f S. 1 lit. aa EStG erfasst unter anderem die Nutzungsüberlassung von Rechten. Relevante Rechte sind hierbei die Rechte, die von § 21 Abs. 1 S. 1 Nr. 3 EStG erfasst werden.[21] Dies betrifft insbesondere auch Persönlichkeitsrechte.[22] Hier geht es um die Überlassung des Rechts am eigenen Bild (vgl. § 22 KunstUrhG). Die zeitlich begrenzte Überlassung des Rechts an den Bildern gegen Entgelt stellt damit eine Nutzungsüberlassung von Rechten im Sinne der Norm dar. Fraglich ist allerdings, ob das maßgebliche Recht in einer inländischen Einrichtung (eines Dritten)[23] verwertet wird. Eine Verwertung liegt vor, wenn durch eine zusätzliche Handlung ein finanzieller Nutzen aus dem überlassenen Recht gezogen werden kann.[24] Die Snowboard-AG druckt die Bilder auf der Unterseite der Snowboards ab, die sie anschließend verkauft. Hierin liegt eine Verwertung. Diese Verwertung müsste in einer inländischen Einrichtung erfolgen. Eine inländische Einrichtung ist jede feste Geschäftseinrichtung oder Anlage.[25] Die Produktionsstätte der Snowboard-AG in München erfüllt diese Voraussetzungen. Der erforderliche Inlandsbezug ist daher gegeben.

M ist mithin beschränkt steuerpflichtig mit seinen inländischen Einkünften (vgl. §§ 1 Abs. 4, 49 Abs. 1 Nr. 2 lit. f. S. 1 lit. aa. EStG).

---

19 *Gersch*, in: Klein, § 12 AO Rn. 2.
20 *Loschelder*, in: Schmidt, § 49 EStG Rn. 56.
21 *Reimer*, in: Blümich, § 49 EStG Rn. 187.
22 *Schallmoser*, in: Blümich, § 21 EStG Rn. 459.
23 *Loschelder*, in: Schmidt, § 49 EStG Rn. 55.
24 Vgl. *Loschelder*, in: Schmidt, § 49 EStG Rn. 42, 74.
25 *Loschelder*, in: Schmidt, § 49 EStG Rn. 111.

2. Einkünfteermittlung

M ist nicht zur Führung von Büchern verpflichtet und er führt auch nicht freiwillig Bücher. Daher ist der Gewinn durch die Einnahmenüberschussrechnung nach § 4 Abs. 3 EStG zu ermitteln. Hier bestehen Betriebseinnahmen in Höhe von 10.000 €.

3. Steuererhebung

Grundsätzlich erfolgt eine Veranlagung (vgl. § 50 Abs. 1 und 2 EStG). Für Vergütungen für die Nutzungsüberlassung von Rechten besteht jedoch eine besondere Regelung über den Steuerabzug nach § 50a Abs. 1 Nr. 3 EStG. Der Steuerabzug erfolgt in Höhe von 15 Prozent (vgl. § 50a Abs. 2 S. 1 EStG). Er entfaltet grundsätzlich Abgeltungswirkung (vgl. § 50 Abs. 2 S. 1 EStG). Eine Ausnahme von der Abgeltungswirkung bestünde für Einkünfte eines inländischen Betriebs (vgl. § 50 Abs. 2 S. 2 Nr. 1 EStG). Ein inländischer Betrieb liegt vor, wenn im Inland eine Betriebstätte (vgl. § 12 AO) oder ein ständiger Vertreter (vgl. § 13 AO) besteht.[26] Wie festgestellt, unterhält M im Inland (durch die Überlassung des Nutzungsrechts) aber keine Betriebstätte und es ist auch kein inländischer Vertreter bestellt. Seine Einkünfte fallen damit nicht im Rahmen eines inländischen Betriebs an, so dass keine Ausnahme von der Abgeltungswirkung besteht.

Prüfungshinweis

Die Antragsveranlagung des § 50 Abs. 2 S. 2 Nr. 5 EStG kommt für den in Chile wohnenden und sich dort gewöhnlich aufhaltenden M, wie gesehen, nicht in Betracht. Für den vorliegenden Fall des § 50a Abs. 1 Nr. 3 EStG sieht der Wortlaut des § 50 Abs. 2 S. 2 Nr. 5 EStG ein entsprechendes Wahlrecht zudem nicht vor.

Ein Steuerabzug auf Nettobasis nach § 50a Abs. 3 EStG ist nach dem Gesetzeswortlaut im Fall des § 50a Abs. 1 Nr. 3 EStG ebenfalls nicht vorgesehen. Dennoch lässt die Finanzverwaltung für den Fall des § 50a Abs. 1 Nr. 3 EStG grundsätzlich einen entsprechenden Abzug von in unmittelbarem Zusammenhang mit den inländischen Einkünften stehenden Betriebsausgaben (beziehungsweise Werbungskosten) zu.[27] Auch im Rahmen des § 50a Abs. 3 EStG kommt es darauf an, ob der Vergütungsgläubiger als Staatsangehöriger eines EU- oder EWR-Staats in einem entsprechenden Staat einen Wohnsitz oder den gewöhnlichen Aufenthalt hat. Das gilt dann ebenso für die besondere Vorgehensweise der Verwaltung im Fall des § 50a Abs. 1 Nr. 3 EStG.[28] Hieran fehlt es jedoch bei M.

4. Ergebnis

Damit ergibt sich eine beschränkte Steuerpflicht des M hinsichtlich der Einnahmen aus der Überlassung des Nutzungsrechts an den Bildern. Es erfolgt ein Steuerabzug in Höhe von 15 Prozent mit abgeltender Wirkung.

III. Ziffer 3 – Grundstücksvermietung

Fraglich ist, wie die Vermietungseinnahmen und die geschilderten Ausgaben der F sich in Deutschland einkommensteuerrechtlich auswirken.

---

26 *Reimer*, in: Blümich, § 50 EStG Rn. 68. Siehe auch *Loschelder*, in: Schmidt, § 50 EStG Rn. 28.
27 BMF v. 17.6.2014, IV C 3 – S 2303/10/10002: 001, BStBl. I 2014, 887.
28 BMF v. 17.6.2014, IV C 3 – S 2303/10/10002: 001, BStBl. I 2014, 887.

1. Unbeschränkte Steuerpflicht der F

19 F hat weder einen Wohnsitz noch ihren gewöhnlichen Aufenthalt in Deutschland, so dass eine unbeschränkte Steuerpflicht ausscheidet (vgl. § 1 Abs. 1 S. 1 EStG, §§ 8, 9 AO).

2. Beschränkte Steuerpflicht der F

20 Es könnte jedoch eine beschränkte Steuerpflicht der F in Deutschland nach den §§ 1 Abs. 4, 49 EStG vorliegen. Dazu müssten inländische Einkünfte im Sinne des § 49 EStG gegeben sein.

Es könnten **inländische Einkünfte** nach § 49 Abs. 1 Nr. 6 EStG vorliegen. Erforderlich ist hierzu, dass neben der Erfüllung der Tatbestandsmerkmale der Einkünfte aus Vermietung und Verpachtung nach § 21 EStG ein inländisches Anknüpfungsmerkmal, insbesondere durch die Belegenheit eines Grundstücks in Deutschland, gegeben ist. Das im Fall erlangte Entgelt für die zeitlich beschränkte Überlassung von unbeweglichem Vermögen (hier des bebauten Grundstücks) zur Nutzung wird bei den Einkünften aus Vermietung und Verpachtung im Sinne von § 21 EStG erfasst. Das unbewegliche Vermögen ist in Füssen und damit in Deutschland belegen. F erzielt somit inländische Einkünfte aus Vermietung und Verpachtung und ist daher beschränkt steuerpflichtig (vgl. §§ 1 Abs. 4, 49 Abs. 1 Nr. 6 EStG).

3. Einkünfteermittlung

21 Bei den Einkünften aus Vermietung und Verpachtung handelt es sich um eine Überschusseinkunftsart (vgl. § 2 Abs. 2 S. 1 Nr. 2 EStG). Daher ist der Überschuss der Einnahmen über die Werbungskosten nach dem Zu- und Abflussprinzip zu ermitteln (vgl. §§ 8, 9, 11 EStG).

F fließen im Jahr 01 Einnahmen aus der Vermietung in Höhe von 12.000 € zu. Allerdings hat sie auch Ausgaben in diesem Zusammenhang, die als Werbungskosten abgezogen werden könnten. Werbungskosten, die mit den inländischen Einkünften im Zusammenhang stehen, können abgezogen werden (vgl. § 50 Abs. 1 S. 1 EStG). Werbungskosten nach § 9 Abs. 1 EStG sind alle Kosten, die im Zusammenhang mit der steuerbaren Tätigkeit stehen und durch die Tätigkeit veranlasst sind.[29] Die Kosten der Heizungswartung und des Schornsteinfegers dienen dem Erhalt des Mietobjekts. Die Kosten sind durch die Vermietungstätigkeit veranlasst. Es handelt sich um Werbungskosten, die mit den inländischen Einkünften im Zusammenhang stehen. Die Kosten in Höhe von 1.000 € kann F somit steuermindernd geltend machen.

Vertiefungshinweis

Bei dem von F vermieteten Grundstück handelt es sich um ein bebautes Grundstück. Hinsichtlich des Gebäudes kommt die Absetzung für Abnutzung (AfA) in Betracht. Für eine Prüfung enthält der Sachverhalt aber keine ausreichenden Hinweise. Generell wäre mit Blick auf den Erwerb durch Erbfall allerdings an § 11d EStDV zu denken. Zur AfA allgemein siehe beispielsweise § 8 Rn. 13 f.

---

29 Vgl. *Fehrenbacher*, § 2 Rn. 129.

4. Steuererhebung

Grundsätzlich findet auch bei beschränkt Steuerpflichtigen ein Veranlagungsverfahren statt. In bestimmten Fällen erfolgt allerdings ein Steuerabzug. Bei den Einkünften der F handelt es sich weder um Einkünfte aus nichtselbständiger Arbeit (vgl. §§ 38 ff. EStG) oder aus Kapitalvermögen (vgl. §§ 43 ff. EStG) noch um solche, die von § 50 a EStG erfasst werden. Damit kommt es nicht zu einem Steuerabzug, sondern es findet eine Veranlagung statt.

F ist verheiratet. Allerdings kommt eine Zusammenveranlagung von Ehegatten nur in Betracht, wenn beide Ehegatten unbeschränkt einkommensteuerpflichtig sind (vgl. § 26 Abs. 1 S. 1 Nr. 1 EStG). Das ist hier nicht gegeben, so dass F einzeln zu veranlagen ist. Der Tarif bestimmt sich nach § 32a Abs. 1 EStG. Hierbei ist § 50 Abs. 1 S. 2 EStG zu beachten, wonach das zu versteuernde Einkommen um den Grundfreibetrag erhöht wird. Der Veranlagungszeitraum ist das Kalenderjahr (vgl. § 25 Abs. 1 EStG).

Vertiefungshinweis
Zur Ehegattenveranlagung siehe auch § 9 Rn. 7, 24; § 18 Rn. 10, 29.

5. Persönliche Abzüge

Fraglich ist, ob die Spende in Höhe von 1.000 € im Rahmen der beschränkten Steuerpflicht Berücksichtigung finden kann. Ein Abzug von persönlichen Kosten ist im Rahmen der beschränkten Steuerpflicht grundsätzlich nicht gewollt; diese Kosten sollen stattdessen im Ansässigkeitsstaat im Rahmen der unbeschränkten Steuerpflicht berücksichtigt werden.[30] § 50 Abs. 1 S. 4 EStG setzt diesen Gedanken dadurch um, dass diejenigen Kosten, die in Deutschland als Quellenstaat nicht steuermindernd geltend gemacht werden können, aufgezählt werden. Nicht ausgeschlossen von § 50 Abs. 1 S. 4 EStG ist jedoch der Spendenabzug nach § 10b EStG.[31]

Eine Spende im Sinne des § 10b EStG ist bei einer Zuwendung zur Förderung steuerbegünstigter Zwecke im Sinne der §§ 52 ff. AO gegeben (vgl. § 10b Abs. 1 S. 1 EStG). Die Zuwendung ist unter anderem dann abziehbar, wenn sie an eine nach § 5 Abs. 1 Nr. 9 KStG steuerbefreite Körperschaft, Personenvereinigung oder Vermögensmasse erfolgt (vgl. § 10b Abs. 1 S. 2 Nr. 2 EStG). Hier wird die Spende an die deutsche Denkmalschutzstiftung, die ausschließlich und unmittelbar dem Denkmalschutz dient, geleistet. Die Spende erfolgt damit, um einen steuerbegünstigten Zweck im Sinne des § 52 Abs. 2 Nr. 6 AO zu fördern. Bei der Stiftung handelt es sich um ein nach § 5 Abs. 1 Nr. 9 KStG steuerbefreites Körperschaftsteuersubjekt. Sie stellt einen tauglichen Zuwendungsempfänger im Sinne des § 10b Abs. 1 S. 2 Nr. 2 EStG dar. Die Spende ist daher in den Grenzen des § 10b Abs. 1 S. 1 EStG abziehbar.

6. Ergebnis

F ist beschränkt einkommensteuerpflichtig. Sie erzielt inländische Einkünfte aus Vermietung und Verpachtung. Diesen Einkünften unterfallen die Einnahmen in Höhe von 12.000 € aus der Vermietung des Grundstücks. Die hiermit im Zusammenhang stehenden Ausgaben in Höhe von 1.000 € sind als Werbungskosten abziehbar. Die Spende in Höhe von 1.000 € wirkt sich ebenfalls steuermindernd aus.

---

30 Siehe *Loschelder*, in: Schmidt, § 50 EStG Rn. 13.
31 *Loschelder*, in: Schmidt, § 50 EStG Rn. 16.

IV. Ziffer 4 – Vermietung des Schiffscontainers

25 Fraglich ist, ob die Einkünfte der F aus der Vermietung des Schiffscontainers in Deutschland besteuert werden können.

1. Beschränkte Steuerpflicht

26 Mangels unbeschränkter Steuerpflicht kommt für F lediglich eine beschränkte Steuerpflicht in Betracht. Entscheidend ist dabei, ob F inländische Einkünfte erzielt (vgl. §§ 1 Abs. 4, 49 EStG).

Es könnte sich um **inländische gewerbliche Einkünfte** nach § 49 Abs. 1 Nr. 2 EStG handeln. Dazu müsste die Vermietung des Containers eine gewerbliche Vermietung darstellen. Eine gewerbliche Vermietung liegt vor, wenn die Vermietung über die private Vermögensverwaltung (als ungeschriebenes negatives Tatbestandsmerkmal der Gewerblichkeit) hinausgeht. Entscheidend ist, ob die Tätigkeit nach der Verkehrsauffassung dem Bild eines Gewerbebetriebs entspricht.[32] Die Vermietung eines einzelnen Wirtschaftsguts reicht aber regelmäßig nicht aus, um die Grenze zur Gewerblichkeit zu überschreiten; vielmehr müssen hier im Einzelfall besondere Umstände hinzutreten, die die Tätigkeit als gewerblich erscheinen lassen und hinter der die Gebrauchsüberlassung als solche zurücktritt.[33] Vorliegend handelt es sich um eine reine Vermietungstätigkeit der F in Bezug auf einen einzelnen Container. F kommt es auf die Fruchtziehung an. Es ist insbesondere nicht ersichtlich, dass sie mit Containern handeln will und deshalb den Container angeschafft hat (was wiederum zur Gewerblichkeit führen könnte).[34] F erzielt damit keine gewerblichen Einkünfte nach § 49 Abs. 1 Nr. 2 EStG.

Vertiefungshinweis
Zu den Merkmalen der Gewerblichkeit siehe § 9 Rn. 20; § 10 Rn. 9.

27 Einnahmen und Ausgaben aus der Vermietung des Schiffscontainers könnten aber bei den (subsidiären) **Einkünften aus § 49 Abs. 1 Nr. 9 EStG** zu erfassen sein. Erforderlich ist hierfür zunächst, dass der Einkünftetatbestand des § 22 Nr. 3 EStG erfüllt ist. § 22 Nr. 3 EStG erfasst Einkünfte aus Leistungen. Beispielhaft sind in § 22 Nr. 3 S. 1 EStG Einkünfte aus der Vermietung beweglicher Gegenstände aufgeführt. F erhält Einnahmen aus der Vermietung einer beweglichen Sache. Die Einnahmen sind daher grundsätzlich vom Tatbestand der sonstigen Einkünfte erfasst.

Infrage gestellt werden könnte jedoch die **Einkünfteerzielungsabsicht** der F. An ihr könnte es fehlen, wenn F dauerhaft nur Verluste aus der Einkunftsquelle erzielt. Hier stehen den hohen Anschaffungskosten in Höhe von 10.000 € (die auf die Nutzungsdauer zu verteilen sind) lediglich Mieteinnahmen in Höhe von 500 € pro Jahr gegenüber. Die Einkünfteerzielungsabsicht bezieht sich jedoch auf die gesamte Dauer der konkreten Erwerbstätigkeit. Maßgeblich zur Beurteilung des subjektiven Merkmals der Einkünfteerzielungsabsicht ist eine auf Tatsachen begründete Totalüberschussprognose (beziehungsweise Totalgewinnprognose). Erst wenn unter Berücksichtigung der geplanten Dauer der Tätigkeit ein Überschuss (beziehungsweise ein Gewinn) nicht erzielt werden kann, liegt eine nichtsteuerbare Liebhaberei vor.[35] Im Fall geht F aufgrund

---
32 *Bode*, in: Blümich, § 15 EStG Rn. 56.
33 BFH v. 26.6.2007, IV R 49/04, BStBl. II 2009, 289, unter II.1.f)aa).
34 Siehe BFH v. 26.6.2007, IV R 49/04, BStBl. II 2009, 289, unter II.1.f)aa).
35 Zum Ganzen: *Fehrenbacher*, § 2 Rn. 31.

der Erfahrungen anderer Investoren insgesamt von einem Totalüberschuss aus. Damit ist von der Einkünfteerzielungsabsicht auszugehen.

Von § 49 Abs. 1 Nr. 9 EStG ist die Nutzung beweglicher Sachen durch Vermietung allerdings nur erfasst, wenn die Sache tatsächlich im Inland genutzt wird.[36] Die Container werden ausschließlich auf Containerschiffen in deutschen Gewässern eingesetzt, so dass eine Nutzung im Inland vorliegt. F erzielt mithin inländische Einkünfte nach § 49 Abs. 1 Nr. 9 EStG und ist daher beschränkt steuerpflichtig.

Vertiefungshinweis

Zur Einkünfteerzielungsabsicht siehe auch § 8 Rn. 20 f.; § 9 Rn. 21; § 26 Rn. 9, 13.

2. Einkünfteermittlung

Bei den sonstigen Einkünften ist nach § 2 Abs. 2 S. 1 Nr. 2 EStG der Überschuss der Einnahmen über die Werbungskosten nach dem Zu- und Abflussprinzip zu ermitteln (vgl. §§ 8, 9, 11 EStG).

Im Jahr 01 fließen F aus der Vermietung des Containers Einnahmen in Höhe von 500 € zu. Zudem hat sie Ausgaben für die Anschaffung des Containers in Höhe von 10.000 €. Fraglich ist, wie die Anschaffungskosten zu berücksichtigen sind. Es könnten Werbungskosten vorliegen. Die Kosten stehen in einem unmittelbaren Zusammenhang mit den Einnahmen aus der Vermietung des Containers. Entsprechend kommt ein Werbungskostenabzug grundsätzlich in Betracht (vgl. §§ 9 Abs. 1 S. 1, 50 Abs. 1 S. 1 EStG). Für die Anschaffungskosten des Containers als abnutzbares Wirtschaftsgut enthält § 9 Abs. 1 S. 3 Nr. 7 S. 1 EStG allerdings ein Verbot des Sofortabzugs der Kosten. Demnach sind die Kosten entsprechend der Regelung des § 7 EStG als **Absetzung für Abnutzung** (AfA) über die Nutzungsdauer des Wirtschaftsguts zu verteilen.

Die Bemessungsgrundlage für die AfA ergibt sich aus den Anschaffungskosten von 10.000 € (vgl. § 7 Abs. 1 S. 1 EStG). Die gewöhnliche Nutzungsdauer beträgt nach dem Sachverhalt zehn Jahre (vgl. § 7 Abs. 1 S. 2 EStG). Pro Jahr kann daher eine Absetzung von 1.000 € (10.000 € x 1/10) geltend gemacht werden. Die AfA beginnt mit der Anschaffung des Wirtschaftsguts. Sie erfolgte im April 01. Nach § 7 Abs. 1 S. 4 EStG vermindert sich der Absetzungsbetrag um jeweils ein Zwölftel für jeden vollen Monat, der der Anschaffung vorangeht. Für das Jahr 01 vermindert sich der Absetzungsbetrag daher um drei Zwölftel, mithin um 250 € (1.000 € x 3/12). In diesem Jahr verbleibt daher ein Absetzungsbetrag von 750 € (1.000 € ./. 250 €).[37]

Insgesamt sind im Jahr 01 damit grundsätzlich Einnahmen in Höhe von 500 € und Werbungskosten in Höhe von 750 € zu berücksichtigen.

Vertiefungshinweis

Unabhängig vom Zeitpunkt der Anschaffung kommt eine degressive AfA nach § 7 Abs. 2 EStG bei dem im Privatvermögen der F gehaltenen Container, bei dem es sich daher nicht um Anlagevermögen handelt, nicht in Betracht.[38] Allgemein zur AfA siehe § 10 Rn. 24, 29, 42; § 12 Rn. 23.

---

36 BFH v. 10.4.2013, I R 22/12, BStBl. II 2013, 728, unter II.2.; *Reimer*, in: Blümich, § 49 EStG Rn. 310.
37 Zum Ganzen: *Fehrenbacher*, § 2 Rn. 103 f.; *Hennrichs*, in: Tipke/Lang, Rn. 9.300–9.304.
38 Siehe *Anzinger*, in: Herrmann/Heuer/Raupach, § 7 EStG Rn. 253; *Brandis*, in: Blümich, § 7 EStG Rn. 415.

3. Steuererhebung

29 Für die inländischen Einkünfte aus der Vermietung beweglicher Gegenstände nach § 49 Abs. 1 Nr. 9 EStG findet ein Steuerabzug grundsätzlich nicht statt.[39] Damit gehen die Einkünfte in die Einzelveranlagung zum Grundtarif (unter Berücksichtigung des § 50 Abs. 1 S. 2 EStG) ein.

Vertiefungshinweis

Nach § 50a Abs. 7 EStG kann das Finanzamt des Vergütungsgläubigers einen Steuerabzug für beschränkt steuerpflichtige Einkünfte anordnen, soweit diese nicht bereits dem Steuerabzug unterliegen. Der Steuerabzug ist durch den Vergütungsschuldner vorzunehmen (vgl. § 50a Abs. 7 S. 1 EStG) und beträgt grundsätzlich 25 oder 15 Prozent (vgl. § 50a Abs. 7 S. 2 EStG). Er kommt in Betracht, wenn er zur Sicherung des Steueranspruchs zweckmäßig ist (insbesondere wenn, anders als im vorliegenden Fall, im Inland kein nennenswertes Vermögen besteht).[40] Ein solcher Steuerabzug hat keine Abgeltungswirkung (vgl. § 50a Abs. 7 S. 4 EStG) und ist bei der Veranlagung anzurechnen (vgl. § 36 Abs. 2 Nr. 2 EStG).[41] In der Praxis kommt die Anordnung des Steuerabzugs nach § 50 Abs. 7 EStG insbesondere bei der Nutzungsüberlassung von Sachen vor.[42] Hier enthält der Sachverhalt aber keine entsprechenden Hinweise.

4. Verlustberücksichtigung

30 F erzielt im Jahr 01 einen Verlust aus der Vermietung des beweglichen Vermögens in Höhe von 250 €. Es ist fraglich, ob dieser Verlust im Rahmen der beschränkten Steuerpflicht berücksichtigungsfähig ist. Wenn die Einkommensteuer, wie hier, nicht durch einen Steuerabzug mit Abgeltungswirkung erhoben wird, sind Verluste grundsätzlich abziehbar.[43] Die Verlustberücksichtigung erfolgt zunächst im Rahmen des horizontalen und des vertikalen Verlustausgleichs. Zudem kommt der Verlustabzug nach § 10d EStG in Betracht.

Vertiefungshinweis

Zur Verlustberücksichtigung siehe auch § 13 Rn. 37.

31 Die Verlustverrechnung könnte jedoch durch die Regelung des § 22 Nr. 3 S. 3 und 4 EStG eingeschränkt sein. Dort ist ein sogenannter **segmentierter Verlustausgleich** geregelt, nach dem negative Einkünfte aus sonstigen Einkünften im Sinne des § 22 Nr. 3 EStG nur mit entsprechenden positiven Einkünften ausgeglichen (beziehungsweise von diesen abgezogen) werden dürfen. Fraglich ist jedoch, ob die Regelung des § 22 Nr. 3 S. 3 und 4 EStG im Rahmen der beschränkten Steuerpflicht Anwendung findet. Von einer Anwendung der Regelung kann ausgegangen werden, wenn § 49 Abs. 1 Nr. 9 EStG sich nicht nur auf die Tatbestandsmerkmale der Einkünfte aus Leistungen im Sinne des § 22 Nr. 3 EStG bezieht, sondern § 22 Nr. 3 EStG im Ganzen in Bezug nimmt. Obwohl der Wortlaut des § 49 Abs. 1 Nr. 9 EStG lediglich auf „sonstige Einkünfte im

---

39 Siehe *Reimer*, in: Blümich, § 49 EStG Rn. 313.
40 *Reimer*, in: Blümich, § 50a EStG Rn. 144–150.
41 *Reimer*, in: Blümich, § 50a EStG Rn. 156.
42 *Holthaus*, IStR 2015, 876, 876.
43 Siehe *Frotscher*, Rn. 204; *Gosch*, in: Kirchhof/Seer, § 50 EStG Rn. 9.

Sinne des § 22 Nummer 3" Bezug nimmt, geht die wohl herrschende Meinung von einer Anwendung der Beschränkungsregelung aus.[44]

Prüfungs- und Vertiefungshinweis

Hinsichtlich der Verluste der F könnte auch an eine Einschränkung der Verlustverrechnung nach § 2a EStG gedacht werden. Generell ist im Fall aber keiner der Tatbestände des § 2a EStG erfüllt. Die negativen Einkünfte stammen aus Deutschland, so dass kein Bezug zu Drittstaaten besteht. Bei beschränkt Steuerpflichtigen kann § 2a EStG nur in Ausnahmefällen in Betracht kommen, denn er bezieht sich auf ausländische Einkünfte, die grundsätzlich nicht von der beschränkten Steuerpflicht erfasst sind. In Betracht kommt § 2a EStG in diesem Kontext insoweit als negative Auslandseinkünfte im Rahmen eines inländischen Betriebs erzielt werden.[45] Dies ist hier aber nicht der Fall.

5. Ergebnis

Die inländischen Einkünfte aus der Vermietung des Containers nach § 49 Abs. 1 Nr. 9 EStG führen zu einer beschränkten Steuerpflicht. Die Verlustberücksichtigung ist allerdings beschränkt. 32

V. Ziffer 5 – Dividendenzahlung an V

Fraglich ist, ob die Dividende des V in Deutschland zu besteuern ist. 33

1. Unbeschränkte Steuerpflicht des V

V hat weder seinen Wohnsitz noch seinen gewöhnlichen Aufenthalt in Deutschland, so dass eine unbeschränkte Steuerpflicht ausscheidet (vgl. § 1 Abs. 1 S. 1 EStG, §§ 8, 9 AO). 34

2. Beschränkte Steuerpflicht des V

Es könnte jedoch eine beschränkte Steuerpflicht des V in Deutschland nach den §§ 1 Abs. 4, 49 EStG vorliegen. Dazu müssten **inländische Einkünfte** im Sinne des § 49 EStG gegeben sein. 35

Es kommen inländische Einkünfte im Sinne des § 49 Abs. 1 Nr. 2 lit. a EStG in Betracht. Dazu müssten Einkünfte aus Gewerbebetrieb vorliegen und es bedürfte eines inländischen Anknüpfungsmerkmals, insbesondere in Form einer Betriebstätte. Die Dividende unterfällt grundsätzlich den Einkünften aus Kapitalvermögen nach § 20 Abs. 1 Nr. 1 S. 1 EStG. Die Einnahmen sind jedoch bei den gewerblichen Einkünften zu erfassen, wenn sie zu diesen Einkünften gehören (vgl. § 20 Abs. 8 EStG, sogenannter **Subsidiaritätsgrundsatz**).[46] V betreibt in Santiago de Chile ein Sportgeschäft. Er ist daher gewerblich tätig. Die Beteiligung an der Snowboard-AG hält er im Betriebsvermögen. Die erzielte Gewinnausschüttung ist daher seinen Einkünften aus Gewerbebetrieb zuzurechnen. V erzielt damit gewerbliche Einkünfte aus Kapitalvermögen hinsichtlich der Dividendenzahlung. Fraglich ist jedoch, ob eine **Betriebstätte** im Sinne des § 12 AO vorliegt. Dies erfordert eine feste Geschäftseinrichtung im Inland, die der Tätigkeit

---

44 Siehe *Hidien*, in: Kirchhof/Söhn/Mellinghoff, § 49 EStG Rn. J179; *Klein*, in: Herrmann/Heuer/Raupach, § 49 EStG Rn. 1092.
45 Zum Ganzen: *Wagner*, in: Blümich, § 2a EStG Rn. 31.
46 Siehe hierzu *Schaumburg*, in: Schaumburg, Rn. 6.242.

des Unternehmens dient (vgl. § 12 S. 1 AO). Eine entsprechende Einrichtung des V ist nicht ersichtlich. Die Annahme inländischer Einkünfte würde demnach am Fehlen der Betriebstätte scheitern.

Vertiefungshinweis
Zum Subsidiaritätsgrundsatz siehe bereits § 11 Rn. 23; § 12 Rn. 32.

36 Allerdings normiert § 49 Abs. 2 EStG für diese Fälle die sogenannte **isolierende Betrachtungsweise**. Hiernach bleiben im Ausland gegebene Besteuerungsmerkmale außer Betracht, soweit bei ihrer Berücksichtigung inländische Einkünfte nicht angenommen werden könnten. Die im Ausland gegebene Gewerblichkeit des V führt dazu, dass die Einnahmen aus der Dividende unter den Tatbestand der inländischen gewerblichen Einkünfte nach § 49 Abs. 1 Nr. 2 EStG subsumiert werden müssen. Bei Außerachtlassen der Gewerblichkeit und einer isolierten Betrachtung des im Inland verwirklichten Sachverhalts könnten jedoch inländische Einkünfte im Sinne des § 49 Abs. 1 Nr. 5 EStG gegeben sein. § 49 Abs. 1 Nr. 5 S. 1 lit. a lit. aa EStG erfasst Dividenden im Sinne des § 20 Abs. 1 Nr. 1 EStG, wenn der Schuldner Wohnsitz, Geschäftsleitung oder Sitz im Inland hat. Isoliert betrachtet fallen die Dividenden unter § 20 Abs. 1 Nr. 1 S. 1 EStG. Die deutsche Snowboard-AG (als Schuldnerin der Dividende) hat auch ihren Sitz und ihre Geschäftsleitung in Deutschland.[47] Damit liegen im Ergebnis inländische Einkünfte aus Kapitalvermögen nach § 49 Abs. 1 Nr. 5, Abs. 2 EStG vor.

3. Einkünfteermittlung

37 Fraglich ist, wie die Einkünfte zu ermitteln sind. Bei Einkünften aus Gewerbebetrieb ist der Gewinn zu ermitteln (vgl. § 2 Abs. 2 S. 1 Nr. 1 EStG), während bei Einkünften aus Kapitalvermögen grundsätzlich der Überschuss der Einnahmen über die Werbungskosten zu ermitteln ist (vgl. § 2 Abs. 2 S. 1 Nr. 2 EStG, vgl. aber auch § 2 Abs. 2 S. 2 EStG). Die isolierende Betrachtungsweise führt dazu, dass hier von Einkünften aus Kapitalvermögen auszugehen ist. Das gilt dann auch für die Einkünfteermittlung; die Einkünfte sind so zu versteuern, als seien sie außerhalb des gewerblichen Betriebs angefallen.[48] V hat daher den Überschuss der Einnahmen über die Werbungskosten nach dem Zu- und Abflussprinzip zu ermitteln (vgl. §§ 8, 9, 11 EStG).

4. Steuererhebung

38 Ferner ist die Steuererhebung zu beleuchten. Bei Einkünften aus Kapitalvermögen wird die Steuer grundsätzlich durch einen Steuerabzug in Form der Kapitalertragsteuer nach den §§ 43 ff. EStG erhoben. Dies gilt grundsätzlich auch im Rahmen der beschränkten Steuerpflicht. Die Dividendenzahlung an V unterliegt daher dem Steuerabzug nach den §§ 43 ff. EStG. Der Steuerabzug beträgt 25 Prozent nach § 43a Abs. 1 S. 1 Nr. 1 EStG. Die Snowboard-AG hat die Kapitalertragsteuer einzubehalten und abzuführen (vgl. § 44 Abs. 1 S. 3 EStG). Der Steuerabzug hat abgeltende Wirkung (vgl. § 50 Abs. 2 EStG).

Vertiefungshinweis
Zum Kapitalertragsteuerabzug siehe zum Beispiel § 11 Rn. 10, 25, 29 f.; § 15 Rn. 51.

---

[47] Siehe zum Ganzen: *Loschelder*, in: Schmidt, § 49 EStG Rn. 133; *Schaumburg*, in: Schaumburg, Rn. 6.153–6.157, 6.242.
[48] Siehe BFH v. 28.3.1984, I R 129/79, BStBl. II 1984, 620, unter 4.; *Schaumburg*, in: Schaumburg, Rn. 6.157.

5. Ergebnis

V ist in Deutschland beschränkt steuerpflichtig. Er hat inländische Einkünfte aus Kapitalvermögen, die einem Steuerabzug mit Abgeltungswirkung unterliegen.

39

§ 18 Übungsfall 11 – Einkommensteuer (International)

1 Der folgende Fall behandelt im Schwerpunkt die Besteuerung unbeschränkt Einkommensteuerpflichtiger mit ausländischen Einkünften unter Geltung eines Doppelbesteuerungsabkommens. Im Einzelnen werden insbesondere die folgenden Aspekte behandelt: Doppelansässigkeit (vgl. Art. 4 Abs. 2 OECD-MA); Ehegattenveranlagung (vgl. §§ 26 ff. EStG); Einkünfte aus unselbständiger Arbeit (vgl. Art. 15 OECD-MA); Gewöhnlicher Aufenthalt (vgl. § 9 AO); Lohnsteuerabzug (vgl. §§ 38 ff. EStG); Methodenartikel (vgl. Art. 23A, 23B OECD-MA); Persönliche Abkommensberechtigung (vgl. Art. 1 OECD-MA); Progressionsvorbehalt (vgl. Art. 23A Abs. 3 OECD-MA, § 32b Abs. 1 S. 1 Nr. 3 EStG); Rentenbesteuerung (vgl. § 22 Nr. 1 S. 3 lit. a lit. aa EStG); Ruhegehälter (vgl. Art. 18 OECD-MA); Sachlicher Geltungsbereich des Abkommens (vgl. Art. 2 OECD-MA); Treaty Override (vgl. § 50d Abs. 8 EStG); Wohnsitz (vgl. § 8 AO).

Sachverhalt

2 ▶ Frieda (F) ist Ingenieurin bei einem Öl-Konzern. Sie ist für zwei Jahre zur Überwachung der dortigen Ölförderung nach Ankara (Türkei) versetzt worden. Ihr Mann Manfred (M) und ihre fünfzehnjährige Tochter wollen jedoch in der Familienwohnung in Hamburg (Deutschland) wohnen bleiben, so dass F allein in Ankara ein möbliertes Appartement mietet. Um das gemeinsame Familienleben so gut wie möglich aufrecht zu erhalten, fliegt F in regelmäßigen Abständen für verlängerte Wochenenden nach Hamburg zurück und verbringt in Urlaubszeiten auch mehrwöchige Aufenthalte bei ihrer Familie in Deutschland. Insgesamt ist sie 100 Tage im Jahr 01 in Deutschland. Einen Schlüssel für die Familienwohnung in Hamburg, die F und M gemeinsam gehört, behält sie. Im Anschluss an die Tätigkeit in der Türkei möchte F nach Deutschland zurückkehren.

(1) F ist für den Aufenthalt in der Türkei bei dem türkischen Ableger des Öl-Konzerns, der Öl-A.Ş. (Anonim Şirket) mit Sitz und Geschäftsleitung in der Türkei, angestellt. Sie erhält von der Öl-A.Ş. im Jahr 01 ein Gehalt in Höhe von 100.000 €.

(2) M war früher für die Brauerei-A/S (Aktieselskab) in Kopenhagen (Dänemark) tätig. Vor einigen Jahren (im Jahr 2005) ist er in Rente gegangen. Seitdem bezieht er aus der dänischen gesetzlichen Rentenversicherung gleichbleibende Bezüge in Höhe von 48.000 € jährlich. Auch im Jahr 10 erhält er eine Rente in dieser Höhe. ◀

Aufgabenstellung

3 ▶ Wie sind die geschilderten Fälle für F und M einkommensteuerrechtlich zu beurteilen?
Der Sachverhalt ist nach deutschem Steuerrecht zu lösen. Hinsichtlich der Ziffer 1 ist von Folgendem auszugehen: Zwischen Deutschland und der Türkei besteht ein Doppelbesteuerungsabkommen, das grundsätzlich dem OECD-Musterabkommen entspricht. Für den Ausgleich der Doppelbesteuerung bei in Deutschland ansässigen Personen, mit Einkünften aus unselbständiger Arbeit aus der Türkei, ist in dem Doppelbesteuerungsabkommen allerdings die Freistellungsmethode vorgesehen (vgl. Art. 22 Abs. 2 lit. a S. 1 DBA-Türkei), was der Lösung auch zugrunde zu legen ist. F ist in der Türkei unbeschränkt einkommensteuerpflichtig (wobei die Türkei an einen dortigen Wohnsitz anknüpft). Einen Steuerbescheid erhält F vom türkischen Finanzamt ebenso wenig wie einen Nachweis über die Entrichtung der

Steuer. Hinsichtlich der Ziffer 2 ist von Folgendem auszugehen: Zwischen Deutschland und Dänemark besteht ein Doppelbesteuerungsabkommen, das dem OECD-Musterabkommen entspricht. M ist in Dänemark beschränkt steuerpflichtig. Die dänische Rentenversicherung ist mit der deutschen Rentenversicherung vergleichbar.

Die Aufgabe ist gutachtlich zu bearbeiten. Die Jahreszahlen sind fiktiv (mit Ausnahme des Jahres 2005 in Ziffer 2). Es ist das aktuell geltende Recht anzuwenden. ◀

Gliederung

I.	Ziffer 1 – Gehalt der F	230
	1. Persönliche Steuerpflicht	230
	2. Veranlagung und Tarif	232
	3. Sachliche Steuerpflicht	232
	a) Einkünftequalifikation	232
	b) Einkünfteermittlung	233
	c) Lohnsteuerabzug	233
	d) Ergebnis	233
	4. Anwendung des Doppelbesteuerungsabkommens	233
	a) Persönliche Abkommensberechtigung	234
	b) Sachlicher Geltungsbereich	234
	c) Anwendung der Verteilungsartikel	235
	d) Anwendung der Methodenartikel	237
	e) Ergebnis	238
	5. Ergebnis	239
II.	Ziffer 2 – Rentenbezüge des M	239
	1. Persönliche Steuerpflicht	239
	2. Veranlagung und Tarif	239
	3. Sachliche Steuerpflicht	239
	a) Einkünftequalifikation	239
	b) Einkünfteermittlung	240
	c) Besteuerungsanteil	240
	d) Ergebnis	241
	4. Anwendung des Doppelbesteuerungsabkommens	241
	a) Persönliche Abkommensberechtigung	241
	b) Sachlicher Geltungsbereich	241
	c) Anwendung der Verteilungsartikel	241
	d) Ergebnis	242
	5. Ergebnis	242

Lösung

I. Ziffer 1 – Gehalt der F[1]

Fraglich ist, ob das Gehalt der F in Höhe von 100.000 € im Jahr 01 in Deutschland einkommensteuerrechtlich zu erfassen ist.

1. Persönliche Steuerpflicht

Das Gehalt der F ist in Deutschland einkommensteuerrechtlich zu erfassen, wenn sie unbeschränkt einkommensteuerpflichtig ist, so dass ihr Welteinkommen der deutschen Einkommensteuer unterliegt. Eine unbeschränkte Einkommensteuerpflicht ist nach § 1 Abs. 1 S. 1 EStG gegeben, wenn F einen Wohnsitz (vgl. § 8 AO) oder ihren gewöhnlichen Aufenthalt (vgl. § 9 AO) in Deutschland hat.

F ist berufsbedingt für zwei Jahre nach Ankara gezogen. Fraglich ist daher, ob sie in Deutschland noch einen Wohnsitz hat. In Betracht kommt ein Wohnsitz in Hamburg in der Familienwohnung. Ein **Wohnsitz** ist dort anzunehmen, wo eine Person eine Wohnung unter Umständen innehat, die darauf schließen lassen, dass sie die Wohnung beibehalten und benutzen will (vgl. § 8 AO). Es ist auf die tatsächlichen Umstände ab-

---

[1] Dieser Fall ist angelehnt an FG Rheinland-Pfalz v. 30.6.2009, 6 K 1415/09, EFG 2009, 1649; BFH v. 10.1.2012, I R 66/09, BFHE 236, 304.

zustellen.² Bei der Wohnung in Hamburg handelt es sich um Räumlichkeiten, die objektiv zum dauerhaften Wohnen geeignet und bestimmt sind und die eine selbständige Lebensführung ermöglichen.³ Das Innehaben einer Wohnung erfordert die tatsächliche Verfügungsmacht über die Wohnung. Die Wohnung muss regelmäßig genutzt werden.⁴
Ursprünglich bestand ein Wohnsitz in Deutschland. Dieser könnte allerdings aufgegeben worden sein. Bei Auslandsaufenthalten zu beruflichen Zwecken kann eine Wohnung im Inland beibehalten werden, insbesondere wenn die Familie am ursprünglichen Wohnsitz weiterhin wohnt. Bei langen Auslandsaufenthalten (länger als ein Jahr) und nur kurzen Besuchen, die keinen Wohncharakter haben, kann jedoch von der Aufgabe des Wohnsitzes auszugehen sein.⁵ Maßgeblich sind die Umstände des Einzelfalls. Hier bleibt die Wohnung für F ständig verfügbar. Sie behält einen Schlüssel zur Wohnung und kehrt regelmäßig hierher zurück, um am Familienleben teilzunehmen. Es kann davon ausgegangen werden, dass die Aufenthalte der F in der Familienwohnung, die sich teilweise auch über mehrere Wochen erstrecken, nicht nur „Besuchscharakter"⁶ haben. F hat zudem vor, im Anschluss an den auf zwei Jahre angelegten Auslandsaufenthalt wieder dauerhaft in die Wohnung in Hamburg zurückzukehren. Mit der Familienwohnung in Hamburg behält F daher einen Wohnsitz in Deutschland.

F könnte darüber hinaus ihren gewöhnlichen Aufenthalt nach § 9 AO im Inland haben. Nach § 9 S. 1 AO hat jemand seinen **gewöhnlichen Aufenthalt** dort, wo er sich unter Umständen aufhält, die erkennen lassen, dass er an diesem Ort nicht nur vorübergehend verweilen will. Für den gewöhnlichen Aufenthalt ist ein tatsächlicher, körperlicher Aufenthalt erforderlich.⁷ Er darf nicht nur vorübergehend sein, muss andererseits aber auch nicht ständig sein.⁸ Für Inlandsaufenthalte von mehr als sechs Monaten legt § 9 S. 2 AO das generelle Bestehen eines gewöhnlichen Aufenthalts im Inland fest. Für den umgekehrten Fall des Auslandsaufenthalts besteht keine entsprechende Regelung. Durch Auslandsaufenthalte wird der gewöhnliche Aufenthalt jedenfalls nicht generell beendet. Es kommt auf die Lockerung des Inlandsbezugs an.⁹ Bei einem Auslandsaufenthalt von mehr als sechs Monaten wird jedoch regelmäßig von einer Aufgabe des gewöhnlichen Aufenthalts ausgegangen, wenn nicht Umstände darauf schließen lassen, dass die Beziehungen zum Inland erhalten bleiben sollen. Bei einem Auslandsaufenthalt von mehr als einem Jahr soll der gewöhnliche Aufenthalt im Inland nur noch ausnahmsweise bejaht werden können.¹⁰

Im vorliegenden Fall befindet sich F seit der Versetzung nach Ankara die überwiegende Zeit in der Türkei. Zwar reist sie regelmäßig zu ihrer Familie, allerdings hält sie sich jeweils nur vorübergehend in Hamburg auf. Sie hat stets die Absicht, wieder nach Ankara zurückzukehren. Nach diesen Erwägungen liegt kein gewöhnlicher Aufenthalt im Inland vor.

---

2 *Frotscher*, Rn. 164.
3 Vgl. *Koenig*, in: Koenig, § 8 AO Rn. 9.
4 *Gersch*, in: Klein, § 8 AO Rn. 3; *Koenig*, in: Koenig, § 8 AO Rn. 12 f.
5 Zum Ganzen: *Gersch*, in: Klein, § 8 AO Rn. 3 f., 6 m.w.N.
6 Siehe FG Baden-Württemberg v. 23.3.2015, 13 K 3853/13, EFG 2015, 1615.
7 *Gersch*, in: Klein, § 9 AO Rn. 2; *Koenig*, in: Koenig, § 9 AO Rn. 8.
8 BFH v. 27.7.1962, VI 156/59 U, BStBl. III 1962, 429. Siehe auch *Gersch*, in: Klein, § 9 AO Rn. 3.
9 Zum Ganzen: BFH v. 27.7.1962, VI 156/59 U, BStBl. III 1962, 429.
10 BFH v. 27.7.1962, VI 156/59 U, BStBl. III 1962, 429; BFH v. 27.4.2005, I R 112/04, BFH/NV 2005, 1756, unter 4. Siehe auch *Gersch*, in: Klein, § 9 AO Rn. 3.

Prüfungshinweis

Der gewöhnliche Aufenthalt ist neben dem Wohnsitz ein eigenständiger steuerrechtlicher Anknüpfungspunkt für die Begründung einer unbeschränkten Einkommensteuerpflicht nach § 1 Abs. 1 EStG.[11] Zwar genügt bereits der Wohnsitz zur Annahme der unbeschränkten Steuerpflicht, allerdings sollte in einem Gutachten daneben auch der gewöhnliche Aufenthalt kurz angesprochen werden, wenn die Erörterung (wie hier) interessant ist.

Bei der vorliegenden Prüfung der §§ 8, 9 AO sind auch andere Ansichten vertretbar. Der Sachverhalt teilt allerdings einige Umstände mit, die letztlich für eine unbeschränkte Steuerpflicht (wegen eines Wohnsitzes in Deutschland) sprechen.

9   F ist damit in Deutschland unbeschränkt einkommensteuerpflichtig.

2. Veranlagung und Tarif

10   F ist verheiratet. Daher kommt eine Zusammenveranlagung nach § 26 b EStG mit ihrem Ehemann M in Betracht. Voraussetzung ist, dass die Ehegatten beide unbeschränkt einkommensteuerpflichtig sind und dass sie nicht dauernd getrennt leben (vgl. § 26 Abs. 1 S. 1 EStG). M hat mit der Familienwohnung eine Wohnung in Hamburg. Er hat daher einen Wohnsitz in Hamburg. Mithin ist er (wie F auch) in Deutschland unbeschränkt steuerpflichtig. Zudem dürften F und M nicht dauernd getrennt leben. Fraglich ist daher, ob eine eheliche Lebensgemeinschaft besteht. Die Ehepartner leben zwar räumlich getrennt, die räumliche Trennung ist jedoch nur vorübergehend. Die Ehegatten halten die eheliche Gemeinschaft trotzdem (soweit möglich) aufrecht und F hat die Absicht, nach dem beruflichen Aufenthalt in Ankara wieder dauerhaft zurück in die Ehewohnung zu ziehen. Ein dauerhaftes Getrenntleben im Sinne des § 26 Abs. 1 S. 1 Nr. 2 EStG ist daher nicht gegeben.[12] Damit ist von einer Zusammenveranlagung auszugehen (vgl. § 26 Abs. 3 EStG). Es gilt das Splitting-Verfahren des § 32a Abs. 5 EStG. Der Veranlagungszeitraum ist das Kalenderjahr (vgl. § 25 Abs. 1 EStG).

Vertiefungshinweis

Zur Veranlagung von Ehegatten siehe auch § 9 Rn. 7; § 11 Rn. 7; § 17 Rn. 22.

3. Sachliche Steuerpflicht

11   Fraglich ist, wie die Einkünfte der F zu qualifizieren und zu ermitteln sind.

a) Einkünftequalifikation

12   F erhält Zahlungen für ihre Tätigkeit als Angestellte von ihrem Arbeitgeber. Dabei könnte es sich um Einkünfte aus nichtselbständiger Arbeit handeln. Nach § 19 Abs. 1 S. 1 Nr. 1 EStG sind hier insbesondere Gehälter und Löhne für eine Beschäftigung im öffentlichen oder privaten Dienst erfasst. Ein Dienstverhältnis liegt nach § 1 Abs. 2 LStDV vor, wenn ein Angestellter dem Arbeitgeber seine Arbeitskraft schuldet, er also den Weisungen des Arbeitgebers zu folgen hat. Dies ist bei der Tätigkeit als angestellte Ingenieurin gegeben, so dass F hieraus Einkünfte aus nichtselbständiger Arbeit nach den §§ 2 Abs. 1 S. 1 Nr. 4, 19 Abs. 1 S. 1 Nr. 1 EStG erzielt.

---

11 *Gersch*, in: Klein, § 9 AO Rn. 1.
12 Vgl. zum Ganzen: *Seeger*, in: Schmidt, § 26 EStG Rn. 11 f.

b) Einkünfteermittlung

Bei den Einkünften aus nichtselbständiger Arbeit handelt es sich um sogenannte Überschusseinkünfte (vgl. § 2 Abs. 2 S. 1 Nr. 2 EStG). Es ist der Überschuss der Einnahmen über die Werbungskosten nach dem Zu- und Abflussprinzip zu ermitteln (vgl. §§ 8, 9, 11 EStG). § 19 Abs. 1 S. 1 Nr. 1 EStG erfasst als Arbeitslohn die Einnahmen des Arbeitnehmers aus dem Dienstverhältnis. Bei den Gehaltszahlungen in Höhe von 100.000 € im Jahr 01 handelt es sich um Einnahmen im Sinne des § 8 Abs. 1 EStG, die F im Rahmen ihrer nichtselbständigen Arbeit zufließen. Der Arbeitnehmer-Pauschbetrag nach § 9 a S. 1 Nr. 1 lit. a EStG in Höhe von 1.000 € ist zu berücksichtigen.

Vertiefungshinweis

Konkrete Aufwendungen, die als Werbungskosten abgezogen werden könnten, sind im Sachverhalt nicht genannt. In Betracht kämen allerdings Umzugskosten und Kosten für eine doppelte Haushaltsführung (vgl. § 9 Abs. 1 S. 3 Nr. 5 EStG).

c) Lohnsteuerabzug

Die Erhebung der Einkommensteuer erfolgt bei Einnahmen aus nichtselbständiger Arbeit grundsätzlich durch einen Steuerabzug an der Quelle (sogenannte Lohnsteuer). Dabei hat der Arbeitgeber die Lohnsteuer für Rechnung des Arbeitnehmers einzubehalten und beim zuständigen Finanzamt anzumelden und abzuführen (vgl. §§ 38 Abs. 3, 41 a EStG).

§ 38 Abs. 1 S. 1 EStG stellt allerdings für die Pflicht zum Einbehalt der Lohnsteuer lediglich auf den **inländischen Arbeitgeber** ab. Ein inländischer Arbeitgeber liegt vor, wenn dieser einen Wohnsitz (vgl. § 8 AO), seinen gewöhnlichen Aufenthalt (vgl. § 9 AO), seine Geschäftsleitung (vgl. § 10 AO), seinen Sitz (vgl. § 11 AO), eine Betriebsstätte (vgl. § 12 AO) oder einen ständigen Vertreter (vgl. § 13 AO) im Inland hat. Vorliegend ist F jedoch bei der türkischen Öl-A.Ş. angestellt. Hierbei handelt es sich um einen ausländischen Arbeitgeber. Damit wird die deutsche Einkommensteuer nicht durch einen Steuerabzug erhoben, stattdessen findet eine Veranlagung statt.[13]

Vertiefungshinweis

Zum Lohnsteuerabzug siehe auch § 9 Rn. 16 (ohne grenzüberschreitenden Bezug); § 16 Rn. 19 (mit grenzüberschreitendem Bezug).

d) Ergebnis

F ist mit ihren Einkünften in Höhe von 100.000 € aus nichtselbständiger Arbeit in Deutschland unbeschränkt einkommensteuerpflichtig.

4. Anwendung des Doppelbesteuerungsabkommens

Unterfallen die Einkünfte der F grundsätzlich der deutschen Einkommensbesteuerung, stellt sich die Frage, ob das Besteuerungsrecht Deutschlands durch die Regelungen des Doppelbesteuerungsabkommens eingeschränkt wird. Hier besteuern sowohl Deutschland als auch die Türkei die Einkünfte der F. Damit liegt eine Doppelbesteuerung vor, die durch das Doppelbesteuerungsabkommen beseitigt werden könnte. Die Rege-

---

13 Vgl. *Kulosa*, in: Schmidt, § 46 EStG Rn. 7.

lungen des Doppelbesteuerungsabkommens sind nach § 34 c Abs. 6 S. 1 EStG vorrangig vor den unilateralen Normen zum Ausgleich der Doppelbesteuerung, wenn die Einkünfte aus einem ausländischen Staat stammen, mit dem ein Doppelbesteuerungsabkommen besteht.[14] So liegt es hier hinsichtlich der Einkünfte aus der Türkei.

Prüfungs- und Vertiefungshinweis

Das tatsächliche Vorliegen einer Doppelbesteuerung ist nicht Voraussetzung für die Anwendung des Doppelbesteuerungsabkommens, daher ist bei einem Auslandsbezug, unabhängig von Sachverhaltsangaben zur ausländischen Besteuerung, stets die Verteilung der Besteuerungsrechte nach den Regelungen des Doppelbesteuerungsabkommens zu prüfen.

a) Persönliche Abkommensberechtigung

17 Um den Abkommensschutz in Anspruch nehmen zu können, muss F persönlich abkommensberechtigt sein. Die persönliche Abkommensberechtigung besteht nach Art. 1 OECD-MA für in (zumindest) einem Vertragsstaat ansässige Personen. Gemäß Art. 3 Abs. 1 lit. a OECD-MA umfasst der Begriff der Person natürliche Personen, Gesellschaften und andere Personenvereinigungen. F ist als natürliche Person hiervon erfasst. Zudem müsste F in einem Vertragsstaat ansässig sein. Gemäß Art. 4 Abs. 1 OECD-MA kommt es für die Bestimmung der Ansässigkeit einer Person in einem Vertragsstaat darauf an, ob sie dort aufgrund ihres Wohnsitzes, ihres ständigen Aufenthalts, des Orts ihrer Geschäftsleitung oder eines anderen ähnlichen Merkmals steuerpflichtig ist. F ist, wie gesehen, in Deutschland aufgrund eines Wohnsitzes (unbeschränkt) steuerpflichtig (zudem besteht nach dem Bearbeitungshinweis auch eine unbeschränkte Steuerpflicht in der Türkei aufgrund eines Wohnsitzes). Die persönliche Abkommensberechtigung der F ist damit gegeben.

Vertiefungshinweis

Grundsätzlich sind die Regelungen des Doppelbesteuerungsabkommens unabhängig vom jeweiligen nationalen Recht der Vertragsstaaten auszulegen (sogenannte abkommensautonome Auslegung).[15] Das Abkommen verweist in Art. 4 Abs. 1 OECD-MA allerdings für die Auslegung der Merkmale, die die Ansässigkeit definieren, auf das nationale Recht des jeweiligen Vertragsstaats.[16]

b) Sachlicher Geltungsbereich

18 Ferner muss eine sachliche Abkommensberechtigung gegeben sein. Art. 2 OECD-MA bestimmt, für welche Steuerarten das Abkommen gilt.[17] Nach Art. 2 Abs. 1 OECD-MA gilt das Abkommen für Steuern vom Einkommen und vom Vermögen, die für Rechnung eines Vertragsstaats oder einer seiner Gebietskörperschaften erhoben werden. F unterliegt sowohl in Deutschland als auch in der Türkei einer Einkommensbesteuerung. Damit ist auch der sachliche Geltungsbereich gegeben.

Prüfungshinweis

Neben dem persönlichen und sachlichen Geltungsbereich des Doppelbesteuerungsabkommens muss auch der räumliche und zeitliche Geltungsbereich gegeben sein. Der räumliche

---

14 Siehe hierzu *Wagner*, in: Blümich, § 34 c EStG Rn. 134–136.
15 *Rust*, in: Frotscher, Rn. 272.
16 *Ismer/Blank*, in: Vogel/Lehner, Art. 4 OECD-MA Rn. 2.
17 *Rust*, in: Frotscher, Rn. 294.

Geltungsbereich bestimmt, für welche Teile des Territoriums des jeweiligen Staats das Abkommen gilt.[18] Der zeitliche Geltungsbereich bezieht sich auf die Frage, ob das Abkommen schon und noch anwendbar ist (vgl. Art. 30, 31 OECD-MA). Diese Punkte sind in Prüfungen aber regelmäßig unproblematisch, so dass sie hier nicht näher beleuchtet werden.

c) Anwendung der Verteilungsartikel

Ist der Geltungsbereich des Abkommens für F eröffnet, stellt sich die Frage, wie die Besteuerungsrechte hinsichtlich der vorliegenden Einkünfte zwischen den Staaten durch das Doppelbesteuerungsabkommen verteilt werden.

Vertiefungshinweis

Die Verteilung der Besteuerungsrechte ist in den sogenannten Verteilungsartikeln geregelt (vgl. Art. 6 ff. OECD-MA). Die Verteilungsartikel bestimmen für die dort bezeichneten Einkünfte entweder die ausschließliche Zuweisung des Besteuerungsrechts an einen Vertragsstaat (sogenannte Verteilungsnormen mit abschließender Rechtsfolge) oder aber ein zunächst nicht abschließendes Besteuerungsrecht eines Vertragsstaats (sogenannte Verteilungsnormen mit offener Rechtsfolge). Im letzteren Fall bedarf es eines Rückgriffs auf die Methodenartikel zur Beseitigung der Doppelbesteuerung (vgl. Art. 23A, 23B OECD-MA).[19]

Hier könnten Einkünfte aus **unselbständiger Arbeit** nach Art. 15 OECD-MA vorliegen. Die Einkünfte aus unselbständiger Arbeit sind im OECD-Musterabkommen nicht ausdrücklich definiert. Es werden lediglich typische Einkünfte aufgezählt, die aus unselbständiger Arbeit bezogen werden können. Welche Einkünfte im abkommensrechtlichen Sinne von Art. 15 OECD-MA erfasst werden, ist daher durch Auslegung zu ermitteln.[20] Ausgangspunkt ist der Begriff der unselbständigen Arbeit. Die unselbständige Arbeit ist in Abgrenzung zu den anderen Verteilungsartikeln, insbesondere zu den Unternehmensgewinnen in Art. 7 OECD-MA, zu bestimmen. Dabei ist eine unselbständige Arbeit anzunehmen, wenn ein Arbeitnehmer seine gesamte Arbeitskraft dem Arbeitgeber zur Verfügung stellt und hinsichtlich der Tätigkeit den Anordnungen und Weisungen des Arbeitgebers zu folgen hat.[21] Die Gehaltszahlungen aus dieser unselbständigen Arbeit sind dann Einkünfte im Sinne des Art. 15 OECD-MA.[22] F ist Arbeitnehmerin. Sie stellt ihre gesamte Arbeitskraft der Öl-A.Ş. zur Verfügung und ist dabei weisungsgebunden. Sie bezieht mithin Einkünfte aus unselbständiger Arbeit im Sinne des Art. 15 Abs. 1 OECD-MA.

Prüfungs- und Vertiefungshinweis

Art. 3 Abs. 1 OECD-MA enthält generelle Begriffsbestimmungen für das gesamte Abkommen. Teilweise enthalten die Verteilungsnormen spezielle Begriffsbestimmungen. Ist ein Begriff des Doppelbesteuerungsabkommens im Abkommen nicht ausdrücklich definiert, ist der Sinn des Begriffs grundsätzlich zunächst aus dem Sinnzusammenhang des Abkommens (sogenannte abkommensautonome Auslegung) und erst, wenn hierbei kein Ergebnis erzielt wird, unter Rückgriff auf innerstaatliches Recht zu bestimmen (vgl. Art. 3 Abs. 2 OECD-MA).[23]

---

18 *Rust*, in: Frotscher, Rn. 293.
19 Zum Ganzen: *Lehner*, in: Vogel/Lehner, Grundlagen des Abkommensrechts, Rn. 77–86.
20 Siehe *Prokisch*, in: Vogel/Lehner, Art. 15 OECD-MA Rn. 20, 57.
21 *Prokisch*, in: Vogel/Lehner, Art. 15 OECD-MA Rn. 57–58.
22 *Prokisch*, in: Vogel/Lehner, Art. 15 OECD-MA Rn. 20.
23 *Schaumburg/Häck*, in: Schaumburg, Rn. 19.54–19.66.

21 Nach Art. 15 Abs. 1 S. 1 Hs. 1 OECD-MA können die Einkünfte aus unselbständiger Arbeit nur im **Ansässigkeitsstaat** besteuert werden. Fraglich ist, welcher der Vertragsstaaten im vorliegenden Fall der Ansässigkeitsstaat ist. Grundsätzlich ist eine Person in dem Staat ansässig, in dem sie aufgrund ihres Wohnsitzes, ihres ständigen Aufenthalts, des Orts ihrer Geschäftsleitung oder eines anderen ähnlichen Merkmals steuerpflichtig ist (vgl. Art. 4 Abs. 1 OECD-MA). Relevant ist also grundsätzlich die unbeschränkte Steuerpflicht.[24] Besteht, wie im Fall, in beiden Staaten eine unbeschränkte Steuerpflicht (aufgrund der genannten Anknüpfungspunkte), handelt es sich um eine **Doppelansässigkeit**. Art. 4 Abs. 2 OECD-MA bestimmt für den Fall einer doppelten Ansässigkeit einer natürlichen Person die sogenannte tie breaker rule.

Zur Bestimmung des Ansässigkeitsstaats wird hiernach zunächst auf das Vorliegen einer ständigen Wohnstätte abgestellt (Art. 4 Abs. 2 lit. a Hs. 1 OECD-MA). Hierunter werden Räumlichkeiten verstanden, die nach Art und Einrichtung zum Wohnen geeignet sind und nicht nur gelegentlich und vorübergehend genutzt werden.[25] Zum Wohnen sind sowohl die Familienwohnung in Hamburg als auch das Appartement in Ankara geeignet. Die Wohnstätte beziehungsweise deren Nutzung muss aber auch ständig sein. Beide Wohnungen werden für einen längeren Zeitraum (hierbei scheint ein Zeitraum von sechs Monaten als Anknüpfungspunkt angemessen)[26] beibehalten. Zudem wird eine regelmäßige Nutzung der Wohnstätte für erforderlich gehalten. Sie wird angenommen, wenn die Wohnung an mindestens 50 Tagen über das Jahr verteilt genutzt wird.[27] Dies ist hier ebenfalls für beide Wohnungen gegeben. Eine ständige Wohnstätte liegt daher sowohl in Deutschland (mit der Familienwohnung) als auch in der Türkei (mit dem möblierten Appartement) vor.

In einem zweiten Schritt ist daher auf den **Mittelpunkt der Lebensinteressen** abzustellen (vgl. Art. 4 Abs. 2 lit. a Hs. 2 OECD-MA). Der Mittelpunkt der Lebensinteressen bestimmt sich nach persönlichen und wirtschaftlichen Beziehungen. Dazu gehören familiäre, gesellschaftliche, politische, religiöse, soziale und kulturelle Beziehungen. Entscheidend ist, an welchem Ort in der Gesamtschau die bedeutungsvolleren Interessen liegen.[28] Wirtschaftliche Beziehungen bestehen für F zunächst zur Türkei, aus der sie ihre Einkünfte bezieht. Allerdings besteht mit der Eigentumswohnung in Hamburg, als bedeutendem Vermögensgegenstand, auch zu Deutschland eine wirtschaftliche Beziehung. Zudem ist zu sehen, dass sich die wirtschaftlichen Beziehungen zur Türkei zukünftig abbauen werden.[29] Im Fall bestehen besonders starke persönliche Beziehungen zu Deutschland. Sowohl der Ehegatte der F als auch ihre minderjährige Tochter leben hier. F kehrt in regelmäßigen Abständen zu ihrer Familie zurück und plant auch im Anschluss an ihre Auslandstätigkeit nach Hamburg zurückzukehren. Insgesamt überwiegen daher die Beziehungen zu Deutschland. Hier liegt der Mittelpunkt der Lebensinteressen der F. Der Ansässigkeitsstaat ist damit Deutschland.[30] Deutschland ist nach Art. 15 Abs. 1 S. 1 Hs. 1 OECD-MA daher grundsätzlich das ausschließliche Besteuerungsrecht zugewiesen.

---

24 Vgl. *Rust*, in: Frotscher, Rn. 290 f.
25 Art. 4 Rn. 12–14 OECD-MK; *Rust*, in: Frotscher, Rn. 292 m.w.N.
26 *Pohl*, in: Schönfeld/Ditz, Art. 4 OECD-MA Rn. 71 m.w.N.
27 Zum Ganzen: *Pohl*, in: Schönfeld/Ditz, Art. 4 OECD-MA Rn. 69–74 m.w.N.
28 Art. 4 Rn. 15 OECD-MK; *Pohl*, in: Schönfeld/Ditz, Art. 4 OECD-MA Rn. 77–81.
29 Vgl. BFH v. 31.10.1990, I R 24/89, BStBl. II 1991, 562.
30 Vgl. zum Ganzen: *Ismer/Blank*, in: Vogel/Lehner, Art. 4 OECD-MA Rn. 190–199; *Pohl*, in: Schönfeld/Ditz, Art. 4 OECD-MA Rn. 76–81; *Rust*, in: Frotscher, Rn. 292.

§ 18 Übungsfall 11 – Einkommensteuer (International)

Vertiefungshinweis

Könnte der Mittelpunkt der Lebensinteressen nicht bestimmt werden, wäre zur Bestimmung des Ansässigkeitsstaats der gewöhnliche Aufenthalt zu bestimmen (vgl. Art. 4 Abs. 2 lit. b OECD-MA). Wiederum subsidiär wäre auf die Staatsangehörigkeit abzustellen (vgl. Art. 4 Abs. 2 lit. c OECD-MA). Zuletzt müssten die Staaten die Ansässigkeit im gegenseitigen Einvernehmen regeln (vgl. Art. 4 Abs. 2 lit. d OECD-MA).

Allerdings besteht in Art. 15 Abs. 1 S. 1 Hs. 2 OECD-MA eine Ausnahme von der ausschließlichen Zuweisung des Besteuerungsrechts an den Ansässigkeitsstaat für den Fall, dass die Tätigkeit im anderen Staat ausgeübt wird. Dann können die Vergütungen im **Tätigkeitsstaat** besteuert werden (vgl. Art. 15 Abs. 1 S. 2 OECD-MA). Es gilt das sogenannte Arbeitsortsprinzip.[31] Der Ausübungsort im abkommensrechtlichen Sinne bezeichnet im Grundsatz den Ort, an dem sich der Arbeitnehmer zur Ausführung seiner Tätigkeit persönlich aufhält.[32] F übt ihre Tätigkeit in der Türkei aus, so dass das Besteuerungsrecht der Türkei zuzuordnen ist. 22

Als Rückausnahme nach Art. 15 Abs. 2 OECD-MA wird dem Ansässigkeitsstaat das Besteuerungsrecht zugewiesen, wenn der Arbeitnehmer sich in dem Tätigkeitsstaat in einem Zeitraum von zwölf Monaten nicht länger als 183 Tage aufhält und der Arbeitgeber nicht im Tätigkeitsstaat ansässig ist und die Vergütungen nicht von einer Betriebstätte des Arbeitgebers im Tätigkeitsstaat getragen werden.[33] Allerdings hält sich F mehr als 183 Tage in der Türkei auf und darüber hinaus ist sie bei der Öl-A.Ş. in der Türkei angestellt, so dass die Rückausnahme nicht einschlägig ist.

Das Besteuerungsrecht verbleibt mithin bei der Türkei als Tätigkeitsstaat. Hierdurch wird der Türkei allerdings nicht das ausschließliche Besteuerungsrecht zugewiesen. Es handelt sich um eine Verteilungsregelung mit offener Rechtsfolge. Für den Ausgleich der Doppelbesteuerung bedarf es daher eines Rückgriffs auf den jeweiligen Methodenartikel.

d) Anwendung der Methodenartikel

Die Behandlung der Einkünfte in Deutschland richtet sich nach den Methodenartikeln. Im Doppelbesteuerungsabkommen zwischen Deutschland und der Türkei ist, wie der Bearbeitungshinweis es vorgibt, bestimmt, dass Deutschland die Einkünfte aus der Türkei aus unselbständiger Arbeit, die dort besteuert werden können, freistellt. Die Einkünfte wirken sich dann nur noch über den sogenannten **Progressionsvorbehalt** aus (vgl. Art. 23A Abs. 3 OECD-MA beziehungsweise Art. 22 Abs. 2 lit. d DBA-Türkei und § 32b Abs. 1 S. 1 Nr. 3 EStG). 23

Prüfungs- und Vertiefungshinweis

Das OECD-Musterabkommen bestimmt zwei Methoden zum Ausgleich der Doppelbesteuerung – die Anrechnungs- und die Freistellungsmethode (vgl. Art. 23A, 23B OECD-MA). Bei einer Falllösung unter Anwendung des OECD-Musterabkommens ist daher auf beide Methoden hinzuweisen, sofern es sich nicht um Einkünfte nach den Art. 10, 11 OECD-MA handelt, für die eine spezielle Regelung in Art. 23A Abs. 2 OECD-MA besteht. Hinsichtlich der Freistellungsmethode sollte, wenn Deutschland der freistellende Staat ist, auch kurz der

---

31 *Frotscher*, Rn. 731.
32 Art. 15 Rn. 1 OECD-MK; *Prokisch*, in: Vogel/Lehner, Art. 15 OECD-MA Rn. 62.
33 Vgl. *Frotscher*, Rn. 734–736.

Progressionsvorbehalt geprüft werden. Eine Berücksichtigung der Einkünfte im Rahmen des Progressionsvorbehalts hat zur Folge, dass die ausländischen Einkünfte bei der Ermittlung des Steuersatzes berücksichtigt werden, der (somit erhöhte) Steuersatz jedoch nur auf das zu versteuernde Einkommen anzuwenden ist, das die ausländischen Einkünfte nicht enthält. Beim Progressionsvorbehalt können insbesondere mit Blick auf die Ausnahmen in § 32 b Abs. 1 S. 2 EStG Probleme liegen. Hinsichtlich der Anrechnungsmethode genügt es aus unserer Sicht, wenn der Sachverhalt hierzu keine weiteren Hinweise enthält und keine Steuerbeträge genannt sind, auf die Anwendung der deutschen Regelungen nach § 34 c Abs. 6 S. 2 EStG zu verweisen.

In den einzelnen tatsächlichen Doppelbesteuerungsabkommen zwischen den Staaten bestehen differenzierte Regeln zur Anwendung der jeweiligen Methoden. Wie der Bearbeitungshinweis vorgibt, ist im Doppelbesteuerungsabkommen zwischen Deutschland und der Türkei die Freistellungsmethode für die Einkünfte aus unselbständiger Arbeit aus der Türkei vorgesehen (vgl. Art. 22 Abs. 2 lit. a S. 1 DBA-Türkei).

24   Allerdings ist im vorliegenden Fall die **Sondervorschrift des § 50 d Abs. 8 EStG** zu beachten. Hiernach wird die Freistellung der Einkünfte aus nichtselbständiger Arbeit nach einem Doppelbesteuerungsabkommen davon abhängig gemacht, dass der Steuerpflichtige nachweist, dass der Staat, dem das Besteuerungsrecht zusteht (hier die Türkei), auf dieses Besteuerungsrecht verzichtet hat oder dass die in diesem Staat auf die Einkünfte festgesetzten Steuern entrichtet wurden. F kann jedoch nicht nachweisen, dass ihre Einkünfte aus nichtselbständiger Arbeit in der Türkei tatsächlich besteuert wurden, weil sie keine Dokumente zum Nachweis der Durchführung der Besteuerung vorlegen kann. Die Einkünfte der F werden damit nicht freigestellt. Das deutsche Besteuerungsrecht lebt wieder auf.[34]

Vertiefungshinweis

Die Nachweisprobleme der F würden sich auch im Rahmen einer Anrechnung auswirken. Denn auch hier bedürfte es eines Nachweises über die gezahlte Steuer im Ausland.[35]

Bei der Regelung des § 50 d Abs. 8 EStG handelt es sich um ein sogenanntes Treaty Override, also um eine nationale Regelung, die die Wirkung des Doppelbesteuerungsabkommens gezielt negiert. Der BFH sah die Regelung als verfassungswidrig an, das BVerfG sieht § 50 d Abs. 8 EStG jedoch als mit dem Grundgesetz vereinbar an.[36]

e) Ergebnis

25   Die Gehaltszahlungen an F stellen abkommensrechtlich Einkünfte aus unselbständiger Arbeit nach Art. 15 OECD-MA dar. Das Besteuerungsrecht wird der Türkei zugewiesen. Grundsätzlich hätte Deutschland die Einkünfte von der Besteuerung auszunehmen (vgl. Art. 22 Abs. 2 lit. a S. 1 DBA-Türkei), allerdings lebt das deutsche Besteuerungsrecht nach § 50 d Abs. 8 EStG wieder auf.

---

34 *Wagner*, in: Blümich, § 50 d EStG Rn. 103.
35 Vgl. *Wagner*, in: Blümich, § 34 c EStG Rn. 70, 137.
36 BFH v. 10.1.2012, I R 66/09, BFHE 236, 304; BVerfG v. 15.12.2015, 2 BvL 1/12, DStR 2016, 359. Siehe hierzu *Fehrenbacher/Traut*, in: FS für Hailbronner, S. 569, 569–584.

5. Ergebnis

F ist mit ihren Einkünften aus nichtselbständiger Arbeit in Deutschland unbeschränkt einkommensteuerpflichtig. Abkommensrechtlich wird das Besteuerungsrecht der Türkei als Tätigkeitsstaat zugewiesen. Deutschland wird durch Art. 22 Abs. 2 lit. a S. 1 DBA-Türkei zum Ausgleich der Doppelbesteuerung durch Freistellung der Einkünfte verpflichtet. Die Freistellung scheitert allerdings nach § 50 d Abs. 8 EStG, weil F nicht nachweisen kann, dass die Einkünfte in der Türkei tatsächlich besteuert wurden.

II. Ziffer 2 – Rentenbezüge des M

Fraglich ist, ob die Rentenbezüge des M in Höhe von 48.000 € im Jahr 10 in Deutschland einkommensteuerrechtlich zu erfassen sind.

1. Persönliche Steuerpflicht

M ist als natürliche Person mit einem Wohnsitz in Hamburg (also in Deutschland) mit seinem Welteinkommen unbeschränkt einkommensteuerpflichtig (vgl. § 1 Abs. 1 EStG, § 8 AO).

2. Veranlagung und Tarif

M ist verheiratet, so dass er nach den §§ 26, 26 b EStG gemeinsam mit seiner Ehefrau veranlagt wird. Es gilt das Splitting-Verfahren des § 32 a Abs. 5 EStG. Der Veranlagungszeitraum ist das Kalenderjahr (vgl. § 25 Abs. 1 EStG).

3. Sachliche Steuerpflicht

Fraglich ist, wie die Einkünfte des M zu qualifizieren und zu ermitteln sind.

a) Einkünftequalifikation

Hier könnten sonstige Einkünfte im Sinne der §§ 2 Abs. 1 S. 1 Nr. 7, 22 EStG vorliegen. Die Rentenbezüge könnten Einkünfte aus wiederkehrenden Bezügen im Sinne des § 22 Nr. 1 S. 3 lit. a lit. aa EStG darstellen. Nach § 22 Nr. 1 S. 3 lit. a lit. aa EStG gehören Leibrenten und andere Leistungen, die aus den gesetzlichen Rentenversicherungen, den landwirtschaftlichen Alterskassen, den berufsständischen Versorgungseinrichtungen und aus Rentenversicherungen im Sinne des § 10 Abs. 1 Nr. 2 lit. b EStG erbracht werden, zu den sonstigen Einkünften.

M erhält Rentenbezüge aus einer gesetzlichen Rentenversicherung. Allerdings handelt es sich um eine dänische Rentenversicherung. Fraglich ist, ob auch ausländische gesetzliche Rentenversicherungen von § 22 Nr. 1 S. 3 lit. a lit. aa EStG erfasst werden. Vom Wortlaut des § 22 Nr. 1 S. 3 lit. a lit. aa EStG, der generell auf eine gesetzliche Rentenversicherung abstellt, sind grundsätzlich auch ausländische Rentenversicherungen erfasst. Erforderlich ist nach der Rechtsprechung, dass die ausländischen Renteneinnahmen mit den Leistungen der deutschen gesetzlichen Rentenversicherung vergleichbar sind.[37] Die Vergleichbarkeit ist gegeben, wenn die ausländischen Leistungen in ihrem Kerngehalt den gemeinsamen und typischen Merkmalen der inländischen Leistungen

---

[37] BFH v. 14.7.2010, X R 37/08, BStBl. II 2011, 628, unter II.3.a), b).

nach Motivation und Funktion entsprechen.[38] Wesentliches Merkmal der Renten im Sinne des § 22 Nr. 1 S. 3 lit. a lit. aa EStG ist, dass sie der Basisversorgung dienen. Dies bedeutet, dass die durch Beiträge erworbenen Ansprüche erst beim Erreichen einer bestimmten Altersgrenze beziehungsweise bei einer Erwerbsunfähigkeit zur Rentenzahlung führen und als Entgeltersatzleistung der Sicherung des Lebensunterhalts dienen.[39] Eine Vergleichbarkeit der gesetzlichen Rentensysteme ist nach dem Sachverhalt gegeben. Die Einkünfte des M stellen damit sonstige Einkünfte nach § 22 Nr. 1 S. 3 lit. a lit. aa EStG dar.

b) Einkünfteermittlung

32   Bei den sonstigen Einkünften des M im Sinne des § 22 Nr. 1 S. 3 lit. a lit. aa EStG handelt es sich um sogenannte Überschusseinkünfte (vgl. § 2 Abs. 2 S. 1 Nr. 2 EStG). Es ist der Überschuss der Einnahmen über die Werbungskosten nach dem Zu- und Abflussprinzip zu ermitteln (vgl. §§ 8, 9, 11 EStG). M hat Einnahmen in Höhe von 48.000 € im Jahr 10. Es gilt der Werbungskosten-Pauschbetrag des § 9a S. 1 Nr. 3 EStG in Höhe von 102 € (der bis zur Höhe der steuerpflichtigen Einnahmen abgezogen werden darf, vgl. § 9a S. 2 EStG).

c) Besteuerungsanteil

33   Bei den vorliegenden Rentenbezügen erfolgt grundsätzlich eine Besteuerung mit einem bestimmten Besteuerungsanteil (vgl. § 22 Nr. 1 S. 3 lit. a lit. aa S. 3 EStG). Das Jahr des Renteneintritts bestimmt den jeweiligen prozentualen Anteil.[40] Der Besteuerungsanteil bei einem Rentenbeginn im Jahr 2005 beträgt 50 Prozent. Der Unterschiedsbetrag zwischen dem Jahresbetrag der Rentenbezüge und dem der Besteuerung unterliegenden Anteil der Rente ist der steuerfreie Anteil der Rente (vgl. § 22 Nr. 1 S. 3 lit. a lit. aa S. 4 EStG). Er gilt ab dem Folgejahr des Rentenbeginns grundsätzlich für die gesamte Laufzeit des Rentenbezugs (vgl. § 22 Nr. 1 S. 3 lit. a lit. aa S. 5 bis 7 EStG). Für M ist damit der steuerfreie Anteil der Rente des Jahres 2006 für die gesamte Laufzeit des Rentenbezugs maßgeblich. Mit Blick auf die gleichbleibenden Rentenbezüge von 48.000 € jährlich seit dem Rentenbeginn im Jahr 2005 ergibt sich für das Jahr 2006 (und damit auch für die Folgejahre) ein steuerfreier Anteil der Rente von 24.000 € (48.000 € ./. 48.000 € x 50 Prozent).[41] Auch im Jahr 10 ist der ermittelte „Rentenfreibetrag"[42] in Höhe von 24.000 € maßgeblich.

Prüfungs- und Vertiefungshinweis

Das fiktive Jahr 10 liegt nach dem Sachverhalt einige Jahre nach dem realen Jahr 2005.

Die Rechtsprechung geht von der grundsätzlichen Verfassungsmäßigkeit des derzeitigen Systems der Rentenbesteuerung aus. Allerdings können in bestimmten Fällen Probleme hinsichtlich einer doppelten Besteuerung von Altersvorsorgeaufwendungen und Altersbezügen bestehen, auf die aus verfassungsrechtlichen Gründen zu reagieren ist.[43]

---

38 BFH v. 14.7.2010, X R 37/08, BStBl. II 2011, 628, unter II.3.b).
39 BFH v. 14.7.2010, X R 37/08, BStBl. II 2011, 628, unter II.3.b).
40 *Hey*, in: Tipke/Lang, Rn. 8.536.
41 Siehe zum Ganzen: *Weber-Grellet*, in: Schmidt, § 22 EStG Rn. 93.
42 *Fischer*, in: Kirchhof/Seer, § 22 EStG Rn. 39.
43 Siehe zum Ganzen: BFH v. 19.5.2021, X R 33/19, DStR 2021, 1291; BFH v. 19.5.2021, X R 20/19, DStRE 2021, 773. Siehe auch *Ermel*, DStR 2021, 1729.

§ 18 Übungsfall 11 – Einkommensteuer (International)

d) Ergebnis

Die Einnahmen des M aus der dänischen gesetzlichen Rentenversicherung in Höhe von 48.000 € im Jahr 10 stellen sonstige Einkünfte im Sinne des § 22 Nr. 1 S. 3 lit. a lit. aa EStG dar. Sie sind durch Ermittlung des Überschusses der Einnahmen über die Werbungskosten nach dem Zu- und Abflussprinzip zu ermitteln. Von den Einnahmen ist der steuerfreie Betrag von 24.000 € sowie der Werbungskostenpauschbetrag abzuziehen.

4. Anwendung des Doppelbesteuerungsabkommens

Die Einkünfte des M unterfallen grundsätzlich der deutschen Einkommensbesteuerung. Daher stellt sich die Frage, ob das deutsche Besteuerungsrecht durch die Regelungen des Doppelbesteuerungsabkommens eingeschränkt ist.

Prüfungs- und Vertiefungshinweis

Infolge der Besteuerung in Deutschland und Dänemark liegt eine Doppelbesteuerung vor, die durch das Doppelbesteuerungsabkommen ausgeglichen werden könnte. Wie gesehen, sind die Regelungen des Doppelbesteuerungsabkommens nach § 34c Abs. 6 S. 1 EStG vorrangig vor den unilateralen Normen zum Ausgleich der Doppelbesteuerung, wenn die Einkünfte (wie hier) aus einem ausländischen Staat stammen, mit dem ein Doppelbesteuerungsabkommen besteht.[44]

a) Persönliche Abkommensberechtigung

Zunächst müsste M persönlich abkommensberechtigt sein. Die persönliche Abkommensberechtigung besteht nach Art. 1 OECD-MA für in (zumindest) einem Vertragsstaat ansässige Personen. Gemäß Art. 3 Abs. 1 lit. a OECD-MA umfasst der Begriff der Person natürliche Personen, Gesellschaften und andere Personenvereinigungen. M ist als natürliche Person hiervon umfasst. Zudem müsste er in einem Vertragsstaat ansässig sein. Gemäß Art. 4 Abs. 1 OECD-MA kommt es für die Bestimmung der Ansässigkeit einer Person in einem Vertragsstaat darauf an, ob sie dort aufgrund ihres Wohnsitzes, ständigen Aufenthalts oder eines ähnlichen Merkmals steuerpflichtig ist. M ist, wie gesehen, in Deutschland aufgrund seines Wohnsitzes unbeschränkt steuerpflichtig. Die persönliche Abkommensberechtigung ist damit gegeben.

b) Sachlicher Geltungsbereich

Ferner muss eine sachliche Abkommensberechtigung gegeben sein. Nach Art. 2 Abs. 1 OECD-MA gilt das Abkommen für Steuern vom Einkommen und vom Vermögen, die für Rechnung eines Vertragsstaats oder einer seiner Gebietskörperschaften erhoben werden. M unterliegt sowohl in Deutschland als auch in Dänemark einer Einkommensbesteuerung. Damit ist auch der sachliche Geltungsbereich gegeben.

c) Anwendung der Verteilungsartikel

Sind die Vorschriften des Abkommens damit anzuwenden, stellt sich die Frage der Verteilung der Besteuerungsrechte zwischen den Staaten. Dies richtet sich nach den Verteilungsartikeln (vgl. Art. 6 ff. OECD-MA).

---

44 Siehe hierzu *Wagner*, in: Blümich, § 34c EStG Rn. 134–136.

Hier könnten, mit Blick auf die zurückliegende Angestelltentätigkeit des M, Einkünfte aus unselbständiger Arbeit nach Art. 15 OECD-MA vorliegen. Allerdings gilt Art. 15 OECD-MA nur vorbehaltlich der Art. 16, 18, 19 OECD-MA (vgl. Art. 15 Abs. 1 S. 1 OECD-MA). Damit ist zu prüfen, ob Ruhegehälter im Sinne des Art. 18 OECD-MA vorliegen. **Ruhegehälter** im Sinne des Art. 18 OECD-MA sind Bezüge, die nach dem Eintritt in den Ruhestand gezahlt werden und die zwar nicht ausschließlich aber doch in erster Linie der Versorgung des Empfängers dienen. Sie müssen für eine frühere unselbständige Arbeit oder zum Ausgleich erlittener Nachteile im Zusammenhang mit einer früher ausgeübten unselbständigen Arbeit im Rahmen eines privaten Arbeitsverhältnisses gezahlt werden.[45] Art. 18 OECD-MA ist einschlägig für Bezüge, die für ein zurückliegendes privates Arbeitsverhältnis gezahlt werden. Die Zahlungen an M aus der dänischen gesetzlichen Rentenversicherung erfolgen mit Blick auf seine frühere Arbeitnehmertätigkeit für die Brauerei-A/S in Kopenhagen. Dass die Zahlungen nicht von dem Unternehmen selbst geleistet werden, ist nicht schädlich.[46] Zahlungen aus der gesetzlichen Rentenversicherung sind ein wichtiger Anwendungsfall des Art. 18 OECD-MA.[47]

Art. 18 OECD-MA sieht eine ausschließliche Besteuerung im **Ansässigkeitsstaat** vor. Dies ist der Staat, in dem M aufgrund des Wohnsitzes, des ständigen Aufenthalts oder aufgrund sonstiger Merkmale (unbeschränkt) steuerpflichtig ist (vgl. Art. 4 Abs. 1 OECD-MA). M ist in Deutschland (aufgrund seines Wohnsitzes) unbeschränkt steuerpflichtig. Eine Doppelansässigkeit (wie bei F) ist bei M nicht gegeben. Deutschland ist damit der Ansässigkeitsstaat. Das ausschließliche Besteuerungsrecht ist mithin Deutschland zugewiesen.

Prüfungs- und Vertiefungshinweis

Eines Rückgriffs auf die Methodenartikel bedarf es bei Verteilungsnormen mit abschließender Rechtsfolge nicht. Dies könnte an dieser Stelle auch festgestellt werden.

Die Zuweisung des ausschließlichen Besteuerungsrechts an Deutschland bewirkt, dass Dänemark die Einkünfte nicht besteuern darf. In Dänemark werden die Einkünfte daher von der Besteuerung freigestellt.[48] Auch bei dem Ausschluss des Besteuerungsrechts durch einen Verteilungsartikel mit abschließender Rechtsfolge kann in Dänemark grundsätzlich ein Progressionsvorbehalt in Betracht kommen.[49] Die dänische Sicht ist hier aber nicht vertieft zu prüfen.

d) Ergebnis

Die Einnahmen des M unterfallen als Ruhegehalt dem Art. 18 OECD-MA. Das alleinige Besteuerungsrecht ist Deutschland als Ansässigkeitsstaat zugewiesen.

5. Ergebnis

M unterliegt mit seinen Einkünften aus der dänischen gesetzlichen Rentenversicherung der unbeschränkten Einkommensteuerpflicht in Deutschland. Es handelt sich um sons-

---

45 Art. 18 Rn. 3–7 OECD-MK; *Ismer/Ruß*, in: Vogel/Lehner, Art. 18 OECD-MA Rn. 15, 22, 24.
46 *Ismer/Ruß*, in: Vogel/Lehner, Art. 18 OECD-MA Rn. 18.
47 *Hick*, in: Schönfeld/Ditz, Art. 18 OECD-MA Rn. 75; *Ismer/Ruß*, in: Vogel/Lehner, Art. 18 OECD-MA Rn. 29a-29c.
48 Siehe *Schaumburg/Häck*, in: Schaumburg, Rn. 19.212.
49 Siehe *Schaumburg/Häck*, in: Schaumburg, Rn. 19.534.

tige Einkünfte nach § 22 Nr. 1 S. 3 lit. a lit. aa EStG. Abkommensrechtlich sind die Einkünfte als Ruhegehälter im Sinne des Art. 18 OECD-MA zu qualifizieren. Das ausschließliche Besteuerungsrecht ist Deutschland als Ansässigkeitsstaat zugewiesen.

§ 19 Übungsfall 12 – Ertragsbesteuerung der Personengesellschaften (International)

Der folgende Fall behandelt im Schwerpunkt die Besteuerung beschränkt Einkommensteuerpflichtiger unter Geltung eines Doppelbesteuerungsabkommens. Im Einzelnen werden insbesondere die folgenden Aspekte behandelt: Abkommensberechtigung von Personengesellschaften; Beteiligung an einer deutschen Personengesellschaft; Betriebstätte (vgl. § 12 AO, Art. 5 OECD-MA); Inländische Einkünfte aus Gewerbebetrieb (vgl. § 49 Abs. 1 Nr. 2 lit. a EStG); Sondervergütungen (vgl. § 15 Abs. 1 S. 1 Nr. 2 S. 1 Hs. 2 EStG); Ständiger Vertreter (vgl. § 13 AO); Treaty Override (vgl. § 50d Abs. 10 EStG); Unternehmensgewinne (vgl. Art. 7 OECD-MA); Zinsen (vgl. Art. 11 OECD-MA).

Sachverhalt

▶ Frieda (F) und Manfred (M) sind Staatsangehörige der Vereinigten Staaten von Amerika (USA) und leben in Chicago (USA). Sie haben zusammen mit dem Berliner Automechaniker Anton die Tuning-KG gegründet, um in Berlin mit Autotuning nach amerikanischem Vorbild Geld zu verdienen. Die Tuning-KG hat Räumlichkeiten in Berlin, in denen sie ihre Auto-Werkstatt betreibt. Hier wird an den Autos ihrer Kunden gearbeitet und von hier aus werden insgesamt die Geschäfte des Unternehmens geführt. Anton wird als Komplementär und F und M werden als Kommanditisten ins Handelsregister eingetragen.

(1) Die Tuning-KG erzielt durch den Betrieb ihrer Auto-Werkstatt einen Gewinn in Höhe von 100.000 € im Jahr 01.

(2) M gewährt der Tuning-KG zur Anlauffinanzierung ein Darlehen in Höhe von 100.000 €, für das die Tuning-KG im Jahr 01 Zinsen in Höhe von 2.000 € an M zahlt. ◀

Aufgabenstellung

▶ Wie sind die geschilderten Fälle für F und M einkommensteuerrechtlich zu beurteilen?
Der Sachverhalt ist nach deutschem Steuerrecht zu lösen. Es ist von Folgendem auszugehen: Zwischen Deutschland und den USA besteht ein Doppelbesteuerungsabkommen, das dem OECD-Musterabkommen entspricht. (Nur) F und M sind in den USA steuerpflichtig; ihnen werden die Einkünfte aus der Tuning-KG steuerlich nach dem dortigen Recht zugerechnet. Es besteht eine unbeschränkte Einkommensteuerpflicht (wobei die USA an einen dortigen Wohnsitz anknüpfen). Eine fiktive unbeschränkte Steuerpflicht in Deutschland besteht nicht.
Die Aufgabe ist gutachtlich zu bearbeiten. Die Jahreszahlen sind fiktiv. Es ist das aktuell geltende Recht anzuwenden. ◀

Gliederung

I. Ziffer 1 – Gewinn der Tuning-KG 245
   1. Unbeschränkte Steuerpflicht von F und M 245
   2. Beschränkte Steuerpflicht von F und M 246
   3. Einkünfteermittlung 247
   4. Steuererhebung 248
   5. Anwendung des Doppelbesteuerungsabkommens 248
      a) Persönliche Abkommensberechtigung 249
      b) Sachlicher Geltungsbereich 250
      c) Anwendung der Verteilungsartikel 250
      d) Anwendung der Methodenartikel 252
      e) Ergebnis 252
   6. Ergebnis 252
II. Ziffer 2 – Darlehen von M an die Tuning-KG 252
   1. Beschränkte Steuerpflicht 252
   2. Einkünfteermittlung 253
   3. Steuererhebung 253
   4. Anwendung des Doppelbesteuerungsabkommens 254
      a) Persönliche und sachliche Abkommensberechtigung ... 254
      b) Anwendung der Verteilungsartikel 254
      c) Anwendung der Methodenartikel 256
      d) Ergebnis 256
   5. Ergebnis 256

Lösung

I. Ziffer 1 – Gewinn der Tuning-KG

Fraglich ist, wie der Gewinn der Tuning-KG im Jahr 01 in Deutschland besteuert werden kann.

1. Unbeschränkte Steuerpflicht von F und M

Die Tuning-KG ist nach deutschem Recht weder Subjekt der Einkommen- noch der Körperschaftsteuer. Die Einkünfte werden den hinter der Gesellschaft stehenden Gesellschaftern anteilig zugerechnet (sogenannte **transparente Besteuerung**). Steuersubjekte sind damit nur die Gesellschafter.[1]

Prüfungshinweis

Hier ist nicht nach der Steuerpflicht der Tuning-KG gefragt. Trotzdem ist es sinnvoll, das Transparenzprinzip kurz anzusprechen.

F und M könnten nach § 1 Abs. 1 S. 1 EStG in Deutschland unbeschränkt einkommensteuerpflichtig sein. Die unbeschränkte Steuerpflicht knüpft an das Vorliegen eines Wohnsitzes oder des gewöhnlichen Aufenthalts in Deutschland an (vgl. §§ 8, 9 AO). F und M haben einen Wohnsitz in Chicago. Nicht ersichtlich ist, dass F und M über eine Wohnung in Deutschland verfügen, die sie unter Umständen innehaben, die darauf schließen lassen, dass sie diese beibehalten und benutzen werden. Ein Wohnsitz in Deutschland im Sinne des § 8 AO scheidet damit aus. Für den gewöhnlichen Aufenthalt knüpft § 9 AO an Umstände an, die erkennen lassen, dass an einem Ort oder in einem Gebiet nicht nur vorübergehend verweilt wird. Dass F und M sich längerfristig

---

1 Zum Ganzen: *Fehrenbacher*, § 3 Rn. 1.

in Deutschland aufhalten, ist nicht erkennbar. Eine unbeschränkte Steuerpflicht in Deutschland scheidet damit aus.

Vertiefungshinweis

Der Bearbeitungshinweis gibt vor, dass keine sogenannte fiktive unbeschränkte Steuerpflicht nach § 1 Abs. 3 EStG besteht. Zur fiktiven unbeschränkten Steuerpflicht siehe auch § 17 Rn. 6.

2. Beschränkte Steuerpflicht von F und M

8 Fraglich ist, ob eine beschränkte Einkommensteuerpflicht von F und M nach den §§ 1 Abs. 4, 49 EStG besteht. Nach § 1 Abs. 4 EStG ist für eine beschränkte Einkommensteuerpflicht erforderlich, dass es sich bei F und M um natürliche Personen handelt, die weder einen Wohnsitz noch ihren gewöhnlichen Aufenthalt im Inland haben. Zudem müssen inländische Einkünfte im Sinne des § 49 EStG vorliegen. Wie gesehen, haben F und M (als natürliche Personen) weder Wohnsitz noch gewöhnlichen Aufenthalt in Deutschland.

9 Fraglich ist allerdings, ob **inländische Einkünfte** im Sinne des § 49 EStG vorliegen. F und M könnten inländische Einkünfte im Sinne des § 49 Abs. 1 Nr. 2 lit. a EStG erzielen. Dazu müssten Einkünfte aus Gewerbebetrieb vorliegen und es bedürfte eines inländischen Anknüpfungsmerkmals, insbesondere in Form einer Betriebstätte.

10 Es könnten gewerbliche Einkünfte nach § 15 Abs. 1 S. 1 Nr. 2 EStG vorliegen. Dafür müsste eine **gewerblich tätige Personengesellschaft** bestehen und F und M müssten als Mitunternehmer der Gesellschaft anzusehen sein. Im Rahmen der Einkünftequalifikation ist zunächst auf der Ebene der Gesellschaft nach der Gewerblichkeit der Einkünfte zu fragen. Die Tuning-KG könnte einen Gewerbebetrieb im Sinne des § 15 Abs. 2 EStG betreiben. Dazu müssten die Gesellschafter in ihrer gesamthänderischen Verbundenheit den Tatbestand der gewerblichen Einkünfte erfüllen.[2] Es müsste eine auf Dauer ausgerichtete, selbständige Tätigkeit, unter Beteiligung am allgemeinen wirtschaftlichen Verkehr, mit Gewinnerzielungsabsicht vorliegen und die Tätigkeit dürfte keine selbständige Arbeit, land- und forstwirtschaftliche Tätigkeit oder private Vermögensverwaltung darstellen. Die Tuning-KG wird mit dem Betrieb der Werkstatt selbständig, dauerhaft und mit Gewinnerzielungsabsicht am allgemeinen Markt tätig. Die Tätigkeit ist nicht als Land- und Forstwirtschaft, selbständige Arbeit oder private Vermögensverwaltung anzusehen. Eine gewerbliche Tätigkeit der Gesellschaft ist demnach gegeben.

Sodann ist zu untersuchen, ob F und M als **Mitunternehmer** agieren. Mitunternehmer sind die Gesellschafter einer Personengesellschaft, die als Unternehmer des Betriebs anzusehen sind (vgl. § 15 Abs. 1 S. 1 Nr. 2 EStG). Mitunternehmer kann grundsätzlich nur sein, wer zivilrechtlich Gesellschafter einer Personengesellschaft ist.[3] Wie gesehen, sind F und M Gesellschafter der Tuning-KG. Darüber hinaus müssten F und M Mitunternehmerrisiko tragen und Mitunternehmerinitiative entfalten. Mitunternehmerrisiko stellt die Teilhabe am Gewinn und Verlust sowie an den stillen Reserven und Lasten dar; Mitunternehmerinitiative erfordert die Teilhabe an unternehmerischen Entscheidungen.[4] Die Stellung eines Kommanditisten nach dem gesetzlichen Leitbild genügt grundsätzlich zur Begründung von Mitunternehmerinitiative und Mitunternehmerrisi-

---

[2] BFH v. 25.6.1984, GrS 4/82, BStBl. II 1984, 751, unter C.III.3.a).
[3] *Fehrenbacher*, § 3 Rn. 6; *Hennrichs*, in: Tipke/Lang, Rn. 10.30–10.34.
[4] *Fehrenbacher*, § 3 Rn. 7 f.

ko.⁵ Es sind keine abweichenden Vereinbarungen ersichtlich, so dass F und M als Mitunternehmer anzusehen sind.

Prüfungshinweis

Zur Besteuerung der Gewinne aus einer Mitunternehmerschaft siehe § 13 Rn. 5 ff.; § 14 Rn. 5 ff.; § 15 Rn. 5 ff.

Da die Rechtsstellung eines Kommanditisten nach dem gesetzlichen Leitbild grundsätzlich zur Annahme der Mitunternehmerstellung genügt, sind vertiefte Ausführungen hier aus unserer Sicht entbehrlich. Siehe auch § 14 Rn. 11.

Weiterhin bedarf es als inländisches Anknüpfungsmerkmal einer **inländischen Betriebstätte**. Eine Betriebstätte im Sinne des § 12 AO ist jede feste Geschäftseinrichtung oder Anlage, die der Unternehmenstätigkeit dient (vgl. § 12 S. 1 AO). Voraussetzung ist eine feste Beziehung zu einem bestimmten Teil der Erdoberfläche, die von gewisser Dauer ist, sowie die Verfügungsmacht des steuerpflichtigen Unternehmers über die Geschäftseinrichtung.⁶ Die Räumlichkeiten in Berlin sind fest und dauerhaft mit dem Boden verbunden und die Gesellschafter können über sie verfügen. Damit handelt es sich um eine Betriebstätte nach § 12 S. 1 AO. Werkstätten sind überdies explizit im Katalog des § 12 S. 2 AO genannt (vgl. § 12 S. 2 Nr. 4 AO). Zudem handelt es sich bei den Berliner Räumlichkeiten nach dem Sachverhalt um die Stätte der Geschäftsleitung (vgl. § 12 S. 2 Nr. 1 AO).

Vertiefungshinweis

Es könnte auch an die Qualifikation des Anton als ständiger Vertreter nach § 13 AO gedacht werden. Hierbei handelt es sich ebenfalls um einen tauglichen inländischen Anknüpfungspunkt im Sinne des § 49 Abs. 1 Nr. 2 lit. a EStG, der allerdings subsidiär gegenüber der Betriebstätte ist.⁷ Als ständige Vertreter kommen Personen in Betracht, die nachhaltig die Geschäfte eines Unternehmens besorgen und dabei Sachweisungen unterliegen. Unternehmer und ständiger Vertreter müssen jedoch personenverschieden sein, weshalb der Mitunternehmer Anton nicht als ständiger Vertreter anzusehen ist.⁸

Im Ergebnis sind F und M daher mit den inländischen gewerblichen Einkünften aus der Mitunternehmerschaft in Deutschland beschränkt steuerpflichtig.

3. Einkünfteermittlung

Nach der Qualifikation der Einkünfte sind die Einkünfte zu ermitteln. Die Einkünfte der Mitunternehmer setzen sich nach § 15 Abs. 1 S. 1 Nr. 2 EStG aus den Gewinnanteilen an der Personengesellschaft (erste Stufe der Gewinnermittlung, § 15 Abs. 1 S. 1 Nr. 2 S. 1 Hs. 1 EStG) und aus den Sondervergütungen (zweite Stufe der Gewinnermittlung, § 15 Abs. 1 S. 1 Nr. 2 S. 1 Hs. 2 EStG) zusammen. Die Gewinneinkünfte der Mitunternehmer ergeben sich aus der Addition der Ergebnisse aus erster und zweiter Stufe (sogenannte **additive Gewinnermittlung**).⁹

---

5 Vgl. *Jacobs/Scheffler/Spengel*, S. 232; *Kahle*, in: Beck'sches Handbuch der Personengesellschaften, § 7 Rn. 39.
6 *Gersch*, in: Klein, § 12 AO Rn. 2.
7 *Musil*, in: Hübschmann/Hepp/Spitaler, § 13 AO Rn. 4.
8 Siehe *Drüen*, in: Tipke/Kruse, § 13 AO Rn. 2–3 b; *Koenig*, in: Koenig, § 13 AO Rn. 3. Vgl. auch BFH v. 18.12.1990, X R 82/89, BStBl. II 1991, 395. Zum Organ einer juristischen Person als ständiger Vertreter, vgl. allerdings BFH v. 23.10.2018, I R 54/16, BStBl. II 2019, 365.
9 *Hennrichs*, in: Tipke/Lang, Rn. 10.100–10.112.

Ausgangspunkt zur Ermittlung des Gewinnanteils von F und M ist der Gewinn der Personengesellschaft.[10] Die Tuning-KG hat (aufgrund ihrer handelsrechtlichen Buchführungspflicht nach § 238 Abs. 1 HGB, vgl. auch §§ 161 Abs. 1, 6 Abs. 1 HGB) den Gewinn durch einen **qualifizierten Betriebsvermögensvergleich** nach den §§ 4 Abs. 1, 5 Abs. 1 EStG zu ermitteln. Hier besteht nach dem Sachverhalt ein Gewinn in Höhe von 100.000 € im Jahr 01. Dieser ist anteilig auf die Gesellschafter (Anton, F und M) nach den Regelungen der §§ 168, 121 HGB zu verteilen.[11] Aus der anteiligen Zurechnung des Gewinns der Gesellschaft ergibt sich damit der Gewinnanteil von F und M nach § 15 Abs. 1 S. 1 Nr. 2 S. 1 Hs. 1 EStG. Vorgänge auf der zweiten Stufe der Gewinnermittlung (vgl. § 15 Abs. 1 S. 1 Nr. 2 S. 1 Hs. 2 EStG) bestehen im vorliegenden Sachverhalt (noch) nicht.

Vertiefungshinweis

Zur Gewinnermittlung und Gewinnverteilung bei der KG siehe § 14 Rn. 13 ff.

4. Steuererhebung

14   Für beschränkt Steuerpflichtige kommt eine Erhebung der Steuer durch Veranlagung oder durch Steuerabzug (regelmäßig mit Abgeltungswirkung) in Betracht (vgl. § 50 Abs. 1 und 2 EStG). Grundsätzlich erfolgt bei gewerblichen Einkünften eines Steuerpflichtigen ein Veranlagungsverfahren. Etwas Anderes kann unter den besonderen Voraussetzungen des § 50a EStG gelten. Dessen Voraussetzungen sind vorliegend jedoch nicht erfüllt.

Vertiefungshinweis

Zum Steuerabzug nach § 50a EStG bei gewerblichen Einkünften beschränkt Steuerpflichtiger siehe § 17 Rn. 10 f., 16.

15   F und M sind einzeln zu veranlagen. Der Tarif bestimmt sich nach § 32a EStG. Allerdings ist § 50 Abs. 1 S. 2 EStG zu beachten, wonach das zu versteuernde Einkommen um den Grundfreibetrag erhöht wird. Der Veranlagungszeitraum ist das Kalenderjahr (vgl. § 25 Abs. 1 EStG).

5. Anwendung des Doppelbesteuerungsabkommens

16   Unterfallen die Einkünfte von F und M grundsätzlich der deutschen Einkommensbesteuerung, stellt sich die Frage, ob das Besteuerungsrecht Deutschlands durch die Regelungen des Doppelbesteuerungsabkommens (DBA) eingeschränkt ist.

Prüfungs- und Vertiefungshinweis

Durch die Besteuerung in Deutschland und den USA liegt eine Doppelbesteuerung vor, die durch das DBA ausgeglichen werden könnte. Bestünde kein DBA, wäre die Prüfung aus deutscher Sicht hier beendet. Ein Ausgleich der Doppelbesteuerung durch Deutschland als Quellenstaat kommt nach unilateralen Regeln grundsätzlich (vgl. aber § 50 Abs. 3 EStG) nicht in Betracht. Siehe hierzu § 17 Rn. 12.

---

10 *Fehrenbacher*, § 3 Rn. 15; *Hennrichs*, in: Tipke/Lang, Rn. 10.105.
11 Zum Ganzen: *Gesell*, in: Beck'sches Handbuch der Personengesellschaften, § 4 Rn. 120–122.

a) Persönliche Abkommensberechtigung

Die Anwendung der Regelungen des DBA erfordern die persönliche Abkommensberechtigung.

Zu prüfen ist daher zunächst, ob die Tuning-KG vom persönlichen Geltungsbereich des Abkommens erfasst wird. Abkommensberechtigt sind nach Art. 1 OECD-MA Personen, die in (zumindest) einem Vertragsstaat ansässig sind. Gemäß Art. 3 Abs. 1 lit. a OECD-MA umfasst der Begriff der Person natürliche Personen, Gesellschaften und andere Personenvereinigungen. Gesellschaften sind nach Art. 3 Abs. 1 lit. b OECD-MA juristische Personen und Rechtsträger, die für die Besteuerung wie juristische Personen behandelt werden. Die Tuning-KG ist weder eine juristische Person noch wird sie wie eine solche behandelt. Sie ist damit keine Gesellschaft im abkommensrechtlichen Sinne. Die Tuning-KG ist jedoch eine andere Personenvereinigung im Sinne des Art. 3 Abs. 1 lit. a OECD-MA und damit eine Person im Sinne des Abkommens.[12]

Fraglich ist jedoch, ob die Tuning-KG auch in einem der Vertragsstaaten im Sinne des Art. 4 Abs. 1 OECD-MA ansässig ist. Art. 4 Abs. 1 S. 1 OECD-MA knüpft für die Begründung der Ansässigkeit letztlich an die unbeschränkte Steuerpflicht im Ansässigkeitsstaat (aufgrund der dort genannten Merkmale) an.[13] Die Tuning-KG ist jedoch weder in den USA noch in Deutschland unbeschränkt steuerpflichtig. Damit ist die Tuning-KG in keinem der Vertragsstaaten ansässig und somit auch nicht abkommensberechtigt.[14]

Prüfungs- und Vertiefungshinweis

An welche Rechtsordnung zur Qualifikation der Gesellschaft als juristische Person beziehungsweise als Rechtsträger, der für die Besteuerung wie eine juristische Person behandelt wird, anzuknüpfen ist, wird uneinheitlich gesehen. Es wird (unter anderem) vertreten, auf die Sicht des Anwenderstaats abzustellen.[15] Dem folgend kann die Qualifikation als Gesellschaft im Sinne des Art. 3 Abs. 1 lit. b OECD-MA mit dem deutschen Rechtsverständnis abgelehnt werden. Letztlich kommt es auf diese Frage für den vorliegenden Fall nicht an, so dass sie in der Lösung auch nicht ausgebreitet wurde. Zu diesem Problem siehe auch § 20 Rn. 13.

Fraglich ist jedoch, ob die Gesellschafter F und M abkommensberechtigt sind. Als natürliche Personen sind F und M Personen im Sinne des Abkommens (vgl. Art. 3 Abs. 1 lit. a OECD-MA). Zudem müssten sie in einem Vertragsstaat ansässig sein. Gemäß Art. 4 Abs. 1 OECD-MA kommt es für die Bestimmung der Ansässigkeit einer Person in einem Vertragsstaat darauf an, ob sie dort aufgrund ihres Wohnsitzes, ihres ständigen Aufenthalts, des Orts ihrer Geschäftsleitung oder eines anderen ähnlichen Merkmals steuerpflichtig ist. F und M sind in den USA aufgrund ihres Wohnsitzes unbeschränkt steuerpflichtig. Ihre persönliche Abkommensberechtigung ist damit gegeben.

---

12 *Dürrschmidt*, in: Vogel/Lehner, § 3 OECD-MA Rn. 17–18; *Pohl*, in: Schönfeld/Ditz, Art. 3 OECD-MA Rn. 25; *Weggemann/Nehls*, in: Vogel/Lehner, § 1 OECD-MA Rn. 28.
13 Vgl. *Frotscher*, Rn. 534; *Pohl*, in: Schönfeld/Ditz, Art. 4 OECD-MA Rn. 28.
14 *Weggemann/Nehls*, in: Vogel/Lehner, § 1 OECD-MA Rn. 28.
15 Siehe *Dürrschmidt*, in: Vogel/Lehner, § 3 OECD-MA Rn. 13–16 a; *Pohl*, in: Schönfeld/Ditz, Art. 3 OECD-MA Rn. 15–24; jeweils m.w.N.

Prüfungs- und Vertiefungshinweis

Die Staatsangehörigkeit ist mangels Ortsbezogenheit kein sonstiges Merkmal im Sinne des Art. 4 Abs. 1 OECD-MA. Der Bearbeitungshinweis gibt vor, dass F und M aufgrund ihres Wohnsitzes in den USA unbeschränkt steuerpflichtig sind. Bestünde die Besteuerung nur aufgrund der Staatsangehörigkeit (was im Fall der USA für in Drittstaaten ansässige US-Amerikaner möglich ist), bestünde keine Abkommensberechtigung nach den Regelungen des OECD-Musterabkommens.[16]

Nach Art. 1 Abs. 2 OECD-MA gelten Einkünfte, die von oder über einen Rechtsträger erzielt werden, der in einem oder beiden Vertragsstaaten als steuerlich transparent behandelt wird, als Einkünfte einer in einem Vertragsstaat ansässigen Person; vorausgesetzt ist hierbei, dass die Einkünfte durch diesen Staat als Einkünfte einer dort ansässigen Person behandelt werden. Ausweislich des Bearbeitungshinweises wird die Tuning-KG im vorliegenden Fall sowohl in Deutschland als auch in den USA als steuerlich transparent behandelt und die Einkünfte gelten in den USA als solche der dort ansässigen Gesellschafter F und M. Damit ergibt sich die Anwendung des Abkommens auch aus dieser Vorschrift.[17] Die Wirkung des (im OECD-MA 2017 neu eingeführten) Art. 1 Abs. 2 OECD-MA wird in der Literatur im Einzelnen diskutiert. Für diese Falllösung, die die Zurechnung der Einkünfte an die Gesellschafter F und M sowohl aus deutscher Sicht als auch aus Sicht der USA unterstellt, ergeben sich keine Zurechnungs- bzw. Qualifikationsprobleme.[18]

b) Sachlicher Geltungsbereich

20   Ferner muss eine sachliche Abkommensberechtigung gegeben sein. Nach Art. 2 Abs. 1 OECD-MA gilt das Abkommen für Steuern vom Einkommen und vom Vermögen, die für Rechnung eines Vertragsstaats oder einer seiner Gebietskörperschaften erhoben werden. F und M unterliegen sowohl in Deutschland als auch in den USA einer Einkommensbesteuerung. Damit ist das DBA auch in sachlicher Hinsicht anwendbar.

c) Anwendung der Verteilungsartikel

21   Sind die Vorschriften des Abkommens damit anzuwenden, stellt sich die Frage der Verteilung der Besteuerungsrechte zwischen den Staaten. Dies richtet sich nach den sogenannten Verteilungsartikeln (vgl. Art. 6 ff. OECD-MA).

Die Einkünfte von F und M aus der Tuning-KG könnten **Unternehmensgewinne** nach Art. 7 OECD-MA darstellen. Was Unternehmensgewinne sind, ist im Abkommen nicht abschließend bestimmt. Nach Art. 3 Abs. 1 lit. c OECD-MA ist ein Unternehmen durch die Ausübung einer Geschäftstätigkeit gekennzeichnet. Dabei werden auch freiberufliche oder sonstige selbständige Tätigkeiten erfasst (vgl. Art. 3 Abs. 1 lit. h OECD-MA). Die Bestimmung der Unternehmensgewinne erfolgt letztlich durch eine Abgrenzung zu den anderen im DBA geregelten Einkünften. Dies beruht auf der Subsidiaritätsregelung des Art. 7 Abs. 4 OECD-MA, die die Spezialität der besonderen Verteilungsartikel gegenüber den Unternehmensgewinnen bestimmt. Unternehmensgewinne sind damit die Einkünfte aus einer Geschäftstätigkeit, die nicht von den spezielleren

---

[16] Zum Ganzen: *Ismer/Blank*, in: Vogel/Lehner, Art. 4 OECD-MA Rn. 111. Siehe auch *Pohl*, in: Schönfeld/Ditz, Art. 4 OECD-MA Rn. 46.
[17] Siehe zum Ganzen: *Dremel*, in: Schönfeld/Ditz, Art. 1 OECD-MA Rn. 94–101; *Weggemann/Nehls*, in: Vogel/Lehner, § 1 OECD-MA Rn. 62–65 a.
[18] Siehe zum Ganzen: *Weggemann/Nehls*, in: Vogel/Lehner, § 1 OECD-MA Rn. 65–77.

Verteilungsnormen erfasst werden.[19] F und M erzielen aktive, selbständige Einkünfte, die nicht unter die speziellen Verteilungsartikel subsumiert werden können, so dass ihre Einkünfte Unternehmensgewinne im Sinne des Art. 7 OECD-MA darstellen.

Vertiefungshinweis
Die Zuordnung zu den Unternehmensgewinnen ist grundsätzlich nachrangig. Allerdings greift für einige Einkünfte ein sogenannter Betriebstättenvorbehalt, wonach für entsprechende Einkünfte, die einer Betriebstätte zuzuordnen sind, der Art. 7 OECD-MA anzuwenden ist (vgl. Art. 10 Abs. 4, 11 Abs. 4, 12 Abs. 3, 21 Abs. 2 OECD-MA).[20]

Nach Art. 7 Abs. 1 S. 1 Hs. 1 OECD-MA können Gewinne eines Unternehmens eines Vertragsstaats grundsätzlich nur in diesem Staat besteuert werden. Der Begriff des Unternehmens eines Vertragsstaats ist in Art. 3 Abs. 1 lit. d OECD-MA definiert. Hierbei wird darauf abgestellt, wo die das Unternehmen betreibende Person ansässig ist. Wie gesehen, ist die Personengesellschaft selbst aber keine in einem Vertragsstaat ansässige Person. Es fehlt ihr an der (eine unbeschränkte Steuerpflicht begründenden) Steuersubjektfähigkeit. Damit wird das Unternehmen der Tuning-KG durch die Gesellschafter am Ort ihrer Ansässigkeit betrieben. Jeder Gesellschafter betreibt damit anteilig das Unternehmen.[21] Das Unternehmen ist dort ansässig, wo die Gesellschafter im Sinne des Art. 4 OECD-MA ansässig sind. Es wird auf die Vertragsstaaten aufgeteilt, in denen die Mitunternehmer ansässig sind.[22] Hinsichtlich des Anteils von F und M sind daher die USA der **Ansässigkeitsstaat** im Sinne des Art. 7 Abs. 1 OECD-MA. Der Grundsatz der Besteuerung der Unternehmensgewinne im Ansässigkeitsstaat gilt allerdings nach Art. 7 Abs. 1 S. 1 Hs. 2 OECD-MA nicht, wenn das Unternehmen seine Geschäftstätigkeit im anderen Staat durch eine dort gelegene Betriebstätte ausübt. Wird die unternehmerische Tätigkeit durch eine Betriebstätte im **Quellenstaat** ausgeübt, kann der Quellenstaat das Besteuerungsrecht ausüben (vgl. Art. 7 Abs. 1 S. 1 Hs. 2, S. 2 OECD-MA). Bei den Räumlichkeiten in Berlin könnte es sich um eine Betriebstätte im abkommensrechtlichen Sinn handeln. Nach § 12 AO liegt, wie gesehen, eine Betriebstätte vor; hier ist aber an den eigenständigen, abkommensrechtlichen Betriebstättenbegriff des Art. 5 OECD-MA anzuknüpfen.[23] Art. 5 OECD-MA definiert die **Betriebstätte** als feste Geschäftseinrichtung, durch die die Geschäftstätigkeit des Unternehmens ganz oder teilweise ausgeübt wird. Art. 5 Abs. 2 OECD-MA enthält einen Positivkatalog von Regelbeispielen.[24] Die Räumlichkeiten in Berlin begründen eine standige physische Präsenz des Unternehmens. Dort wird an den Autos gearbeitet und hier werden insgesamt die Geschäfte geführt, so dass die Räumlichkeiten der Tätigkeit des Unternehmens dienen. Es handelt sich mithin um eine Betriebstätte im Sinne des Art. 5 Abs. 1 OECD-MA. Zudem sind mit dem Ort der Leitung nach Art. 5 Abs. 2 lit. a OECD-MA und der Werkstätte nach Art. 5 Abs. 2 lit. e OECD-MA auch zwei Fälle des abkommensrechtlichen Positvkatalogs der Betriebstätte erfüllt. Ein Fall des Negativkatalogs des Art. 5 Abs. 4 OECD-MA ist nicht gegeben.

---

19 Zum Ganzen: *Schaumburg/Häck*, in: Schaumburg, Rn. 19.234–19.236.
20 *Schaumburg/Häck*, in: Schaumburg, Rn. 19.233.
21 *Dürrschmidt*, in: Vogel/Lehner, Art. 3 OECD-MA Rn. 44; *Frotscher*, Rn. 545.
22 Zum Ganzen: *Wassermeyer*, in: Wassermeyer/Richter/Schnittker, Rn. 2.33. Siehe auch *Pohl*, in: Schönfeld/Ditz, Art. 3 OECD-MA Rn. 43 f.
23 *Schaumburg/Häck*, in: Schaumburg, Rn. 19.241.
24 Art. 5 Rn. 45 OECD-MK.

Stellen die Anteile der Gesellschafter an dem Unternehmen der Gesellschaft abkommensrechtlich die maßgeblichen Unternehmen dar, so ist jede Betriebstätte der Gesellschaft zugleich auch eine Betriebstätte der Gesellschafter.[25] Deutschland als Betriebstättenstaat kann daher die Einkünfte von F und M aus der Mitunternehmerschaft besteuern, soweit sie der deutschen Betriebstätte zugerechnet werden können.[26] Im vorliegenden Fall sind sämtliche Einkünfte dieser Betriebstätte zuzurechnen.

Bei dem so begründeten deutschen Besteuerungsrecht handelt es sich jedoch nicht um ein ausschließliches Besteuerungsrecht. Damit ist zum Ausgleich der Doppelbesteuerung auf die sogenannten Methodenartikel zurückzugreifen.

d) Anwendung der Methodenartikel

23 Die Methodenartikel wenden sich grundsätzlich an den Ansässigkeitsstaat und weisen diesen an, der Doppelbesteuerung, durch Freistellung der Einkünfte oder durch Anrechnung der im Ausland zu zahlenden Steuer, zu begegnen (vgl. Art. 23A, 23B OECD-MA). Die USA müssen damit als Ansässigkeitsstaat die Doppelbesteuerung ausgleichen.

Prüfungshinweis

Im OECD-Musterabkommen ist die konkrete Durchführung der Freistellung und insbesondere der Anrechnung nicht geregelt. Hierfür ist auf die konkreten nationalen Vorschriften zurückzugreifen. Diese richten sich vorliegend nach dem Recht der USA, was hier nicht Prüfungsgegenstand ist.

e) Ergebnis

24 Bei den Einkünften von F und M handelt es sich um Unternehmensgewinne im Sinne des Art. 7 Abs. 1 OECD-MA. Aufgrund der Betriebstätte in Deutschland wird Deutschland das Besteuerungsrecht zugewiesen. Die USA gleichen die Doppelbesteuerung aus.

6. Ergebnis

25 F und M sind in Deutschland mit den Gewinnanteilen an der Tuning-KG beschränkt steuerpflichtig nach den §§ 1 Abs. 4, 49 Abs. 1 Nr. 2 lit. a EStG. Das DBA weist Deutschland das Besteuerungsrecht zu. Die USA gleichen die Doppelbesteuerung durch Freistellung oder Anrechnung aus.

II. Ziffer 2 – Darlehen von M an die Tuning-KG

26 Fraglich ist, wie die Zinsen des M, die dieser für die Kapitalüberlassung von der Tuning-KG erhält, in Deutschland einkommensteuerrechtlich zu erfassen sind.

1. Beschränkte Steuerpflicht

27 M ist, wie gesehen, in Deutschland nicht unbeschränkt steuerpflichtig. Es könnte aber eine beschränkte Einkommensteuerpflicht vorliegen. Dazu müssten mit den Zinseinnahmen **inländische Einkünfte** vorliegen (vgl. §§ 1 Abs. 4, 49 EStG).

---

25 *Schaumburg/Häck*, in: Schaumburg, Rn. 19.243; *Wassermeyer*, in: Wassermeyer/Richter/Schnittker, Rn. 2.33.
26 *Schaumburg/Häck*, in: Schaumburg, Rn. 19.264.

In Betracht kommen inländische Einkünfte aus Gewerbebetrieb nach § 49 Abs. 1 Nr. 2 lit. a EStG. Überlässt ein Mitunternehmer der Mitunternehmerschaft ein Darlehen, stellen die Zinszahlungen **Sondervergütungen** nach § 15 Abs. 1 S. 1 Nr. 2 S. 1 Hs. 2 EStG dar. Die Zinszahlungen unterfallen daher nicht den Einkünften aus Kapitalvermögen, sondern sind bei den gewerblichen Einkünften des Mitunternehmers zu erfassen.

28

Vertiefungshinweis

Zur Darlehensgewährung eines Mitunternehmers an die Mitunternehmerschaft siehe § 14 Rn. 47 ff.

§ 49 Abs. 1 Nr. 2 lit. a EStG stellt für die Begründung inländischer gewerblicher Einkünfte auf das Unterhalten einer **Betriebstätte** für die unternehmerische Tätigkeit im Inland ab. Mit der Werkstatt besteht eine Betriebstätte in Deutschland (vgl. § 12 AO). Dieser Betriebstätte sind die Sondervergütungen im vorliegenden Fall zuzurechnen. Die Zurechnung kann für das innerstaatliche Recht mit Blick auf § 15 Abs. 1 S. 1 Nr. 2 S. 1 Hs. 2 EStG vorgenommen werden.[27] Für die Einkünfte des M besteht daher das erforderliche inländische Anknüpfungsmerkmal.

29

Vertiefungshinweis

Würde (auch im nationalen Kontext) nicht die oben verfolgte rechtliche Zuordnung nach § 15 Abs. 1 S. 1 Nr. 2 S. 1 Hs. 2 EStG zur Betriebstätte, sondern eine Zurechnung nach Erwirtschaftungsgesichtspunkten favorisiert, käme man gegebenenfalls nicht zur Zuordnung zu einer inländischen Betriebstätte.[28]

2. Einkünfteermittlung

Die Zinszahlungen stellen bei der Tuning-KG Betriebsausgaben dar. Sie wirken sich im Gesamthandsbereich (und damit auf der ersten Stufe der Gewinnermittlung) gewinnmindernd aus. Bei M handelt es sich um Sondervergütungen. Diese sind auf der zweiten Stufe der Gewinnermittlung zu berücksichtigen (vgl. § 15 Abs. 1 S. 1 Nr. 2 S. 1 Hs. 2 EStG). Im Sonderbereich ist der Gewinn nach den Grundsätzen der Gewinnermittlung im Gesamthandsbereich zu ermitteln. Es wird von einer korrespondierenden Bilanzierung ausgegangen.[29] Die Zinszahlungen in Höhe von 2.000 € stellen hier Sonderbetriebseinnahmen dar. Damit wird der entsprechende Betriebsausgabenabzug bei der Tuning-KG im Ergebnis neutral gestellt.

30

Prüfungs- und Vertiefungshinweis

Zur zweiten Stufe der Gewinnermittlung siehe § 14 Rn. 20 ff., 31 ff., 52 ff., 60 f.

3. Steuererhebung

Ferner stellt sich die Frage, wie die Steuer zu erheben ist. Grundsätzlich erfolgt bei gewerblichen Einkünften eines Steuerpflichtigen ein Veranlagungsverfahren. Allerdings handelt es sich vorliegend um gewerbliche Kapitalerträge. Die Zinszahlungen an M könnten daher dem **Kapitalertragsteuerabzug** nach den §§ 43 ff. EStG unter-

31

---

27 *Rosenberg*, in: Wassermeyer/Richter/Schnittker, Rn. 11.15.
28 Vgl. *Kramer*, IStR 2014, 21, 21–24. Siehe hierzu *Rosenberg*, in: Wassermeyer/Richter/Schnittker, Rn. 11.15, 11.34–11.37.
29 Vgl. *Fehrenbacher*, § 3 Rn. 18; *Hennrichs*, in: Tipke/Lang, Rn. 10.115.

liegen. Dafür müssten jedoch die Voraussetzungen des § 43 Abs. 1 S. 1 Nr. 7 EStG erfüllt sein. Es müsste sich mithin um Zinsen aus Anleihen und Forderungen handeln, die in einem öffentlichen Schuldbuch (oder Ähnlichem) eingetragen sind oder über die Sammelurkunden im Sinne des § 9a DepotG oder Teilschuldverschreibungen ausgegeben sind (vgl. § 43 Abs. 1 S. 1 Nr. 7 lit. a EStG); oder um Kapitalerträge, deren Schuldner ein inländisches Kreditinstitut oder ein inländisches Finanzdienstleistungsinstitut im Sinne des Gesetzes über das Kreditwesen ist (vgl. § 43 Abs. 1 S. 1 Nr. 7 lit. b EStG); beziehungsweise um Zinsen aus Forderungen, die über eine Internet-Dienstleistungsplattform erworben wurden (vgl. § 43 Abs. 1 S. 1 Nr. 7 lit. c EStG). Dies ist hier nicht der Fall, so dass der besondere Quellenabzug nicht erfolgt. Da auch ein Steuerabzug nach § 50a EStG nicht erfolgt, bleibt es bei der schon dargestellten (Einzel-)Veranlagung des M.

Vertiefungshinweis
Zum Kapitalertragsteuerabzug bei Zinsen siehe schon § 11 Rn. 43.

4. Anwendung des Doppelbesteuerungsabkommens

32 Zu untersuchen ist nun, ob das Besteuerungsrecht Deutschlands durch die Regelungen des DBA eingeschränkt wird.

Vertiefungshinweis
Durch die Besteuerung in Deutschland und den USA liegt eine Doppelbesteuerung vor, die durch das DBA ausgeglichen werden könnte.

a) Persönliche und sachliche Abkommensberechtigung

33 Bei M handelt es sich um eine Person, die in einem Vertragsstaat (USA) ansässig ist (vgl. Art. 3 Abs. 1 lit. a, 4 Abs. 1 OECD-MA). Die persönliche Abkommensberechtigung nach Art. 1 OECD-MA ist daher gegeben. M unterliegt in Deutschland und in den USA einer Einkommensbesteuerung, so dass auch die sachliche Abkommensberechtigung vorliegt (vgl. Art. 2 Abs. 1 OECD-MA).

b) Anwendung der Verteilungsartikel

34 Sind die Vorschriften des Abkommens damit anzuwenden, stellt sich die Frage der Verteilung der Besteuerungsrechte zwischen den Staaten. Dies richtet sich nach den Verteilungsartikeln (vgl. Art. 6 ff. OECD-MA).

Die Zinseinnahmen des M könnten **Unternehmensgewinne** nach Art. 7 OECD-MA darstellen. Grundsätzlich bezieht sich der Ausdruck des Unternehmens auf die Ausübung einer Geschäftstätigkeit (vgl. Art. 3 Abs. 1 lit. c OECD-MA). Die Zahlungen von der Tuning-KG an M beruhen auf der unternehmerischen Tätigkeit und können daher (auch abkommensrechtlich, vgl. auch Art. 3 Abs. 2 OECD-MA) grundsätzlich als Unternehmensgewinne angesehen werden.[30]

Die Bestimmung der Unternehmensgewinne erfolgt aber letztlich durch eine Abgrenzung zu den anderen im DBA geregelten Einkünften. Aus Art. 7 Abs. 4 OECD-MA ergibt sich, dass Einkünfte, die grundsätzlich als Unternehmensgewinne eingeordnet werden können, nach einem spezielleren Verteilungsartikel behandelt werden, wenn

---
30 *Rosenberg*, in: Wassermeyer/Richter/Schnittker, Rn. 11.25.

sie den dortigen Tatbestand erfüllen.³¹ Die Zahlungen der Tuning-KG an M könnten dem speziellen Verteilungsartikel des Art. 11 OECD-MA unterfallen. **Zinsen** sind nach Art. 11 Abs. 3 OECD-MA Einkünfte aus Forderungen jeder Art und damit auch Einkünfte aus Darlehen. Die Einkünfte des M sind bei einer autonomen Abkommensauslegung grundsätzlich als Zinsen im Sinne des Art. 11 OECD-MA zu qualifizieren.³²

Vertiefungshinweis

Hier wurde hinsichtlich der Abgrenzung der Art. 7 und 11 OECD-MA von einer autonomen Abkommensauslegung ausgegangen. Ginge man stattdessen von einer anwenderstaatorientierten Abkommensauslegung aus, könnte man die Ansicht vertreten, der Zinsartikel sei von vorneherein hinsichtlich der Sondervergütungen nicht einschlägig und es handele sich ausschließlich um Unternehmensgewinne.³³

Der Qualifikation der Einnahmen als Zinseinkünfte im Sinne des Art. 11 OECD-MA steht allerdings § 50 d Abs. 10 EStG entgegen. **§ 50 d Abs. 10 S. 1 EStG** normiert, dass Vergütungen im Sinne des § 15 Abs. 1 S. 1 Nr. 2 S. 1 Hs. 2 EStG, soweit keine ausdrückliche Regelung im Abkommen vorhanden ist, für Zwecke der Abkommensanwendung ausschließlich als Teil des Unternehmensgewinns des Gesellschafters anzusehen sind. Das deutsche Einkommensteuerrecht enthält damit eine einfachgesetzliche Regelung, die eine konkrete Abkommensauslegung für Sondervergütungen festlegt. Die Zinseinkünfte des M, bei denen es sich um Sondervergütungen handelt, sind damit in Unternehmensgewinne umzuqualifizieren.³⁴

Vertiefungshinweis

Bei der Regelung des § 50 d Abs. 10 EStG handelt es sich um ein sogenanntes Treaty Override. Zu einem Treaty Override siehe bereits § 18 Rn. 24.

Bestünde die spezielle Regelung des § 50 d Abs. 10 S. 1 EStG nicht, müsste an dieser Stelle erörtert werden, ob der Betriebsstättenvorbehalt des Art. 11 Abs. 4 OECD-MA einschlägig ist. Nach Art. 11 Abs. 4 OECD-MA ist Art. 7 OECD-MA anzuwenden, wenn die Zinsen einer Betriebsstätte im Quellenstaat (hier Deutschland) zuzurechnen sind.³⁵

Sind die Zinseinnahmen damit als Unternehmensgewinne anzusehen, können die entsprechenden Gewinne nach Art. 7 Abs. 1 S. 1 Hs. 1 OECD-MA zunächst nur im **Ansässigkeitsstaat** besteuert werden. Hier sind, wie gesehen, die USA der **Ansässigkeitsstaat** des Unternehmens für M. Der Grundsatz der Besteuerung der Unternehmensgewinne im Ansässigkeitsstaat gilt allerdings nach Art. 7 Abs. 1 S. 1 Hs. 2 OECD-MA nicht, wenn das Unternehmen seine Geschäftstätigkeit im anderen Staat durch eine dort gelegene Betriebsstätte ausübt. Wird die unternehmerische Tätigkeit durch eine **Betriebsstätte im Quellenstaat** ausgeübt, kann der Quellenstaat das Besteuerungsrecht ausüben. Hier besteht in Berlin eine Betriebsstätte des Unternehmens im Sinne des Art. 5 OECD-MA. Deutschland als Betriebsstättenstaat hat daher das Besteuerungsrecht für die vorliegenden Einkünfte, soweit sie der deutschen Betriebsstätte zugerechnet werden können. Die Sondervergütungen, die als Unternehmensgewinne erfasst werden, werden nach § 50 d Abs. 10 S. 3 EStG der Betriebsstätte zugeordnet, der der

---

31 *Rosenberg*, in: Wassermeyer/Richter/Schnittker, Rn. 11.26.
32 Vgl. *Rosenberg*, in: Wassermeyer/Richter/Schnittker, Rn. 11.26.
33 Vgl. *Rosenberg*, in: Wassermeyer/Richter/Schnittker, Rn. 11.22, 11.30.
34 *Loschelder*, in: Schmidt, § 50 d EStG Rn. 64.
35 Siehe *Rosenberg*, in: Wassermeyer/Richter/Schnittker, Rn. 11.27, 11.34–11.37 m.w.N.

Aufwand für die der Vergütung zugrundeliegende Leistung zuzuordnen ist. Die vergütungstragende Betriebstätte ist hier die durch die Tuning-KG begründete Berliner Betriebstätte, in der der Zinsaufwand anfällt.[36]

Vertiefungshinweis

Bestünde die Regelung des § 50d Abs. 10 S. 3 EStG nicht, müsste an dieser Stelle die Frage der Zuordnung zur Betriebstätte im Einzelnen erörtert werden.

37   Damit kann Deutschland die Einkünfte besteuern. Bei dem deutschen Besteuerungsrecht handelt es sich jedoch nicht um ein ausschließliches Besteuerungsrecht. Zum Ausgleich der Doppelbesteuerung ist mithin auf die Methodenartikel zurückzugreifen.

c) Anwendung der Methodenartikel

38   Die Methodenartikel wenden sich grundsätzlich an den Ansässigkeitsstaat und weisen diesen an, eine Doppelbesteuerung durch Freistellung der Einkünfte oder Anrechnung der im Ausland zu zahlenden Steuer auszugleichen (vgl. Art. 23A, 23B OECD-MA). Ausgehend von einer Qualifikation der Einkünfte als Unternehmensgewinne (entsprechend der vorstehenden Erwägungen) sind die USA als Ansässigkeitsstaat für den Ausgleich der Doppelbesteuerung verantwortlich.

39   Die Regelung des § 50d Abs. 10 EStG kann allerdings (als rein nationale Norm zur Einordnung der Einkünfte für Zwecke der DBA-Anwendung) dazu führen, dass die Sondervergütungen sowohl in Deutschland (als Unternehmensgewinne nach Art. 7 OECD-MA) als auch in den USA (zum Beispiel als Zinsen nach Art. 11 OECD-MA) besteuert werden. Unter bestimmten Voraussetzungen ist in § 50d Abs. 10 S. 5 EStG daher eine Steueranrechnung vorgesehen.[37]

Prüfungshinweis

Der Sachverhalt enthält keine hinreichenden Angaben zur Prüfung des § 50d Abs. 10 S. 5 EStG. Insbesondere ist die genaue Behandlung der Einkünfte in den USA nicht bekannt. Der Bearbeitungshinweis gibt nur die unbeschränkte Steuerpflicht des M vor. Trotzdem sollte in einer Prüfung auf die Vorschrift zumindest hingewiesen werden.

d) Ergebnis

40   Die Sondervergütungen sind aufgrund der ausdrücklichen Anweisung des § 50d Abs. 10 S. 1 EStG als Unternehmensgewinne zu qualifizieren. Sie sind nach § 50d Abs. 10 S. 3 EStG der deutschen vergütungstragenden Betriebstätte zuzuordnen.

5. Ergebnis

41   M ist mit den Sondervergütungen in Höhe von 2.000 € beschränkt steuerpflichtig. Nach der Sonderregelung des § 50d Abs. 10 EStG handelt es sich bei den Einnahmen um Unternehmensgewinne im Sinne des Art. 7 OECD-MA, für die Deutschland das Besteuerungsrecht zusteht.

---

36 Siehe *Rosenberg*, in: Wassermeyer/Richter/Schnittker, Rn. 11.45, 11.50 f.
37 Zum Ganzen: *Loschelder*, in: Schmidt, § 50d EStG Rn. 65; *Rosenberg*, in: Wassermeyer/Richter/Schnittker, Rn. 11.59–11.65.

§ 20 Übungsfall 13 – Körperschaftsteuer (International)

Der folgende Fall behandelt im Schwerpunkt die Besteuerung unbeschränkt Körperschaftsteuerpflichtiger mit ausländischen Einkünften unter Geltung eines Doppelbesteuerungsabkommens. Im Einzelnen werden insbesondere die folgenden Aspekte behandelt: Anrechnungsmethode; Dividenden (vgl. Art. 10 OECD-MA); Gesellschaft (vgl. Art. 3 Abs. 1 lit. b OECD-MA); Isolierende Betrachtungsweise; Kapitalertragsteuerabzug (vgl. §§ 43 ff. EStG); Ständiger Vertreter (vgl. Art. 5 Abs. 5 OECD-MA); Streubesitzdividenden (vgl. § 8 b Abs. 4 KStG); Typenvergleich; Unternehmensgewinne (vgl. Art. 7 OECD-MA).

Sachverhalt

▶ Die Sporttaschen-GmbH (S-GmbH) fertigt und verkauft Taschen aus altem Sportkastenleder. Sie hat ihren Sitz und die Geschäftsleitung in Heidelberg (Deutschland).

(1) Manfred wird von der S-GmbH beauftragt, den osteuropäischen Markt zu evaluieren. Zum Abschluss von Geschäften ist er nicht befugt, aber er vermittelt einzelne Geschäfte in Tschechien, wodurch die S-GmbH Einnahmen von 10.000 € erzielt.

(2) Die S-GmbH hat seit einigen Jahren eine neunprozentige Beteiligung an der Leder-KK (Kabushiki Kaisha). Die Leder-KK ist spezialisiert auf Lederaufbereitung. Sie hat ihren Sitz und ihre Geschäftsleitung in Tokio (Japan). Im Jahr 01 erhält die S-GmbH eine Ausschüttung in Höhe von 10.000 € von der Leder-KK. ◀

Aufgabenstellung

▶ Wie sind die geschilderten Fälle für die S-GmbH körperschaftsteuerrechtlich zu beurteilen?
Der Sachverhalt ist nach deutschem Steuerrecht zu lösen. Hinsichtlich der ersten Ziffer ist von Folgendem auszugehen: Zwischen Deutschland und Tschechien besteht ein Doppelbesteuerungsabkommen, das dem OECD-Musterabkommen entspricht. Die S-GmbH ist in Tschechien beschränkt körperschaftsteuerpflichtig. Hinsichtlich der zweiten Ziffer ist von Folgendem auszugehen: Zwischen Deutschland und Japan besteht ein Doppelbesteuerungsabkommen, das dem OECD-Musterabkommen entspricht. Die S-GmbH ist in Japan beschränkt körperschaftsteuerpflichtig. Japan erhebt auf die Ausschüttung eine Steuer in Höhe von 15 Prozent. Die Leder-KK ist mit einer deutschen AG vergleichbar. Sie ist in Japan aufgrund der dortigen Geschäftsleitung unbeschränkt körperschaftsteuerpflichtig. Bei der Ausschüttung handelt es sich aus japanischer Sicht um eine Dividende aus Aktien.
Die Aufgabe ist gutachtlich zu bearbeiten. Die Jahreszahlen sind fiktiv. Es ist das aktuell geltende Recht anzuwenden. ◀

Gliederung

I. Ziffer 1 – Vertragsvermittlung durch Manfred — 258
  1. Persönliche Steuerpflicht — 258
  2. Veranlagung und Tarif — 258
  3. Sachliche Steuerpflicht — 259
      a) Einkünftequalifikation — 259
      b) Einkünfteermittlung — 259
      c) Ergebnis — 259
  4. Anwendung des Doppelbesteuerungsabkommens — 259
      a) Persönliche Abkommensberechtigung — 260
      b) Sachlicher Geltungsbereich — 260
      c) Anwendung der Verteilungsartikel — 261
      d) Ergebnis — 262
  5. Ergebnis — 262
II. Ziffer 2 – Ausschüttung von der Leder-KK — 262
  1. Einkünfte aus Gewerbebetrieb — 262
  2. Steuerbefreiung — 262
  3. Kapitalertragsteuerabzug — 263
  4. Anwendung des Doppelbesteuerungsabkommens — 263
      a) Persönliche und sachliche Abkommensberechtigung — 264
      b) Anwendung der Verteilungsartikel — 264
      c) Anwendung der Methodenartikel — 265
      d) Ergebnis — 266
  5. Ergebnis — 266

Lösung

I. Ziffer 1 – Vertragsvermittlung durch Manfred

Fraglich ist, wie die Einnahmen der S-GmbH aus den in Tschechien vermittelten Verträgen körperschaftsteuerrechtlich in Deutschland erfasst werden.

1. Persönliche Steuerpflicht

Die S-GmbH könnte unbeschränkt körperschaftsteuerpflichtig sein. Unbeschränkt körperschaftsteuerpflichtig sind insbesondere Kapitalgesellschaften, die ihre Geschäftsleitung oder ihren Sitz im Inland haben (vgl. § 1 Abs. 1 Nr. 1 KStG). Bei der S-GmbH handelt es sich um eine (in § 1 Abs. 1 Nr. 1 KStG genannte) Kapitalgesellschaft. Aufgrund der Geschäftsleitung (vgl. § 10 AO) und des Sitzes (vgl. § 11 AO) in Heidelberg und damit im Inland ist sie mit ihrem Welteinkommen unbeschränkt körperschaftsteuerpflichtig.

2. Veranlagung und Tarif

Bei der Körperschaftsteuer findet grundsätzlich eine Veranlagung statt (vgl. § 31 Abs. 1 S. 1 KStG, § 25 Abs. 1 EStG). Es handelt sich um eine Jahressteuer (vgl. § 7 Abs. 3 KStG). Veranlagungszeitraum ist das Kalenderjahr.[1] Der Steuersatz beträgt nach § 23 Abs. 1 KStG 15 Prozent.

---

[1] Zum Ganzen: *Oellerich*, in: Blümich, § 31 KStG Rn. 14 f.

§ 20 Übungsfall 13 – Körperschaftsteuer (International)

3. Sachliche Steuerpflicht

Fraglich ist, wie die Einkünfte der Gesellschaft zu qualifizieren und zu ermitteln sind. Was als Einkommen gilt und wie das Einkommen zu ermitteln ist, bestimmt sich nach den Vorschriften des Einkommensteuergesetzes und des Körperschaftsteuergesetzes (vgl. § 8 Abs. 1 S. 1 KStG).

a) Einkünftequalifikation

Grundsätzlich sind die Einkunftsarten des Einkommensteuergesetzes relevant. Allerdings erzielen unbeschränkt Körperschaftsteuerpflichtige im Sinne des § 1 Abs. 1 Nr. 1 bis 3 KStG stets gewerbliche Einkünfte (vgl. § 8 Abs. 2 KStG).

b) Einkünfteermittlung

Nach § 8 Abs. 1 KStG, § 2 Abs. 2 S. 1 Nr. 1 EStG ist der Gewinn zu ermitteln. Eine GmbH ist als Formkaufmann handelsrechtlich zur Buchführung verpflichtet (vgl. §§ 238 Abs. 1, 6 Abs. 1 HGB). Daher hat ein **qualifizierter Betriebsvermögensvergleich** nach den §§ 4 Abs. 1, 5 Abs. 1 EStG zu erfolgen. Hierbei ist der Gewinn nach handelsrechtlichen Grundsätzen zu ermitteln. Es gilt das sogenannte Maßgeblichkeitsprinzip.[2] Die handelsrechtliche Buchführungspflicht hat eine steuerrechtliche (derivative) Buchführungspflicht zur Folge (vgl. § 140 AO).

Bei den Einnahmen aus den vermittelten Verträgen in Höhe von 10.000 € handelt es sich um Zugänge in Geld, die durch den Betrieb veranlasst sind. Es liegen daher Betriebseinnahmen vor (vgl. §§ 4 Abs. 4, 8 Abs. 1 EStG). Der Vorgang ist vermögens- und erfolgswirksam.

Vertiefungshinweis

Zur Gewinnermittlung bei einer Kapitalgesellschaft siehe § 15 Rn. 38 f. Zum Maßgeblichkeitsprinzip siehe § 10 Rn. 10.

c) Ergebnis

Die S-GmbH ist in Deutschland unbeschränkt körperschaftsteuerpflichtig. Sie erzielt gewerbliche Einkünfte kraft Rechtsform und hat ihren Gewinn durch einen qualifizierten Betriebsvermögensvergleich zu ermitteln. Es bestehen Betriebseinnahmen in Höhe von 10.000 €.

4. Anwendung des Doppelbesteuerungsabkommens

Fraglich ist, ob das Besteuerungsrecht Deutschlands durch die Regelungen des Doppelbesteuerungsabkommens (DBA) eingeschränkt wird.

Prüfungs- und Vertiefungshinweis

Hier besteuern sowohl Deutschland als auch Tschechien die Einkünfte der S-GmbH. Daher liegt eine Doppelbesteuerung vor. Die Doppelbesteuerung könnte durch das zwischen Deutschland und Tschechien (nach dem Sachverhalt) bestehende DBA (dessen Regelungen hinsichtlich der Einkünfte aus Tschechien, als einem Staat, mit dem ein DBA besteht, nach

---

2 Zum Ganzen: *Hennrichs*, in: Tipke/Lang, Rn. 9.7; *Hey*, in: Tipke/Lang, Rn. 11.38.

§ 34c Abs. 6 S. 1 EStG vorrangig vor den unilateralen Ausgleichsvorschriften sind) ausgeglichen werden.[3] Siehe § 18 Rn. 16, 35.

a) Persönliche Abkommensberechtigung

13 Fraglich ist, ob die S-GmbH persönlich abkommensberechtigt ist. Die persönliche Abkommensberechtigung besteht nach Art. 1 OECD-MA für in (zumindest) einem Vertragsstaat ansässige Personen.

Gemäß Art. 3 Abs. 1 lit. a OECD-MA umfasst der Begriff der Person natürliche Personen, Gesellschaften und andere Personenvereinigungen. Bei der S-GmbH könnte es sich um eine Gesellschaft in diesem Sinne handeln. Der Begriff der Gesellschaft wird in Art. 3 Abs. 1 lit. b OECD-MA konkretisiert. Gesellschaften sind danach juristische Personen und Rechtsträger, die für die Besteuerung wie juristische Personen behandelt werden. An welche Rechtsordnung zur Qualifikation der Gesellschaft als juristische Person anzuknüpfen ist, wird nicht einheitlich gesehen. Da das Abkommen den Begriff jedoch nicht weiter definiert und der Abkommenszusammenhang nichts anderes fordert, erscheint es sachgerecht, auf die Sichtweise des Anwenderstaats abzustellen (vgl. Art. 3 Abs. 2 OECD-MA).[4] Nach deutschem Recht ist die S-GmbH eine juristische Person. Sie ist damit als Gesellschaft eine Person im Sinne des Abkommens.

Ferner muss die S-GmbH in einem der Vertragsstaaten im Sinne des Art. 4 OECD-MA ansässig sein. Art. 4 Abs. 1 OECD-MA knüpft für die Begründung der Ansässigkeit letztlich an die unbeschränkte Steuerpflicht im Ansässigkeitsstaat (aufgrund des Wohnsitzes, des ständigen Aufenthalts, des Orts der Geschäftsleitung oder eines anderen ähnlichen Merkmals) an.[5] Die S-GmbH ist in Deutschland aufgrund ihrer Geschäftsleitung unbeschränkt körperschaftsteuerpflichtig. Sie ist in Deutschland ansässig im Sinne des Art. 4 Abs. 1 S. 1 OECD-MA. Die S-GmbH ist damit vom Geltungsbereich des Abkommens erfasst.

Prüfungs- und Vertiefungshinweis

Hinsichtlich der Frage, an welche Rechtsordnung zur Qualifikation der Gesellschaft als juristische Person anzuknüpfen ist, sind in der Prüfung auch andere Ansichten vertretbar. Zu diesem Aspekt siehe auch § 19 Rn. 18.

b) Sachlicher Geltungsbereich

14 Ferner muss eine sachliche Abkommensberechtigung gegeben sein. Nach Art. 2 Abs. 1 OECD-MA gilt das Abkommen für Steuern vom Einkommen und vom Vermögen, die für Rechnung eines Vertragsstaats oder einer seiner Gebietskörperschaften erhoben werden. Die S-GmbH wird sowohl in Deutschland als auch in Tschechien zu einer Steuer über das Einkommen herangezogen. Damit ist auch der sachliche Anwendungsbereich eröffnet.

---

3 Siehe hierzu *Wagner*, in: Blümich, § 34c EStG Rn. 134–136.
4 *Pohl*, in: Schönfeld/Ditz, Art. 3 OECD-MA Rn. 17.
5 Vgl. *Rust*, in: Frotscher, Rn. 290 f.

§ 20 Übungsfall 13 – Körperschaftsteuer (International)

Vertiefungshinweis

Vom sachlichen Geltungsbereich des OECD-Musterabkommens ist die Körperschaftsteuer erfasst. Von den deutschen Steuern sind daneben auch die Einkommensteuer und die Gewerbesteuer erfasst.[6]

c) Anwendung der Verteilungsartikel

Die Verteilung der Besteuerungsrechte zwischen den Vertragsstaaten richtet sich nach den sogenannten Verteilungsartikeln (vgl. Art. 6 ff. OECD-MA). 15

Die Einkünfte der S-GmbH aus den vermittelten Verträgen könnten **Unternehmensgewinne** nach Art. 7 OECD-MA darstellen. Was Unternehmensgewinne sind, ist im Abkommen nicht abschließend bestimmt. Nach Art. 3 Abs. 1 lit. c OECD-MA ist ein Unternehmen die Ausübung einer Geschäftstätigkeit. Die Bestimmung der Unternehmensgewinne erfolgt letztlich durch eine Abgrenzung zu den anderen im DBA geregelten Einkünften. Dies beruht auf der Regelung des Art. 7 Abs. 4 OECD-MA, die die Spezialität der besonderen Verteilungsartikel gegenüber den Unternehmensgewinnen bestimmt. Unternehmensgewinne sind damit die Einkünfte aus einer Geschäftstätigkeit, die nicht von den spezielleren Verteilungsnormen erfasst werden.[7] Bei den Einkünften aus den vermittelten Verträgen handelt es sich weder um Einkünfte aus unbeweglichem Vermögen (vgl. Art. 6 OECD-MA) noch um solche aus unselbständiger Tätigkeit (vgl. Art. 15 OECD-MA) und es liegen auch keine Einnahmen im Sinne der Art. 10, 11, 12 OECD-MA vor. Die S-GmbH erzielt aktive selbständige Einkünfte, die nicht unter die speziellen Verteilungsartikel gefasst werden können. Damit liegen Unternehmensgewinne im Sinne des Art. 7 OECD-MA vor.

Art. 7 Abs. 1 S. 1 Hs. 1 OECD-MA weist das Besteuerungsrecht für Unternehmensgewinne grundsätzlich ausschließlich dem **Ansässigkeitsstaat** der Gesellschaft zu. Ansässig ist die Gesellschaft, wie gesehen, in Deutschland. Übt das Unternehmen seine Geschäftstätigkeit allerdings im anderen Staat durch eine dort gelegene Betriebstätte aus, können die Gewinne, die der Betriebstätte zuzurechnen sind, im **Betriebstättenstaat** besteuert werden (vgl. Art. 7 Abs. 1 S. 1 Hs. 2, S. 2 OECD-MA). 16

Fraglich ist, ob die S-GmbH ihre Geschäftstätigkeit durch eine tschechische **Betriebstätte** ausübt. Eine feste Geschäftseinrichtung in Tschechien im Sinne des Art. 5 Abs. 1 OECD-MA besteht nicht. Ist eine Person für ein Unternehmen tätig und schließt sie dabei gewöhnlich bestimmte Verträge beziehungsweise übernimmt gewöhnlich die führende Rolle beim Abschluss von Verträgen, die regelmäßig ohne weitere wesentliche Änderungen durch das Unternehmen geschlossen werden, wird das Unternehmen gemäß Art. 5 Abs. 5 OECD-MA allerdings grundsätzlich so behandelt, als habe es in diesem Staat für die von diesem ausgeübten Tätigkeiten eine Betriebstätte. Dies gilt allerdings nur, wenn es sich nicht um einen unabhängigen Vertreter handelt (vgl. Art. 5 Abs. 5 und 6 OECD-MA). Manfred ist allerdings nicht gewöhnlich in den Vertragsabschluss eingebunden, sondern vermittelt nur einzelne Geschäfte.[8] Zudem ist Manfred gegenüber der S-GmbH auch nicht abhängig; insbesondere fehlt es bei dem nicht in einem Arbeitsverhältnis zu der S-GmbH stehenden Manfred an der

---

6 Zum Ganzen: *Rust*, in: Frotscher, Rn. 294; *Schaumburg/Häck*, in: Schaumburg, Rn. 19.189–19.193.
7 Zum Ganzen: *Schaumburg/Häck*, in: Schaumburg, Rn. 19.234–19.236.
8 Vgl. *Görl/Gradl*, in: Vogel/Lehner, Art. 5 OECD-MA Rn. 269–274.

persönlichen Abhängigkeit.[9] Damit besteht keine Betriebstätte in Tschechien, so dass das ausschließliche Besteuerungsrecht nach Art. 7 Abs. 1 S. 1 Hs. 1 OECD-MA dem Ansässigkeitsstaat der Gesellschaft und mithin Deutschland zugewiesen wird.

Prüfungshinweis
Eines Rückgriffs auf die Methodenartikel bedarf es bei der hiesigen Verteilungsnorm mit abschließender Rechtsfolge nicht. Siehe hierzu § 18 Rn. 38.

d) Ergebnis

17 Die Einnahmen aus den vermittelten Geschäften sind als Unternehmensgewinne zu qualifizieren. Mangels einer Betriebstätte in Tschechien wird Deutschland das ausschließliche Besteuerungsrecht zugewiesen.

5. Ergebnis

18 Die Einnahmen der S-GmbH in Höhe von 10.000 € sind in Deutschland als gewerbliche Einkünfte im Rahmen der unbeschränkten Steuerpflicht zu erfassen. Abkommensrechtlich ist Deutschland das ausschließliche Besteuerungsrecht zugewiesen.

II. Ziffer 2 – Ausschüttung von der Leder-KK

19 Fraglich ist, wie die Einnahmen der S-GmbH aus der Ausschüttung von der Leder-KK in Deutschland zu besteuern sind.

1. Einkünfte aus Gewerbebetrieb

20 Die von der S-GmbH bezogene Ausschüttung könnte zu den Bezügen nach § 20 Abs. 1 Nr. 1 S. 1 EStG gehören. Hierunter fallen neben den Bezügen aus den dort genannten Beteiligungsverhältnissen auch Ausschüttungen aus Beteiligungen an ausländischen Gesellschaften, die nach deutschen Grundsätzen mit der Beteiligung an einer ausdrücklich erfassten Gesellschaft vergleichbar sind.[10] Die Leder-KK ist nach dem Sachverhalt mit einer deutschen Aktiengesellschaft vergleichbar. Grundsätzlich liegen daher Bezüge im Sinne des § 20 Abs. 1 Nr. 1 S. 1 EStG vor.

Die unbeschränkt körperschaftsteuerpflichtige S-GmbH erzielt allerdings **gewerbliche Einkünfte kraft Rechtsform**. Die Ausschüttung in Höhe von 10.000 €, die abstrakt dem § 20 Abs. 1 S. 1 Nr. 1 EStG unterfällt, führt bei ihr daher zu gewerblichen Einkünften (vgl. § 8 Abs. 2 KStG). Die Einkünfte werden durch einen qualifizierten Betriebsvermögensvergleich ermittelt.

2. Steuerbefreiung

21 Die Ausschüttung könnte jedoch steuerfrei sein. Nach § 8 b Abs. 1 KStG bleiben Bezüge im Sinne des § 20 Abs. 1 Nr. 1, 2, 9 oder 10 lit. a EStG bei der Ermittlung des Einkommens außer Ansatz. Bei der Ausschüttung handelt es sich um Bezüge im Sinne des § 20 Abs. 1 Nr. 1 EStG. Sie fällt daher unter § 8 b Abs. 1 KStG. Allerdings dürfte die Steuerbefreiung nicht ausgeschlossen sein. Nach § 8 b Abs. 4 KStG ist die Steuerbefreiung ausgeschlossen, wenn die Beteiligung zu Beginn des Kalenderjahres

---

9 Vgl. *Görl/Gradl*, in: Vogel/Lehner, Art. 5 OECD-MA Rn. 279, 321–325.
10 *Bleschick*, in: Kirchhof/Seer, § 20 EStG Rn. 48 a; *Ratschow*, in: Blümich, § 20 EStG Rn. 64; jeweils m.w.N.

unmittelbar weniger als zehn Prozent des Grund- oder Stammkapitals betragen hat. Damit gilt die Steuerbefreiung nicht für sogenannte **Streubesitzdividenden**.[11] Hier liegt die Beteiligung der S-GmbH an der Leder-KK zu Beginn des Kalenderjahres unter zehn Prozent. Daher findet die Steuerbefreiung des § 8 b Abs. 1 KStG keine Anwendung. Da nach wohl herrschender Meinung auch das Teileinkünfteverfahren keine Anwendung findet, wird die Ausschüttung in vollem Umfang besteuert.[12]

Vertiefungshinweis

Zu Streubesitzdividenden siehe auch § 15 Rn. 50, 54.

3. Kapitalertragsteuerabzug

Bei Ausschüttungen greifen die deutschen Vorschriften zum Kapitalertragsteuerabzug in Höhe von 25 Prozent (vgl. § 8 Abs. 1 KStG, §§ 43 ff. EStG). Der Kapitalertragsteuerabzug ist dabei grundsätzlich von der ausschüttenden Gesellschaft als Schuldnerin der Kapitalerträge vorzunehmen (vgl. §§ 43 Abs. 1 S. 1 Nr. 1, 44 Abs. 1 S. 3 EStG, für bestimmte Fälle vgl. allerdings §§ 43 Abs. 1 S. 1 Nr. 1a, 44 Abs. 1 S. 3 und 4 EStG). Bei ausländischen Ausschüttungen hat allerdings generell die die Kapitalerträge auszahlende Stelle (und nicht etwa die im Ausland ansässige Kapitalgesellschaft) den Steuerabzug vorzunehmen (vgl. §§ 43 Abs. 1 S. 1 Nr. 6, 44 Abs. 1 S. 3 EStG).[13] Die Leder-KK hat im Inland weder ihre Geschäftsleitung noch ihren Sitz, so dass es sich um ausländische Kapitalerträge im Sinne des § 43 Abs. 1 S. 1 Nr. 6 EStG handelt (vgl. § 43 Abs. 3 S. 4 EStG). Die die Kapitalerträge auszahlende Stelle ist unter den Voraussetzungen des § 44 Abs. 1 S. 4 Nr. 1 EStG das inländische Kreditinstitut (oder entsprechende genannte Stellen).[14] Im Sachverhalt ist eine die Kapitalerträge auszahlende Stelle im Sinne des § 44 Abs. 1 S. 4 EStG nicht ersichtlich, entsprechend ist nicht von einem Kapitalertragsteuerabzug auszugehen.

Vertiefungshinweis

Zum Kapitalertragsteuerabzug bei Ausschüttungen einer inländischen Kapitalgesellschaft siehe § 11 Rn. 10, 25, 29; § 15 Rn. 51, 55.

4. Anwendung des Doppelbesteuerungsabkommens

Fraglich ist, ob das Besteuerungsrecht Deutschlands durch die Regelungen des DBA eingeschränkt wird.

Prüfungs- und Vertiefungshinweis

Hier liegt durch die Besteuerung der Ausschüttung in Deutschland und in Japan eine Doppelbesteuerung vor, die durch das (nach dem Sachverhalt bestehende) DBA ausgeglichen werden könnte. Siehe § 18 Rn. 16.

---

11 *Fehrenbacher*, § 4 Rn. 30.
12 Siehe *Gosch*, in: Gosch, § 8 b KStG Rn. 287 b; *Rengers*, in: Blümich, § 8 b KStG Rn. 155. Zur a.A. siehe z.B. *Rathke/Ritter*, DStR 2014, 1207, 1207–1210.
13 *Haug*, in: Herrmann/Heuer/Raupach, § 43 EStG Rn. 31.
14 Zum Ganzen: *Jachmann-Michel*, in: Blümich, § 43 EStG Rn. 96; *dies.*, in: Blümich, § 44 EStG Rn. 31.

a) Persönliche und sachliche Abkommensberechtigung

24 Die S-GmbH müsste auch hinsichtlich des DBA zwischen Deutschland und Japan persönlich und sachlich abkommensberechtigt sein. Die S-GmbH ist als juristische Person eine Gesellschaft im Sinne des Art. 3 Abs. 1 lit. b OECD-MA und damit eine Person im Sinne des Abkommens. Sie ist aufgrund ihrer Geschäftsleitung in Deutschland unbeschränkt körperschaftsteuerpflichtig, so dass sie in einem Vertragsstaat ansässig ist im Sinne des Art. 4 Abs. 1 OECD-MA. Sie ist mithin vom persönlichen Geltungsbereich des Abkommens erfasst.

Ferner muss eine sachliche Abkommensberechtigung gegeben sein. Nach Art. 2 Abs. 1 OECD-MA gilt das Abkommen für Steuern vom Einkommen und vom Vermögen, die für Rechnung eines Vertragsstaats oder einer seiner Gebietskörperschaften erhoben werden. Die S-GmbH wird sowohl in Deutschland als auch in Japan zu einer Steuer über das Einkommen herangezogen. Damit ist auch der sachliche Geltungsbereich des DBA gegeben (vgl. Art. 2 Abs. 1 OECD-MA).

b) Anwendung der Verteilungsartikel

25 Ist der Geltungsbereich des Abkommens für die S-GmbH eröffnet, stellt sich die Frage, wie die Besteuerungsrechte zwischen den Staaten verteilt werden. Dies richtet sich nach den Verteilungsartikeln (vgl. Art. 6 ff. OECD-MA). Hier könnte Art. 10 OECD-MA einschlägig sein. Nach Art. 10 Abs. 1 OECD-MA können Dividenden, die eine in einem Vertragsstaat ansässige Gesellschaft an eine im anderen Vertragsstaat ansässige Person zahlt, im anderen Staat besteuert werden.

26 Fraglich ist daher zunächst, ob es sich bei der Leder-KK um eine in einem Vertragsstaat ansässige Gesellschaft handelt. Was unter einer Gesellschaft zu verstehen ist, ergibt sich aus der Legaldefinition des Art. 3 Abs. 1 lit. b OECD-MA. Gesellschaften sind danach juristische Personen und Rechtsträger, die für die Besteuerung wie juristische Personen behandelt werden. Zur Qualifikation der Gesellschaft kann, wie gesehen, auf die Sicht des Anwenderstaats abgestellt werden (vgl. Art. 3 Abs. 2 OECD-MA).[15]

Fraglich ist damit, wie die Leder-KK aus deutscher Sicht einzuordnen ist. Hierfür erfolgt ein **Typenvergleich**, nach dem bestimmt werden kann, ob die Gesellschaft nach ihrem gesetzlich geregelten Aufbau und nach ihrer wirtschaftlichen Stellung einer deutschen Körperschaft oder Personengesellschaft entspricht.[16] Für den vorliegenden Fall gibt der Sachverhalt vor, dass die Leder-KK einer deutschen Aktiengesellschaft entspricht. Entsprechend liegt eine Gesellschaft vor. Die Leder-KK müsste zudem in einem Vertragsstaat im Sinne des Art. 4 OECD-MA ansässig sein. Art. 4 Abs. 1 OECD-MA knüpft für die Begründung der Ansässigkeit letztlich an die unbeschränkte Steuerpflicht im Ansässigkeitsstaat (aufgrund des Wohnsitzes, des ständigen Aufenthalts, des Orts der Geschäftsleitung oder eines anderen ähnlichen Merkmals) an.[17] Die Leder-KK ist nach dem Sachverhalt in Japan aufgrund ihrer dortigen Geschäftsleitung unbeschränkt steuerpflichtig. Bei der Leder-KK handelt es sich damit um eine in einem Vertragsstaat ansässige Gesellschaft.

---

15 *Pohl*, in: Schönfeld/Ditz, Art. 3 OECD-MA Rn. 17.
16 Vgl. *Pohl*, in: Schönfeld/Ditz, Art. 3 OECD-MA Rn. 20.
17 Vgl. *Rust*, in: Frotscher, Rn. 290 f.

Vertiefungshinweis
Zum Typenvergleich siehe § 16 Rn. 23.

Die Leder-KK müsste eine Dividende an eine im anderen Vertragsstaat ansässige Person zahlen. Bei der S-GmbH handelt es sich, wie gesehen, um eine in Deutschland ansässige Person (vgl. Art. 3 Abs. 1 lit. a und b, 4 Abs. 1 OECD-MA). Fraglich ist jedoch, ob die Einnahme der S-GmbH eine Dividende im Sinne des Art. 10 OECD-MA darstellt. Art. 10 Abs. 3 OECD-MA enthält eine Begriffsdefinition der Dividenden. Sie ist dreigliedrig aufgebaut und nennt zunächst Einkünfte aus Aktien, Genussaktien oder Genussscheinen, Kuxen und Gründeranteilen. Als zweite Fallgruppe werden Einkünfte aus anderen Rechten – ausgenommen Forderungen – mit Gewinnbeteiligung genannt. Zuletzt werden Einkünfte aus sonstigen Gesellschaftsanteilen, die nach dem Recht des Staats, in dem die Gesellschaft ansässig ist, den Einkünften aus Aktien steuerlich gleichgestellt sind, genannt.[18] Hier könnten Einkünfte aus Aktien im Sinne der ersten Fallgruppe vorliegen. Fraglich ist, aus welcher Perspektive die Einkünfte zu qualifizieren sind. Für die dritte Fallgruppe der Definition verweist das DBA ausdrücklich auf das Recht des Quellenstaats. Unter der Annahme, dass dies auch für die anderen Fallgruppen gilt, ist für die Einkünftequalifikation die japanische Sicht entscheidend, nach der (ausweislich des Bearbeitungshinweises) die Ausschüttung als Dividende aus Aktien bewertet wird.[19]

Damit liegen Einkünfte im Sinne des Art. 10 OECD-MA vor. Mit der Einschlägigkeit der speziellen Vorschrift des Art. 10 OECD-MA tritt Art. 7 OECD-MA zurück (vgl. Art. 7 Abs. 4 OECD-MA).

Nach Art. 10 Abs. 1 OECD-MA können Dividenden im Ansässigkeitsstaat des Dividendenempfängers besteuert werden. Dies ist hier Deutschland, als der Staat, in dem die S-GmbH ansässig ist (vgl. Art. 4 Abs. 1 OECD-MA).

Allerdings gewährt Art. 10 Abs. 2 OECD-MA dem Quellenstaat (also Japan, als dem Staat, in dem die Leder-KK ansässig ist) ein **reduziertes Quellenbesteuerungsrecht**. Diese Steuer darf, wenn der Nutzungsberechtigte der Dividende, wie hier die S-GmbH, eine im anderen Vertragsstaat ansässige Person ist, einen bestimmten Prozentsatz nicht übersteigen. Im vorliegenden Fall der Beteiligung von unter 25 Prozent darf die Besteuerung in Japan 15 Prozent des Bruttobetrags der Dividende nicht übersteigen (vgl. Art. 10 Abs. 2 S. 1 Hs. 2 lit. b OECD-MA). Eine Doppelbesteuerung bleibt insoweit nach Art. 10 Abs. 1 und 2 OECD-MA aufrechterhalten. Sie ist nach den Regelungen der Methodenartikel auszugleichen.

c) Anwendung der Methodenartikel

Die Methodenartikel wenden sich grundsätzlich an den Ansässigkeitsstaat und weisen diesen an, eine Doppelbesteuerung durch Freistellung der Einkünfte oder durch Anrechnung der im Ausland zu zahlenden Steuer auszugleichen (vgl. Art. 23A, 23B OECD-MA). Für den vorliegenden Fall legt Art. 23A Abs. 2 OECD-MA die anzuwendende Ausgleichsmethode fest. Demnach hat der Ansässigkeitsstaat (hier Deutschland) die Doppelbesteuerung durch Anrechnung der im anderen Staat zu zahlenden

---

18 Zum Ganzen: *Schaumburg/Häck*, in: Schaumburg, Rn. 19.329 f.
19 Siehe zum Ganzen: *Schaumburg/Häck*, in: Schaumburg, Rn. 19.331; *Schönfeld*, in: Schönfeld/Ditz, Art. 10 OECD-MA Rn. 115; *Tirschbirek/Specker*, in: Vogel/Lehner, Art. 10 OECD-MA Rn. 186. Vgl. auch Art. 10 Rn. 27 f. OECD-MK. Siehe aber BFH v. 6.6.2012, I R 6/11 u. a., BStBl. II 2013, 111, Rn. 20–23.

Steuer auszugleichen. Hinsichtlich der Durchführung der Anrechnung sind mangels differenzierter Regelungen im Abkommen die entsprechenden deutschen Regelungen anzuwenden (vgl. § 26 Abs. 1 KStG, § 34c Abs. 6 S. 2 EStG).[20]

Vertiefungshinweis

Für die Anrechnung sind zwei Obergrenzen zu beachten. Zunächst ist die Anrechnung durch die auf die ausländischen Einkünfte entfallende deutsche Steuer begrenzt. Zudem kann nur angerechnet werden, was dem Quellenstaat abkommensrechtlich zusteht. Dies ist hier der Japan als Quellenstaat zustehende Steueranteil von 15 Prozent der Dividende.[21] Im vorliegenden Fall erhebt Japan auch nur die in Art. 10 Abs. 2 S. 1 Hs. 2 lit. b OECD-MA vorgesehene Steuer.

d) Ergebnis

30 Die Ausschüttung ist abkommensrechtlich als Dividende zu qualifizieren. Sie kann in Deutschland besteuert werden. Zudem wird Japan ein reduziertes Quellenbesteuerungsrecht gewährt; insofern gleicht Deutschland die Doppelbesteuerung durch Anrechnung der japanischen Steuer aus.

5. Ergebnis

31 Die Ausschüttung an die S-GmbH wird in Deutschland bei den gewerblichen Einkünften erfasst und unterfällt der unbeschränkten Körperschaftsteuerpflicht. Abkommensrechtlich kann Deutschland die Einkünfte grundsätzlich besteuern. Japan hat ein reduziertes Quellenbesteuerungsrecht; diese japanische Steuer rechnet Deutschland an.

---

20 Siehe im Einzelnen *Frotscher*, Rn. 322–346.
21 Vgl. zum Ganzen: BFH v. 15.3.1995, I R 98/94, BStBl. II 1995, 580, unter II.3.

§ 21 Übungsfall 14 – Umsatzsteuer

Der folgende Fall behandelt im Schwerpunkt die Prüfung von Eingangs- und Ausgangsumsätzen. Im Einzelnen werden insbesondere folgende Aspekte behandelt: Haupt- und Nebenleistung; Innergemeinschaftliche Lieferung (vgl. §§ 4 Nr. 1 lit. b, 6 a UStG); Ort der Lieferung (vgl. § 3 Abs. 5 a UStG); Steuerbefreiungen (vgl. § 4 UStG); Steuersatz (vgl. § 12 UStG); Vorsteuerabzugsberechtigung (vgl. § 15 UStG).

Sachverhalt (Grundfall)

▶ Kurt aus Köln bestellt bei Frieda (F), einer Spezialhändlerin für Landkarten und Globen aus Frankfurt am Main (Deutschland), einen aufwendig bedruckten Globus für 1.000 € (netto) für seine Wohnung. Nach Zahlungseingang lässt F den Globus durch einen Angestellten zu Kurt nach Köln bringen. F hatte den Globus nach der Bestellung des Kurt bei dem Produzenten Peter aus Paderborn (Deutschland) für 500 € (netto) bestellt. Nach Zahlung ließ Peter den Globus durch den Transportunternehmer Torsten in Paderborn abholen und mit einer Rechnung nach den Vorgaben des § 14 UStG zu F nach Frankfurt bringen. ◀

Abwandlung

▶ Auch Wilhelm aus Wien (Österreich) bestellt einen Globus bei F für 1.000 €. Wilhelm betreibt in Wien ein Einrichtungshaus, in dem er den Globus zum Verkauf anbieten möchte. Wilhelm ist in Österreich für Zwecke der Umsatzsteuer erfasst und verwendet gegenüber F eine gültige österreichische Umsatzsteuer-Identifikationsnummer. Nach der vereinbarungsgemäßen Zahlung von 1.000 € durch Wilhelm lässt F den Globus, den sie unter den gleichen Umständen wie im Ausgangsfall für 500 € (netto) bei Peter bezogen hat, durch einen Angestellten nach Wien bringen. F kommt ihrer Pflicht zur Zusammenfassenden Meldung nach § 18 a UStG vollständig und richtig nach. ◀

Aufgabenstellung

▶ Wie sind der Eingangs- und der Ausgangsumsatz im Grundfall für F umsatzsteuerrechtlich zu bewerten? Kann F in der Abwandlung in Deutschland Vorsteuer geltend machen? Die Aufgabe ist gutachtlich zu bearbeiten. Es ist das aktuell geltende Recht anzuwenden. ◀

Gliederung

I. Grundfall	268
1. Ausgangsumsatz bei F (Umsatz von F an Kurt)	268
a) Steuerbarer Umsatz	268
aa) Lieferung	269
bb) Durch einen Unternehmer	269
cc) Im Inland	269
dd) Gegen Entgelt	270
ee) Im Rahmen des Unternehmens der F	270
ff) Ergebnis	270
b) Steuerpflicht	270
c) Bemessungsgrundlage	270
d) Steuersatz	271
e) Steuerschuld und Steuerschuldner	271
f) Ergebnis	272
2. Eingangsumsatz bei F (Umsatz von Peter an F)	272
a) Vorsteuerabzugsberechtigung	272
aa) Unternehmereigenschaft der F	272
bb) Steuerbare und steuerpflichtige Leistung von einem anderen Unternehmer	272
cc) Für das Unternehmen der F	273
dd) Rechnung	273
ee) Ergebnis	273
b) Ausschluss des Vorsteuerabzugs	273
c) Ergebnis	273
3. Ergebnis	273
II. Abwandlung	274
1. Vorsteuerabzugsberechtigung	274
2. Ausschluss des Vorsteuerabzugs	274
a) Steuerfreier Ausgangsumsatz	275
b) Ausnahme für den Ausschluss des Vorsteuerabzugs	276
c) Ergebnis	276
3. Ergebnis	276

Lösung

I. Grundfall

Der Grundfall ist mit Blick auf den Eingangs- und den Ausgangsumsatz bei F zu beurteilen.

1. Ausgangsumsatz bei F (Umsatz von F an Kurt)

Zunächst ist der Verkauf des Globus von F an Kurt zu prüfen. Fraglich ist, ob ein steuerbarer und steuerpflichtiger Umsatz hinsichtlich des Globus vorliegt.

a) Steuerbarer Umsatz

Es könnte ein steuerbarer Umsatz nach § 1 Abs. 1 Nr. 1 UStG vorliegen. Nach § 1 Abs. 1 Nr. 1 UStG unterliegen „Lieferungen und sonstige Leistungen, die ein Unternehmer im Inland gegen Entgelt im Rahmen seines Unternehmens ausführt", der Umsatzsteuer.

aa) Lieferung

Es könnte eine Lieferung von F an Kurt vorliegen. Nach der Legaldefinition des § 3 Abs. 1 UStG sind Lieferungen Leistungen, die den Abnehmer befähigen, im eigenen Namen über einen Gegenstand zu verfügen (**Verschaffung der Verfügungsmacht**). Dabei kommt es auf die Erlangung des wirtschaftlichen Eigentums an (vgl. § 39 AO).[1] Hier liegt infolge des Überbringens des Globus die Verschaffung der Verfügungsmacht an Kurt vor. Es handelt sich daher um eine Lieferung des Globus.

Die Beförderung des Globus von Frankfurt nach Köln stellt eine **unselbständige Nebenleistung** dar. Sie ist daher nicht als gesonderte sonstige Leistung zu bewerten, sondern teilt das Schicksal der Hauptleistung.[2]

Vertiefungshinweis

Grundsätzlich sind Leistungen im Umsatzsteuerrecht jeweils für sich zu betrachten. Liegt jedoch eine Leistungseinheit vor, deren Aufspaltung künstlich erschiene, so wird diese einheitlich betrachtet (Grundsatz der Einheitlichkeit der Leistung). Bei einer Einheit von Haupt- und Nebenleistung teilt die unselbständige Nebenleistung das Schicksal der Hauptleistung.[3] Siehe hierzu auch § 22 Rn. 10, 42.

bb) Durch einen Unternehmer

F müsste Unternehmerin sein. Unternehmer ist nach der Legaldefinition des § 2 Abs. 1 S. 1 UStG, „wer eine gewerbliche oder berufliche Tätigkeit selbständig ausübt". Nach § 2 Abs. 1 S. 3 UStG ist jede nachhaltige und mit Einnahmeerzielungsabsicht ausgeübte Tätigkeit gewerblich oder beruflich. An der Selbständigkeit fehlt es nach § 2 Abs. 2 Nr. 1 UStG, wenn eine Person gegenüber einem Unternehmer weisungsgebunden ist. F betreibt ihren Handel für Kartenmaterial und Globen dauerhaft und zur Erzielung von Einnahmen. Sie wird zudem eigenverantwortlich und auf eigene Rechnung tätig. F ist daher Unternehmerin.[4]

cc) Im Inland

Die Lieferung müsste im Inland ausgeführt werden. Als Inland ist nach § 1 Abs. 2 UStG grundsätzlich das Gebiet der Bundesrepublik Deutschland anzusehen.

Der Ort der Lieferung ist nach § 3 Abs. 5a UStG vorbehaltlich der §§ 3c, 3e, 3g UStG nach § 3 Abs. 6 bis 8 UStG zu bestimmen. Die Sonderregelungen der §§ 3c, 3e, 3g UStG sowie des § 3 Abs. 8 UStG sind nicht einschlägig, so dass auf die Bestimmungen von § 3 Abs. 6 und 7 UStG zurückzukommen ist. Dabei wird die bewegte Lieferung von der ruhenden Lieferung unterschieden. Hier könnte eine **bewegte Lieferung** im Sinne des § 3 Abs. 6 UStG vorliegen. Dazu müsste der Liefergegenstand befördert oder versendet worden sein. Eine Beförderung wird angenommen bei der Warenbewegung durch den Lieferer, den Abnehmer oder eine unselbständige Erfüllungsperson (vgl. § 3 Abs. 6 S. 2 UStG). Eine Versendung wird demgegenüber angenommen bei der Warenbewegung durch einen selbständigen Dritten (vgl. § 3 Abs. 6 S. 3 UStG).[5] Der Globus

---

1 *Englisch*, in: Tipke/Lang, Rn. 17.96; *Rose/Watrin*, S. 69 f.
2 *Leonard/Robisch*, in: Bunjes, § 3 UStG Rn. 22. Siehe auch EuGH v. 3.7.2001, C-380/99, Slg. 2001 I-5163, Rn. 21.
3 Zum Ganzen: *Leonard/Robisch*, in: Bunjes, § 3 UStG Rn. 19–22a.
4 Siehe zum Ganzen: *Fehrenbacher*, § 7 Rn. 63–67; *Rose/Watrin*, S. 27–35.
5 Zum Ganzen: *Fehrenbacher*, § 7 Rn. 22.

wird durch einen Angestellten der F (als unselbständige Erfüllungsperson) an Kurt geliefert. Entsprechend liegt eine Beförderung im Sinne des § 3 Abs. 6 S. 2 UStG vor. Die Lieferung gilt nach § 3 Abs. 6 S. 1 UStG dort als ausgeführt, wo die Beförderung beginnt. Dies ist vorliegend Frankfurt. Damit wird die Lieferung im Inland ausgeführt.

dd) Gegen Entgelt

12   Die Lieferung müsste gegen Entgelt erfolgen. Es müsste ein Leistungsaustausch vorliegen. Dies erfordert, dass zwei Personen einander Leistungen gewähren (Leistung und Gegenleistung) und dass diese Leistungen in einem wirtschaftlichen Zusammenhang stehen.[6] Kurt zahlt an F 1.000 € (netto). Die Lieferung durch F erfolgt mit Blick auf den Erhalt des Kaufpreises, mithin liegt der erforderliche wirtschaftliche Zusammenhang zwischen der Leistung und der Gegenleistung vor. Ein Leistungsaustausch ist daher gegeben.[7]

ee) Im Rahmen des Unternehmens der F

13   Die Lieferung des Globus müsste auch im Rahmen des Unternehmens der F erfolgen. Beim Handel mit Globen handelt es sich gerade um das Kerngeschäft des Unternehmens der F.[8] Diese Voraussetzung ist damit erfüllt.

ff) Ergebnis

14   Damit liegt ein steuerbarer Umsatz vor.

b) Steuerpflicht

15   Eine Steuerbefreiung für die Lieferung liegt nicht vor.

Vertiefungshinweis

Steuerbare Umsätze können in steuerpflichtige und steuerfreie Umsätze unterteilt werden. Daher ist nach der Feststellung der Steuerbarkeit stets zu überlegen, ob eine Steuerbefreiung vorliegt (vgl. insbesondere § 4 UStG). Zum Verhältnis von Steuerbarkeit und Steuerpflicht im einkommensteuerrechtlichen Kontext siehe § 8 Rn. 27; § 25 Rn. 19.

c) Bemessungsgrundlage

16   Die Bemessungsgrundlage für die Lieferung ist nach § 10 Abs. 1 S. 1 UStG das Entgelt. Entgelt ist nach der Legaldefinition in § 10 Abs. 1 S. 2 UStG alles, was den Wert der Gegenleistung bildet, die der leistende Unternehmer vom Leistungsempfänger (oder von einem Dritten) für die Leistung erhält oder erhalten soll. Es kommt auf die tatsächlichen Aufwendungen an.[9] Nicht zum Entgelt gehört die Umsatzsteuer. Der von Kurt gezahlte Kaufpreis in Höhe von 1.000 € netto (also ohne Umsatzsteuer) stellt das Entgelt dar und ist damit die Bemessungsgrundlage für den Umsatz.

---

6 *Fehrenbacher*, § 7 Rn. 15; *Rose/Watrin*, S. 55.
7 Zum Ganzen: *Englisch*, in: Tipke/Lang, § 17 Rn. 121–123; *Fehrenbacher*, § 7 Rn. 15. Vgl. auch EuGH v. 3.3.1994, C-16/93, Slg. 1994 I-734, Rn. 12–14 m.w.N.
8 Vgl. *Englisch*, in: Tipke/Lang, Rn. 17.147.
9 *Fehrenbacher*, § 7 Rn. 75.

Vertiefungshinweis

Bei der Bemessungsgrundlage wird das Entgelt in seiner konkreten Höhe relevant. Bedeutung hatte das generelle Vorliegen eines Entgelts aber bereits für die Steuerbarkeit des Umsatzes. § 1 Abs. 1 Nr. 1 UStG fordert nämlich das Vorliegen einer Leistung gegen Entgelt.[10]

d) Steuersatz

Die Umsatzsteuer beträgt nach § 12 Abs. 1 UStG grundsätzlich 19 Prozent. Neben diesem Regelsteuersatz besteht jedoch ein **ermäßigter Steuersatz** von sieben Prozent für die in § 12 Abs. 2 UStG aufgeführten Umsätze. Der Steuersatz von sieben Prozent gilt insbesondere für Lieferungen der in der Anlage 2 zum Umsatzsteuergesetz bezeichneten Gegenstände (vgl. § 12 Abs. 2 Nr. 1 UStG). In Nr. 49 lit. e Anlage 2 zum Umsatzsteuergesetz sind kartografische Erzeugnisse einschließlich Globen aufgeführt. Hinsichtlich der Lieferung des Globus gilt daher der ermäßigte Steuersatz.

Prüfungs- und Vertiefungshinweis

Die Fälle des § 12 Abs. 2 UStG und auch der Katalog der Anlage 2 zum Umsatzsteuergesetz sollten einmal im Ganzen durchgeschaut werden, um hinsichtlich der zahlreichen Steuerbefreiungen sensibilisiert zu sein und somit in der Prüfung an dieser Stelle nicht zu viel Zeit zu verlieren.

Die Kombination der Steuersätze von 19 Prozent (Regelsteuersatz) und sieben Prozent (ermäßigter Steuersatz) besteht in dieser Form grundsätzlich seit dem Jahr 2007.[11] Jüngst bestand allerdings eine befristete Steuersatzsenkung (16 Prozent und fünf Prozent) vom 1.7.2020 bis zum 31.12.2020 aufgrund des „Zweiten Corona-Steuerhilfegesetzes"[12].

e) Steuerschuld und Steuerschuldner

Die Entstehung der Steuer richtet sich nach § 13 UStG. Die Umsatzsteuer entsteht nach § 13 Abs. 1 Nr. 1 lit. a UStG bei der Berechnung der Steuer nach vereinbarten Entgelten mit Ablauf des Voranmeldungszeitraums, in dem die Leistung ausgeführt wird (sogenannte Soll-Besteuerung). Die Steuer ist grundsätzlich nach vereinbarten Entgelten zu berechnen (vgl. § 16 Abs. 1 UStG). Nur unter den Voraussetzungen des § 20 UStG, die sich dem Sachverhalt aber nicht entnehmen lassen, kommt eine Berechnung nach vereinnahmten Entgelten in Betracht (sogenannte Ist-Besteuerung). Damit entsteht die Steuer mit Ablauf des Voranmeldungszeitraums, in dem die Lieferung ausgeführt wird. Der Voranmeldungszeitraum ist nach § 18 Abs. 2 S. 1 UStG das Kalendervierteljahr, beziehungsweise beim Überschreiten der Schwelle des § 18 Abs. 2 S. 2 UStG der Kalendermonat. Für eine Befreiung von der Verpflichtung zur Abgabe von Voranmeldungen (vgl. § 18 Abs. 2 S. 3 UStG) bestehen keine Hinweise im Sachverhalt. Die Steuerschuldnerin ist nach § 13 a Abs. 1 Nr. 1 UStG die Unternehmerin F.

---

10 Siehe zum Ganzen: *Rose/Watrin*, S. 154.
11 Siehe im Einzelnen *Schüler-Täsch*, in: Sölch/Ringleb, § 12 UStG Rn. 1–2.
12 Zweites Gesetz zur Umsetzung steuerlicher Hilfsmaßnahmen zur Bewältigung der Corona-Krise (Zweites Corona-Steuerhilfegesetz) v. 29.6.2020, BGBl. I 2020, 1512.

f) Ergebnis

19 Bei dem geprüften Ausgangsumsatz handelt es sich um einen steuerbaren und steuerpflichtigen Umsatz, der zur Zahlung einer Umsatzsteuer in Höhe von 70 € (1.000 € x 7 Prozent) verpflichtet.

2. Eingangsumsatz bei F (Umsatz von Peter an F)

20 Nach der Untersuchung des Ausgangsumsatzes ist auf den Eingangsumsatz einzugehen. Fraglich ist hierbei, ob F aus dem Kauf des Globus von Peter zum Vorsteuerabzug berechtigt ist.

a) Vorsteuerabzugsberechtigung

21 Der Unternehmer kann nach § 15 Abs. 1 S. 1 Nr. 1 UStG „die gesetzlich geschuldete Steuer für Lieferungen und sonstige Leistungen, die von einem anderen Unternehmer für sein Unternehmen ausgeführt worden sind", als Vorsteuer abziehen (vgl. § 15 Abs. 1 S. 1 Nr. 1 S. 1 UStG). Erforderlich ist jedoch, dass eine Rechnung nach den Vorgaben der §§ 14, 14a UStG vorliegt (vgl. § 15 Abs. 1 S. 1 Nr. 1 S. 2 UStG).

aa) Unternehmereigenschaft der F

22 Voraussetzung des Vorsteuerabzugs ist zunächst, dass F Unternehmerin ist. Dies ist, wie gesehen, der Fall.

bb) Steuerbare und steuerpflichtige Leistung von einem anderen Unternehmer

23 § 15 Abs. 1 S. 1 Nr. 1 UStG setzt zudem voraus, dass eine steuerbare und steuerpflichtige Leistung von einem anderen Unternehmer im Sinne des § 1 Abs. 1 Nr. 1 UStG vorliegt.

Prüfungs- und Vertiefungshinweis

Der Eingangsumsatz muss steuerbar und steuerpflichtig sein. Dies ergibt sich daraus, dass als Vorsteuer nur die „gesetzlich geschuldete Steuer" abgezogen werden kann (vgl. § 15 Abs. 1 S. 1 Nr. 1 S. 1 UStG). Ein Vorsteuerabzug kommt daher bei fälschlich ausgewiesener Umsatzsteuer nicht in Betracht. An dieser Stelle muss inzident eine Prüfung des Umsatzes von Peter an F erfolgen.[13]

24 Peter ist als Produzent der Globen **Unternehmer** im Sinne des § 2 UStG. Er könnte eine Lieferung im Inland gegen Entgelt im Rahmen seines Unternehmens an F erbringen. Peter verschafft der F die Verfügungsmacht an dem Globus, so dass eine **Lieferung** im Sinne des § 3 Abs. 1 UStG durch einen Unternehmer vorliegt. Die in § 3 Abs. 5a EStG genannten Sonderregelungen sind nicht einschlägig, mithin richtet sich der Ort der Lieferung nach der Grundregel von § 3 Abs. 6 und 7 EStG. In Betracht kommt eine bewegte Lieferung. Hier erfolgt die Warenbewegung durch den selbständigen Transportunternehmer Torsten. Daher liegt eine Versendung vor. Bei der Versendung gilt die Lieferung nach § 3 Abs. 6 S. 1 UStG dort als ausgeführt, wo die Versendung an den Abnehmer beginnt. Sie beginnt mit der Übergabe an den Beauftragten (vgl. § 3 Abs. 6 S. 4 UStG). Daher liegt der Ort der Lieferung hier in Paderborn und damit

---

[13] Zum Ganzen: *Fehrenbacher*, § 7 Rn. 84.

im Inland (vgl. § 1 Abs. 2 UStG). Die Lieferung erfolgt auch **gegen Entgelt** und sie erfolgt **im Rahmen des Unternehmens** des Peter. Es ist **keine Steuerbefreiung** für den steuerbaren Umsatz ersichtlich.

Als Vorsteuer ist die gesetzlich geschuldete Steuer abziehbar. Bei Anwendung des Steuersatzes von sieben Prozent (vgl. § 12 Abs. 2 Nr. 1 UStG, Nr. 49 lit. e Anlage 2 zum Umsatzsteuergesetz) auf die Bemessungsgrundlage von 500 € (vgl. § 10 Abs. 1 S. 1 und 2 UStG) ergibt sich ein Betrag von 35 €.

Prüfungs- und Vertiefungshinweis
Der Transportunternehmer erbringt mit dem Transport von Paderborn nach Frankfurt eine eigene sonstige Leistung an Peter. Der Sachverhalt thematisiert diesen Aspekt nicht weiter und nennt insbesondere auch nicht das Entgelt für den Transport. Die Fallfrage erfordert auch keine weitere Erörterung dieses Aspekts.

cc) Für das Unternehmen der F

Eine Vorsteuerabzugsberechtigung bei F besteht nur für Umsätze, die für ihr Unternehmen ausgeführt werden. Die unternehmerische Verwendung wird angenommen, wenn die Eingangsleistung zur Ausführung steuerbarer Umsätze verwendet wird.[14] F erbringt mit der Veräußerung des Globus an Kurt, im Rahmen ihres Spezialhandels für Globen und Landkarten, eine steuerbare Lieferung. Mithin erfolgt der Umsatz von Peter an F für das Unternehmen der F.

dd) Rechnung

F ist nach dem Sachverhalt auch im Besitz einer Rechnung nach den Vorgaben des § 14 UStG.

ee) Ergebnis

Die Vorsteuerabzugsberechtigung ist daher grundsätzlich gegeben.

b) Ausschluss des Vorsteuerabzugs

Ein Ausschluss des Vorsteuerabzugs (vgl. insbesondere § 15 Abs. 2 bis 4 UStG) ist nicht ersichtlich.

c) Ergebnis

F ist damit zum Abzug der Vorsteuer berechtigt. Der Vorsteuerbetrag beträgt 35 €.

3. Ergebnis

Der Ausgangsumsatz (Umsatz von F an Kurt) ist steuerbar und steuerpflichtig. Hinsichtlich des Eingangsumsatzes (Umsatz von Peter an F) besteht eine Vorsteuerabzugsberechtigung der F.

---

14 EuGH v. 8.2.2007, C-435/05, Slg. 2007 I-1317, Rn. 23; *Englisch*, in: Tipke/Lang, Rn. 17.323 f.; jeweils m.w.N.

II. Abwandlung

31 Hinsichtlich der Abwandlung ist zu untersuchen, ob F aus dem Einkauf des Globus von Peter zum Vorsteuerabzug berechtigt ist.

Prüfungshinweis

Die Prüfung des Vorsteuerabzugs kann auch einmal alleiniger Aufhänger einer Aufgabe sein, was Inzidentprüfungen erforderlich macht.

1. Vorsteuerabzugsberechtigung

32 Der Unternehmer kann nach § 15 Abs. 1 S. 1 Nr. 1 UStG die Vorsteuer für Lieferungen und sonstige Leistungen, die von einem Unternehmer für sein Unternehmen ausgeführt worden sind, abziehen, wenn er im Besitz einer Rechnung nach den §§ 14, 14a UStG ist.

Wie in der Lösung zum Grundfall festgestellt, ist F Unternehmerin. Zudem erbringt Peter als Unternehmer im Rahmen seines Unternehmens eine Lieferung im Inland gegen Entgelt. Eine Steuerbefreiung für diese Lieferung liegt nicht vor. Die Lieferung müsste auch für das Unternehmen der F erfolgt sein. Davon ist bei einer unternehmerischen Verwendung durch F zur Erbringung steuerbarer Umsätze auszugehen.[15] Hier erwirbt F den Globus zur Weiterveräußerung an Wilhelm. Der vorliegende Eingangsumsatz lässt sich dem Ausgangsumsatz an Wilhelm (der entsprechend der Ausführungen im Grundfall zur Lieferung von F an Kurt steuerbar ist) zuordnen. F ist auch im Besitz einer Rechnung nach den Vorgaben des § 14 UStG. Grundsätzlich kann daher die gesetzlich geschuldete Steuer in Höhe von 35 € (500 € x 7 Prozent) als Vorsteuer geltend gemacht werden.

Prüfungshinweis

Die Prüfung der Lieferung von F an Wilhelm wurde an dieser Stelle kurz gehalten, weil sich hinsichtlich der hier allein relevanten Steuerbarkeit des Umsatzes keine Abweichungen zum Grundfall ergeben. Insbesondere ergibt sich keine Abweichung in der Ortsbestimmung; die Sonderregelung des § 3c Abs. 1 UStG (die ab dem 1.7.2021 für sogenannte innergemeinschaftliche Fernverkäufe als Lieferort den Ort festlegt, an dem sich der Gegenstand bei Beendigung der Beförderung oder Versendung befindet) ist bei der Lieferung an den Unternehmer Wilhelm nicht anwendbar (vgl. § 3c Abs. 1 S. 3 UStG).[16] Der grenzüberschreitende Bezug der Lieferung (als einzige Änderung zum Grundfall) wirkt sich bei der Steuerpflicht der Lieferung von F an Wilhelm aus. Das wird aber erst in der Folge bei der Frage des Ausschlusses des Vorsteuerabzugs relevant.

2. Ausschluss des Vorsteuerabzugs

33 An dieser Stelle kommt jedoch ein Ausschluss des Vorsteuerabzugs nach § 15 Abs. 2 S. 1 Nr. 1 UStG in Betracht. Der Vorsteuerabzug ist ausgeschlossen, wenn der Unternehmer den Eingangsumsatz zur Ausführung steuerfreier Umsätze verwendet.

---

[15] *Englisch*, in: Tipke/Lang, Rn. 17.323 f.
[16] Siehe im Einzelnen *Martin*, in: Sölch/Ringleb, § 3c UStG Rn. 48–55.

a) Steuerfreier Ausgangsumsatz

Damit ist der Ausgangsumsatz auf eine etwaige Steuerbefreiung hin zu untersuchen. Es liegt eine Lieferung der F an Wilhelm vor. Insofern gelten die Ausführungen zur Lieferung der F an Kurt im Grundfall entsprechend. Allerdings kommt hier die Steuerbefreiung des § 4 Nr. 1 lit. b UStG in Betracht. Danach sind **innergemeinschaftliche Lieferungen** im Sinne des § 6a UStG steuerfrei (wenn, wovon nach den Sachverhaltsangaben auszugehen ist, der Unternehmer seiner Pflicht zur Zusammenfassenden Meldung nach § 18a UStG vollständig und richtig nachgekommen ist)[17].

34

Eine innergemeinschaftliche Lieferung erfordert zunächst, dass bei einer Lieferung der Gegenstand in das übrige Gemeinschaftsgebiet befördert oder versendet wird (vgl. § 6a Abs. 1 S. 1 Nr. 1 UStG). Mit der Beförderung nach Wien in Österreich liegt eine solche Beförderung in das übrige Gemeinschaftsgebiet vor (vgl. § 1 Abs. 2a UStG). § 6a Abs. 1 S. 1 Nr. 2 UStG enthält zudem Anforderungen an den Erwerber. Hier könnte ein Fall des § 6a Abs. 1 S. 1 Nr. 2 lit. a UStG vorliegen. Dazu müsste der Abnehmer ein in einem anderen Mitgliedstaat umsatzsteuerrechtlich erfasster Unternehmer sein, der den Gegenstand der Lieferung für sein Unternehmen erworben hat. Wilhelm betreibt ein Einrichtungshaus und ist damit ein (nach dem Sachverhalt in Österreich für Zwecke der Umsatzsteuer erfasster) Unternehmer; er möchte den Globus in seinem Einrichtungshaus anbieten und hat ihn daher für sein Unternehmen erworben. Ferner muss der Erwerb des Gegenstands der Lieferung beim Abnehmer in einem anderen Mitgliedstaat den Vorschriften der Umsatzbesteuerung unterliegen (vgl. § 6a Abs. 1 S. 1 Nr. 3 UStG). Es kommt daher darauf an, ob bei Wilhelm ein steuerbarer innergemeinschaftlicher Erwerb in Österreich vorliegt. Dabei ist grundsätzlich auf die Vorschriften des Unionsrechts zurückzugreifen.[18] Hier ist mit Blick auf die Art. 2 Abs. 1 lit. b, 20 MwStSystRL von einer Erwerbsbesteuerung im Bestimmungsland auszugehen. Zuletzt muss der Abnehmer gegenüber dem Unternehmer eine gültige Umsatzsteuer-Identifikationsnummer eines anderen Mitgliedstaates verwenden, wovon nach den Sachverhaltsangaben auszugehen ist (vgl. § 6a Abs. 1 S. 1 Nr. 4 UStG). Damit ist der Ausgangsumsatz steuerfrei.

Prüfungs- und Vertiefungshinweis

Bei der Prüfung der Erwerbsbesteuerung im Bestimmungsland muss an dieser Stelle nicht auf die jeweiligen nationalen Vorschriften (hier Österreichs) zurückgegriffen werden. Stattdessen wird nach Unionsrecht geprüft, ob grundsätzlich ein innergemeinschaftlicher Erwerb im Bestimmungsland gegeben ist. Auf diese Weise kann die Mehrwertsteuersystemrichtlinie für die Falllösung relevant werden. Es sollte dann in der Falllösung auch auf die maßgeblichen Normen verwiesen werden.

Die Vorschriften zur innergemeinschaftlichen Lieferung unterliegen einer Entwicklung. Zuletzt erfolgten Anpassungen infolge der Umsetzung sogenannter „Quick-Fixes" durch das „Jahressteuergesetz 2019"[19], wodurch sich etwa in der Prüfung von § 4 Nr. 1 lit. b UStG und § 6a Abs. 1 S. 1 Nr. 2 UStG Änderungen ergeben haben und § 6a Abs. 1 S. 1 Nr. 4 UStG eingeführt wurde.[20]

---

17 Siehe im Einzelnen *Treiber*, in: Sölch/Ringleb, § 4 Nr. 1 UStG Rn. 17–26.
18 Zum Ganzen: *Treiber*, in: Sölch/Ringleb, § 6a UStG Rn. 60f. m.w.N.
19 Gesetz zur weiteren steuerlichen Förderung der Elektromobilität und zur Änderung weiterer steuerlicher Vorschriften v. 12.12.2019, BGBl. I 2019, 2451.
20 Siehe *Treiber*, in: Sölch/Ringleb, § 6a UStG Rn. 6.

35 Dem untersuchten steuerfreien Ausgangsumsatz (innergemeinschaftliche Lieferung von F an Wilhelm) ist der Eingangsumsatz (Lieferung von Peter an F) auch zuzuordnen. Es besteht ein direkter Zusammenhang zwischen dem Eingangs- und dem Ausgangsumsatz.[21] Grundsätzlich wäre der Vorsteuerabzug daher ausgeschlossen.

b) Ausnahme für den Ausschluss des Vorsteuerabzugs

36 Der Ausschluss des Vorsteuerabzugs könnte jedoch nach § 15 Abs. 3 Nr. 1 lit. a UStG nicht eintreten. Nach dieser Vorschrift besteht eine Ausnahme vom Ausschluss des Vorsteuerabzugs nach § 15 Abs. 2 S. 1 Nr. 1 UStG in besonderen Fällen der Steuerfreiheit des Ausgangsumsatzes. Der Ausschluss des Vorsteuerabzugs tritt nach § 15 Abs. 3 Nr. 1 lit. a UStG insbesondere dann nicht ein, wenn die Umsätze nach § 4 Nr. 1 bis 7 UStG steuerfrei sind. Bei der vorliegenden innergemeinschaftlichen Lieferung im Sinne des § 4 Nr. 1 lit. b UStG ist diese Voraussetzung erfüllt. Damit besteht eine Ausnahme vom Ausschluss des Vorsteuerabzugs.

c) Ergebnis

37 Der Vorsteuerabzug ist daher nicht ausgeschlossen.

3. Ergebnis

38 F ist damit zum Vorsteuerabzug in Höhe von 35 € berechtigt.

---

21 Zum Ganzen: *Fehrenbacher*, § 7 Rn. 91.

§ 22 Übungsfall 15 – Umsatzsteuer

Der folgende Fall behandelt im Schwerpunkt die Abgrenzung von Lieferungen und sonstigen Leistungen sowie von Haupt- und Nebenleistungen. Im Einzelnen werden insbesondere folgende Aspekte behandelt: Beförderungsleistungen; Beherbergungsleistungen; Bemessungsgrundlage (vgl. § 10 UStG); Ort der sonstigen Leistung (vgl. § 3a Abs. 1 UStG); Regelsteuersatz und ermäßigter Steuersatz (vgl. § 12 UStG); Restaurationsleistungen; Steuerbefreiungen (vgl. § 4 UStG).

Sachverhalt (Grundfall)

▶ Frieda (F) aus Gera macht eine Städtereise nach Stuttgart (Deutschland). Dort übernachtet sie im Hotel des Hoteliers Manfred (M). Am nächsten Morgen frühstückt F noch im Hotel, bevor sie wieder aufbricht. F zahlt an M für die Unterbringung mit Frühstück 110 € (netto), wovon 100 € auf die Übernachtung und 10 € auf das Frühstück entfallen. ◀

Abwandlung

▶ Von Stuttgart aus fährt F mit dem Zug der Eisenbahn-GmbH (E-GmbH) weiter nach Paris (Frankreich), um auch dort ein paar Tage die Stadt zu besichtigen. Der Zug, der in Stuttgart startet und direkt nach Paris fährt, legt eine Fahrstrecke von 600 Kilometern zurück, von denen 100 Kilometer in Deutschland und 500 Kilometer in Frankreich liegen. Der Fahrpreis beträgt 120 € (netto). Unterwegs kauft F im Zug beim Schaffner ein aufgewärmtes Würstchen, das sie am Klapptisch an ihrem Platz von einem Pappteller verzehrt. Hierfür zahlt sie 10 € (netto). ◀

Aufgabenstellung

▶ Wie sind der Grundfall und die Abwandlung aus deutscher Sicht umsatzsteuerrechtlich zu beurteilen?
Die Aufgabe ist gutachtlich zu bearbeiten. Es ist das aktuell geltende Recht anzuwenden. ◀

Gliederung

5
I. Grundfall	278
1. Ausgangsumsatz bei M	279
a) Steuerbarer Umsatz	279
aa) Übernachtung als sonstige Leistung	279
bb) Frühstück als Nebenleistung	279
cc) Durch einen Unternehmer	280
dd) Im Inland	280
ee) Gegen Entgelt	281
ff) Im Rahmen des Unternehmens des M	281
gg) Ergebnis	281
b) Steuerpflicht	281
c) Bemessungsgrundlage	281
d) Steuersatz	281
e) Steuerschuld und Steuerschuldner	283
f) Ergebnis	283
2. Eingangsumsatz bei F	283
3. Ergebnis	284
II. Abwandlung	284
1. Ausgangsumsatz bei der E-GmbH hinsichtlich der Beförderung	284
a) Steuerbarer Umsatz	284
aa) Beförderungsleistung	284
bb) Durch einen Unternehmer	284
cc) Im Inland	284
dd) Gegen Entgelt	285
ee) Im Rahmen des Unternehmens der E-GmbH	285
ff) Ergebnis	285
b) Steuerpflicht	285
c) Bemessungsgrundlage	286
d) Steuersatz	286
e) Steuerschuld und Steuerschuldner	286
f) Ergebnis	287
2. Ausgangsumsatz bei der E-GmbH hinsichtlich der Abgabe des Würstchens	287
a) Steuerbarer Umsatz	287
aa) Lieferung des Würstchens	287
bb) Durch einen Unternehmer	288
cc) Im Inland	288
dd) Gegen Entgelt	289
ee) Im Rahmen des Unternehmens der E-GmbH	289
ff) Ergebnis	289
b) Steuerpflicht	289
c) Bemessungsgrundlage	289
d) Steuersatz	289
e) Steuerschuld und Steuerschuldner	289
f) Ergebnis	290
3. Eingangsumsatz bei F	290
4. Ergebnis	290

Lösung

I. Grundfall

6 Im Grundfall ist die Unterbringung der F im Hotel des M (mit Frühstück) umsatzsteuerrechtlich zu bewerten.

1. Ausgangsumsatz bei M

Zunächst ist der Ausgangsumsatz bei M zu begutachten. Hierbei ist die Beherbergungsleistung von M an F umsatzsteuerrechtlich zu bewerten.

a) Steuerbarer Umsatz

Es könnte ein steuerbarer Umsatz nach § 1 Abs. 1 Nr. 1 UStG vorliegen. Nach § 1 Abs. 1 Nr. 1 UStG unterliegen „Lieferungen und sonstige Leistungen, die ein Unternehmer im Inland gegen Entgelt im Rahmen seines Unternehmens ausführt", der Umsatzsteuer.

aa) Übernachtung als sonstige Leistung

Bei der Überlassung des Hotelzimmers könnte es sich um eine sonstige Leistung handeln. Sonstige Leistungen sind nach § 3 Abs. 9 S. 1 UStG Leistungen, die keine Lieferungen sind. Sie können auch im Dulden einer Handlung oder eines Zustands bestehen (vgl. § 3 Abs. 9 S. 2 UStG). Hier liegt keine Verschaffung der Verfügungsmacht im Sinne des § 3 Abs. 1 UStG vor. Vielmehr wird das Zimmer zum Gebrauch überlassen. Damit handelt es sich um eine sonstige Leistung.

bb) Frühstück als Nebenleistung

Fraglich ist, ob das Frühstück als selbständig zu bewertende Leistung anzusehen ist oder ob es mit der Übernachtung gemeinsam zu betrachten ist. Grundsätzlich ist jede Leistung für sich zu sehen. Allerdings soll eine Leistungseinheit nicht künstlich aufgespalten werden. Dieser **Grundsatz der Einheitlichkeit der Leistung** gilt auch bei einer Einheit von Haupt- und Nebenleistungen. Eine unselbständige Nebenleistung teilt das Schicksal der Hauptleistung.[1]

Um eine solche Nebenleistung zur Übernachtung könnte es sich bei dem Frühstück (seinerseits für sich betrachtet eine sonstige Leistung aufgrund des überwiegenden Dienstleistungscharakters) handeln. Von einer Nebenleistung wird ausgegangen, wenn sie aus Sicht des Durchschnittsverbrauchers keinen eigenen Zweck verfolgt, sondern dazu dient, die Hauptleistung unter optimalen Bedingungen in Anspruch zu nehmen.[2] Die Verpflegungsleistung erfolgt hier im Zusammenhang mit der Beherbergungsleistung. Sie macht nur einen geringen Teil der Gesamtleistung aus. Zudem kann die Verpflegung als traditionelle Aufgabe des Hoteliers angesehen werden. Aus Sicht eines Durchschnittsverbrauchers handelt es sich bei der vereinbarten Unterbringung mit Frühstück um eine einheitliche Leistung. Das Frühstück ist daher als unselbständige Nebenleistung anzusehen und teilt das Schicksal der Übernachtungsleistung als Hauptleistung.[3]

---

1 Zum Ganzen: BFH v. 15.1.2009, V R 9/06, BStBl. II 2010, 433, unter II.1.; *Leonard/Robisch*, in: Bunjes, § 3 UStG Rn. 19–22 a.
2 Zum Ganzen: BFH v. 15.1.2009, V R 9/06, BStBl. II 2010, 433, unter II.1.; *Leonard/Robisch*, in: Bunjes, § 3 UStG Rn. 22 f.
3 Siehe zum Ganzen: BFH v. 15.1.2009, V R 9/06, BStBl. II 2010, 433, unter II.1. und 2.; FG Berlin-Brandenburg v. 28.11.2018, 7 K 7314/16, EFG 2019, 294, unter I.1.b). Siehe aber Sächsisches FG v. 14.12.2010, 3 K 1116/10, DStRE 2011, 1408, unter 2.

Prüfungs- und Vertiefungshinweis

An dieser Stelle ist mit entsprechender Argumentation auch eine andere Ansicht vertretbar.[4] Ginge man hinsichtlich des Frühstücks nicht von einer unselbständigen Nebenleistung aus, müsste für die weitere Prüfung von einer eigenständigen sonstigen Leistung im Sinne des § 3 Abs. 9 UStG ausgegangen werden.[5]
Zur unselbständigen Nebenleistung siehe auch § 21 Rn. 9.

cc) Durch einen Unternehmer

11 M müsste Unternehmer sein. Unternehmer ist nach der Legaldefinition des § 2 Abs. 1 S. 1 UStG, „wer eine gewerbliche oder berufliche Tätigkeit selbständig ausübt". Nach § 2 Abs. 1 S. 3 UStG ist jede nachhaltige und mit Einnahmeerzielungsabsicht ausgeübte Tätigkeit gewerblich oder beruflich. An der Selbständigkeit fehlt es nach § 2 Abs. 2 Nr. 1 UStG, wenn eine Person gegenüber einem Unternehmer weisungsgebunden ist. M betreibt das Hotel dauerhaft und zur Erzielung von Einnahmen. Er wird zudem eigenverantwortlich und auf eigene Rechnung tätig. M ist daher Unternehmer.[6]

dd) Im Inland

12 Die sonstige Leistung müsste im Inland ausgeführt werden. Als Inland ist nach § 1 Abs. 2 UStG grundsätzlich das Gebiet der Bundesrepublik Deutschland anzusehen. Die Grundregeln zur Bestimmung des Orts der sonstigen Leistung finden sich in § 3a UStG. Danach ist zwischen Leistungen an Nichtunternehmer (vgl. § 3a Abs. 1 UStG) und Leistungen an Unternehmer (vgl. § 3a Abs. 2 UStG) zu unterscheiden. Diese Grundregeln gelten allerdings nur vorbehaltlich der Sonderregelungen von § 3a Abs. 3 bis 8 UStG und §§ 3b, 3e UStG.

13 Es könnte ein Fall des § 3a Abs. 3 Nr. 1 lit. a UStG vorliegen. Danach werden sonstige Leistungen im Zusammenhang mit einem Grundstück am Belegenheitsort des Grundstücks ausgeführt. Dies gilt insbesondere für sonstige Leistungen im Sinne des § 4 Nr. 12 UStG. § 4 Nr. 12 UStG betrifft unter anderem die Vermietung von Grundstücken (vgl. § 4 Nr. 12 S. 1 lit. a UStG). Eine solche Vermietung liegt hier vor.[7] Allerdings nimmt § 4 Nr. 12 S. 2 UStG die Vermietung von Wohn- und Schlafräumen, die zur kurzfristigen Beherbergung von Fremden bereitgehalten werden, von der Steuerbefreiung des § 4 Nr. 12 UStG aus. Im Fall wird von dem Hotelier M eines seiner Zimmer vermietet, so dass die Steuerbefreiung des § 4 Nr. 12 UStG aufgrund der Regelung in § 4 Nr. 12 S. 2 UStG nicht gilt. Insofern ist fraglich, ob damit auch die Anwendung der Sonderregelung des § 3a Abs. 3 Nr. 1 lit. a UStG ausgeschlossen ist. Mit Blick auf die Bezugnahme insgesamt auf „sonstige Leistungen der in § 4 Nr. 12 bezeichneten Art" in § 3a Abs. 3 Nr. 1 lit. a UStG ist die Sonderregelung allerdings auch bei der vorliegenden Vermietungsleistung eines Hotels (inklusive der Nebenleistung)[8] einschlägig.[9] Der Ort der sonstigen Leistung ist damit Stuttgart als der Ort, an dem das Grundstück liegt. Die sonstige Leistung wird mithin im Inland ausgeführt.

---

4   Siehe hierzu z.B. BMF v. 4.5.2010, IV D 2 – S 7100/08/10011 :009, BStBl. I 2010, 490. Zur Aufhebung des Schreibens siehe BMF v. 9.12.2014, IV D 2 – S 7100/08/10011 :009, BStBl. I 2014, 1620.
5   Zum Ganzen: *Leonard/Robisch*, in: Bunjes, § 3 UStG Rn. 240–249 m.w.N.
6   Siehe zum Ganzen: *Fehrenbacher*, § 7 Rn. 63–67.
7   Vgl. *Heidner*, in: Bunjes, § 4 Nr. 12 UStG Rn. 5–7.
8   Siehe BFH v. 15.1.2009, V R 9/06, BStBl. II 2010, 433, unter 2.; *Wäger*, in: Sölch/Ringleb, § 3a UStG Rn. 118.
9   *Korn*, in: Bunjes, § 3a UStG Rn. 46a; *Wäger*, in: Sölch/Ringleb, § 3a UStG Rn. 117.

ee) Gegen Entgelt

Die sonstige Leistung müsste gegen Entgelt erfolgen. Es bedarf eines Leistungsaustauschs, bei dem zwei Personen einander Leistungen gewähren (Leistung und Gegenleistung), die in einem wirtschaftlichen Zusammenhang stehen.[10] Hier erfolgt die Leistung durch M mit Blick auf den Erhalt des Entgelts von F. Der erforderliche Leistungsaustausch ist daher gegeben.[11]

ff) Im Rahmen des Unternehmens des M

Die Leistung müsste im Rahmen des Unternehmens des M erfolgen. In der Gebrauchsüberlassung von Hotelzimmern (und der damit zusammenhängenden Verpflegung) liegt gerade das Kerngeschäft des Unternehmens des M.[12] Diese Voraussetzung ist damit erfüllt.

gg) Ergebnis

Damit liegt ein steuerbarer Umsatz vor.

b) Steuerpflicht

Zu prüfen ist ferner, ob der steuerbare Umsatz steuerbefreit ist. In Betracht kommt allein die Steuerbefreiung für die Vermietung von Grundstücken nach § 4 Nr. 12 S. 1 lit. a UStG. Wie gesehen, gilt die Steuerbefreiung nach § 4 Nr. 12 S. 2 UStG jedoch nicht für die Vermietung von Wohn- und Schlafräumen für die kurzfristige Beherbergung von Fremden. Es liegt folglich keine Steuerbefreiung vor.

c) Bemessungsgrundlage

Die Bemessungsgrundlage für die Leistung ist nach § 10 Abs. 1 S. 1 UStG das Entgelt. Entgelt ist alles, was den Wert der Gegenleistung bildet, die der leistende Unternehmer vom Leistungsempfänger (oder von einem Dritten) für die Leistung erhält oder erhalten soll (vgl. § 10 Abs. 1 S. 2 UStG). Nicht zum Entgelt gehört die Umsatzsteuer. Der von F gezahlte Betrag von 110 € (netto) stellt das Entgelt und damit die Bemessungsgrundlage für die Leistung dar.

d) Steuersatz

Die Umsatzsteuer beträgt nach § 12 Abs. 1 UStG grundsätzlich 19 Prozent. Neben diesem Regelsteuersatz besteht jedoch ein ermäßigter Steuersatz von sieben Prozent für die in § 12 Abs. 2 UStG aufgeführten Umsätze.

Nach § 12 Abs. 2 Nr. 11 S. 1 UStG beträgt die Steuer sieben Prozent für Vermietungen von Wohn- und Schlafräumen, die zur kurzfristigen Beherbergung von Fremden bereitgehalten werden. Damit unterliegt die Beherbergungsleistung des M dem **ermäßigten Steuersatz**.

Grundsätzlich teilt die Nebenleistung das Schicksal der Hauptleistung, so dass auch bezüglich des Frühstücks der ermäßigte Steuersatz gelten müsste. Allerdings gilt die

---

10 *Fehrenbacher*, § 7 Rn. 15; *Rose/Watrin*, S. 55.
11 Zum Ganzen: *Englisch*, in: Tipke/Lang, Rn. 17.121–17.123; *Fehrenbacher*, § 7 Rn. 15.
12 Vgl. *Englisch*, in: Tipke/Lang, Rn. 17.147.

Steuerermäßigung nach § 12 Abs. 2 Nr. 11 S. 2 UStG nicht für Leistungen, die nicht unmittelbar der Vermietung dienen. Dies gilt auch dann, wenn diese Leistungen mit dem Entgelt für die Vermietung abgegolten sind. Damit soll insbesondere das hier in Frage stehende Frühstück von der Steuerermäßigung ausgenommen werden. Dieses dient nicht unmittelbar der Vermietung (auch wenn es als unselbständige Nebenleistung anzusehen ist).[13] § 12 Abs. 2 Nr. 11 S. 2 UStG normiert ein spezielles **Aufteilungsgebot,** das auch den Grundsatz der einheitlichen Bewertung von Haupt- und Nebenleistung im vorliegenden Kontext verdrängt.[14]

Das Aufteilungsgebot des § 12 Abs. 2 Nr. 11 S. 2 UStG steht allerdings vor dem Hintergrund der jüngeren EuGH Rechtsprechung neu in der Diskussion. Im Urteil Stadion Amsterdam machte der EuGH deutlich, dass eine einheitliche Leistung aus Haupt- und Nebenbestandteilen, für die bei getrennter Betrachtung unterschiedliche Umsatzsteuersätze gelten würden, einheitlich mit dem für den Hauptbestandteil maßgeblichen Steuersatz zu besteuern ist.[15] Damit stellt sich die Frage, ob auch auf die hier in Frage stehenden Frühstücksleitungen der ermäßigte Steuersatz anzuwenden ist.[16] Der BFH hat die Frage zuletzt offengelassen.[17] Einiges spricht allerdings dafür, das gesetzliche Aufteilungsgebot des § 12 Abs. 2 Nr. 11 S. 2 UStG als unionsrechtskonform anzusehen und ihm Vorrang vor dem Grundsatz der Einheitlichkeit der Leistung einzuräumen, insbesondere mit Blick auf den auch vom EuGH anerkannten Wertungsspielraum des nationalen Gesetzgebers bei der selektiven Anwendung des ermäßigten Steuersatzes (vgl. Art. 98 MwStSystRL).[18]

Im Ergebnis beschränkt sich die Anwendung des ermäßigten Steuersatzes gemäß § 12 Abs. 2 Nr. 11 UStG daher auf die Gebrauchsüberlassung des Zimmers und betrifft nicht die Frühstücksleistung. Zu beachten ist allerdings, dass nach dem 30.6.2020 und vor dem 1.1.2023 erbrachte Restaurant- und Verpflegungsdienstleistungen, mit Ausnahme der Abgabe von Getränken, gemäß § 12 Abs. 2 Nr. 15 UStG dem ermäßigten Steuersatz unterliegen. Sieht man das Frühstück als einen Leistungsteil an, der aus der Steuerermäßigung nach § 12 Abs. 2 Nr. 11 UStG zulässigerweise ausgegrenzt wurde, so muss sich für den genannten Zeitraum damit dennoch eine (teilweise) Ermäßigung ergeben. Allerdings ist eine Aufteilung des Frühstückspreises erforderlich, und da der Sachverhalt keine weiteren Hinweise enthält, kann etwa mit der Verwaltung eine pauschale Berücksichtigung der Getränke im Rahmen des § 12 Abs. 2 Nr. 15 UStG in Höhe von 30 Prozent des Frühstücksanteils erfolgen.[19]

Prüfungs- und Vertiefungshinweis

Auch die problematischen Fragen des Steuersatzes können mit einer entsprechenden Argumentation anders gelöst werden. Der hiesige Lösungsvorschlag orientiert sich an der

---

13 *Leonard/Robisch,* in: Bunjes, § 3 UStG Rn. 22 a.
14 BFH v. 24.4.2013, XI R 3/11, BStBl. II 2014, 86, unter II.3 und 4. Siehe auch *Nieskens,* in: Rau/Dürrwächter, § 1 UStG Rn. 685.
15 EuGH v. 18.1.2018, C-463/16, DStR 2018, 246.
16 Siehe *Nieskens,* in: Rau/Dürrwächter, § 12 Abs. 2 Nr. 11 UStG Rn. 42–51. Vgl. auch *Möser,* MwStR 2018, 505 m.w.N.
17 BFH v. 13.6.2018, XI R 2/16, BStBl. II 2018, 678, unter 3.b).
18 Siehe FG Berlin-Brandenburg v. 28.11.2018, 7 K 7314/16, EFG 2019, 294, unter I.1.a); FG Nürnberg v. 18.12.2020, 2 V 1159/20, EFG 2021, 422, unter II.2.a)bb)(4); *Schrader,* MwStR 2019, 378, 383 f.; *Treiber,* DStR 2018, 1922. Siehe auch FG Rheinland-Pfalz v. 24.9.2020, 6 K 2273/17, EFG 2020, 1887, unter 1.b). Vgl. auch EuGH v. 18.1.2018, C-463/16, DStR 2018, 246, Rn. 34 f. m.w.N.
19 Siehe Abschn.10.1 Abs. 12 UStAE. Zum Ganzen: *Nieskens,* in: Rau/Dürrwächter, § 12 Abs. 2 Nr. 15 UStG Rn. 48 f.; BMF v. 2.7.2020, III C 2 – S 7030/20/10006 :006, BStBl. I 2020, 610.

Rechtsprechung. Die befristet geltende Regelung des § 12 Abs. 2 Nr. 15 UStG folgt aus dem „Corona-Steuerhilfegesetz"[20] und dem „Dritten Corona-Steuerhilfegesetz"[21]. Was die demnach erforderliche Aufteilung des Frühstücks angeht, ist der Rückgriff auf die hier angewendete Verwaltungsregelung nicht zwingend. Eine konkrete Aufteilung könnte etwa mit Blick auf das Verhältnis der Einzelveräußerungspreise oder des Wareneinsatzes erfolgen; zudem hält die Verwaltung auch eine pauschale Berücksichtigung der nicht begünstigten Teile der Beherbergungsleistung nach § 12 Abs. 2 Nr. 11 UStG von (mit Blick auf § 12 Abs. 2 Nr. 15 UStG) 15 Prozent des Pauschalpreises für möglich.[22] Die hier vorgeschlagene Lösung erfolgte der Einfachheit halber und mangels spezifischer Sachverhaltsangaben.[23]

Würde das Frühstück bereits nicht als unselbständige Nebenleistung angesehen, so schiede die Anwendung des ermäßigten Steuersatzes nach § 12 Abs. 2 Nr. 11 UStG ohnehin aus. Da hinsichtlich des Frühstücks von einer sonstigen Leistung (und nicht von einer Lieferung) auszugehen ist, folgte die Anwendung des ermäßigten Steuersatzes auch nicht aus § 12 Abs. 2 Nr. 1 UStG, aber teilweise (und für den entsprechenden Anwendungszeitraum) aus § 12 Abs. 2 Nr. 15 UStG.

e) Steuerschuld und Steuerschuldner

Die Umsatzsteuer entsteht mit Ablauf des Voranmeldungszeitraums, in dem die Lieferung ausgeführt wird (vgl. §§ 13 Abs. 1 Nr. 1 lit. a, 16 Abs. 1 UStG). Voranmeldungszeitraum ist das Kalendervierteljahr (vgl. § 18 Abs. 2 S. 1 UStG) beziehungsweise der Kalendermonat (vgl. § 18 Abs. 2 S. 2 UStG). Für eine Befreiung von der Verpflichtung zur Abgabe von Voranmeldungen (vgl. § 18 Abs. 2 S. 3 UStG) bestehen keine Hinweise im Sachverhalt.

Steuerschuldner ist nach § 13a Abs. 1 Nr. 1 UStG der Unternehmer M.

f) Ergebnis

Es liegt eine einheitliche steuerpflichtige sonstige Leistung vor. Hinsichtlich des Steuersatzes erfolgt allerdings eine Aufteilung. Für den Beherbergungsteil gilt der ermäßigte Steuersatz, sodass Umsatzsteuer in Höhe von 7 € (100 € x 7 Prozent) anfällt. Für den Frühstücksteil gilt grundsätzlich der reguläre Steuersatz, woraus sich eine Umsatzsteuer von 1,90 € (10 € x 19 Prozent) ergibt; erfolgt die Leistung allerdings im Anwendungszeitraum des § 12 Abs. 2 Nr. 15 UStG, fällt für diesen Leistungsteil Umsatzsteuer in Höhe von 1,06 € (7 € x 7 Prozent + 3 € x 19 Prozent) an.

2. Eingangsumsatz bei F

F macht eine Städtereise nach Stuttgart. Für diese private Reise kommt ein Vorsteuerabzug bei ihr hinsichtlich der von M an sie erbrachten Leistung nicht in Betracht.

---

20 Gesetz zur Umsetzung steuerlicher Hilfsmaßnahmen zur Bewältigung der Corona-Krise (Corona-Steuerhilfegesetz) v. 19.6.2020, BGBl. I 2020, 1385.
21 Drittes Gesetz zur Umsetzung steuerlicher Hilfsmaßnahmen zur Bewältigung der Corona-Krise (Drittes Corona-Steuerhilfegesetz) v. 10.3.2021, BGBl. I 2021, 330.
22 Siehe Abschn. 12.16 Abs. 12 S. 2 UStAE.
23 Zum Ganzen: *Nieskens*, in: Rau/Dürrwächter, § 12 Abs. 2 Nr. 15 UStG Rn. 49 f.

Prüfungshinweis

Hinsichtlich etwaiger Eingangsumsätze bei M (in Form von Leistungen an ihn zur Erfüllung seiner Ausgangsleistungen) enthält der Sachverhalt keine Hinweise, so dass hierauf nicht eingegangen werden muss.

3. Ergebnis

24 Hinsichtlich des Umsatzes von M an F liegt eine sonstige Leistung vor. Ein Vorsteuerabzug bei F kommt hinsichtlich dieses Umsatzes nicht in Betracht.

II. Abwandlung

25 Die Abwandlung ist aus deutscher Sicht umsatzsteuerrechtlich zu bewerten. Hierbei sind die Beförderung der F und die Abgabe des Würstchens an sie umsatzsteuerrechtlich zu begutachten.

1. Ausgangsumsatz bei der E-GmbH hinsichtlich der Beförderung

26 Zunächst ist der Ausgangsumsatz bei der E-GmbH hinsichtlich der Beförderung der F zu untersuchen.

a) Steuerbarer Umsatz

27 Es könnte ein steuerbarer Umsatz nach § 1 Abs. 1 Nr. 1 UStG vorliegen. Nach § 1 Abs. 1 Nr. 1 UStG unterliegen Leistungen (Lieferungen und sonstige Leistungen), die von einem Unternehmer im Inland gegen Entgelt im Rahmen seines Unternehmens erbracht werden, der Umsatzsteuer.

aa) Beförderungsleistung

28 Bei der Beförderung von F durch die E-GmbH könnte es sich um eine sonstige Leistung handeln. Sonstige Leistungen sind nach § 3 Abs. 9 S. 1 UStG Leistungen, die keine Lieferungen sind. Sie können auch im Dulden einer Handlung oder eines Zustands bestehen (vgl. § 3 Abs. 9 S. 2 UStG). Hier liegt keine Verschaffung der Verfügungsmacht im Sinne des § 3 Abs. 1 UStG vor. Stattdessen stellt die Beförderungsleistung eine sonstige Leistung dar.

bb) Durch einen Unternehmer

29 Die E-GmbH müsste Unternehmerin im Sinne des § 2 UStG sein. Sie müsste daher eine gewerbliche oder berufliche Tätigkeit selbständig ausüben. Als Unternehmer kommen neben den natürlichen Personen beispielsweise auch juristische Personen in Betracht.[24] Die E-GmbH betreibt ein Eisenbahnunternehmen und ist damit Unternehmerin.

cc) Im Inland

30 Die sonstige Leistung müsste im Inland (vgl. § 1 Abs. 2 UStG) ausgeführt werden. Die Grundregeln zur Bestimmung des Orts der sonstigen Leistung finden sich in § 3a UStG. Danach ist zwischen Leistungen an Nichtunternehmer (vgl. § 3a Abs. 1 UStG)

---

24 Siehe *Fehrenbacher*, § 7 Rn. 63; *Rose/Watrin*, S. 27.

und Leistungen an Unternehmer (vgl. § 3a Abs. 2 UStG) zu unterscheiden. Diese Grundregeln gelten allerdings nur vorbehaltlich der Sonderregelungen von § 3a Abs. 3 bis 8 UStG und §§ 3b, 3e UStG.

Zu prüfen ist vorliegend die Sonderregelung des § 3b Abs. 1 UStG. Nach § 3b Abs. 1 S. 1 UStG wird die Beförderung einer Person dort ausgeführt, wo die Beförderung bewirkt wird. Mit der räumlichen Fortbewegung der F durch die E-GmbH liegt eine Beförderung vor. Damit gilt hinsichtlich des Orts der Leistung das sogenannte **Streckenprinzip**. Dies gilt nach § 3b Abs. 1 S. 2 UStG auch bei grenzüberschreitenden Beförderungen. Dabei unterliegt nur der Teil der Leistung, der auf das Inland entfällt, in Deutschland der Umsatzbesteuerung. Sonderregelungen nach den §§ 2 bis 7 UStDV (vgl. hierzu § 3b Abs. 1 S. 4 UStG) sind nicht einschlägig.[25] Bei der Beförderung entfallen 100 Kilometer von der Gesamtstrecke von 600 Kilometern auf das Inland. Nur insofern unterliegt die Leistung der deutschen Umsatzbesteuerung.

Vertiefungshinweis

Hinsichtlich der Beförderung von Personen gilt durchgehend das Streckenprinzip (vgl. § 3b Abs. 1 S. 1 und 2 UStG). Bei Güterbeförderungsleistungen an einen Nichtunternehmer (beziehungsweise für den privaten Bereich eines Unternehmers) gilt ebenfalls das Streckenprinzip (vgl. § 3b Abs. 1 S. 3 UStG), es sei denn, es handelt sich um eine innergemeinschaftliche Güterbeförderung. Diese wird an dem Ort ausgeführt, an dem die Beförderung beginnt (vgl. § 3b Abs. 3 UStG). Güterbeförderungsleistungen an einen Unternehmer werden nach § 3a Abs. 2 UStG an dem Ort ausgeführt, von dem aus der Empfänger sein Unternehmen betreibt.[26]

dd) Gegen Entgelt

Die sonstige Leistung müsste gegen Entgelt erfolgen. F zahlt an die E-GmbH den Fahrpreis. Da die Beförderung mit Blick auf den Erhalt des Entgelts erfolgt, liegt ein Leistungsaustausch vor.[27]

ee) Im Rahmen des Unternehmens der E-GmbH

Die Leistung erfolgt auch im Rahmen des Unternehmens der E-GmbH. Die Beförderung von Personen stellt gerade das Kerngeschäft des Unternehmens der E-GmbH dar.[28]

ff) Ergebnis

Hinsichtlich der Beförderung der F liegt eine steuerbare sonstige Leistung vor. Die Beförderungsleistung unterliegt der Umsatzbesteuerung in Deutschland, soweit sie nach dem Streckenprinzip auf das Inland entfällt.

b) Steuerpflicht

Eine Steuerbefreiung für die Beförderungsleistung ist nicht ersichtlich. Insbesondere besteht kein Fall des § 4 Nr. 6 lit. a UStG. Hiernach sind Leistungen der Eisenbahnen

---

25 Zum Ganzen: *Korn*, in: Bunjes, § 3b UStG Rn. 5–10.
26 Zum Ganzen: *Fehrenbacher*, § 7 Rn. 36; *Rose/Watrin*, S. 95.
27 Siehe zum Ganzen: *Englisch*, in: Tipke/Lang, Rn. 17.121–17.123; *Fehrenbacher*, § 7 Rn. 15.
28 Vgl. *Englisch*, in: Tipke/Lang, Rn. 17.147.

des Bundes auf Gemeinschaftsbahnhöfen, Betriebswechselbahnhöfen, Grenzbetriebsstrecken und Durchgangsstrecken an Eisenbahnverwaltungen mit Sitz im Ausland befreit. Der Sachverhalt enthält keine Hinweise darauf, dass es sich bei der E-GmbH um ein Unternehmen handelt, das sich in der Hand des Bundes oder eines mehrheitlich dem Bund gehörenden Unternehmens befindet. Es fehlt daher bereits an einer Eisenbahn des Bundes. Zudem erfolgt die in Frage stehende Leistung nicht an eine Eisenbahnverwaltung mit Sitz im Ausland.[29]

c) Bemessungsgrundlage

36 Die Bemessungsgrundlage für die Leistung ist nach § 10 Abs. 1 S. 1 UStG das Entgelt. Entgelt ist alles, was den Wert der Gegenleistung bildet, die der leistende Unternehmer vom Leistungsempfänger (oder von einem Dritten) für die Leistung erhält oder erhalten soll (vgl. § 10 Abs. 1 S. 2 UStG). Nicht zum Entgelt gehört die Umsatzsteuer. F zahlt an die E-GmbH einen Fahrpreis von 120 € (netto). Erstreckt sich die Beförderung allerdings, wie hier, auf das Inland und auf das Ausland, ist das Entgelt nach dem Verhältnis der Strecken aufzuteilen. Hier entfällt ein Sechstel der Strecke auf das Inland (100 von 600 Kilometern). Entsprechend ist das Entgelt von 120 € aufzuteilen, so dass hiervon 20 € (120 € x 1/6) als Bemessungsgrundlage für die deutsche Umsatzsteuer heranzuziehen sind.[30]

d) Steuersatz

37 Die Umsatzsteuer beträgt nach § 12 Abs. 1 UStG grundsätzlich 19 Prozent. Neben diesem Regelsteuersatz besteht jedoch ein ermäßigter Steuersatz von sieben Prozent für die in § 12 Abs. 2 UStG aufgeführten Umsätze. Für die vorliegende Beförderung im Schienenbahnverkehr besteht eine entsprechende Regelung in § 12 Abs. 2 Nr. 10 lit. a UStG, sodass die Leistung dem ermäßigten Steuersatz von sieben Prozent unterliegt.

Vertiefungshinweis

§ 12 Abs. 2 Nr. 10 lit. a UStG enthält keine Beschränkungen hinsichtlich der Beförderungsstrecke für die Steuerermäßigung im Schienenbahnverkehr. Für Beförderungen mit anderen Transportmitteln sind die Voraussetzungen hingegen strenger; für sie ermäßigt sich der Steuersatz nur, wenn die Beförderung innerhalb einer Gemeinde erfolgt (§ 12 Abs. 2 Nr. 10 lit. b lit. aa UStG) oder wenn die Beförderungsstrecke nicht mehr als 50 Kilometer beträgt (§ 12 Abs. 2 Nr. 10 lit. b lit. bb UStG). Entsprechende Einschränkungen galten zunächst auch für den Schienenbahnverkehr, wurden durch das „Gesetz zur Umsetzung des Klimaschutzprogramms 2030 im Steuerrecht"[31] aber mit Wirkung vom 1.1.2020 aufgehoben. In der Literatur werden gleichheitsrechtliche Fragen (Neutralitätsgrundsatz) diskutiert.[32]

e) Steuerschuld und Steuerschuldner

38 Die Umsatzsteuer entsteht mit Ablauf des Voranmeldungszeitraums, in dem die Lieferung ausgeführt wird (vgl. §§ 13 Abs. 1 Nr. 1 lit. a, 16 Abs. 1 UStG). Voranmeldungszeitraum ist das Kalendervierteljahr (vgl. § 18 Abs. 2 S. 1 UStG) beziehungsweise der Kalendermonat (vgl. § 18 Abs. 2 S. 2 UStG). Für eine Befreiung von der Verpflichtung

---

29 Zum Ganzen: *Treiber*, in: Sölch/Ringleb, § 4 Nr. 6 UStG Rn. 10 f.
30 Siehe zum Ganzen: *Korn*, in: Bunjes, § 3 b UStG Rn. 5–10. Siehe auch Abschn. 3 b.1 Abs. 6 UStAE.
31 Gesetz zur Umsetzung des Klimaschutzprogramms 2030 im Steuerrecht v. 21.12.2019, BGBl. I 2019, 2886.
32 Siehe z.B. *Küffner/Zugmaier*, DStR 2019, 2609, 2609–2615.

zur Abgabe von Voranmeldungen (vgl. § 18 Abs. 2 S. 3 UStG) bestehen keine Hinweise im Sachverhalt.

Steuerschuldnerin ist nach § 13a Abs. 1 Nr. 1 UStG die E-GmbH als Unternehmerin.

f) Ergebnis

Die Beförderungsleistung unterliegt hinsichtlich des inländischen Streckenanteils der Umsatzbesteuerung in Deutschland. Es fällt Umsatzsteuer in Deutschland in Höhe von 1,40 € (20 € x 7 Prozent) an.

2. Ausgangsumsatz bei der E-GmbH hinsichtlich der Abgabe des Würstchens

Sodann ist der Ausgangsumsatz bei der E-GmbH hinsichtlich der Abgabe des Würstchens an F zu prüfen.

a) Steuerbarer Umsatz

Es könnte ein steuerbarer Umsatz nach § 1 Abs. 1 Nr. 1 UStG vorliegen. Nach § 1 Abs. 1 Nr. 1 UStG unterliegen Leistungen, die von einem Unternehmer im Inland gegen Entgelt im Rahmen seines Unternehmens erbracht werden, der Umsatzsteuer.

aa) Lieferung des Würstchens

Bei der Abgabe des aufgewärmten Würstchens an F könnte es sich um eine Leistung in Form einer Lieferung im Sinne des § 3 Abs. 1 UStG handeln. Erforderlich ist hierfür die Verschaffung der Verfügungsmacht. F wird die Verfügungsmacht an dem Würstchen verschafft. Allerdings wird die Speise zunächst zubereitet und F kann sie an dem Klapptisch ihres Platzes einnehmen. Die darin liegenden Dienstleistungselemente könnten zur Annahme einer sonstigen Leistung führen.

Zur Abgrenzung von Lieferung und sonstiger Leistung bei der Abgabe von Speisen zum Verzehr an Ort und Stelle ist insbesondere Art. 6 MwStVO relevant. Hiernach gelten als Restaurant- und Verpflegungsdienstleistungen die Abgabe von Speisen mit ausreichenden unterstützenden Dienstleistungen, wenn der Dienstleistungscharakter überwiegt. Bei dem Würstchen handelt es sich um eine „Standardspeise", die nur aufgewärmt wurde. In der Rechtsprechung wird im hiesigen Kontext auf den Aufwand der Zubereitung abgestellt. Danach hindert die vorliegende einfache Zubereitung nicht die Einordnung als Lieferung.[33] Art. 6 MwStVO nennt den Aufwand der Zubereitung allerdings nicht als maßgebliches Kriterium, er knüpft daran an, ob die Speisen nur zum Abnehmer befördert werden oder ob andere, zusätzliche Dienstleistungen hinzukommen (vgl. Art. 6 Abs. 2 MwStVO). F erhält das Würstchen beim Schaffner. Besondere Verzehrvorrichtungen werden in dem Zug nicht bereitgehalten, vielmehr isst F das Würstchen an dem Klapptisch an ihrem Platz von einem Pappteller. Die Tische sind für alle Fahrgäste gedacht. Es liegt keine gaststättenmäßige Infrastruktur vor. Die Bereitstellung des Mobiliars ist daher nicht als überwiegendes Dienstleistungselement anzusehen. Gleiches gilt hinsichtlich der für die Vermarktung der Speise notwendigen

---

[33] Vgl. BFH v. 27.2.2014, V R 14/13, BStBl. II 2014, 869, unter II.1.b) m.w.N.

Beigabe des Papptellers. Vorliegend handelt es sich daher um eine Lieferung des Würstchens.[34]

Fraglich ist weiterhin, ob es sich bei der Lieferung des Würstchens um eine eigenständige Leistung oder um eine Nebenleistung zur Beförderung handelt. Hier gelten die bereits genannten Grundsätze: Grundsätzlich ist jede Leistung für sich zu betrachten. Allerdings soll eine Leistungseinheit nicht künstlich aufgespalten werden. Im Rahmen einer Gesamtbetrachtung ist zu bestimmen, ob ein einheitlicher Umsatz oder getrennte Umsätze vorliegen. Eine Nebenleistung wird angenommen, wenn sie aus Sicht des Durchschnittsverbrauchers keinen eigenen Zweck verfolgt, sondern dazu dient, die Hauptleistung unter optimalen Bedingungen in Anspruch zu nehmen.[35] Die Abgabe des Würstchens an F dient der Befriedigung eines eigenständigen Konsumbedürfnisses, das unabhängig von der Beförderungsleistung zu sehen ist. Zudem erfolgt diesbezüglich eine eigenständige Preisbildung. Im Ganzen stellt sich die Lieferung des Würstchens daher nicht als Nebenleistung zu der Beförderungsleistung dar, sondern ist eigenständig zu beurteilen.[36]

Prüfungshinweis

Mit einer entsprechenden Argumentation kann bei der Einordnung der Leistung hinsichtlich des Würstchens zu unterschiedlichen Ergebnissen gelangt werden. Unseres Erachtens spricht aber viel für die hier vorgeschlagene Lösung.

bb) Durch einen Unternehmer

43   Die E-GmbH ist Unternehmerin im Sinne des § 2 UStG.

cc) Im Inland

44   Die Lieferung des Würstchens ist, wie zuvor dargelegt, eigenständig zu bewerten, so dass sich der Ort der Beförderungsleistung hierauf nicht übertragen lässt. Für die Bestimmung des Orts der Lieferung ist auf § 3 Abs. 5a UStG zurückzugreifen. Danach sind die Sonderregelungen der §§ 3c, 3e, 3g UStG vorrangig gegenüber der Ortsbestimmung nach § 3 Abs. 6 bis 8 UStG. Für Lieferungen und Restaurationsleistungen während einer Beförderung innerhalb des Gemeinschaftsgebiets in einer Eisenbahn besteht die Sonderregelung des § 3e UStG. Fraglich ist daher, ob die Lieferung des Würstchens während einer Beförderung innerhalb des Gemeinschaftsgebiets erfolgt. Eine Beförderung innerhalb des Gemeinschaftsgebiets wird nach § 3e Abs. 2 UStG angenommen zwischen dem Abgangsort (als erster Ort im Gemeinschaftsgebiet, an dem in das Beförderungsmittel eingestiegen werden könnte) und dem Ankunftsort (als letzter Ort im Gemeinschaftsgebiet, an dem das Beförderungsmittel verlassen werden könnte) innerhalb des Gemeinschaftsgebiets.[37] Bei der Beförderung von Stuttgart nach Paris handelt es sich um eine Beförderung innerhalb des Gemeinschaftsgebiets. Als Ort der Lieferung des Würstchens gilt nach § 3e Abs. 1 UStG der Abgangsort des Beförderungsmittels im Gemeinschaftsgebiet. Dies ist vorliegend Stuttgart als der Ort,

---

34   Siehe zum Ganzen: BFH v. 27.2.2014, V R 14/13, BStBl. II 2014, 869, unter II.1.b) m.w.N.; *Leonard/Robisch*, in: Bunjes, § 3 UStG Rn. 240–249. Siehe auch Abschn. 3.6. UStAE.
35   Zum Ganzen: BFH v. 15.1.2009, V R 9/06, BStBl. II 2010, 433, unter II.1. und 2.; BFH v. 27.2.2014, V R 14/13, BStBl. II 2014, 869, unter II.1.c)aa).
36   Siehe zum Ganzen: BFH v. 27.2.2014, V R 14/13, BStBl. II 2014, 869, unter II.1.c)bb).
37   *Korn*, in: Bunjes, § 3e UStG Rn. 5.

an dem im Gemeinschaftsgebiet erstmals in den Zug eingestiegen werden konnte. Der Ort der Lieferung liegt damit im Inland (vgl. § 1 Abs. 2 UStG).

dd) Gegen Entgelt

Die Lieferung müsste gegen Entgelt erfolgen. Hier liegt der erforderliche Leistungsaustausch vor. F zahlt an die E-GmbH 10 € (netto) für den Erhalt des Würstchens.

ee) Im Rahmen des Unternehmens der E-GmbH

Der Verkauf von Speisen erfolgt im Rahmen des Unternehmens der E-GmbH.

ff) Ergebnis

Hinsichtlich der Abgabe des Würstchens liegt ein steuerbarer Umsatz in Form einer (eigenständig zu bewertenden) Lieferung vor.

b) Steuerpflicht

Zu untersuchen ist weiterhin die Steuerpflicht der steuerbaren Lieferung. Nicht einschlägig ist, wie gesehen, die Steuerbefreiung des § 4 Nr. 6 lit. a UStG. In Betracht gezogen werden könnte eine Steuerbefreiung nach § 4 Nr. 6 lit. e UStG. Die Vorschrift betrifft jedoch nur die Abgabe von Speisen und Getränken auf Wasserfahrzeugen für die Seeschifffahrt. Der insofern eindeutige Wortlaut bezieht sich nicht auf den Eisenbahnverkehr.[38] Es liegt daher keine Steuerbefreiung vor.

c) Bemessungsgrundlage

Die Bemessungsgrundlage für die Leistung ist nach § 10 Abs. 1 S. 1 UStG das Entgelt. Das Entgelt ist vorliegend der Nettokaufpreis des Würstchens in Höhe von 10 € (vgl. § 10 Abs. 1 S. 2 UStG). Dieser stellt damit die Bemessungsgrundlage dar.

d) Steuersatz

Die Umsatzsteuer beträgt nach § 12 Abs. 1 UStG grundsätzlich 19 Prozent. Neben diesem Regelsteuersatz besteht jedoch ein ermäßigter Steuersatz von sieben Prozent für die in § 12 Abs. 2 UStG aufgeführten Umsätze.

Eine Steuerermäßigung könnte sich hier aus § 12 Abs. 2 Nr. 1 UStG ergeben. Hiernach gilt der ermäßigte Steuersatz für Lieferungen der in der Anlage 2 zum Umsatzsteuergesetz bezeichneten Gegenstände. In Nr. 28 der Anlage 2 zum Umsatzsteuergesetz sind Zubereitungen von Fleisch genannt. Darunter fällt das von der E-GmbH an F gelieferte Würstchen. Damit gilt der ermäßigte Steuersatz von sieben Prozent.

e) Steuerschuld und Steuerschuldner

Die Umsatzsteuer entsteht mit Ablauf des Voranmeldungszeitraums, in dem die Lieferung ausgeführt wird (vgl. §§ 13 Abs. 1 Nr. 1 lit. a, 16 Abs. 1 UStG). Voranmeldungszeitraum ist das Kalendervierteljahr beziehungsweise der Kalendermonat (vgl.

---

38 Vgl. BFH v. 27.2.2014, V R 14/13, BStBl. II 2014, 869, unter II.2.b).

§ 18 Abs. 2 S. 1 und 2 UStG). Steuerschuldner ist nach § 13 a Abs. 1 Nr. 1 UStG die E-GmbH.

f) Ergebnis

52 Hier liegt eine in Deutschland mit dem ermäßigten Steuersatz zu besteuernde Lieferung vor. Die Umsatzsteuer beträgt 0,70 € (10 € x 7 Prozent).

3. Eingangsumsatz bei F

53 F unternimmt eine private Reise. Daher kommt ein Vorsteuerabzug bei ihr mit Blick auf die an sie erbrachten Leistungen der E-GmbH nicht in Betracht.

Prüfungshinweis

Hinsichtlich etwaiger Eingangsumsätze bei der E-GmbH (in Form von Leistungen an sie zur Erbringung ihrer Leistungen) enthält der Sachverhalt keine Hinweise, so dass hierauf nicht eingegangen werden muss.

4. Ergebnis

54 Es liegen zwei eigenständige Leistungen der E-GmbH an F vor. Insgesamt fällt Umsatzsteuer in Höhe von 2,10 € (1,40 € + 0,70 €) in Deutschland an. Ein Vorsteuerabzug bei F kommt nicht in Betracht.

§ 23 Übungsfall 16 – Umsatzsteuer

Der folgende Fall behandelt im Schwerpunkt Fragen der Steuerbarkeit und der Bemessungsgrundlage. Im Einzelnen werden insbesondere die folgenden Aspekte behandelt: Abgrenzung von Lieferung und sonstiger Leistung; Mindestbemessungsgrundlage (vgl. § 10 Abs. 5 UStG); Ersatzbemessungsgrundlage (vgl. § 10 Abs. 4 UStG); Ort der sonstigen Leistung; Preisnachlassgutschein; Rückgängigmachung einer Lieferung; unentgeltliche Wertabgabe (vgl. § 3 Abs. 1 b UStG).

Sachverhalt

▶ Wirt Manfred (M) betreibt eine Wirtschaft in Würzburg (Deutschland). Ein Glas Bier oder Wein kostet im Lokal des M 3,00 € (netto). Zudem bietet M auch Flaschenbiere zum selben Preis an. Der Einkaufspreis für M beträgt in allen Fällen 2,00 € (netto).
An einem Nachmittag hat M zwei Gäste: Zunächst kommt der Tourist Tobias (T) in das Lokal, um ein Glas regionalen Weins zu trinken. Aus einer Werbeanzeige des M in der kostenlosen Touristenzeitung hat T einen Preisnachlassgutschein ausgeschnitten, so dass er für den Wein, den er nach der Beratung durch die Bedienung Frieda (F) auf der Terrasse des M trinkt, nur 2,50 € (netto) zahlen muss. Gustav (G), ein weiterer Gast, kauft bei M eine Flasche Bier für 3,00 € (netto), die er ungeöffnet mitnimmt. Nach einer halben Stunde kommt G mit der Flasche zurück und beschwert sich darüber, dass das Bier schal sei. M nimmt die Flasche zurück und zahlt G den Kaufpreis wieder aus.
Abends macht M früher Schluss, um zusammen mit F das Fußballspiel bei sich zuhause zu schauen. M und F nehmen sich jeweils eine Flasche Bier aus der Wirtschaft mit. Für das Bier, das M für sich mitnimmt, legt er nichts in die Kasse. F hat ihren Geldbeutel vergessen und findet nur noch Münzen im Wert von 1,19 € in ihrer Hosentasche. Weil sie an diesem Tag aber Geburtstag hat, ist M „großzügig" und nimmt ausnahmsweise nur die 1,19 € für die Flasche Bier. ◀

Aufgabenstellung

▶ Wie ist der Fall umsatzsteuerrechtlich zu beurteilen?
Die Aufgabe ist gutachtlich zu bearbeiten. Es ist das aktuell geltende Recht anzuwenden. ◀

Gliederung

I. Leistung von M an T	292
1. Ausgangsumsatz bei M	292
a) Steuerbarer Umsatz	292
aa) Ausschenken des Weins als sonstige Leistung	293
bb) Durch einen Unternehmer	293
cc) Im Inland	293
dd) Gegen Entgelt	294
ee) Im Rahmen des Unternehmens des M	294
ff) Ergebnis	294
b) Steuerpflicht	294
c) Bemessungsgrundlage	294
d) Steuersatz	295
e) Steuerschuld und Steuerschuldner	295
f) Ergebnis	295
2. Eingangsumsatz bei T	295
3. Ergebnis	295
II. Leistung von M an G	296
1. Steuerbarer Umsatz	296
2. Ergebnis	296
III. Entnahme der Bierflasche	296
1. Steuerbarer und steuerpflichtiger Umsatz	297
2. Bemessungsgrundlage	297
3. Steuersatz, Steuerschuld und Steuerschuldner	298
4. Ergebnis	298
IV. Leistung von M an F	298
1. Ausgangsumsatz bei M	298
a) Steuerbarer und steuerpflichtiger Umsatz	298
b) Bemessungsgrundlage	298
aa) Entgelt	298
bb) Mindestbemessungsgrundlage	299
cc) Ergebnis	300
c) Steuersatz, Steuerschuld und Steuerschuldner	300
d) Ergebnis	300
2. Eingangsumsatz bei F	300
3. Ergebnis	300

Lösung

I. Leistung von M an T

Die Abgabe des Weins von M an T ist umsatzsteuerrechtlich zu bewerten.

1. Ausgangsumsatz bei M

Zunächst ist der Ausgangsumsatz bei M zu begutachten.

a) Steuerbarer Umsatz

Es könnte ein steuerbarer Umsatz nach § 1 Abs. 1 Nr. 1 UStG vorliegen. Nach § 1 Abs. 1 Nr. 1 UStG unterliegen „Lieferungen und sonstige Leistungen, die ein Unternehmer im Inland gegen Entgelt im Rahmen seines Unternehmens ausführt", der Umsatzsteuer.

aa) Ausschenken des Weins als sonstige Leistung

Fraglich ist, ob das Ausschenken des Weins an T in der Wirtschaft des M als Lieferung oder sonstige Leistung anzusehen ist. Die Abgrenzung der beiden Formen der Leistung ist insbesondere bei Restaurationsumsätzen wie im vorliegenden Fall problematisch.

Im Zusammenhang mit der Abgabe des Weins zum sofortigen Verzehr liegen verschiedene Leistungen des M vor. Neben der Verschaffung der Verfügungsmacht an dem Wein selbst bestehen einige Leistungen mit Dienstleistungscharakter. So wird T von der Angestellten des M bedient und hinsichtlich der Auswahl des Weins beraten. Zudem hält M die Räumlichkeiten für den Getränkekonsum (hier insbesondere die Terrasse) mit den entsprechenden Möbeln sowie das Trinkglas vor. Im Rahmen einer Gesamtbetrachtung ist das Wesen des Umsatzes aus Sicht des Durchschnittsverbrauchers zu ermitteln. Dabei ist entscheidend, ob die die Bewirtung kennzeichnenden Dienstleistungen qualitativ überwiegen.[1] Beim vorliegenden Konsum des Weins in der Wirtschaft des M überwiegen die Dienstleistungselemente. Die Verschaffung der Verfügungsmacht an dem Wein geht in der Gesamtleistung auf und stellt keine eigenständige Lieferung dar.[2]

Prüfungshinweis

Nicht ausreichend ist es, das Vorliegen einer Leistung allgemein festzustellen und die Abgrenzung von Lieferung und sonstiger Leistung offen zu lassen. Zwar erfasst § 1 Abs. 1 Nr. 1 UStG beide Fälle der Leistung. Allerdings wirkt sich die Einordnung als Lieferung oder sonstige Leistung an verschiedenen Stellen der weiteren Prüfung aus (zum Beispiel beim Leistungsort und beim Steuersatz). Sinnvoll ist es daher, die Formen der Leistung bereits hier zu unterscheiden.

Zur Abgrenzung von Lieferung und sonstiger Leistung siehe auch § 22 Rn. 9 f., 42.

bb) Durch einen Unternehmer

M müsste Unternehmer sein. Unternehmer ist nach der Legaldefinition des § 2 Abs. 1 S. 1 UStG, „wer eine gewerbliche oder berufliche Tätigkeit selbständig ausübt". M betreibt seine Wirtschaft dauerhaft und zur Erzielung von Einnahmen (vgl. § 2 Abs. 1 S. 2 UStG). Er wird eigenverantwortlich und auf eigene Rechnung tätig (vgl. § 2 Abs. 2 Nr. 1 UStG). M ist daher Unternehmer.[3]

cc) Im Inland

Die sonstige Leistung müsste im Inland ausgeführt werden. Inland ist nach § 1 Abs. 2 UStG grundsätzlich das Gebiet der Bundesrepublik Deutschland. Grundsätzlich ist die Unterscheidung zwischen sogenannten B2B-Umsätzen (Business to Business) und sogenannten B2C-Umsätzen (Business to Consumer) für die Ortsbestimmung relevant (vgl. § 3a Abs. 1 und 2 UStG). Vorrangig sind jedoch die Sonderregelungen von § 3a Abs. 3 bis 8 UStG und §§ 3b, 3e UStG. Im vorliegenden Fall könnte die Sonderregelung des § 3a Abs. 3 Nr. 3 lit. b UStG einschlägig sein. Hiernach werden Restaurationsleistungen, wenn sie nicht während einer Beförderung innerhalb des Gemeinschaftsgebiets in einem in § 3a Abs. 3 Nr. 3 lit. b UStG genannten Beförderungsmittel erfolgen, dort

---
1 BFH v. 18.2.2009, V R 90/07, BFHE 225, 210, unter II.2. m.w.N.
2 Vgl. zum Ganzen: *Martin*, in: Sölch/Ringleb, § 3 UStG Rn. 541–550.
3 Siehe zum Ganzen: *Fehrenbacher*, § 7 Rn. 63–67.

ausgeführt, wo sie vom Unternehmer tatsächlich erbracht werden. Hinsichtlich der Abgabe des Weins (als Getränk im Sinne des § 3a Abs. 3 Nr. 3 lit. b UStG)[4] zum Verzehr an Ort und Stelle gilt diese Sonderregelung zum Ort der sonstigen Leistung. Der Ort der Leistung ist mithin Würzburg.[5] Die sonstige Leistung wurde daher im Inland ausgeführt.

dd) Gegen Entgelt

11 Die sonstige Leistung müsste gegen Entgelt erfolgen. Es müsste ein Leistungsaustausch vorliegen. Dies erfordert, dass zwei Personen einander Leistungen gewähren (Leistung und Gegenleistung), die in einem wirtschaftlichen Zusammenhang stehen.[6] T zahlt an M 2,50 € (netto). Die Leistung durch M erfolgt mit Blick auf den Erhalt des Entgelts von T. Der erforderliche Leistungsaustausch ist daher gegeben.[7]

Prüfungshinweis

An dieser Stelle geht es um die grundlegende Frage, ob ein Leistungsaustausch gegeben ist. Die Problematik des Gutscheins wirkt sich hier noch nicht aus und wird daher erst geprüft, wenn das genaue Entgelt bei der Bestimmung der Bemessungsgrundlage relevant wird. Zur Bedeutung des Entgelts bei der Steuerbarkeit des Umsatzes und bei der Bemessungsgrundlage siehe § 21 Rn. 16.

ee) Im Rahmen des Unternehmens des M

12 Die Leistung müsste im Rahmen des Unternehmens des M erfolgen. Der Getränkeausschank macht gerade das Kerngeschäft des Unternehmens des M aus.[8] Damit erfolgte die Leistung im Rahmen des Unternehmens des M.

ff) Ergebnis

13 Damit liegt ein steuerbarer Umsatz vor.

b) Steuerpflicht

14 Zu untersuchen ist ferner, ob der steuerbare Umsatz steuerbefreit ist. Hier ist jedoch keine Steuerbefreiung im Sinne des § 4 UStG ersichtlich.

c) Bemessungsgrundlage

15 Die Bemessungsgrundlage für die Leistung ist nach § 10 Abs. 1 S. 1 UStG das Entgelt. Entgelt ist alles, was den Wert der Gegenleistung bildet, die der leistende Unternehmer vom Leistungsempfänger (oder von einem Dritten) für die Leistung erhält oder erhalten soll (vgl. § 10 Abs. 1 S. 2 UStG). Nicht zum Entgelt gehört die Umsatzsteuer.

T legt den **Preisnachlassgutschein** aus der Touristenzeitung vor und zahlt für den Wein dann 2,50 € (netto). Preisnachlassgutscheine, bei denen der Nennwert des Gutscheins auf den Endpreis angerechnet wird, führen zur Minderung der Bemessungsgrundlage.

---

[4] *Langer,* in: Reiß/Kraeusel/Langer, § 3a UStG Rn. 92.5.
[5] Zum Ganzen: *Korn,* in: Bunjes, § 3a UStG Rn. 64 f.; *Wäger,* in: Sölch/Ringleb, § 3a UStG Rn. 170–175.
[6] *Fehrenbacher,* § 7 Rn. 15; *Rose/Watrin,* S. 55.
[7] Zum Ganzen: *Englisch,* in: Tipke/Lang, Rn. 17.121–17.123; *Fehrenbacher,* § 7 Rn. 15.
[8] Vgl. *Englisch,* in: Tipke/Lang, Rn. 17.147.

§ 23 Übungsfall 16 – Umsatzsteuer

Bemessungsgrundlage für die sonstige Leistung ist damit der von T gezahlte Betrag von 2,50 €.

Vertiefungshinweis

Die Ausgabe von Gutscheinen kann umsatzsteuerrechtlich verschiedene Wirkungen haben. Zunächst stellt sich die Frage der umsatzsteuerrechtlichen Relevanz der Ausgabe des Gutscheins. Auf einer zweiten Ebene ist dann die Einlösung des Gutscheins relevant. Bei dem Preisnachlassgutschein aus der Touristenzeitung (bei dem es sich gemäß § 3 Abs. 13 S. 2 UStG nicht um einen Gutschein im Sinne des § 3 Abs. 13 S. 1 UStG handelt) stellt sich allerdings nur die erörterte Frage der Minderung der Bemessungsgrundlage.[9]

d) Steuersatz

Die Umsatzsteuer beträgt nach § 12 Abs. 1 UStG 19 Prozent. Eine Ermäßigung der Steuer nach § 12 Abs. 2 UStG besteht hier nicht.

16

Vertiefungshinweis

Der Ermäßigungstatbestand des § 12 Abs. 2 Nr. 1 UStG scheidet schon wegen der Qualifikation der Leistung als sonstige Leistung aus. Zudem handelt es sich bei dem Wein auch nicht um einen in der Anlage 2 zum Umsatzsteuergesetz bezeichneten Gegenstand. Die Ermäßigung für nach dem 30.6.2020 und vor dem 1.1.2023 erbrachte Restaurant- und Verpflegungsdienstleistungen nach § 12 Abs. 2 Nr. 15 UStG gilt zudem nicht für die Abgabe von Getränken.

e) Steuerschuld und Steuerschuldner

Die Umsatzsteuer entsteht mit Ablauf des Voranmeldungszeitraums, in dem die sonstige Leistung ausgeführt wird (vgl. §§ 13 Abs. 1 Nr. 1 lit. a, 16 Abs. 1 UStG). Voranmeldungszeitraum ist das Kalendervierteljahr (vgl. § 18 Abs. 2 S. 1 UStG) beziehungsweise der Kalendermonat (vgl. § 18 Abs. 2 S. 2 UStG). Für eine Befreiung von der Verpflichtung zur Abgabe von Voranmeldungen (vgl. § 18 Abs. 2 S. 3 UStG) bestehen keine Hinweise im Sachverhalt.

17

Steuerschuldner ist nach § 13a Abs. 1 Nr. 1 UStG der Unternehmer M.

f) Ergebnis

Es liegt eine steuerpflichtige sonstige Leistung von M an T vor. Es fällt Umsatzsteuer in Höhe von 19 Prozent auf die Bemessungsgrundlage von 2,50 € an.

18

2. Eingangsumsatz bei T

T ist als Tourist in Würzburg. Daher kommt kein Vorsteuerabzug für ihn in Betracht.

19

3. Ergebnis

Die Leistung von M an T löst Umsatzsteuer aus. Ein Vorsteuerabzug bei T kommt nicht in Betracht.

20

---

9 Siehe zum Ganzen: *Korn*, in: Bunjes, § 2 UStG Rn. 74–75 b; *ders.*, in: Bunjes, § 17 UStG Rn. 39–44; *Leonard/Robisch*, in: Bunjes, § 3 UStG Rn. 321–333.

II. Leistung von M an G

21 Auch der Verkauf der Bierflasche von M an G ist umsatzsteuerrechtlich zu bewerten.

1. Steuerbarer Umsatz

22 Es könnte ein steuerbarer Umsatz nach § 1 Abs. 1 Nr. 1 UStG vorliegen. Nach § 1 Abs. 1 Nr. 1 UStG unterliegen Leistungen (Lieferungen und sonstige Leistungen), die von einem Unternehmer im Inland gegen Entgelt im Rahmen seines Unternehmens erbracht werden, der Umsatzsteuer.

Im Unterschied zur Leistung von M an T könnte es sich bei der Abgabe der Bierflasche an G um eine **Lieferung** im Sinne des § 3 Abs. 1 UStG handeln. Erforderlich ist hierfür die Verschaffung der Verfügungsmacht an der Bierflasche durch M an G. Hier wird G die Verfügungsmacht an der Flasche verschafft. Ein besonderes Dienstleistungselement ist an dieser Stelle nicht ersichtlich. Damit liegt eine Lieferung vor. Diese erfolgte auch im Rahmen des Unternehmens des M, gegen Entgelt und im Inland.

Vertiefungshinweis

Von Flaschenpfand ist im Sachverhalt nicht die Rede. Generell wirkt sich Pfand umsatzsteuerlich dergestalt aus, dass es zunächst zum Entgelt der Lieferung zählt. Bei Rücknahme des Leerguts und Rückzahlung des Pfandbetrags wird dann kein selbständiger Umsatz, sondern eine Entgeltminderung angenommen.[10]

23 Allerdings wird die Bierflasche von G zurückgegeben. Fraglich ist daher, wie sich dies auf den geschilderten Umsatz auswirkt. Durch die **Rückgabe** der Bierflasche und die Rückzahlung des Kaufpreises wurde das Umsatzgeschäft zwischen M und G rückgängig gemacht und damit beseitigt. Umsatzsteuerrechtlich entfaltet die zunächst festgestellte Lieferung damit keine Wirkung.

Vertiefungshinweis

Wird die Lieferung rückgängig gemacht, wirkt sich dies erst im Besteuerungszeitraum der Rückgängigmachung aus (vgl. § 17 Abs. 1 und 2 Nr. 3 UStG). Von der sogenannten Rückgabe ist die sogenannte Rücklieferung zu unterscheiden. Bei der Rückgabe wird, wie gesehen, die ursprüngliche Lieferung rückgängig gemacht. Die Lieferung bleibt damit umsatzsteuerrechtlich ohne Wirkung. Bei der Rücklieferung hingegen bleibt es bei der ursprünglichen Lieferung und es tritt eine weitere, selbständig zu bewertende Lieferung zwischen den Beteiligten hinzu.[11]

2. Ergebnis

24 Im Ergebnis liegt kein umsatzsteuerrechtlich relevanter Umsatz vor.

III. Entnahme der Bierflasche

25 Zu untersuchen sind ferner die umsatzsteuerrechtlichen Auswirkungen der Entnahme der Bierflasche durch M.

---

[10] *Martin*, in: Sölch/Ringleb, § 3 UStG Rn. 779; *Oelmaier*, in: Sölch/Ringleb, § 1 UStG Rn. 105, Pfand.
[11] Zum Ganzen: *Martin*, in: Sölch/Ringleb, § 3 UStG Rn. 73–77; *Robisch*, in: Bunjes, § 1 UStG Rn. 31–37.

§ 23 Übungsfall 16 – Umsatzsteuer

1. Steuerbarer und steuerpflichtiger Umsatz

Fraglich ist, ob die Mitnahme der Bierflasche durch M aus seiner Gastwirtschaft einen Umsatzsteuertatbestand erfüllt. Zunächst könnte ein steuerbarer Umsatz im Sinne des § 1 Abs. 1 Nr. 1 UStG vorliegen. Ein entsprechender Umsatz (in Form einer Lieferung oder einer sonstigen Leistung eines Unternehmers im Inland gegen Entgelt) erfordert allerdings unter anderem, dass Leistungen ausgetauscht werden, weshalb zwei Personen an dem Umsatz beteiligt sein müssen. Bereits hieran fehlt es aber bei der Mitnahme der Bierflasche durch M.[12]

26

Vertiefungshinweis
Zum erforderlichen Leistungsaustausch siehe auch § 21 Rn. 12; § 22 Rn. 14, 32, 45.

Allerdings könnte der Vorgang nach § 3 Abs. 1 b UStG steuerbar sein. Nach § 3 Abs. 1 b S. 1 Nr. 1 UStG wird die **Entnahme** eines Gegenstands für unternehmensfremde Zwecke einer entgeltlichen Lieferung gleichgestellt. Hier entnimmt M die Bierflasche für private Zwecke. Voraussetzung der Fiktion einer entgeltlichen Lieferung ist bei den Gegenstandsentnahmen zusätzlich, dass der Gegenstand zum Vorsteuerabzug berechtigte (vgl. § 3 Abs. 1 b S. 2 UStG). Davon ist bei den für die Wirtschaft angeschafften Getränken auszugehen. Damit ist die nach den allgemeinen Regeln (vgl. § 3 Abs. 5 a und 6 UStG)[13] im Inland (Würzburg) ausgeführte fiktive Lieferung steuerbar. Eine Steuerbefreiung besteht nicht.

27

Vertiefungshinweis
Der Ort der unentgeltlichen Wertabgabe richtet sich nach den allgemeinen Bestimmungen. Die frühere besondere Ortsbestimmung des § 3 f UStG wurde durch das „Jahressteuergesetz 2019"[14] aufgehoben.[15]

2. Bemessungsgrundlage

Im Fall des § 3 Abs. 1 b UStG besteht eine besondere Regel für die Bemessungsgrundlage. In Ermangelung eines Entgelts, das als Bemessungsgrundlage nach § 10 Abs. 1 UStG in Betracht käme, bestimmt § 10 Abs. 4 UStG die sogenannte **Ersatzbemessungsgrundlage**. Nach § 10 Abs. 4 S. 1 Nr. 1 UStG wird der Umsatz im Fall des § 3 Abs. 1 b UStG nach dem Einkaufspreis zuzüglich der Nebenkosten für den Gegenstand zum Zeitpunkt des Umsatzes bemessen. Dabei gehört die Umsatzsteuer nicht zur Bemessungsgrundlage (vgl. § 10 Abs. 4 S. 2 UStG). Der Netto-Einkaufspreis beträgt nach dem Sachverhalt 2,00 €. Hierbei handelt es sich um die maßgebliche Bemessungsgrundlage.

28

Vertiefungshinweis
Einkaufspreis im Sinne der Ersatzbemessungsgrundlage ist nicht der historische Einkaufspreis, sondern der Einkaufspreis zum Zeitpunkt der Entnahme.[16] Der Sachverhalt enthält hierzu keine Probleme.

---

12 Siehe *Rose/Watrin*, S. 55 f.
13 Vgl. Abschn. 3.12 Abs. 1 S. 3 UStAE. Siehe auch *Michl*, in: Offerhaus/Söhn/Lange, § 3 UStG Rn. 118.
14 Gesetz zur weiteren steuerlichen Förderung der Elektromobilität und zur Änderung weiterer steuerlicher Vorschriften v. 12.12.2019, BGBl. I 2019, 2451.
15 Siehe *Englisch*, in: Tipke/Lang, Rn. 17.161.
16 Siehe *Korn*, in: Bunjes, § 10 UStG Rn. 79.

3. Steuersatz, Steuerschuld und Steuerschuldner

29 Fraglich ist sodann, welcher Steuersatz auf die Bemessungsgrundlage anzuwenden ist. Eine Steuerermäßigung nach § 12 Abs. 2 UStG besteht hier nicht. Insbesondere liegt kein Fall des § 12 Abs. 2 Nr. 1 UStG vor. Bei der Bierflasche handelt es sich nicht um einen in der Anlage 2 zum Umsatzsteuergesetz bezeichneten Gegenstand. Daher gilt der Regelsteuersatz von 19 Prozent (vgl. § 12 Abs. 1 UStG).

Vertiefungshinweis

Die Regelung des § 12 Abs. 2 Nr. 1 UStG gilt grundsätzlich auch für die vorliegende unentgeltliche Wertabgabe.[17]

30 Die Umsatzsteuer entsteht mit Ablauf des Voranmeldungszeitraums, in dem die Leistung im Sinne des § 3 Abs. 1 b UStG ausgeführt wird (vgl. § 13 Abs. 1 Nr. 2 UStG). Maßgeblich ist das Kalendervierteljahr beziehungsweise der Kalendermonat (vgl. § 18 Abs. 2 UStG). Steuerschuldner ist der Unternehmer M (vgl. § 13a Abs. 1 Nr. 1 UStG).[18]

4. Ergebnis

31 Die Entnahme der Bierflasche ist umsatzsteuerrechtlich relevant. Die Umsatzsteuer beträgt 19 Prozent der Ersatzbemessungsgrundlage von 2,00 € (und mithin 0,38 €).

IV. Leistung von M an F

32 Fraglich ist, wie die vergünstigte Abgabe der Bierflasche von M an F umsatzsteuerrechtlich zu behandeln ist.

1. Ausgangsumsatz bei M

33 Zunächst ist der Ausgangsumsatz bei M zu untersuchen.

a) Steuerbarer und steuerpflichtiger Umsatz

34 F wird die Verfügungsmacht an der Bierflasche verschafft. Ins Gewicht fallende Dienstleistungselemente sind nicht ersichtlich. Daher liegt eine Lieferung im Sinne des § 3 Abs. 1 UStG vor. Diese erfolgt im Rahmen des Unternehmens des M gegen Entgelt und im Inland. Eine Steuerbefreiung besteht für den Umsatz nicht. Damit liegt ein steuerbarer und steuerpflichtiger Umsatz vor.

b) Bemessungsgrundlage

35 Die Bemessungsgrundlage ergibt sich für die Lieferung aus § 10 UStG.

aa) Entgelt

36 Der Umsatz wird bei Lieferungen grundsätzlich nach dem Entgelt bemessen (vgl. § 10 Abs. 1 S. 1 UStG). Entgelt ist alles, was den Wert der Gegenleistung bildet, die der leistende Unternehmer vom Leistungsempfänger (oder von einem Dritten) für die Leistung erhält oder erhalten soll (vgl. § 10 Abs. 1 S. 2 UStG). Nicht zum Entgelt gehört die

---

17 *Heidner*, in: Bunjes, § 12 UStG Rn. 32.
18 Siehe *Leipold*, in: Sölch/Ringleb, § 13a UStG Rn. 15.

Umsatzsteuer. Bei Anwendung dieser Grundsätze ergibt sich die Bemessungsgrundlage aus der Zahlung der 1,19 €. Aus diesem Bruttobetrag ist die Umsatzsteuer herauszurechnen. Im Ergebnis besteht mithin ein Netto-Betrag von 1,00 € als Bemessungsgrundlage.

Vertiefungshinweis

Die Berechnung des Netto-Betrags aus dem Brutto-Betrag kann beispielsweise durch die Anwendung des Divisors von 1,19 (beim Regelsteuersatz) beziehungsweise von 1,07 (beim ermäßigten Steuersatz) erfolgen. Hierbei handelt es sich um eine von mehreren (auch von der Finanzverwaltung zugelassenen) Möglichkeiten der Berechnung.[19]

bb) Mindestbemessungsgrundlage

Allerdings ist hier die Sonderregelung des § 10 Abs. 5 UStG zu beachten, wonach in bestimmten Fällen eine sogenannte Mindestbemessungsgrundlage gilt. Es könnte der Fall des § 10 Abs. 5 S. 1 Nr. 2 UStG vorliegen. Hiernach gilt die besondere Bemessungsgrundlage nach § 10 Abs. 4 UStG bei Lieferungen und sonstigen Leistungen eines Unternehmers an sein Personal (oder dessen Angehörige) aufgrund des Dienstverhältnisses. Damit wäre an den (das Entgelt nach § 10 Abs. 1 UStG übersteigenden) Einkaufspreis anzuknüpfen (vgl. § 10 Abs. 4 S. 1 Nr. 1 UStG).

37

Nach der Rechtsprechung ist an dieser Stelle auf einen Gleichlauf mit den Bestimmungen der unentgeltlichen Wertabgaben zu achten. Die Mindestbemessungsgrundlage soll ungerechtfertigte Minderungen der Bemessungsgrundlage verhindern. Sachgerecht ist die Anwendung des § 10 Abs. 5 S. 1 Nr. 2 UStG daher nur, wenn bei einer unentgeltlichen Leistung eine Steuerbarkeit aus § 3 Abs. 1b S. 1 Nr. 2 UStG oder § 3 Abs. 9a UStG folgen würde. Unentgeltliche Wertabgaben sind hiernach aber nur relevant, wenn sie dem privaten Bedarf des Personals dienen und keine Aufmerksamkeiten darstellen.[20]

38

Hier liegt eine Lieferung der Bierflasche von M als Unternehmer an F als Angestellte des M vor. Die verbilligte Lieferung erfolgt aufgrund des Dienstverhältnisses. Sie erfolgt zur Befriedigung persönlicher Bedürfnisse der F und damit für ihren privaten Bedarf. Ein überwiegend betriebliches Interesse des M ist hierfür nicht ersichtlich.[21] Allerdings könnte die Lieferung der Bierflasche im Fall der unentgeltlichen Zuwendung möglicherweise als Aufmerksamkeit im Sinne des § 3 Abs. 1b S. 1 Nr. 2 Hs. 2 UStG angesehen werden. Als Aufmerksamkeiten in diesem Sinne werden gelegentliche Sachzuwendungen aufgrund eines besonderen persönlichen Ereignisses bis zu einem Wert von 60 € verstanden.[22] Die (verbilligte) Lieferung der Bierflasche anlässlich des Geburtstags der F kann nach diesen Grundsätzen als Aufmerksamkeit angesehen werden.

Würde es sich bei einer (hypothetischen) unentgeltlichen Zuwendung daher nicht um einen umsatzsteuerbaren Vorgang handeln, der mit der Ersatzbemessungsgrundlage des § 10 Abs. 4 UStG anzusetzen wäre, so erscheint es sachgerecht, im vorliegenden Fall der vergünstigten Abgabe der Bierflasche auch die Mindestbemessungsgrundlage

---

19 Zum Ganzen: *Heidner*, in: Bunjes, § 12 UStG Rn. 10–15. Siehe auch Abschn. 15.4 UStAE.
20 Zum Ganzen: BFH v. 29.5.2008, V R 12/07, BStBl. II 2009, 428, unter II.1.
21 Vgl. BFH v. 29.5.2008, V R 12/07, BStBl. II 2009, 428, unter II.1. Siehe insgesamt *Treiber*, in: Sölch/Ringleb, § 10 UStG Rn. 680–684.
22 Siehe Abschn. 1.8 Abs. 3 UStAE. Siehe auch *Heuermann*, in: Sölch/Ringleb, § 3 UStG Rn. 364–366.

des § 10 Abs. 5 UStG nicht anzuwenden. Andernfalls käme es zu einem Wertungswiderspruch.[23]

Prüfungs- und Vertiefungshinweis

Hier ging es darum, die Regelung für die Mindestbemessungsgrundlage zu sehen und sachgerechte Überlegungen anzustellen. Die Übertragung der Grundsätze der unentgeltlichen Wertabgaben kann dabei erwogen werden. Es kommen auch von der vorliegenden Lösung abweichende Ergebnisse in Betracht. Der Gleichlauf mit den Tatbeständen der unentgeltlichen Wertabgaben ist aus unserer Sicht sinnvoll. Die vom BFH entschiedenen Fälle betreffen dabei aber nicht das Vorliegen von Aufmerksamkeiten, sondern die Problematik des betrieblichen Interesses und knüpfen an das Merkmal „aufgrund des Dienstverhältnisses" an.[24]

cc) Ergebnis

39 Nach den vorstehenden Erwägungen bleibt es bei dem gezahlten Entgelt als Bemessungsgrundlage.

c) Steuersatz, Steuerschuld und Steuerschuldner

40 Sodann ist der Steuersatz für die Lieferung von M an F zu bestimmen. Mangels einer Steuerermäßigung nach § 12 Abs. 2 UStG gilt der Regelsteuersatz von 19 Prozent (vgl. § 12 Abs. 1 UStG).

Die Umsatzsteuer entsteht mit Ablauf des Voranmeldungszeitraums, in dem die Leistung ausgeführt wird (vgl. §§ 13 Abs. 1 Nr. 1 lit. a, 16 Abs. 1 UStG). Maßgeblich ist das Kalendervierteljahr beziehungsweise der Kalendermonat (vgl. § 18 Abs. 2 UStG). Steuerschuldner ist der Unternehmer M (vgl. § 13a Abs. 1 Nr. 1 UStG).

d) Ergebnis

41 Die Lieferung von M an F löst Umsatzsteuer in Höhe von 19 Prozent des gezahlten Entgelts aus. Daher entsteht Umsatzsteuer in Höhe von 0,19 € (1,00 € x 19 Prozent).

2. Eingangsumsatz bei F

42 Ein Vorsteuerabzug bei F kommt (schon wegen der fehlenden Unternehmereigenschaft der F) nicht in Betracht.

3. Ergebnis

43 Der Umsatz von M an F ist umsatzsteuerlich relevant. Ein Vorsteuerabzug kommt bei F nicht in Betracht.

---

23 Vgl. BFH v. 29.5.2008, V R 12/07, BStBl. II 2009, 428, unter II.1.
24 Vgl. BFH v. 15.11.2007, V R 15/06, BStBl. II 2009, 423; BFH v. 27.2.2008, XI R 50/07, BStBl. II 2009, 426, unter II. Siehe hierzu *Treiber*, in: Sölch/Ringleb, § 10 UStG Rn. 680–684.

§ 24 Übungsfall 17 – Umsatzsteuer

Der folgende Fall behandelt im Schwerpunkt den Vorsteuerabzug und die Berichtigung des Vorsteuerabzugs. Im Einzelnen werden insbesondere die folgenden Aspekte behandelt: Änderung der für den Vorsteuerabzug maßgeblichen Verhältnisse (vgl. § 15 a Abs. 1 UStG); Änderung der Verwendung eines Grundstücks (vgl. § 15 a Abs. 6 a UStG); Ausschluss des Vorsteuerabzugs (vgl. § 15 Abs. 2 und 4 UStG); Materialbeistellung; Unentgeltliche Wertabgaben (vgl. § 3 Abs. 9 a UStG); Werklieferungen (vgl. § 3 Abs. 4 UStG); Zuordnungswahlrecht bei gemischter (unternehmerischer und privater) Nutzung (vgl. § 15 Abs. 1 und 1 b UStG).

Sachverhalt (Grundfall)

▶ Schreinermeister Manfred (M) aus Osnabrück (Deutschland) kauft zu Beginn des Jahres 01 von der ortsansässigen Autohaus-GmbH für 25.000 € (netto) ein Auto, das er zu 40 Prozent privat und zu 60 Prozent beruflich nutzen möchte. Eine Rechnung nach den Vorgaben des § 14 UStG liegt vor. Welchen Vorsteuerbetrag kann M hinsichtlich des Erwerbs des Autos im Jahr 01 maximal geltend machen? Welche umsatzsteuerlichen Folgen für M im Jahr 01 sind zudem zu bedenken? ◀

Abwandlung 1

▶ Ein zu Beginn des Jahres 01 (zu den im Grundfall geschilderten Konditionen) von der Autohaus-GmbH gekauftes Fahrzeug wird von M ab dem Erwerb zur Hälfte für Fahrten zu Kundenterminen genutzt. Im Übrigen werden hiermit die Wege zu einer öffentlichen berufsbildenden Schule zurückgelegt, wo M selbständig Auszubildende unterrichtet, um sie auf den Schreinerberuf vorzubereiten. Hierfür wird er von der Berufsschule bezahlt. Mit Beginn des Jahres 04 intensiviert M sein Engagement an der Berufsschule und nutzt den Wagen nun zu 75 Prozent zu diesem Zweck und nur noch zu 25 Prozent für die eigentliche Schreinertätigkeit. Welchen Vorsteuerabzug kann M im Jahr 01 geltend machen? Welche Auswirkungen hat die Änderung der Nutzungsverhältnisse zu Beginn des Jahres 04? ◀

Abwandlung 2

▶ M lässt auf seinem Grundstück in Osnabrück ein Gebäude von einem Bauunternehmer für 1.000.000 € (netto) errichten. Er erhält eine Rechnung nach den Vorgaben des § 14 UStG. Das Grundstück wird ab Juli 01 genutzt. Zur Errichtung verwendet der Bauunternehmer neben den von ihm beschafften Materialien (Steine, Beton und anderes) auch Bretter und Nägel, die M hierfür zur Verfügung stellt. Das Grundstück mit dem aufstehenden Gebäude wird zur Hälfte beruflich für die Schreinertätigkeit und zur Hälfte privat genutzt. Ab Juli 04 wird das Grundstück mit dem Gebäude zu 75 Prozent privat genutzt. Welchen Vorsteuerbetrag kann M im Jahr 01 geltend machen? Welche Auswirkung hat die fünfundsiebzigprozentige private Nutzung ab dem Jahr 04? ◀

Aufgabenstellung

▶ Wie sind die im Grundfall und in den Abwandlungen gestellten Fragen umsatzsteuerrechtlich zu beantworten?
Die Aufgabe ist gutachtlich zu bearbeiten. Die Jahreszahlen sind fiktiv. Es ist das aktuell geltende Recht anzuwenden. ◀

§ 24 Übungsfall 17 – Umsatzsteuer

Gliederung

I. Grundfall 303
  1. Vorsteuerabzugsberechtigung 303
    a) Unternehmereigenschaft von M und dem Autohaus 304
    b) Steuerbare und steuerpflichtige Leistung des Autohauses 304
    c) Für das Unternehmen des M – Höhe des Vorsteuerbetrags 305
    d) Rechnung 305
    e) Ergebnis 305
  2. Umsatzsteuerrechtliche Folgen der Privatfahrten 306
    a) Steuerbarer und steuerpflichtiger Umsatz 306
    b) Bemessungsgrundlage 306
    c) Steuersatz, Steuerschuld und Steuerschuldner 307
    d) Ergebnis 307
  3. Ergebnis 307
II. Abwandlung 1 308
  1. Vorsteuerabzugsberechtigung im Jahr 01 308
    a) Vorsteuerabzugsberechtigung nach § 15 Abs. 1 UStG 308
    b) Ausschluss des Vorsteuerabzugs nach § 15 Abs. 2 und 4 UStG 309
    c) Ergebnis 309
  2. Nutzungsänderung im Jahr 04 – Berichtigung des Vorsteuerabzugs nach § 15 a UStG 309
    a) Investitionsgut mit Vorsteuerbeträgen von mehr als 1.000 € 310
    b) Änderung der Verhältnisse 310
    c) Berichtigungszeitraum 310
    d) Berichtigung in den Jahren 04 und 05 310
    e) Ergebnis 311
  3. Ergebnis 311
III. Abwandlung 2 311
  1. Vorsteuerabzugsberechtigung im Jahr 01 312
    a) Unternehmereigenschaft von M und dem Bauunternehmer 312
    b) Steuerbare und steuerpflichtige Leistung von dem Bauunternehmer 312
    c) Für das Unternehmen des M – Höhe des Vorsteuerbetrags 313
    d) Rechnung 313
    e) Ergebnis 313
  2. Nutzungsänderung im Jahr 04 – Berichtigung des Vorsteuerabzugs nach § 15 a UStG 314
    a) Investitionsgut mit Vorsteuerbeträgen von mehr als 1.000 € 314
    b) Änderung der Verhältnisse 314
    c) Berichtigungszeitraum 314
    d) Berichtigung in den Jahren 04 bis 11 315
    e) Ergebnis 315
  3. Ergebnis 315

Lösung

I. Grundfall

Zunächst ist der Grundfall hinsichtlich der aufgeworfenen umsatzsteuerrechtlichen Fragen zu untersuchen. Fraglich ist, welchen Vorsteuerbetrag M hinsichtlich des Erwerbs des Autos im Jahr 01 maximal geltend machen kann und welche weiteren umsatzsteuerlichen Folgen sich für M im Jahr 01 ergeben.

1. Vorsteuerabzugsberechtigung

Zu prüfen ist zunächst, welchen Vorsteuerbetrag M maximal geltend machen kann. Der Unternehmer kann nach § 15 Abs. 1 S. 1 Nr. 1 UStG „die gesetzlich geschuldete

Steuer für Lieferungen und sonstige Leistungen, die von einem anderen Unternehmer für sein Unternehmen ausgeführt worden sind", als Vorsteuer abziehen, wenn er im Besitz einer Rechnung nach den §§ 14, 14a UStG ist.

a) Unternehmereigenschaft von M und dem Autohaus

9   Fraglich ist zunächst, ob M und die Autohaus-GmbH als Unternehmer im Sinne des § 2 UStG anzusehen sind. Unternehmer ist nach § 2 Abs. 1 S. 1 UStG, „wer eine gewerbliche oder berufliche Tätigkeit selbständig ausübt". Nach § 2 Abs. 1 S. 3 UStG ist jede nachhaltige und mit Einnahmeerzielungsabsicht ausgeübte Tätigkeit gewerblich oder beruflich. An der Selbständigkeit fehlt es nach § 2 Abs. 2 Nr. 1 UStG, wenn eine Person gegenüber einem Unternehmer weisungsgebunden ist. M ist Schreinermeister und wird auf eigene Rechnung und auf eigenes Risiko gewerblich tätig. Das gleiche gilt für die Autohaus-GmbH, deren Tätigkeit insbesondere im An- und Verkauf von Autos und damit in einer selbständig ausgeübten gewerblichen Tätigkeit besteht. Sowohl bei M als auch bei der Autohaus-GmbH ist daher von der Unternehmereigenschaft auszugehen.

Vertiefungshinweis

Juristische Personen kommen unproblematisch als Unternehmer in Betracht. Siehe hierzu § 22 Rn. 29.

b) Steuerbare und steuerpflichtige Leistung des Autohauses

10 Voraussetzung für den Vorsteuerabzug ist weiterhin, dass eine steuerbare und steuerpflichtige Leistung von einem anderen Unternehmer im Sinne des § 1 Abs. 1 Nr. 1 UStG vorliegt.

Prüfungs- und Vertiefungshinweis

Da nur die „gesetzlich geschuldete Steuer" abgezogen werden kann (vgl. § 15 Abs. 1 S. 1 Nr. 1 S. 1 UStG), muss der Eingangsumsatz steuerbar und steuerpflichtig sein. Siehe hierzu § 21 Rn. 23.

11 Die Autohaus-GmbH als Unternehmerin könnte eine Lieferung im Inland gegen Entgelt im Rahmen ihres Unternehmens erbracht haben. Hier liegt mit der Verschaffung der Verfügungsmacht an dem Auto eine Lieferung im Sinne des § 3 Abs. 1 UStG durch die Autohaus-GmbH vor. Der Ort der Lieferung richtet sich, mangels Einschlägigkeit einer in § 3 Abs. 5a UStG genannten Sonderregelung, nach § 3 Abs. 6 und 7 UStG. Differenziert wird an dieser Stelle zwischen bewegten Lieferungen (durch Beförderung oder Versendung des Liefergegenstands, vgl. § 3 Abs. 6 UStG) und unbewegten (ruhenden) Lieferungen (vgl. § 3 Abs. 7 UStG). Nach § 3 Abs. 6 UStG gilt die bewegte Lieferung dort als ausgeübt, wo die Beförderung oder die Versendung beginnt. Nach § 3 Abs. 7 UStG wird die unbewegte Lieferung dort ausgeführt, wo der Liefergegenstand sich zur Zeit der Verschaffung der Verfügungsmacht befindet. Die genauen Umstände der Lieferung werden im Sachverhalt nicht mitgeteilt. Es ist jedoch davon auszugehen, dass der Ort der Lieferung in Osnabrück (und damit im Inland, vgl. § 1 Abs. 2 UStG) liegt. Die Lieferung erfolgte auch gegen Entgelt und im Rahmen des Unternehmens der Autohaus-GmbH. Es ist keine Steuerbefreiung für den steuerbaren Umsatz gegeben.

§ 24 Übungsfall 17 – Umsatzsteuer

c) Für das Unternehmen des M – Höhe des Vorsteuerbetrags

Der Vorsteuerabzug setzt einen Leistungsbezug für das Unternehmen voraus. Entscheidend ist dafür die Verwendung der Eingangsleistung für steuerbare Umsätze (vgl. Art. 168 MwStSystRL).[1] Neben dem unternehmerischen Bereich hat M auch einen nichtunternehmerischen Bereich – seinen Privatbereich.[2] Das Auto soll hier sowohl für unternehmerische Zwecke als auch für nichtunternehmerische Zwecke genutzt werden. Fraglich ist, in welcher Höhe bei einer solchen gemischten Nutzung der Vorsteuerabzug erfolgen kann.

12

Bei Investitionsgütern, beziehungsweise bei dauerhaft genutzten Wirtschaftsgütern, ist ein **Zuordnungswahlrecht** des Steuerpflichtigen anerkannt. Der Unternehmer kann den Gegenstand vollständig im Privatvermögen belassen oder vollständig dem Betriebsvermögen zuordnen. Auch eine anteilige Zuordnung zum Betriebs- und zum Privatvermögen nach dem Nutzungsanteil ist möglich. Entsprechend kommt ein voller, ein anteiliger oder kein Vorsteuerabzug in Betracht.[3] Eine Einschränkung folgt aus § 15 Abs. 1 S. 2 UStG. Hiernach gelten Lieferungen nicht als für das Unternehmen ausgeführt, wenn der Gegenstand der Lieferung zu weniger als zehn Prozent für das Unternehmen des Leistungsempfängers genutzt wird. Dann sind die Unternehmenszuordnung und der Vorsteuerabzug ausgeschlossen.[4]

Bei dem Auto handelt es sich um ein dauerhaft genutztes Wirtschaftsgut, dessen unternehmerische Nutzung 60 Prozent beträgt. Entsprechend besteht das geschilderte Zuordnungswahlrecht. Es ist nach dem maximal möglichen Vorsteuerabzug gefragt. Daher ist von einer vollständigen Zuordnung zum Betriebsvermögen auszugehen. Hierbei ist M (beim Vorliegen der sonstigen Voraussetzungen des § 15 UStG) zum vollen Vorsteuerabzug berechtigt.

Als Vorsteuer abziehbar ist die gesetzlich geschuldete Steuer. Bei Anwendung des Steuersatzes von 19 Prozent (vgl. § 12 Abs. 1 UStG) auf die Bemessungsgrundlage von 25.000 € (vgl. § 10 Abs. 1 S. 1 und 2 UStG) ergibt sich ein Betrag von 4.750 € (25.000 € x 19 Prozent).

Vertiefungshinweis

Die Frage nach der Zuordnungsentscheidung des Unternehmers stellt sich grundsätzlich nur bei der gemischten (privaten und unternehmerischen) Nutzung. Zudem ist der genannte § 15 Abs. 1 S. 2 UStG zu beachten.[5]

d) Rechnung

Eine ordnungsgemäße Rechnung liegt nach dem Sachverhalt vor.

13

e) Ergebnis

Im Ergebnis kommt ein maximaler Vorsteuerabzug von 4.750 € in Betracht.

14

---

1 EuGH v. 8.2.2007, C 435/05, Slg. 2007 I-1317, Rn. 23; *Englisch*, in: Tipke/Lang, Rn. 17.323 f.; jeweils m.w.N.
2 Siehe *Heidner*, in: Bunjes, § 15 UStG Rn. 92.
3 *Englisch*, in: Tipke/Lang, Rn. 17.336.
4 *Englisch*, in: Tipke/Lang, Rn. 17.336.
5 Zum Ganzen: *Heidner*, in: Bunjes, § 15 UStG Rn. 99–128.

2. Umsatzsteuerrechtliche Folgen der Privatfahrten

15 Zu untersuchen ist sodann, wie sich die Privatfahrten im Jahr 01 umsatzsteuerrechtlich auswirken.

a) Steuerbarer und steuerpflichtiger Umsatz

16 Fraglich ist zunächst, ob ein steuerbarer Umsatz vorliegt. Hier könnte es sich um eine **unentgeltliche Wertabgabe** im Sinne des § 3 Abs. 9 a UStG handeln. Nach § 3 Abs. 9 a Nr. 1 UStG wird die Verwendung eines dem Unternehmen zugeordneten Gegenstands durch den Unternehmer für unternehmensfremde Zwecke einer sonstigen Leistung gegen Entgelt gleichgestellt. Damit wird die private Nutzung des Autos umsatzsteuerrechtlich erfasst. Voraussetzung ist, dass der Gegenstand zum vollen oder teilweisen Vorsteuerabzug berechtigte. Dies ist vorliegend infolge der entsprechenden Ausübung des Zuordnungswahlrechts der Fall. Die fiktive sonstige Leistung wird im Inland (Osnabrück) ausgeführt (vgl. § 3 a Abs. 1 UStG). Eine Steuerbefreiung besteht nicht.

Prüfungs- und Vertiefungshinweis

Zur unentgeltlichen Wertabgabe siehe auch § 23 Rn. 27. Dort lag ein Fall des § 3 Abs. 1 b UStG vor. Anders als bei der dortigen dauerhaften Entnahme, geht es hier um die vorübergehende Verwendung des Gegenstands für unternehmensfremde Zwecke. Diese „Nutzungsentnahme" fällt unter § 3 Abs. 9 a UStG. Was den Ort der hiesigen fiktiven sonstigen Leistung angeht, könnte auch an die Anwendung des § 3 a Abs. 3 Nr. 2 UStG gedacht werden. Im Kontext der Dienstwagenüberlassung an Arbeitnehmer hat der EuGH allerdings klargestellt, dass die „Vermietung eines Beförderungsmittels" (als autonomer Begriff des Unionsrechts; vgl. Art. 56 Abs. 2 MwStSystRL) die Zahlung einer Miete erfordert.[6] Übertragen auf den hiesigen Fall scheidet die Anwendung des § 3 a Abs. 3 Nr. 2 UStG auf die unentgeltliche Wertabgabe daher aus.

Diskutiert wird die Frage, ob unentgeltliche Wertabgaben nur innerhalb der Berichtigungszeiträume nach § 15 a UStG besteuert werden können. Zwar findet sich eine entsprechende Regelung nicht in den Bestimmungen zur unentgeltlichen Wertabgabe. Allerdings wird eine Übertragung der zeitlichen Grenzen teilweise aus einem teleologischen Zusammenhang der Regelungen gefolgert.[7] Für die hier vorliegende Nutzungsentnahme wird teilweise zudem an § 10 Abs. 4 S. 1 Nr. 2 S. 3 UStG angeknüpft, so dass die entsprechende Bemessungsgrundlage mit Ablauf des Berichtigungszeitraums als erschöpft angesehen wird.[8] Allerdings ist der Berichtigungszeitraum nach § 15 a Abs. 1 UStG im Fall noch nicht abgelaufen: Er beträgt grundsätzlich fünf Jahre und beginnt mit der erstmaligen Verwendung. Die Nutzung des Autos beginnt mit Beginn des Jahres 01. Der Berichtigungszeitraum endet daher erst mit Ablauf des Jahres 05.

b) Bemessungsgrundlage

17 Im Fall des § 3 Abs. 9 a Nr. 1 UStG besteht eine besondere Regel für die Bemessungsgrundlage. In Ermangelung eines Entgelts, das als Bemessungsgrundlage nach § 10 Abs. 1 UStG in Betracht käme, bestimmt § 10 Abs. 4 UStG die sogenannte **Ersatzbemessungsgrundlage**. Nach § 10 Abs. 4 S. 1 Nr. 2 UStG wird der Umsatz bei sonstigen

---

[6] EuGH v. 20.1.2021, C-288/19, DStR 2021, 154, Rn. 37–46.
[7] Vgl. FG Thüringen v. 9.6.2009, 2 V 109/09, EFG 2009, 1681, unter 2. m.w.N.
[8] *Heuermann*, in: Sölch/Ringleb, § 3 UStG Rn. 385; *Leonard/Robisch*, in: Bunjes, § 3 UStG Rn. 141 a, 263 c.

Leistungen im Sinne des § 3 Abs. 9a Nr. 1 UStG nach den bei der Ausführung des Umsatzes entstandenen Ausgaben bemessen, soweit sie zum vollen oder teilweisen Vorsteuerabzug berechtigt haben. Die Umsatzsteuer gehört nicht zur Bemessungsgrundlage (vgl. § 10 Abs. 4 S. 2 UStG).

Für die Ausgaben sind hier insbesondere die (im Fall allein bekannten) Anschaffungskosten des Autos relevant (vgl. § 10 Abs. 4 S. 1 Nr. 2 S. 2 UStG). Hinsichtlich der Anschaffung des Autos bestand, wie geprüft, ein Vorsteuerabzug in voller Höhe. Maßgebend sind die Netto-Anschaffungskosten (vgl. § 10 Abs. 4 S. 2 UStG). Da diese Kosten den Mindestbetrag des § 10 Abs. 4 S. 1 Nr. 2 S. 3 UStG (von 500 €) erreichen, sind sie auf den für das Wirtschaftsgut maßgeblichen Berichtigungszeitraum nach § 15a UStG zu verteilen – hier also auf fünf Jahre. Im Fall sind daher anteilige Anschaffungskosten von 5.000 € (25.000 € x 1/5) relevant.[9] Auf die private Nutzung des Autos entfallen dann 40 Prozent. Als Bemessungsgrundlage ergibt sich damit ein Wert von 2.000 € (5.000 € x 40 Prozent).

c) Steuersatz, Steuerschuld und Steuerschuldner

In Ermangelung einer Steuerermäßigung gilt der Regelsteuersatz von 19 Prozent (vgl. § 12 UStG). Die Umsatzsteuer entsteht mit Ablauf des Voranmeldungszeitraums, in dem die Leistung im Sinne des § 3 Abs. 9a UStG ausgeführt wurde (vgl. § 13 Abs. 1 Nr. 2 UStG). Maßgeblich ist das Kalendervierteljahr beziehungsweise der Kalendermonat (vgl. § 18 Abs. 2 UStG). Steuerschuldner ist der Unternehmer M (vgl. § 13a Abs. 1 Nr. 1 UStG).[10]

d) Ergebnis

Die private Nutzung des dem Betriebsvermögen zugeordneten Fahrzeugs wird umsatzsteuerrechtlich als unentgeltliche Wertabgabe erfasst. Hierbei fällt im Jahr 01 Umsatzsteuer in Höhe von 380 € (2.000 € x 19 Prozent) an.

3. Ergebnis

Hinsichtlich des Erwerbs des Autos kommt ein maximaler Vorsteuerabzug von 4.750 € in Betracht. Die private Nutzung des Autos stellt eine unentgeltliche Wertabgabe dar. Diesbezüglich fällt Umsatzsteuer in Höhe von 380 € an.

Vertiefungshinweis

Der Sachverhalt enthält keine Hinweise auf Erhaltungsaufwendungen für das Auto. Bei entsprechenden Aufwendungen bestünde zunächst die Frage nach dem Vorsteuerabzug. Grundsätzlich müsste hierbei eine Aufteilung erfolgen. Allerdings akzeptiert die Finanzverwaltung aus Vereinfachungsgründen einen vollen Vorsteuerabzug. Im Gegenzug sind die entsprechenden Aufwendungen dann aber in die Bemessungsgrundlage der unentgeltlichen Wertabgabe einzubeziehen.[11]

Wenn der Unternehmer ertragsteuerlich die sogenannte Ein-Prozent-Regelung des § 6 Abs. 1 Nr. 4 S. 2 EStG anwendet, kann er aus Vereinfachungsgründen auch für die Bestimmung der Bemessungsgrundlage der privaten Nutzung des Autos grundsätzlich von diesem

---

9   Zum Ganzen: *Korn*, in: Bunjes, § 10 UStG Rn. 87; *Stapperfend*, in: Rau/Dürrwächter, § 10 UStG Rn. 500–505.
10 *Leipold*, in: Sölch/Ringleb, § 13a UStG Rn. 15.
11 Siehe Abschn. 15.2c Abs. 2 S. 2 und 6 UStAE.

Wert ausgehen.[12] Der Sachverhalt enthält hierzu aber keine Hinweise. Zur Ein-Prozent-Regelung im einkommensteuerrechtlichen Kontext siehe § 10 Rn. 43.

II. Abwandlung 1

21 Sodann ist die erste Abwandlung umsatzsteuerrechtlich zu bewerten. Fraglich ist hierbei, welchen Vorsteuerabzug M im Jahr 01 geltend machen kann und welche Auswirkungen die Änderung der Nutzungsverhältnisse zu Beginn des Jahres 04 hat.

1. Vorsteuerabzugsberechtigung im Jahr 01

22 Zu prüfen ist zunächst, welchen Vorsteuerbetrag M hinsichtlich der Anschaffung des Autos geltend machen kann.

a) Vorsteuerabzugsberechtigung nach § 15 Abs. 1 UStG

23 Der Unternehmer kann nach § 15 Abs. 1 S. 1 Nr. 1 UStG die Vorsteuer für Lieferungen und sonstige Leistungen, die von einem Unternehmer für sein Unternehmen ausgeführt worden sind, abziehen, wenn er im Besitz einer Rechnung nach den §§ 14, 14a UStG ist.

Die Autohaus-GmbH ist, wie im Grundfall gesehen, Unternehmerin im Sinne des § 2 UStG. Der Schreiner M ist grundsätzlich ebenfalls Unternehmer. Als Schreiner ist er selbständig, nachhaltig und mit Einnahmeerzielungsabsicht tätig. Auch die unterrichtende Tätigkeit an der Berufsschule erfüllt diese Voraussetzungen. Nach § 2 Abs. 1 S. 2 UStG hat jeder Unternehmer nur ein Unternehmen. Die gesamten unternehmerischen Aktivitäten sind diesem Unternehmen zuzurechnen.[13]

Zudem liegt eine steuerbare und steuerpflichtige Leistung der Autohaus-GmbH an M im Sinne des § 1 Abs. 1 Nr. 1 UStG vor. Es handelt sich hier, wie gesehen, um eine Lieferung des Autos, die im Inland ausgeführt wird. Diese erfolgt gegen Entgelt und im Rahmen des Unternehmens der Autohaus-GmbH. Es besteht keine Steuerbefreiung.

Die Lieferung müsste zudem für das Unternehmen des M erfolgen. Es kommt auf die Verwendung der Eingangsleistung für steuerbare Umsätze an. Das Auto soll für Kundentermine im Rahmen der Tätigkeit als Schreiner genutzt werden sowie für Fahrten zur Berufsschule, an der M unterrichtet. Die Schreinertätigkeit und auch die Unterrichtungstätigkeit an der Berufsschule führen zu steuerbaren Umsätzen. M erbringt hierbei Leistungen gegen Entgelt im Rahmen seines Unternehmens im Sinne des § 1 Abs. 1 Nr. 1 UStG.

Als Vorsteuer abziehbar ist die gesetzlich geschuldete Steuer. Bei Anwendung des Steuersatzes von 19 Prozent (vgl. § 12 Abs. 1 UStG) auf die Bemessungsgrundlage von 25.000 € (vgl. § 10 Abs. 1 S. 1 und 2 UStG) ergibt sich ein Betrag von 4.750 € (25.000 € x 19 Prozent). Da M auch im Besitz einer Rechnung nach den Vorgaben des § 14 UStG ist, kommt ein entsprechender Vorsteuerabzug grundsätzlich in Betracht.

---

[12] Abschn. 15.23 Abs. 5 S. 4 Nr. 1 lit. a UStAE. Siehe auch BFH v. 19.5.2010, IX R 32/08, BStBl. II 2010, 1079, unter II.2.b).
[13] *Korn*, in: Bunjes, § 2 UStG Rn. 150–160.

b) Ausschluss des Vorsteuerabzugs nach § 15 Abs. 2 und 4 UStG

Der Vorsteuerabzug könnte jedoch ausgeschlossen sein. Nach § 15 Abs. 2 S. 1 Nr. 1 UStG ist der Vorsteuerabzug hinsichtlich der Eingangsumsätze, die der Unternehmer zur Ausführung steuerfreier Umsätze verwendet, ausgeschlossen. Für die Ausgangsumsätze der Schreinerei ist keine Steuerbefreiung gegeben. Steuerfrei könnten jedoch die Unterrichtungsleistungen an der Berufsschule sein. Hier kommt die **Steuerbefreiung** des § 4 Nr. 21 lit. b lit. aa UStG in Betracht. Von dieser Steuerbefreiung sind die unmittelbar dem Schul- oder Bildungszweck dienenden Unterrichtsleistungen selbständiger Lehrer an Hochschulen und öffentlichen allgemeinbildenden oder berufsbildenden Schulen umfasst. M ist als selbständiger Lehrer an einer öffentlichen berufsbildenden Schule tätig. Der Unterricht des M dient auch unmittelbar dem Schul- und Bildungszweck. Entsprechend sind die Unterrichtsleistungen umsatzsteuerfrei.[14]

M erbringt damit sowohl steuerpflichtige als auch steuerfreie Leistungen. Hinsichtlich der Verwendung für die steuerfreien Ausgangsumsätze besteht ein Ausschluss des Vorsteuerabzugs. Diesbezüglich besteht auch keine Ausnahme vom Ausschluss des Vorsteuerabzugs nach § 15 Abs. 3 UStG. Daher muss eine Zuordnung des Eingangsumsatzes zu den verschiedenen Ausgangsumsätzen erfolgen. Für die Zuordnung ist zu bestimmen, ob ein direkter und unmittelbarer Zusammenhang mit dem Umsatz besteht.[15] Ein entsprechender Zusammenhang der Anschaffung des Autos besteht sowohl mit den steuerpflichtigen als auch mit den steuerfreien Ausgangsumsätzen. Das Auto wird zur einen Hälfte für Ausgangsumsätze verwendet, die den Vorsteuerabzug nach § 15 Abs. 2 UStG ausschließen (Unterrichtsleistungen), und zur anderen Hälfte für Ausgangsumsätze, die zum Vorsteuerabzug berechtigen.

Vertiefungshinweis

Zum Ausschluss des Vorsteuerabzugs nach § 15 Abs. 2 UStG und zur Ausnahmeregelung des § 15 Abs. 3 UStG siehe auch § 21 Rn. 33 ff.

§ 15 Abs. 4 S. 1 UStG bestimmt, dass im Fall der nur teilweisen Nutzung eines gelieferten Gegenstands zur Ausführung von Umsätzen, die den Vorsteuerabzug ausschließen, auch nur der Teil der jeweiligen Vorsteuerbeträge nicht abziehbar ist, der den zum Ausschluss des Vorsteuerabzugs führenden Umsätzen wirtschaftlich zuzurechnen ist. Von der Steuer, die beim Erwerb des Autos angefallen ist, ist damit die Hälfte als Vorsteuer abziehbar – also ein Betrag von 2.375 € (4.750 € x 1/2).

c) Ergebnis

Im Jahr 01 kommt ein Vorsteuerabzug in Höhe von 2.375 € in Betracht.

2. Nutzungsänderung im Jahr 04 – Berichtigung des Vorsteuerabzugs nach § 15 a UStG

Fraglich ist, wie sich die Änderung der Nutzungsverhältnisse zu Beginn des Jahres 04 umsatzsteuerrechtlich auswirkt. Hier kommt eine Berichtigung des Vorsteuerabzugs nach § 15 a UStG in Betracht. Nach § 15 a Abs. 1 S. 1 UStG ist bei einer Änderung der für den ursprünglichen Vorsteuerabzug maßgeblichen Verhältnisse eines Wirtschafts-

---

14 Vgl. zum Ganzen: *Oelmaier*, in: Sölch/Ringleb, § 4 Nr. 21 UStG Rn. 76–81.
15 *Fehrenbacher*, § 7 Rn. 91. Siehe vertiefend *Englisch*, in: Tipke/Lang, Rn. 17.345–17.355 m.w.N.

guts, das nicht nur einmalig zur Ausführung von Umsätzen verwendet wird, innerhalb von fünf Jahren ab dem Zeitpunkt der erstmaligen Verwendung, eine Berichtigung der auf die Anschaffungs- und Herstellungskosten entfallenden Vorsteuerbeträge vorzunehmen.

a) Investitionsgut mit Vorsteuerbeträgen von mehr als 1.000 €

28 Eine Vorsteuerberichtigung nach § 15 a Abs. 1 UStG kommt nur bei Wirtschaftsgütern, die nicht nur einmalig zur Ausführung von Umsätzen verwendet werden, in Betracht. Bei dem Auto, das bei mehreren Ausgangsumsätzen Verwendung findet, handelt es sich um ein entsprechendes Wirtschaftsgut.

Eine Korrektur kommt hinsichtlich der auf die Anschaffungs- oder Herstellungskosten entfallenden Vorsteuerbeträge in Betracht. Diese Vorsteuerbeträge müssen mehr als 1.000 € betragen. Andernfalls entfällt eine Berichtigung der Vorsteuer nach § 44 Abs. 1 UStDV (vgl. hierzu § 15 a Abs. 11 Nr. 1 UStG). Die Vorsteuer für das Auto beträgt im Fall, wie gesehen, 4.750 €. Auf die Abzugsfähigkeit der Vorsteuerbeträge kommt es an dieser Stelle nicht an.[16] Damit entfällt die Vorsteuerberichtigung nicht nach § 44 Abs. 1 UStDV.

b) Änderung der Verhältnisse

29 Fraglich ist, ob eine Änderung der für den Vorsteuerabzug maßgeblichen Verhältnisse vorliegt. Relevant sind dabei insbesondere Änderungen der tatsächlichen Verwendung des Wirtschaftsguts hinsichtlich steuerpflichtiger und steuerfreier Nutzung. Während das Auto ursprünglich jeweils hälftig zur Ausführung steuerpflichtiger und steuerfreier Umsätze genutzt wurde, wird es nunmehr nur noch zu einem Viertel zur Ausführung steuerpflichtiger und im Übrigen zur Ausführung steuerfreier Umsätze verwendet. Damit liegt grundsätzlich eine relevante Änderung der Verhältnisse vor.

Nach § 44 Abs. 2 UStDV entfällt die Berichtigung des Vorsteuerabzugs, wenn sich die maßgebenden Verhältnisse bei einem Wirtschaftsgut in einem Wirtschaftsjahr um weniger als zehn Prozentpunkte geändert haben, es sei denn, der Berichtigungsbetrag für dieses Kalenderjahr übersteigt 1.000 €. Hier liegt eine Nutzungsänderung von 25 Prozentpunkten vor. Die Grenze des § 44 Abs. 2 UStDV ist daher überschritten.

c) Berichtigungszeitraum

30 Die Änderung der Verwendung müsste innerhalb des maßgeblichen Berichtigungszeitraums erfolgen. Er beträgt grundsätzlich fünf Jahre und beginnt mit der erstmaligen Verwendung (vgl. § 15 a Abs. 1 S. 1 UStG). Die Nutzung des Autos beginnt mit Beginn des Jahres 01. Der Berichtigungszeitraum endet daher mit Ablauf des Jahres 05. Die Änderung der Verhältnisse erfolgt zu Beginn des Jahres 04 und damit innerhalb dieses Zeitraums.

d) Berichtigung in den Jahren 04 und 05

31 Nach § 15 a Abs. 5 S. 1 Fall 1 UStG ist bei der Berichtigung für jedes Kalenderjahr der Änderung von einem Fünftel der auf das Wirtschaftsgut entfallenden Vorsteuerbeträge auszugehen. Die Berichtigung ist jeweils für das betreffende Kalenderjahr vorzuneh-

---

16 *Frye*, in: Rau/Dürrwächter, § 15 a UStG Rn. 354.

men.¹⁷ Hier kam es ursprünglich zu einem Vorsteuerabzug von 2.375 € mit Blick auf die jeweils hälftige Nutzung zur Ausführung steuerfreier und steuerpflichtiger Umsätze durch M.

Eine Berichtigung kommt zunächst für das Jahr 04 in Betracht, mit Blick auf die ab Beginn des Jahres 04 erfolgte fünfundsiebzigprozentige Nutzung zur Ausführung von Umsätzen, die den Vorsteuerabzug nach § 15 Abs. 2 S. 1 Nr. 1 UStG ausschließen. Infolge der Änderung der Verhältnisse bestünde nun nur noch ein Vorsteuerabzug in Höhe von 25 Prozent (also 1.187,50 €, 4.750 € x 25 Prozent) statt dem Vorsteuerabzug in Höhe von 50 Prozent (also 2.375 €). Daraus folgt eine Berichtigung von 25 Prozent. Im Jahr 04 ist dann ein Fünftel dieser Berichtigung relevant. Hieraus folgt ein Berichtigungsbetrag von 237,50 € (4.750 € x 1/5 x 25 Prozent).¹⁸ Eine entsprechende Korrektur ergibt sich auch für das Jahr 05. Mit Ablauf des Jahres 05 endet dann der Berichtigungszeitraum.

Prüfungs- und Vertiefungshinweis

An dieser Stelle könnte auf § 44 Abs. 3 S. 1 UStDV hingewiesen werden. Hiernach ist die Berichtigung abweichend von § 18 Abs. 1 und 2 UStG erst im Rahmen der Steuerfestsetzung für das Kalenderjahr und nicht schon im Voranmeldungsverfahren durchzuführen, wenn der Berichtigungsbetrag für das Kalenderjahr 6.000 € nicht übersteigt.

e) Ergebnis

In den Jahren 04 und 05 erfolgt eine Berichtigung des Vorsteuerabzugs nach § 15a UStG. Relevant ist jeweils ein Betrag von 237,50 €.

Vertiefungshinweis

Erhaltungsaufwendungen sind hier nicht angesprochen. Grundsätzlich gilt aber Folgendes: Maßgeblich für die Vorsteuerberichtigung nach § 15a Abs. 1 UStG sind nur die auf die Anschaffungs- oder Herstellungskosten entfallenden Vorsteuerbeträge. Für Erhaltungsaufwendungen kommt eine Vorsteuerkorrektur nur unter den Voraussetzungen des § 15a Abs. 3 UStG in Betracht.¹⁹

3. Ergebnis

Im Jahr 01 kann ein Vorsteuerabzug in Höhe von 2.375 € erfolgen. Infolge der Nutzungsänderung im Jahr 04 erfolgt in den Jahren 04 und 05 eine Berichtigung des Vorsteuerabzugs in Höhe von jeweils 237,50 €.

III. Abwandlung 2

Zuletzt sind die in der zweiten Abwandlung aufgeworfenen umsatzsteuerrechtlichen Fragen zu beantworten. Fraglich ist, welchen Vorsteuerbetrag M im Jahr 01 geltend machen kann und welche Auswirkung die fünfundsiebzigprozentige private Nutzung ab dem Jahr 04 hat.

---

17 *Heidner*, in: Bunjes, § 15a UStG Rn. 86.
18 Vgl. zum Ganzen: *Oelmaier*, in: Sölch/Ringleb, § 15a UStG Rn. 130–132.
19 Siehe zum Ganzen: *Frye*, in: Rau/Dürrwächter, § 15a UStG Rn. 83–87.

1. Vorsteuerabzugsberechtigung im Jahr 01

35 Zu prüfen ist zunächst, welchen Vorsteuerbetrag M im Jahr 01 geltend machen kann. Der Unternehmer kann nach § 15 Abs. 1 S. 1 Nr. 1 UStG „die gesetzlich geschuldete Steuer für Lieferungen und sonstige Leistungen, die von einem anderen Unternehmer für sein Unternehmen ausgeführt worden sind", als Vorsteuer abziehen, wenn er im Besitz einer Rechnung nach den §§ 14, 14a UStG ist.

a) Unternehmereigenschaft von M und dem Bauunternehmer

36 Voraussetzung für den Vorsteuerabzug ist zunächst, dass M Unternehmer ist. Dies ist, wie gesehen, der Fall. Zudem muss auch der Bauunternehmer Unternehmer sein. Er übt eine nachhaltige, auf die Einnahmenerzielung gerichtete Tätigkeit weisungsungebunden aus und ist daher Unternehmer (vgl. § 2 UStG).

b) Steuerbare und steuerpflichtige Leistung von dem Bauunternehmer

37 Voraussetzung für den Vorsteuerabzug ist weiterhin, dass eine steuerbare und steuerpflichtige Leistung von einem anderen Unternehmer im Sinne des § 1 Abs. 1 Nr. 1 UStG vorliegt.

Fraglich ist, wie die Errichtung des Gebäudes umsatzsteuerrechtlich zu bewerten ist. M wird die Verfügungsmacht an dem Gebäude verschafft, so dass eine Lieferung angenommen werden könnte; andererseits enthält die Errichtung des Gebäudes auf dem Grundstück des M aber auch Dienstleistungsaspekte. Es könnte eine Werklieferung im Sinne von § 3 Abs. 4 UStG vorliegen. Nach § 3 Abs. 4 S. 1 UStG ist eine einheitliche Leistung, die in der Be- oder Verarbeitung eines Gegenstands liegt, als **Werklieferung** anzusehen, wenn der Unternehmer hierbei selbst beschaffte Stoffe verwendet, die nicht nur Zutaten oder sonstige Nebensachen darstellen. Bei richtlinienkonformer Auslegung der Vorschrift kommt es darauf an, ob die vom Unternehmer verwendeten Materialien eine wesentliche Bedeutung haben.[20] § 3 Abs. 4 S. 2 UStG stellt klar, dass eine Werklieferung auch vorliegen kann, wenn die zur Leistungsausführung verwendeten Materialien mit dem Grund und Boden fest verbunden werden.[21] Vorliegend errichtet der Bauunternehmer das Gebäude auf dem Grundstück des M überwiegend aus selbst beschafften Materialien. Insbesondere verwendet er selbst beschaffte Steine und selbst beschafften Beton. Nach den obigen Grundsätzen liegt damit eine Werklieferung vor.

Der Ort der (Werk-)Lieferung bestimmt sich nach § 3 Abs. 5a UStG. Die Sonderregelungen der §§ 3c, 3e, 3g EStG sind, ebenso wie die Regelung des § 3 Abs. 8 EStG, nicht einschlägig. Entsprechend bleibt es bei den Grundregeln von § 3 Abs. 6 und 7 EStG. Bei der Bauleistung (in Form der Werklieferung) an dem Grundstück liegt eine unbewegte Lieferung im Sinne des § 3 Abs. 7 S. 1 UStG vor.[22] Die Lieferung wird damit dort ausgeführt, wo sich der Gegenstand zur Zeit der Verschaffung der Verfügungsmacht befindet. Dies ist hier Osnabrück. Der Ort der Lieferung liegt daher im Inland (vgl. § 1 Abs. 2 UStG).

---

20 *Martin*, in: Sölch/Ringleb, § 3 UStG Rn. 431–438.
21 *Nieskens*, in: Rau/Dürrwächter, § 15a UStG Rn. 1813.
22 Siehe *Heuermann*, in: Sölch/Ringleb, § 3 UStG Rn. 506.

Die Werklieferung erfolgt auch gegen Entgelt und sie erfolgt im Rahmen des Unternehmens des Bauunternehmers. Es ist keine Steuerbefreiung für den steuerbaren Umsatz gegeben.

Vertiefungshinweis

M stellt dem Bauunternehmer Material zur Errichtung des Gebäudes zur Verfügung. Die Bewertung dieses Vorgangs ist von der Fallfrage nicht umfasst. Im Ergebnis wäre nicht von einer eigenständig zu bewertenden Leistung des M an den Bauunternehmer auszugehen. Vielmehr handelt es sich um eine sogenannte Materialbeistellung.[23]

Im Fall wurde das Gebäude auf dem Grundstück des M errichtet. Hätte M das Grundstück mit dem aufstehenden Gebäude erworben, stünde die Steuerbefreiung des § 4 Nr. 9 lit. a UStG im Raum. Wäre der Umsatz hiernach grundsätzlich steuerbefreit, käme auch kein Vorsteuerabzug in Betracht. Auf die Steuerbefreiung könnte jedoch verzichtet werden nach § 9 Abs. 1 UStG. Im Fall des Verzichts käme dann wiederum ein Vorsteuerabzug in Betracht.

c) Für das Unternehmen des M – Höhe des Vorsteuerbetrags

Der Vorsteuerabzug setzt einen Leistungsbezug für das Unternehmen voraus. Es kommt auf die Verwendung der Eingangsleistung für steuerbare Umsätze an (vgl. Art. 168 MwStSystRL).[24] Das Gebäude soll vorliegend sowohl für unternehmerische Zwecke als auch für nichtunternehmerische Zwecke genutzt werden. Fraglich ist damit, in welcher Höhe der Vorsteuerabzug bei einer solchen gemischten Nutzung erfolgen kann.

38

Wie gesehen, ist bei Investitionsgütern beziehungsweise bei dauerhaft genutzten Wirtschaftsgütern ein **Zuordnungswahlrecht** des Steuerpflichtigen anerkannt. Der Unternehmer kann den Gegenstand trotz einer anteiligen privaten Nutzung grundsätzlich vollständig dem Betriebsvermögen zuordnen und damit auch den vollen Vorsteuerabzug geltend machen. Allerdings enthält § 15 Abs. 1b S. 1 UStG (vgl. auch § 15 Abs. 4 S. 4 UStG) eine besondere Regelung für gemischt genutzte Grundstücke. Hiernach kommt ein Vorsteuerabzug nur in Höhe der unternehmerischen Verwendung des Grundstücks (und seiner wesentlichen Bestandteile) in Betracht.[25]

Bei Anwendung des Steuersatzes von 19 Prozent (vgl. § 12 Abs. 1 UStG) auf die Bemessungsgrundlage von 1.000.000 € (vgl. § 10 Abs. 1 S. 1 und 2 UStG) ergibt sich ein Betrag von 190.000 € (1.000.000 € x 19 Prozent). Die unternehmerische Nutzung beträgt 50 Prozent. Damit kann ein Vorsteuerabzug in Höhe von 95.000 € (190.000 € x 50 Prozent) vorgenommen werden.

d) Rechnung

Eine ordnungsgemäße Rechnung liegt nach dem Sachverhalt vor.

39

e) Ergebnis

Aus dem geschilderten Sachverhalt ist im Jahr 01 ein Vorsteuerabzug in Höhe von 95.000 € möglich.

40

---

23 Siehe hierzu *Rose/Watrin*, S. 100–102.
24 EuGH v. 8.2.2007, C 435/05, Slg. 2007 I-1317, Rn. 23; *Englisch*, in: Tipke/Lang, Rn. 17.323 f.; jeweils m.w.N.
25 Siehe *Englisch*, in: Tipke/Lang, Rn. 17.338. Siehe auch Abschn. 15.6 a UStAE.

Vertiefungshinweis

Anders als im Grundfall kommt es hier im Jahr 01 nicht zu einer steuerpflichtigen Nutzungsentnahme nach § 3 Abs. 9 a Nr. 1 UStG.[26]

2. Nutzungsänderung im Jahr 04 – Berichtigung des Vorsteuerabzugs nach § 15 a UStG

41 Fraglich ist, wie sich die Nutzungsänderung im Jahr 04 umsatzsteuerrechtlich auswirkt. Es kommt eine Berichtigung des Vorsteuerabzugs nach § 15 a UStG in Betracht. Nach § 15 a Abs. 1 UStG ist bei einer Änderung der für den ursprünglichen Vorsteuerabzug maßgeblichen Verhältnisse eines Wirtschaftsguts, das nicht nur einmalig zur Ausführung von Umsätzen verwendet wird, eine Berichtigung der auf die Anschaffungs- und Herstellungskosten entfallenen Vorsteuerbeträge vorzunehmen. Voraussetzung ist jedoch grundsätzlich, dass die Änderung der Verhältnisse innerhalb von fünf Jahren ab dem Zeitpunkt der erstmaligen Verwendung eintritt (vgl. § 15 a Abs. 1 S. 1 UStG). Insbesondere bei Grundstücken einschließlich ihrer wesentlichen Bestandteile gilt allerdings ein Berichtigungszeitraum von zehn Jahren (vgl. § 15 a Abs. 1 S. 2 UStG).

a) Investitionsgut mit Vorsteuerbeträgen von mehr als 1.000 €

42 Eine Vorsteuerberichtigung nach § 15 a Abs. 1 UStG kommt nur bei Wirtschaftsgütern, die nicht nur einmalig zur Ausführung von Umsätzen verwendet werden, in Betracht. Vorliegend handelt es sich um ein entsprechendes Wirtschaftsgut. Zudem liegen die maßgeblichen Vorsteuerbeträge über der Bagatellgrenze des § 44 Abs. 1 UStDV.

b) Änderung der Verhältnisse

43 Fraglich ist damit, ob sich die für den Vorsteuerabzug maßgeblichen Verhältnisse ändern. Relevant sind dabei insbesondere Änderungen der tatsächlichen Verwendung des Wirtschaftsguts hinsichtlich der steuerpflichtigen und der steuerfreien Nutzung. Hier geht M jedoch (zu 25 Prozent) von einer unternehmerischen Nutzung zur (nichtunternehmerischen) Privatnutzung über. Für diese Fälle bestimmt § 15 a Abs. 6 a UStG, dass eine Änderung der Verhältnisse auch bei einer Änderung der Verwendung im Sinne des § 15 Abs. 1 b UStG vorliegt.[27]

Wie geprüft, ist im Jahr 01 ein hälftiger Vorsteuerabzug möglich. Im Jahr 04 erfolgt jedoch eine Änderung der unternehmerischen und privaten Nutzungsverhältnisse. Nunmehr wird das Grundstück zu 75 Prozent privat genutzt. Entsprechend wäre der Vorsteuerabzug nach § 15 Abs. 1 b UStG zu 75 Prozent ausgeschlossen. Die Grenze des § 44 Abs. 2 UStDV ist hier überschritten. Damit liegt eine relevante Änderung der Verhältnisse (beziehungsweise der Verwendung) vor.

c) Berichtigungszeitraum

44 Die Änderung der Verwendung müsste innerhalb des maßgeblichen Berichtigungszeitraums erfolgen. Bei Grundstücken und aufstehenden Gebäuden, die zum Grundstück

---

26 Vgl. *Korn*, in: Bunjes, § 10 UStG Rn. 85. Siehe auch *Heuermann*, in: Sölch/Ringleb, § 3 UStG Rn. 625 m.w.N.
27 Siehe im Einzelnen *Frye*, in: Rau/Dürrwächter, § 15 a UStG Rn. 208–211, 218–231. Vgl. auch *Oelmaier*, in: Sölch/Ringleb, § 15 a UStG Rn. 326.

gehören, gilt ein Berichtigungszeitraum von zehn Jahren (vgl. § 15 a Abs. 1 S. 2 UStG).²⁸ Der Berichtigungszeitraum beginnt mit der erstmaligen Verwendung. Hier wurde das Gebäude ab Juli 01 (hälftig beruflich und hälftig privat) genutzt. Der Berichtigungszeitraum endet dann nach zehn Jahren, also Ende Juni 11.

d) Berichtigung in den Jahren 04 bis 11

Nach § 15 a Abs. 5 S. 1 Fall 2 UStG ist bei der Berichtigung für jedes Kalenderjahr der Änderung von einem Zehntel der auf das Wirtschaftsgut entfallenden Vorsteuerbeträge auszugehen. Die Berichtigung ist jeweils für das betreffende Kalenderjahr vorzunehmen.²⁹ Hier kommt es (ursprünglich) zu einem Vorsteuerabzug von 95.000 € aufgrund der hälftigen unternehmerischen Nutzung.

Mit Blick auf die nunmehr fünfundsiebzigprozentige private Nutzung (ab Juli 04) besteht eine Nutzungsänderung von 25 Prozent. Damit besteht ein Jahresanteil für die Vorsteuerberichtigung von 4.750 € (190.000 € x 1/10 x 25 Prozent). Für das Jahr 04 ist der Vorsteuerabzug wegen der erst ab Juli vorliegenden fünfundsiebzigprozentigen Privatnutzung allerdings nur anteilig zu berichtigen. Der Jahresanteil von 4.750 € ist zu sechs Zwölftel heranzuziehen. Damit ergibt sich eine Vorsteuerberichtigung von 2.375 € (4.750 € x 6/12). Für die Jahre 05 bis 10 ergibt sich eine Vorsteuerberichtigung von 4.750 €. Ende Juni 11 endet der Berichtigungszeitraum. Daher sind im Jahr 11 noch sechs Zwölftel des Jahresanteils, also wiederum 2.375 € zu berücksichtigen.³⁰

Vertiefungshinweis

Auch ab dem Jahr 04 kommt es damit nicht zu einer Besteuerung von Nutzungsentnahmen. Vielmehr wird ein wirtschaftlich entsprechendes Ergebnis durch die Vorsteuerkorrektur erreicht.³¹ Auch an dieser Stelle ist § 44 Abs. 3 S. 1 UStDV zu beachten.

e) Ergebnis

Im Jahr 04 kommt es zu einer Vorsteuerberichtigung in Höhe von 2.375 €. In den Jahren 05 bis 10 beträgt der Berichtigungsbetrag 4.750 €. Zum Ende des Berichtigungszeitraums kommt es im Jahr 11 wiederum zu einer Vorsteuerberichtigung von 2.375 €.

3. Ergebnis

Im Jahr 01 kann ein Vorsteuerabzug in Höhe von 95.000 € erfolgen. Infolge der Nutzungsänderung im Jahr 04 kommt es zu einer Korrektur des Vorsteuerabzugs.

---

28 Siehe *Oelmaier*, in: Sölch/Ringleb, § 15 a UStG Rn. 160–166.
29 *Heidner*, in: Bunjes, § 15 a UStG Rn. 86.
30 Vgl. zum Ganzen: *Frye*, in: Rau/Dürrwächter, § 15 a UStG Rn. 349; *Oelmaier*, in: Sölch/Ringleb, § 15 a UStG Rn. 221–229.
31 Siehe *von Streit/Zugmaier*, DStR 2010, 524, 526. Siehe auch Abschn. 3.4 Abs. 5 a UStAE.

§ 25 Übungsfall 18 – Steuerverfahrensrecht mit Einkommensteuer

1   Der folgende Fall behandelt im Schwerpunkt das Einspruchsverfahren. Im Einzelnen werden insbesondere die folgenden Aspekte behandelt: Antrag auf schlichte Änderung (vgl. § 172 Abs. 1 S. 1 Nr. 2 lit. a AO); Begründung eines Steuerbescheids (vgl. § 126 Abs. 3 AO); Einspruchseinlegung per E-Mail; Heilung von Bekanntgabemängeln; Heilung von Verfahrens- und Formfehlern (vgl. § 126 Abs. 1 AO); Inhalts- und Bekanntgabeadressat; Übungsleiterregelung (vgl. § 3 Nr. 26 EStG); Vertreterverschulden; Wiedereinsetzung in den vorigen Stand (vgl. § 110 AO).

Sachverhalt

2   ▶ Die Rechtsreferendarin Frieda (F) aus Leipzig (Deutschland) bessert sich ihr Referendarseinkommen durch die Tätigkeit als Korrekturassistentin für die Universität Leipzig auf. Sie korrigiert und bewertet Zwischenprüfungs- und Probeklausuren der Jurastudierenden der Universität. Endgültig wird die Note von den Lehrenden der jeweiligen Vorlesung festgelegt. Im Jahr 01 verdient F sich damit 1.900 € dazu. In ihrer am 14. Mai 02 abgegebenen Steuererklärung hat sie diesen Sachverhalt zutreffend geschildert und sich auf den Standpunkt gestellt, die Einkünfte aus der Korrekturtätigkeit seien steuerfrei. Da F sich in steuerlichen Angelegenheiten unsicher fühlt, hat sie Simon (S), den Steuerberater ihrer Eltern, vorher konsultiert, der ihr bei der Erstellung der Erklärung half. F hat S auch dem Finanzamt gegenüber als ihren Steuerberater benannt und darum gebeten, Bescheide nur an ihn bekanntzugeben.
Am 4. August 02 erhält F einen Brief vom Finanzamt mit einem Steuerbescheid. Weil sie jedoch davon ausgeht, dass der offizielle Bescheid an S gesendet wird, legt sie den Brief in ihre Ablage, ohne sich weiter darum zu kümmern. Im September fällt ihr das Schreiben beim Aufräumen des Schreibtischs wieder in die Hände. Nunmehr wird sie unsicher, ob es sich bei dem Schreiben nicht doch um einen offiziellen Bescheid handelt und leitet den Steuerbescheid daher am 25. September 02 an S weiter. F bittet den S, das Schreiben zu überprüfen und, falls erforderlich, Einspruch einzulegen. S ist aufgrund des Urlaubs einiger Kollegen stark überlastet und schaut sich den Bescheid daher nur kurz an. Der Bescheid ist mit einer Rechtsbehelfsbelehrung versehen, enthält aber keine Begründung, so dass S davon ausgeht, das Finanzamt habe F entsprechend der Angaben in der Steuererklärung veranlagt.
Im Oktober 02 merkt der zuständige Finanzbeamte, dass bei dem Steuerbescheid der F die Begründung vergessen wurde. Er schickt daher eine entsprechende Begründung an S, in der ausgeführt wird, dass die Einkünfte aus der Korrekturtätigkeit in voller Höhe steuererhöhend berücksichtigt wurden und dass sich daraus eine gegenüber der Steuererklärung erhöhte Steuerschuld der F ergibt. S erhält das Schreiben am 3. November 02. Sofort ruft er beim Finanzamt an und lässt sich die dortige Rechtsansicht erläutern. Wie in der schriftlichen Begründung schildert der Finanzbeamte, dass die Hilfstätigkeit der F, die ohne jeden Studierendenkontakt erfolgt, nicht steuerfrei sei. In dem Telefonat kündigt S unter Verweis auf die fehlende Begründung an, nunmehr, obwohl es schon November ist, Einspruch einzulegen. Am 4. November 02 legt S für F per E-Mail Einspruch gegen den Steuerbescheid ein. Er erklärt die späte Einspruchseinlegung erneut mit der fehlenden Begründung des Steuerbescheids und sendet den Einspruch mit einem Scan des Bescheids an die in dem Bescheid angegebene E-Mail-Adresse des Finanzamts. ◀

§ 25 Übungsfall 18 – Steuerverfahrensrecht mit Einkommensteuer

Aufgabenstellung

▶ Hat der Einspruch Aussicht auf Erfolg?
Die Aufgabe ist gutachtlich zu bearbeiten. Die Jahreszahlen sind fiktiv. Es ist das aktuell geltende Recht anzuwenden. ◀

Teil 2: Übungsfälle

Gliederung

I.	Zulässigkeit	318
	1. Statthaftigkeit	318
	2. Einspruchsbefugnis	319
	3. Bevollmächtigung des S	319
	4. Frist	319
	5. Wiedereinsetzung in den vorigen Stand	320
	6. Form	322
	7. Ergebnis	322
II.	Begründetheit	322
	1. Rechtswidrigkeit des Steuerbescheids	322
	a) Formelle Rechtswidrigkeit	323
	b) Materielle Rechtswidrigkeit	323
	c) Ergebnis	324
	2. Rechtsverletzung	324
	3. Ergebnis	324
III.	Ergebnis	324

Lösung

Der Einspruch hat Aussicht auf Erfolg, wenn er zulässig und begründet ist.

I. Zulässigkeit

Die zur Entscheidung über den Rechtsbehelf berufene Finanzbehörde hat zunächst zu prüfen, ob der Einspruch zulässig ist (vgl. § 358 AO).[1] Ein Einspruch ist zulässig, wenn er statthaft ist und die übrigen Zulässigkeitsvoraussetzungen vorliegen.

1. Statthaftigkeit

Der Einspruch müsste zunächst statthaft sein. Nach § 347 Abs. 1 S. 1 Nr. 1 AO ist der Einspruch gegen Verwaltungsakte in Abgabenangelegenheiten im Sinne des § 347 Abs. 2 AO, auf die die Abgabenordnung Anwendung findet, statthaft. Unmittelbar anwendbar ist die Abgabenordnung auf Steuern, Zölle und Steuervergütungen (vgl. §§ 1, 3 AO).[2] Vorliegend geht es um die Anfechtung eines Steuerbescheids (vgl. § 155 AO), wobei es sich um einen Verwaltungsakt in Abgabenangelegenheiten handelt, so dass der Einspruch statthaft ist.

Vertiefungshinweis

Die Statthaftigkeit des Einspruchs umgrenzt die Angelegenheiten, in denen das außergerichtliche Rechtsbehelfsverfahren stattfindet.[3]

Von dem Einspruch ist der sogenannte Antrag auf schlichte Änderung (vgl. § 172 Abs. 1 S. 1 Nr. 2 lit. a AO) abzugrenzen. Ein entsprechender Antrag auf eine Änderung des Bescheids zugunsten des Steuerpflichtigen kann hinsichtlich noch nicht bestandskräftiger Steuerbescheide gestellt werden. Bei einem Antrag auf schlichte Änderung wird die Bestandskraft aber nur durchbrochen, soweit die Änderung begehrt wird. Zudem liegt die Entscheidung im Ermessen der Finanzbehörde. Beim Einspruch hingegen wird die Sache in vollem Umfang neu geprüft und es hat die gebotene Korrektur zu erfolgen (vgl. § 367 Abs. 2 S. 1 AO).

---

1 *Seer*, in: Tipke/Lang, Rn. 22.12.
2 *Rätke*, in: Klein, § 347 AO Rn. 4.
3 *Seer*, in: Tipke/Lang, Rn. 22.14.

Dabei ist auch eine Verböserung grundsätzlich möglich (vgl. § 367 Abs. 2 S. 2 AO). Im Zweifel wird von einer Einspruchseinlegung ausgegangen.[4]

2. Einspruchsbefugnis

Des Weiteren müsste F einspruchsbefugt sein. Nach § 350 AO ist einspruchsbefugt, wer geltend macht, durch einen Verwaltungsakt beschwert zu sein. Der Einspruchsführer muss geltend machen, in eigenen Rechten betroffen zu sein. Die rechtliche Betroffenheit ist insbesondere beim Adressaten eines belastenden Verwaltungsakts gegeben.[5] F ist hinsichtlich des ihr gegenüber erlassenen Steuerbescheids, der eine aus ihrer Sicht zu hohe Steuerbelastung bewirkt, beschwert.[6]

Vertiefungshinweis

Im Rahmen des Einspruchsverfahrens genügt die Geltendmachung einer Beschwer; die Möglichkeit einer Rechtsverletzung ist nicht erforderlich. Ausreichend ist in diesem Kontext daher auch der Verweis auf die fehlerhafte Anwendung einer Verwaltungsvorschrift oder auf eine unzweckmäßige Ermessensausübung.[7]

3. Bevollmächtigung des S

Im Fall legt S den Einspruch für F ein. Dies ist mit Blick auf die entsprechende Bevollmächtigung des Steuerberaters S zulässig (vgl. §§ 365 Abs. 1, 80 Abs. 1 AO, vgl. auch § 80 Abs. 2 AO).

4. Frist

Die Einspruchseinlegung müsste auch fristgerecht erfolgt sein. Nach § 355 Abs. 1 AO beträgt die Einspruchsfrist einen Monat. Sie beginnt mit der **Bekanntgabe des Verwaltungsakts**. Entscheidend ist daher, ob (und zu welcher Zeit) der Verwaltungsakt bekanntgegeben wurde.

Nach § 122 Abs. 1 S. 1 AO ist der Verwaltungsakt demjenigen bekanntzugeben, für den er bestimmt ist. Bestimmt ist der Verwaltungsakt für den Inhaltsadressaten. Bei dem hiesigen Steuerbescheid ist F als Steuerschuldnerin Inhaltsadressatin.[8] Sie ist dann grundsätzlich auch die Bekanntgabeadressatin.[9] F bekam den Bescheid vom Finanzamt zugeschickt (am 4. August 02). Hier könnte jedoch eine abweichende Bestimmung des Bekanntgabeadressaten vorliegen. Die Bekanntgabe kann nach § 122 Abs. 1 S. 3 AO auch gegenüber einem Bevollmächtigten erfolgen. Bevollmächtigter der F ist hier S als Steuerberater. Grundsätzlich kann das Finanzamt nach seinem Ermessen entscheiden, ob es den Verwaltungsakt an den Steuerpflichtigen oder dessen Bevollmächtigten bekannt gibt.[10] Das Ermessen ist jedoch auf Null reduziert, wenn ein Bevollmächtigter für den Steuerpflichtigen gerade als Bekanntgabeadressat bestellt ist und sich dies unmittelbar aus einer entsprechenden Erklärung des Steuerpflichtigen oder des Bevoll-

---

4 Zum Ganzen: *Melchior*, in: Beck'sches Steuer- und Bilanzrechtslexikon, Schlichte Änderung, Rn. 1–8.
5 *Cöster*, in: Koenig, § 350 AO Rn. 6 f., 15.
6 Siehe *Cöster*, in: Koenig, § 350 AO Rn. 25.
7 *Seer*, in: Tipke/Lang, Rn. 22.15.
8 *Vorbeck*, in: Koenig, § 122 AO Rn. 31 f.
9 *Seer*, in: Tipke/Lang, Rn. 21.67.
10 *Vorbeck*, in: Koenig, § 122 AO Rn. 39.

mächtigten ergibt.[11] Hier lag eine solche Benennung des S als Bekanntgabeadressat vor. Daher musste der Bescheid an S bekanntgegeben werden. An einer wirksamen Bekanntgabe an ihn durch Zusendung des Steuerbescheids durch das Finanzamt fehlt es allerdings.[12]

Vertiefungshinweis
Inhaltsadressat ist derjenige, für den der Inhalt des Verwaltungsakts bestimmt ist. Bekanntgabeadressat ist derjenige, dem der Verwaltungsakt bekanntgegeben werden soll. Das ist regelmäßig der Inhaltsadressat; beispielsweise bei handlungsunfähigen Inhaltsadressaten (Kinder oder juristische Personen) ist der Bescheid aber an die gesetzlichen Vertreter bekannt zu geben. Empfänger ist derjenige, dem der Verwaltungsakt tatsächlich zugehen soll. Er kann im Einzelfall vom Inhalts- und vom Bekanntgabeadressaten abweichen.[13]

11 Allerdings könnte eine **Heilung des Bekanntgabemangels** vorliegen. Neben der erneuten (fehlerfreien) Bekanntgabe kommt dies insbesondere durch die nachträgliche Kenntnisnahme in Betracht. Hier hat F den Steuerbescheid an S als richtigen Bekanntgabeadressaten weitergeleitet. In dem Zeitpunkt, in dem S das Schreiben erhalten hat, tritt damit die Heilung ein und die Einspruchsfrist beginnt zu laufen.[14] Im Fall erfolgte die Weiterleitung des Bescheids durch F an S am 25. September 02.

Die Frist beginnt am 26. September 02 zu laufen (vgl. § 108 Abs. 1 AO, § 187 Abs. 1 BGB). Die Frist endet mit Ablauf des 25. Oktobers 02 (vgl. § 108 Abs. 1 AO, § 188 Abs. 2 BGB). Der Einspruch am 4. November 02 ist damit grundsätzlich nicht rechtzeitig.

Vertiefungshinweis
Der Sachverhalt gibt vor, dass der Steuerbescheid mit einer ordnungsgemäßen Rechtsbehelfsbelehrung versehen war. Fehlte es bei dem hiesigen schriftlichen Verwaltungsakt hieran, würde die Einspruchsfrist nach § 356 Abs. 1 AO nicht zu laufen beginnen; allerdings wäre die Höchstfrist des § 356 Abs. 2 AO zu beachten.

5. Wiedereinsetzung in den vorigen Stand

12 Mit Blick auf die versäumte Einspruchsfrist ist der Einspruch als unzulässig zu verwerfen, es sei denn, es liegen Gründe für eine Wiedereinsetzung in den vorigen Stand vor.[15] Nach § 110 Abs. 1 S. 1 AO besteht ein Anspruch auf Wiedereinsetzung in den vorherigen Stand, wenn jemand ohne Verschulden daran gehindert war, eine gesetzliche Frist einzuhalten. Die hier versäumte Einspruchsfrist des § 355 AO ist eine entsprechende gesetzliche Frist.[16]

Fraglich ist damit, ob F ein Verschulden an der Fristüberschreitung trifft. Die Fristversäumung ist unverschuldet, wenn die für einen gewissenhaften und sachgemäß handelnden Verfahrensbeteiligten gebotene und ihm nach den Umständen zumutbare Sorgfalt beachtet wurde.[17] F selbst trifft hier kein Verschulden an der Fristüberschrei-

---

11 BFH v. 5.10.2000, VII R 96/99, BStBl. II 2001, 86, unter 2.
12 Vgl. *Vorbeck*, in: Koenig, § 122 AO Rn. 44.
13 Zum Ganzen: *Seer*, in: Tipke/Lang, Rn. 21.66–21.68; *Vorbeck*, in: Koenig, § 122 AO Rn. 31.
14 Zum Ganzen: *Vorbeck*, in: Koenig, § 122 AO Rn. 24, 26, 44.
15 *Rätke*, in: Klein, § 355 AO Rn. 20.
16 *Rätke*, in: Klein, § 110 AO Rn. 2.
17 *Rätke*, in: Klein, § 110 AO Rn. 4 m.w.N.

tung. Sie hat durch die Übermittlung des Bescheids an ihren Steuerberater erst für die ordnungsgemäße Bekanntgabe und damit für den Beginn der Einspruchsfrist gesorgt. Mit der Prüfung des Bescheids und der Einspruchseinlegung hat F dann S betraut.

Nach § 110 Abs. 1 S. 2 AO muss sich der Steuerpflichtige jedoch ein Verschulden seines Vertreters zurechnen lassen. Der Steuerberater S ist Vertreter der F.[18] Fraglich ist daher, ob S ein Verschulden an der verspäteten Einspruchseinlegung trifft. Dabei sind an die Sorgfaltsanforderungen solcher Berufsträger erhöhte Anforderungen zu stellen; es gilt die **standesübliche Sorgfalt**.[19] Die bloße hohe Arbeitsbelastung des S ist daher kein Wiedereinsetzungsgrund.[20] Im Fall beruht die Fristversäumung letztlich aber auch nicht auf der Arbeitsüberlastung des S. Sie folgt vielmehr aus der fehlenden Begründung des Steuerbescheids, wegen der S von einer Veranlagung entsprechend der Steuererklärung ausging. Gemäß § 126 Abs. 3 S. 1 AO gilt die Versäumung der rechtzeitigen Anfechtung eines Verwaltungsakts dann als nicht verschuldet, wenn sie darauf beruht, dass dem Verwaltungsakt die erforderliche Begründung fehlt. Nach § 121 Abs. 1 AO ist ein schriftlicher Verwaltungsakt zu begründen, wenn dies zum Verständnis erforderlich ist. Hier ist das Finanzamt von der Steuererklärung der F abgewichen, so dass eine Begründung des Steuerbescheids erforderlich war.[21] Im Ergebnis gilt die Fristüberschreitung damit als unverschuldet.

Auf Antrag ist daher eine Wiedereinsetzung in den vorigen Stand zu gewähren. Der Antrag ist innerhalb eines Monats nach dem Wegfall des Hindernisses zu stellen (vgl. § 110 Abs. 2 S. 1 AO) und zu begründen (vgl. § 110 Abs. 2 S. 2 AO). Die versäumte Handlung ist innerhalb der Frist nachzuholen (vgl. § 110 Abs. 2 S. 3 AO). Die Wiedereinsetzungsfrist beginnt mit der Nachholung der unterlassenen Verfahrenshandlung am 3. November 02 (vgl. § 126 Abs. 3 S. 2 AO). Hier erfolgten die Antragstellung und die Begründung durch S in einem Telefonat mit dem Finanzamt ebenfalls am 3. November 02. Dabei ist der Hinweis des S, obwohl es schon November ist noch Einspruch einlegen zu wollen, als Wiedereinsetzungsantrag anzusehen; der Begriff „Wiedereinsetzung" muss bei einem solchen Antrag nicht fallen.[22] Die Stellung des Antrags auf Wiedereinsetzung in den vorigen Stand und die Begründung sind, auch wenn die Einspruchseinlegung einer bestimmten Form bedarf, nicht formgebunden.[23] Sie können daher auch telefonisch erfolgen. Mit der Einspruchseinlegung am 4. November 02 wurde die versäumte Handlung auch innerhalb der Monatsfrist des § 110 Abs. 2 S. 1 AO nachgeholt.

13

Vertiefungshinweis

Die Tatsachen zur Begründung des Antrags sind glaubhaft zu machen (vgl. zum Begriff § 294 ZPO). Die Glaubhaftmachung muss noch nicht bei der Antragstellung erfolgen, vielmehr kann dies innerhalb des Verfahrens über den Antrag nachgeholt werden.[24] Hier hat S in dem Telefonat und bei der Einspruchseinlegung auf die fehlende Begründung hingewiesen und er hat dem Einspruch einen Scan des Bescheids beigefügt. Im vorliegenden Fall könnte man sich sogar auf den Standpunkt stellen, die Darlegung beziehungsweise die

---

18 Vgl. *Koenig*, in: Koenig, § 110 AO Rn. 41.
19 *Koenig*, in: Koenig, § 110 AO Rn. 44.
20 Siehe *Koenig*, in: Koenig, § 110 AO Rn. 69, Arbeitsbelastung.
21 Siehe *Ratschow*, in: Klein, § 121 AO Rn. 7.
22 *Koenig*, in: Koenig, § 110 AO Rn. 71.
23 Vgl. BFH v. 29.10.2003, V B 61/03, BFH/NV 2004, 459, unter II.1.
24 Zum Ganzen: *Rätke*, in: Klein, § 110 AO Rn. 110.

Glaubhaftmachung des Hindernisses und der Tatsachen, die die Wiedereinsetzung rechtfertigen, seien entbehrlich, weil die fehlende Begründung des Bescheids beim Finanzamt aktenkundig ist.[25]

6. Form

14 Des Weiteren müsste der Einspruch formgerecht eingelegt worden sein. Nach § 357 Abs. 1 S. 1 AO ist ein Einspruch beim Finanzamt schriftlich oder elektronisch einzureichen oder zur Niederschrift zu erklären. S legt den Einspruch per E-Mail ein. Die **elektronische Einlegung** des Einspruchs ist in § 357 Abs. 1 AO ausdrücklich vorgesehen. Hier hat das Finanzamt mit der Angabe der E-Mail-Adresse auf dem Steuerbescheid auch einen Zugang für die Übermittlung elektronischer Dokumente eröffnet (vgl. § 87a Abs. 1 S. 1 AO).[26] Fraglich ist allerdings, ob eine qualifizierte elektronische Signatur, wie § 87a Abs. 3 AO sie zur Ersetzung der Schriftform durch die elektronische Form grundsätzlich vorsieht, erforderlich ist. S hat den Einspruch mittels einfacher E-Mail ohne eine entsprechende Signatur versendet. Allerdings ist anerkannt, dass die Einspruchseinlegung weder an die strenge Schriftform (mit eigenhändiger Unterschrift) noch an die elektronische Form (mit qualifizierter elektronischer Signatur) gebunden ist.[27] Vielmehr kann der Einspruch elektronisch mittels einfacher E-Mail eingereicht werden.[28] Hier ist davon auszugehen, dass aus dem Einspruch auch ersichtlich ist, wer Rechtsbehelfsführer ist (vgl. § 357 Abs. 1 S. 2 AO). Damit wurde die Einspruchsform gewahrt.

Vertiefungshinweis

Heute sieht § 357 Abs. 1 AO ausdrücklich vor, dass der Einspruch elektronisch eingelegt werden kann. Schon zur vorherigen Fassung, in der dies nicht ausdrücklich vorgesehen war, hat der BFH entschieden, dass ein Einspruch elektronisch, ohne eine qualifizierte elektronische Signatur im Sinne des § 87a Abs. 3 AO, eingelegt werden kann. Dies wurde unter anderem damit begründet, dass für die schriftliche Einlegung des Einspruchs, in Abweichung von der strengen Schriftform, auch keine eigenhändige Unterschrift erforderlich sei.[29]

7. Ergebnis

15 Der Einspruch ist zulässig.

II. Begründetheit

16 Der Einspruch ist begründet, wenn der Bescheid rechtswidrig ist und F hierdurch in ihren Rechten verletzt ist. Der Einspruch wäre ferner begründet, wenn der Verwaltungsakt unzweckmäßig wäre.

1. Rechtswidrigkeit des Steuerbescheids

17 Der Steuerbescheid könnte rechtswidrig sein.

---

25 Vgl. hierzu *Koenig*, in: Koenig, § 110 AO Rn. 81.
26 *Hahlweg*, in: Koenig, § 87a AO Rn. 17–20.
27 BFH v. 13.5.2015, III R 26/14, BStBl. II 2015, 790, unter 2., 3; Anmerkung hierzu: *Wendl*, DStR 2015, 1925, 1925f.
28 *Rätke*, in: Klein, § 357 AO Rn. 3–5.
29 BFH v. 13.5.2015, III R 26/14, BStBl. II 2015, 790, unter 2., 3.

a) Formelle Rechtswidrigkeit

Das Finanzamt konnte sich für den Erlass des Steuerbescheids auf die §§ 155, 38 AO als Ermächtigungsgrundlage stützen. Es war für den Erlass auch zuständig (vgl. § 16 AO, § 17 FVG; §§ 17, 19 AO). Es bestehen auch keine relevanten Verfahrens- oder Formfehler. Zwar fehlte zunächst die erforderliche Begründung des Bescheids. Dieser Fehler ist nach § 126 Abs. 1 Nr. 2 AO mit Blick auf die nachträgliche Begründung jedoch unbeachtlich. Der Bescheid ist daher formell rechtmäßig.

18

b) Materielle Rechtswidrigkeit

Jedoch könnte der Steuerbescheid materiell rechtswidrig sein. Das Finanzamt hat die Einnahmen der F aus der Korrekturtätigkeit als steuerpflichtig behandelt. Allerdings könnte es sich hierbei um steuerfreie Einnahmen im Sinne des § 3 Nr. 26 EStG handeln. Dafür müsste die Korrekturtätigkeit eine begünstigte Tätigkeit in diesem Sinne sein.

19

§ 3 Nr. 26 EStG normiert eine Steuerbefreiung für Einnahmen aus einer nebenberuflichen Tätigkeit beispielsweise als Übungsleiter, Ausbilder oder Erzieher im Dienst einer (insbesondere in der Europäischen Union belegenen) juristischen Person des öffentlichen Rechts bis zu einem Betrag von 3.000 € im Jahr. Eine nebenberufliche Tätigkeit erfordert, dass sie neben einem Hauptberuf ausgeübt werden kann.[30] Dies ist hinsichtlich der Korrekturtätigkeit der Fall. Die Tätigkeit wird auch im Dienst der Universität Leipzig und damit einer juristischen Person des öffentlichen Rechts, die in der Europäischen Union belegen ist, ausgeübt.

Zu den von § 3 Nr. 26 EStG erfassten Tätigkeiten gehören „die Entwicklung geistiger und leiblicher Fähigkeiten anderer Menschen durch Ausbildung vorhandener Anlagen; gleichgestellt ist dem die Leitung von Übungen, in denen Menschen ihre Fähigkeiten selbst entwickeln oder erproben."[31] Fraglich ist, ob die Arbeit der F als Korrekturassistentin eine entsprechende Tätigkeit darstellt. Entscheidend ist hierbei die pädagogische Zielsetzung der Tätigkeit.[32] Im Jurastudium werden zunächst juristische Kenntnisse vermittelt. Zur Wissensvermittlung gehört dabei auch die Kontrolle der Kenntnisse, beispielsweise durch Klausuren.[33] Das Jurastudium soll zudem die Fähigkeit vermitteln, komplizierte Zusammenhänge zu systematisieren und verständlich schriftlich darzustellen. Dies muss (beispielsweise in Übungsklausuren) geübt werden und die Korrekturassistentin wirkt auf die Studierenden ein, um die schriftliche Ausdrucksfähigkeit zu verbessern.[34] Als problematisch wird zwar das Fehlen einer direkten persönlichen Einwirkung der Korrekturassistentin auf die Studierenden angesehen sowie die Tatsache, dass die Korrekturassistentin nur vorbereitend tätig wird.[35] Allerdings ist zu sehen, dass das Darlegen der richtigen Lösung durch die Korrektur eine Wissensvermittlung darstellt. Diese erfolgt durch die Korrekturassistentin selbst, auch wenn sie (formal) nicht die endgültige Note festsetzt. Die Korrektur ist auf die einzelne Arbeit der Studierenden gerichtet und gibt Hinweise zu den spezifischen Defiziten der

---

30 *Levedag*, in: Schmidt, § 3 EStG Rn. 94.
31 BFH v. 23.1.1986, IV R 24/84, BStBl. II 1986, 398, unter 1.
32 FG Münster v. 8.11.1994, 6 K 3408/93 E, EFG 1995, 415.
33 FG Münster v. 8.11.1994, 6 K 3408/93 E, EFG 1995, 415; FG Berlin v. 12.10.2004, 5 K 5316/03, EFG 2005, 340.
34 FG Berlin v. 12.10.2004, 5 K 5316/03, EFG 2005, 340; *Jochum*, NJW 2002, 1983, 1985.
35 FG München v. 29.4.1997, 2 K 2893/94, EFG 1997, 1095.

erbrachten Prüfungsleistung, so dass eine individuelle Unterweisung erfolgt.[36] Dass dabei kein direkter persönlicher Kontakt zwischen Korrekturassistentin und Studierenden besteht, ist nicht relevant.[37]

Die Einnahmen nach § 3 Nr. 26 EStG sind bis zur Höhe von 3.000 € pro Jahr steuerfrei. Im Fall liegen die Einnahmen der F in Höhe von 1.900 € aus der begünstigten Tätigkeit unter diesem **Freibetrag**. Sie sind daher in voller Höhe steuerfrei. Damit beruht der Bescheid auf einer unrichtigen rechtlichen Würdigung des zugrundeliegenden Sachverhalts. Er ist daher materiell rechtswidrig.

Prüfungs- und Vertiefungshinweis

Einkünfte sind steuerbar, wenn sie die allgemeinen Anforderungen der Einkommensbesteuerung erfüllen und sich in eine der sieben Einkunftsarten einordnen lassen. Steuerbare Einkünfte können jedoch steuerfrei gestellt sein.[38] Zu Steuerbarkeit und Steuerpflicht siehe auch § 8 Rn. 27.

Von Freibeträgen sind Freigrenzen zu unterscheiden. Bei einem Freibetrag bleiben Einkünfte bis zu einem bestimmten Betrag stets von der Besteuerung verschont. Bei einer Freigrenze bleiben die Einkünfte steuerfrei, wenn die Freigrenze nicht überschritten wird. Wird sie überschritten, sind die gesamten Einkünfte zu berücksichtigen.[39] Zu Freigrenzen siehe § 8 Rn. 27; § 14 Rn. 44.

Hier wurde unter Berücksichtigung der einschlägigen Rechtsprechungsaussagen von einer begünstigten Tätigkeit ausgegangen. In der Prüfung geht es meist nicht um die Kenntnis der unterschiedlichen Ansichten. Vielmehr sollen Argumente für eine sachgerechte Lösung gefunden werden. Nicht selten deutet der Sachverhalt schon einige Argumente an (hier die des Finanzbeamten), die dann aufgegriffen und gegebenenfalls auch entkräftet werden können.

c) Ergebnis

20   Der Bescheid ist rechtswidrig.

2. Rechtsverletzung

21   Durch die Rechtswidrigkeit des Steuerbescheids ist F auch in ihren Rechten verletzt (vgl. Art. 2 Abs. 1 GG).

3. Ergebnis

22   Damit ist der Einspruch begründet.

III. Ergebnis

23   Der Einspruch ist zulässig und begründet. Er hat mithin Aussicht auf Erfolg.

---

36 *Seel*, JA 2008, 296, 297.
37 FG Berlin v. 12.10.2004, 5 K 5316/03, EFG 2005, 340.
38 *Fehrenbacher*, § 2 Rn. 30–38.
39 Zum Ganzen: *Fehrenbacher*, § 2 Rn. 37 f.

§ 26 Übungsfall 19 – Steuerverfahrensrecht

Der folgende Fall behandelt im Schwerpunkt die Korrektur von Steuerbescheiden, die unter dem Vorbehalt der Nachprüfung (vgl. § 164 AO) oder vorläufig (vgl. § 165 AO) ergangen sind. Im Einzelnen werden insbesondere die folgenden Aspekte behandelt: Ablaufhemmung (vgl. § 171 Abs. 8 AO); Anlaufhemmung (vgl. § 170 Abs. 2 AO); allgemeine Steuerverwaltungsakte und Steuerbescheide (vgl. §§ 118, 155 AO); Gewinnerzielungsabsicht und Liebhaberei; Nachholung des Vorbehalts der Nachprüfung; offenbare Unrichtigkeiten (vgl. § 129 AO); Steuererklärungspflicht (vgl. § 149 AO).

Sachverhalt (Grundfall)

▶ Manfred (M) ist Rechtsanwalt in Frankfurt am Main (Deutschland) und arbeitet sechs Tage die Woche von morgens bis abends. Weil er sich jedoch nicht jede Freude am Leben nehmen lassen möchte, hat er sich ein Pferdegestüt im Taunus gekauft und geht dort sonntags nachmittags reiten. Von seinem Jahreseinkommen in Höhe von 150.000 € wendet er dafür jedes Jahr 50.000 € auf. Er stellt das Gestüt in den Sommerferien wochentags Kindergruppen entgeltlich zur Verfügung, die sich dort von dem Stadtleben erholen können. Ansonsten nutzt M es zu seinem Vergnügen. Durch die Überlassung des Gestüts an die Kindergruppen nimmt M 5.000 € im Jahr ein.

Nach fristgerechter Abgabe der jeweiligen Steuererklärungen, zu deren Abgabe M verpflichtet war, erlässt das Finanzamt für die Veranlagungszeiträume 01 bis 10 Steuerbescheide, in denen die Kosten für das Gestüt als Betriebsausgaben anerkannt werden. Die Bescheide enthalten jedoch den Vermerk, dass es sich diesbezüglich um eine vorläufige Steuerfestsetzung handelt. Nachdem M auch im Jahr 11 nicht erkennen lässt, Gewinn mit dem Gestüt zu erwirtschaften, möchte das Finanzamt die Steuerbescheide für die Jahre 01 bis 10 insofern ändern, als es den Verlust des Gestüts von jeweils 45.000 € pro Jahr nicht mehr anerkennen will. ◀

Abwandlung

▶ Frieda (F) wohnt in Hamburg (Deutschland). Sie ist Studentin an der TU Hamburg-Harburg und genervt von der umständlichen morgendlichen Pendelei mit den öffentlichen Verkehrsmitteln zu den Vorlesungen. Als eine Freundin von F ein Mastersemester im Ausland verbringt, überlässt sie der F ihren Motorroller. Das bringt F auf die Geschäftsidee des Roller-Sharings. Sie nimmt ihr Erspartes zusammen und gründet ein Roller-Sharing-Unternehmen, das, nach dem Vorbild der großen Car-Sharing-Unternehmen, Roller in einem bestimmten Bezirk gegen eine Nutzungsgebühr zur Verfügung stellt. F erzielt hieraus einen Gewinn in Höhe von 40.000 € im Jahr 01. Das Finanzamt möchte sich zur Überprüfung des Steuerfalls der F eine Außenprüfung vorbehalten und beschließt daraufhin, die Einkommensteuerfestsetzung unter dem Vorbehalt der Nachprüfung zu erlassen. Ein entsprechender Vermerk wird in die Akten aufgenommen. Wegen eines Eingabefehlers wird der maschinell erstellte Steuerbescheid für das Jahr 01 jedoch ohne diesen Vorbehalt ausgedruckt und F am 4. Juli 02 bekanntgegeben.

Im weiteren Verlauf des Jahres 02 entdeckt der zuständige Bearbeiter beim Finanzamt, dass im Rahmen der Veranlagung der F Einnahmen aus einer weiteren gewerblichen Tätigkeit nicht berücksichtigt wurden. F hatte diese Einnahmen in ihrer Steuererklärung, zu deren

Abgabe sie verpflichtet war und die sie fristgerecht einreichte, erklärt. Der zuständige Finanzbeamte wollte sie auch steuererhöhend berücksichtigen und fertigte sogar einen entsprechenden Aktenvermerk. Die Urlaubsvertretung des Beamten übersah diese Einnahmen allerdings bei der Veranlagung. Das Finanzamt erklärt F nunmehr gegen Ende 02, dass die Einkommensteuer für das Jahr 01, wegen der noch nicht berücksichtigten Einnahmen, auf Grundlage des § 164 Abs. 2 AO um (rechnerisch richtig ermittelte) 1.000 € erhöht werden müsse. ◀

Aufgabenstellung

4 ▶ Können im Grundfall die Steuerbescheide des M für die Jahre 01 bis 10 korrigiert werden? Ist eine Korrektur des Steuerbescheids der F in der Abwandlung möglich?
Die Aufgabe ist gutachtlich zu bearbeiten. Die Jahreszahlen sind fiktiv. Es ist das aktuell geltende Recht anzuwenden. ◀

§ 26 Übungsfall 19 – Steuerverfahrensrecht

Gliederung

I. Grundfall – Korrektur der Steuerbescheide des M 327
  1. Bestandskraft der Steuerbescheide 327
  2. Korrektur nach § 165 Abs. 2 AO 328
  3. Eintritt der Festsetzungsverjährung 328
     a) Festsetzungsfrist nach den §§ 169, 170 AO 328
     b) Ablaufhemmung nach § 171 Abs. 8 AO 329
     c) Ergebnis 330
  4. Ergebnis 330
II. Abwandlung – Korrektur des Steuerbescheids der F 331
  1. Eintritt der Festsetzungsverjährung 331
  2. Korrektur nach § 164 Abs. 2 AO 331
  3. Korrektur nach den §§ 129, 164 Abs. 2 AO 331
  4. Ergebnis 332

Lösung

I. Grundfall – Korrektur der Steuerbescheide des M

Fraglich ist, ob die Steuerbescheide des M für die Jahre 01 bis 10 im Jahr 11 korrigiert werden können.

1. Bestandskraft der Steuerbescheide

Steuerverwaltungsakte werden mit der Bekanntgabe wirksam (vgl. § 124 Abs. 1 AO) und damit verbindlich. Die Korrekturvorschriften (insbesondere der Abgabenordnung) ermöglichen aber dennoch eine Korrektur.[1] Voraussetzung für die Korrektur ist, dass die Festsetzungsfrist noch nicht abgelaufen ist und dass eine Korrekturvorschrift einschlägig ist (vgl. §§ 169 Abs. 1, 172 Abs. 1 AO).

Vertiefungshinweis

Zu Problemen der Bekanntgabe siehe § 25 Rn. 10 f.

Die Korrekturvorschriften schränken die Bestandskraft des Verwaltungsakts ein. Unterschieden wird zwischen formeller und materieller Bestandskraft: Formelle Bestandskraft beschreibt die Unanfechtbarkeit des Verwaltungsakts. Materielle Bestandskraft beschreibt die Verbindlichkeit des Verwaltungsakts.[2]

Steuerverwaltungsakte lassen sich unterteilen in Steuerbescheide und diesen gleichgestellte Bescheide (sogenannte besondere Steuerverwaltungsakte) auf der einen Seite und sonstige allgemeine Steuerverwaltungsakte auf der anderen Seite. Die Unterscheidung hat Auswirkungen auf die Korrekturmöglichkeiten (vgl. § 172 AO). Hier steht die Korrektur der Steuerbescheide des M im Raum (vgl. § 155 Abs. 1 AO). Ihre Korrektur richtet sich gemäß § 172 Abs. 1 AO nach den §§ 129, 164, 165, 172 ff. AO.

Vertiefungshinweis

§ 118 AO enthält eine Legaldefinition des Steuerverwaltungsakts. Hiernach ist ein Verwaltungsakt eine „hoheitliche Maßnahme, die eine Behörde zur Regelung eines Einzelfalls auf dem Gebiet des öffentlichen Rechts trifft und die auf unmittelbare Rechtswirkung nach außen gerichtet ist." Für Steuerbescheide (in Abgrenzung zu allgemeinen Steuerverwal-

---

1 *Seer*, in: Tipke/Lang, Rn. 21.80–21.82.
2 Zum Ganzen: *Jakob*, Abgabenordnung, Rn. 554.

tungsakten) enthalten die §§ 155 ff. AO besondere Regelungen. Durch einen Steuerbescheid wird ein Steueranspruch festgesetzt; es handelt sich hierbei um einen rechtsfeststellenden (deklaratorischen) Verwaltungsakt.[3]

Aus § 172 AO ergeben sich die Korrekturmöglichkeiten für beide Arten von Steuerverwaltungsakten. Für allgemeine Steuerverwaltungsakte (die keine Steuerbescheide oder ihnen gleichgestellte Bescheide sind) gelten die §§ 129, 130, 131 AO. Für Steuerbescheide gelten die §§ 129, 164, 165, 172 ff. AO (sowie besondere Korrekturvorschriften in den einzelnen Steuergesetzen, wie zum Beispiel § 10 d Abs. 1 S. 3 EStG oder § 32 a KStG), nicht aber die §§ 130, 131 AO.[4]

2. Korrektur nach § 165 Abs. 2 AO

9   Eine Änderung des Steuerbescheids kommt nur unter Rückgriff auf eine Korrekturvorschrift in Betracht. Hier erfolgte die Steuerfestsetzung vorläufig. Daher kann eine Änderung nach § 165 Abs. 2 AO erfolgen. Die Korrekturmöglichkeit bezieht sich dabei auf die Gründe, die im Zusammenhang mit dem **Vorläufigkeitsvermerk** stehen.[5] Die Steuerfestsetzung erfolgte vorläufig hinsichtlich der inneren Tatsache der Gewinnerzielungsabsicht, die das Finanzamt beim Erlass des Bescheids noch nicht beurteilen konnte.[6] Die Ungewissheit über die Gewinnerzielungsabsicht ist im Jahr 11 allerdings beseitigt. Da hier nämlich auch nach zehn Jahren keine Gewinne erzielt werden und auch keine Bemühungen des M erkennbar sind, die Verluste zu vermeiden, kann auf die (von Anfang an) fehlende Gewinnerzielungsabsicht geschlossen werden. Die Steuerbescheide des M können mit Blick auf die fehlende Gewinnerzielungsabsicht geändert werden.

Prüfungs- und Vertiefungshinweis

Die Einschränkungen des § 172 AO für die Änderung von Steuerbescheiden gelten nach dem Einleitungssatz des § 172 Abs. 1 AO nicht für vorläufig (oder unter dem Vorbehalt der Nachprüfung) ergangene Steuerbescheide. Daher muss hier nicht mehr nach einer Rechtfertigung für die Korrektur nach den §§ 172 ff. AO gesucht werden.[7]

3. Eintritt der Festsetzungsverjährung

10   Die Korrektur eines Steuerbescheids setzt voraus, dass keine Festsetzungsverjährung eingetreten ist. Wenn die Festsetzungsfrist abgelaufen ist, ist eine Änderung des Bescheids nicht mehr zulässig (vgl. § 169 Abs. 1 AO).

a) Festsetzungsfrist nach den §§ 169, 170 AO

11   Die Festsetzungsfrist beträgt für die Einkommensteuer nach § 169 Abs. 2 S. 1 Nr. 2 AO regelmäßig vier Jahre. Sie beginnt nach § 170 Abs. 1 AO grundsätzlich mit Ablauf des Jahres, in dem die Steuer entstanden ist. Allerdings ist der Fristbeginn nach § 170 Abs. 2 S. 1 Nr. 1 AO, wenn eine Steuererklärung oder eine Steueranmeldung einzureichen ist, solange gehemmt, bis diese Pflicht erfüllt wird. Die Frist beginnt jedoch spätestens mit Ablauf des dritten Kalenderjahres, das auf das Jahr der Steuer-

---

[3] Seer, in: Tipke/Lang, Rn. 21.114.
[4] Zum Ganzen: Fehrenbacher, § 8 Rn. 96; Jakob, Abgabenordnung, Rn. 557.
[5] Seer, in: Tipke/Lang, Rn. 21.293.
[6] Vgl. BFH v. 25.10.1989, X R 109/87, BStBl. II 1990, 278, unter 2.b).
[7] Zum Ganzen: Rüsken, in: Klein, § 172 AO Rn. 23.

entstehung folgt.[8] Für M besteht nach dem Sachverhalt eine Pflicht zur Abgabe von Steuererklärungen. Dieser Pflicht kommt er auch fristgerecht (also im auf den Veranlagungszeitraum folgenden Jahr bis zum 31. Juli, vgl. § 149 Abs. 2 S. 1 AO) nach.

Vertiefungshinweis

Die Pflicht des M zur Abgabe einer Steuererklärung ergibt sich aus § 149 Abs. 1 AO, § 25 Abs. 3 EStG. Hiernach hat die steuerpflichtige Person für den Veranlagungszeitraum eine Steuererklärung abzugeben. Zusätzliche Voraussetzungen ergeben sich aus § 56 EStDV. Die Steuererklärung für die Einkommensteuer (die sich auf ein Kalenderjahr bezieht) ist nach § 149 Abs. 2 S. 1 AO spätestens sieben Monate nach Ablauf des Kalenderjahres abzugeben. Bei Einschaltung eines Steuerberaters, wofür im Sachverhalt aber keine Hinweise bestehen, ist die Erklärung bis zum letzten Tag des Monats Februar des zweiten auf den Besteuerungszeitraum folgenden Kalenderjahres einzureichen (vgl. § 149 Abs. 3 AO).[9]

Für das Jahr 01 beginnt die Festsetzungsfrist daher mit Ablauf des Jahres 02 (wegen der Abgabe der Steuererklärung in diesem Jahr) und endet mit Ablauf des Jahres 06. Für die Jahre 02, 03, 04 und 05 beginnt die Frist mit Ablauf des jeweils darauffolgenden Jahres und endet mit Ablauf der Jahre 07, 08, 09 und 10. Für das Jahr 06 beginnt die Festsetzungsfrist mit Ablauf des Jahres 07 und endet erst mit Ablauf des Jahres 11. Für die Jahre 07, 08, 09 und 10 beginnt die Frist mit Ablauf des jeweils darauffolgenden Jahres und endet dann erst mit Ablauf der Jahre 12, 13, 14 beziehungsweise 15.

12

Nach diesen Erwägungen wäre die Festsetzungsfrist für die Jahre 01 bis 05 bereits abgelaufen und eine Korrektur käme nur hinsichtlich der Steuerbescheide für die Jahre 06 bis 10 in Betracht.

b) Ablaufhemmung nach § 171 Abs. 8 AO

Ein anderes Ergebnis könnte sich jedoch mit Blick auf § 171 Abs. 8 AO ergeben. § 171 Abs. 8 AO bestimmt eine sogenannte Ablaufhemmung für Fälle, in denen die Steuer vorläufig festgesetzt (oder ausgesetzt) wurde. Erfolgt die Steuerfestsetzung wie hier vorläufig, so endet die Festsetzungsfrist hinsichtlich des für vorläufig erklärten Teils nicht vor Ablauf eines Jahres, nachdem die Ungewissheit beseitigt ist und die Finanzbehörde hiervon Kenntnis erhalten hat (vgl. § 171 Abs. 8 S. 1 AO).

13

Die Steuerbescheide des M sind mit Blick auf die Ungewissheit über die Einkünfteerzielungsabsicht hinsichtlich des Betriebs des Gestüts (wegen des mehrjährigen Verlusts in Höhe von 45.000 €) vorläufig ergangen. Die vorläufige Steuerfestsetzung ist wirksam, so dass der Ablauf der Festsetzungsfrist diesbezüglich gehemmt ist.

Vertiefungshinweis

Der Vorläufigkeitsvermerk stellt eine unselbständige Nebenbestimmung zum Steuerbescheid dar (vgl. § 120 AO). Nach § 120 Abs. 1 AO kann ein Verwaltungsakt, auf den ein Anspruch besteht, nur dann mit einer Nebenbestimmung versehen werden, wenn dies durch eine Rechtsvorschrift zugelassen ist oder wenn die Nebenbestimmung sicherstellen soll, dass die gesetzlichen Voraussetzungen des Verwaltungsakts erfüllt werden. Nach § 165 Abs. 1 S. 1 AO kann die Steuer vorläufig festgesetzt werden, soweit ungewiss ist, ob die Voraussetzungen für die Entstehung einer Steuer eingetreten sind. Die Vorläufigkeit ist

---

8 Zum Ganzen: *Fehrenbacher*, § 8 Rn. 147 f.
9 Zu Sonderregelungen vgl. Art. 97 § 36 EGAO.

punktuell. Eine Ungewissheit liegt vor, wenn äußere oder innere Tatsachen ungewiss sind oder Zweifel über nichtsteuerliche Rechtsverhältnisse bestehen.[10]

Die vorläufige Steuerfestsetzung muss wirksam sein. Ob der Vorläufigkeitsvermerk rechtmäßig ist, ist für die Ablaufhemmung nicht entscheidend.[11] Vorliegend durfte die Steuerfestsetzung jedoch vorläufig erfolgen; es besteht eine Ungewissheit über die Einkünfteerzielungsabsicht. Das Gewinnstreben ist nicht als eine Unsicherheit in der steuerlichen Beurteilung, sondern als eine innere Tatsache anzusehen, auf deren Vorhandensein anhand äußerlicher Merkmale (Hilfstatsachen) geschlossen werden kann.[12] Ob ein Steuerpflichtiger mit Einkünfteerzielungsabsicht handelt, ist häufig erst nach einigen Jahren der Betriebsführung erkennbar. Die Einkünfteerzielungsabsicht ist nur dann im Sinne des § 165 AO ungewiss, wenn die maßgeblichen Hilfstatsachen nicht mit der gebotenen Sicherheit festgestellt werden können.[13] Für die Beurteilung der Einkünfteerzielungsabsicht ist auf die gesamte Dauer der konkreten Erwerbstätigkeit abzustellen. Ausschlaggebend ist eine auf Tatsachen begründete Totalgewinnprognose.[14]

Zur Einkünfteerzielungsabsicht siehe auch § 8 Rn. 20 f.; § 9 Rn. 21; § 17 Rn. 27.

14 Die Jahresfrist des § 171 Abs. 8 S. 1 AO beginnt im vorliegenden Fall, bei dem es um die Ungewissheit hinsichtlich einer inneren Tatsache geht, wenn die maßgeblichen Indiztatsachen, die den Schluss auf die innere Tatsache zulassen, eintreten und dem Finanzamt bekannt werden.[15] Im Jahr 11 bestehen ausreichende Indiztatsachen, die den Schluss auf die fehlende Gewinnerzielungsabsicht zulassen. Von nun an ist der Ablauf der Festsetzungsfrist noch für ein Jahr gehemmt. Das Finanzamt möchte die Bescheide noch im selben Jahr korrigieren. Dann ist noch keine Festsetzungsverjährung eingetreten.

Vertiefungshinweis

Vorliegend wurde von hinreichenden Indizien für die Liebhaberei nach einer zehnjährigen Verlustphase ausgegangen. Der Zeitraum ist dabei relativ lang gewählt. Möglicherweise könnte auch schon nach einer kürzeren Verlustphase des Gestüts von der fehlenden Einkünfteerzielungsabsicht ausgegangen werden.

c) Ergebnis

15 Damit ist im Jahr 11 noch keine Festsetzungsverjährung eingetreten.

Prüfungshinweis

Hier bietet es sich mit Blick auf die Ablaufhemmung des § 171 Abs. 8 AO an, die Festsetzungsverjährung nach der Korrekturvorschrift des § 165 Abs. 2 AO zu prüfen.

4. Ergebnis

16 Eine Korrektur der Steuerbescheide des M für die Jahre 01 bis 10 ist nach § 165 Abs. 2 AO möglich.

---

10 Zum Ganzen: *Seer*, in: Tipke/Lang, Rn. 21.290 f.
11 *Gercke*, in: Koenig, § 171 AO Rn. 132; *Rüsken*, in: Klein, § 165 AO Rn. 41.
12 BFH v. 25.10.1989, X R 109/87, BStBl. II 1990, 278, unter 2.b).
13 BFH v. 25.10.1989, X R 109/87, BStBl. II 1990, 278, unter 2.b).
14 *Fehrenbacher*, § 2 Rn. 31.
15 *Rüsken*, in: Klein, § 171 AO Rn. 91.

II. Abwandlung – Korrektur des Steuerbescheids der F

Fraglich ist, ob der Steuerbescheid der F für das Jahr 01 mit Blick auf die nicht berücksichtigten Einnahmen geändert werden kann. Die Korrektur des Steuerbescheids richtet sich gemäß § 172 Abs. 1 AO nach den §§ 129, 164, 165, 172 ff. AO. Erforderlich ist, dass die Festsetzungsfrist noch nicht abgelaufen ist und dass die Voraussetzungen einer der genannten Korrekturvorschriften vorliegen.

1. Eintritt der Festsetzungsverjährung

Die Korrektur eines Steuerbescheids setzt zunächst voraus, dass keine Festsetzungsverjährung eingetreten ist (vgl. § 169 Abs. 1 AO).

Die Festsetzungsfrist beträgt für die Einkommensteuer nach § 169 Abs. 2 S. 1 Nr. 2 AO regelmäßig vier Jahre. Sie beginnt nach § 170 Abs. 1 AO grundsätzlich mit Ablauf des Jahres, in dem die Steuer entstanden ist. Allerdings ist der Fristbeginn nach § 170 Abs. 2 S. 1 Nr. 1 AO, wenn eine Steuererklärung oder eine Steueranmeldung einzureichen ist, solange gehemmt, bis diese Pflicht erfüllt wird. Die Frist beginnt jedoch spätestens mit Ablauf des dritten Kalenderjahres, das auf das Jahr der Steuerentstehung folgt.[16] Für F besteht nach dem Sachverhalt eine Pflicht zur Abgabe von Steuererklärungen, der sie auch fristgerecht (also im auf den Veranlagungszeitraum folgenden Jahr bis zum 31. Juli, vgl. § 149 Abs. 2 S. 1 AO) nachkommt. Die Festsetzungsfrist beginnt daher erst mit Ablauf des Jahres 02 und ist im Jahr 02 jedenfalls noch nicht abgelaufen.

2. Korrektur nach § 164 Abs. 2 AO

Eine Änderung des Steuerbescheids kommt nur unter Rückgriff auf eine Korrekturvorschrift in Betracht. Hier könnte eine Korrektur nach § 164 Abs. 2 AO in Betracht kommen. Diese Änderungsvorschrift ist einschlägig, wenn der Steuerbescheid unter einem wirksamen **Vorbehalt der Nachprüfung** ergangen ist. Vorliegend wollte sich das Finanzamt vorbehalten, den Steuerfall der F im Rahmen einer Außenprüfung nach den §§ 193 ff. AO abschließend zu prüfen. Da der Bescheid jedoch versehentlich ohne den Vorbehaltsvermerk erlassen wurde, fehlt es an einem wirksamen Vorbehalt der Nachprüfung, so dass eine Korrektur nach § 164 Abs. 2 AO (zunächst) ausscheidet.

Vertiefungshinweis:
Bei dem Vorbehaltsvermerk handelt es sich um eine Nebenbestimmung nach § 120 Abs. 1 AO auf Grundlage des § 164 Abs. 1 AO. Die Anordnung eines Vorbehalts der Nachprüfung ist möglich, solange der Steuerfall noch nicht abschließend geprüft wurde.

3. Korrektur nach den §§ 129, 164 Abs. 2 AO

Der Steuerbescheid ist ohne den Vorbehaltsvermerk erlassen worden, obwohl das Finanzamt bereits festgestellt und entschieden hatte, dass der Steuerbescheid mit einem Vorbehaltsvermerk erlassen werden soll. Daher stellt sich die Frage, ob eine Nachholung des Vorbehalts der Nachprüfung im Rahmen einer Berichtigung nach § 129 AO erfolgen kann. § 129 AO dient der Berichtigung von Schreibfehlern, Rechenfehlern und ähnlichen **offenbaren Unrichtigkeiten**, die bei Erlass des Steuerbescheids unterlau-

---
16 Zum Ganzen: *Fehrenbacher*, § 8 Rn. 147 f.

fen sind. Vom Anwendungsbereich der Vorschrift sind mechanische Fehler erfasst, nicht jedoch Fehler bei der Tatsachenermittlung oder bei der Rechtsanwendung.[17] Im vorliegenden Fall handelt es sich um einen Eingabefehler, aufgrund dessen der Vorbehaltsvermerk nicht ausgedruckt wurde. Darin liegt ein mechanischer Fehler, der vom Anwendungsbereich des § 129 AO erfasst ist.[18]

Fraglich ist allerdings, ob die Unrichtigkeit auch offenbar ist. Dies ist der Fall, wenn der Fehler auf der Hand liegt, wenn er durchschaubar, eindeutig oder augenfällig ist.[19] Für F ist nicht direkt ersichtlich, dass eine Steuerfestsetzung unter dem Vorbehalt der Nachprüfung erfolgen sollte. Nach der herrschenden Meinung kommt es jedoch nicht darauf an, dass die Unrichtigkeit für den Steuerpflichtigen aus dem Steuerbescheid heraus erkennbar ist. Maßgebend soll hingegen sein, ob der Fehler bei Offenlegung des Sachverhalts für jeden unvoreingenommenen Dritten klar und deutlich als solche Unrichtigkeit erkennbar ist.[20] Der vorliegende Fehler ist bei der vollständigen Offenlegung des Sachverhalts (insbesondere des Aktenvermerks des Finanzbeamten) ersichtlich. Eine Korrektur nach § 129 AO ist damit möglich, so dass eine Nachholung des Nachprüfungsvorbehalts erfolgen kann.

21 Liegt eine versehentlich unterbliebene Anordnung des Nachprüfungsvorbehalts vor, muss das Finanzamt den betroffenen Bescheid nach der Rechtsprechung nicht zunächst nach § 129 AO berichtigen, um ihn anschließend nach § 164 Abs. 2 AO zu ändern; im vorliegenden Fall kann daher eine **unmittelbare Änderung nach § 164 Abs. 2 AO** erfolgen.[21]

Zwar sollte der Vorbehalt der Nachprüfung hier mit Blick auf die Durchführung einer Außenprüfung bei F (hinsichtlich ihres Roller-Sharing-Betriebs) erfolgen und die Korrektur des Steuerbescheids erfolgt nun wegen anderer Einnahmen. Im Gegensatz zur Vorläufigkeitsanordnung nach § 165 Abs. 1 AO erfasst der Vorbehaltsvermerk nach § 164 Abs. 1 AO allerdings den Steuerbescheid nicht nur punktuell in Bezug auf einzelne Besteuerungsgrundlagen. Der Steuerfall bleibt im Ganzen offen und es ist auch nicht entscheidend, ob die Tatsachen, die zur Änderung führen, schon bei Erlass des Vorbehaltsbescheids bekannt oder erkennbar waren.[22] Eine Korrektur hinsichtlich der übersehenen Einnahmen ist daher nach § 164 Abs. 2 AO möglich.

4. Ergebnis

22 Eine Korrektur des Steuerbescheids der F hinsichtlich der nicht berücksichtigten Einnahmen ist möglich.

Vertiefungshinweis

In Betracht gezogen werden könnte mit Blick auf die noch nicht berücksichtigten Einnahmen auch eine Änderung des Steuerbescheids nach § 173 Abs. 1 Nr. 1 AO. Dazu müsste es sich bei den Einnahmen um eine Tatsache handeln, die nachträglich bekannt wird. Tatsache ist alles, was Merkmal oder Teilstück eines gesetzlichen Tatbestands sein kann.[23]

---

17 *Fehrenbacher*, § 8 Rn. 97.
18 Vgl. BFH v. 6.11.2012, VIII R 15/10, BStBl. II 2013, 307, unter II.2.
19 BFH v. 8.12.2011, VI R 45/10, BFH/NV 2012, 694, unter II.2. m.w.N.
20 Zum Ganzen: *Vorbeck*, in: Koenig, § 129 AO Rn. 17–19 m.w.N.
21 BFH v. 6.11.2012, VIII R 15/10, BStBl. II 2013, 307, unter II.2. m.w.N.
22 *Rüsken*, in: Klein, § 164 AO Rn. 1, 21 f.
23 *Rüsken*, in: Klein, § 173 AO Rn. 21.

Problematisch ist aber das nachträgliche Bekanntwerden. Maßgeblich ist hierbei die positive Kenntnis, Kennenmüssen hingegen genügt nicht.[24] Hier kannte der ursprünglich zuständige Beamte die Tatsache; der nach dem Zuständigkeitswechsel zuständige Beamte übersah sie hingegen. Die Tatsache war aktenkundig. Der Inhalt der bei der zuständigen Dienststelle geführten Akten gilt dann grundsätzlich als bekannt. Die individuelle Kenntnis des Bearbeiters ist insofern nicht entscheidend.[25] Damit scheidet eine Änderung nach § 173 Abs. 1 Nr. 1 AO aus. Wegen der Aufhebung der Bestandskraft durch den Vorbehalt der Nachprüfung kommt es hierauf im Ergebnis aber nicht an.

Zur Änderung von Steuerbescheiden nach § 173 AO siehe § 27 Rn. 9, 28 ff.; § 28 Rn. 12 ff.

---

[24] *Rüsken*, in: Klein, § 173 AO Rn. 50.
[25] *Rüsken*, in: Klein, § 173 AO Rn. 60 a f.

§ 27 Übungsfall 20 – Steuerverfahrensrecht

1   Der folgende Fall behandelt im Schwerpunkt die Korrektur von Steuer- und Feststellungsbescheiden wegen offenbarer Unrichtigkeiten (vgl. § 129 AO), wegen neuer Tatsachen oder Beweismittel (vgl. § 173 Abs. 1 AO), wegen Änderung eines Grundlagenbescheids (vgl. § 175 Abs. 1 S. 1 Nr. 1 AO) und wegen eines rückwirkenden Ereignisses (vgl. § 175 Abs. 1 S. 1 Nr. 2 AO). Im Einzelnen werden insbesondere die folgenden Aspekte behandelt: Ablaufhemmung (vgl. § 171 Abs. 10 AO); Einheitliche und gesonderte Gewinnfeststellung; Grundlagen- und Folgebescheide (vgl. § 171 Abs. 10 AO); Nicht erklärte Betriebseinnahmen und Betriebsausgaben; Übernahmefehler; Uneinbringlichkeit der Kaufpreisforderung bei einem Unternehmensverkauf.

Sachverhalt (Grundfall)

2   ▶ Manfred (M) aus Trier (Deutschland) verkauft sein gut laufendes Lokal an einen Nachfolger für 550.000 € im Jahr 01. Weil der Nachfolger den Kaufpreis nicht auf einmal zahlen kann, wird eine Stundungsvereinbarung getroffen, nach der nur die Hälfte des Kaufpreises sofort, die andere Hälfte erst im Jahr 04 gezahlt werden soll. M gibt die Steuererklärung für das Jahr 01, zu deren Abgabe er verpflichtet war, am 15. Mai 02 ab. Daraufhin setzt das Finanzamt im August 02 im Steuerbescheid des M für das Jahr 01 die Einkommensteuer auf Grundlage des Kaufpreises von 550.000 € fest.
Der Nachfolger des M ist mit der Szene allerdings nicht ausreichend vertraut und muss Anfang 04 Insolvenz anmelden. M erhält aufgrund der Zahlungsunfähigkeit des Käufers die zweite Hälfte des Kaufpreises nicht ausbezahlt. Er meldet sich daher im Jahr 05 bei der zuständigen Finanzbeamtin und bittet um Änderung des Bescheids für das Jahr 01 zu seinen Gunsten. ◀

Abwandlung 1

3   ▶ Im Anschluss an den Verkauf des Lokals gründet M mit einem Bekannten die Burger-OHG (B-OHG), die mit einem Food-Truck Burger verkauft. Die B-OHG schafft im Jahr 04 einen Verkaufswagen für 53.000 € an. Aufgrund eines Zahlendrehers berücksichtigt die B-OHG in der Feststellungserklärung für das Jahr 04, die M am 12. April 05 einreicht, die Anschaffungskosten des Verkaufswagens allerdings nur in Höhe von 35.000 €. Der zuständige Sachbearbeiter des Betriebstättenfinanzamts übernimmt den Fehler ungeprüft, obwohl die Rechnung über 53.000 € der Feststellungserklärung beigefügt ist, und berücksichtigt die angegebenen Anschaffungskosten in Höhe von 35.000 € als Bemessungsgrundlage für die Absetzung für Abnutzung in dem Feststellungsbescheid für das Jahr 04. Nach der fristgerechten Abgabe seiner Einkommensteuererklärung, zu deren Abgabe M verpflichtet ist, ergeht ein Einkommensteuerbescheid an M für das Jahr 04, in dem sein Gewinnanteil an der B-OHG berücksichtigt wird. Später im Jahr 05 wundert sich M über die niedrigen Abschreibungsraten und konsultiert das Betriebstättenfinanzamt, das daraufhin den Feststellungsbescheid der B-OHG für das Jahr 04 korrigiert. M fragt sich, ob auch sein Einkommensteuerbescheid für das Jahr 04 korrigiert werden muss. ◀

Abwandlung 2

▶ Frieda (F), die ebenfalls in Trier wohnende Freundin des M, ist Tischlerin. Sie fertigt aus Paletten und Weinkisten Wohn- und Schlafzimmermöbel, die sie im Internet vertreibt. Sie erzielt hieraus im Jahr 01 Einnahmen in Höhe von 50.000 €. Dafür hat sie jedoch auch Kosten für Lagerung und Ähnliches in Höhe von 20.000 €. In ihrer Steuererklärung für das Jahr 01, zu deren Abgabe sie verpflichtet ist und die sie fristgerecht einreicht, macht sie jedoch aus mangelnder Sorgfalt ungenaue Angaben: Sie erklärt lediglich Einnahmen in Höhe von 30.000 € und Kosten in Höhe von 15.000 €. Das Finanzamt setzt die Steuer der F entsprechend ihrer Angaben durch einen Steuerbescheid im August 02 fest. Als das Finanzamt im Jahr 05 die Höhe der vollständigen Einnahmen erfährt, erklärt F auch die restlichen Betriebsausgaben nach. Das Finanzamt möchte die noch nicht berücksichtigten Einnahmen zuungunsten der F berücksichtigen. F möchte dann aber zu ihren Gunsten auch die noch nicht berücksichtigten Betriebsausgaben beachtet wissen. ◀

Aufgabenstellung

▶ Kann im Grundfall der Steuerbescheid des M für das Jahr 01 korrigiert werden? Konnte in der Abwandlung 1 der Feststellungsbescheid der B-OHG für das Jahr 04 korrigiert werden und kann in der Folge auch der Steuerbescheid des M für das Jahr 04 korrigiert werden? Kann in der Abwandlung 2 der Steuerbescheid der F hinsichtlich der nicht berücksichtigten Einnahmen korrigiert werden und sind dabei die nicht berücksichtigten Ausgaben zu berücksichtigen?
Die Aufgabe ist gutachtlich zu bearbeiten. Die Jahreszahlen sind fiktiv. Es ist das aktuell geltende Recht anzuwenden. ◀

Gliederung

I.	Grundfall – Korrektur des Steuerbescheids des M	336
	1. Bestandskraft des Steuerbescheids	336
	2. Korrektur nach § 173 Abs. 1 AO	336
	3. Korrektur nach § 175 Abs. 1 S. 1 Nr. 2 AO	337
	4. Eintritt der Festsetzungsverjährung	338
	5. Ergebnis	338
II.	Abwandlung 1 – Korrektur der Bescheide der B-OHG und des M	338
	1. Korrektur des Feststellungsbescheids der B-OHG	338
	a) Eintritt der Feststellungsverjährung	339
	b) Korrektur nach § 129 AO	339
	c) Korrektur nach § 173 a AO	340
	d) Ergebnis	341
	2. Korrektur des Einkommensteuerbescheids des Gesellschafters M	341
	a) Korrektur nach § 175 Abs. 1 S. 1 Nr. 1 AO	341
	b) Eintritt der Festsetzungsverjährung	341
	c) Ergebnis	342
	3. Ergebnis	342
III.	Abwandlung 2 – Korrektur des Steuerbescheids der F	342
	1. Eintritt der Festsetzungsverjährung	342
	2. Korrektur nach § 173 Abs. 1 AO	343
	3. Ergebnis	344

Lösung

I. Grundfall – Korrektur des Steuerbescheids des M

Fraglich ist, ob der Steuerbescheid des M für das Jahr 01 im Jahr 05 korrigiert werden kann.

1. Bestandskraft des Steuerbescheids

Steuerverwaltungsakte werden mit der Bekanntgabe wirksam (vgl. § 124 Abs. 1 AO) und damit verbindlich. Die Korrekturvorschriften (insbesondere der Abgabenordnung) ermöglichen aber dennoch eine Korrektur. Voraussetzung für die Korrektur ist, dass die Festsetzungsfrist noch nicht abgelaufen ist und dass der Tatbestand einer Korrekturvorschrift erfüllt ist (vgl. §§ 169 Abs. 1, 172 Abs. 1 AO).

Steuerverwaltungsakte lassen sich unterteilen in Steuerbescheide (und diesen gleichgestellte Bescheide) und allgemeine Steuerverwaltungsakte. Hier steht die Korrektur des Steuerbescheids des M im Raum (vgl. § 155 Abs. 1 AO). Die Korrektur richtet sich gemäß § 172 Abs. 1 AO nach den §§ 129, 164, 165, 172 ff. AO.

2. Korrektur nach § 173 Abs. 1 AO

Hier könnte eine Korrektur nach § 173 Abs. 1 AO in Betracht kommen. Dazu müsste eine Tatsache (oder ein Beweismittel) nachträglich bekannt werden, wodurch eine höhere oder niedrigere Steuer festzusetzen ist. Der Steuerbescheid muss in tatsächlicher Hinsicht objektiv unrichtig sein.[1] Tatsache ist alles, was Merkmal oder Teilstück eines gesetzlichen Tatbestands sein kann.[2] Nachträglich bekannt wird eine Tatsache, wenn sie dem Finanzamt beim Erlass des zu ändernden Bescheids noch nicht bekannt war.

---

[1] *Rüsken*, in: Klein, § 173 AO Rn. 1.
[2] *Rüsken*, in: Klein, § 173 AO Rn. 21.

Maßgeblich ist der Zeitpunkt, in dem der zur Entscheidung berufene Beamte die rechtliche Bearbeitung des Falls abschließt. Die betreffende Tatsache muss beim Erlass des Steuerbescheids aber bereits vorhanden gewesen sein.[3]

Der Veräußerungspreis ist ein Merkmal des Steuertatbestands des § 16 Abs. 1 S. 1 Nr. 1, Abs. 2 S. 1 EStG. Allerdings erlangt das Finanzamt vorliegend nicht nachträglich Kenntnis von einem bereits gegebenen Sachverhalt, vielmehr tritt die teilweise Uneinbringlichkeit der Kaufpreisforderung erst nach dem Erlass des Steuerbescheids des M für das Jahr 01 ein. Eine nachträglich bekanntgewordene Tatsache im Sinne des § 173 Abs. 1 AO liegt damit nicht vor, so dass eine Korrektur des Steuerbescheids nach § 173 Abs. 1 AO ausscheidet.

3. Korrektur nach § 175 Abs. 1 S. 1 Nr. 2 AO

Eine Korrektur des Steuerbescheids könnte jedoch nach § 175 Abs. 1 S. 1 Nr. 2 AO erfolgen. Dazu müsste ein **rückwirkendes Ereignis** eintreten, also ein Ereignis, das steuerliche Wirkung für die Vergangenheit hat. Dies können alle Lebensvorgänge sein, die zur Folge haben, dass steuerlich nun der veränderte Sachverhalt anstelle des ursprünglichen Sachverhalts der Besteuerung zugrunde zu legen ist. Das Ereignis muss nach dem Erlass des Verwaltungsakts eintreten.[4]

Maßgeblich für die Ermittlung des Veräußerungsgewinns im Sinne des § 16 Abs. 2 EStG ist der Veräußerungspreis. Nach der Rechtsprechung handelt es sich hierbei um den Preis, den der Veräußerer tatsächlich erzielt. Allerdings entsteht der Veräußerungsgewinn im Zeitpunkt der Übertragung des wirtschaftlichen Eigentums auf den Erwerber, unabhängig davon, ob der Kaufpreis sofort fällig oder wie hier teilweise gestundet ist. Dem liegt die Annahme zugrunde, dass das Veräußerungsgeschäft störungsfrei abgewickelt wird. Dann allerdings sind später eintretende Veränderungen des Veräußerungspreises zu berücksichtigen und auf den Zeitpunkt der Veräußerung zurückzubeziehen.[5] Entsprechend stellt die Uneinbringlichkeit der gestundeten Kaufpreisforderung im vorliegenden Fall ein Ereignis mit steuerlicher Rückwirkung auf den Zeitpunkt der Veräußerung dar.[6]

Damit hat eine Korrektur nach § 175 Abs. 1 S. 1 Nr. 2 AO zu erfolgen. Ein Ermessen besteht dabei nicht.[7]

Vertiefungshinweis

Hinsichtlich des laufenden Gewinns findet eine rückwirkende Korrektur grundsätzlich nicht statt, stattdessen sind steuerliche Anpassungen aufgrund des Eintritts neuer Ereignisse grundsätzlich in dem Besteuerungszeitraum vorzunehmen, in dem sich der Sachverhalt ändert. Anders ist es aber bei der Besteuerung von Einmaltatbeständen, bei denen nachträgliche Änderungen nicht in einem folgenden Besteuerungszeitraum berücksichtigt werden können. Dort muss die Änderung rückwirkend erfolgen. Das gilt insbesondere im vorliegenden Fall der Veräußerung des Gewerbebetriebs.[8]

---

3 Zum Ganzen: *Fehrenbacher*, § 8 Rn. 107.
4 Zum Ganzen: *Fehrenbacher*, § 8 Rn. 119 m.w.N.
5 Zum Ganzen: BFH v. 19.7.1993, GrS 2/92, BStBl. II 1993, 897, unter C.II.2.a), 4.
6 Vgl. *Fehrenbacher*, § 8 Rn. 119; *Rüsken*, in: Klein, § 175 AO Rn. 59.
7 *Koenig*, in: Koenig, § 175 AO Rn. 64.
8 Zum Ganzen: *Rüsken*, in: Klein, § 175 AO Rn. 57–59 e.

4. Eintritt der Festsetzungsverjährung

11 Die Korrektur eines Steuerbescheids setzt voraus, dass keine Festsetzungsverjährung eingetreten ist. Wenn die Festsetzungsfrist abgelaufen ist, ist eine Änderung nicht mehr zulässig (vgl. § 169 Abs. 1 AO).

Die Festsetzungsfrist beträgt für die Einkommensteuer nach § 169 Abs. 2 S. 1 Nr. 2 AO grundsätzlich vier Jahre. Sie beginnt nach § 170 Abs. 1 AO grundsätzlich mit Ablauf des Jahres, in dem die Steuer entstanden ist. Allerdings ist der Fristbeginn nach § 170 Abs. 2 S. 1 Nr. 1 AO, wenn eine Steuererklärung oder eine Steueranmeldung einzureichen ist, solange gehemmt, bis diese Pflicht erfüllt wird. Die Frist beginnt jedoch spätestens mit Ablauf des dritten Kalenderjahres, das auf das Jahr der Steuerentstehung folgt.[9] M hat die Steuererklärung, zu deren Abgabe er nach dem Sachverhalt verpflichtet war (vgl. § 149 Abs. 1 AO, § 25 Abs. 3 EStG), am 15. Mai 02 abgegeben. Für das Jahr 01 würde die Festsetzungsfrist nach dieser Vorschrift daher mit Ablauf des Jahres 02 beginnen.

Vertiefungshinweis
Zur Pflicht zur Abgabe einer Steuererklärung siehe bereits § 26 Rn. 11.

12 Allerdings ist hier die Regelung des § 175 Abs. 1 S. 2 AO zu beachten. Hiernach beginnt die Festsetzungsfrist mit Ablauf des Kalenderjahres, in dem das rückwirkende Ereignis eingetreten ist. Die Festsetzungsfrist beginnt daher erst mit dem Ablauf des Jahres 04. Sie endet dann mit Ablauf des Jahres 08.

Prüfungshinweis
Hier bietet es sich mit Blick auf die besondere Regel zur Festsetzungsfrist in § 175 Abs. 1 S. 2 AO an, die Festsetzungsverjährung erst nach den Korrekturvorschriften zu prüfen.

5. Ergebnis

13 Der Steuerbescheid des M für das Jahr 01 ist nach § 175 Abs. 1 S. 1 Nr. 2 AO zu korrigieren.

II. Abwandlung 1 – Korrektur der Bescheide der B-OHG und des M

14 Zu untersuchen ist, ob der Feststellungsbescheid der B-OHG für das Jahr 04 korrigiert werden konnte und ob in der Folge auch der Steuerbescheid des M für das Jahr 04 korrigiert werden muss.

1. Korrektur des Feststellungsbescheids der B-OHG

15 Fraglich ist, ob eine Berichtigung des Wertansatzes des Verkaufswagens im Feststellungsbescheid der B-OHG möglich war.

Hinsichtlich der Korrektur von Steuerverwaltungsakten ist zwischen allgemeinen Steuerverwaltungsakten und Steuerbescheiden (und diesen gleichgestellten Bescheiden) zu unterscheiden. Durch den Feststellungsbescheid der B-OHG werden die Besteuerungsgrundlagen einheitlich und gesondert festgestellt. Der Feststellungsbescheid ist ein Grundlagenbescheid (vgl. § 171 Abs. 10 AO), der Bindungswirkung für die Steuerbe-

---

9 Zum Ganzen: *Fehrenbacher*, § 8 Rn. 147 f.

scheide der Gesellschafter als Folgebescheide entfaltet (vgl. § 182 Abs. 1 AO).[10] Nach § 181 Abs. 1 S. 1 AO gelten die Regelungen der §§ 155 ff. AO sinngemäß, so dass der Feststellungsbescheid einem Steuerbescheid gleichsteht. Daher sind die Korrekturvorschriften der §§ 129, 164, 165, 172 ff. AO anwendbar.[11]

a) Eintritt der Feststellungsverjährung

Die Korrektur des Feststellungsbescheids erfordert, dass die Feststellungsfrist noch nicht abgelaufen ist. Für die Feststellungsfrist gelten die §§ 169 ff. AO sinngemäß.[12]

Die Frist beträgt entsprechend § 169 Abs. 2 S. 1 Nr. 2 AO grundsätzlich vier Jahre. Sie beginnt nach § 170 Abs. 2 S. 1 Nr. 1 AO, wenn eine Steuererklärung einzureichen ist, mit Ablauf des Jahres, in dem die Steuererklärung abgegeben wird, spätestens jedoch mit Ablauf des dritten Kalenderjahres, das auf das Jahr der Steuerentstehung folgt. § 181 Abs. 1 S. 2 AO stellt klar, dass hier auf die Erklärung zur gesonderten Feststellung abzustellen ist.[13] M hat die Erklärung zur gesonderten Feststellung am 12. April 05 abgegeben. Die Feststellungsfrist beginnt daher mit Ablauf des Jahres 05 und endet mit Ablauf des Jahres 09. Im Jahr 05 ist die Feststellungsfrist damit noch nicht abgelaufen.

16

Vertiefungshinweis

Die Gewinne der Mitunternehmerschaft werden einheitlich und gesondert festgestellt und sind daher auch gesondert zu erklären.[14] Die Gesellschafter sind zur Abgabe der Feststellungserklärung nach § 181 Abs. 2 S. 2 Nr. 1 AO verpflichtet. Zur einheitlichen und gesonderten Gewinnfeststellung bei Mitunternehmerschaften siehe auch § 13 Rn. 23; § 14 Rn. 27; § 15 Rn. 30.

b) Korrektur nach § 129 AO

Eine Änderung des Feststellungsbescheids kann nur unter Rückgriff auf eine Korrekturvorschrift erfolgen. In Betracht kommt hier eine Korrektur des Feststellungsbescheids nach § 129 AO wegen einer **offenbaren Unrichtigkeit**.

17

§ 129 AO dient der Berichtigung von Schreibfehlern, Rechenfehlern und ähnlichen offenbaren Unrichtigkeiten, die beim Erlass des Bescheids auftreten. Vom Anwendungsbereich der Vorschrift sind mechanische Fehler erfasst, nicht jedoch Fehler bei der Tatsachenermittlung oder bei der Rechtsanwendung.[15] Vorliegend unterläuft der B-OHG ein Schreibfehler. Statt 53.000 € werden Anschaffungskosten von 35.000 € (als Bemessungsgrundlage für die Abschreibungen) für den Verkaufswagen angenommen. Bei einem Schreibfehler handelt es sich grundsätzlich um einen nach § 129 AO zu berichtigenden Fehler. Der zuständige Sachbearbeiter des Finanzamts übernimmt den „Zahlendreher" allerdings nur. Ihm unterläuft der Fehler nicht ursprünglich. Ein Fehler des Finanzamts kann jedoch auch darin liegen, dass das Finanzamt Fehler, die bei der Abgabe von Erklärungen auftreten, übernimmt und sich zu eigen macht. Der Fehler muss dem Finanzamt aber als eigener Fehler zurechenbar sein, wofür

---

10 *Fehrenbacher*, § 8 Rn. 90–92.
11 Zum Ganzen: *Ratschow*, in: Klein, § 181 AO Rn. 10–19.
12 *Koenig*, in: Koenig, § 181 AO Rn. 7, 10; *Ratschow*, in: Klein, § 181 AO Rn. 14–16.
13 *Koenig*, in: Koenig, § 181 AO Rn. 10; *Ratschow*, in: Klein, § 181 AO Rn. 14.
14 Vgl. *Ratschow*, in: Klein, § 181 AO Rn. 12.
15 *Fehrenbacher*, § 8 Rn. 97.

erforderlich ist, dass der Finanzbeamte die Unrichtigkeit der Angaben ohne weitere Prüfung erkennen konnte.[16] Hier ist der Feststellungserklärung die Rechnung über den Verkaufswagen beigefügt, aus der die richtigen Anschaffungskosten ersichtlich sind. Der „Zahlendreher" ist daher ohne Weiteres allein aus der Erklärung und den Anlagen als solcher ersichtlich.[17] Damit liegt ein Übernahmefehler vor, der eine Berichtigung nach § 129 AO ermöglicht.

Vertiefungshinweis

Die Berichtigung eines Verwaltungsakts nach § 129 AO steht im Ermessen der Finanzbehörde. Das Gebot der Gleichmäßigkeit der Besteuerung bewirkt jedoch grundsätzlich eine Ermessensreduktion. § 129 S. 2 AO bestimmt zudem, dass eine Berichtigung zu erfolgen hat, wenn ein berechtigtes Interesse des Beteiligten besteht. Davon wird insbesondere ausgegangen, wenn der unrichtige Verwaltungsakt Bindungswirkung für andere Verwaltungsakte hat oder wenn sich die Unrichtigkeit auf die Steuerfestsetzung auswirkt.[18] Daher musste das Finanzamt den Bescheid hier berichtigen.

Zur Korrektur nach § 129 AO siehe auch § 26 Rn. 20. Zur Absetzung für Abnutzung siehe beispielsweise § 8 Rn. 13 f.; § 10 Rn. 24, 29, 42; § 12 Rn. 23; § 14 Rn. 34, 39.

c) Korrektur nach § 173 a AO

18 Eine Änderung des Feststellungsbescheids für das Jahr 04 kommt auch unter Anwendung des § 173 a AO in Betracht. Nach § 173 a AO sind Steuerbescheide aufzuheben oder zu ändern, „soweit dem Steuerpflichtigen bei Erstellung seiner Steuererklärung Schreib- oder Rechenfehler unterlaufen sind und er deshalb der Finanzbehörde bestimmte, nach den Verhältnissen zum Zeitpunkt des Erlasses des Steuerbescheids rechtserhebliche Tatsachen unzutreffend mitgeteilt hat." Der Fehler muss bei Offenlegung des Sachverhalts als Schreib- oder Rechenfehler erkennbar sein; er darf sich nicht als Fehler in der Tatsachenwürdigung oder Rechtsanwendung darstellen.[19] Bei dem vorliegenden Zahlendreher handelt es sich erkennbar um einen Schreibfehler. Der Fehler ist rechtserheblich, wenn das Finanzamt bei dessen Kenntnis zu einer anderen Entscheidung gekommen wäre.[20] Bei dem Feststellungsbescheid kommt es darauf an, ob sich der Fehler auf den festgesetzten Gewinn auswirkt.[21] Vorliegend hatten die zu niedrig angegebenen Anschaffungskosten Auswirkungen auf die Abschreibungen und waren damit rechtserheblich.

Vertiefungshinweis

§ 173 a AO soll erreichen, dass eine Korrektur aufgrund von Schreib- oder Rechenfehlern des Steuerpflichtigen bei der Erstellung der Steuererklärung auch dann erfolgen kann, wenn die Finanzbehörde sich die Fehler nicht zu eigen macht.[22] Eine Korrektur nach § 173 a AO wäre

---

16 Zum Ganzen: *Ratschow*, in: Klein, § 129 AO Rn. 15 f. m.w.N.
17 Vgl. *Vorbeck*, in: Koenig, § 129 AO Rn. 45.
18 Zum Ganzen: *Vorbeck*, in: Koenig, § 129 AO Rn. 52–54.
19 Entwurf der Bundesregierung eines Gesetzes zur Modernisierung des Besteuerungsverfahrens, BT-Drucks. 18/7457, S. 87; *Koenig*, in: Koenig, § 173 a AO Rn. 10.
20 Vgl. Entwurf der Bundesregierung eines Gesetzes zur Modernisierung des Besteuerungsverfahrens, BT-Drucks. 18/7457, S. 87 f.; *Koenig*, in: Koenig, § 173 a AO Rn. 20.
21 Vgl. *Koenig*, in: Koenig, § 173 AO Rn. 92 m.w.N.
22 Entwurf der Bundesregierung eines Gesetzes zur Modernisierung des Besteuerungsverfahrens, BT-Drucks. 18/7457, S. 49.

im vorliegenden Fall daher auch möglich, wenn der Finanzbeamte den Fehler nicht hätte erkennen können und ihm der Fehler daher nicht zurechenbar wäre.[23]

d) Ergebnis

Eine Änderung des Feststellungsbescheids für das Jahr 04 ist damit richtigerweise erfolgt.

2. Korrektur des Einkommensteuerbescheids des Gesellschafters M

Fraglich ist, ob auch eine Korrektur des Einkommensteuerbescheids des M für das Jahr 04 im Jahr 05 erfolgen muss. Die Korrektur des Einkommensteuerbescheids des M richtet sich gemäß § 172 Abs. 1 AO nach den §§ 129, 164, 165, 172 ff. AO. Erforderlich ist, dass die Festsetzungsfrist noch nicht abgelaufen ist und dass die Voraussetzungen einer der genannten Korrekturvorschriften vorliegen.

a) Korrektur nach § 175 Abs. 1 S. 1 Nr. 1 AO

Eine Änderung des Einkommensteuerbescheids des M könnte nach § 175 Abs. 1 S. 1 Nr. 1 AO in Betracht kommen. Eine Änderung kann danach erfolgen, soweit ein **Grundlagenbescheid**, dem Bindungswirkung für den in Frage stehenden Steuerbescheid zukommt, geändert worden ist. Bei dem Feststellungsbescheid, der gegenüber der B-OHG ergangen ist, handelt es sich um einen Grundlagenbescheid im Sinne des § 171 Abs. 10 AO. Dieser Feststellungsbescheid wurde nach § 129 AO berichtigt. Daher hat auch eine Änderung des Einkommensteuerbescheids des M zu erfolgen, soweit die in dem geänderten Grundlagenbescheid getroffenen Feststellungen in dem Einkommensteuerbescheid des M nicht entsprechend berücksichtigt wurden.[24] Die Änderung ist zwingend, ein Ermessen besteht nicht.[25] Damit ist der Einkommensteuerbescheid des M mit Blick auf den ihm nunmehr zuzurechnenden Gewinn der B-OHG zu ändern.

b) Eintritt der Festsetzungsverjährung

Die Korrektur eines Steuerbescheids setzt voraus, dass keine Festsetzungsverjährung eingetreten ist (vgl. § 169 Abs. 1 AO). Die Festsetzungsfrist beträgt für die Einkommensteuer nach § 169 Abs. 2 S. 1 Nr. 2 AO regelmäßig vier Jahre. Sie beginnt nach § 170 Abs. 1 AO grundsätzlich mit Ablauf des Jahres, in dem die Steuer entstanden ist. Allerdings ist der Fristbeginn nach § 170 Abs. 2 S. 1 Nr. 1 AO, wenn eine Steuererklärung oder eine Steueranmeldung einzureichen ist, solange gehemmt, bis diese Pflicht erfüllt wird. Die Frist beginnt jedoch spätestens mit Ablauf des dritten Kalenderjahres, das auf das Jahr der Steuerentstehung folgt.[26] Für M besteht nach dem Sachverhalt eine Pflicht zur Abgabe einer Steuererklärung (vgl. § 149 Abs. 1 AO, § 25 Abs. 3 EStG), der er auch fristgerecht (also im auf den Veranlagungszeitraum folgenden Jahr bis zum 31. Juli, vgl. § 149 Abs. 2 S. 1 AO) nachkommt. Die Festsetzungsfrist beginnt nach diesen Grundsätzen mit Ablauf des Jahres 05 und endet mit Ablauf des Jahres 09.

---

23 Vgl. *Bruschke*, SteuK 2016, 355, 358.
24 *Fehrenbacher*, § 8 Rn. 118.
25 *Rüsken*, in: Klein, § 175 AO Rn. 9.
26 Zum Ganzen: *Fehrenbacher*, § 8 Rn. 147 f.

Vertiefungshinweis

Zur Steuererklärungspflicht siehe § 26 Rn. 11.

23 § 171 Abs. 10 AO enthält zudem eine **Ablaufhemmung** für den vorliegenden Fall. Nach der Vorschrift endet die Festsetzungsfrist für den Folgebescheid nicht vor Ablauf von zwei Jahren nach Bekanntgabe des Grundlagenbescheids. Die Norm ermöglicht, dass die Regelungen eines Grundlagenbescheids in den von ihm abhängigen Folgebescheiden umgesetzt werden können, obwohl die Festsetzungsfrist für diese eigentlich schon abgelaufen wäre.[27] Erfolgt damit eine Änderung des Grundlagenbescheids, endet die Festsetzungsfrist nicht vor Ablauf von zwei Jahren nach der Bekanntgabe des geänderten Bescheids. Hier tritt die Festsetzungsverjährung aber ohnehin erst später, nämlich mit Ablauf des Jahres 09 ein. Im Jahr 05 ist die Festsetzungsfrist damit noch nicht abgelaufen.

Prüfungshinweis

Hier bietet es sich mit Blick auf die Ablaufhemmung des § 171 Abs. 10 AO an, die Festsetzungsverjährung nach der Korrekturvorschrift zu prüfen.

c) Ergebnis

24 Eine Änderung des Einkommensteuerbescheids des M für das Jahr 04 muss nach § 175 Abs. 1 S. 1 Nr. 1 AO erfolgen.

3. Ergebnis

25 Der Feststellungsbescheid für das Jahr 04 konnte korrigiert werden. In der Folge kann auch eine Korrektur des Einkommensteuerbescheids des M für das Jahr 04 erfolgen.

III. Abwandlung 2 – Korrektur des Steuerbescheids der F

26 Fraglich ist, ob im Jahr 05 eine Korrektur des Steuerbescheids der F für das Jahr 01 mit Blick auf die nicht berücksichtigten Einnahmen und Ausgaben erfolgen kann. Die Korrektur des Steuerbescheids der F erfordert, dass die Festsetzungsfrist noch nicht abgelaufen ist und dass die Voraussetzungen einer Korrekturvorschrift vorliegen (vgl. §§ 169 Abs. 1, 172 Abs. 1 AO).

1. Eintritt der Festsetzungsverjährung

27 Die Korrektur eines Steuerbescheids setzt zunächst voraus, dass keine Festsetzungsverjährung eingetreten ist (vgl. § 169 Abs. 1 AO). Die Festsetzungsfrist beträgt für die Einkommensteuer grundsätzlich vier Jahre (vgl. § 169 Abs. 2 S. 1 Nr. 2 AO). Sie beginnt grundsätzlich mit Ablauf des Jahres, in dem die Steuer entstanden ist. Allerdings ist der Fristbeginn, wenn eine Steuererklärung oder eine Steueranmeldung einzureichen ist, solange gehemmt, bis diese Pflicht erfüllt wird. Die Frist beginnt jedoch spätestens mit Ablauf des dritten Kalenderjahres, das auf das Jahr der Steuerentstehung folgt (vgl. § 170 Abs. 1 und 2 S. 1 Nr. 1 AO).[28] Für F besteht nach dem Sachverhalt eine Pflicht zur Abgabe einer Steuererklärung, der sie auch fristgerecht (also im auf den Veranlagungszeitraum folgenden Jahr bis zum 31. Juli, vgl. § 149 Abs. 2 S. 1 AO)

---

27 *Rüsken*, in: Klein, § 171 AO Rn. 96.
28 Zum Ganzen: *Fehrenbacher*, § 8 Rn. 147 f.

nachkommt. Die Festsetzungsfrist beginnt daher mit Ablauf des Jahres 02 und endet mit Ablauf des Jahres 06. Im Jahr 05 ist die Festsetzungsfrist damit noch nicht abgelaufen.

Prüfungshinweis

Im vorliegenden Fall könnte auch an die Anwendung des § 169 Abs. 2 S. 2 AO gedacht werden (vgl. auch § 171 Abs. 7 AO). Hiernach verlängert sich die Festsetzungsfrist bei einer Steuerhinterziehung oder leichtfertigen Steuerverkürzung. Die genauen Umstände der fehlerhaften Erklärung sind hier nicht bekannt, allerdings kommt es im Ergebnis auch nicht auf die Verlängerung der Festsetzungsfrist an.

2. Korrektur nach § 173 Abs. 1 AO

Eine Änderung des Steuerbescheids kann nur unter Rückgriff auf eine Korrekturvorschrift erfolgen. Hier könnte eine Korrektur nach § 173 Abs. 1 AO in Betracht kommen. Dazu müsste eine Tatsache (oder ein Beweismittel) nachträglich bekannt werden, in deren Folge eine höhere oder niedrigere Steuer festzusetzen ist. Tatsache ist alles, was Merkmal oder Teilstück eines gesetzlichen Tatbestands sein kann.[29] Nachträglich bekannt wird eine Tatsache, wenn sie dem Finanzamt beim Erlass des zu ändernden Bescheids noch nicht bekannt war. Maßgeblich ist der Zeitpunkt, in dem der zur Entscheidung berufene Beamte die rechtliche Bearbeitung des Falls abschließt. Die betreffende Tatsache muss beim Erlass des Steuerbescheids aber bereits vorhanden gewesen sein.[30] Die Tatsachen müssen zudem rechtserheblich sein; sie müssen zu einer höheren oder niedrigeren Steuer führen.[31]

Nach § 173 Abs. 1 Nr. 1 AO kann eine Änderung erfolgen, soweit die nachträglich bekannt gewordene Tatsache zu einer höheren Steuer führt. Bei den nicht berücksichtigten Betriebseinnahmen der F in Höhe von 20.000 € handelt es sich um eine Tatsache, die im Vergleich zu der ursprünglich festgesetzten Steuer bei ihrer Berücksichtigung zu höheren Einkünften und damit insgesamt zu einer höheren Steuer führt.[32] Sie wird dem Finanzamt auch erst nachträglich bekannt. Eine Korrektur zuungunsten der F kann damit nach § 173 Abs. 1 Nr. 1 AO erfolgen.

Nach § 173 Abs. 1 Nr. 2 AO könnten aber auch die nichtberücksichtigten Betriebsausgaben der F nun zu berücksichtigen sein. § 173 Abs. 1 Nr. 2 AO fordert, dass eine nachträglich bekannt gewordene Tatsache zu einer niedrigeren Steuer führt. Die nicht berücksichtigten Betriebsausgaben in Höhe von 5.000 € stellen eine nachträglich bekannt gewordene Tatsache dar, die im Vergleich zu der ursprünglich festgesetzten Steuer bei ihrer Berücksichtigung zu niedrigeren Einkünften führt und damit zu einer niedrigeren Steuer. Sie wird dem Finanzamt auch erst nachträglich bekannt.

Eine Korrektur des Steuerbescheids zugunsten des Steuerpflichtigen ist nach § 173 Abs. 1 Nr. 2 S. 1 AO allerdings nur dann möglich, wenn ihn kein Verschulden daran trifft, dass die Tatsache erst nachträglich bekannt wird. Fraglich ist damit, wann ein entsprechendes Verschulden gegeben ist. Verschulden ist jedes vorsätzliche oder grob fahrlässige Verhalten, wobei für die Beurteilung der groben Fahrlässigkeit ein subjektiver Maßstab anzusetzen ist. Grob fahrlässig handelt, wer die ihm nach seinen

---

29 *Rüsken*, in: Klein, § 173 AO Rn. 21.
30 Zum Ganzen: *Fehrenbacher*, § 8 Rn. 107.
31 *Fehrenbacher*, § 8 Rn. 109.
32 Vgl. *Fehrenbacher*, § 8 Rn. 108.

persönlichen Fähigkeiten und Verhältnissen zumutbare Sorgfalt in ungewöhnlich hohem Maß verletzt.[33] F macht vorliegend ungenaue Angaben in ihrer Steuererklärung. Die Umstände teilt der Sachverhalt nicht im Einzelnen mit, allerdings kann bei der mangelnden Sorgfalt der F von einem Verschulden ausgegangen werden.[34]

Möglicherweise könnte das Verschulden aber außer Acht gelassen werden. Nach § 173 Abs. 1 Nr. 2 S. 2 AO kommt es auf das Verschulden nicht an, wenn die steuermindernden Tatsachen in unmittelbarem oder mittelbarem Zusammenhang mit steuererhöhenden Tatsachen stehen. Ein Zusammenhang zwischen steuererhöhenden und steuermindernden Tatsachen besteht, wenn der steuererhöhende Vorgang nicht ohne den steuermindernden Vorgang denkbar ist.[35] Die Betriebseinnahmen wären nicht ohne die entsprechenden Betriebsausgaben erzielt worden, mithin besteht der erforderliche Zusammenhang zwischen den nachträglich bekannt gewordenen Einnahmen und den entsprechenden Betriebsausgaben.[36] Damit sind auch die Betriebsausgaben bei der Korrektur des Steuerbescheids zu berücksichtigen.

Prüfungs- und Vertiefungshinweis

Im Ergebnis kommt es auf das grobe Verschulden im vorliegenden Fall nicht an. Unabhängig von dem Verschulden kommt man zu einer Korrektur des Bescheids zugunsten der F.

Werden, anders als im vorliegenden Fall, nicht nur einzelne Einnahmen und Ausgaben nachträglich bekannt, sondern wird eine Einkunftsart im Ganzen nicht erklärt, wird im Rahmen des § 173 Abs. 1 AO nicht auf die einzelnen Einnahmen und Ausgaben abgestellt. Die neue Tatsache wird vielmehr in den Gesamteinkünften dieser Einkunftsart gesehen.[37]

3. Ergebnis

Der Steuerbescheid der F für das Jahr 01 ist im Jahr 05 durch das Finanzamt nach § 173 Abs. 1 Nr. 1 AO (in Bezug auf die nachträglich bekannt gewordenen Betriebseinnahmen) zuungunsten der F und nach § 173 Abs. 1 Nr. 2 AO (in Bezug auf die nachträglich bekannt gewordenen Betriebsausgaben) zugunsten der F zu korrigieren.

---

33 Zum Ganzen: *Fehrenbacher*, § 8 Rn. 110.
34 Vgl. *Rüsken*, in: Klein, § 173 AO Rn. 113.
35 Zum Ganzen: *Fehrenbacher*, § 8 Rn. 111.
36 *Rüsken*, in: Klein, § 173 AO Rn. 137.
37 *Fehrenbacher*, § 8 Rn. 111; *Rüsken*, in: Klein, § 173 AO Rn. 99; jeweils m.w.N.

§ 28 Übungsfall 21 – Steuerverfahrensrecht mit Körperschaftsteuer

Der folgende Fall behandelt im Schwerpunkt die Korrektur eines Steuerbescheids nach § 32a Abs. 1 KStG. Im Einzelnen werden insbesondere die folgenden Aspekte behandelt: Ablaufhemmung (vgl. § 32a Abs. 1 S. 2 KStG); Kapitalgesellschaftsbeteiligung im Betriebsvermögen; Mitberücksichtigung materiellrechtlicher Fehler (vgl. § 177 AO); Subsidiaritätsgrundsatz (vgl. § 20 Abs. 8 EStG); Teileinkünfteverfahren (vgl. §§ 3 Nr. 40, 3c Abs. 2 EStG); Verdeckte Gewinnausschüttung (vgl. § 8 Abs. 3 S. 2 KStG, § 20 Abs. 1 Nr. 1 S. 2 EStG); Vorbehalt der Nachprüfung (vgl. § 164 AO); Widerstreitende Steuerfestsetzungen (vgl. § 174 AO).

Sachverhalt

▶ Manfred (M) aus Flensburg (Deutschland) hält eine fünfzigprozentige Beteiligung an der Yacht-GmbH (Y-GmbH) im Betriebsvermögen seines Bootsbauerunternehmens. Die Y-GmbH hat ihren Sitz und ihre Geschäftsleitung in Kiel (Deutschland) und verchartert Yachten. M hat zudem ein Grundstück in Kiel im Privatvermögen, welches er der Y-GmbH zur Nutzung als Winterstellplatz für die Yachten überlässt. M erhält hierfür jährliche Mietzahlungen, die deutlich über dem üblichen Mietentgelt für vergleichbare Grundstücke liegen. Im April 02 reichen sowohl die Y-GmbH als auch M die Steuererklärungen für das Jahr 01, zu deren Abgabe sie verpflichtet sind, bei den zuständigen Finanzämtern ein. Hierbei weisen sie nicht auf die unübliche Höhe der Mietzahlungen hin. Im Jahr 02 erlässt das für M zuständige Finanzamt einen Einkommensteuerbescheid gegenüber M für das Jahr 01, indem es eine Steuer von 50.000 € festsetzt. Im selben Jahr wird gegenüber der Y-GmbH von dem zuständigen Finanzamt ein Körperschaftsteuerbescheid, unter dem Vorbehalt der Nachprüfung, für das Jahr 01 erlassen.

Im Jahr 05 stellt das für die Y-GmbH zuständige Finanzamt (anhand von Vermietungsentgelten vergleichbarer Grundstücke) fest, dass ein unangemessen hohes Entgelt für die Überlassung des Grundstücks an M gezahlt wurde. Das Finanzamt korrigiert daraufhin den Körperschaftsteuerbescheid für das Jahr 01 zuungunsten der Y-GmbH. Der Bescheid wird der Y-GmbH am 12. August 06 bekanntgegeben. Sodann versendet das für die Y-GmbH zuständige Finanzamt an das für M zuständige Finanzamt eine Mitteilung mit einem Hinweis auf die Korrektur. Der für M zuständige Sachbearbeiter nimmt sich dem Fall im November 06 an und errechnet bei einer Umqualifizierung der Mieteinnahmen des M in Bezüge aus Beteiligungen aufgrund des Teileinkünfteverfahrens eine um 800 € niedrigere Steuer des M. Zudem stößt der Finanzbeamte auf zwei materiellrechtliche Fehler im Steuerbescheid des M, für die keine Korrekturnorm greift. Die Korrektur des ersten Fehlers hätte steuerliche Auswirkungen von 700 € zuungunsten des M, die Korrektur des zweiten Fehlers hätte steuerliche Auswirkungen von 300 € zugunsten des M. ◀

Aufgabenstellung

▶ War die Korrektur des Körperschaftsteuerbescheids der Y-GmbH möglich? Ist in der Folge auch der Einkommensteuerbescheid des M zu korrigieren und sind dabei die beiden materiellrechtlichen Fehler zu berücksichtigen?
Die Aufgabe ist gutachtlich zu bearbeiten. Die Jahreszahlen sind fiktiv. Es ist das aktuell geltende Recht anzuwenden. ◀

Gliederung

I. Korrektur des Steuerbescheids der Y-GmbH — 346
 1. Bestandskraft des Steuerbescheids — 346
 2. Eintritt der Festsetzungsverjährung — 346
 3. Korrektur nach § 164 Abs. 2 AO — 347
 4. Ergebnis — 348
II. Korrektur des Einkommensteuerbescheids des M — 348
 1. Korrektur nach § 173 Abs. 1 Nr. 2 AO — 348
 2. Korrektur nach § 174 AO — 349
 3. Korrektur nach § 175 Abs. 1 S. 1 Nr. 1 AO — 349
 4. Korrektur nach § 175 Abs. 1 S. 1 Nr. 2 AO — 350
 5. Korrektur nach § 32 a Abs. 1 S. 1 KStG — 350
 6. Korrektur der materiellrechtlichen Fehler nach § 177 AO — 351
 7. Eintritt der Festsetzungsverjährung — 351
 8. Ergebnis — 352

Lösung

I. Korrektur des Steuerbescheids der Y-GmbH

Fraglich ist, ob eine Korrektur des Steuerbescheids der Y-GmbH, aufgrund der unangemessen hohen Mietzahlungen an M, erfolgen konnte.

1. Bestandskraft des Steuerbescheids

Steuerverwaltungsakte werden mit der Bekanntgabe wirksam (vgl. § 124 Abs. 1 AO) und damit verbindlich. Unter bestimmten Voraussetzungen ist aber dennoch eine Korrektur möglich. Dazu darf die Festsetzungsfrist noch nicht abgelaufen sein und eine Korrekturvorschrift muss einschlägig sein. Hier steht die Korrektur des Steuerbescheids der Y-GmbH im Raum (vgl. § 155 Abs. 1 AO). Die Korrektur richtet sich gemäß § 172 Abs. 1 AO nach den §§ 129, 164, 165, 172 ff. AO.

2. Eintritt der Festsetzungsverjährung

Die Korrektur eines Steuerbescheids setzt voraus, dass keine Festsetzungsverjährung eingetreten ist. Wenn die Festsetzungsfrist abgelaufen ist, ist eine Änderung nicht mehr zulässig (vgl. § 169 Abs. 1 AO).

Die Festsetzungsfrist beträgt für die Körperschaftsteuer nach § 169 Abs. 2 S. 1 Nr. 2 AO grundsätzlich vier Jahre. Sie beginnt nach § 170 Abs. 1 AO grundsätzlich mit Ablauf des Jahres, in dem die Steuer entstanden ist. Allerdings ist der Fristbeginn nach § 170 Abs. 2 S. 1 Nr. 1 AO, wenn eine Steuererklärung oder eine Steueranmeldung einzureichen ist, solange gehemmt, bis diese Pflicht erfüllt wird. Die Frist beginnt jedoch spätestens mit Ablauf des dritten Kalenderjahres, das auf das Jahr der Steuerentstehung folgt.[1] Die Y-GmbH hat die Steuererklärung, zu deren Abgabe sie nach dem Sachverhalt verpflichtet ist (vgl. § 149 Abs. 1 AO, § 31 KStG, § 25 Abs. 3 EStG) im April 02 abgegeben. Für das Jahr 01 beginnt die Festsetzungsfrist nach dieser Vorschrift daher mit Ablauf des Jahres 02 und endet mit Ablauf des Jahres 06. Im August 06 ist die Festsetzungsverjährung daher noch nicht eingetreten.

---

[1] Zum Ganzen: *Fehrenbacher*, § 8 Rn. 147 f.

3. Korrektur nach § 164 Abs. 2 AO

Eine Änderung des Steuerbescheids ist nur unter Rückgriff auf eine Korrekturvorschrift möglich. Hier könnte eine Korrektur nach § 164 Abs. 2 AO in Betracht kommen. Diese Änderungsvorschrift ist einschlägig, wenn der Steuerbescheid unter einem wirksamen **Vorbehalt der Nachprüfung** ergangen ist. Dies ist nach dem Sachverhalt gegeben. Entsprechend kann nach § 164 Abs. 2 AO der Steuerfall insgesamt in tatsächlicher und rechtlicher Hinsicht umfassend geprüft werden und der Steuerbescheid kann zugunsten oder zulasten des Steuerpflichtigen geändert werden.[2] Die Finanzbehörde unterliegt dabei nicht den Einschränkungen der §§ 172 ff. AO.[3]

Vertiefungshinweis

Der Steuerbescheid kann unter dem Vorbehalt der Nachprüfung ergehen, solange der Steuerfall noch nicht abschließend geprüft wurde. Für die Änderungsmöglichkeit kommt es nicht auf die Rechtmäßigkeit des Nachprüfungsvorbehalts, sondern nur auf seine Wirksamkeit an.[4]

Eine unrichtige Steuerfestsetzung könnte sich hier daraus ergeben, dass in dem Körperschaftsteuerbescheid für das Jahr 01 nicht berücksichtigt wurde, dass die Y-GmbH eine überhöhte Miete an M zahlte. Es könnte eine **verdeckte Gewinnausschüttung** vorliegen. Eine verdeckte Gewinnausschüttung ist jede Vermögensminderung oder verhinderte Vermögensmehrung, die durch das Gesellschaftsverhältnis veranlasst ist, die sich auf die Höhe des Einkommens der Kapitalgesellschaft auswirkt und die in keinem Zusammenhang mit einer offenen Ausschüttung steht.[5] Im Fall führt die überhöhte Mietzahlung zu einer Vermögensminderung bei der Y-GmbH. Die Vermögensminderung ist durch das Gesellschaftsverhältnis veranlasst, wenn bei Anwendung der Sorgfalt eines ordentlichen und gewissenhaften Geschäftsleiters der gleiche Vorteil einem Nichtgesellschafter nicht gewährt worden wäre.[6] Ein wichtiges Indiz ist hierbei der Fremdvergleich. Die Y-GmbH hätte für dieselbe Leistung eines Dritten nicht den überhöhten Preis gezahlt. Daher handelt es sich bei der überhöhten Mietzahlung um eine verdeckte Gewinnausschüttung.

Gewinnausschüttungen stellen steuerrechtlich irrelevante Einkommensverwendungen dar (vgl. § 8 Abs. 3 S. 1 KStG). Auch verdeckte Gewinnausschüttungen dürfen das Einkommen nicht mindern und sind daher nach § 8 Abs. 3 S. 2 KStG außerbilanziell bei der Einkommensermittlung wieder hinzuzurechnen.[7] Daher ist das Einkommen der Y-GmbH um den überhöhten Teil der Mietzahlungen zu erhöhen. Dies wirkt sich dann entsprechend steuererhöhend aus und ist im Rahmen des § 164 Abs. 2 AO umzusetzen. Hat die Finanzbehörde diesen Fehler aufgedeckt, muss der Steuerbescheid korrigiert werden.[8]

Prüfungs- und Vertiefungshinweis

Zur verdeckten Gewinnausschüttung siehe auch § 15 Rn. 57 ff.

---

2 *Gercke*, in: Koenig, § 164 AO Rn. 49.
3 *Gercke*, in: Koenig, § 164 AO Rn. 51.
4 *Gercke*, in: Koenig, § 164 AO Rn. 46.
5 *Fehrenbacher*, § 4 Rn. 39.
6 *Fehrenbacher*, § 4 Rn. 41.
7 *Fehrenbacher*, § 4 Rn. 47.
8 *Gercke*, in: Koenig, § 164 AO Rn. 48.

In Betracht gezogen werden könnte hier auch eine Änderung des Körperschaftsteuerbescheids nach § 173 Abs. 1 Nr. 1 AO. Hinsichtlich der Feststellung der Unangemessenheit der Vergütung, infolge der Kenntniserlangung von vergleichbaren Vermietungsentgelten, könnte ein nachträgliches Bekanntwerden von (für die Gesellschaft) steuererhöhenden Tatsachen vorliegen. Allerdings besteht hier der Vorbehalt der Nachprüfung, so dass der Bescheid unabhängig von besonderen Voraussetzungen geändert werden kann und es daher keines Rückgriffs auf § 173 AO bedarf.[9]

4. Ergebnis

10 Eine Korrektur des Körperschaftsteuerbescheids der Y-GmbH war unter Rückgriff auf § 164 Abs. 2 AO möglich.

II. Korrektur des Einkommensteuerbescheids des M

11 Auch hinsichtlich des Einkommensteuerbescheids des M kommt eine Korrektur nach den §§ 129, 164, 165, 172 ff. AO beziehungsweise nach speziellen Korrekturvorschriften der einzelnen Steuergesetze in Betracht.

1. Korrektur nach § 173 Abs. 1 Nr. 2 AO

12 Zunächst könnte eine Korrektur nach § 173 Abs. 1 Nr. 2 AO in Erwägung gezogen werden. Voraussetzung für eine entsprechende Korrektur ist, dass Tatsachen oder Beweismittel nachträglich bekannt werden, die zu einer niedrigeren Steuer führen.

13 Werden die überhöhten Mietzahlungen als verdeckte Gewinnausschüttung behandelt, liegen bei dem Gesellschafter M insoweit keine Einkünfte aus den §§ 2 Abs. 1 S. 1 Nr. 6, 21 Abs. 1 S. 1 Nr. 1 EStG vor, die der vollen Besteuerung unterliegen. Vielmehr liegen Einkünfte im Sinne des § 20 Abs. 1 Nr. 1 S. 2 EStG vor. Da M die Beteiligung an der Y-GmbH im Betriebsvermögen hält, sind die Einnahmen nach § 20 Abs. 8 EStG den gewerblichen Einkünften aus den §§ 2 Abs. 1 S. 1 Nr. 2, 15 Abs. 1 S. 1 Nr. 1 EStG zuzurechnen. Dabei gilt das sogenannte Teileinkünfteverfahren, so dass nach § 3 Nr. 40 S. 1 lit. d, S. 2 EStG 40 Prozent der Bezüge im Sinne des § 20 Abs. 1 Nr. 1 EStG steuerfrei gestellt werden. Die Qualifikation als verdeckte Gewinnausschüttung wirkt sich im vorliegenden Fall daher für den Gesellschafter (anders als für die Gesellschaft) steuermindernd aus.

Vertiefungshinweis

Zum Subsidiaritätsgrundsatz des § 20 Abs. 8 EStG und zum Teileinkünfteverfahren siehe § 11 Rn. 23 f.

14 Fraglich ist allerdings, ob hier auch eine Tatsache nachträglich bekannt wurde. Tatsache ist alles, was Merkmal oder Teilstück eines gesetzlichen Tatbestands sein kann.[10] Fraglich ist, ob die Feststellung einer verdeckten Gewinnausschüttung der Y-GmbH an den M eine Tatsache im Sinne des § 173 Abs. 1 AO begründet. Mitteilungen des Körperschaftsteuerfinanzamts an das für die Veranlagung des Gesellschafters zuständige Finanzamt, beispielsweise über das Ergebnis einer Außenprüfung, geben häufig nur rechtliche Schlussfolgerungen, jedoch keine neuen Tatsachen wieder.[11] Selbst wenn die

---

9 Vgl. *Rüsken*, in: Klein, § 172 AO Rn. 23. Siehe auch *Jakob*, Abgabenordnung, Rn. 557.
10 *Rüsken*, in: Klein, § 173 AO Rn. 21.
11 *Trossen*, DStR 2006, 2295, 2296; OFD Magdeburg v. 10.9.2004, S 0350 – 8 – St 251, DStR 2004, 1922.

entscheidungserheblichen Tatsachen dem für M zuständigen Finanzamt nachträglich bekannt würden, könnte eine Korrektur aber scheitern. Schließlich darf den Steuerpflichtigen kein grobes Verschulden daran treffen, dass die Tatsachen erst nachträglich bekannt werden.[12] Von einem entsprechenden groben Verschulden ist im vorliegenden Fall auszugehen. M hätte die Umstände, die zur Einordnung als verdeckte Gewinnausschüttung führen, schon in seiner Steuererklärung zutreffend schildern können. Das hat er jedoch unterlassen. Auch § 173 Abs. 1 Nr. 2 S. 2 AO, wonach das Verschulden unbeachtlich ist, wenn die steuermindernden Tatsachen im Zusammenhang mit steuererhöhenden Tatsachen im Sinne des § 173 Abs. 1 Nr. 1 AO stehen, hilft hier nicht weiter. Zwar führt die Qualifikation als verdeckte Gewinnausschüttung bei der Y-GmbH zu einer höheren Steuer, bei M und der Y-GmbH handelt es sich allerdings nicht um denselben Steuerpflichtigen, so dass kein Zusammenhang im Sinne des § 173 Abs. 1 Nr. 2 S. 2 AO besteht.[13]

Eine Korrektur des Einkommensteuerbescheids nach § 173 Abs. 1 Nr. 2 AO ist damit nicht möglich.

2. Korrektur nach § 174 AO

Fraglich ist, ob eine Korrektur des Steuerbescheids des M nach § 174 AO erfolgen kann. § 174 AO setzt **widerstreitende Steuerfestsetzungen** voraus. Widerstreitende Steuerfestsetzungen liegen vor, wenn aus einem bestimmten Sachverhalt in unterschiedlichen Steuerbescheiden unterschiedliche, steuerlich relevante Schlussfolgerungen gezogen werden, die sich gegenseitig ausschließen.[14] Eine Korrektur aufgrund widerstreitender Steuerfestsetzungen kommt beispielsweise in Betracht, wenn ein Sachverhalt mehreren sich ausschließenden Steuerarten zugeordnet wird, wenn eine Einnahme mehreren Steuerschuldnern zugewiesen wird, wenn eine Einnahme in mehreren Besteuerungszeiträumen erfasst wird oder wenn mehrere Finanzämter einen Steuerpflichtigen durch Bescheid in Anspruch nehmen.[15] Die abweichende Qualifikation des Sachverhalts bei der Gesellschaft und dem Gesellschafter stellt jedoch keine widerstreitende Steuerfestsetzung dar. Es handelt sich bei den Veranlagungen der Y-GmbH und des M um zwei unabhängige Verfahren.[16] Eine Korrektur des Steuerbescheids des M ist damit nicht nach § 174 AO möglich.

3. Korrektur nach § 175 Abs. 1 S. 1 Nr. 1 AO

In Betracht könnte eine Korrektur des Steuerbescheids des M nach § 175 Abs. 1 S. 1 Nr. 1 AO gezogen werden. Nach § 175 Abs. 1 S. 1 Nr. 1 AO ist ein Steuerbescheid zu ändern, soweit ein **Grundlagenbescheid**, dem Bindungswirkung für den Steuerbescheid zukommt, geändert worden ist. Bei dem Körperschaftsteuerbescheid der Y-GmbH handelt es sich jedoch nicht um einen Grundlagenbescheid im Sinne des § 171 Abs. 10 AO, der Bindungswirkung für die Steuerfestsetzung des Gesellschafters M entfaltet.[17]

---

12 Siehe *Schnitger*, in: Schnitger/Fehrenbacher, § 32 a KStG Rn. 13; OFD Magdeburg v. 10.9.2004, S 0350 – 8 – St 251, DStR 2004, 1922.
13 Siehe *Trossen*, DStR 2006, 2295, 2296; OFD Magdeburg v. 10.9.2004, S 0350 – 8 – St 251, DStR 2004, 1922.
14 *Fehrenbacher*, § 8 Rn. 113.
15 *Fehrenbacher*, § 8 Rn. 114.
16 Vgl. *Schnitger*, in: Schnitger/Fehrenbacher, § 32 a KStG Rn. 13; *Trossen*, DStR 2006, 2295, 2296.
17 Siehe *Schnitger*, in: Schnitger/Fehrenbacher, § 32 a KStG Rn. 13; *Trossen*, DStR 2006, 2295, 2296.

Eine Korrektur des Steuerbescheids des M nach § 175 Abs. 1 S. 1 Nr. 1 AO muss damit ausscheiden.

4. Korrektur nach § 175 Abs. 1 S. 1 Nr. 2 AO

17 Fraglich ist, ob eine Korrektur des Steuerbescheids nach § 175 Abs. 1 S. 1 Nr. 2 AO erfolgen kann. Hierzu müsste ein rückwirkendes Ereignis gegeben sein. Als Ereignis kommen alle Lebensvorgänge in Betracht, die zur Folge haben, dass steuerlich nun der veränderte Sachverhalt anstelle des ursprünglichen Sachverhalts der Besteuerung zugrunde zu legen ist. Das Ereignis muss nach dem Erlass des Verwaltungsakts eintreten.[18] Allerdings ändert sich hier nicht der der verdeckten Gewinnausschüttung zugrunde liegende Sachverhalt, sondern die Beurteilung des Sachverhalts. Entsprechend besteht kein rückwirkendes Ereignis. Eine Korrektur des Steuerbescheids des M nach § 175 Abs. 1 S. 1 Nr. 2 AO scheidet damit aus.[19]

5. Korrektur nach § 32 a Abs. 1 S. 1 KStG

18 Allerdings könnte die spezielle Korrekturvorschrift des § 32 a Abs. 1 S. 1 KStG einschlägig sein. Hiernach kann eine Korrektur des Bescheids des Gesellschafters erfolgen, wenn aufgrund einer verdeckten Gewinnausschüttung bei der Gesellschaft ein Steuerbescheid geändert wird.[20]

Eine Korrektur des Steuerbescheids der Y-GmbH ist auf Grundlage des § 164 Abs. 2 AO erfolgt. Hierbei war die verdeckte Gewinnausschüttung nach § 8 Abs. 3 S. 2 KStG außerbilanziell bei der Einkommensermittlung der Y-GmbH wieder hinzuzurechnen.[21] Bei M führt die verdeckte Gewinnausschüttung zur Umqualifizierung der Einkünfte. Die überhöhten Zahlungen gehören bei ihm, wie gezeigt, zu den gewerblichen Einkünften. Sie unterliegen dem Teileinkünfteverfahren. Der Finanzbeamte hat daher einen um 800 € niedrigeren Steuerbetrag gegenüber der ursprünglichen Steuerfestsetzung errechnet. Insofern hat eine Korrektur zu erfolgen. Das Ermessen, das § 32 a Abs. 1 S. 1 KStG der Finanzbehörde seinem Wortlaut nach gewährt („kann"), ist dabei auf Null reduziert.[22]

Prüfungs- und Vertiefungshinweis

Grundsätzlich wird die Einkommensteuer bei der verdeckten Gewinnausschüttung durch den Kapitalertragsteuerabzug nach den §§ 43 ff. EStG erhoben. Siehe hierzu § 15 Rn. 59. Wird die verdeckte Gewinnausschüttung jedoch erst nachträglich bekannt und ist ein Steuerabzug im Zeitpunkt der Ausschüttung daher unterblieben, wird in der Praxis aufgrund des Vorrangs des Veranlagungsverfahrens vor dem Abzugsverfahren auf den Erlass eines Kapitalertragsteuer-Nachforderungsbescheids gegen den Gesellschafter oder eines Haftungsbescheids gegen die Kapitalgesellschaft verzichtet.[23]

Hier wurden die einzelnen Korrekturtatbestände recht ausführlich geprüft, obwohl nur § 32 a Abs. 1 KStG letztlich einschlägig war. Die Prüfung der nicht einschlägigen allgemei-

---

[18] Zum Ganzen: *Fehrenbacher*, § 8 Rn. 119 m.w.N.
[19] Siehe *Schnitger*, in: Schnitger/Fehrenbacher, § 32 a KStG Rn. 13; *Trossen*, DStR 2006, 2295, 2296.
[20] Vgl. *Schnitger*, in: Schnitger/Fehrenbacher, § 32 a KStG Rn. 1.
[21] Siehe *Fehrenbacher*, § 4 Rn. 47.
[22] *Schnitger*, in: Schnitger/Fehrenbacher, § 32 a KStG Rn. 37.
[23] *Kirmse/Spönemann*, in: Michalski/Heidinger/Leible/Schmidt, Band 1, Systematische Darstellung 3, Rn. 280.

nen Korrekturnormen könnte auch kürzer gefasst werden. Allerdings ist zu sehen, dass § 32a KStG die anderen Korrekturnormen nicht per se als Spezialvorschrift verdrängt.[24]

6. Korrektur der materiellrechtlichen Fehler nach § 177 AO

Zu untersuchen ist weiterhin, ob die beiden materiellrechtlichen Fehler bei der Korrektur des Einkommensteuerbescheids des M ebenfalls berücksichtigt werden können. Grundsätzlich erfolgt die Korrektur des Steuerbescheids durch die Korrekturnormen nur punktuell auf den konkreten Fehler bezogen. Ein vollständiges Aufrollen des Steuerfalls findet hingegen nicht statt. Eine Mitberücksichtigung der materiellrechtlichen Fehler kommt jedoch nach § 177 AO in Betracht.[25] Dies gilt auch im Rahmen der Korrektur nach § 32a Abs. 1 KStG.[26]

§ 177 AO ist eine unselbständige Fehlerkorrekturvorschrift. Nach § 177 Abs. 1 und 2 AO kommt eine Mitberichtigung von materiellen Fehlern in Betracht, die nicht Anlass der Korrektur sind, wenn der fragliche Steuerbescheid zugunsten beziehungsweise zuungunsten des Steuerpflichtigen korrigiert wird. Eine Mitberichtigung ist allerdings nur innerhalb des von § 177 Abs. 1 und 2 AO vorgegebenen Änderungsrahmens möglich. Den Änderungsrahmen legen die anzuwendenden Korrekturnormen fest. Anwendbar ist im vorliegenden Sachverhalt die Korrekturnorm des § 32a Abs. 1 S. 1 KStG, wonach eine Änderung des Steuerbescheids zugunsten M erfolgt. Hieraus ergibt sich eine Verringerung der Steuer um 800 €. Der Änderungsrahmen des § 177 Abs. 2 AO ist daher auf der einen Seite durch die ursprünglich festgesetzte Steuer von 50.000 € und auf der anderen Seite durch die durch § 32a Abs. 1 KStG verringerte Steuer von 49.200 € (50.000 € ./. 800 €) begrenzt.

Innerhalb des Änderungsrahmens ist eine Mitberichtigung der materiellen Fehler ohne eigene Korrekturgrundlage möglich. Die Korrektur der materiellrechtlichen Fehler hätte insgesamt steuerliche Auswirkungen von 400 € zuungunsten des M (Saldo aus 300 € zugunsten und 700 € zuungunsten des M). Bei der Saldierung dieses Betrags im Rahmen des § 177 Abs. 2 AO ergibt sich ein Steuerbetrag von 49.600 €. Daher ist eine Steuer von 49.600 € festzusetzen.

Vertiefungshinweis

Hier liegt der materiell richtige Steuerbetrag innerhalb des Änderungsrahmens. Läge er allerdings außerhalb des Änderungsrahmens, so könnte er nur bis zur Grenze des Änderungsrahmens berücksichtigt werden und müsste im Übrigen gekürzt werden.[27]

7. Eintritt der Festsetzungsverjährung

Voraussetzung einer Änderung ist, dass keine Festsetzungsverjährung eingetreten ist. Wenn die Festsetzungsfrist abgelaufen ist, ist eine Änderung nicht mehr zulässig (vgl. § 169 Abs. 1 AO).

Die Festsetzungsfrist beträgt für die Einkommensteuer nach § 169 Abs. 2 S. 1 Nr. 2 AO grundsätzlich vier Jahre. Sie beginnt nach § 170 Abs. 1 AO grundsätzlich mit Ablauf des Jahres, in dem die Steuer entstanden ist. Allerdings ist der Fristbeginn nach § 170

---

24 *Schnitger*, in: Schnitger/Fehrenbacher, § 32a KStG Rn. 13.
25 Zum Ganzen: *Fehrenbacher*, § 8 Rn. 121.
26 *Schnitger*, in: Schnitger/Fehrenbacher, § 32a KStG Rn. 26.
27 *Jakob*, Abgabenordnung, Rn. 651–654.

Abs. 2 S. 1 Nr. 1 AO, wenn eine Steuererklärung oder eine Steueranmeldung einzureichen ist, solange gehemmt, bis diese Pflicht erfüllt wird. Die Frist beginnt jedoch spätestens mit Ablauf des dritten Kalenderjahres, das auf das Jahr der Steuerentstehung folgt.[28] Für M besteht nach dem Sachverhalt eine Pflicht zur Abgabe von Steuererklärungen. Dieser Pflicht ist er im April 02 nachgekommen. Die Festsetzungsfrist beginnt nach dieser Vorschrift daher mit Ablauf des Jahres 02 und endet mit Ablauf des Jahres 06.

21 Hier besteht zudem die Sonderregelung des § 32a Abs. 1 S. 2 KStG. Danach besteht eine **Ablaufhemmung** dergestalt, dass die Festsetzungsfrist nicht vor Ablauf eines Jahres nach Unanfechtbarkeit des Steuerbescheids, in dem die verdeckte Gewinnausschüttung gegenüber der Körperschaft berücksichtigt wird, endet.[29] Der (geänderte) Steuerbescheid der Körperschaft ergeht im August 06; er wird mit Ablauf der Rechtsbehelfsfrist unanfechtbar. Die Rechtsbehelfsfrist beträgt nach § 355 Abs. 1 AO einen Monat. Sie beginnt mit der Bekanntgabe des Verwaltungsakts. Hier erfolgte die Bekanntgabe des Bescheids an die Y-GmbH am 12. August 06. Die Rechtsbehelfsfrist endet daher mit Ablauf des 12. September 06 (vgl. § 108 Abs. 1 AO, §§ 187 f. BGB). Die Festsetzungsfrist endet nach § 32a Abs. 1 S. 2 KStG nicht vor Ablauf eines Jahres nach diesem Zeitpunkt.

Im Ergebnis ist im November 06 jedenfalls noch keine Festsetzungsverjährung eingetreten.

Prüfungs- und Vertiefungshinweis:
Hier bietet es sich mit Blick auf die spezielle Ablaufhemmung des § 32a Abs. 1 S. 2 KStG an, die Festsetzungsverjährung nach den Korrekturvorschriften zu prüfen. Die Ablaufhemmung sollte hier jedenfalls kurz angesprochen werden, auch wenn schon nach den Grundregeln der §§ 169 ff. AO keine Festsetzungsverjährung eingetreten ist. Zur Einspruchsfrist siehe § 25 Rn. 10 ff.

8. Ergebnis

22 Die Korrektur des Steuerbescheids der Y-GmbH aufgrund der im Steuerbescheid nicht berücksichtigten verdeckten Gewinnausschüttung konnte nach § 164 Abs. 2 AO erfolgen. Eine Korrektur des Steuerbescheids des M hat mit Blick auf die verdeckte Gewinnausschüttung nach § 32a Abs. 1 KStG zu erfolgen. Dabei können die beiden materiellen Fehler (für die keine eigene Korrekturvorschrift eingreift) mitberücksichtigt werden. Im Ergebnis ist die zu zahlende Steuer des M auf 49.600 € festzusetzen.

---

28 Zum Ganzen: *Fehrenbacher*, § 8 Rn. 147 f.
29 *Bauschatz*, in: Gosch, § 32 a KStG Rn. 32.

Stichwortverzeichnis

Die Angaben verweisen auf die Paragrafen des Buches (**fette Zahlen**) sowie die Randnummern innerhalb der einzelnen Paragrafen (magere Zahlen).
Beispiel: § 9 Rn. 10 = **9** 10

Abgeltungswirkung **9** 16, **11** 10, 29, **13** 46, **15** 59, **17** 10, 16, 38
Absetzung für Abnutzung **10** 29, 42, **16** 10, **17** 21, 28
- AfA-Tabelle **10** 24, **12** 23
- Bemessungsgrundlage **10** 24, **12** 23, **14** 39
- Betriebsgewöhnliche Nutzungsdauer **10** 24, **12** 23, **13** 28, **14** 39
- degressive ~ **10** 24, **12** 23
- Domain-Name **13** 28
- Eigentumswohnungen **8** 13 ff.
- Gebäude **14** 34
- Geschäftswert **13** 28
- lineare ~ **10** 24, **12** 23
- pro rata temporis-Regelung **10** 24, **12** 23, **14** 39

Absetzung für außergewöhnliche Abnutzung **10** 47, **12** 28
Adressat
- Bekanntgabe- **25** 10
- Inhalts- **25** 10
Aktivierung **10** 12, **22** f., **13** 27, **14** 30, 38
- Beteiligungen **11** 24
- Forderungen **10** 18, **13** 31, **14** 55
Aktivtausch **10** 15, 18, **13** 32
Anrechnungsmethode **16** 13 ff., 20, 29, 38, **18** 23, **19** 39, **20** 29
Anschaffungskosten **10** 13
- Vorsteuerbetrag als Teil der ~ **10** 13, 23
Arbeitslohn **9** 8 ff., **18** f., **14** 22, **15** 26, **16** 17 ff., **18** 11 ff.
Aufteilungs- und Abzugsverbot **12** 19
Aufwand **10** 19, **11** 39, **13** 33
Ausbildungskosten **12** 12 f.
Ausländische Einkünfte
- Mitunternehmerschaft **16** 29
- ~ aus Gewerbebetrieb **16** 29, 38
- ~ aus nichtselbständiger Arbeit **16** 20
- ~ aus Vermietung und Verpachtung **16** 14
Außerordentliche Einkünfte **12** 48

Bekanntgabe
- -adressat **25** 10
- ~ eines Steuerverwaltungsakts **25** 10 f.

Bemessungsgrundlage
- AfA- **10** 24, **12** 23, **14** 39
- Ersatz- **23** 28, **24** 17
- Gewerbesteuer **10** 53, **11** 50, **14** 66, **15** 64
- Mindest- **23** 37 f.
- Umsatzsteuer **21** 16, **22** 18, 36, 49, **23** 15, **35** ff.
Betriebsausgaben **10** 19, **11** 39, **13** 26, **14** 17, **17** 8, **19** 30
- -abzugsverbote **13** 35
- Sonder- **14** 34, 61
- Vorweggenommene ~ **12** 12
Betriebseinnahmen **10** 17, **11** 19, 24, **12** 11, 32, **14** 16, **17** 8, 15
- Sonder- **14** 23, **19** 30
Betriebstätte **10** 51, **11** 48, **16** 29, 38, **17** 14, 35, **19** 11, 22, 29, 36, **20** 16
Betriebsveräußerung **12** 43 ff.
- Freibetrag **12** 47
- Steuersatz **12** 48
Betriebsvermögen
- Anlagevermögen **10** 12, 22, 29, 42
- Gewillkürtes ~ **10** 12
- Notwendiges ~ **10** 12, 22
- Sonder- **14** 30, 33, 55, 60
- Umlaufvermögen **10** 12, 46
Bevollmächtigung **25** 9
Bewegte Lieferung
- Beförderung **21** 11
- Versendung **21** 11, 24
Bewertung
- Anlagevermögen **10** 23 f., **13** 28, **14** 38 ff.
- Beteiligungen **11** 24
- Einlagen **10** 36, 40, **14** 33
- Entnahmen **10** 43
- Forderungen **10** 18, **13** 31, **14** 55
- Rückstellungen **13** 36
- Umlaufvermögen **10** 13
- Verbindlichkeiten **14** 49, 60
Bewirtungskosten **13** 35
Bilanz
- Ansatz dem Grunde nach **10** 11
- Ansatz der Höhe nach (Bewertung) **10** 11

Stichwortverzeichnis

- Ergänzungs- 13 18
- Sonder- 13 20, 15 24

Buchführungspflicht
- Ausländische ~ 16 27
- Derivative ~ 10 10, 11 18, 13 17, 14 15, 15 19, 38, 20 10
- Handelsrechtliche ~ 10 10, 11 18, 12 10, 13 17, 14 15, 15 19, 38, 16 36, 19 13, 20 10
- Originäre ~ 12 10

Darlehen 11 38 ff., 14 47 ff., 58 ff., 19 26 ff.
- ~ unter nahen Angehörigen 10 33 ff.

Dauerschuldverhältnis 14 50

Dividenden 15 48 ff., 53 ff.
- Streubesitz- 15 50, 54, 20 21

Domain-Name 13 27

Doppelbesteuerung 17 12, 18 16, 35, 19 16, 32, 20 12, 23
- Anrechnungsmethode 16 13 ff., 20, 29, 38, 18 23, 19 39, 20 29
- Freistellungsmethode 18 23
- Rechtliche ~ 16 12
- Steuerabzug 16 13 ff.
- Unilaterale Maßnahmen zum Ausgleich der ~ 16 13 ff., 20, 29, 38
- Wirtschaftliche ~ 16 12

Doppelbesteuerungsabkommen 16 13, 18 16 ff., 35 ff., 19 16 ff., 32 ff., 20 12 ff., 23 ff.
- Autonome Auslegung 18 17, 20
- Dividenden 20 25 ff.
- Doppelansässigkeit 18 21
- Einkünfte aus unselbständiger Arbeit 18 20
- Methodenartikel 18 23, 19 23, 38, 20 29
- Persönliche Abkommensberechtigung 18 17, 36, 19 17 ff., 33, 20 13, 24
- Räumlicher Geltungsbereich 18 18
- Ruhegehälter 18 38
- Sachlicher Geltungsbereich 18 18, 37, 19 20, 33, 20 14, 24
- Unternehmensgewinne 19 21 f., 34 ff., 20 15 f.
- Verteilungsartikel 18 19 ff., 38, 19 21 f., 34 ff., 20 15 f., 25 ff.
- Zeitlicher Geltungsbereich 18 18
- Zinsen 19 34 f.

Ehegattensplitting 9 7, 24, 11 7, 15, 18 10, 29

Einkünfte aus Gewerbebetrieb 10 9, 11 17, 16 35
- Dividenden 15 49, 20 20
- Gewerbesteuerpflicht 10 51, 11 48, 14 64, 15 62
- Gewinnausschüttungen 11 23
- Mitunternehmerschaft 13 9 ff., 14 9 ff., 15 10 ff.
- Sondervergütungen 14 22, 32, 53, 15 26
- Veräußerung von Kapitalgesellschaftsanteilen 11 33
- ~ kraft Rechtsform 15 37, 49, 20 9, 20

Einkünfte aus Kapitalvermögen
- Offene Gewinnausschüttungen 11 9, 28
- Stille Beteiligung 13 43 f.
- Verdeckte Gewinnausschüttungen 15 59, 28 13
- Zinsen 11 41

Einkünfte aus nichtselbständiger Arbeit 9 9, 15 42, 16 17, 18 12
- Betriebsveranstaltungen 9 18 f.

Einkünfte aus selbständiger Arbeit
- Erfinder 14 10
- Gewinnausschüttungen 12 32
- Informatiker 15 12
- Ingenieur 15 12
- Übersetzer 12 9
- Wissenschaftliche Tätigkeit 9 26, 14 10, 16 24

Einkünfte aus Vermietung und Verpachtung 8 9, 16 9

Einkünfteerzielungsabsicht 8 20 f., 9 21, 17 27, 26 9, 13

Einlagen 10 36, 39 ff., 14 33

Einnahmen 8 11, 20 f., 9 10 ff., 11 10, 16 10, 18, 17 21, 28, 18 13

Einnahmenüberschussrechnung 12 10 ff.

Ein-Prozent-Regelung 10 43, 24 20

Einspruchsverfahren 25 5 ff.
- Befugnis 25 8
- Begründetheit 25 16 ff.
- Form 25 14
- Frist 25 10 f., 28 21
- Statthaftigkeit 25 7
- Zulässigkeit 25 6 ff.

E-Mail 25 14

Entgelt 21 12, 16, 22 14, 18, 32, 36, 49, 23 11, 15, 36

Entnahmen 23 25 ff.
- Nutzungs- 10 43, 24 16

354

Stichwortverzeichnis

Ergänzungsbilanz 13 18
Ertrag 10 18, 16 36
Festsetzungsverjährung 26 10 ff., 18, 27 11 f., 22 f.
- Ablaufhemmung 26 13 f., 27 23, 28 21
- Anlaufhemmung 26 11, 18, 27 11 f., 22, 27, 28 7 f., 20
- Feststellungsverjährung 27 16
- ~ bei Steuerhinterziehung und leichtfertiger Steuerverkürzung 27 27
Feststellungsbescheid 13 23, 14 27, 15 30, 27 15 f.
Finderlohn 8 22 f.
Folgebescheid 13 23, 14 27, 15 30, 27 15
Forderungen 10 18, 13 31
Forderungsverzicht 13 33
Form
- Einspruchs- 25 14
- Elektronische ~ 25 14
- E-Mail 25 14
- Schrift- 25 14
Freiberufliche Tätigkeit 12 9, 15 12
Freibetrag 8 27, 11 35
- Betriebsveranstaltungen 9 19
- Betriebsveräußerung 12 47
- Gewerbesteuer 10 58, 11 56, 14 72, 15 70
- Übungsleiterregelung 25 19
Freigrenze 8 27
- Einkünfte aus Leistungen 8 27
- Private Veräußerungsgeschäfte 14 44
Freistellungsmethode 18 23
Fremdvergleich 10 34, 28 9
Frist
- Einspruchs- 25 10 f., 28 21
- Festsetzungs- 26 10 ff., 18, 27 11 f., 22 f., 27, 28 7, 20 f.
- Feststellungs- 27 16
- ~ zur Abgabe der Steuererklärung 26 11
Gemeiner Wert 10 36
Gemischte Aufwendungen 12 19
Geringwertige Wirtschaftsgüter 10 25, 12 24
Gesamthandsvermögen 14 30
Geschäftsleitung 20 6
Gesellschaft
- Ausländische ~ 16 22 ff., 20 19 ff.
- Stille ~ 13 38 ff.
- Vor- 15 34
- Vorgründungs- 15 6
- Zebra- 13 14
Gestaltungsmissbrauch 8 21
Gewerbebetrieb 11 47, 14 63, 15 61
Gewerbeertrag 10 54 ff., 11 51 ff., 14 67 ff., 15 65 ff.
Gewerbesteueranrechnung 10 62, 11 60, 14 76
Gewinnausschüttungen
- Einkünfte aus Gewerbebetrieb 11 23
- Einkünfte aus Kapitalvermögen 11 9, 28
- Einkünfte aus selbständiger Arbeit 12 32
- Offene ~ 11 8 ff., 22 ff., 27 ff., 12 31 ff.
- Verdeckte ~ 15 57 ff., 28 9, 13
Gewinnermittlung
- Einfacher Betriebsvermögensvergleich 10 10
- Einnahmenüberschussrechnung 17 8, 15
- Gewinnermittlungsmethoden 10 10
- Qualifizierter Betriebsvermögensvergleich 10 10, 11 18, 13 17, 14 15, 15 19, 38, 16 36, 19 13, 20 10
Gewöhnlicher Aufenthalt 9 6, 17 6, 19, 34, 18 8, 19 7
Grundlagenbescheid 13 23, 14 27, 15 30, 27 15, 21, 28 16
Günstigerprüfung 11 10
Gutschein 23 15
Hauptleistung 21 9, 22 10
Hebesatz 10 61, 11 59, 14 75, 15 73
Hinzurechnungen beim Gewerbeertrag
- Darlehenszinsen 10 56, 14 69
- Dividenden 11 53, 15 67
- Mietzahlung 14 69
Inland 21 11, 22 12, 23 10
Inländische Einkünfte 19 9 ff., 27 ff.
- Inländische sonstige Einkünfte 17 27
- Isolierende Betrachtungsweise 17 36 f.
- Mitunternehmerschaft 19 9 ff.
- Sondervergütungen 19 27 ff.
- ~ aus Gewerbebetrieb 17 7, 14, 26, 35, 19 9 ff.
- ~ aus Kapitalvermögen 17 36
- ~ aus Vermietung und Verpachtung 17 20
Innergemeinschaftliche Lieferung 21 34
Innergemeinschaftlicher Erwerb 21 34
Isolierende Betrachtungsweise
- ~ bei inländischen Einkünften 17 36 f.

Stichwortverzeichnis

Ist-Besteuerung 21 18

Kapitalertragsteuer 11 10, 25, 29, 43, 12 34, 39, 13 46, 14 54, 15 51, 55, 59, 17 38, 19 31, 20 22

Kapitalgesellschaft
- Ausländische ~ 20 19 ff.
- GmbH 15 47, 20 6
- Trennungsprinzip 15 42
- Verdeckte Gewinnausschüttungen 15 57 ff., 28 9, 13

Kaskadeneffekt 15 50

Kleinunternehmer 12 23

Korrektur
- ~ allgemeiner Steuerverwaltungsakte 26 8
- ~ von Feststellungsbescheiden 27 15 ff.
- ~ von Folgebescheiden 27 21, 28 16
- ~ von Steuerbescheiden 26 6 ff., 27 7 ff., 28 5 ff.

Korrektur besonderer Steuerverwaltungsakte
- Mitberücksichtigung materiellrechtlicher Fehler 28 19
- ~ bei Korrektur von Grundlagenbescheiden 27 21
- ~ bei nachträglich bekannt gewordenen Tatsachen 26 22, 27 9, 28 ff., 28 12 ff.
- ~ bei offenbaren Unrichtigkeiten 26 20, 27 17
- ~ bei rückwirkenden Ereignissen 27 10, 28 17
- ~ bei Schreib- oder Rechenfehlern bei der Steuererklärung 27 18
- ~ bei verdeckten Gewinnausschüttungen 28 18
- ~ bei Vorbehalt der Nachprüfung 26 19, 28 8 f.
- ~ bei vorläufiger Steuerfestsetzung 26 9
- ~ bei widerstreitenden Steuerfestsetzungen 28 15

Kosten der privaten Lebensführung 12 19

Kürzungen beim Gewerbeertrag
- Gewerbesteuerliches Schachtelprivileg 11 54, 15 68
- Grundbesitz 14 70

Leistung
- Beförderungs- 22 26 ff.
- Beherbergungs- 22 7 ff.
- Einheitlichkeit der ~ 22 10
- Haupt- 21 9, 22 10
- Neben- 21 9, 22 10, 42

Leistungsaustausch 21 12, 22 14, 32, 23 11, 26

Liebhaberei 9 21, 17 27

Lieferung 21 9, 22 42, 23 22, 24 11
- Bewegte ~ 21 11, 24
- Innergemeinschaftliche ~ 21 34
- Ort der ~ 21 11, 24, 22 44, 24 11
- Rück- 23 23
- Rückgängigmachung der ~ 23 23
- Unbewegte ~ 24 37
- Werk- 24 37

Lohnsteuer 9 16, 15 44, 16 19, 18 14

Maßgeblichkeitsgrundsatz 10 10, 11 18, 13 36, 15 19, 38, 20 10

Materialbeistellung 24 37

Mitunternehmerschaft 13 9 ff., 14 9 ff., 15 10 ff., 16 23 ff.
- Additive Gewinnermittlung 13 15 ff., 14 13 ff., 15 17 ff., 16 27, 19 13
- Einheitliche und gesonderte Gewinnfeststellung 13 23, 14 27, 15 30, 27 15 f.
- Freiberufliche ~ 13 10, 15 12
- Gewerbliche ~ 13 10, 14 10, 15 11, 16 24 ff., 19 10
- Gewinnzurechnung 13 18, 14 18, 15 22, 19 13
- Land- und forstwirtschaftliche ~ 13 10
- Mitunternehmer 13 11 ff., 44, 14 11, 15 13, 16 25, 19 10
- Mitunternehmerinitiative 13 13, 44, 14 11, 15 15, 16 25, 19 10
- Mitunternehmerrisiko 13 13, 44, 14 11, 15 15, 16 25, 19 10

Nebenbestimmungen 26 13, 19

Nebenleistung 21 9, 22 42
- Frühstück 22 10

Objektives Nettoprinzip 9 32, 13 37

Offenbare Unrichtigkeiten 26 20, 27 17

Ort der Lieferung 21 11, 24, 22 44, 24 11

Ort der sonstigen Leistung 22 12 f., 30 f., 23 10

Ortsübliche Miete 8 20 f.

Partiarisches Darlehen 13 43

Passivierung
- Rückstellungen 13 36
- Verbindlichkeiten 14 49 f., 60

Pauschbetrag
- Arbeitnehmer- 9 13, 15 43, 16 18, 18 13

Stichwortverzeichnis

- Sonderausgaben- 8 29
- Sparer- 11 10, 13 46, 15 59
- Werbungskosten- 18 32

Personengesellschaft
- Ausländische ~ 16 22 ff.
- KG 14 6, 19 6
- OHG 13 6
- Partielle Steuersubjektfähigkeit 13 8, 14 8, 15 9
- Transparenzprinzip 13 6, 14 6, 15 7, 16 23, 19 6
- Vermögensverwaltende ~ 13 10

Private Veräußerungsgeschäfte 9 27, 30, 14 42 ff.
- Freigrenze 14 44

Privatvermögen 10 12
Progressionsvorbehalt 18 23
Promotionskosten 12 18 f.
Prüfungsschema(ta)
- ~ zum Einkommensteuerrecht 1 1 ff.
- ~ zum Gewerbesteuerrecht 4 1 ff.
- ~ zum internationalen Ertragsteuerrecht 5 1 ff.
- ~ zum Körperschaftsteuerrecht 3 1 ff.
- ~ zum Steuerverfahrensrecht 7 1 ff.
- ~ zum Umsatzsteuerrecht 6 1 ff.
- ~ zur Ertragsbesteuerung der Personengesellschaften 2 1 ff.

Rechnungsabgrenzungsposten 10 32
Rechtsbehelfsbelehrung 25 11
Renten 18 31 ff.
Rückstellungen
- ~ für Patentverletzungen 13 36

Rückwirkendes Ereignis 27 10, 28 17

Sammelposten 10 26, 12 24
Schlichte Änderung 25 7
Schuldner
- ~ der Lohnsteuer 9 16, 15 44
- ~ der Umsatzsteuer 21 18, 22 21, 38, 51, 23 17, 30, 40, 24 18

Schwebendes Geschäft 10 18, 13 31, 14 50
Sitz 15 34, 47, 20 6
Sofortabschreibung 10 25
Sofortabzug 12 24
Soll-Besteuerung 21 18
Sonderausgaben 12 13
- -Pauschbetrag 8 29
- Spendenabzug 17 23

- ~ bei beschränkt Steuerpflichtigen 17 23

Sonderbetriebsvermögen 14 30, 33, 55, 60
Sonderbilanz 13 20, 15 24
Sondervergütungen 14 22 f.
- Beitragstheorie 14 22, 15 26
- ~ für die Hingabe von Darlehen 14 53, 19 28
- ~ für die Überlassung von Wirtschaftsgütern 14 32
- ~ für Tätigkeiten im Dienst der Gesellschaft 14 22, 15 26

Sonstige Einkünfte
- Ausländische gesetzliche Altersrenten 18 31
- Private Veräußerungsgeschäfte 9 30, 14 42 ff.
- Renten 18 31 ff.
- Vermietung beweglicher Gegenstände 8 25

Sonstige Leistung 22 9, 28, 42, 23 8
- Ort der sonstigen Leistung 22 12 f., 30 f., 23 10

Spenden 17 23
Ständiger Vertreter 19 11, 20 16
Stempeltheorie 12 42
Steuerabzug
- Kapitalertrag- 11 10, 25, 29, 43, 12 34, 39, 13 46, 14 54, 15 51, 55, 59, 17 38, 19 31, 20 22
- Lohn- 9 16, 15 44, 16 19, 18 14
- Methode zum Ausgleich der Doppelbesteuerung 16 13 ff.
- ~ auf Nettobasis 17 11, 16
- ~ bei beschränkt Steuerpflichtigen 17 10 f., 16, 22, 29
- ~ durch ausländischen Arbeitgeber 16 19, 18 14
- ~ zur Sicherung des Steueranspruchs 17 29

Steuerbarkeit 8 27
- Finderlohn 8 23
- Liebhaberei 9 21, 17 27
- Steuerbarer Umsatz 21 8 ff., 15, 22 8 ff., 27 ff., 23 7 ff., 22, 26

Steuerbefreiungen 8 27, 14 44, 15 50, 54, 20 21, 25 19
- Innergemeinschaftliche Lieferung 21 34
- Steuerfreie Umsätze 21 15, 34, 22 13, 17, 35, 48, 24 24, 37
- Verzicht auf ~ 24 37

357

Stichwortverzeichnis

Steuerberater
- Bevollmächtigung 25 9
- Standesübliche Sorgfalt 25 12

Steuerbescheid 25 7
- Formelle Rechtmäßigkeit 25 18
- Korrektur 26 6 ff., 27 7 ff., 28 5 ff.

Steuerentstehung 21 18, 22 21, 38, 51, 23 17, 30, 40, 24 18

Steuererklärung
- Frist zur Abgabe der ~ 26 11
- Pflicht zur Abgabe der ~ 26 11, 18, 27 11 f., 22, 27, 28 7, 20

Steuerfestsetzung
- Gewerbe- 10 61, 11 59, 14 75, 15 73
- Vorläufige ~ 26 9, 13
- Widerstreitende ~ 28 15
- ~ unter Vorbehalt der Nachprüfung 26 19, 28 8

Steuermessbetrag 10 53 ff., 11 50, 14 66, 15 64

Steuermesszahl 10 59, 11 57, 14 73, 15 71

Steuerpflicht
- Beschränkte Einkommen- 17 7, 20, 35, 19 8 ff.
- Fiktive unbeschränkte Einkommen- 17 6
- Persönliche Gewerbe- 10 52, 11 49, 14 65, 15 63
- Sachliche Gewerbe- 10 51, 11 48, 14 64, 15 62
- Unbeschränkte Einkommen- 8 6, 9 6, 23, 10 6, 11 6, 14, 12 6, 13 6, 40, 14 6, 15 6, 16 6, 32, 17 6, 19, 34, 18 5 ff., 28, 19 6 f.
- Unbeschränkte Körperschaft- 15 34, 47, 20 6

Steuersatz
- Körperschaft- 15 35, 20 7
- Umsatz- (ermäßigter Steuersatz) 21 17, 22 19 f., 37, 50
- Umsatz- (Regelsteuersatz) 21 17, 22 19, 37, 50, 23 16, 29, 40, 24 18

Steuertarif
- Grundtarif 8 7, 10 7, 12 7, 13 7, 41, 14 7, 15 8, 16 7, 33
- Splitting-Verfahren 9 7, 24, 11 7, 15, 18 10, 29
- ~ bei außerordentlichen Einkünften 12 48
- ~ bei beschränkt Steuerpflichtigen 17 22, 19 15

Steuerverwaltungsakt
- Adressat 25 10

- Allgemeiner ~ 26 8
- Arten 26 8, 27 8
- Bekanntgabe 25 10 f.
- Besonderer ~ 26 8
- Bestandskraft 26 7, 27 8, 28 6
- Nebenbestimmungen 26 13, 19
- Steuerbescheid 25 7, 26 8

Stille Beteiligung 13 38 ff.
- Atypisch ~ 13 44
- Typisch ~ 13 44

Studienkosten 12 12

Subsidiaritätsgrundsatz 11 23, 12 32, 17 35, 28 13

Teileinkünfteverfahren 11 24, 30, 12 33, 38, 45, 28 13

Teilwert 10 36
- -abschreibung 10 46 f., 12 27

Territorialitätsprinzip 4 5

Totalgewinnprognose/Totalüberschussprognose 8 20 f., 9 21, 17 27, 26 13

Transparenzprinzip 13 6, 14 6, 15 7, 16 23, 19 6

Treaty Override 18 24, 19 35 ff.

Trennungsprinzip 15 42

Typenvergleich 16 23, 20 26

Überschussermittlung 8 10 ff., 26, 9 10 ff., 11 10, 28, 42, 13 45, 15 43, 16 10, 18, 17 21, 28, 37, 18 13, 32

Unbewegte Lieferung 24 37

Unentgeltliche Wertabgaben 23 27, 38, 24 16

Unternehmer 21 10, 22 11, 29, 23 9, 24 9, 36

Veranlagung
- Ehegatten- 9 7, 24, 11 7, 15, 17 22, 18 10, 29
- Einzel- 8 7, 10 7, 12 7, 13 7, 41, 14 7, 15 8, 16 7, 33, 17 22, 19 15
- Veranlagungszeitraum 8 7, 9 7, 24, 10 7, 11 7, 15, 12 7, 13 7, 41, 14 7, 15 8, 35, 16 7, 33, 18 10, 29, 19 15, 20 7
- ~ auf Antrag 17 11, 16
- ~ bei beschränkt Steuerpflichtigen 17 9 ff., 16, 22, 29, 19 14 ff.

Veräußerungsgewinn 9 31, 11 34 f., 12 44, 14 43

Veräußerungsverlust 9 31

Verbindlichkeiten 14 49 f., 60

Stichwortverzeichnis

Verdeckte Gewinnausschüttungen 15 57 ff., 28 9, 13
Vereinbarungen unter nahen Angehörigen 10 34
Verlustausgleich
- Horizontaler ~ 9 32, 13 37, 17 30
- Negative Einkünfte mit Bezug zu Drittstaaten 17 31
- Segmentierter ~ 9 32, 17 31
- Verlustvor- und Rücktrag 9 32, 11 61, 12 13, 13 37, 17 30
- Vertikaler ~ 9 32, 13 37, 17 30
Vermietung und Verpachtung
- ~ beweglicher Gegenstände 8 24 ff., 17 25 ff.
- ~ unbeweglichen Vermögens 8 9 ff., 14 29 ff., 17 20 ff.
- ~ von Rechten 17 13 ff.
Vermögens- und Erfolgswirksamkeit 10 18
Voranmeldungszeitraum 21 18, 22 21, 38, 51, 23 17, 30, 40, 24 18
Vorbehalt der Nachprüfung 26 19, 28 8
Vorgesellschaft 15 34
Vorgründungsgesellschaft 15 6
Vorsteuer
- Ausschluss des Vorsteuerabzugs 21 33 ff., 24 24 f.
- Berichtigung des Vorsteuerabzugs 24 27 ff., 41 ff.
- Vorsteuerabzugsberechtigung 12 23, 21 21 ff., 32, 24 8 ff., 23, 35 ff.
- Vorsteuerbetrag als Teil der Anschaffungskosten 10 13, 23
Vorweggenommene Erwerbsaufwendungen 12 12
Welteinkommensprinzip 8 6, 9 6, 10 6, 11 6, 14, 12 6, 15 6, 34, 16 6, 8, 32, 18 6, 28, 20 6
Werbungskosten 8 12, 20 f., 11 10, 16 10, 17 21, 28, 18 13
- Arbeitnehmer-Pauschbetrag 9 13, 15 43, 16 18, 18 13

- -Pauschbetrag 18 32
Wertaufholungsgebot 10 48
Wiedereinsetzung in den vorigen Stand 25 12 f.
Wirtschaftliches Eigentum 14 30, 21 9
Wirtschaftsgüter 10 11
- Aktivierung 10 22 f., 14 30, 38
- Gemischt genutzte ~ 10 12, 24 12, 38
- Geringwertige ~ 10 25
- Immaterielle ~ 13 27
- Zurechnung 14 30
Wohnsitz 8 6, 9 6, 10 6, 11 6, 14, 12 6, 13 6, 14 6, 15 6, 16 6, 32, 17 6, 19, 34, 18 7, 28, 19 7
Zebragesellschaft 13 14
Zinsen
- Betriebsausgaben 11 39, 14 50
- Einkünfte aus Gewerbebetrieb 14 53, 19 28
- Einkünfte aus Kapitalvermögen 11 41
- Sonderbetriebsausgaben 14 61
- Sondervergütungen 14 53, 19 28
Zufallserfindung 9 26
Zuordnungswahlrecht 24 12
- Grundstück 24 38
Zuständigkeit 25 18
Zu- und Abflussprinzip 8 10 ff., 12 11, 16 10, 18, 17 8, 21, 37, 18 13, 32
- Arbeitslohn 9 12
- Banküberweisung 8 19, 9 12
- Regelmäßig wiederkehrende Einnahmen 8 19
- Vorauszahlungen für Nutzungsüberlassungen 8 18
Zu versteuerndes Einkommen 8 29

359